CUBA EMPRESARIAL

Ted A. Henken: Profesor asociado de Sociología y Estudios sobre América Latina en la City University of New York (CUNY). Presidente de la ASCE entre 2012 y 2014, ha publicado ampliamente sobre el sector cuentapropista, basado en investigaciones y entrevistas conducidas durante sus más de treinta visitas a la Isla desde 1997; entre los que pueden encontrarse el estudio de campo conjunto con Miriam Celaya y Diams Castellanos (ABC-CLIO, 2013). Especialista también en el tema de Internet en Cuba, cuenta en su haber con varios artículos: «Cuba's Digital Millennials: Independent Digital Media and Civil Society on the Island of the Disconnected» (en *Social Research*, 2017) y «From Cyberspace to Public Space? The Emergent Blogosphere and Cuban Civil Society» (en *The Revolution under Raúl Castro: A Contemporary Cuba Reader,* 2015). Asimismo, es autor de los reportes anuales «Freedom in the World» sobre los derechos políticos y libertades civiles en la Isla y «Freedom on the Net» sobre el estado del Internet en Cuba (ambos bajo Freedom House).

Archibald R. M. Ritter: Distinguido profesor investigador en el Departamento de Economía y la Norman Paterson School of International Affairs en la Carleton University, Ottawa, Canadá. Es un «economista de desarrollo» que ha tenido la suerte de trabajar y vivir en Chile, Cuba, Kenya y Tanzania. Sus áreas de interés investigativo y publicaciones se centran principalmente en los problemas de desarrollo de África y América Latina, con particular foco en Cuba, Chile y Kenya. Sus textos publicados sobre la Isla incluyen *The Economic Development of Revolutionary Cuba: Strategy and Performance* (Praeger Publishers, 1974), *The Cuban Economy* (University of Pittsburgh Press, 2004), *Cuba in the International System: Integration and Normalization* (Macmillan, 1995). Uno de sus proyectos más recientes ha sido la publicación del libro de texto, en coautoría con Yiagadeesen Samy y Steven Langdon, *African Economic Development* (Routledge, 2018). Fue uno de los iniciadores y coordinadores por la parte canadiense del Programa para la Maestría en Economía auspiciada por la Carleton University y la Universidad de La Habana para jóvenes profesores, desarrollada en La Habana entre 1994 y 2000.

Ted A. Henken & Archibald R. M. Ritter

CUBA EMPRESARIAL

EMPRENDEDORES ANTE UNA CAMBIANTE POLÍTICA PÚBLICA

De la presente edición, 2020:

© Ted A. Henken
© Archibald R. M. Ritter
© Editorial Hypermedia

Editorial Hypermedia
www.editorialhypermedia.com
www.hypermediamagazine.com
hypermedia@editorialhypermedia.com

Edición: Ladislao Aguado y Royma Cañas
Traducción: Majel Reyes
Diseño de colección y portada: Herman Vega Vogeler
Corrección y maquetación: Editorial Hypermedia

ISBN: 978-1-948517-61-4

PREFACIO

Este libro es el producto de muchos años de investigación por parte de los autores y de su fascinación por el trabajo por cuenta propia y las economías informales, sumergidas y secundarias, de la Cuba revolucionaria. Esperamos que sea un reflejo del ingenio inagotable y de los incontables «inventos», técnicamente ilegales muchas veces, que la mayoría de los cubanos han tenido que asumir en su lucha cotidiana para «resolver» o cubrir sus necesidades. Al igual que en los países de la Europa oriental, esta parte de la economía —siempre escondida, pero fácilmente visible— ha tenido una importancia crucial en la vida cotidiana del pueblo cubano, desempeñando un papel en la provisión de bienes necesarios, servicios y empleo.

Con anterioridad a 2010, cualquier estudio serio sobre este sector se consideraba tabú, debido a que las políticas estatales lo estigmatizaban como ilegítimo y lo hacían desaparecer en las sombras. A partir de ese año, el cuentapropismo ha sido un tanto subanalizado dentro de la Isla; una tendencia en parte remediada por la importante labor de Omar Everleny Pérez Villanueva y Pavel Vidal Alejandro (2010, 2012) y Juan Triana (2012, 2013). En cualquier otro lugar, el primer y más riguroso trabajo sobre este tema es fácilmente el del economista cubano-americano Jorge Pérez-López, cuyo volumen detallado de 1995, *Cuba´s Second Economy: From Behind the Scenes to Center Stage*, «subió la parada» a los que vendrían tras él.

Durante los diez años posteriores a la publicación de ese libro, una política estatal de creciente oposición al trabajo autónomo volvió a invisibilizar el trabajo por cuenta propia, conduciéndolo casi a su total extinción en 2005. A lo largo de ese decenio, y en tiempos más recientes, los estudios de Joseph Scarpaci (1995, 2009, y 2014), Richard Feinberg (2011, 2013) y, sobre todo, Phil Peters (1997, 1998, 1998 con Scarpaci, 2006a, 2012a, 2012b, y 2014) han sido ejemplares, tanto por su extensos reportajes etnográficos, como por el análisis original e imparcial del pequeño sector emprendedor cubano, ahora reemergente.

El motivo principal de este libro es estudiar las causas y fines que han posibilitado la vuelta del trabajo por cuenta propia al centro del escenario cubano. Nuestro objetivo es analizar las políticas del gobierno cubano hacia el pequeño sector autónomo legal, teniendo en cuenta que existe un contrapunto constante entre los emprendimientos privados legales y los «extralegales» o informales, que operan desde la clandestinidad, fuera del alcance de los controles regulatorios y fiscales del Estado. Nuestro punto de mira serán los enfoques variables de las políticas —incluidos la implementación y sus consecuencias— hacia el micro y pequeño emprendimientos por parte del gobierno de Fidel Castro, en contraste con las reformas radicales subsecuentes de la presidencia de Raúl Castro.

Arch Ritter tuvo acceso a la economía sumergida cubana y a su rica variedad de actividades económicas ilegales durante sus numerosos viajes de investigación a la Isla desde la década de 1960. Algunas de estas actividades están registradas en su obra de 1974, *El desarrollo económico de la Cuba revolucionaria: estrategia y desempeño*. Sus viajes posteriores, a finales de los años 80, especialmente en los 90, cuando fue uno de los coordinadores de un programa académico cubano-canadiense en la Universidad de La Habana, revelaron que tales prácticas se habían intensificado durante los años transcurridos a partir de sus primeras investigaciones. Tuvo la suerte de contar con varios buenos amigos cubanos, quienes le proporcionaron información esclarecedora, aunque informal, sobre el sector; primero, en la década de 1960, y, después, entre 1990 y 2014. En repetidas y prolongadas visitas a Cuba, pudo observar directamente las vicisitudes y los éxitos de diferentes microemprendimientos legales y extralegales. Estos viajes no han hecho más que profundizar su interés en el resiliente sector cuentapropista cubano; sobre todo, en momentos en que la política estatal parece estar alejándose de la ideología, colocando la economía secundaria nacional en el «centro del escenario» del programa de reformas económicas impulsado por Raúl Castro.

Ritter tiene una deuda de gratitud hacia muchas personas que han contribuido a su perspectiva del pequeño sector autónomo y de la economía secundaria. Muchos cuentapropistas legales le proporcionaron valiosa información sobre sus actividades; así como microemprendedores de la economía informal le fueron de ayuda para revelar cómo funcionaba esa área económica y su interacción con el sector cuentapropista legal. La mayoría de los que colaboraron con él entre 1990 y finales de 2000 no pueden ser nombrados. No obstante, le gustaría agradecer la ayuda a algunos de sus amigos y guías de los años 60; entre ellos, Modesto Alcalá y los hermanos Nieves y José de la O —ya fallecidos—, quienes lo acogieron bajo su ala colectiva durante algunas de sus visitas y lo guiaron a través de la clandestinidad económica de La Habana.

Asimismo, debe también su agradecimiento a muchos analistas y expertos que compartieron sus ideas sobre la economía cubana a lo largo de estos años. Entre ellos, el difunto Evaldo Cabarrouy, Francisco León, Richard Carson, Carmelo Mesa-Lago, Jorge Pérez-López, Sergio Díaz-Briquets, Juan Antonio Blanco, Luis René Fernández, Alberto Díaz, Ana Julia Faya, Óscar Espinosa Chepe, Adrián Denis, Jorge Mario Sánchez, Juan Triana, Omar Everleny Pérez y Pavel Vidal; así como a los analistas e investigadores del Centro de Estudios sobre la Economía cubana en La Habana.

Y por último, pero no por ello menos importante, su gratitud está dirigida hacia Ted Henken, coautor de este libro, y a David Clift, por su valioso trabajo editorial para la versión en inglés.

Ted Henken viajó por primera vez a Cuba como estudiante de postgrado en el verano de 1997 y luego, en la primavera y verano de 1999. Inicialmente, sus estudios se centraban en el costo social, los beneficios económicos y las contradicciones políticas de la industria del turismo internacional, reemergente en aquel entonces en la Isla. Sin embargo, una serie de encuentros vividos durante esas tres visitas iniciales alejaron su interés del turismo, como una estrategia gubernamental de desarrollo, y lo encaminaron hacia la cuentapropismo, como una estrategia de supervivencia individual y familiar. El primer encuentro ocurrió cuando salía de la terminal 2 del Aeropuerto Internacional José Martí una calurosa noche de 1997. Recibido por una multitud de cubanos bulliciosos y expectantes, e inundado por ofertas de ayuda con su equipaje y de transporte hacia la ciudad, quedó particularmente sorprendido cuando un cubano menudo le pasó muy cerca, por detrás, susurrando: «¿Taxi particular?». El hombre reapareció poco después, detrás de la multitud que ya se iba dispersando, y lo miró como queriéndole decir; «¿Y entonces?».

Después de asentir con la cabeza, Henken tomó sus pertenencias y siguió al taxista hacia el parqueo. De vez en cuando, el hombre hacía un alto y se cercioraba de que nadie estaba al tanto del «acuerdo» entre ellos. Por su parte, Ted intentaba no delatar a quién seguía; incluso cuando algunas miradas curiosas se volvieron hacia él al alejarse de la cola de taxis estatales

¿Adónde iba aquel gringo? Minutos después, el taxista aparcaba junto a él y bajaba a prisa del Lada ruso. «Rápido, rápido, que nos ven», dijo, mientras tomaba el equipaje y lo lanzaba dentro del maletero.

La tensión era un tercero entre ellos. El hombre lo conminó a subir al auto de una vez y regresó aprisa al volante. Su mirada, entonces, se quedó pegada al espejo retrovisor. ¿Sería verdad que podían seguirlos? Henken quiso voltearse para comprobarlo por sí mismo, pero desistió. El señor condujo en silencio hacia la salida del aeropuerto. Solo cuando el carro alcanzó la avenida principal —desierta a no ser por algún vehículo ocasional, o más común, alguna bicicleta—, la tensión comenzó a ceder. Aquel hombre había evitado una vez más que lo detuvieran o que le impusieran una multa exorbitante por transportar extranjeros sin licencia del Gobierno. Su alivio estaba mezclado con una suerte de felicidad. Los 15 dólares que ganaría por el viaje —reconoció— eran más de lo que ganaba al mes, en pesos cubanos, como controlador de tráfico aéreo de ese mismo aeropuerto.

Dos años después, durante una visita inolvidable a la conocida zona turística en Varadero, en el verano de 1999, Henken tropezó con toda una gama de actividades del emprendimiento informal que se gestionaban desde la casa particular donde se alojaba. A pesar de que «los paladares», las casas particulares de alquiler y los taxis particulares —tres de las actividades por cuenta propia más lucrativas y comunes en aquel momento, y de auge desde 2010— estaban totalmente prohibidos en un sitio destinado casi solo al turismo internacional, aquellas iniciativas clandestinas estaban en su apogeo. Al llegar, sin ninguna reserva de alojamiento, recibió asistencia eficiente y personalizada para encontrar alquiler por parte de un camarero de un restaurante estatal. Como un hombre con una misión, el camarero pidió un receso en su trabajo oficial y lo llevó caminando a seis casas particulares en un período de quince minutos. Tras elegir uno de aquellos lugares y dejar en él sus pertenencias, Henken se enfrentó a un insólito reclamo del dueño: mejor si no regresaba hasta pasadas las nueve de la noche.

A pesar de su desconcierto inicial ante esa petición, accedió. Pero, a su regreso, una vez pasadas las nueve de la noche, descubrió, no sin asombro, que su intrépido anfitrión tenía un restaurante de mariscos en lo que sería ¡su cuarto! El hombre, además, usaba un viejo Lada para transportar a sus huéspedes por la Isla; incluso, estaba en proceso de ampliar su teatro de operaciones, añadiéndole un segundo piso a la casa. Todo parecía, de algún modo «rutinario», pues tampoco el hombre parecía esforzarse demasiado en esconder sus actividades, ni de los vecinos ni de los inspectores locales.

Con el tiempo, Henken llegó a descubrir que aquel camarero amistoso que le había servido de guía ganaba cinco dólares por cada noche que él pasaba ahí. En otras palabras, al igual que el taxista controlador del tráfico aéreo de hacía dos años, el trabajo oficial del camarero no era necesariamente su trabajo real. Esa odisea, y un sinnúmero de experiencias similares, vividas a lo largo de toda la Isla, hicieron que reconsiderara el tema central de su investigación y terminara gran parte de sus visitas anuales a Cuba —durante la década siguiente— analizando el rasgo distintivo del autoempleo cubano, con visitas y entrevistas a veintenas de cuentapropistas para conocer de primera mano sus estrategias de supervivencia. Necesitaba descubrir, sin dudas, cómo los microemprendedores privados (legales y extralegales) se las arreglaban para mantenerse a flote y generar ganancias en una sociedad que, de nombre, aún era socialista y revolucionaria.

Muchas son las deudas de gratitud que Henken acumuló en el trayecto de su investigación. Ante todo, quisiera reconocer la confianza, la honestidad y la generosidad de veintenas de cuentapropistas privados que abrieron sus vidas a un forastero desconocido, la mayoría de las veces demasiado inquisitivo; incluido Erasmo Calzadilla, autor del blog *Havana Times,* quien transcribió fielmente todas las entrevistas de seguimiento realizadas en 2011 (barberos, taxistas, dueños de casas particulares y dueños-gerentes de paladares). Fragmentos de estas entrevistas y otras historias recogidas en el curso de sus frecuentes visitas entre 1997 y 2011 aparecen en los Capítulos 4, 7 y 8 del presente libro.

Asimismo, recibió aliento y retroalimentación vital para este proyecto de muchísimos expertos, mentores y colegas, tanto en Cuba como en el exterior; entre ellos, le gustaría mencionar a Carmelo Mesa-Lago, Jorge Pérez-López, Óscar Espinosa Chepe, Miriam Leiva, Lisandro Pérez, Julio Carranza, Pedro Monreal, Marc Frank, Julio César González Pagés, Armando Chaguaceda, Miriam Celaya, Dimas Castellanos, Yoani Sánchez, Reinaldo Escobar, Alejandro Portes, Damián Fernández, Neili Fernández Peláez, Elena Sacchetti, Adrian Hearn, Javier Corrales, Peter Roman, Phil Peters, Joseph Scarpaci, Richard Feinberg, J. Timmons Roberts, Eloise Linger y Holly Ackerman. Algunos de estos colegas también son miembros de la Asociación para el Estudio de la Economía Cubana (ASCE, por sus siglas en inglés), un verdadero caldo de cultivo para este libro. De hecho, fue en una de las reuniones anuales de esta asociación donde Henken conoció la persona a quien debe mayor gratitud por traer este proyecto a la luz: Arch Ritter.

Años atrás, en el otoño de 1995, cuando vivía en Mobile, Alabama, y trabajaba como coordinador de reasentamiento para los refugiados cubanos llegados de la Base Naval de Guantánamo, Henken se encontró con una copia rebajada (50 centavos) del primer libro de Ritter, mientras rebuscaba en un carrito de libros en oferta en la librería pública de Government Street. Cinco años después, en el verano del año 2000, ambos se quedaron en casas particulares en La Habana a solo una cuadra de distancia. A pesar de que no se encontraron, Ritter tuvo la amabilidad de dejarle uno de sus penetrantes artículos («El régimen impositivo para la microempresa en Cuba», 2000:145-162) sobre la economía cubana sumergida para que lo leyera. Estos casi encuentros, finalmente, se materializaron en la conferencia anual de la ASCE, donde se conocieron. A partir de entonces y durante una década, su amistad ha estado acompañada por innumerables viajes entre New York y Otawa, sus respectivos lugares de residencia.

Henken también reconoce a los muchos buenos compañeros del Centro de Estudios Latinoamericanos Roger Thayer Stone: Gene Yeager, Richard Greenleaf, James Huck, Suyapa Inglés, Thomas Reese, Valerie McGinley Marshall y Ana López; y al asociado Instituto de Estudios Cubano-Caribeños de la Universidad de Tulane —su alma máter— por su financiamiento y apoyo, gracias al cual pudo realizar varios viajes a la Isla entre 1997 y 2001. Igualmente, agradece la subvención inicial del Programa de Intercambio con Cuba de la Universidad Johns Hopkins, por entonces dirigido por Wayne Smith, para su viaje e investigación en Cuba en el verano de 1999. Otras subvenciones posteriores, entre 2003 y 2011, fueron otorgadas por el Programa de Intercambio Caribeño de la City University of New York (CUNY) y la Fundación de Investigación del Congreso de Personal Profesional de la CUNY. El apoyo financiero de la Facultad de Artes y Ciencias Weissman y la Oficina del Rector del Baruch College otorgaron parte del financiamiento para varios de sus viajes, tanto a Cuba como a Canadá, durante los muchos años de gestación de este proyecto. Además, inclina su sombrero ante Virginia Sánchez-Korral, directora de un taller colectivo de escritura académica para el Faculty Fellowship Publication Program de la City University of New York, por la rigurosa revisión —y muy amable— de los primeros bocetos de los Capítulos 2 y 8; en la que también intervinieron los colegas docentes de Henken, incluidos Amy Chazkel, John Collins, Tomás López-Pumarejo, Gilbert Marzán, Carolina Bank Múñoz y Eva Vásquez.

Por último, inmensos agradecimientos a Elías, Sarina, y a toda la buena gente del café Buunni por su oasis de tostado en Washington Heights, quienes le brindaron a Henken el espacio, el estímulo, y las dosis de Etiopía necesarias para terminar una buena parte del manuscrito final.

14

Tanto Ritter como Henken expresan su sincera gratitud a Lynne Rienner, Alex Wilcox, y a la siempre intrépida y achispada Jessica Gribble, antigua editora de adquisiciones de las editoriales Lynne Rienner Publishers y First-ForumPress. Su presencia y consejos sensatos en las conferencias de la Asociación de Estudios Latinoamericanos a lo largo de los años sirvió como un recordatorio alentador para que nuestro proyecto de libro, aparentemente interminable en la nebulosa del tiempo, sobre el fascinante mundo de la «clandestinidad» cubana, tuviera al final una casa editorial —en ellos— y un público receptivo —en ustedes—. Nuestro colega Gabriel Vignoli y dos críticos anónimos, escogidos por dicho centro, tuvieron la amabilidad de leer todo el manuscrito en etapas esenciales de su desarrollo. Su generosa retroalimentación y crítica ha resultado en un libro más contundente y, por supuesto, con un enfoque más claro. También queremos agradecer a nuestro polifacético asistente investigador, corrector y gurú de todo tipo de formatos, Derek Ludovici, por su asistencia en las fases finales de este proyecto; junto a Jeffrey Peck, decano de la Facultad de Artes y Ciencias Weissman del Baruch College, por los fondos que nos permitieron traer a Derek a bordo en la recta final de esta travesía.

En el verano de 2010, cuando Raúl Castro comenzó a defender públicamente lo que su hermano mayor, Fidel, había vilipendiado y estigmatizado durante tanto tiempo —el cuentapropismo—, como un factor fundamental en la solución de los problemas económicos de Cuba, sabíamos que había llegado el momento de culminar nuestro texto, con la comparación de esos diferentes enfoques políticos y las crónicas de las intensas luchas y las ingeniosas estrategias del cuentapropista cubano. De esto, trata este libro.

1

CAMBIOS EN EL PAISAJE DE LA POLÍTICA CUBANA

«Hay que borrar para siempre la noción de que Cuba es el único país del mundo en que se puede vivir sin trabajar».
(Castro, R., en Peters, 2012a).

«El modelo cubano ya no funciona ni siquiera para nosotros».
(Castro, F., en Goldberg, 2010).

«Se trata [...] de alejarnos de aquellas concepciones que condenaron el trabajo por cuenta propia casi a la extinción y a estigmatizar a quienes decidieron sumarse a él, legalmente, en la década de los 90.
(Martínez Hernández, 2010).

Aunque sería una misión de tontos intentar adivinar las dinámicas internas de la relación entre los hermanos Castro, una serie de anuncios impresionantes desde Cuba durante el mes de septiembre de 2010 arrojó una nueva luz sobre la manera en que sus diferentes orientaciones económicas se intersectan con las cambiantes dinámicas de poder en la Isla. Primero, el día 8, el periodista estadounidense Jeffrey Goldberg publicó en su blog detalles de una serie de entrevistas que había hecho a Fidel Castro a finales de agosto, cuando el longevo pero una vez más activo y elocuente expresidente lo invitó a La Habana para debatir sobre su reciente artículo acerca de Irán e Israel en la revista *Atlantic*. Durante un receso en uno de sus maratones conversacionales, Goldberg se preguntó en voz alta si Fidel creía que el modelo cubano era algo que aún valía la pena exportar al exterior. Sorprendentemente, el viejo estadista respondió a manera de broma: «El modelo cubano ya no funciona ni siquiera para nosotros».

A pesar de que Castro afirmó después que Goldberg había malinterpretado sus palabras, un artículo publicado en el órgano de prensa del Partido Comunista de Cuba (PCC), el periódico *Granma*, el 13 de septiembre —una semana más tarde—, confirmó la interpretación original de Goldberg. Dirigido a los trabajadores cubanos y firmado por el secretario nacional de la Central de Trabajadores de Cuba (CTC), el asombroso pronunciamiento declaraba que medio millón de puestos de trabajo del sector estatal serían eliminados en los próximos seis meses (octubre 2010-marzo 2011), con otros cientos de miles de despidos en los años venideros. El pronunciamiento prosiguió explicando que el sector estatal estaba inflado con más de un millón de trabajadores redundantes, reduciendo la productividad y la eficiencia de las empresas estatales. Irónicamente, esta actualización planificada del modelo económico de Cuba se justificaba como un camino para continuar en la construcción del socialismo («Pronunciamiento», 2010).

A su vez, intentaba trasmitir a los trabajadores cubanos una nueva comprensión del socialismo y una nueva relación entre estos y el Estado. «Hay que revitalizar el principio de distribución socialista», proseguía. Los salarios debían ser sobre la base de «pagar a cada cual según la cantidad y calidad del trabajo aportado». Ese mismo principio fue utilizado para justificar una novedosa y estricta política para las empresas estatales. El pronunciamiento dejaba claro que:

> *Nuestro Estado no puede ni debe continuar manteniendo empresas, entidades productivas, de servicios y presupuestadas con plantillas infladas y pérdidas que lastran la economía, esto resulta contraproducente, genera malos hábitos y deforma la conducta de los trabajadores. Es necesario elevar la producción y la calidad de los servicios, reducir los abultados gastos sociales y eliminar gratuidades indebidas, subsidios excesivos, el estudio como fuente de empleo y la jubilación anticipada (íd.).*

Esa declaración confirma lo que Raúl Castro ya había declarado vigorosamente en la sesión de la Asamblea Nacional sostenida en agosto: «Hay que borrar para siempre la noción de que Cuba es el único país del mundo en que se puede vivir sin trabajar». En ese mismo discurso, Raúl habló de cambios económicos inminentes que: «suprimen los enfoques paternalistas que desestimulan la necesidad de trabajar para vivir y con ello reducir los gastos improductivos, que entraña el pago igualitario, con independencia de los años de empleo, de una garantía salarial durante largos períodos a personas que no laboran» (Castro, R., 2010b).

Aunque muchos seguidores casuales de Cuba fueron tomados por sorpresa, esa reducción del sector estatal, junto al distanciamiento de una aplicación más rígida de la ideología socialista a manos de su hermano mayor, fue el suceso culminante de una serie de acciones encaminadas a eliminar lo que el nuevo Comandante en Jefe cubano había descrito hacía tiempo como un grupo de gratuidades insostenibles fuertemente subsidiadas. De hecho, como parte de un conjunto de lineamentos (*Lineamientos*, 2010) publicados en noviembre de ese año, en anticipación al VI Congreso del PCC en abril de 2011, se les informó a los cubanos que se retiraría la libreta de abastecimientos de manera paulatina, con futuros subsidios destinados solo a los necesitados. El mismo documento también se hizo eco del muchas veces repetido argumento de Raúl acerca de que el socialismo no significa igualitarismo. En su lugar, los *Lineamientos* indicaron que, según la nueva perspectiva de la economía política cubana, «el socialismo es igualdad de derechos e igualdad de oportunidades para todos los ciudadanos, no igualitarismo. El trabajo es a la vez un derecho y un deber, motivo de realización personal para cada ciudadano, y deberá ser remunerado conforme a su cantidad y calidad» (*Lineamientos*, 2010:7).

Para cerrar la serie de anuncios radicales en ese mes, el periódico *Granma* publicó un artículo el 24 de septiembre que declaraba que el trabajo por cuenta propia era «mucho más que una alternativa» al sector estatal. El texto detallaba cambios en la legislación, encaminados a revitalizar el sector autónomo, con el objetivo de comenzar a depender de él poco a poco, como una forma de suplir el déficit creado por las reducciones inminentes en el sector estatal (Martínez Hernández, 2010). A pesar de que la nueva política era bastante radical e integral de cara al emprendimiento privado, el anuncio de su reanimación fue la culminación de una serie de experimentos y programas pilotos, comenzados en 2008, que permitirían a los trabajadores cubanos una mayor autonomía económica en la agricultura, el transporte público, la venta de alimentos, la construcción de casas, barberías y salones de belleza (Peters, 2008, 2009, 2010; *CubaEncuentro*, 2008; Weissert, 2009; Pérez Navarro, 2009; Gettig, 2013; Miroff, 2010; Robles, 2010; Ferrer, 2010). Rompiendo con una política del pasado que nunca lo había considerado como algo más que una medida provisoria para detener la crisis económica de principios de la década de 1990, el artículo describía ahora el trabajo por cuenta propia como:

> *una solución que, alejada de la improvisación y lo efímero, posibilitará el incremento de la oferta de bienes y servicios, a la vez que asegurará ingresos a aquellos que decidan ejercerla. Contribuirá, también, a que el Estado se sacuda una buena parte de la carga de subsidios excesivos, mientras deja*

en manos no-estatales ofertas que durante años asumió a pesar de la difícil coyuntura económica (Martínez Hernández, 2010).

Repudiando abiertamente el enfoque apático del presidente Fidel Castro hacia el trabajo por cuenta propia durante la década de 1990 —sin nombrarlo, por supuesto—, el artículo prosiguió a delinear las nuevas regulaciones con antelación a la nueva ley del trabajo por cuenta propia que saldría en octubre, afirmando inequívocamente:

> *La medida de flexibilizar el trabajo por cuenta propia es una de las decisiones que el país toma en el rediseño de su política económica, para incrementar niveles de productividad y eficiencia. Se trata, además, de brindar al trabajador una forma más de sentirse útil con su esfuerzo personal, y de* alejarnos de aquellas concepciones que condenaron el trabajo por cuenta propia casi a la extinción y a estigmatizar a quienes decidieron sumarse a él, legalmente, en la década de los 90 *(ibíd., 2010, énfasis añadido).*

Los meses que siguieron a estos anuncios radicales de septiembre vieron el lanzamiento de nuevas leyes que guiarían los despidos estatales y regularían el creciente sector del trabajo por cuenta propia (*Gaceta Oficial de la República de Cuba,* 2010a y 2010b). Lo más significativo fue que, a pesar de que el cuentapropista tendría que pagar un número de impuestos nuevos —incluido un impuesto obligatorio de seguridad social—, se incluyó una lista legal más amplia con 178 ocupaciones con licencias para ejercer el trabajo por cuenta propia; también podría deducir un mayor porcentaje de sus gastos antes de pagar los impuestos; por primera vez, los negocios estaban autorizados a emplear personas que no fuesen miembros de la familia; y podían alquilarse locales privados para establecer negocios de venta. Anuncios posteriores reconocieron la necesidad de establecer sistemas de crédito y mercados al mayoristas, al tiempo que admitían que la implementación de estos tomaría algún tiempo. En los años siguientes (2011-2014), estos cambios iniciales se acoplaron a otras reformas económicas, cívicas y políticas de un simbolismo monumental; entre ellas, la legalización de la compraventa de autos y bienes raíces en el abierto, pero altamente regulado, mercado interno (Haven, 2011; Sánchez, 2011), la imposición de límites de términos de mandato para los principales líderes políticos, la liberalización de viajes al extranjero (Cancio Isla, 2012; Decreto-Ley no. 302, 2012; *Granma,* 2012c), y una apertura —pequeña y extremadamente cara— del acceso público a Internet mediante 118 cibercafés estatales nuevos (*Café Fuerte,* 2013a; Del Valle, 2013).

Este libro hace un análisis crítico de la cambiante política estatal revolucionaria de Cuba hacia el sector privado, el cuentapropismo, las cooperativas no-agrícolas y la economía sumergida. El centro de nuestro estudio contrasta los experimentos vacilantes y tentativos con el trabajo por cuenta propia bajo el mandato de Fidel Castro en el período 1993-2006, con las reformas económicas y los ajustes estructurales más exhaustivos, y tal vez más permanentes, que se han realizado hasta ahora bajo la presidencia de Raúl Castro, entre 2006 y 2014. El epílogo actualiza nuestro análisis hasta septiembre de 2020 y cubre la nueva relación entre Cuba y EE.UU., las regulaciones para el trabajo por cuenta propia y el claro aumento de preocupación y control sobre el emergente sector autónomo por parte del gobierno cubano.

Sostenemos que el enfoque del presidente Raúl Castro hacia el sector privado y el cuentapropismo es decididamente más pragmático y en potencia más productivo, desde el punto de vista económico, que el de su hermano Fidel, cuya mentalidad estaba más enfocada hacia la ideología. También identificamos un número de continuidades que caracterizan las políticas en ambos períodos, así como los estilos de liderazgo. Argumentamos que esas restricciones burocráticas remanentes, los obstáculos ideológicos y los miedos políticos impiden el desarrollo óptimo del sector autónomo. Sin una reforma más drástica que expanda las categorías ocupacionales para incluir a los profesionales, que minimice aún más las regulaciones y prohibiciones remanentes —y les dé un enfoque más limitado—, y que apoye a los cuentapropistas con acceso a crédito y suministros al mayoreo, muchos de los nacientes microautónomos no podrán salir de la clandestinidad y contribuir de manera más eficaz a la economía cubana. Asimismo, sin una segunda ronda de reformas bien implementadas, que ceda espacio a la micro, pequeña y mediana empresas (mipyme), así como a las nuevas cooperativas no-agrícolas, los microemprendimientos que operan en el marco de trabajo actual no podrán, por sí solos, crear empleos productivos para los trabajadores que quedarán excedentes en el sector estatal.

Así pues, en este libro, abordamos las siguientes cuestiones fundamentales:

1. ¿Cómo caracterizar adecuadamente la política estatal hacia las mipymes y el sector informal en los años de Revolución?, ¿cuáles han sido las consecuencias para el desarrollo de las políticas del pasado?, ¿puede el actual enfoque, más pragmático —aunque todavía

moderado— del presidente Raúl Castro producir resultados positivos y significativos para la economía?

2. ¿Cuáles son las principales características del actual enfoque de las políticas hacia el cuentapropismo y la informalidad bajo Raúl Castro, que las diferencian de las políticas de Fidel?

3. ¿Cuál fue la respuesta de los emprendedores cubanos a cambios similares de las políticas estatales hacia la microautonomía en el pasado y cómo ha sido la reacción ante las reformas más recientes decretadas en 2010? ¿Su orientación general con respecto al ritmo, enfoque, y profundidad de las reformas actuales ha sido de escepticismo, duda, desesperanza o entusiasmo?, ¿han experimentado hasta la fecha un impacto positivo en sus negocios y estándares de vida como resultado de la apertura económica?

4. ¿Cuáles son los problemas que permanecen en el actual enfoque cubano hacia el emprendimiento empresarial y cómo pudieran mitigarse mediante una segunda ronda de reformas más exhaustivas?

Las semejanzas entre los enfoques de Fidel y Raúl hacia el pequeño emprendimiento privado incluyen las prioridades por mantener un control político centralizado, la preservación de un papel dominante en la economía para las empresas estatales y el plan central, y un continuo compromiso ideológico y retórico con el socialismo de Estado. De hecho, a pesar de que la presidencia de Raúl ha sido testigo de una creciente y ambiciosa serie de cambios en la reglas que gobiernan el funcionamiento de la economía moribunda del país, apenas ha habido cambios equiparables en su sistema político autoritario, a no ser la intención declarada de imponer un límite de dos mandatos de cinco años para los principales puestos políticos. Además, a pesar de haber dado un cambio ideológico significativo respecto del enfoque antagónico de su hermano hacia el sector privado, Raúl ha tenido el cuidado de subrayar que sus cambios a la economía cubana constituyen una «actualización» o un «perfeccionamiento» del modelo económico socialista del país, no una «reforma» económica total, ni una transición al capitalismo. Es notable, por ejemplo, que no haga referencias al «mercado» ni al «sector privado» en sus discursos de gobierno, donde constantemente emplea términos eufemísticos como «sector no-estatal» para hacer referencia al empleo autónomo. El principal documento regulatorio sacado a la luz por el Partido Comunista en noviembre de 2010 declara que «solo el socialismo es capaz de vencer las dificultades y preservar las conquistas de la Revolución» (*Lineamien-*

tos, 2010:7). Más allá de lo que uno pueda pensar sobre la autenticidad de tales declaraciones, en apariencia obligatorias, el gobierno cubano aún insiste ante su pueblo y ante el mundo que continuará poniendo la muy visible mano del «plan» socialista por encima de lo que Adam Smith, famosamente, denominó la mano invisible del «mercado».

Independientemente del nombre que el Gobierno prefiera dar a esta nueva etapa de la economía política de la Isla, la pregunta real que intentamos responder en este libro es si funcionará. Así, pues, el presente estudio pretende comparar la experiencia previa del país con el trabajo por cuenta propia durante la década de 1990 con esta de ahora y evaluar cómo los cambios en las licencias, la cantidad y la variedad de categorías ocupacionales, el régimen impositivo y las medidas que incentivan la legalidad (acceso a créditos y a mercados mayoristas, entre otras), pudieran impactar en la economía cubana y en la viabilidad del cuentapropismo en el futuro. A pesar de que aún está en sus inicios, también nos proponemos hacer una evaluación preliminar de la reciente expansión de las cooperativas no-agrícolas en Cuba —cuya implementación comenzó en el verano de 2013—, puesto que pudieran ser las bases legales para un movimiento —más allá de los tipos de trabajo por cuenta propia actuales, marginalmente productivos, de servicio y subsistencia— hacia un pequeño y mediano sector de empresa cooperativa de mayor dinamismo.

El pasado es prólogo: legal, pero ¿ilegítimo?

En respuesta al desplome económico que Cuba enfrentó a principios de la década de los 90, como consecuencia de una combinación letal del derrumbe de la antigua Unión Soviética, el recrudecimiento del embargo estadounidense y la mala gestión y rigidez económica nacional, el gobierno cubano liberalizó el «trabajo por cuenta propia» en septiembre de 1993. Este sector —tanto en sus variantes legales, con licencias, clandestina, informal y fuera de lo legal— ha existido en Cuba desde mucho antes de esta fecha; incluso, después de la ola de nacionalizaciones y de la casi abolición del sector privado por parte del Gobierno revolucionario, sucesos que comenzaron en 1959 y culminaron con la notoria Ofensiva Revolucionaria de 1968.[1] No obstante, la liberalización de 1993 condujo a un florecimiento de la autonomía

---

[1] Véase en el Anexo 1 una cronología de la política cubana hacia el cuentapropismo en los años de la Revolución.

legal y permitió que nuevas actividades del trabajo por cuenta propia, ejercidas desde la economía sumergida, salieran a la superficie.

Las mipymes son estructuras de gran importancia prácticamente en todos los países pues generan beneficios económicos y sociales en un volumen tal, que la mayoría de los gobiernos ha desarrollado una amplia variedad de programas para apoyarlas. Cuba, sin embargo, es una excepción al insistir en limitar esta actividad de manera tan draconiana. Pero, a pesar de los controles estrictos que la regulan, el «trabajo por cuenta propia» ha producido múltiples beneficios para el país durante los pasados veinticinco años (1993-2018). Entre ellos, cabe mencionar: la creación de empleos, la generación de ingresos, la provisión de bienes y servicios con un alto contenido de valor añadido interno, y significantes ingresos fiscales para el Gobierno. Estos impuestos, a su vez, generan un aporte a los gastos sociales y la inversión productiva. El gobierno de Raúl Castro apuesta, incluso el futuro de la Revolución misma, a su capacidad —junto a un sector cooperativo expandido— para absorber cientos de miles de trabajadores que serán despedidos de sus trabajos estatales.

El trabajo por cuenta propia ha generado ingresos en divisas a partir del suministro de bienes y servicios a la industria del turismo, y de la sustitución de importaciones. Asimismo, ha contribuido a la singular y vibrante cultura cubana mediante el florecimiento de una variedad de ofertas en las áreas de la música, las artes, la producción de artículos artesanales, los servicios culinarios y en el ámbito digital, computacional y de la informática; todos, de inmenso valor, tanto para los cubanos como para el sector del turismo. Los negocios legalizados, además, aguzan el ingenio, la inventiva, la iniciativa y la diligencia del trabajador por cuenta propia, y fomentan el desarrollo de talentos empresariales y de experiencias que pudieran ser de un inmenso beneficio futuro para Cuba. También es probable que su legalización haya reducido el número de actividades económicas clandestinas. Por último, fomenta el arraigo de una potencial «cultura de la legalidad», en lugar de la muy vilipendiada pero omnipresente «cultura de la ilegalidad», que hoy día prevalece en la extensa y sumergida economía cubana (Orsi, 2013a; Burnett, 2013) —tema que abordaremos en el Capítulo 7.

Por otro lado, muchas de las características negativas, e incluso nocivas, del funcionamiento del sector, surgen de la política estatal. Las limitaciones impuestas lo obligan artificialmente a no expandirse, provocan distorsiones a partir de los intentos por evadir las regulaciones y causan precios más caros e ingresos más elevados debido a las limitaciones en el número de estas actividades en cada área. También, a fin de evitar regulaciones onerosas, los microemprendimientos pueden migrar hacia la economía sumergida, puesto que los «costos de la formalidad» muchas veces son mayores que los de la informalidad (De Soto, 2000; Centeno y Portes, 2006).

Desde la perspectiva del gobierno cubano, la legalización ha traído consecuencias negativas. De hecho, ha entablado una prolongada batalla —quizá perdida— contra el crecimiento de las desigualdades socioeconómicas y la concentración de riquezas, surgidas como consecuencia de la expansión del sector privado. En añadidura, el otorgamiento de un mayor espacio legal para los emprendedores privados debilitaría, por definición, el control estatal sobre la economía y el control político sobre los ciudadanos cubanos, quienes comenzarían a ganar una independencia sustancial frente a los controles partidista y laborales, mediante la actividad económica independiente. Por último, la hostilidad del Gobierno hacia este sector surge, también, de la creencia de que esta actividad fomenta una «mentalidad de tendero» y la propagación de comportamientos, actitudes y valores incompatibles con el desarrollo del socialismo (Sacchetti, 2011; Vignoli, 2014), a pesar de que el nuevo entendimiento del socialismo de Raúl Castro parece diferir en este tema, sustancialmente, del de su hermano (Peters, 2010).

El tránsito de la política estatal revolucionaria hacia la microempresa, a partir de 1993 —la cual ha transitado de la legalización a la contención, a la asfixia virtual y, ahora, de vuelta a la legalización; y por vez primera a una amplia promoción—, destaca como uno de los principales dilemas de la Revolución. Casi en su sexta década, a fin de sobrevivir y prosperar económicamente, Cuba necesita incrementar la eficiencia, mejorar el empleo productivo y la productividad en general, y competir en la arena internacional; al tiempo que intenta mantener una igualdad relativa en la distribución de ingresos y contundentes programas sociales para todos sus ciudadanos. No obstante, la existencia del trabajo por cuenta propia se percibe como algo que implica un costo sociopolítico de peso; a saber: la concesión de un espacio económico y político al sector privado, un riesgo sobre el cual el gobierno cubano tiene sentimientos ambivalentes.[2] A pesar de la trascendencia de las reformas de Raúl Castro hasta finales de 2014 en

---

[2] Una posible consecuencia del crecimiento de un sector económico independiente durante la década de 1990 fue enfatizada por el difunto Max Azicri, quien identificó la fuente de la ambivalencia del Gobierno de esta manera: «El empleo autónomo ha permitido que una parte significativa de la población se haya desconectado de la red oficial de trabajo y sea más autosuficiente económicamente. La posibilidad de que este creciente sector se convierta en una fuerza política con su propia agenda sectaria constituye una preocupación política para el Gobierno» (2000:147).

el área del trabajo por cuenta propia, es sensato notar que aún se limitan a 201 ocupaciones, muy específicas y orientadas en gran medida a la subsistencia, sin que lleguen a alcanzar el nivel de pymes. De hecho, las muy esperadas regulaciones para la expansión de las cooperativas no-agrícolas no se anunciaron hasta diciembre de 2012 y, por tanto, aún no tienen un impacto cuantificable en el empleo ni en la economía. Quizás esto se debe —como nos dijera de modo sucinto uno de nuestros informantes cuentapropistas en una entrevista— al temor de que: «la independencia económica es igual a la independencia política». Lo cual, a pesar de que el crecimiento del cuentapropismo tiene un potencial económico significativo para Cuba, también genera nuevos desafíos y dilemas.

Específicamente, Cuba enfrenta el desafío de liberar la energía empresarial de sus ciudadanos y evitar, al mismo tiempo, el fomento de la cultura de la ilegalidad. Como lo indican los ejemplos de las transiciones en Europa oriental —repasados en el capítulo 2—, una extensa economía sumergida puede dar paso a un sector informal «marginalizado» —como ya existe en muchas otras naciones latinoamericanas y caribeñas— y conducir a la intensificación de la economía sumergida, con algunos grupos de emprendedores metamorfoseándose en mafias poderosas, como ha sucedido en Rusia y en otras partes de la antigua Unión Soviética. En resumen, la «economía secundaria» cubana, conformada por los microemprendimientos legales y la economía sumergida actual, tiene implicaciones positivas y negativas. Ofrece grandes desafíos a la par que muchas oportunidades potenciales para el régimen económico del Gobierno actual. Del mismo modo, crea un potencial útil de cara a una mayor prosperidad económica y a una futura evolución hacia una economía de mercado mixta o completa.

La política pública en Cuba hacia el trabajo por cuenta propia legalizado refleja sus ambiguas contribuciones económicas y las incompatibilidades evidentes con el gobierno cubano y su visión de una «buena sociedad». A pesar de que varias actividades de este sector se legalizaron en 1993, las políticas estatales —en las esferas de los licenciamientos, los impuestos, las regulaciones, la competencia estatal, el empleo, la seguridad social, la publicidad y las prohibiciones respecto de la formación de cooperativas o asociaciones— parecían encaminadas a reducirlo en su totalidad y a restringir el tamaño del microemprendimiento individual. Este enfoque contrasta fuertemente con el de otros países, donde la contribución de la microempresa se entiende, se aprecia y se fomenta. De hecho, mediante sus intentos por mantener el control total de la economía, el pasado enfoque de la política estatal hacia esta neutralizó la mayoría de sus beneficios potenciales y fomentó, de manera involuntaria, el desarrollo de la economía sumergida.

Antes de proseguir, debemos ofrecer una breve explicación del uso que damos a los términos «trabajo por cuenta propia», «microempresa» y «pequeña empresa». Las definiciones comunes de estos términos[3] difieren un poco del uso que le damos en EE.UU. y provienen de la situación cubana en particular. En el contexto cubano, los cuentapropistas son personas que trabajan para ellos mismos —de ahí, los términos «trabajador autónomo» o «trabajador por cuenta propia»—. Sin embargo, en la práctica real de la Isla, la frase se ha ampliado para referirse también a personas que trabajan para ellas mismas pero que pueden emplear hasta cinco trabajadores adicionales en algunos casos, e incluso más, como es el caso de los paladares o restaurantes privados —analizados en detalle en el Capítulo 8—. También usamos la acepción «microemprendimiento» como sinónimo del término utilizado en Cuba de «trabajo por cuenta propia», al referirnos a aquellos que trabajan solos y a los que emplean trabajadores adicionales; ya sea como amigo informal o trabajador de la familia, o como empleados de manera formal o informal. En contraste, el término de «pequeña empresa» incluye los microemprendimientos, aunque también algunos un poco más extendidos, que pueden emplear a más de diez personas. Hasta la fecha, Cuba no tiene ninguna mediana empresa en manos del sector privado, aunque sí tiene muchas medianas y grandes, estatales y mixtas (estatales y extranjeras); y está en proceso, por primera vez, de desarrollar un nuevo sector de cooperativas pymes fuera del sector agrícola.

Un número de economistas, sociólogos, antropólogos y politólogos, tanto en la Isla como en la diáspora,[4] han reconocido el impacto potencialmente positivo y la contribución del sector del trabajo por cuenta propia, sobre todo si se le permite desarrollarse hacia un sector de cooperativas y pymes, pleno y

---

[3] Según la Comisión de la Unión Europea, estos términos se definen de acuerdo a sus «efectivos y su facturación o el total del balance anual». Una microempresa emplea menos de 10 personas y tiene una facturación anual inferior a 2 millones de euros. Una pequeña empresa utiliza entre 10 y 50 personas, y tiene una facturación anual inferior a los 10 millones de euros. Una empresa mediana emplea hasta 250 personas y tiene una facturación anual entre 10 y 50 millones de euros (Europa, 2013). Estas no son las definiciones usadas en el presente estudio.

[4] Pérez-López (1995a); Carranza, Gutiérrez y Monreal (1995); Togores González (s. a.); Togores González y Pérez Villanueva (1996); Núñez Moreno (1997); Peters y Scarpaci (1998); Fernández Peláez (2000); Peters (2006a); Scarpaci (2009); Sacchetti (2011); Mesa-Lago (2011); Espinosa Chepe (2011); Vidal Alejandro y Pérez Villanueva (2010 y 2012); Peters (2012a y 2012b); Piñeiro Harnecker (2012a y 2013); Mesa-Lago y Pérez-López (2013); Feinberg (2013); Scarpaci (2014); Vignoli (2014); González-Corzo y Justo (2014).

regulado con cuidado. Muchos de estos estudios se concentran, explícitamente, en aprovechar el potencial del sector del trabajo por cuenta propia como un complemento y un colaborador, a lo que seguiría siendo un sector estatal dominante en una economía socialista «reestructurada» y «actualizada» bajo la Revolución. Otro estudio interesante (Pérez Izquierdo, Oberto Calderón y González Rodríguez, 2003) exploró y analizó el sector del trabajo por cuenta propia mediante una encuesta que arrojó materiales estadísticos de utilidad. Ahora bien, parece ser que hasta la fecha hay pocos analistas que hayan realizado investigaciones etnográficas y análisis cualitativos en la Isla con el fin de entender las posibles contribuciones del sector cuentapropista, las políticas estatales más apropiadas para ese sector y las implicaciones de su evolución en el futuro de Cuba. Eso es uno de los propósitos de este libro.

OBJETIVOS, TEMAS PRINCIPALES Y MÉTODOS

Los objetivos principales de este estudio son analizar la evolución del cuentapropismo en Cuba durante el período revolucionario, en especial a partir de la legalización del trabajo por cuenta propia en 1993; analizar y evaluar las políticas actuales del gobierno cubano hacia el sector —comparándolas con las políticas pasadas—; y explorar la evolución y los impactos potenciales del sector bajo un número de futuros escenarios posibles. Este trabajo se realiza desde una perspectiva histórica, analizando el desarrollo del sector dentro del contexto del pasado singular de la Isla. También, se lleva a cabo desde una perspectiva comparativa, donde se toman en cuenta las experiencias y literaturas internacional, latinoamericana y de los países de la antigua Unión Soviética sobre la microempresa y la política pública. Por último, dadas las diferentes perspectivas disciplinarias de los coautores, este estudio compila análisis económicos y sociológicos; además de nociones sobre el impacto actual y el potencial futuro de esta área en Cuba.

El cuentapropismo legal y las actividades clandestinas de la «economía secundaria» en Cuba interactúan en un contrapunto complejo. Ese es el primer tema de este estudio. Un dicho común en Cuba es «todo está prohibido, pero vale todo»;[5] es decir, a pesar de —o, quizás, debido a— las riguro-

---

[5] Una versión más escéptica de ese mismo choteo, o humor irónico cubano, dice: «En Cuba lo que no está prohibido, es obligatorio». Mientras que la primera versión se burla de la incapacidad gubernamental de implementar una autoridad total sobre el país, la segunda hace alusión a la presión que sienten los ciudadanos que tienen muy poco espacio, o

sas prohibiciones, las regulaciones y los controles, frente a una imposición estricta y duros castigos por incumplimiento, las actividades económicas ilegales en Cuba son extensas y muy diversas. Por consiguiente, no obstante la porción de la economía cubana sumergida legalizada en 1993 e incorporada a la economía formal y oficial mediante impuestos y regulaciones, varias de las actividades por cuenta propia permanecen «clandestinas», fuera del control gubernamental. A muchos microemprendedores no les queda otra opción que mantenerse dentro de la legalidad si sus actividades tienen un perfil destacado y público.

Por otra parte, algunos cubanos prefieren quedarse sin licencia y permanecer ilegales, a fin de evitar las regulaciones gubernamentales onerosas, impuestos y controles. Por definición, la clandestinidad también les permite operar en secreto, asegurando, por ende, su supervivencia; independientemente de cualquier recrudecimiento potencial de la política estatal o de alguna futura prohibición total de sus actividades. Al mismo tiempo, los negocios legales interactúan muy de cerca con la economía sumergida y son partícipe de una amplia gama de transacciones con ella; a saber, la compra de suministros robados a través del mercado negro, la venta de sus productos y servicios, la contratación de mano de obra, el alquiler de instalaciones, la contratación de transporte, etcétera.

De hecho, a veces la adquisición de una licencia puede usarse en la práctica como una tapadera para proteger al titular de sospechas, mientras lleva a cabo otras actividades lucrativas no permitidas, de manera explícita, en su licencia. En la introducción a *Fuera de las sombras* (*Out of the Shadows*) —compilación de ensayos sobre la interacción de la economía informal con el Estado latinoamericano—, la socióloga Patricia Fernández-Kelly argumenta que este tipo de matices son más comunes en esta relación dinámica y compleja de lo que el estereotipo dicótomo y contencioso lleva a creer. «En otras palabras —concluye— una enorme cantidad de evidencias dejó claro que es una membrana porosa, no una frontera rígida, lo que separa el sector formal y el informal» (2006:4). Es justo esa relación de matices y ese límite poroso lo que hemos encontrado en Cuba entre los mundos supuestamente separados de la economía primaria oficial cubana y su economía secundaria —una vez estigmatizada aunque ahora renaciente.

---

ninguno, para llevar a cabo actividades independientes que no estén reguladas o supervisadas por el Estado. También hay otra que hace referencia a los bajos salarios en pesos cubanos que trae como resultado la falta de entusiasmo por el trabajo: «En Cuba hacemos como que trabajamos y el Gobierno hace como que nos paga».

Un segundo tema es que la política gubernamental hacia el cuentapropismo legal ha causado desventajas significativas para el pueblo y el Gobierno cubanos, a pesar de su lógica entendible y los ciertos beneficios de su enfoque cauteloso y deliberado «*sin pausa pero sin prisa*» (*The Economist*, 2012). Si bien el enfoque de la política «fidelista» hacia el sector parecía estar diseñado para eliminarlo, no es el caso con su hermano Raúl. Al mismo tiempo, existe una gran reticencia a otorgar a los emprendedores cubanos la capacidad total de funcionar como negocios privados con intereses y derechos de propiedad defendibles. Por una parte, Raúl Castro ha exigido en repetidas ocasiones un «cambio de mentalidad» profundo entre los cuadros comunistas de Cuba —incluso contándose a él mismo entre aquellos que necesitan «cambiar su forma de pensar» (Castro, R., 2010b; Peters, 2010d). Por otra parte, los documentos oficiales y los discursos enfatizan la continua preponderancia del plan central sobre el mercado, el papel protagónico de las empresas estatales y la propiedad estatal sobre los medios de producción primarios, mientras arremeten contra la concentración privada de riquezas (*Lineamientos*, 2010 y 2011).

El énfasis en «el orden, la disciplina y el control» sobre la flexible promoción del sector autónomo se hizo bien evidente en la segunda mitad de 2013, cuando el Gobierno se dispuso a esclarecer la legislación existente y declaró ilegal, de manera explícita, una serie de estrategias creativas de negocio que habían sido llevadas a cabo por los cuentapropistas cubanos. Entre ellas, la prohibición de la reventa de productos domésticos adquiridos en las tiendas minoristas y la venta de ropas importadas bajo las licencias de «costureras» o «sastres» (*Gaceta Oficial*, 2013a). Otras limitaciones se anunciaron a principios de noviembre de ese mismo año, al publicar *Granma* una «Nota informativa sobre el trabajo por cuenta propia» que exigía «un estricto cumplimiento de la ley y el pago de impuestos». El artículo, firmado por el Comité Ejecutivo del Consejo de Ministros de Cuba, prosiguió con un llamado a la liquidación de los inventarios privados de ropas importadas antes del 31 de diciembre y demandó el cierre inmediato de todos las salas de proyección de películas 3D y las salas de juego que habían estado funcionado bajo las licencias de «paladares» u «operador de equipos de recreación infantil».

Por último, tal vez como respuesta a las protestas de los emprendedores cubanos y de algunos de sus líderes intelectuales (*Espacio Laical*, 2013; Cárdenas Lema, 2013), el propio Raúl Castro incluyó una larga referencia a este asunto en su discurso anual a la Asamblea Nacional, en diciembre de 2013, donde repitió, casi palabra por palabra, el lenguaje utilizado en la nota informativa del *Granma*, eliminando cualquier duda referente a su postura en el tema de la «regulación *versus* prohibición»:

> *Hechos recientes pusieron en evidencia un inadecuado control por parte de las instituciones gubernamentales de cara a ilegalidades en el ejercicio del trabajo por cuenta propia, las cuales no fueron enfrentadas resuelta y oportunamente, creándose un ambiente de impunidad que a su vez estimuló el crecimiento acelerado de actividades que nunca habían sido autorizadas en el alcance definido para determinadas ocupaciones [...] los problemas deben preverse antes de su aparición, y si surgen, hay que actuar de inmediato, sin vacilación, preferentemente cuando son pequeños y aislados, que siempre será preferible a pagar el costo político que entraña la inercia y la pasividad en hacer cumplir la legalidad.*

Bajo el enfoque «raulista», la legalización de actividades económicas que no habían sido reguladas permite al Gobierno incrementar sus ingresos fiscales, a fin de lograr mejor financiamiento para los servicios sociales y el sector público, mientras ayuda a reducir la desigualdad de ingresos mediante impuestos y el marco reglamentario. Además, las licencias le posibilitan rastrear a los emprendedores y controlar sus actividades con mayor eficacia. No obstante, el marco de las políticas actuales parece basarse aún en una desconfianza fundamental hacia el cuentapropismo. Ello conduce a serias desventajas desde la perspectiva de la eficiencia y de la equidad en varios niveles: para los emprendimientos unipersonales, conjuntos y para el fomento necesario de la confianza mutua y el imperio de la ley entre la ciudadanía y el Estado.

A pesar de que el actual enfoque «raulista» ha propiciado una ambiente más favorable que el existente durante el extenso período de mandato de Fidel Castro, todavía no ha llegado lo suficientemente lejos. Las nuevas políticas continúan limitando la creación de empleos en las áreas profesionales y, por ende, reduciendo la generación de ingresos reales, al tiempo que bloquean la producción, en un rango diverso, de bienes y servicios. Por esa razón, continúan afectando los ahorros y las inversiones productivas, desperdician los talentos empresariales del pueblo cubano en labores de baja productividad y dilapida los escasos recursos capitales, naturales y humanos del país. Por ejemplo, a pesar de que se amplía con lentitud para incluir algunos negocios más productivos y profesionales, la lista existente de 201 ocupaciones (Anexo 2) sigue estando llena de actividades orientadas a la sobrevivencia, apenas productivas, y sin el dinamismo que requiere una economía moderna (Orozco y Hansing, 2011).

La tercera temática abordada es que, no obstante la «legalidad» del sector cuentapropista autorizado, ha carecido de una «legitimidad» verdadera, a juzgar por las acciones, muchas veces arbitrarias, por parte de los burócratas gubernamentales a cargo de su regulación.[6] Como lo indican sus palabras citadas con anterioridad, respecto al «costo político» de no hacer cumplir las leyes existentes, el Gobierno es perfectamente consciente de que la apertura de un espacio al mercado y al sector privado tiene ramificaciones políticas. Por tanto, sería probable, entonces, que las restricciones y los impuestos elevados al sector no-estatal sean consecuencia de un deseo de mantener el control político, que podría estar amenazado por un crecimiento ilimitado del trabajo autónomo.

Los requerimientos para la concesión de licencias, los impuestos, las regulaciones, las multas y las medidas represivas al trabajador por cuenta propia puede que no tengan la intención primaria de ser instrumentos de redistribución o recolección de impuestos, sino más bien la de ejercer un control eficiente sobre la población llegados a un período de crisis económica e incertidumbre política —un escenario semejante al que se produjo tras la muerte del presidente Hugo Chávez y la crisis posterior de inestabilidad política y la violencia callejera desatadas en Venezuela—. Ahora bien, en la práctica, la implementación de esas medidas hace que muchos negocios resulten tan costosos, que se convierte en algo difícil para el cuentapropista sobrevivir sin salirse a veces de la ley o verse obligado a pasar a la clandestinidad. ¿Las reformas articuladas bajo el mandato de Raúl han hecho algo para cambiar ese balance? Las últimas estadísticas de finales de agosto de 2014, casi cuatro años después de la implementación de las nuevas regulaciones para el trabajo por cuenta propia, muestran un gran incremento en números generales, de unos 150 000 a casi 500 000 cuentapropistas. Sin embargo, 82% de esas nuevas licencias están en manos de personas previamente desempleadas o jubiladas —no de los que fueron despedidos de los trabajos estatales— (Peters, 2012a y 2012b; *Cuba Central Blog,* 2014; *CubaDebate,* 2014b; *Mesa Redonda,* 2014; Manguela, 2014; *14ymedio,* 2014a). Por consiguiente, se ha tenido cierto éxito en sacar al menos a algunos cuentapropistas de la «clandestinidad».

---

[6] Un ejemplo de este fenómeno lo constituye el exitoso restaurante y club nocturno conocido como El Cabildo, dirigido por Ulises Aquino y su grupo de teatro popular, Ópera de la Calle, que fue cerrado por reguladores en el verano de 2012 y continúa cerrado en la actualidad (Frank, 2012a y 2012b; Ravsberg, 2012a, 2012b y 2013a; McAuliff, 2012; Miroff, 2012a y 2012b; Fernández, 2012a y 2012b; *Trip Advisor,* 2013; León, 2013; *DDC,* 2014). Hacemos un resumen de este caso en las conclusiones del Capítulo 8, que se centra en la evolución de los paladares cubanos.

No obstante, la meta declarada de Raúl es mucho más ambiciosa que eso, si recordamos que la expansión del trabajo por cuenta propia en octubre de 2010 estuvo acompañada —y justificada— por una decisión simultánea de despedir a cientos de miles de trabajadores estatales («Pronunciamiento», 2010). Una mejor evaluación del éxito de la apertura hacia el sector autónomo incluiría estadísticas que reflejen la absorción de los trabajadores estatales inactivos y su capacidad para contribuir a una mayor productividad y eficiencia en la economía en general. Las restricciones que siguen en pie respecto a los tipos de ocupaciones autorizadas para ejercer el trabajo por cuenta propia hasta la fecha —casi ninguna aprovecha la fuerza laboral tan educada y profesional de Cuba— ponen en duda el logro de esa segunda meta.

A pesar de que han existido importantes debates en Cuba sobre el ritmo y la dirección de las reformas económicas, el gobierno de Fidel nunca consideró el cuentapropismo —o la mayoría de las otras reformas económicas anunciadas después de 1993—, como algo más que una medida paliativa, implementada de mala gana durante la crisis económica, con el propósito de salvar el socialismo. Aún más, estas reformas económicas limitadas jamás tuvieron la intención de comenzar una transición al capitalismo. Por tanto, con el logro de una estabilidad económica relativa a finales de la década de 1990, no resultó sorpresivo que el Gobierno contuviera lenta, pero inexorablemente, el trabajo por cuenta propia mediante políticas cada vez más rigurosas. La interrogante ahora es si el enfoque de Raúl hacia este sector, en apariencia más pragmático y estimulante, es en esencia diferente. Hasta finales 2014, la respuesta parecía ser un «sí» alentador, pero muy matizado.

No obstante, como explicamos en el Epílogo —en especial a partir de marzo de 2016, cuando el presidente estadounidense Barack Obama realizara su histórica visita a La Habana—, hemos presenciado una verdadera «contrarreforma» hacia el sector autónomo cubano que ha congelado la expansión de «cuentapropismo» en la Isla. Esta «pausa» extendida ha dado prioridad al orden, control y un cumplimiento estricto de la ley para el sector privado sobre una mayor apertura que convertiría a los cuentapropistas en empresarios reales con una personalidad jurídica propia. Así que nuestro «sí» alentador de 2014 se había convertido en un «no» decepcionante ya para la segunda mitad de 2018. Dicho de otra manera, de 1998 a 2018 los cuentapropistas cubanos han ido de una situación desesperada de estar «condenados a la informalidad» —título de la tesis doctoral de Ted Henken en 2002— hasta 2008, a un período de esperanzas empresariales entre 2010 y 2016 —título de la edición original de este libro: *La Cuba empresarial,* que refleja tal esperanza—, a una incertidumbre abrumadora desde agosto de 2017 hasta la fecha. Quizás la frase incisiva de Richard

Feinberg y Claudia Padrón Cueto en su analisis de las nuevas regulaciones para el trabajo por cuenta propia anunciadas el 10 de julio de 2018: «la venganza del celoso burócrata» (Feinberg y Padrón Cueto, 2018; Whitefield 2018), capta mejor la situación actual, incierta para estos actores.

El cuarto punto de este estudio argumenta que Cuba podría obtener inmensos beneficios —desde varias perspectivas— mediante una mayor liberalización del sector cuentapropista. Así se desatarían las energías emprendedoras de muchos cubanos que hoy día se desperdician en actividades de subsistencia de bajo nivel, a menudo en la economía sumergida, o se liberan fuera de Cuba a través de la migración —la cual ha alcanzado niveles récords, sobre todo entre los jóvenes, y es probable que continúe creciendo tras la eliminación del permiso de salida en enero de 2013— (Peters, 2012c; Morales, 2013). Para justificar las reformas migratorias —al hacerse públicas en octubre de 2012—, el Gobierno habló de su derecho a defender la nación del éxodo intelectual y el robo de cerebros (Cancio Isla, 2012; Decreto-Ley no. 302, 2012; *Granma*, 2012c). Ahora bien, si otros países como EE.UU. son «culpables» de tentar a los profesionales cubanos a que «abandonen el buque» e inviertan sus habilidades en un mejor mercado laboral en el exterior, Cuba es igualmente culpable de lo que podría llamarse «desperdicio de cerebros», dadas sus regulaciones muchas veces frustrantes y contraproducentes al trabajo autónomo (Blanco, 2013).

Aquí se emplean diversos métodos de investigación. Primero, a fin de colocar el análisis del cuentapropismo en un contexto amplio, realizamos un análisis histórico de la evolución del sector en Cuba, comenzando en el período prerrevolucionario y adentrándonos en los primeros treinta años de la Revolución. Esto se complementa con un análisis de la reticente adopción del trabajo por cuenta propia por parte de Fidel Castro en el período 1990-2006; en contraste con el enfoque de las políticas de Raúl entre 2006 y 2018.

El análisis de la estructura, el funcionamiento y la dimensión de la economía sumergida cubana nos enfrentó a mayores dificultades metodológicas, como suele suceder con las de todos los países. Los negocios que operan de manera ilegal muy pocas veces están dispuestas a divulgar cualquier información sobre sus actividades por miedo a ser descubiertos y sancionados. En la mayoría de las naciones, la razón principal para permanecer en la clandestinidad es probablemente la evasión de impuestos. No obstante, si han sido declarados ilegales, como es el caso de la economía sumergida en Cuba, el miedo puede ser a sanciones, multas, o cierre y confiscación total del equipamiento relevante, materiales o propiedades. La manera de adquirir información sobre esta en varios países ha sido el centro de cada vez mejores estudios en años recientes; en tanto que los Gobiernos y las agencias internacionales han intentado aprender más acerca de su magnitud y funcionamiento en sus respectivos territorios (Portes y Haller, 2005; Losby *et al.*, 2002; Schneider y Enste, 2002a y 2002b). Ahora bien, en este estudio no intentamos en lo absoluto medir cuantitativamente el tamaño de la economía sumergida cubana; optamos, en su lugar, por complementar nuestro enfoque histórico comparativo con un análisis cualitativo sobre la base de numerosas observaciones etnográficas y entrevistas con los propios emprendedores cubanos.

Para nuestro ensayo se realizaron una serie de entrevistas, entre los años 1999 y 2001, a un grupo de más de 60 emprendedores entre aquellos que operaban o no con licencias. Cerca de la mitad de ellos se entrevistaron durante varios viajes de seguimiento (2002-2009). Algunas de las dificultades al emprender este tipo de investigación etnográfica cualitativa, basada en entrevistas en la Cuba de hoy, se exponen a lo largo del libro: el Capítulo 7 se centra en la economía sumergida y las ilegalidades económicas; mientras los Capítulos 4, 5 y 8 se enfocan en los experimentos de Cuba con el trabajo por cuenta propia legal. A fin de adquirir un conocimiento profundo de las estrategias, el funcionamiento, el rendimiento y los prospectos del cuentapropismo en la parte más dinámica y potencialmente productiva del sector privado emergente —al cual nos referimos en el Capítulo 7 como «actividades económicas clandestinas legítimas» o AECL—, entrevistamos a trabajadores autónomos en las áreas de servicios de alimentos —en especial los paladares—, transporte —sobre todo taxis particulares— y alojamiento —las florecientes casas particulares.

Las entrevistas se concentraron en tres temas principales: 1. ambiciones y expectativas para el futuro; 2. estrategias de sobrevivencia utilizadas por los emprendedores al negociar su relación de matices con el Estado; y 3. una exploración de los bordes porosos, a menudo coincidentes, que distinguen a los cuentapropistas con licencias de los informales. En otras palabras, primero les preguntamos si esperaban que en un futuro sus negocios en particular, así como el incipiente sector microempresarial en general, estarían en condiciones, y se les permitiría, convertirse en un verdadero sector pyme. Segundo, queríamos conocer cómo respondían ellos a las regulaciones gubernamentales, los requisitos para la obtención de licencias y el pago de impuestos. Tercero, inquirimos por cómo el trabajo por cuenta propia legal difiere de la AECL desde un punto de vista socioeconómico. Las entrevistas de seguimiento con muchos de ellos mismos tuvieron lugar en abril de 2011 y su tema principal versó sobre lo que pensaban de las reformas de Raúl Castro posteriores a 2010, en comparación con las antiguas regulaciones. También se les preguntó acerca de las cambiantes percepciones de la actividad cuentapropista en la sociedad cubana y las dificultades que enfrentaron a la hora de lidiar con varios obstáculos potenciales al crecimiento de sus negocios; tales como, la obtención de la licencia inicial, crédito, materia prima, encontrar empleados, pagar impuestos y navegar a través de las regulaciones e inspecciones.

Como se menciona anteriormente, con el objetivo de tener un estudio bien enfocado y contar con medios de análisis comparativos, a través de los cuales abordar las preguntas de investigación expuestas, estas entrevistas y observaciones se centraron primariamente en tres áreas, de alguna manera interrelacionadas, de lo que podría llamarse «la economía informal del turismo»: paladares privados de pequeña escala, taxis y casas de alquiler particulares. De entre las más de cien ocupaciones legales que se abrieron al trabajo por cuenta propia en Cuba a partir de 1993, se seleccionaron estas tres porque fueron, en aquel entonces —y aún hoy—, de las más lucrativas, dinámicas e importantes dentro del sector legal, tanto por su número de empleados y licencias, como por el volumen de ingresos generados.

De hecho, a finales de marzo de 2014, la *Mesa Redonda,* programa televisivo cubano, transmitió en dos partes una serie sobre el trabajo por cuenta propia y reportó que, de los 455 577 cuentapropistas registrados hasta finales de febrero de 2014, el sector del servicio de los alimentos continúa siendo el más extenso (57 776 dueños de licencias para 12,7%), seguidos el área del transporte (47 733 registrados para 10,5%) y casas particulares (29 952 titulares para 6,6%). Además, 91 978 trabajan contratados por otras compañías (20,2%); sobre todo en los sectores de los servicios alimenticios y el transporte. Por tanto, estas cuatro ocupaciones del trabajo por cuenta propia comprenden 50% de todos los cuentapropistas que trabajan en la actualidad en el sector autónomo (*Cuba Central Blog,* 2014; *CubaDebate,* 2014b; *Mesa Redonda,* 2014). También es probable que estas ocupaciones tengan el mayor potencial para evitar el curso y los costos de la informalidad y se transformen en pymes —ya sea como negocios privados o cooperativas formales—, cuando estas actividades de mayor escala se hagan políticamente factibles; si es que sucede. Debido a ello, los Capítulos 4 y 8 cubren las entrevistas etnográficas que hicimos a los propios cuentapropistas, enfatizando en las estrategias de sobrevivencia de los microemprendedores en los sectores del transporte, el alojamiento y los servicios de alimentos (paladares).[7]

---

[7]   Un artículo de finales de agosto de 2014 publicado en el periódico oficial *Trabajadores* con el título «El trabajo por cuenta propia: con un pie en el pedal», confirmó estas ten-

En el capítulo 2, definimos y hablamos sobre los términos interrelacionados para denominar las economías «informal», «sumergida» y «secundaria», y describimos sus relaciones con el cuentapropismo, los emprendedores y el desarrollo económico y humano. Este capítulo asume una visión amplia y global del emprendimiento empresarial y la informalidad, buscando sintetizar las diferentes respuestas de la política pública ante estos fenómenos, al tiempo que también se delinea la variedad de consecuencias económicas y sociales de los enfoques de estas políticas. Dado el perfil singular de Cuba como único Estado de régimen socialista en Latinoamérica, la mayoría del capítulo se centra en Latinoamérica y Europa oriental, en tanto que sus historias, culturas, y economías políticas son las más relevantes para el caso de Cuba. Hacemos un resumen de las lecciones de otros estudios sobre el «sector informal» latinoamericano y lo comparamos con las lecciones relacionadas de los estudios sobre la «economía secundaria» en los antiguos países socialistas de la Europa oriental. Dicha comparación nos permite identificar una serie de conceptos y modelos teóricos, así, como lecciones prácticas y experiencias que empleamos a lo largo del libro para explicar las cambiantes políticas cubanas respecto de su sector no-estatal.

El capítulo culmina identificando las características que convierten a Cuba en un caso híbrido único. Como país latinoamericano, es heredera de una tradición en la que el Estado paternalista —ya sea bajo la ocupación española anterior a 1898 o como nación nominalmente independiente, entre 1902 y 1958— ha desempeñado durante mucho tiempo un papel central y dominante en la economía, dejando poco espacio o aliento para el emprendimiento (Crabb, 2001). Asimismo, como nación socialista, ha instituido un modelo económico definido por un monopolio de Estado sobre el empleo, la toma de decisiones económicas centralizadas y un rígido plan central, que combinados conducen a cuellos de botella crónicos, ineficiencias y poco incentivo para el trabajador; esto crea un ambiente perfecto para el comportamiento de búsqueda desesperada de ingresos, robo de los recursos estatales para uso particular, corrupción y un prolífero mercado negro y economía sumergida (Díaz Briquets y Pérez-López, 2006).

---

dencias, reportando un total de 471 085 trabajadores registrados para finales del julio de 2014. De esos cuentapropistas, 69% estaba ya desempleado, al tiempo que los servicios de la alimentación, el transporte y la renta de casas continúan siendo las ocupaciones más comunes (Manguela, 2014; *14ymedio*, 2014a).

En los Capítulos 3 y 4, describimos la historia y las consecuencias de una política pública antagonista hacia el cuentapropismo bajo el liderazgo de Fidel Castro (1959-2006). En nuestro análisis, prestamos especial atención a las lecciones de la última ronda de reformas durante el Período Especial en Tiempos de Paz (en lo adelante, Período Especial) en el área del trabajo por cuenta propia (1990-2006). Específicamente, el Capítulo 3 explica la historia de las políticas fluctuantes de la Cuba socialista respecto al sector privado y la economía sumergida, trazando una serie de vaivenes pendulares entre restricciones socialistas producto de la ideología, seguidas por reformas de mercado pragmáticas entre los años 1959 y 1989. De hecho, aquí argumentamos que las políticas cambiantes del Gobierno revolucionario hacia el sector privado se pueden entender en principio como un tira y afloja entre la ideología comunista, por un lado, y el pragmatismo económico, por el otro (Mesa-Lago, 2000; Mesa-Lago y Pérez-López, 2005 y 2013).

El Capítulo 4 encuentra una crónica del surgimiento, la evolución, el incremento de la estigmatización, la asfixia y la casi extinción del sector autónomo legal en Cuba entre 1990 y 2006. En él, describimos las fases secuenciales de este ciclo singular de reformas y restricciones, comenzando con las económicas externas iniciales asociadas al Período Especial y seguidas por una serie de reformas económicas internas que incluyen la introducción del trabajo por cuenta propia en 1993 como respuesta a la severa crisis económica del país. Asimismo, brindamos un análisis detallado de las políticas estatales cubanas respecto a las licencias, regulaciones e impuestos durante dicho período, explicando la lógica y las implicaciones de estas políticas, que fueron claramente diseñadas para priorizar el orden y el control por encima del fomento y la expansión del sector no-estatal. Ampliamos el análisis con una serie de viñetas breves que ilustran la manera en que algunos de los propios emprendedores cubanos experimentaron el creciente ambiente regulatorio de finales de 1990 y principios de 2000. Terminamos con una crónica de la eliminación progresiva del sector del trabajo por cuenta propia entre 2004 y 2006, como parte de la arremetida contra las ilegalidades económicas y un movimiento hacia la recentralización de la economía, acompañada por un recuperado énfasis en las campañas ideológicas de predicación, vigilancia y prohibición; como fue el caso de la Batalla de Ideas, una de las últimas acciones de Fidel Castro, ya suspendida.

El Capítulo 5 comienza con un análisis de los factores estructurales y coyunturales que confluyeron de 2006 a 2009, los cuales permitieron —o quizás obligaron— al presidente Raúl Castro a instituir una serie de reformas económicas, muy retrasadas y sin precedentes, que subrayaban el papel fundamental del cuentapropismo en la recuperación económica, cuando en el pasado su potencial económico se había considerado marginal, en el mejor de los casos. Después, se describen y evalúan las reformas económicas en cuestión, enfatizando en las iniciativas de la política central referente a los despidos de trabajadores del sector estatal, acompañada por una expansión considerable del trabajo por cuenta propia. Por último, hacemos una crónica y análisis de los cambios específicos en las regulaciones para el trabajo autónomo en Cuba.

Aquí nos centramos en cuatro elementos. Primero, analizamos los cambios en el marco regulatorio para cuentapropismo, prestando atención al tipo de ocupaciones permitidas. Segundo, evaluamos el nuevo sistema tributario para los trabajadores y emprendedores privados, comparándolo con el régimen anterior y señalando los cambios en la legislación fiscal para el sector desde que su anuncio inicial a finales de 2010. Tercero, hacemos una crónica y evaluación de las diferentes adaptaciones hechas a la legislación original del trabajo por cuenta propia a partir de 2010, como consecuencia de la incapacidad de la primera ronda de reformas para lograr las metas establecidas; concentrándonos específicamente en una serie de pasos positivos entre 2011 y 2014, y en un número de medidas negativas, como la prohibición en el otoño de 2013 de la venta de ropa importada por parte del sector privado y el cierre subsecuente de las salas de juego y los cines 3D privados. Para terminar, identificamos áreas donde serían beneficiosas reformas más abarcadoras, en específico aquellas relacionadas con el acceso a créditos, la disponibilidad de un mercado mayorista y la incorporación de profesionales a la actividad cuentapropista.

En el Capítulo 6, revisamos las nuevas regulaciones para las cooperativas, publicadas en diciembre de 2012, que legalizan la creación de cooperativas no-agrícolas por primera vez en el período revolucionario. El Capítulo 7 describe la amplia gama de ilegalidades económicas y negocios clandestinos que proliferan en Cuba, tratando de hacer una distinción entre las actividades ilícitas, y, por tanto, ilegítimas, y un subconjunto de prácticas cotidianas de sobrevivencia que llamamos AECL. Todo esto, con miras al establecimiento de una política pública más sabia y pragmática, que legitime tales actividades en el futuro y haga uso de su potencial para contribuir al incremento de la productividad, la eficiencia y el empleo. Sobre la base de las entrevistas y el trabajo etnográfico realizado con los emprendedores cubanos entre 1999 y 2011, el Capítulo 8 se centra en la actividad del trabajo por cuenta propia, legalizada después de 1993, que ha resultado ser la más lucrativa, notable, y dinámica: los servicios alimenticios privados, con un marcado énfasis en los paladares o restaurantes privados. El seguimiento de la historia de la evolución de los paladares en Cuba, a través de sus diferentes ciclos de nacimiento, muerte y renacimiento, permite entender y comparar críticamente las experiencias, opiniones y evaluaciones de las dos ruedas de reformas más recientes, desde la perspectiva del propio emprendedor.

El Capítulo 9 intenta evaluar los logros del proceso de reformas hasta finales de 2014, sobre todo en lo relacionado con los despidos, el empleo y la productividad alcanzada. También evaluamos otros aspectos vinculados con el proceso de reformas; algunos de ellos bastante tangibles, como el ritmo de los despidos, la eliminación progresiva de los subsidios y las cuotas, y la legalización de los mercados de bienes raíces y de automóviles. Otros, menos tangibles, aunque no menos importantes, son la profundidad de los cambios en la mentalidad de los cuadros y de los burócratas, y la medida en que se ha consolidado una confianza mutua entre los emprendedores y el Estado. Concluimos con la presentación de una serie de posibles escenarios de futuras políticas para el cuentapropismo, algunos más escépticos y otros más esperanzadores; entre ellos: 1. un retorno a su supresión; 2. una liberalización continuada, pero extremadamente cautelosa, del emprendimiento privado, junto a un crecimiento complementario del nuevo experimento de las cooperativas no-estatales; y 3. una liberalización pro mercado más rápida y significativa, que permitiría el surgimiento de pymes, la concentración de riquezas en manos privadas, derechos totales de propiedad para los emprendedores privados y crédito directo e inversión extranjera en micro y pequeñas empresas desde el exterior. Asimismo, destacamos el impacto potencial que una reforma de la política estadounidense —pasando de un aislamiento del gobierno cubano hacia un compromiso de principios con la sociedad civil emergente de la Isla— podría tener en la Cuba empresarial.

El Epílogo, redactado para la edición en español del libro, contiene un análisis crítico de las políticas públicas hacia el sector cuentapropista cubano desde 2014 hasta la actualidad. Analizamos la nueva relación diplomática entre Cuba y EE.UU., que comenzó el 17 de diciembre de 2014, y cómo este «acercamiento» entre Gobiernos y «empoderamiento» del pueblo ha impactado a los cuentapropistas de la Isla; tanto bajo la postura progresista de cambio de la administración del presidente Barack Obama, como bajo la postura revanchista de línea dura del mandato de Donald Trump. Además, evaluamos las nuevas regulaciones para el trabajo por cuenta propia anunciadas el 10 de julio de 2018, las otras anunciadas el 16 de julio de 2020 y revisamos cómo la nueva Constitución podría afectar el sector autónomo cubano.

2

SECTOR CUENTAPROPISTA

«En las economías dirigidas, la informalización es,
irónicamente, una herramienta en manos
de los trabajadores urbanos para hacer frente
al Estado todopoderoso».
(Portes, Castels y Benton, 1989:308)

Desde hace tiempo, los gobiernos han luchado por establecer un equilibrio entre la promoción y la regulación de la actividad empresarial y muchas veces no han logrado insertar a la mayoría de los emprendedores informales en la economía legal y regulada. El hecho de que el sector de la microempresa o de la pequeña empresa informal pueda contribuir o no al desarrollo de la nación descansa, en parte, en la manera en que los responsables de formular las políticas entiendan el origen y el funcionamiento del sector informal. Algunos comprenden la informalidad como el resultado de las regulaciones estatales, los costos excesivos y criterios legales injustos, que impulsan a la mayoría de los emprendedores a salirse de la economía formal legal —y los condenan a la informalidad y a funcionar desde la «clandestinidad» (De Soto, 1989 y 2000). Otros, por su parte, argumentan que los Gobiernos y las empresas capitalistas formales realmente dependen de la existencia del sector informal y se benefician de él como una manera de asegurar la estabilidad política mientras contribuyen a mantener los salarios bajos, niegan los beneficios al trabajador y aseguran altos ingresos mediante la subcontratación (Portes, Castells y Benton, 1989). No obstante, el caso de este sector en la Cuba socialista constituye un desafío para estos dos paradigmas conceptuales, dominantes y en gran medida irreconciliables. Primero, tras ser legalizada en 1993, la microempresa cubana, en la forma del trabajo por cuenta propia, se recuperó casi de una total extinción en 2005 y se situó en el centro de la agenda de la reforma económica de Raúl Castro a partir de 2010.

Debido a que los emprendedores cubanos operan dentro del singular marco institucional del socialismo de Estado —y muchas veces en oposición a él—, ni la teoría neoclásica (De Soto) ni la teoría neomarxista (Portes *et al.*) pueden explicar adecuadamente su origen y funcionamiento. Como tampoco pueden definir de modo apropiado el tradicional tratamiento hostil del gobierno cubano hacia ellos. A la luz de esta deficiencia, recurrimos en el presente capítulo a una rama de «la nueva teoría institucional», que se creó en sus inicios para explicar el cambio social y la «economía secundaria» dentro de los sistemas socialistas estatales de Europa oriental, a fin de entender con mayor precisión la relación peculiar, y a menudo paradójica, existente entre el Estado cubano y la economía informal o «secundaria» de la Isla.

Al igual que otros gobiernos latinoamericanos y caribeños, el Estado cubano ha intentado ejercer un control casi total sobre el sector informal. No obstante, en esos otros contextos «las abundantes regulaciones en papel [...] coexisten con un Estado inepto y débil» (Portes y Haller, 2005:410). Como consecuencia, los gobiernos «frustrados» de Latinoamérica y el Caribe han tendido a favorecer a un pequeño conjunto de empresas formales élites, con buenas conexiones, con los beneficios de reconocimiento estatal, protección y recursos. Cuba, en cambio, es un Estado que combina una *intención* regulatoria «total» con una fuerte *capacidad* regulatoria, que ha equiparado eficazmente la informalidad con la ilegalidad; lo cual tuvo éxito, al menos al principio, en la eliminación casi total del sector privado y en la penalización de toda la actividad económica no-estatal. A pesar de esa preferencia «totalitaria» por el control absoluto sobre la economía y la total captura de la sociedad civil, con el curso del tiempo ese afán solo ha provocado una resistencia generalizada a las engorrosas e interminables regulaciones, «multiplicando —involuntariamente— las oportunidades para sus violaciones» (ibíd.:411). A pesar de que los supuestos logros de la economía «primaria» formal socialista fueron anunciados por el Gobierno cubano en cada oportunidad, la floreciente economía «secundaria» los contradice, socava y desplaza cada vez, convirtiéndose poco a poco en la economía real del país (Centeno y Portes, 2006:31); así como el empleo en esa economía «secundaria» a menudo constituye el trabajo *real* de muchos cubanos, incluso, a pesar de que mantienen sus ocupaciones oficiales en la primaria.

Las tres instituciones clave e imbricadas del socialismo (el plan central, la propiedad estatal sobre los medios de producción y el empleo público casi universal) protegen con eficacia el monopolio del Gobierno sobre la actividad económica legítima —denominada muchas veces economía «oficial» o «primaria»— y provocan, así, una amplia gama de estrategias económicas ilegítimas —pero omnipresentes— que conforman la secundaria en Cuba. Al mismo tiempo, estas instituciones estatales han sido relativamente ineficientes e improductivas, tanto en los antiguos regímenes socialistas de la Europa oriental, como en la propia economía centralizada de Cuba, causando que el Gobierno tolere —y durante el decenio 2008-2018 bajo Raúl Castro incluso promueva— la legalización de los micronegocios informales, sacándolos una vez más «de entre las bambalinas al centro del escenario» (Pérez-López, 1995a). El gobierno del presidente R. Castro ha llegado al punto de apostar el futuro de la Revolución —y, de modo irónico, del socialismo— a la capacidad de la economía secundaria —en la forma de un sector expandido del trabajo por cuenta propia— para proporcionar a la Isla bienes necesarios, servicios y trabajos, al absorber gran parte del desempleo creado por las grandes reducciones del sector estatal. De hecho, en su informe al VI Congreso del Partido en abril de 2011, Raúl argumentó que el trabajo por cuenta propia debía promoverse como un «factor facilitador para la construcción del socialismo en Cuba», queriendo decir que, al sacar a los emprendedores informales «de la clandestinidad» y permitir a su vez que los trabajadores despedidos del sector estatal se incorporen de manera legal al creciente sector no-estatal, el Estado quedaría libre de tales responsabilidades para poder concentrarse en el incremento de la eficiencia y la productividad en áreas de mayor significación económica (Castro, R., 2011a).

Esta relación cambiante entre el Estado y el sector informal —a veces antagónica y otras complaciente— destaca una paradoja esencial en la relación del gobierno cubano con los microemprendedores informales. En síntesis, menos es más. Es decir, en la medida en que el Estado intenta regular el sector cuentapropista en su salida de la clandestinidad —enfatizando siempre el control y la disciplina por encima de la transparencia y la confianza—, se vuelve cada vez más ineficaz con dichas regulaciones y lo único que logra es crear más oportunidades para la violación lucrativa de las reglas. A Cuba, en realidad, le vendrían bien *menos regulaciones* combinadas con una mejor *imposición,* más eficiente y mejor *enfocada.* «Un Estado no se hace más débil porque regule menos […] Se debilita por la incapacidad de hacer cumplir sus propias reglas» (Centeno y Portes, 2006:41).

Cuentapropismo, emprendedores y política estatal hacia la informalidad

Antes de explorar la economía sumergida, resulta apropiado comentar brevemente el concepto y la naturaleza del empresariado —y su papel en el proceso del desarrollo. Desde hace tiempo, se reconoce que este desempeña un papel fundamental en el desarrollo económico. Aun así, es ignorado en gran medida en el cuerpo principal de la teoría económica y ha recibido, de modo sorpresivo, muy poca atención en la literatura general sobre el desarrollo. Proveniente del francés antiguo *entreprende* (emprender), un empresario es en esencia alguien que asume riesgos para lograr un objetivo. En 1730, un irlandés residente en Francia, Richard Cantillion, fue el primero en acuñar el termino *empresario* para identificar el papel, singularmente arriesgado, que ciertas personas autoempleadas desempeñaban en el desarrollo económico, al comprar suministros y combinarlos, con la intención de revenderlos a precios inciertos —con la esperanza de que fuesen mayor— (Cantillion, 1755, en Long, 1983; Outcalt, 2000). De hecho, Cantillion creía que, como no trabajaban por salarios en un trabajo estable, los trabajadores autónomos tenían una posición económica de una independencia única. Por tanto, para él, «los mendigos e incluso los ladrones» eran empresarios o emprendedores por excelencia, dada la incertidumbre y el riesgo constantes en que vivían (Cantillion, 1755:55, en Long, 1983:48).

A la idea del riesgo, otros teóricos añadieron las funciones de unificar, coordinar, organizar, y supervisar (Say, 1847). En este sentido, es aquel que combina varios suministros (tierra, mano de obra y capital, entre otros) a fin de crear un producto y retener ingresos como recompensa. En el siglo XX, Frank Knight (1961) reiteró el concepto del riesgo de cara a la incertidumbre, como una característica fundamental del empresario. Joseph Schumpeter (1974) amplió nuestro entendimiento del empresariado al subrayar su papel innovador como un «destructor creativo» que conduce al crecimiento económico y al desarrollo (Long, 1983; Outcalt, 2000; Brouwer, 2002; Wu, 2011). El análisis seminal de Leibenstein sobre la función del empresariado en asegurar la eficiencia y lograr desarrollo económico es sobre todo útil para explicar los desafíos de ser un empresario en el socialismo de Estado (1968). Leibenstein entendía su importancia como la persona que encabeza la lucha contra la ineficiencia que plaga la mayoría de los sistemas económicos; en especial aquellos que se caracterizan por monopolios de Estado impuestos en el ámbito legal.

Al exponer las funciones que realiza el empresario, Leibenstein (1968) argumentó que el empresario era alguien que, debido a algún conocimiento especial o posicionamiento, aumenta la eficiencia mediante el desempeño de funciones como:

1. «conectar mercados»: conectando al mercado potencial para el producto realizado con los mercados para todos los insumos relevantes;

2. «rellenar lagunas»: realizando acciones peculiares o difíciles de llevar a cabo a través de los mercados;
3. «complementar los insumos»: improvisando la provisión de todos los insumos necesarios para la empresa; y
4. «crear empresas»: unificando los insumos para la producción de un producto en un período específico de tiempo con algún tipo de organización.

Por tanto, el empresario se distingue por su capacidad de notar oportunidades desapercibidas por los demás y actuar con la meta de lograr un objetivo aún por realizarse. Visualiza y planifica cómo lograr el objetivo y hace todo lo que está a su alcance para implementar esa visión. Con lo cual, aprovechar una oportunidad nueva, visualizar y planificar los pasos necesarios para lograr el resultado deseado, asumir los riegos necesarios y, en efecto, realizar un proyecto o construir una «empresa», son los actos más comunes de un empresario o emprendedor. A pesar de que puede poseer diferentes habilidades y conocimientos, su talento más importante es probablemente el de organizador, conector, o «intermediario», aunando los recursos, insumos e individuos necesarios para la implementación de un proyecto.

La contribución de la iniciativa empresarial al proceso de desarrollo económico queda expuesta en la descripción anterior. Los empresarios son una fuerza dinámica en la economía, concibiendo las posibilidades de nuevos tipos de actividades económicas y haciendo todo lo necesario para poner en práctica sus visiones. Como consecuencia, dan nacimiento a nuevas empresas, actividades económicas y sectores dentro de la economía. Promueven el proceso de aprendizaje y adaptación a circunstancias variables en la medida que se transforman las tecnologías, evoluciona el mercado y cambian las políticas. En resumen, contribuye al desarrollo económico mediante: 1. la asunción de riesgos o lidiar con la incertidumbre; 2. el actuar como coordinador al combinar diferentes insumos para crear un producto nuevo; 3. su participación en el «oportunismo creativo» o la innovación; y 4. el aseguramiento de la eficiencia en el intercambio económico (Leibenstein, 1968; Long, 1983; Brouwer, 2002; Outcalt, 2000).

La descripción de la iniciativa empresarial que precede es totalmente positiva. No obstante, para que el empresariado pueda funcionar de esta manera constructiva, a favor del desarrollo, tiene que existir un ambiente institucional adecuado (sistema de leyes, ambiente regulatorio y estabilidad económica y política básicas). En circunstancias patológicas —en la ausencia de la ley y el orden, de un sistema judicial razonable, o de estabilidad política, o en un contexto donde predominen los monopolios económicos (privados o estales) y la corrupción— la iniciativa empresarial puede deformarse, hacerse delictiva, o solo resultar imposible. En sistemas donde abundan regulaciones y restricciones complejas, los emprendedores pueden preocuparse con prácticas «rentistas» de algún tipo —todas ellas más o menos improductivas— y pueden disipar su energía empresarial en interminables maniobras y manipulaciones burocráticas. Cuando la ley y el orden se debilitan o cuando la política gubernamental ilegaliza o estigmatiza las actividades empresariales, haciéndolas ilegítimas,[1] el empresariado se ve obligado a pasar a la clandestinidad y a criminalizarse a través de organizaciones extorsionistas tipo mafia o la corrupción.

De tal modo, la iniciativa empresarial en sí es un factor necesario, pero insuficiente, en la generación del desarrollo económico. En cambio, debe funcionar dentro de un ambiente propicio, legal, con un orden institucional y regulatorio. Al escribir sobre las políticas estatales respecto al sector informal, muchas de las cuales son «proto-empresariales», Centeno y Portes (2006:27-31) suponen que en la regulación de los emprendedores informales, a menudo, los gobiernos tienen diferentes *intenciones* —cuán rígido o permisivo es el alcance de la ley— y diferentes *capacidades* —la fuerza o capacidad del Estado para hacer cumplir dichas leyes—, según se refleja en la tipología del Cuadro 2.1. Algunos Estados débiles combinan una pobre capacidad para hacer cumplir las leyes con una intención igualmente mínima. Con una función regulatoria estatal casi «ausente», los empresarios informales se ven obligados a apañárselas por su cuenta en un tipo de Estado autoregulatorio o justicia «fronteriza» (celda 1).

Los Estados débiles que intentan ejercer un grado limitado de regulación económica, sin embargo, muchas veces logran crear solo un «enclave» de jurisdicción formal, restringido a la capital y a algunas áreas industriales, agrícolas y mineras (celda 2). Ahora bien, tradicionalmente, muchos países latinoamericanos han intentado ejercer un nivel de control aún mayor sobre la economía nacional sin la capacidad necesaria para lograrlo, lo cual conduce a la «frustración», o a lo que el influyente economista

---

[1] Incluso bajo las reformas económicas actuales promulgadas por Raúl Castro, que brindan un espacio sin precedentes a los potenciales emprendedores cubanos, nunca se escuchan las palabras «empresario», «emprendedor» o «sector privado». En su lugar, se emplean términos eufemísticos como «cuentapropista» y «sector no-estatal». La bloguera cubana Yoani Sánchez acotó en Twitter (2013): «Entre los eufemismos más llamativos de los últimos años está *cuentapropistas*... prohibido decir *empresarios*».

Cuadro 2.1: Tipos de Estados según su capacidad e intención regulatorias.

		INTENCIÓN REGULATORIA DEL ESTADO		
		mínima	limitada	total
capacidad regulatoria del Estado	débil	celda 1 el Estado «ausente» o «fronterizo» (Somalia, Congo)	celda 2 el Estado de «enclave» (Bolivia, Kenia, Angola)	celda 3 el Estado «frustrado» o «mercantilista» (México, Perú, Ecuador)
	fuerte	celda 4 el Estado liberal (EE.UU, Reino Unido)	celda 5 el Estado benefactor socialdemócrata (Francia, Alemania, Suecia)	celda 6 el Estado totalitario (Cuba, Corea del Norte, antigua URSS)

Fuentes: A partir de Portes y Haller (2005), y Centeno y Portes (2006).

Hernando de Soto ha caracterizado como el Estado «mercantilista» (1989) en el caso de Perú (celda 3). A menudo, ello deriva en el «surgimiento de un patrón predatorio en el que solo una pequeña élite se beneficia de la protección y los recursos estatales» (Portes y Haller, 2005:410). Esa frustración queda bien reflejada en Centeno y Portes:

> *Estos Estados pueden describirse como «frustrados» debido a la permanente contradicción entre las voluminosas regulaciones que producen en papel y su incapacidad para ejecutarlas en la práctica. Dan lugar a un vasto sector informal precisamente debido a las crecientes regulaciones que obligan a los actores económicos a encontrar maneras de evadirlas, y a un aparato estatal débil y frecuentemente corrupto (2006).*

Los Estados fuertes también difieren en sus enfoques respecto a la actividad empresarial informal, los tres tipos ideales son: el Estado «liberal» (EE.UU. y Reino Unido), el Estado «benefactor» (Europa occidental y Canadá) y el Estado «totalitario» (Corea del Norte, la antigua Unión Soviética y Cuba).[2] El enfoque del liberalismo económico hacia la informalidad,

---

[2] En los últimos treinta años se ha presenciado la emergencia de regímenes de «capitalismo de Estado» o «socialismo de mercado» políticamente estables y económicamente vibrantes, como es el caso de Vietnam y China. A pesar de que tales economías muestran algunas de las características híbridas que se encuentran en Cuba —una mezcla del tipo

popular entre los teóricos neoclásicos y neoliberales (liberales en el sentido de un Gobierno limitado), presupone que si las regulaciones son escasas en un contexto donde un Estado fuerte hace cumplir con eficacia las pocas «reglas del juego» que existen, el nivel de informalidad resultante también será bajo (celda 4). Los Estados benefactores de Canadá y la mayoría de Europa occidental, sin embargo, tienen un enfoque un poco más proactivo e intervencionista hacia la economía, justificado por sus prioridades de crear una distribución más equitativa de las riquezas y un conjunto de seguridades sociales, como la atención a la salud y la educación, disponibles para todos (celda 5). Dichos Estados «benefactores» a menudo tienen más regulaciones e impuestos más altos que sus contrapartes liberales, emparejados con un mayor nivel de seguridad, igualdad y bienestar en general —de ahí su nombre—. No obstante, casi siempre ofrecen a sus ciudadanos menos oportunidades económicas y menores dividendos a los empresarios que asumen riesgos, quienes pueden ser obstaculizados por impuestos altos, normativas laborales onerosas u otras reglas.

Cuba es ciertamente un país latinoamericano/caribeño con una tradición «mercantilista» de un Estado patrimonial autoritario, tanto en su período colonial, como republicano —similar a los Estados frustrados de la celda 3 (Crabb, 2001). No obstante, dada su probada *intención* y su *capacidad* por largo tiempo —aunque ahora decrece— de controlar casi toda la actividad económica de la Isla, encaja mejor dentro de la celda de «intención total» y «capacidad fuerte», en la tipología anterior: el totalitario (celda 6). Tales Estados —al igual que muchas de las difuntas «repúblicas» socialistas de la antigua Unión Soviética— tratan de subsumir a la sociedad civil y erradicar el sector privado, equiparando toda la actividad informal con la criminalidad. Ahora bien, a pesar de la fuerza relativa del gobierno cubano y su eficacia en hacer cumplir sus leyes contra la actividad clandestina, en contraste con los Estados *frustrados* o *mercantilistas* típicos en el resto de América Latina (celda 3), durante las dos últimas décadas Cuba ha enfrentado una creciente doble paradoja, común en muchos de sus iguales —ahora difuntos— Estados socialistas totalitarios.

---

régimen «frustrado» con el tipo «totalitario»— la profundidad de sus reformas económicas, combinada con el mantenimiento de un gobierno político autoritario, nos obliga a considerar un séptimo tipo: Estados fuertes con algunas restricciones a la actividad empresarial que no se pueden describir con facilidad como «liberal», ni como «benefactor» ni «totalitario». Ese es un camino posible para Cuba. Agradecemos a Antonio Zamora por sugerirnos esta posibilidad.

Por una parte, por definición, el alcance de la regulación estatal determina el ámbito potencial de la actividad informal. Es decir, puede crear la informalidad, solo legitimando algunas actividades y suprimiendo otras. Es lógico, entonces, que los intentos por una regulación total, común en el socialismo de Estado, expandan proporcionalmente el universo potencial de la actividad informal. Por otra parte, los Estados con esta intención de regulación total enfrentan de modo inevitable la ley de los rendimientos decrecientes. Al principio, cuando se incrementa la intención regulatoria estatal, también aumenta su regulación eficaz de la actividad económica. No obstante, los intentos por ejercer un control absoluto «inevitablemente generan resistencia». Más allá de un cierto «punto ideal» de rango medio y equilibrado, entre la intención regulatoria y la eficacia, un número mayor de regulaciones o una mayor ejecución no conduce a un mayor control; incluso puede tener la consecuencia indeseada de «reducir el alcance mismo del control que la proliferación de las reglas desea lograr» (Portes y Haller, 2005).

Esta es la razón por la cual la economía sumergida en los Estados socialistas totalitarios se considera correctamente como algo *más* que la mera «informalidad» (actividad económica que ocurre fuera del marco regulatorio estatal) que podría existir en los Estados débiles frustrados descritos en la celda 3. En cambio, su intrínseca lógica empresarial a menudo la ubica en una directa *oposición* —casi siempre disfrazada— a la lógica de dominio y control que impulsa las instituciones claves del socialismo de Estado: el plan central, el monopolio de la propiedad estatal sobre los medios de producción, y el empleo público universal. Esta dinámica ha dado lugar al término «economía secundaria» para caracterizar la actividad económica sumergida en los Estados socialistas, dado, que no solamente opera fuera de la «economía primaria» oficial, sino que, muchas veces, lo hace *en contra*. En un estudio anterior al derrumbe de la Unión Soviética, la criminóloga polaca, María Los, reconoció el impacto corrosivo de la economía sumergida en los Estados socialistas, argumentando que «representa una contra-economía y no solo una sub-economía» (Los, 1987:55). Como tal, la economía secundaria es una fuente de cambio sistémico, ejerciendo presión constante para rehacer las instituciones económicas del socialismo.[3]

---

[3] El título de una antología del «nuevo enfoque institucional» respecto al cambio en los regímenes de socialismo de Estado, *Remaking the Economic Institutions of Socialism: China and Eastern Europe* (1989), editado por Víctor Nee y David Stark, reflejan esto.

Haciendo énfasis en Cuba, Centeno y Portes hacen eco de esa convicción en su análisis de la relación entre el Estado y la economía informal en América Latina:

> *El intento del gobierno totalitario de sofocar cualquier manifestación de iniciativa empresarial popular termina, con el tiempo, fomentando su proliferación. El resultado, evidente en cada caso donde se ha intentado ese camino, es una floreciente «economía secundaria» que contradice y socava a cada paso la que está sujeta a la reglas oficiales […] En las fases finales de ese proceso, como sucedió en los difuntos Estados socialistas de Europa oriental y sucede actualmente en Cuba, la «economía secundaria» se convierte en la economía real del país, desplazando eficazmente la economía sujeta a la planificación oficial (2006:31).*

Antes de pensar que Centeno y Portes son partícipes de alguna vistosa hipérbole sociológica o de las trilladas ilusiones cubano-americanas —ambos sociólogos cubano-americanos nacidos en Cuba—, al emplear la frase «fases finales», debemos recordar las nefastas advertencias que Fidel y Raúl han hecho en repetidas ocasiones al pueblo cubano en relación con las políticas estatales hacia el emprendimiento. Por ejemplo, en uno de sus últimos discursos maratónicos de seis horas, pronunciado el 17 de noviembre de 2005, a los estudiantes de la Universidad de La Habana, hizo casi un llamado a una revolución cultural, al estricto control del trabajo por cuenta propia —criticando en específico a los restaurantes privados que funcionaban desde casas particulares— y al regreso a una sociedad igualitaria: «Desaparecerán muchos abusos, así como las condiciones que lo permiten […] —y enfatizó la amenaza mortal de los delitos económicos y la corrupción— En esta batalla contra vicios no habrá tregua con nadie […] o derrotamos todas esas desviaciones y hacemos más fuerte la Revolución […] o moriremos» (Castro, F., 2005a).

Con esa misma urgencia, cinco años después, Raúl Castro dijo casi exactamente lo *opuesto* al referirse a lo que hacía falta para «salvar la Revolución», a los delegados a la Asamblea Popular en diciembre de 2010. Como la reunión estaba en gran medida dedicada a la implementación de las reformas económicas para *erradicar* el igualitarismo y *promover* el trabajo por cuenta propia, exigió que los cuadros cambiaran su mentalidad con relación al trabajo privado: «Lo que corresponde hacer al Partido y al Gobierno en primer lugar es facilitar su gestión y no generar estigmas ni prejuicios hacia ellos, ni mucho menos demonizarlos. […] Para eso es fundamental modificar la apreciación negativa existente en no pocos de nosotros hacia esta forma de trabajo privado». En ese mismo discurso, subrayó la seriedad de la situación actual, exigiendo que esta vez las leyes aprobadas y las decisiones tomadas se llevaran a la práctica: «Si queremos salvar la Revolución hay que cumplir lo que acordemos y no permitir después del Congreso [...] que los documentos vayan a dormir el sueño eterno de las gavetas». Luego, con cierto recelo, vinculó su llamado a las armas *en favor* de la expansión del sector cuentapropista con los sacrificios revolucionarios de generaciones pasadas: «O rectificamos o ya se acabó el tiempo de seguir bordeando el precipicio, nos hundimos, y hundiremos [...] el esfuerzo de generaciones enteras» (Castro, R., 2010a; Peters, 2010d).

De esta manera, incluso Raúl Castro ha llegado a aceptar que la iniciativa empresarial, ejemplificada por el sector del trabajo por cuenta propia legal, junto a las proliferantes actividades del sector informal —muchas de las cuales definimos como AECL en el Capítulo 7—, constituye un recurso económico potencial que podría ser de inmenso valor para la economía cubana. Por supuesto, tales reformas no están exentas del riesgo de socavar el propio socialismo de Estado. Aun así, la realidad es que, incluso las reformas sin precedentes respecto al trabajo por cuenta propia, promulgadas entre 2010 y 2014, permanecen perjudicadas por una red de regulaciones intrincadas que limitan el tamaño y el tipo de negocio, y obstaculizan su generación potencial de ingresos y de empleos, desalentando, a su vez, a otros potenciales emprendedores que pierden interés en obtener licencias y/o abandonar la clandestinidad. Además, muchas formas de iniciativas autónomas —sobre todo en las áreas técnicas y profesionales— continúan siendo ilegales en Cuba y, por ende, sujetas a una intensa represión bajo el presupuesto de ser sinónimos de la explotación, la delincuencia y la supuesta nociva concentración de riquezas. Este enfoque no hace más que intensificar sus potencialidades patológicas al contribuir a la dominante cultura de la ilegalidad.

De hecho, durante gran parte del período revolucionario, los líderes del Gobierno y la prensa oficial cubana han recurrido de manera rutinaria a la estigmatización ideológica de los emprendedores, refiriéndose a ellos como *macetas*[4] parasitarios. En una reprimenda impresionante a esas políticas del pasado, el propio periódico *Granma* declaró que el otorgamiento de un mayor espacio legal a estos estaba encaminado a «alejarnos de aquellas

---

[4] El empleo del término «maceta» tuvo su origen en el hábito de emprendedores informales de esconder los pagos por bienes y servicios en ellas. En la práctica, es un término peyorativo.

concepciones que condenaron la labor casi a la extinción y a estigmatizar a quienes la asumieron legalmente» (Martínez Hernández, 2010). Esto fue solo un preludio a las declaraciones posteriores ya citadas de Raúl, aún más categóricas y enérgicas. La negación, que va y viene, de la contribución económica positiva que pueden hacer los trabajadores autónomos, así como el rechazo a reconocer cualquier distinción entre aquellos innovadores y productivos de los destructivos y parásitos corruptos, ha traído como consecuencia la transformación de una gran parte de la actividad económica privada en un comportamiento antisocial. Ese enfoque controlador y de penalización hacia el cuentapropismo es una profecía autocumplida que solo contribuye a la desconfianza generalizada de las instituciones legales y a la cultura dominante de la ilegalidad en Cuba; también denunciada por Raúl Castro en un discurso de julio de 2013 (Orsi, 2013; Burnet, 2013).

Sin duda, Adam Smith fue uno de los primeros en reconocer el efecto anormal de las leyes autoritarias en la creación de la criminalidad. En su obra *La riqueza de las naciones*, escribió: «El contrabandista hubiese sido, en todo respecto, un ciudadano excelente si las leyes del país no hubiesen hecho de ello un delito, cuya naturaleza nunca tuvo la intención de serlo» (citado en Grossman, 1979:844). Por ende, el carácter actual del cuentapropismo en Cuba, y su desarrollo futuro, así como su propia economía «informal» o «secundaria», surgen y existen en relación a políticas gubernamentales específicas (erradicación activa bajo Fidel, negligencia benigna en diferentes momentos y apoyo abierto bajo Raúl al menos hasta 2016) y al sistema económico general vigente en el país. Lo que sigue entonces es una comparación de este fenómeno y de la actividad económica clandestina, bajo los diferentes regímenes económicos del capitalismo «frustrado» latinoamericano y del socialismo de Estado «totalitario» de Europa del Este.

Sector informal vs. economía secundaria: un fenómeno internacional

¿Cuál es el papel y el peso que deben tener el sector informal, el empresario individual, la pyme, la gran empresa privada y el Estado en la economía? ¿Cuáles son los tipos y niveles de regulación más favorables al crecimiento económico? ¿Cuál es la función del Estado como mediadora entre los intereses del capital y del trabajador? Gran parte del siglo XX atestiguó una batalla ideológica sobre estas cuestiones, consagrada como la Guerra Fría. Desde el punto de vista económico, fue una competencia entre dos respuestas muy diferentes a estas preguntas: la economía mixta de mercado *versus* la economía de planificación centralizada. El desarrollo nacional y el bienestar personal podían alcanzarse a través de la mano un tanto «invisible» del mercado —dando riendas sueltas al emprendedor como un dinamo económico—, o alternativamente, de la muy visible mano del Estado —restringiendo o proscribiendo completamente al emprendedor como un parásito explotador.

En el frente laboral, los trabajadores del sistema capitalista ganaron poco a poco protección frente al abuso del mercado con los sindicatos de trabajadores y las regulaciones laborales formales —dando lugar al Estado benefactor posterior a la Segunda Guerra Mundial—; en tanto que, a los trabajadores del sistema socialista, se les garantizó empleo total, igualdad absoluta y bienestar como ciudadanos. Ninguna de esas promesas se mantuvo firme con el decurso del tiempo y ambos sistemas han recreado de modo gradual las relaciones laborales informales y no reguladas que habían proscrito con anterioridad. En el transcurso del siglo, los trabajadores no regulados han librado una silenciosa rebelión en ambos sistemas, en buena medida de manera subrepticia y, en muchas ocasiones, contando con la ignorancia a conciencia de los responsables de formular las políticas laborales y de los académicos. Existiendo en gran parte fuera del mercado y de la planificación —pero no desconectados—, esta silenciosa rebelión creció y se dio a conocer como «economía sumergida», «sector informal» o «economía secundaria», alternativamente.

La actividad de la economía informal no ha resultado ser una anomalía, sino una característica integrada del capitalismo moderno; justo de la misma manera en que la economía secundaria no es un elemento raro dentro del socialismo contemporáneo, sino una de sus características estructurales básicas. Tanto en Occidente como en Oriente, la actividad de la economía no regulada se entiende mejor como un producto de la modernidad y de la burocracia. La informalidad se reproduce en contrapunto directo con la «racionalización» y la «formalización» del proceso laboral que ha tenido lugar, tanto en el capitalismo de mercado como en el socialismo de Estado. No obstante, estos paralelos importantes no significan que el sector informal y la economía secundaria sean necesariamente «equivalentes funcionales ni contrapartes estructurales» (Stark, 1989:639). En esencia, cada uno de ellos surge y coexiste con las contradicciones del modo de producción dominante (la economía formal u oficial) dentro de las que funcionan.

En estudio tras estudio del sector informal latinoamericano, el caso de Cuba ha sido constantemente excluido —a veces de manera justificable— (Alessandrini y Dallago, 1987; Feige, 1989; Portes, Castells y Benton, 1989; Schoepfle y Pérez-López, 1993; Rakowski, 1994; Portes *et al.*, 1997; Fernández-Kelly y

Shefner, 2006). A fin de cuentas, a pesar de los cambios significativos en su perfil económico a partir de 1990 —y en especial después de que Raúl llegara a la presidencia en 2006—, Cuba no comparte la estructura económica ni el sistema político de las naciones latinoamericanas hermanas —aunque sí una historia colonial, una cultura y lenguaje comunes). Por tanto, a pesar de tomar algunas lecciones de las experiencias de América Latina con la informalidad, la economía secundaria de Cuba la explicamos, en gran parte, dentro del contexto teórico e histórico de las antiguas economías de planificación centralizada (EPC) de la Europa oriental.

En nuestra comprensión de la «economía secundaria» cubana, combinamos aspectos de los enfoques a la informalidad, casi siempre opuestos al capital neoliberal, centrado en el Estado y neomarxista, al utilizar el nuevo acercamiento institucional al socialismo de Estado —descrito a continuación— y referenciar la tipología resumida en el Cuadro 2.1. Ya que la economía cubana es un híbrido postsocialista, bajo una transformación de una economía centralizada bastante ortodoxa a un futuro incierto, con elementos de capitalismo, mercantilismo, patrimonialismo y socialismo, todo mezclado (Kubalkova, 1994; Radu, 1995; Cabarrouy, 2000; Crabb, 2001; Corrales, 2004; Burki y Erikson, 2005; Erikson, 2005a), no existe ni un solo enfoque teórico que pueda explicar con precisión las complejidades del caso cubano. Sin embargo, cada una de esas escuelas teóricas brinda nociones esenciales sobre las funciones competitivas del Estado, el capital y la mano de obra; así como de la importancia del propio sistema socialista en la determinación de la naturaleza y el funcionamiento de la economía secundaria cubana.

El sector informal en América Latina

El sector informal puede definirse como esa parte de la economía donde la producción y la venta de bienes y servicios legales logran evitar regulaciones laborales y de seguridad, impuestos, y registros oficiales. Tomando como base el estudio de Keith Hart sobre las empresas de pequeña escala en Ghana en 1971, los economistas consideraban originalmente el sector informal como un fenómeno único de los países subdesarrollados (Hart, 1971 y 1973). A menudo, los observadores asumieron que las abundantes estrategias de sobrevivencia, muchas veces ingeniosas, utilizadas por los trabajadores informales, eran una mera reacción de los emigrantes urbanos pobres ante los desafíos para encontrar empleo en las principales ciudades tercermundistas. Cuando los contratos laborales informales comenzaron a aparecer en los destinos de inmigrantes dentro de EE.UU. (New York, Los Ángeles y Miami), hubo una tendencia a explicar estos fenómenos como estrategias de sobrevivencia traídos por los nuevos inmigrantes y no como algo integrado al capitalismo avanzado.

Desafiando esa valoración preliminar, el sociólogo Alejandro Portes condujo un estudio comparativo de la economía informal en múltiples países (Portes, Castells y Benton, 1989), con la cual actualizó la definición y delineó un número de características comunes en diferentes regiones del mundo. Estos investigadores hallaron que los mercados laborales informales existen no solo en los países en vías de desarrollo del Tercer Mundo, sino también en las economías mixtas avanzadas de Occidente y en aquellas de planificación centralizada del bloque soviético de ese entonces. En efecto, el estudio «reveló el alcance global de lo que originalmente se pensó como un fenómeno exclusivamente tercermundista» (Portes, Castells y Benton, 1989:2).

La rica variedad de actividades dentro de este sector tienen un común denominador: son «no reguladas por las instituciones de la sociedad, dentro de un ambiente legal y social, donde actividades similares están reguladas» (íd.). El criterio fundamental para identificar la informalidad no es el tamaño pequeño ni los ingresos bajos, ni siquiera su ilegalidad común, sino la ausencia de la regulación estatal. Esta conceptualización de la informalidad identifica su característica principal como la naturaleza no regulada de sus relaciones laborales, en contraste con el ambiente más o menos protegido en que laboran los trabajadores formales. Por tanto, las características fundamentales del sector informal se pueden enumerar de la siguiente manera:

1. no está regulado y no paga impuestos;
2. es un proceso, no es un producto o servicio en particular;
3. casi siempre trabaja en efectivo, «por debajo de la mesa» y «fuera de los libros»;
4. incluye algunas actividades de sobrevivencia marginales, de última instancia, así como otras de una naturaleza más sofisticada con el empleo de tecnologías promedio o de punta;
5. está muy insertada en la economía capitalista formal y moderna, y conectada con esta;
6. los trabajadores de la economía informal suelen ser «degradados», y típicamente reciben menos beneficios y protecciones que aquellos formales.
7. posee una gran heterogeneidad interna (dueños, empresarios, gerentes, trabajadores asalariados, miembros de la familia no pagados, etc);
8. es nomral que el sector se beneficie de una actitud de tolerancia por parte del Gobierno, alternándose con períodos de represalias; y

9. aunque a menudo está «escondido a plena vista», no es apolítico; de hecho, muchas veces tiene un impacto, aunque sea indirecto, en la política y en las relaciones de poder del país (Fernández-Kelly, 2006:1; Losby *et al.*, 2002).

A estas características, debemos añadir una salvedad final respecto a la segunda. La distinción de que la informalidad es un proceso y no un producto o un servicio en particular permite distinguir entre la economía informal y la economía delictiva o ilegal. Los principales tipos de actividad económica se resumen en el Cuadro 2.2, definidos según la legalidad del proceso productivo y de los bienes y servicios que producen.

Cuadro 2.2: Caracterización de los componentes de una economía.

TIPO ECONÓMICO	LEGALIDAD DE LOS PROCESOS DE PRODUCCIÓN Y DISTRIBUCIÓN	LEGALIDAD DE LOS BIENES Y SERVICIOS FINALES
economía con base en el hogar	«extra-legal»	bienes y servicios legales
economía formal	legal: Dentro de los marcos impositivos y regulatorios del Estado	bienes y servicios legales
economía informal	ilegal: Fuera de los regímenes regulatorios e impositivos del Estado	bienes y servicios legales
economía delictiva	ilegal: clandestinidad total	bienes y servicios ilegales

Fuente: Elaboración propia.

La economía formal incluye las empresas formales grandes y pequeñas que producen bienes y servicios legales, de manera lícita, dentro del marco regulatorio del Estado; mientras que la informal produce bienes y servicios legales, pero lo hace de manera ilegal y no regulada. Por ende: «la diferencia básica entre la formal y la informal no depende del carácter del producto final, sino de la manera en que se produjo o se intercambió» (Centeno y Portes, 2006:26). La muy importante economía con base en el hogar produce bienes y servicios legales, pero lo hace de una manera «extra-legal», fuera del marco regulatorio del Estado. La economía delictiva, por su lado, es diferente a la informal, puesto que produce bienes y servicios que se definen como ilegales en la mayoría de los contextos (ej.: drogas ilícitas o prostitución), al tiempo que evita activamente la regulación estatal (licenciamientos, impuestos, y protecciones al trabajador).

En el caso de Cuba, la categoría de la economía informal desapareció después de 1968, puesto que todas las compañías productoras de bienes y servicios legales de manera extra-legal eran, en efecto, delictivas. Entre las muy pocas excepciones a esta regla están los pensionados que revenden periódicos o cigarros en las calles, quienes son tolerados a pesar de ser técnicamente ilegales. No obstante, en el Capítulo 7 estableceremos una distinción entre las AECL y la economía delictiva, ya que la primera manufactura productos legales y tiene un gran potencial de crecimiento bajo una política pública más inclusiva y proactiva; mientras que la segunda produce bienes y servicios sin duda ilícitos, y se mantendrían ilegales excepto en el más liberal de los sistemas económicos.

Debates sobre la informalidad en América Latina

El economista peruano Hernando de Soto cambió el paradigma cuando publicó su tratado sobre el sector informal en América Latina. Bajo el revelador título *El otro sendero: la revolución invisible en el Tercer Mundo* (1989), el autor caracterizó el sector informal como un movimiento revolucionario popular. Comparándolo con Sendero Luminoso, la poderosa guerrilla revolucionaria maoísta de Perú, De Soto argumenta que el ejército informal no violento estaba dirigido por las masas excluidas de emigrantes urbanos pobres a Lima. Amplió la caracterización del sector informal como una reacción popular ante una regulación exagerada de la economía por parte de un Estado en esencial patrimonial, mercantilista —o sea, no verdaderamente capitalista— y corrupto. Sus empeños en la «economía aplicada» incluyeron la fundación del Instituto Libertad y Democracia en 1979, un grupo de estudios con la intención de convertir sus ideas en políticas públicas, primero en Perú y luego en todo el mundo. Por esta razón, De Soto merece el mérito de haber invertido el debate sobre la informalidad, sacarlo de la academia a la luz pública y hacerlo el centro de atención en las polémicas relacionadas con la política pública, la iniciativa empresarial y la informalidad en el mundo en desarrollo.

En su obra, De Soto declara que el propio Marx se sorprendería al constatar que «en los países en desarrollo gran parte de las masas numerosas no estaban formadas por proletarios legales oprimidos, sino por pequeños empresarios «extra-legales» oprimidos, con una cantidad considerable de activos» (2000:216). Por tanto, aboga por transformar «la lucha de clases en una lucha por la iniciativa popular y empresarial» (1989:255). En esencia,

De Soto señala que las masas se han unido en un frente revolucionario no como proletarios contra la explotación capitalista, sino como microempresarios extra-legales contra una economía burocrática, dirigida por y contra un Estado patrimonial «mercantilista» que los excluye de convertirse ellos mismos en capitalistas iguales y plenos (Apuleyo Mendoza, Montaner y Vargas Llosa, 1996). Según él, es la propia marginalización la que ha convertido a estos emigrantes en empresarios. Sin acceso a trabajos formales y con la imposibilidad de poseer un título legal y formal sobre su propiedad, proceden a crear sus propias microempresas e instituir sus conjuntos de normas y regulaciones extralegales.

Para mérito suyo, sí reconoce y describe los extensos «costos de la informalidad». Esquivar la detección, el trabajo a pequeña escala, el soborno, la dependencia de mano de obra no calificada y la producción con tecnologías pobres, la incapacidad para confiar en la inversión o hacer cumplir contratos; todo lo cual actúa como impuestos indirectos en la lucha cotidiana del trabajador informal (1989:131-187). Mientras que su primer libro parecía sugerir que todas las regulaciones debían echarse a un lado para acomodar a los emprendedores informales, su segunda obra, *El misterio del capital*, sugiere de manera más realista que se modifiquen las regulaciones legales erróneas y arcaicas para dar entrada a los informales —de modo que «los costos de la formalidad» fuesen inferiores a los «costos de la informalidad» (2000:154-170). En este sentido, De Soto caracteriza el *status quo* de muchos de los supuestos países capitalistas del Tercer Mundo y de Europa oriental como de «*apartheid* capitalista»: se conceden los privilegios a una pequeña élite bien conectada, mientras que la mayoría permanece excluida de la participación legal en la economía formal.

Otros expertos lo han criticado por lo que consideran una descripción simplista de la relación contendiente entre los trabajadores informales y las empresas formales y el Estado; argumentan que ignora las muchas maneras en que trabajan mano a mano. Por ejemplo, pareciera que la meta del Estado de hacer que todos cumplan sus pagos y jueguen según las mismas reglas entraría inevitablemente en conflicto con la economía informal, que evita «el precio a pagar por la protección» mediante «transacciones en las que el Estado ni brinda protección ni recibe una «tajada» (Centeno y Portes, 2006:26). Es cierto que los emprendedores informales tratan de evitar cualquier contacto con el Estado, en cualquiera de sus tres caras: como regulador (leyes), policial (aplicación de la ley) y recolector de impuestos (pago de cuotas). Ahora bien, el contacto cero es posible muy raras veces y, lo que comenzó como un «conflicto inevitable» entre el deseo del Estado de ejercer un monopolio sobre la autoridad y el intento del sector informal de subvertirla, trae como resultado en la práctica real varias formas de adaptación mutua (complicidad mediante sobornos, negligencia benigna, tolerancia abierta, etc.) (Centeno y Portes, 2006:26-27).

Este tipo de relación de adaptación surge muchas veces, no solo debido a la activa resistencia del sector informal tan celebrada por De Soto, sino también porque tanto la estabilidad económica como política de los países en desarrollo a menudo depende, en una escala no despreciable, del papel del sector informal como una «zona de amortiguación» que puede absorber el desempleo, proporcionar bienes y servicios baratos al consumidor e incluso suministrar una fuerza laboral preparada y voluntariosa a la empresa formal, sobre la base de contratos mayormente no regulados. «La realidad es más compleja», afirman Portes y Schauffler,

> *No solamente son modernas muchas de las actividades informales, sino que a menudo se echan a andar con el apoyo y el patrocinio de empresas formales. En vez de un caballo de Troya que acabará por vencer la fortaleza del privilegio «mercantilista», el sector informal representa en realidad una parte de la operación rutinaria del capitalismo tal y como actualmente está estructurado en América Latina (1993b:47).*

La contribución más importante de este modo de comprender la informalidad es la afirmación de que existe un vínculo profundo y necesario entre el sector informal y la economía capitalista en general; incluidas las empresas formales y los reguladores estatales. Portes y sus colegas han calificado su enfoque como «estructuralista» porque hacen énfasis en la compleja y heterogénea «estructura de las relaciones formales-informales» (Portes y Schauffler, 1993b: 48). En otros lugares, estos mismos autores se han extendido y afirman:

> *Las actividades formales e informales son simplemente* facetas alternativas de la misma economía *y su articulación adopta una «geometría variable» en dependencia del ámbito de las regulaciones estatales, los requerimientos de las compañías capitalistas y el tamaño y las características de la fuerza laboral. Esta* articulación entre los dos sectores *es el núcleo del enfoque estructuralista (1993a:25, énfasis añadido).*

La informalidad no es simplemente la consecuencia de un exceso en el suministro laboral por un lado y el exceso de regulaciones por el otro. En su lugar, el elemento central del enfoque estructuralista es la idea de que la informalidad resulta en esencia una forma alternativa de utilizar la mano de obra —muchas veces derivada en explotación laboral— por el capital. Las relaciones laborales informales —al igual que los trabajadores informales— no están «simplemente ahí» por accidente o por una falla en el desarrollo capitalista. Por el contrario, estas relaciones —y trabajadores— son activamente «informalizados» por el capital, según la lógica de la acumulación capitalista periférica y la maximización del beneficio.

El enfoque estructuralista explica la informalidad como el resultado de la compleja y constante lucha de clases entre el capital y la mano de obra, en la que este ha evitado con éxito las regulaciones estatales mediante la creación activa y/o el provecho estratégico de un «nuevo» tipo de mano de obra: el trabajador informal desprotegido. A pesar de que el enfoque neoliberal de De Soto y el estructural de Portes son casi siempre considerados polos opuestos, ambos prestan especial atención a la dinámica de poder existente entre los trabajadores informales y clandestinos, y el nexo Estado/capital. Como sistema político, el socialismo de Estado «totalitario» está lejos de ser un reflejo de las naciones mercantilistas del pasado o de los Estados «frustrados» de la América Latina moderna. No obstante, como sistemas de organización económica, todos poseen la misma intención regulatoria «total» (celdas 3 y 6 del Cuadro 2.1). Es decir, intentan ejercer el mismo control paternalista y burocrático sobre todas las actividades económicas dentro de su «dominio».

La tradición patrimonial y mercantilista del desarrollo económico conducido por el Estado continúa obstaculizando la iniciativa empresarial en Latinoamérica. Ahora bien, Centeno y Portes argumentan que esto no debe interpretarse como que la desregulación total es la solución a la informalidad. En su lugar, «la disminución de las regulaciones debe estar aparejada a una maquinaria estatal capaz de hacer cumplir las leyes existentes» (2006:41). Aun así, existe un «círculo vicioso» de intentos por lograr el control total sobre la actividad económica que solo provoca una mayor resistencia popular, diversificación y expansión del sector informal y de la economía secundaria, tanto en las tipologías «frustradas» como en las «totalitarias» expuestas en el Cuadro 2.1 (ibíd.:30-32).

Por otra parte, mientras que las naciones mercantilistas del ayer y los Estados débiles y frustrados de hoy han monopolizado con frecuencia el comercio internacional y limitado severamente el desarrollo de los mercados locales —concediendo «protección estatal y recursos a una minoría, en tanto que el resto de la población se ve obligada a valérselas por sí misma mediante violaciones sistémicas de la ley» (ibíd.:31)—, el socialismo de Estado ha ejercido su control mediante el establecimiento de un rígido plan central, un monopolio de la propiedad de las fuerzas productivas y el empleo estatal universal (Róna-Tas, 1997). Por tanto, las actividades empresariales no sancionadas corren el mismo riesgo y provocan la misma condenación oficial en ambos sistemas. Los omnipresentes empresarios informales privados, que una vez fueron el alma de las «economías sumergidas» de la Unión Soviética y Europa del Este, tienen un parecido sorprendente lo mismo con los «héroes» informales de hoy —de los que habla De Soto—, como con los ubicuos contrabandistas que una vez poblaron la parte inferior de la estructura económica mercantilista durante el período colonial de América Latina. Sin embargo, mientras que los héroes informales de De Soto frustran al Estado mediante un desafío abierto, los trabajadores de las economías secundarias de los Estados socialistas despliegan sus «armas de los débiles» retrasando y reteniendo información vital; «puesto que la planificación totalitaria de una economía entera depende de cantidades enormes de información», explican Centeno y Portes.

> *Y como la información exacta no está a mano porque los actores de la sociedad civil sistemáticamente ocultan, falsean y exageran, la economía primaria formal termina atrapada en un mundo imaginario de estadísticas falsas y logros ilusorios [...]. En el caso de este tipo de Estado totalitario, la ocupación de cada grieta de la actividad económica por la empresa informal, y la extracción generalizada de información de los agentes oficiales condujeron a la economía de regulación estatal a caer en una espiral dentro de un mundo de fantasía (2006:31).*

Sin duda, este es el caso de la Cuba contemporánea, donde los delitos menores y la corrupción a altos niveles dentro de las empresas estatales son ubicuos, y donde enjambres de «macetas» y «bisneros» luchan por resolver e inventar soluciones a los múltiples desafíos diarios, incluso, en medio de las escasas reformas a favor del cuentapropismo implementadas bajo el mandato de Raúl Castro entre 2008 y 2018.

Asimismo, la utilización sistemática del sector informal por las compañías capitalistas formales, ya descrito, tiene su contraparte en la dependencia sistemática —en el socialismo de Estado—, de la economía secundaria para compensar sus propias ineficiencias y contradicciones. La existencia de una economía secundaria flexible —que brinda empleos y una producción eficiente— dentro de la economía planificada oficial ofrece al socialismo de Estado un conveniente subsidio a corto plazo; incluso a pesar de que su impacto a largo plazo pudiera ser bastante corrosivo. Además, ese subsidio se proporciona mediante la autoexplotación activa de una gran parte de la fuerza laboral; por ejemplo, un trabajo oficial por el día como controlador de tráfico aéreo y, de manera clandestina, como chofer de taxi en el aeropuerto por la noche. En otras palabras, una consecuencia importante, aunque totalmente inintencionada, de la amplia actividad empresarial privada es la preservación de un socialismo de Estado ineficiente, burocrático e improductivo.

Si caracterizamos el sistema económico cubano actual como uno que está pasando de una forma ortodoxa de socialismo de Estado —basado en una planificación central— a un «socialismo de mercado» o «capitalismo de Estado» —basado en una economía relativamente «abierta» en términos de empresas mixtas e inversión extranjera, pero aun más o menos cerrada en términos de restricción a la participación igualitaria y plena de los ciudadanos privados en la economía—, entonces los beneficios del nexo Estado/capital que brinda una economía secundaria activa quedan claros. A pesar de que una economía secundaria activa puede constituir una amenaza a largo plazo para la estabilidad del régimen en los Estados socialistas (Portes y Borocz, 1988; Grossman, 1989a; Sik, 1992; Gábor, 1994; Fernández, 2000:31-32), también actúa como un estabilizador del régimen a corto plazo. No obstante, a pesar de la aplicabilidad general de algunos de los elementos de los modelos analizados en el caso latinoamericano, a la larga fracasan en reflejar con certeza las realidades institucionales, sistémicas y estructurales que han provocado las extensivas economías sumergidas y los mercados negros en todos los ejemplos históricos del socialismo de Estado. Por tal razón, ahora recurrimos a esta historia —y a la literatura teórica pertinente—, a fin de sintetizar un modelo que pueda explicar mejor el caso cubano.

Economía secundaria en el socialismo de Estado

A pesar de que Portes y sus colegas rechazan la creencia de De Soto en el potencial «revolucionario» de los trabajadores informales, sí reconocen la naturaleza especial del trabajo informal —la economía secundaria— en el socialismo de Estado. Para ellos: «en ciertas instancias nacionales, la economía informal ha demostrado ser lo suficientemente fuerte como para obligar a los gestores estatales a ceder ante su lógica». Puesto que «la relación triangular entre el capital, la mano de obra y el Estado» (Portes, Castells y Benton, 1989:308-309) ha sido institucionalizada en condiciones distintas en las sociedades de socialismo de Estado, las actividades no reguladas en las economías de planificación central surgen por causas diferentes y no son funcionalmente equivalentes a las relaciones de trabajo informal en el Occidente. A continuación describimos la «lógica» particular de la economía secundaria en los Estados socialistas y la aplicamos al caso cubano.

En el capitalismo dependiente, existente en gran parte de América Latina, el Caribe y el mundo en desarrollo, la informalización es fundamentalmente una estrategia empleada por las empresas formales a fin de incrementar su margen de beneficios evitando las leyes laborales formales. Por tanto, en América Latina la informalidad sirve casi siempre para «fortalecer la mano de la clase dominante y debilitar las organizaciones de los trabajadores» (íd.). Por el contrario, en el socialismo de Estado la informalización se lleva a cabo por los *propios trabajadores,* con el propósito de obtener una ganancia mayor por su rendimiento laboral a la que obtienen por su empleo público, mal pagado, en la economía «primaria» oficial. Por ende, el equivalente funcional en Occidente de la economía secundaria en el socialismo, no es el sector informal, sino, de hecho, los sindicatos de trabajadores (Stark, 1989). A pesar de que no está institucionalizada ni protegida desde la legalidad, como en el caso de los sindicatos —en la mayoría de los ejemplos históricos del socialismo de Estado, incluida Cuba son controlados por el Estado—, funciona para proteger a los trabajadores del abuso arbitrario de la «clase dominante» (las firmas estatales y el Partido) y proporcionarles los salarios suplementarios que se les niega como trabajadores de la economía primaria.[5]

En su novedoso ensayo *Doblando los barrotes de la jaula de hierro: la burocratización y la informalización en el capitalismo y en el socialismo* (1989), David Stark argumenta que, a pesar de manifestarse la informalidad a menudo como un esfuerzo por burlar las regulaciones, es *esencialmente congruente* con los mismos principios del mercado que coordinan la economía capitalista formal (producción para beneficio privado). En contraste, la economía secundaria, al tiempo que responde a las contradicciones de la

---

[5] Consideramos la economía secundaria cubana como «un instrumento en las manos de [...] los trabajadores para enfrentarse al Estado todopoderoso» (Portes, Castells y Benton, 1989:308) (negociación colectiva informal y uso parasitario de los suministros estatales) y como un mecanismo mediante el cual el Estado socialista recibe un subsidio indirecto de los trabajadores, dado que lo que ellos producen en la economía clandestina proporciona una flexibilidad funcional normalmente ausente del rígido plan centralizado. Tomando en cuenta el hecho de que la economía secundaria muchas veces funciona a la vez como una «bendición y una pesadilla» para la economía primaria (Grossman, 1989b), la compleja relación, inter parasitaria, entre las economías primaria y secundaria en los Estados socialistas es medular en el presente análisis.

burocracia redistributiva socialista, lo hace a mecanismos de mercado que son *fundamentalmente incongruentes* con los principios redistributivos del Estado. Como tal, la economía secundaria es una fuente antagónica de cambio sistémico, ejerciendo una presión constante para rehacer las instituciones económicas del socialismo.

Al establecerse el socialismo de Estado en varios países del mundo, los líderes marxistas compartían la meta común de reemplazar la supuesta «anarquía» del mercado con la supuesta «racionalidad» de la planificación. Una única autoridad visible, el Estado, supervisaría y coordinaría la producción y distribución para toda la sociedad. La burocratización en este sistema no es más profunda que en el capitalismo, sino más bien es de un tipo diferente. Stark señala que, en el capitalismo, el Estado promulga regulaciones a seguir por los competidores de mercado. Sin embargo, en el socialismo, el Estado promulga directivas, no a manera de «intervenciones [...] sino como la única receta legítima para el comportamiento económico»; es decir, «el Estado no influencia (los mercados), los controla», o al menos lo intenta (1989:647).

En dicho contexto, la economía secundaria representa mucho más que una mera alternativa suplementaria al sector estatal. Como una rebelión silenciosa contra el deseo estatal de controlar todos los mercados, se vuelve una alternativa *antagónica*. Su existencia expande el espacio disponible para el trabajador más allá de los dominios controlados por el Estado, liberándolo de modo eficaz de una dependencia exclusiva de los salarios estatales. Mientras que en el capitalismo los trabajadores informales están en peores condiciones que los trabajadores formales, empleados oficialmente y protegidos, en el socialismo de Estado los ingresos de los trabajadores clandestinos suelen ser más altos que los de los empleados estatales (ibíd.:665-656). Esta desventaja de los puestos estatales formales es una característica fundamental que distingue a «los informales» de Cuba de sus contrapartes en el resto de América Latina.[6]

---

[6] Debido a que el acceso a la mayoría de los servicios sociales en Cuba se basan en la ciudadanía y no en el estatus laboral, los trabajadores por cuenta propia no sacrifican casi nunca sus prestaciones sociales cuando optan por trabajar en la economía secundaria. De hecho, resulta común que los cuentapropistas se aprovechen de los subsidios estatales (bajos precios de los servicios públicos y alimentos racionados) para maximizar los ingresos en sus negocios privados —socializando los costos y privatizando el beneficio—. Muchos emprendedores justifican esto como una reacción a los intentos más atroces del propio Estado de controlarlos y explotarlos mediante salarios demasiado bajos, la subcontratación de la mano de obra a firmas extranjeras, altos impuestos y el monopolio del empleo legal. Además, muchos insisten en que son ellos quienes subsidian al sector estatal, puesto que sus trabajos clandestinos en la economía secundaria les permite continuar laborando en el muy mal pagado sector estatal.

A pesar del hecho de que los Estados socialistas son amenazados por el crecimiento de la empresa privada, las reformas económicas en los sistemas de socialismo de Estado, crónicamente ineficientes, incluyen, con frecuencia, su expansión. En Cuba, la legalización del trabajo por cuenta propia —primero a inicios de la década de 1990 bajo Fidel y luego tras la expansión de 2010 de Raúl Castro— expuso la contradicción entre la promoción del cuentapropismo y el mantenimiento del socialismo igualitario. Al mismo tiempo, en la medida en que crece la economía secundaria cubana, el Gobierno corre el riesgo de perder su capacidad para castigar o premiar a los ciudadanos mediante los empleos estatales —de la misma manera en que los trabajadores pierden el acceso a los bienes que pueden ser «apropiados» cuando trabajan para el Gobierno—. De hecho, a pesar de que los cuentapropistas cubanos a menudo asumen riesgos mayores y trabajan jornadas mucho más largas que los empleados, «la mayoría están bastante contentos de tener la oportunidad de liberarse financieramente de las restricciones económicas y sociales de trabajar para el Estado» (Jackiewicz y Bolster, 2003:375).

Los ejemplos de este tipo de «liberación» de bajo nivel, mediante el paso al mercado negro en Cuba, son múltiples (véanse los Capítulos 4, 7 y 8). No obstante la posible omnipresencia del Estado y los fuertes castigos por el robo de recursos estatales y la corrupción, las posibilidades para «escapar» a la economía secundaria son las mismas, dados los salarios estatales tan bajos y las necesidades acentuadas de la mayoría de los cubanos. De hecho, analistas de la Isla (Vidal Alejandro y Pérez Villanueva, 2010 y 2012; Espinosa Chepe, 2011; Espinosa Chepe y Henken, 2013; Castellanos, 2013) describen a menudo la expansión inicial del trabajo por cuenta propia, llevada a cabo por Raúl Castro en 2010, como un mero reconocimiento público de la existencia de una prolífera economía informal, que tal vez constituya 40% del producto interno nacional (Pérez Roque, 2002; Portes y Haller, 2005). Por supuesto, la estrategia de legalización puede generarle al Estado mayores ingresos a través de los impuestos y mayor control mediante las licencias; al tiempo que la concesión de un estatus legal puede conducir de forma involuntaria a mayores exigencias con respecto a cambios más profundos y abarcadores. En un escrito de 2002, anterior a la expansión del cuentapropismo de Raúl, un economista independiente de la Isla señaló:

Existe una gran variedad de negocios clandestinos con una notable capacidad de innovación y acumulación... Cuando se ingresa a la zona exclusiva de Miramar, en La Habana, los vendedores anuncian en voz baja «microondas», «aire acondicionado», «juegos de cuarto», «antena parabólica»..., una gran variedad de productos prohibidos a los cubanos. ¿Dónde los obtienen? Sin duda, de los suministros del Estado, pero también existen redes clandestinas originadas en las zonas especiales de procesamiento de exportaciones. Allí se encuentra de todo: robo, corrupción, especulación, entrega de productos por parte de las empresas extranjeras a sus empleados cubanos para que las vendan en el mercado negro (Pérez Roque, 2002:10-11, en Portes y Haller, 2005:408).

Definir la economía secundaria

En este análisis empleamos la terminología «economía secundaria» para describir aquellas actividades económicas, dentro de las economías socialistas, no reguladas por el Estado ni incluidas en la planificación central. A pesar de que estas actividades muchas veces compensan la falta de eficiencia económica del sector estatal, las de la economía secundaria tienen otros significados más allá del económico y, como tal, no son normalmente fomentadas —aunque a veces son toleradas—. Incluso, cuando son legales, con licencias y pago tributario al Estado, a menudo son consideradas como una amenaza al monopolio de la planificación central, puesto que proporcionan una módica libertad económica a sus participantes y socavan la ideología del monopolio de la planificación central, la solidaridad laboral (y el control), el igualitarismo y el empleo estatal universal. Por esta razón, la legitimidad del pequeño sector privado está, con frecuencia, bajo ataque en los regímenes de socialismo de Estado y los empresarios casi siempre se encuentran atrapados en un círculo periódico de supresión y reconciliación —reflejado con claridad en los propios cambios de las políticas públicas en Cuba (véanse los Capítulos 3, 4 y 5, y el Epílogo)—. Por último, a diferencia del sector informal en el capitalismo, cuyos límites se establecen por criterios legales, la economía secundaria en el socialismo de Estado se define por criterios legales e *ideológicos.*

Grossman comenzó a prestar atención analítica y sistemática al sector no regulado en las economías de planificación central a finales de la década de 1970, con un artículo fundamental sobre la economía secundaria en la Unión Soviética. Según él, se define como aquellas actividades productivas que cumplían al menos uno de los siguientes criterios: 1. se llevan a cabo en gran medida con conocimiento de violación de las leyes existentes; y/o 2. se realizan directamente con el objetivo de beneficios privados. Por ende, la diferencia clave entre el *sector informal* que existe en América Latina y la *economía secundaria* de los países de planificación centralizada como Cuba es la de la legalidad *versus* el control. Es decir, expande el concepto de la informalidad para incluir no solo la actividad económica ilegal o no regulada por el Estado, sino también todas las actividades privadas encaminadas a la generación de ingresos —legales o no— que contradigan las ideas socialistas de igualitarismo, planificación, propiedad estatal sobre los medios de producción y empleo estatal universal.

Portes y Böröcz hacen eco de esta distinción básica entre las actividades informales y las de la economía secundaria. Ellos argumentan que, tanto en el sistema capitalista como en el socialista, la actividad informal ocurre «fuera del ámbito de la regulación pública» (1988:17). No obstante, debido a que la actividad informal en los países de planificación central (PPC) desafía «los canales de la planificación central y del control estatal directo», se convierte en un «terreno de lucha política *per se*» (ibíd.:19). Asimismo, hacen una importante modificación respecto a la naturaleza en esencial «lícita» de los bienes y servicios producidos en la economía secundaria. Mientras que Grossman incluye sin necesidad todas las actividades ilegales, Portes y Böröcz hacen la vital distinción de que la economía secundaria solo incluye, correctamente, «la producción y distribución de productos lícitos» (íd.) que ocurren fuera del plan central del Estado. Es la misma diferenciación que hacemos entre las economías informales y delictivas en el Cuadro 2.2.

En la Introducción a la colección de artículos escritos por Los, *La economía secundaria en los Estados marxistas* (1990), la experta también rechaza los criterios solo legales por ser demasiado estrechos y los criterios morales por ser muy relativos. Opta, en lugar de ello, por una definición ideológica: «la economía secundaria incluye todas las áreas de la actividad económica que sean oficialmente consideradas como actividades incongruentes con el modo de organización económica dominante e ideológicamente sancionado» (1990:2). Estos criterios ideológicos excluían de modo específico los bienes y servicios ilícitos (tráfico y prostitución, entre otros); pero incluían el robo ilegal y la reventa de bienes estatales, así, como las actividades legales desde un punto de vista formal pero sospechosas de manera ideológica, que incluyen el trabajo autónomo autorizado (casas particulares y taxis de alquiler, y los populares «paladares» de Cuba) (Henken, 2002 y 2008).

Causas de la economía secundaria: la propiedad estatal,
la planificación central y el empleo público universal

Los sistemas socialistas se caracterizan por la presencia de tres estructuras institucionales principales: 1. *la propiedad estatal* sobre los medios de producción; 2. decisiones económicas dictadas por un *plan central*; y 3. la concentración de la mano de obra bajo el *empleo estatal universal*. De conjunto, estos tres elementos estructurales han estado presentes en todos los ejemplos históricos del socialismo de Estado y sus rigideces causan la existencia necesaria de una economía secundaria (Róna-Tas, 1997). El control estatal sobre los medios de producción es uno de los elementos fundamentales del socialismo de Estado; aun cuando la propiedad estatal absoluta es un ideal que raras veces —si es que alguna— se ha logrado totalmente en las naciones socialistas que han existido a lo largo de la historia. No obstante, esta noción tan abstracta de la propiedad estatal ha conducido en la práctica al uso indebido y al robo de los suministros del Estado, muchas veces llevado a cabo con poco estigma social. De hecho, el acceso preferencial a estos se considera a menudo uno de los pocos «derechos informales» del empleo estatal. Por tanto, bajo la propiedad estatal, los trabajadores no se sienten inclinados a permanecer en sus puestos de trabajo debido a sus salarios, sino que están más motivados por el acceso que les dan a los bienes estatales (Díaz Briquets y Pérez-López, 2006).

Asimismo, la abolición del mercado junto con la oferta y la demanda origina la necesidad de una forma alternativa de preciar los productos, de escalas salariales y de asignación y distribución de recursos: el plan central. Ahora bien, a diferencia de las atribuciones del mercado, los planes centrales tienden a establecerse de manera administrativa y arbitraria; lo cual conduce a carencias crónicas, cuellos de botella en la producción y productos de baja calidad. La estructura rígida autoritaria y jerárquica de los gobiernos del socialismo de Estado también dificulta la flexibilidad productiva y la retroalimentación de la información. Los administradores subordinados muchas veces dicen a los planificadores simplemente lo que ellos quieren escuchar a fin de evitar reprimendas y retienen información que podría incrementar la productividad y la eficiencia. En lugar de concentrarse en alcanzar una producción eficiente basada en la rentabilidad, la lógica de la planificación central es el cumplimiento de cuotas productivas a cualquier precio, prestando poca atención a la eficiencia, la rentabilidad, la calidad o las preferencias del consumidor. Como resultado, la implementación del plan central a menudo trae como consecuencia el subempleo —los trabajadores tienen empleo, pero están subutilizados—, falta de motivación, ausentismo y desperdicios. A nivel de gerencia, es necesario recurrir a menudo al uso periódico de mecanismos informales, e incluso ilegales — «fuera del plan»—, por parte de los gerentes, a fin de cumplir las cuotas de producción. Estos problemas comunes a la planificación central han dado lugar a la famosa broma de que, en el socialismo, los trabajadores y los jefes han llegado a un acuerdo peculiar: «Nosotros hacemos como que trabajamos y tú haces como que nos pagas» (Pérez-López, 1995a:16-19).

A pesar de las variaciones entre las diferentes manifestaciones del socialismo de Estado en Europa del Este, los regímenes comunistas se singularizaron por ser los únicos sistemas autoritarios o totalitarios en «intentar dar empleo a toda la población» (Róna-Tas, 1997:5). Irónicamente, esta característica distintiva del socialismo de Estado —empleo estatal universal— ha recibido poca atención por parte de los analistas occidentales. Tal vez, debido a que el empleo universal —junto a la provisión universal de servicios sociales como la educación y la salud— se considera casi siempre como una meta deseable pero inalcanzable en el capitalismo, la mayoría de los estudiosos han demorado para verlo como un rasgo estructural central del socialismo de Estado o para reconocer su función como un *medio fundamental de control social*. De hecho, según el sociólogo húngaro Ákos Róna-Tas, el empleo en el socialismo de Estado solo se preocupa de forma secundaria por la provisión de salarios y el logro de la producción. En su lugar, el empleo estatal es, en lo primario, un medio para garantizar el orden social a través de «un sistema nacional complejo de dependencia organizada, según el cual, los supervisores de los empleados estaban a cargo no solo de hacer cumplir un trabajo arduo y productivo, sino de realizar tareas encaminadas a imponer el control político» (Róna-Tas, 1997:4).

En las EPC de Europa del Este, el empleo estatal no era solo un derecho, sino también una obligación universal. A fin de proteger la institución del empleo estatal universal, casi todos los países con socialismo de Estado han instituido abundantes leyes contra la «vagancia», la «elusión» o «el holgazaneo», convirtiendo el desempleo voluntario en delito (Ritter, 1974:332-334).[7] Además, los trabajadores autónomos tienden a mantener la conexión con sus trabajos oficiales puesto que muchos beneficios sociales no se encuentran disponibles fuera del sector del empleo estatal. Este sistema complejo de vincular eficazmente la salud, la pensión y otros beneficios sociales del ciudadano a su medio de vida, y, a la vez, vincular ese medio de vida a la participación en el sistema socialista, «permite al Estado partidista ejercer el poder mediante sus derechos sobre la propiedad en lugar de recurrir a la coerción» (Róna-Tas, 1997:4). Expuesto de otra manera, *cuando usted recibe todo del Estado, también le debe todo al Estado*. Ahora bien, cuando

---

[7] Cuba instituyó su propia «ley contra la vagancia» en 1971 para combatir el ausentismo luego del fracaso de la Zafra de los 10 millones en 1970.

los trabajadores logran salirse del sistema del empleo estatal universal, uno de sus principales medios de control sufre daños. Esto explica por qué los Estados socialistas se sienten una y otra vez amenazados por el crecimiento del sector privado. Utilizada como una solución provisional a la escasez crónica y a la ineficiencia de la economía primaria, la secundaria representa un «pacto fáustico» que amenaza la estabilidad del socialismo de Estado a largo plazo (Grossman, 1979 y 1989a; Díaz Briquets y Pérez-López, 2006).[8]

CONSECUENCIAS DE LA REFORMA ECONÓMICA DENTRO DEL SOCIALISMO DE ESTADO

Mientras que los estudiosos occidentales asumieron por mucho tiempo que la «armadura» del bloque soviético albergaba un caballero temerario y feroz, muchos economistas y sociólogos que trabajaban en la propia Europa del Este eran muy conscientes de que el caballero había muerto hacía tiempo. Años después, un grupo de académicos occidentales se sumaron a esos científicos sociales, haciéndose llamar los «nuevos institucionalistas», y juntos ubicaron las instituciones económicas del socialismo de Estado en el centro de su análisis.[9] Esencialmente, en lugar de proporcionar explicaciones *ad hoc* sobre el hundimiento del socialismo de Estado, intentaron desarrollar una teoría adecuada del orden social en este sistema. Estaban convencidos de que si podían explicar cómo había podido sostenerse durante un período de tiempo tan prolongado, también podrían identificar los procesos que habían conducido a su colapso final. Su enfoque tomó en cuenta los «mecanismos institucionales» específicos del socialismo, yendo más allá del estudio

---

[8] El principio legal detrás de esas prohibiciones es que «todo lo que no está explícitamente permitido está prohibido» (Stark, 1989;659). De hecho, en los dos ciclos de liberalización del trabajo por cuenta propia en Cuba, se establecieron listas específicas de ocupaciones con licencias —que crecieron de 117 a 157 en los años 90 y de 178 a 201 después de 2010—. A pesar de que estas reformas representan una apertura hacia la autonomía, están basadas en una mentalidad de microgestión y control. Este enfoque deja poco espacio a los ciudadanos para que actúen de manera independiente, reduciendo la actividad económica aceptable solo a lo que está autorizado y casi obligando a los que desean mejorar su nivel de vida a violar la ley. Por ende, el delito económico se hace tan rutinario que pierde el estigma moral. Véase el Capítulo 7 y *Vale Todo, In Cuba´s Paladares, Everything is Prohibited, but Anything Goes* (Henken, 2008a).

[9] «Lo que parecía ser el colapso repentino del socialismo en la Europa oriental y la Unión Soviética fue de hecho una corrosión progresiva de todo el sistema, debido, en gran parte, a la informalidad socioeconómica» (Damián Fernández, 2000:122).

de las élites partidistas del Estado, para incluir las múltiples interacciones entre los grupos subordinados y el Estado (Stark y Nee, 1989).

Al rechazar la idea de un colapso repentino y una «transición» inminente, estos investigadores recapitulan la caída del bloque soviético como una transformación constante que, de hecho, había comenzado mucho tiempo atrás. Mediante la combinación de la investigación empírica con el análisis histórico de los Estados socialistas (Seleny, 1995; Róna-Tas, 1995 y 1997; Walder, 1994 y 1995), argumentaron que la ahora visible transformación del socialismo de Estado se basó en «cuarenta años de acomodación y transigencias» —mayormente subrepticias—. A fin de cuentas, las supuestas «estructuras políticas inmutables [del socialismo] escondían tantas cosas como las que revelaban»[10] (Seleny, 1995:27). Este enfoque argumenta que el análisis exclusivo de los grupos élites «restringe innecesariamente nuestro campo de visión analítico y rechaza la posibilidad de que los grupos sociales ajenos al Estado desempeñan un papel en la configuración de la sociedad» (Stark y Nee, 1989:8). En su lugar, el enfoque adecuado para entender el cambio dentro de los regímenes de socialismo de Estado yace en «las armas de los débiles» —es decir, en las actividades de los grupos sociales subordinados dentro de la sociedad, tales como los empresarios informales (Scott, 1985).

Tomando como centro de atención las tres instituciones económicas fundamentales del socialismo de Estado —ya mencionadas—, los nuevos institucionalistas precisan las instancias de poder dentro de los regímenes comunistas. «El poder proviene de la propiedad *de facto* del Partido sobre los activos de la producción y el monopolio organizado sobre la distribución de bienes y oportunidades laborales» (Walder, 1995:6). Si el casi total control estatal sobre esos recursos es la clave del poder político, entonces cabría deducir que «la autoridad y la lealtad al Partido se sostienen sobre la dependencia de los ciudadanos de los funcionarios para la satisfacción

---

[10] Esta tendencia ha sido manifestada en los estudios sobre el socialismo cubano. Por ejemplo, resulta común escuchar hablar de un «cambio de régimen» inminente, o de «transición», cuando los cambios que ya han tenido lugar en la Isla, en especial desde 1990, indican que la transformación del sistema socialista en Cuba ya está bien avanzada (Bengelsdorf, 1994). Muchos conciben la «transición» como un suceso de «todo o nada» que comenzará solo cuando el máximo líder de Cuba (y ahora su hermano mayor) ya no esté. Dicha ilusión persiste incluso después de la inequívoca continuidad que siguió a la enfermedad de Fidel Castro y su subsecuente reemplazo. Un mejor foco de atención para los estudiosos del futuro de Cuba sería la manera en que día a día la gente ha utilizado «las armas de los débiles» para presionar al Estado a promulgar reformas económicas y la manera en que esa misma gente responderá a esas reformas, ampliándolas en miles de variantes.

de las necesidades materiales y las oportunidades laborales» (ibíd.:6). La estabilidad de este tipo de sistema no surge por la mera convicción, lealtad o miedo de los ciudadanos y de los cuadros por igual, sino por el interés propio individual en un ambiente controlado, reforzado por la escasez de fuentes alternativas de bienes, servicios, empleo e ingresos. Por tanto, cualquier cambio o ruptura del orden social en este tipo de ambiente no podría dejar de ser el resultado de cambios en la dependencia económica y en las estructuras de incentivos de diferentes grupos sociales. En otras palabras: las amenazas a la estabilidad del régimen se originan en los cambios a las instituciones económicas del socialismo de Estado (la propiedad estatal, el plan central y el empleo estatal universal).

¿Es la economía secundaria en definitiva una fuerza estabilizadora o subversiva para el socialismo de Estado? ¿Es, como preguntaba Grossman, un impulso (*boon*) o la ruina (*bane*) para la economía primaria? Y, si la economía secundaria es en verdad un lobo disfrazado con piel de oveja, ¿por qué casi todos los Estados socialistas de Europa del Este, anteriores a 1989, promulgaron reformas económicas que crearon un espacio legal para la economía secundaria, la cual, a la larga, menoscabó su propio poder? Si los «empresarios cuadros» comunistas pueden aprender a querer al mercado emergente porque les brinda posiciones de poder tan lucrativas —como las «nomenklaturas capitalistas»[11] (Walder 1995)—, los empresarios privados también pueden aprender a odiar el mercado y preferir el antiguo sistema no regulado, donde los favores caros y las conexiones especiales brindan una fuente estable de protección y privilegio[12] (Gábor, 1994). Por tanto, dos de las más importantes consecuencias no deseadas de las reformas económicas dentro del socialismo de Estado son la creación de toda una clase de empresarios autónomos, cada vez menos dependientes para su sobrevivencia de los trabajos estatales; y la corrupción gradual de los agentes estatales y cuadros del Partido, para quienes el oportunismo y los propios intereses del mercado llegan a prevalecer y brindan mejores recompensas que la lealtad y el compromiso con el Partido.

---

[11] «Nomenklatura» es un término burlón que se empleaba en Cuba para designar a los funcionarios gubernamentales privilegiados. Originario de la Unión Soviética y de otros países del bloque oriental, hacía referencia a un pequeño grupo de oficiales —casi siempre miembros del Partido— que ocupaban posiciones administrativas y disfrutaban de incentivos especiales, conformando básicamente una casta social.

[12] Esa fuente se conoce en Cuba hace tiempo como «sociolismo»: la dependencia de los amigos o asociados, por encima del «socialismo», para seguir las reglas del socialismo igualitario (Ritter 1974).

La comprensión del papel político del empleo estatal universal bajo el socialismo de Estado permite identificar el efecto corrosivo de la expansión del sector privado —como un mercado laboral alternativo— dentro del contexto socialista. Mientras que la economía secundaria compensa las deficiencias de la primaria, también socava el medio primario de control y de orden social en el sistema socialista: el empleo estatal universal. Cuando los ciudadanos dejan de depender del Estado para su sustento ya no son beneficiarios cómplices del sistema y, por tanto, poseen una forma potencialmente poderosa de libertad e independencia.

Además, una vez iniciadas las reformas, los cambios posteriores son resultado de presiones originadas desde dentro y fuera del aparato estatal «obligando al Estado [...] a tolerar actividades que una vez fueron ilegales pero que aún no están legalizadas, y a institucionalizar reformas que eran legales pero que aún no han sido legitimadas» (Stark, 1989:652). Por ende, el crecimiento de la economía secundaria no es un simple caso del Estado *versus* la sociedad. Es, también, evidencia de una falta de integración dentro del Estado en sí. Este no puede reducir las reformas si sus principales componentes, los cuadros del Partido, se benefician y dependen de ellas. Estos cuadros no tienen que estar conscientemente en contra del Gobierno y a menudo distan de ser disidentes políticos. En su lugar, velan por sus propios intereses de manera natural en un ambiente de escasez. Muchas veces se olvida que el objetivo subyacente de las reformas económicas en los Estados socialistas ha sido el mismo en todas partes: «actualizar», perfeccionar y preservar el socialismo. Dada esta meta en los Estados socialistas de Europa del Este, no pudieron ser más que un fracaso, mientras el papel de la economía secundaria fue bien subversivo.

Llamar la atención acerca de las instituciones particulares del socialismo de Estado y señalar los vínculos entre los agentes estatales y los empresarios privados ofrece una perspectiva interna del efecto corrosivo de la economía secundaria para el socialismo de Estado. Este enfoque también revela un importante ejemplo histórico de lo que Max Weber llamó «consecuencias indeseadas»: el papel fundamental, aunque involuntario, del Partido y el Estado en su propia destrucción. Por tanto, Cuba —junto a otras naciones remanentes del socialismo de Estado—, enfrenta un difícil —si no imposible— dilema: «Para sobrevivir en un mundo de Estados competidores, están obligados a instituir y mantener reformas en el mercado. Sin embargo, la expansión del mercado corroe el compromiso con el Partido y allana el camino al cambio de régimen» (Nee y Lian, 1994:284).

La actividad económica no regulada se origina en relación al modo de organización económica dominante en una sociedad dada (Light, 2004). Es por ello que los modelos creados para entender el sector informal en Latinoamérica no pueden explicar cabalmente el caso cubano. Como sucedió con las economías secundarias de Europa del Este, la actividad de este sector en Cuba ocurre dentro de un contexto socialista que prioriza la planificación, la propiedad y el empleo estatales, y va en contra de ese ideal dominante. Los modelos creados para comprender el fenómeno de la informalidad en el resto de la América Latina arrojaron alguna luz sobre el caso cubano, sobre todo considerando los patrimonios culturales e históricos que tienen en común. No obstante, ninguno captura la realidad cubana con tanta precisión como los modelos que se crearon para explicar la «economía secundaria» de los Estados socialistas, dada la medida en que el socialismo de Estado se ha instituido en Cuba en los últimos sesenta años.

Podemos tomar la idea enunciada por De Soto, de que una de las principales causas de la informalidad es un Estado monopolístico y autoritario. Esta perspectiva tiene un paralelo en el nuevo paradigma teórico institucional desarrollado a partir de la experiencia de Europa del Este con un Estado socialista —incluso más rígido y autoritario— que busca el control de toda la planificación económica, al tiempo que monopoliza la propiedad y el empleo. Aunque pareciera disentir con estos dos enfoques centrados en el Estado, la atención de la escuela estructuralista sobre el uso del capital de los trabajadores informales, a través de acuerdos de subcontratación, es análoga a la dependencia de este tipo de Estado de los trabajadores de la economía secundaria, para «resolver» las ineficiencias y los cuellos de botella típicos de las economías de planificación centralizada.

Solo unos pocos investigadores han ido más allá de la descripción y han intentado abordar el acertijo cubano dentro de un marco teórico integral. Entre ellos, Pérez-López (1995a) es el único en aplicar a Cuba los modelos de la «economía secundaria», como originalmente se desarrollaron en los países de Europa del Este. De la misma manera en que lo hicieron Grossman (1977, 1979 y 1989a) y Los (1989 y 1990) en sus estudios sobre la Unión Soviética, Pérez-López señala el *control*, en lugar de la legalidad o la regulación, como el elemento crítico en su definición de la economía secundaria cubana. Por tanto, el concepto de la economía secundaria es más adecuado para Cuba porque incluye «todas aquellas actividades económicas que son incongruentes con la ideología dominante que determina la economía oficial» (Pérez-López, 1995a:14); no solo aquellas que han caído dentro de la regulación estatal o que hayan sido proscritas. Asimismo, arguye que el concepto de la economía secundaria se adecua mejor al contexto cubano que el de la mera informalidad, puesto que en la Isla el incremento de la actividad autónoma individual ocurre dentro de un contexto político, donde los beneficios sociales se prefieren por encima del beneficio privado y, aunque algunas veces es legal, no se considera legítimo. Es esta comprensión específica de la economía secundaria la que emplearemos en el resto de este estudio.

3

TRAYECTORIAS REVOLUCIONARIAS
Y CAMBIOS ESTRATÉGICOS (1959–1990)

Con la ascensión de Fidel Castro al poder en enero de 1959, la política de su movimiento revolucionario respecto a la pequeña empresa privada no estaba clara. De hecho, aún no había sido determinada. En ese momento, la economía cubana estaba compuesta por numerosas empresas micro, pequeñas, medianas y grandes —extranjeras y nacionales, formales e informales—, casi todas legales, si bien algunas clandestinas. No obstante, con la nacionalización de las grandes empresas y de gran parte de las medianas entre 1959 y 1963, y con la instalación de la planificación centralizada, el carácter de socialismo de Estado de la Revolución era cada vez más claro (véase el Anexo 1). Después, durante la Ofensiva Revolucionaria de 1968, se nacionalizó la mayoría del sector privado restante y prácticamente todas las microempresas no-agrícolas fueron confiscadas o cerradas. Sin embargo, unas pocas legales y algunas clandestinas continuaron funcionando.

La política pública hacia las empresas remanentes del sector privado y las pocas nuevas fluctuaron de modo radical en el período de 1969-1990. Tras el intento quijotesco de eliminar todas las micro y pequeñas empresas en los años previos al fracaso de la Zafra de los 10 millones, hubo un cambio hacia una tolerancia relativa y una ligera liberalización entre 1970 y 1985. No obstante, la política retrocedió de nuevo a la contención y a la represión durante la campaña de Rectificación de Errores y Tendencias Negativas(1986-1990) (en lo adelante, Rectificación de Errores).

SECTOR DE LA PEQUEÑA EMPRESA EN CUBA ANTES DE 1959

Al igual que la mayoría de los países, Cuba tiene una larga historia de la micro, pequeña mediana y gran empresas, que data desde los comienzos del período colonial. Una amplia gama de servicios básicos y algunas fabricaciones industriales eran realizados por trabajadores autónomos o por negocios muy pequeños; incluidos una gran variedad de servicios personales y de negocios en las áreas rurales y urbanas, así como en el transporte, la construcción y los servicios de reparación, actividades de pesca y forestales, y la manufactura de productos básicos como tabacos, ropas, calzado y algunos muebles.

Asimismo, la historia nacional de actividades económicas ilegales es larga y datan de la época colonial, caracterizada por el comercio de contrabando en violación del monopolio comercial que mantenía España. De hecho, la primera obra literaria cubana de envergadura, *Espejo de Paciencia*, habla de contrabandistas, piratería y secuestros (De Balboa, 1608). La causa principal del comercio de contrabando durante gran parte de los años de la colonia era el monopolio concedido a Sevilla y Cádiz para el comercio con sus tierras en América. A esos comerciantes, organizados a través de la Casa de Contratación, se les dio control exclusivo sobre el comercio entre la España peninsular y el resto de Europa, por un lado, y las colonias españolas del hemisferio occidental, por el otro. La trata ilegal de esclavos —después de que fuera prohibido por Gran Bretaña a principios del siglo XIX— fue otra de las ilegalidades importantes a gran escala que tuvieron lugar en este período.

El bilateralismo forzado de ese monopolio comercial creó fuertes incentivos para el intercambio no lícito entre los territorios españoles y posibles socios de negocio en Europa, las Trece Colonias de Norteamérica y otros dominios del Caribe, donde británicos, holandeses y franceses sostenían relaciones comerciales activas. Las más de 700 embarcaciones inglesas, provenientes de Gran Bretaña o de sus colonias, que entraron al puerto de La Habana durante los 11 meses que duró la ocupación inglesa de La Habana, desde agosto de 1762 a junio de 1763, ilustran la intensidad de este incentivo. Este número contrasta significativamente con el promedio de 15 embarcaciones españolas anuales que entraban a la Isla en años anteriores (Stein y Stein, 1970:97). La evolución económica de Cuba estaba siendo reprimida y deformada por las prohibiciones en contra del comercio con sus socios comerciales naturales del Nuevo Mundo y del resto de Europa. Los principales participantes en la transacción ilegal eran las remotas regiones provinciales, a diferencia de La Habana, que era la principal beneficiaria del bilateralismo comercial impuesto. Los negociantes de la ciudad de Bayamo, por ejemplo, participaban de manera activa en el comercio ilegal, mediante el intercambio de cueros, carne y otros productos agrícolas, con corsarios y embarcaciones comerciantes extranjeras. Sobre la base de este intercambio, la población de Bayamo era cercana en número a la de La Habana. Santiago de Cuba también era un importante beneficiario del comercio de contrabando.

Desde su independencia en 1902, Cuba evolucionó con una combinación de los sectores privados, cooperativos y públicos. Se basó en el funcionamiento del mercado; así como en la planificación a varios niveles del Gobierno y para diferentes sectores de la economía. Los empresarios del sector privado, los gestores o empresarios del sector público y diferentes asociaciones benévolas en el sector de las cooperativas, contribuyeron en conjunto al desarrollo del país. La Isla también se desarrolló con una amplia gama de empresas en términos de tamaño. Para 1958, la economía contaba con una mezcla de micro, pequeñas, medianas y grandes. Las formidables dimensiones de los centrales azucareros, las plantas de electricidad, las compañías telefónicas, el ferrocarril y algunos productores de tabaco están bien documentadas. Sin embargo, al igual que en otros países, también había registradas numerosas pequeñas empresas y compañías irregulares que evadían impuestos. Además, existían muchos tipos de productores que operaban de manera semi o «extralegal» —incluidos pequeños productores de calzado, una industria de ropas, textil y de muebles de pequeña escala, así como numerosos productores de cigarros y tabacos no registrados, quienes trabajaban desde sus casas y producían para uso personal y para el de sus familiares y amigos (Directorio Comercial del Municipio de La Habana, 1958:471-473).

En su informe de 1950 sobre su misión a Cuba, el Banco Internacional para la Reconstrucción y el Desarrollo (IBRD, ahora Banco Mundial) reconoció que estas microempresas evadían sistemáticamente los impuestos, pero que eran a menudo toleradas por el Gobierno (IBRD, 1950:913). Aun así, representantes de muchas compañías de mayor escala registradas dentro de estas mismas industrias se quejaban de que les resultaba difícil la competencia, puesto que los productores clandestinos evadían impuestos, pagaban salarios por debajo del mínimo y trabajaban desde sus casas. Además, podían guardar costos bajos y mantenerse competitivos frente a compañías más grandes al no proporcionar beneficios a los empleados ni tener que lidiar con los sindicatos de trabajadores. Resulta interesante que el IBRD reconociera los beneficios sociales de estas «industrias familiares» desde la perspectiva de la provisión de un medio de subsistencia y la utilidad de sus productos de bajo costo, y recomendase la continuidad de su tolerancia gubernamental (ibíd.:957-959).

Nacionalización e implantación de la economía dirigida (1959-1963)

Antes de que Castro tomara el poder en 1959, e incluso entre los primeros seis y nueve meses de la Revolución, la orientación ideológica del régimen era ambigua. Coexistían cuatro posibilidades distintas respecto al futuro económico de Cuba durante ese período inicial. Cuál de ellas prevalecería, era algo difícil de determinar en aquel momento.

Primero, estaba el propio enfoque radical —no por ello «revolucionario» y explícitamente no comunista— de Fidel Castro, presentado en una versión escrita de su conocido alegato de defensa de 1953, *La Historia me absolverá*. En su discurso, abogó por cambios, tales como: el fin del latifundio (grandes posesiones privadas de tierra) mediante una reforma agraria limitada, nacionalizaciones en el sector de los servicios públicos, la diversificación de las exportaciones e inversiones estatales orientadas a la justicia social en el ámbito de la educación, la vivienda y la salud. No obstante, nunca abogó en público por nada que implicara una completa nacionalización de la economía ni la eliminación total del sector privado; como tampoco sugirió la absorción de las numerosas microempresas cubanas por parte del Estado —todo lo cual sucedió poco a poco.

Una segunda estrategia, propuesta por Regino Boti y Felipe Pazos en su *Tesis económica del Movimiento 26 de Julio* (1958), era la estrategia económica oficial del movimiento revolucionario liderado por el propio Castro. Este documento favorecía un mayor papel gubernamental en «la planificación democrática» de la economía, a fin de garantizar la justicia social, una mayor redistribución del ingreso nacional y el incremento de la participación de las compañías nacionales en la economía (Ritter, 1974:63-67 y 226).

Un tercer camino se asociaba a la figura de Ernesto «Che» Guevara, quien después se convirtió en el primer presidente revolucionario del Banco Central de Cuba y luego, ministro de Industria. Su enfoque abogaba por la institución del socialismo revolucionario en la Isla e incluía la nacionalización de las grandes compañías estadounidenses, la colectivización de *todos* los medios de producción bajo la propiedad estatal, la erradicación del sector privado y el remplazo del mercado por un plan centralizado.

La cuarta opción era tal vez la que anticipaba la mayoría de la clase media moderada cubana con el regreso a la época pre-Batista de «*business as usual*», con un esfuerzo adicional para restablecer la Constitución de 1940 y devolver la honestidad a los cargos públicos, sin pretender cambiar tanto la base económica de Cuba ni la dependencia externa (ibíd.:68-70 y 226).

Con el paso de los primeros años de la Revolución, la orientación de la política gubernamental de Fidel Castro se hizo más clara. Comenzando en 1959 con cambios modestos y *ad hoc* para lidiar con la herencia del régimen batistiano, se volvió progresivamente más abarcadora y radical, con un pico a mediados de la década de 1960, cuando se nacionalizaron muchas propiedades nacionales y foráneas y se instituyó el plan central. Varias de estas nuevas medidas se pusieron en pie como parte del incremento de las confrontaciones con Estados Unidos y aún se debate sobre si el gobierno de Castro fue empujado hacia el camino radical del socialismo de Estado por la presión estadounidense o por su propia agenda comunista oculta, sus ideas y ambiciones (Farber, 2011). En el Cuadro 3.1 aparece un resumen de estas políticas y acciones.

En 1959, el nuevo Ministerio —establecido para recuperar los «bienes malversados» de los batistianos que habían escapado— se apropió de cientos de negocios privados. Además, según una legislación decretada a partir de noviembre de 1959 hasta marzo de 1960, se le permitía al Ministerio del Trabajo intervenir en compañías donde la producción se hubiese visto interrumpida por disputas laborales, fracasos financieros, abandono por parte de los dueños o por petición de los sindicatos obreros (Ritter, 1974:76). En mayo de 1959, se promulgó la Primera Ley de Reforma Agraria revolucionaria, mediante la cual se eliminó eficazmente el latifundio y se distribuyeron las tierras entre pequeños campesinos. Entre los meses de junio y octubre de 1960, la confrontación entre Cuba y Estados Unidos alcanzó dimensiones dramáticas y se procedió a la nacionalización de las refinerías estadounidenses; la suspensión de la cuota azucarera cubana por parte de EE.UU., el 29 de junio; la nacionalización de todas las propiedades estadounidenses en Cuba, el 6 de julio; y más tarde, ese mismo día, la cancelación del resto de la cuota azucarera cubana de 1960 en el mercado de EE.UU. Para finales de octubre, el régimen se había apropiado del resto de las propiedades estadounidenses, de todas las empresas extranjeras de gran tamaño, así como de las propiedades y los negocios de muchos cubanos que se habían marchado al exilio (íd.). Aunque todavía quedaba más colectivización por llegar en la agricultura y el comercio minorista, a principios de 1961 el Estado había nacionalizado entre 80% y 92% de las compañías de la Isla en las esferas de la industria, la construcción y el transporte. Asimismo, había adquirido casi la propiedad y el control total de los comercios mayorista y exterior, de la banca y de la educación (Mesa-Lago, 2000:347).

Cuadro 3.1: Principales reformas económicas en Cuba (1959–1960).

AÑO	MES	MEDIDA	OBJETIVOS ESPECÍFICOS
1959	enero	creación del Ministerio de Recuperación de Bienes Malversados	confiscación de las propiedades de los partidarios de Batista, incluidos 236 negocios
	enero-mayo	eliminación de los sindicatos extranjeros del crimen organizado y prohibición del juego	la mafia se marcha, sus propiedades son confiscadas por el Estado
	marzo	Ley de Reforma Urbana	reducción de las rentas urbanas, a ser determinadas por el salario del inquilino
	abril	Ley de espacios vacíos; establecimiento del Instituto de Ahorro y Vivienda	confiscación de tierras urbanas inutilizadas; promoción de la construcción de viviendas
	mayo	establecimiento del Instituto Nacional de la Industria Turística; Primera Ley de Reforma Agraria	promover el turismo; expropiación y redistribución de grandes parcelas de tierra, incluidas 194 000 hectáreas pertenecientes a compañías de EE.UU.
	junio	establecimiento del Instituto Nacional de Reforma Agraria	implementación de la Reforma Agraria; gestión preliminar del sector estatal
	julio	Ley de Reforma Tributaria	racionalizar la estructura tributaria e incrementar los ingresos
	noviembre	ley que permite al Ministerio de Trabajo apropiar compañías involucradas en disputas laborales; Ley del Petróleo, establecimiento del Instituto Petrolero de Cuba	adquisición de 50 compañías para marzo de 1960; instituto gestor del sector petrolero
1960	marzo	establecimiento de la Junta Central de Planificación (JUCEPLAN)	institución preparatoria para una planificación más centralizada
	junio	nacionalización de las empresas petroleras	
	julio-septiembre	Ley no. 851, nacionalización de las propiedades estadounidenses	autorización para la nacionalización de todos los bienes poseídos por estadounidenses; nacionalización de todas las compañías azucareras estadounidenses, más las compañías de teléfono y electricidad; nacionalización de los bancos americanos; nacionalización de empresas extranjeras

1960	octubre	Ley no. 890; Ley de Reforma Urbana	nacionalización de muchas compañías con dueños cubanos; nacionalización de casas ocupadas por personas no propietarias y asignación a inquilinos con acuerdos favorables

Fuente: Elaboración propia.

La nacionalización de la gran empresa privada se justificó por parte del gobierno cubano como algo correcto desde un punto de vista ideológico y económicamente necesario. El abandono y/o sabotaje de propiedades e industrias clave por parte de exiliados cubanos patrocinados por EE.UU. sirvieron como pretexto para otras apropiaciones subsecuentes. Castro pudo, de manera simultánea, defender la Revolución como una causa moral bajo ataque y reafirmar su propio poder personal mediante la implementación de cambios económicos radicales que traerían un beneficio directo a las «masas». Con el tiempo, se consideró necesario eliminar el sector privado tanto como fuera posible para los propósitos de la planificación, a fin de permitir controles gubernamentales directos para dirigir la economía de manera «racional», sin el supuesto «caos» característico de las economías capitalistas de mercado y sin la «explotación del hombre por el hombre» (Ritter, 1974:81).

La influencia de la Unión Soviética también tuvo una importancia indudable en este período. Si Cuba estaba estaba optando por salir del sistema «capitalista» dominado por EE.UU., la alternativa obvia era el sistema «socialista» de la Unión Soviética. Además, la URSS fomentaba este cambio económico y geopolítico mediante una generosa asistencia económica y la provisión de un mercado para el azúcar, incluso antes del cese del mercado azucarero con EE.UU. A la larga, Fidel Castro[1] adoptó una posición radical anticapitalista y comunista que incluyó la eliminación de la actividad económica privada. El establecimiento del control central sobre la producción y la asignación de recursos reforzaron el control político central, así como la eliminación de la sociedad civil independiente (Castellanos, Henken y Celaya, 2013).

La colectivización iniciada en 1959 continuó con la nacionalización de todas las escuelas y hospitales privados en 1961. En 1962 se instituyó la cuota

---

[1] Si bien Fidel no asumió el cargo presidencial hasta 1976 —después de la celebración del I Congreso del PCC, donde fue aprobada una nueva Constitución, era la figura con mayor autoridad dentro del Gobierno. Hasta ese momento fue primer ministro; cuyo cargo le daba más poder que al propio presidente.

de abastecimientos para el consumidor y los comercios minoristas restantes se colectivizaron en una red estatal de «tiendas del pueblo». En diciembre de ese mismo año se promulgó la Ley 1076, mediante la cual se nacionalizaron 4 600 compañías comerciales medianas y grandes, pertenecientes a cubanos, dejando en manos privadas solo las microempresas y los negocios familiares. Estos últimos fueron definidos por el Gobierno como «aquellas [empresas] donde todos los trabajadores son miembros de la familia o que tienen solo un trabajador» (Cabarroury, 2000:6). En los años siguientes, los negocios privados continuaron pasando a manos del Estado, ya fuese porque sus dueños estaban «ausentes», tenían vínculos con el mercado negro o habían violado alguna nueva ley revolucionaria (íd.). Asimismo, en 1963, el Gobierno promulgó la Segunda Ley de Reforma Agraria, que eliminó todas las fincas privadas medianas, obligó la venta de todos los productos al Estado a precios fijos y bajos, y exigió que todos los campesinos privados restantes se incorporaran a la Asociación Nacional de Agricultores Pequeños (ANAP) —organización de masas controlada por el Estado para estos productores— (Mesa-Lago, 2000:181-182). Por tanto, en un quinquenio, la colectivización de las empresas privadas fue casi total y, para finales de 1963, solo 30% de la agricultura y 25% del comercio minorista —la mayoría vendedores callejeros— permanecían en manos privadas.

«El hombre nuevo», la Ofensiva Revolucionaria y la Zafra de los 10 millones (1963-1970)

Cuando la transición hacia la economía planificada estaba bien avanzada y el liderazgo revolucionario comenzaba a pensar en cómo promover el desarrollo económico, recibieron influencias de tres corrientes de pensamiento: 1. la crítica tradicional a la dependencia de la producción azucarera y las estructuras económicas y sociales que esta engendraba —a menudo denominada «teoría de la dependencia»—; 2. la sabiduría convencional de ese momento en Latinoamérica de que Cuba debía industrializarse detrás de barreras proteccionistas —llamada «industrialización por sustitución de importaciones» o ISI—; y 3. los enfoques de desarrollo soviéticos que enfatizaban el dominio estatal sobre la industria y la autarquía económica. También existía incertidumbre sobre los precios futuros del azúcar y de los mercados, a pesar de la promesa inicial de los países socialistas de comprar 4,86 millones de toneladas anuales entre 1962 y 1965. El Che Guevara, poderoso e influyente encargado de la política económica en aquel tiempo, predijo una tasa de crecimiento anual de 12% entre 1962 y 1965, y afirmó que para 1965 Cuba sería el país más industrializado de América Latina.

Esas estrategias y predicciones fracasaron estrepitosamente. La producción azucarera decreció de 6,7 millones en 1961 a 3,8 millones en 1963, reduciendo de manera considerable los ingresos en divisas, como consecuencia, y generando una crisis en la balanza de pagos. Al mismo tiempo, el programa de industrialización demostró ser inviable, puesto que era intensivo en las importaciones y requería el incremento de los ingresos de divisas para la adquisición de maquinarias y equipamientos importados, materias primas, bienes intermedios, personal de gerencia y equipos de reparación y mantenimiento. El resultado final fue que Cuba se hizo más dependiente que nunca de la producción de azúcar, de todo tipo de suministros importados y de un nuevo socio hegemónico: la Unión Soviética.

Tras este fracaso, ocurrió un reexamen estratégico. Si antes se había cometido el error de restar énfasis al sector azucarero y sus ingresos de exportación, ahora se decidía que el azúcar debía convertirse en el sector principal mediante el cual se obtendrían las divisas que impulsarían la futura diversificación industrial y agrícola. Fue por ello que Castro hizo el llamado a la Zafra de los 10 millones de toneladas para la cosecha azucarera de 1970, por encima de la cosecha real de 3,3 millones en 1963 (Ritter, 1974:167). La estrategia económica de Cuba había pasado de rechazar la dependencia del azúcar como un obstáculo para el desarrollo, a acogerla como una solución parcial —transitando de la «azucarofobia» hacia la «azucarofilia» de nuevo.

Otra característica de la nueva estrategia económica de la segunda mitad de la década de 1960 fue el desarrollo de la llamada ideología del «hombre nuevo» como el principal mecanismo movilizador de energía humana para las tareas de la economía, dirigidas inicialmente por el Che Guevara. Los «incentivos materiales» se remplazarían por «incentivos morales», de manera que las personas trabajarían sin interés en aras del bienestar de la Revolución y recibirían una compensación de acuerdo a sus necesidades, no según la cantidad o la calidad del trabajo realizado. Los dirigentes revolucionarios intentaron fomentar esta nueva moral pública reestructurando las instituciones, de tal manera que se eliminaran o redujeran los incentivos materiales y se ignoraran sus antiguas estructuras a pesar de la situación inflacionaria de la Isla.

También se suponía que el «hombre nuevo» debía incubarse mediante la educación política en las escuelas y la exhortación pública a través de discursos y la prensa, así como a través de la incitación y el llamado a que las personas se comportaran como si ya lo fuese, encarnando la conciencia revolucionaria en un proceso de «aprender haciendo». Uno de los mecanismos más notorios de coacción fueron las Unidades Militares de Ayuda a la Producción (UMAP), donde elementos supuestamente antisociales (homosexuales, creyentes religiosos, individuos contraculturales, etc.) fueron internados en contra de su voluntad entre 1965 y 1968. Por último, siguiendo las ideas de Guevara, expuestas en su influyente ensayo *El socialismo y el hombre en Cuba*, se intentó alterar la conciencia burguesa heredada del período republicano al promover la participación popular en las periódicas movilizaciones revolucionarias laborales y políticas (Campaña de Alfabetización en 1961 y las zafras anuales), y, alentando la participación en las múltiples organizaciones de masas del país, la Unión de Jóvenes Comunistas (UJC) y el PCC.

La tercera característica de la nueva estrategia económica de Cuba tuvo un carácter institucional y se cristalizó con la Ofensiva Revolucionaria entre marzo y abril de 1968. Esta ofensiva prohibió el trabajo autónomo y eliminó o confiscó entre 55 000 y 58 000 pequeños negocios privados que habían permanecido luego de la primera ola de nacionalizaciones (1959-1963). La variedad y el número de las compañías nacionalizadas incluyen más de 17 200 minoristas de alimentos, 2 500 minoristas de productos industriales, 11 300 vendedores de alimentos y bebidas, 14 000 empresas de los servicios y 9 600 compañías de producción industrial de pequeña escala. Irónicamente, a pesar de que estas expropiaciones se justificaban como una manera de liberar el país de su pasado capitalista y explotador, muchas de las compañías que se cerraron o expropiaron habían sido, de hecho, fundadas a mediados de la década de 1960. Las empresas privadas de pequeña escala habían crecido con rapidez y ganaron beneficios considerables entre 1963 y 1968, al tiempo que llenaban el vacío creado por el funcionamiento ineficiente del sector estatal. La relación entre el sector estatal y el privado se desarrolló bien en este período. Por ejemplo, en un estudio realizado a 45 548 pequeños empresarios se halló que 97% había vendido bienes o servicios al Estado por un valor de hasta $10 000. De hecho, tres de ellos habían ganado más de medio millón de pesos en el primer semestre de 1967 (Ayala Castro, 1982).

Fidel Castro argumentó ampliamente las razones para las nacionalizaciones de la Ofensiva Revolucionaria en su discurso del 13 de mayo de 1968 (1968:2-7). Entre los principales factores que mencionó para justificar los cierres y las confiscaciones por parte de su gobierno estaban:

1. la necesidad de prevenir el cultivo de actitudes egoístas que ocurrían en el sector privado;
2. el escaso apoyo que los propietarios del sector privado brindaban a la Revolución;
3. «los elementos antisociales» que hipotéticamente dominaban la clientela de las empresas;
4. los beneficios excesivos y la necesidad de eliminar los salarios demasiado altos que se ganaban en muchas de las empresas;
5. la compra de suministros a fuentes ilegales;
6. la supuesta baja calidad de los servicios al público; y
7. las supuestas condiciones antihigiénicas de las empresas del sector privado.

En resumen, Castro también veía la Ofensiva Revolucionaria como la próxima etapa necesaria en el movimiento hacia el comunismo, que ya era el objetivo final para Cuba. Solo la eliminación de todas las expresiones del capitalismo resultaría en la derrota de las actitudes y los valores que lo acompañaban, y permitiría el surgimiento del «hombre nuevo», desinteresado y revolucionario. En sus propias palabras: «Nosotros no podemos estimular ni permitir siquiera actitudes egoístas en los hombres si no queremos que los hombres sigan el instinto del egoísmo […] El capitalismo hay que arrancarlo de raíz, el parasitismo hay que arrancarlo de raíz, la explotación del hombre hay que arrancarla de raíz» (ibíd.:7).

La Ofensiva Revolucionaria eliminó lo que había quedado de los sectores de la microempresa y la pequeña empresa en Cuba. Una amplia gama de ellas fueron confiscadas, incluidos los negocios de comestibles, orfebrería, productos químicos, carpintería, productos del tabaco, talabartería, imprenta y textiles. Muchos pasaron a manos del sector estatal; pero otros, incluidas las ventas callejeras, los puestos de vegetales, bares, merenderos, y talleres de carros fueron solo cerrados y sus dueños, forzados a la clandestinidad o a salirse por completo de los negocios. No obstante, un «sector informal» ilegal, aunque medianamente tolerado, continuó creciendo, al igual que el «mercado negro».

La adopción de una visión más extrema de la sociedad socialista entre 1966 y 1970 se explica, frecuentemente, como un caso en que la ideología de Guevara prevaleció sobre el enfoque más «economicista» que favorecían los «pragmáticos» pro soviéticos. Sin embargo, lo que se ha denominado como el «experimento radical» —el intento combinado por crear al «hombre nuevo», llevar a cabo la Ofensiva Revolucionaria y lograr el récord de la Zafra de los 10 millones— tuvo raíces políticas complejas (Pérez-Stable, 1999). Primero, el fracaso de los intentos relacionados con el plan central y la industrialización entre 1961 y 1963 convenció a los elementos más radicales del liderazgo, de que la «efervescencia» revolucionaria tenía que mantenerse a través de la radicalización. Segundo, cuando Castro finalmente comenzó a consolidar la Revolución bajo el Partido Comunista a mediados de la década, existía la sensación de que los modelos tomados de los soviéticos estaban socavando el verdadero espíritu de la Revolución. Como resultado, el «experimento radical» puede considerarse en parte un intento por lograr una mayor independencia económica de los soviéticos y una unidad política nacional, al tiempo que se reintroducía la «conciencia» en la economía (íd.).

En 1965, con un nuevo Comité Central posicionado y el firme control del Partido Comunista en manos de los nuevos comunistas, Castro tuvo casi vía libre para poner en práctica su agenda radical. A pesar de que se continuaba con la planificación centralizada, en teoría, regida por la JUCEPLAN, tomó esta oportunidad para revitalizar lo que consideraba el espíritu menguante de la Revolución. Entre 1966 y 1970, los presupuestos de planificación centralizada a menudo eran descartados para dar paso a los miniplanes improvisados del propio Castro (íd.). La meta era aprovechar la conciencia colectiva de autosacrificio que había hecho posible el triunfo revolucionario y la derrota de los invasores de la Bahía de Cochinos por parte de los guerrilleros, otorgándoles tareas encaminadas a la resolución de desafíos económicos más mundanos. Como había argumentado Guevara, el desafío era «encontrar la fórmula para perpetuar en la vida cotidiana la actitud heroica de la lucha revolucionaria» porque «en la actitud de nuestros combatientes se vislumbra al hombre del futuro» (Henken, 2001:257).

Básicamente, entre 1966 y 1970 la planificación central fue ignorada y la economía fue dirigida como si el país estuviera librando una segunda guerra de guerrillas (Mesa-Lago, 2000:209-211). El primer ministro Castro declaró que una producción inferior a 10 millones de toneladas de azúcar en 1970 equivaldría a una «derrota moral» de la Revolución (ibíd.:213). En un discurso de 1966, Fidel dejó claras sus intenciones y presagió la eliminación gradual de los «bodegueros»:

> ¡No crearemos jamás una conciencia socialista, y mucho menos una conciencia comunista, con mentalidad de bodegueros! No crearemos una conciencia socialista y una conciencia comunista con un signo de pesos en la

mente y en el corazón de los hombres y mujeres del pueblo [...] No llegaremos al comunismo por los caminos del capitalismo. ¡Porque por los caminos del capitalismo nadie llegará jamás al comunismo! (Pérez–Stable 1999:113)

Los objetivos económicos del presidente Castro debían ser alcanzados a partir de la movilización de las energías humanas mediante «incentivos morales»; es decir, mediante el autosacrificio altruista —el concepto del «hombre nuevo»— que se crearía en un proceso que incluía la educación política, la práctica supervisada del trabajo duro, según el ejemplo del liderazgo, y el trabajo con el apoyo del Partido y de las organizaciones de masas. El trabajo «voluntario» en la agricultura durante 45 días al año se convirtió en un deber para todo revolucionario verdadero, como parte de la formación de la conciencia. Además, ese trabajo duro, en combinación con la educación política, se consideraba también como una cura para todo tipo de «comportamiento antisocial»; entre ellos, la homosexualidad, la vagancia y la cultura alternativa de la juventud occidental, ejemplificada por el pelo largo, los *jeans* y el *rock´n roll*. No obstante, tales métodos tendieron a exacerbar comportamientos antisociales e improductivos: ausentismo, actividades del mercado negro, holgazanería, cinismo y desconfianza general hacia la Revolución; todo lo opuesto a la «conciencia» que se buscaba.

Ahora bien, como se fue haciendo cada vez más obvio que la conciencia por sí sola no era suficiente para motivar a la fuerza laboral cubana, se empleó un proceso de «militarización» para llenar el vacío. Reclutas, estudiantes, prisioneros, emigrantes declarados y voluntarios de fines de semana fueron puestos a trabajar bajo acuerdos laborales cuasi-militarizados. «La conciencia no inspiró a las personas a trabajar por el bienestar colectivo —señala Pérez-Stable— en su lugar, los cubanos decidieron engrosar las filas del ausentismo, desperdiciar la jornada laboral y comenzar sus propios pequeños negocios» (ibíd.:118-119). De hecho, este autor indica que el ausentismo se había hecho tan rampante que casi representaba una huelga no coordinada y una protesta informal contra los métodos de movilización estatales. En esencia, el Estado continuó centrándose en el cumplimiento de las metas de producción y las prioridades nacionales, y los trabajadores cubanos emplearon sus «armas de los débiles» y continuaron preocupándose fundamentalmente por sus necesidades individuales, las prioridades de su familia y sus niveles de consumo privados (Scott, 1985).

Al final, este experimento radical falló en parte porque la naturaleza humana no es tan maleable como creía el liderazgo. Los cubanos tuvieron que seguir defendiendo sus intereses propios a fin de mantener «la reserva de capital» para ellos y sus familias. Resultaba improbable que el fervor revolucionario que energizó a la población durante la lucha de guerrilla y la Bahía de Cochinos continuara siendo un factor de motivación en la vida cotidiana. El fracaso en el logro de la independencia económica, en la creación del «hombre nuevo» y en el cumplimiento de la Zafra de los 10 millones, tuvo su origen en la creencia por parte del Gobierno de que el interés individual se podía y debía ser completamente erradicado (Ritter, 1974). Sin duda, el interés individual debe ser redirigido en aras de la cooperación voluntaria entre ciudadanos; pero cualquier sistema de movilización laboral que ignore por completo el interés individual conduce a su propia perdición. Irónicamente, el mejor resumen de la política errónea entre 1964 y 1970 proviene del propio Castro, en su importante discurso del 26 de julio de 1970: «Le hemos costado demasiado al pueblo en nuestro proceso de aprendizaje [...] El proceso de aprendizaje de los revolucionarios en la construcción de la economía es mucho más difícil de lo que habíamos imaginado» (Castro, F., 1970b).

Regreso a la ortodoxia de tipo soviético: «Edad de Oro» del socialismo cubano (1971-1985)

Los problemas encontrados en los enfoques económicos de la década de 1960 condujeron a una reconsideración de las realidades económicas de Cuba y de las alternativas para el desarrollo. En vistas de los fracasos de las políticas económicas del mencionado período, el curso de acción evidente era adoptar plenamente los enfoques probados de la Unión Soviética y sus satélites de Europa del Este, y encontrar un hogar cómodo dentro del sistema económico del bloque soviético. Por tanto, el rasgo central del destino económico de la Isla, luego de 1970, fue su especial relación con la URSS. En 1972, el país se integró al Consejo de Ayuda Mutua Económica (CAME). En el período comprendido entre 1970 y 1990, se acordaron una variedad de convenios de cooperación para el desarrollo en el comercio y las finanzas. El desarrollo de Cuba estaba profundamente entrelazado con el del bloque soviético, e incluso dependía de él. La generosidad de tales acuerdos hacia la nación cubana era impresionante, como se ilustra en el Gráfico 3.1. La asistencia soviética venía en la forma de precios superiores al mercado por las exportaciones nacionales a la URSS e inferiores por las importaciones del petróleo soviético, junto a créditos comerciales que nunca serían pagados. La asistencia llegó a niveles tan altos a principios de la década de 1980, alcanzando en 1982 más de 36% del Ingreso Nacional Creado de Cuba (una medida cuasi-PIB) (Ritter, 1990:126). La recompensa por la generosa subvención soviética era el apoyo geopolítico de Cuba a la súper potencia soviética en las relaciones internacionales, incluyendo sus intervenciones militares en África.

Gráfico 3.1 Asistencia económica de la Unión Soviética a Cuba (1960–1990)
(miles de millones de dólares estadounidenses).

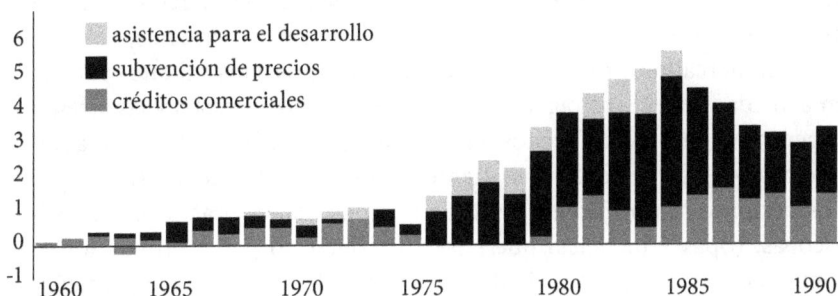

Fuente: Basado en LeoGrande y Thomas (2002:340–341).

La integración de Cuba en los acuerdos de cooperación económica con la Unión Soviética exigía que el sistema de planificación entrara en armonía con el sistema soviético y sus ciclos de planificación. Por ello, en ese tiempo, se adoptó un mecanismo de planificación más orientado al mercado: el Sistema de Dirección y Planificación de la Economía (en lo adelante, SDPE). A pesar del que el nuevo SDPE se introdujo en 1976, hacia 1980 solo se había establecido parcialmente. Incluida en el SDPE, estaba la aspiración al autofinanciamiento de las empresas y a una estructura racional de precios para los insumos y los productos. También otorgó una mayor autonomía relativa a muchas empresas estatales, eliminó el trabajo voluntario y permitió la reintroducción de la escala salarial, las cuotas laborales y los incentivos materiales dentro del sector estatal a fin de estimular la producción (Pérez-López, 1995a).

El trabajo economicista y las prácticas de remuneración fueron reincorporados a la economía interna. Los trabajadores debían ser remunerados según la calidad y la cantidad del trabajo realizado, y los bienes se distribuían sobre la base de la productividad laboral. Como se indicaba en la Ley contra la vagancia de 1971, el trabajo llegó a considerarse no solo un «derecho sagrado», sino un «deber social» y una obligación revolucionaria (Ritter, 1974:333). Además, en este período emergió una vasta economía

97

clandestina conformada por trabajadores autónomos, quienes muchas veces trabajaban con la ayuda de amigos y familiares (León, 1995).[2]

En el verano de 1978, el Gobierno revolucionario cambió su política restrictiva respecto a la empresa privada con la aprobación del Decreto-Ley no. 14, que permitía unas 48 categorías de trabajo autónomo (Pérez-López, 1995a). Diez años después de la colectivización de todo el comercio minorista privado, esta nueva Ley equivalía a la legalización de partes de la economía clandestina. Estaba encaminada a la absorción del desempleo, la mejora de la oferta y la calidad de los productos y los servicios, y la reducción del mercado negro. Específicamente, permitía a los cubanos participar en actividades de lucro personal en las áreas de los servicios y las artesanías —pequeños productos hechos a mano que se vendían en los mercados de artesanía—. La apertura subsecuente de los mercados de artesanías privados permitió la producción legal de muchos bienes prácticos (utensilios, escobas, ropas y juguetes) que el sector estatal no podía proporcionar en cantidades o calidades suficientes. Tres tipos de producción a pequeña escala eran sobre todo populares: las confecciones de ropa, de zapatos y la producción de carbón. Estas actividades se realizaban desde los hogares y a menudo se hacían a tiempo parcial. Es probable que gran parte fuera realizada por mujeres; cuya tasa de participación en la economía formal todavía era relativamente baja en ese período (ibíd.:91-94).

Esta Ley también condujo al incremento de mercados donde los artesanos podían vender sus mercancías al creciente número de turistas que visitaban a Cuba en esos tiempos. Se instituyeron precios de las licencias para los artesanos que variaban entre $5 y $80 mensuales (ibíd.:95). El número de este tipo de microempresa no-agrícola, oficialmente registrada, fue de 28 000 en 1988, con 12 800 empleados (Mesa-Lago, 1988). Es imposible conocer la dimensión de la economía clandestina durante esos años. Sin duda, varias actividades no registradas o reconocidas que evadían impuestos y regulaciones estatales se llevaban a cabo paralelamente a las registradas.

---

[2] Con el éxito en los negocios clandestinos y en el mercado negro, muchas veces determinado por las relaciones especiales de la persona con amigos y familiares, los cubanos comenzaron a referirse a este sistema de intercambio alternativo, y a menudo crucial, como «sociolismo». La palabra «socio» con el significado de un amigo cercano o un asociado de negocio. Semejante al sistema soviético de intercambio informal o a la «economía de favores», conocida como *blat*, el «sociolismo» cubano fue una reinvención jocosa del socialismo celebrado por el Estado. Para un análisis del «sociolismo», véase a León (1995); para el *blat* soviético, a Rehn y Taalas (2004).

A pesar de que a los artesanos se les permitía vender sus productos a precios del mercado libre, se les exigía tener un trabajo a tiempo completo en el sector estatal. Podían realizar sus actividades privadas solo después del horario laboral, trabajar solos o con ayuda de familiares asalariados, utilizar herramientas muy básicas y producir en sus propias casas. Además, mientras a los artistas y artesanos se les permitía la venta minorista de sus productos en los mercados artesanales, como el muy famoso de la Catedral de La Habana, otros productores de menor escala no podían vender sus productos directamente al consumidor, sino que tenían que utilizar tiendas estatales como sus comercializadores oficiales.

Otro problema que encontraron los artesanos fue la falta de fuentes legales de materia prima para confeccionar sus productos. La escasez de los materiales se debía a que las tiendas estatales tenían prioridad en las asignaciones y muchas veces provocaba que los artesanos privados dependieran de fuentes «irregulares» de suministro (robos).[3] El vínculo con el mercado negro sirvió entonces como excusa para la crítica gubernamental contra estos y validó su eliminación posterior a mediados de la década de 1980. Por último, el éxito de estos artesanos a pequeña escala en proveer un nicho básico de productos para los cubanos, dentro de un medio legal antagonista, proyectó una imagen negativa sobre la incapacidad del supuesto Estado todopoderoso para proveer bienes similares. Irónicamente, fue este mismo éxito del sector privado al superar algunas áreas de la producción estatal lo que contribuyó a su desaparición (Pérez-López, 1995a:91-93).

Dentro de las 48 ocupaciones designadas que se legalizaron, según el Decreto-Ley no. 14, había una cantidad de servicios necesarios que incluían peluqueros, sastres, taxistas, fotógrafos, plomeros, electricistas, carpinteros y mecánicos (Mesa-Lago, 2000:230). La Ley, incluso, permitía que ciertos profesionales como médicos, dentistas y arquitectos fueran autónomos, bajo la importante estipulación de haber ejercido la práctica privada antes de 1959 (ej.: que no hubiesen sido formados por la Revolución) (ibíd.:95-96). Al igual que los artesanos, tenían que mantener un empleo estatal en algún otro lugar, trabajar solos o con la asistencia de familiares no remunerados, tener las calificaciones y la experiencia adecuada para realizar el servicio en cuestión; registrarse con el Gobierno y pagar las mismas tarifas de patentes

---

[3] Los emprendedores cubanos se refieren coloquialmente a esta práctica como depender de su «socio Roberto» para suministros. En este caso, «Roberto» es un código jocoso que hace referencia al «robo».

de entre $5 y $80 mensuales; así como impuestos sobre la renta si sus ingresos mensuales excedían los $250. Además, estos cuentapropistas tenían que obtener un certificado de sus centros de trabajo que hiciera contar un historial de «conducta correcta, diligencia y disciplina laboral» (ibíd.:93-96).

Como consecuencia de las crónicas ineficiencias que plagaban el sector estatal, la nueva Ley, inclusive, contempló provisiones para un nuevo sistema de contratación libre, de manera que las empresas estatales pudieran contratar a cuentapropistas para llevar a cabo tareas necesarias. Este sistema permitió que las empresas estatales pudieran suministrar los insumos necesarios a los artesanos y a los trabajadores autónomos a cambio de 30% de sus ganancias. Durante este período aparecieron anuncios legales en las publicaciones comerciales cubanas que divulgaban la necesidad de ciertos trabajadores privados por contratación (Mesa-Lago, 1988 y 2000:230; Pérez-López, 1995a:93).

A pesar de la relativa apertura al sector privado, los intentos gubernamentales para su legalización se vieron limitados por su propia crítica recurrente a principios de los años 80, de lo que consideraban «una prostitución del concepto del empleo autónomo» (Mesa-Lago 2000:230). Los altos impuestos, la campaña contra el trabajo autónomo en 1982 y las críticas que mezclaban a los emprendedores privados legales con acaparadores ilegales enviaron señales confusas a empresarios privados potenciales, disminuyendo, por tanto, los incentivos y contradiciendo el objetivo de brindar mejores productos y servicios de mayor calidad a la población. El nivel de críticas alcanzado contra el trabajo autónomo en esa época resultó sorprendente, dado el hecho de que en 1979 los cuentapropistas solo constituían 0,8% de la fuerza laboral cubana (Mesa-Lago, 1988:78-81).[4]

En concordancia con la legalización del trabajo autónomo, la medida más importante de la reforma dirigida al sector privado en este período fue la apertura del Mercado Libre Campesino (MLC) —«libre», haciendo referencia a la manera de establecer los precios en el mercado y sus productos por parte de los agricultores privados—. La aprobación del Decreto-Ley no. 66, el 5 de abril de 1980, permitió el establecimiento de los MLC en el paisaje agrícola cubano. La autorización de la venta directa de alimentos a los consumidores a precios determinados por el mercado no era una opción obvia para Cuba dada la aversión de Castro por la empresa privada, aun en modesta escala (Rosenberg, 1992). A pesar de que la legalización del trabajo autónomo y el establecimien-

---

[4]   En ese tiempo, un total de 6,4% de la fuerza laboral trabajaba en el sector privado; de los cuales, 4,9% eran campesinos privados (Mesa-Lago, 1988).

to del MLC se llevaron a cabo con su aprobación, nunca contaron con su apoyo activo y siguieron considerándose como anacrónicas e ilegítimas de alguna manera, más allá de su legalidad.

La nueva Ley permitía a todos los productores agrícolas privados (campesinos privados y miembros de cooperativas agrícolas) el establecimiento de mercados agrícolas minoristas por toda la isla. Productos tales como el azúcar, el tabaco, el café y la carne —que se consideraban vitales en el sector estatal— se prohibieron en dichos mercados. Los campesinos privados estaban obligados a cumplir con sus cuotas estatales de acopio antes de poder vender el excedente en el mercado libre. Por último, estaban restringidos a sus mercados locales y se les prohibía el uso de intermediarios o la contratación de camiones particulares para transportar sus productos (Rosenberg, 1992; Pérez-López, 1995a).

A pesar de que las motivaciones políticas predominaron en la apertura inicial de los MLC, según Rosenberg (1992), su legalización también fue una respuesta al doble problema de la crisis alimentaria interna y al incremento gradual de un mercado clandestino de alimentos a finales de la década de 1970. En resumen, la disminución de la disponibilidad de muchos alimentos entre 1975 y 1980 condujo a la creación de una extensa red de fuentes de abastecimiento en el mercado negro y provocó un exceso de liquidez monetaria, donde los consumidores tenían más dinero que bienes disponibles en qué gastarlos.

Inicialmente, el Estado intentó enfrentar estos problemas mediante el establecimiento de los «mercados paralelos», nuevas cooperativas agrícolas (CPA) y tiendas que vendían bienes no racionados a altos precios —denominadas popularmente como «las tiendas de los ricos»—, en la década de 1970 (Pérez-López, 1995a; Rosenberg, 1992). Sin embargo, esas estrategias fueron incapaces de erradicar el mercado negro. Por último, entre 1978 y 1979, la policía cubana comenzó a reprimir el mercado alimentario clandestino y arrestó intermediarios, transportistas, e, incluso, confiscó varias fincas privadas. Este mecanismo de control hizo poco por resolver la raíz del problema de la escasez de alimentos y condujo a una mayor contracción en su disponibilidad. Por tanto, la apertura del MLC en 1980 se promulgó, en parte, como un reconocimiento de las ya existentes actividades clandestinas y un intento por regularlas (Eckstein, 1994:54).

Por desgracia para el futuro del MLC, su existencia estaba plagada de disímiles problemas económicos y tensiones políticas. Al principio, la decisión de establecerlos fue popular, debido al incremento de la cantidad, la calidad y la variedad de los alimentos. No obstante, existían quejas comunes respecto a la venta ilegal de bienes desviados del suministro estatal, el empleo de intermediarios y transporte ilegal, y, lo más significativo, los altos precios típicos de los MLC (Pérez-López, 1995a). Cuando las expectativas de que su establecimiento contribuiría a reducir los altos precios de los alimentos en el mercado negro no se cumplieron, la ambivalencia gubernamental hacia estos tuvo un creciente apoyo en la población, especialmente en los muchos cubanos cuyos magros salarios les restringían el acceso a ellos (Marshall, 1998). El crecimiento de las desigualdades en los ingresos y el consumo que se originó producto de estos mercados privados, hizo que se convirtieran en blanco fácil para la frustración popular y «chivos expiatorios» del Gobierno (Marshall, 1998). A los consumidores les preocupaban más los precios elevados que la ilegalidad mantenida. No obstante, el hecho de que la existencia del MLC no lograra eliminar los precios elevados ni el mercado negro socavó la posición de las élites estatales que en principio habían abogado por una apertura del sector privado a pequeña escala.

En 1982 hubo una avalancha de críticas por parte del Gobierno respecto a los abusos en los sectores agrícolas y de los servicios, junto a la promulgación de nuevas leyes que dictaban restricciones más onerosas a la actividad privada. A los emprendedores privados se les acusó de utilizar las tiendas estatales como puntos de ventas para sus productos, de abrir tiendas de manera secreta e ilegal, de desviar materia prima del sector estatal, de contratar empleados e intermediarios, de vender mercancías no autorizadas en lugares donde estaba prohibido y de tener ganancias exorbitantes (Mesa-Lago 1988:78-81). Como consecuencia, se hicieron redadas contra muchos trabajadores de los MLC: en 1982, unos 250 cuentapropistas, más intermediarios, fueron arrestados y sus ganancias, supuestamente ilícitas, fueron confiscadas.

El Decreto-Ley no. 106 de septiembre de 1982 excluyó a los intermediarios del mercado campesino, eliminó el derecho de los trabajadores de fincas estatales a producir alimentos en sus parcelas familiares y restringió la participación en los MLC solo a los campesinos privados asociados a la ANAP. Además, los campesinos eran obligados a demostrar el cumplimiento de sus obligaciones con el suministro estatal antes de que se les permitiera comercializar sus productos; se impuso 20% de impuesto sobre las ventas brutas en los MLC y se establecieron «ferias de agricultura» estatales, a precios competitivos para socavarlos aún más. Estos cambios significaron prácticamente su final. A partir de 1982, solo representaban 4% del gasto total de los consumidores en alimentos (Pérez-López, 1995a; Marshall, 1998).

PROCESO DE RECTIFICACIÓN (1986-1989)

El presidente Castro anunció el Proceso de Rectificación, por primera vez, en el III Congreso del Partido Comunista, en abril de 1986, cuyo objetivo era «rectificar los errores y las tendencias negativas» que, según él, habían ocurrido en el curso de los últimos quince años. El sector privado recibió su golpe de gracia con el cierre del mercado campesino y el recrudecimiento de las restricciones al empleo autónomo, el cual declinó de 1,2% a 0,7% del empleo total en 1989 (Tabla 3.1).

Tabla 3.1. Distribución del porcentaje de la fuerza laboral de Cuba por formas institucionales (1970–1989).

		1970	1979	1981	1985	1989
sector estatal		86.3	93.6	93.4	93.1	94.1
sector no-estatal	cooperativas agrícolas	0	0	0	2.1	1.6
	campesinos privados	11.0	4.9	3.5	3.3	3.2
	salarios privados	1.5	0.4	0.7	0.4	0.4
	trabajadores autónomos y familiares	1.2	1.1	1.5	1.2	0.7
TOTAL		100	100	100	100	100

Fuente: Mesa-Lago (2000:382).

El Gobierno abolió los MLC y aceleró la incorporación de las pequeñas fincas privadas a las cooperativas estatales. Eliminó las actividades de los pequeños productores, dueños de camiones y vendedores ambulantes, y redujo el empleo autónomo. Además, restringió la construcción, venta, alquiler y herencia de las residencias privadas. Se argumentaba que los campesinos estaban teniendo utilidades excesivas por las ventas en el mercado libre, se habían resistido a la integración en las cooperativas, muy pocos pagaban impuestos y que solo algunos entregaban la porción correcta de sus cosechas al Estado. Los productores agrícolas privados también fueron acusados de haber abandonado la importantísima producción de azúcar, a fin de buscar las ganancias más elevadas, disponibles en la producción de alimentos para la venta en el mercado libre campesino.

Se pueden sacar tres lecciones de este primer y efímero experimento con el trabajo autónomo. La primera, la legalización por parte del Gobierno de la producción y el intercambio de mercado, estimuló la productividad y mejoró la calidad y la variedad de los bienes y servicios. La segunda, la existencia de estas «islas de capitalismo» dentro de la economía socialista cubana, condujo al incremento de las desigualdades. La tercera, cambios importantes dentro de las coaliciones élites de defensores o detractores del mercado, condujeron inicialmente a la apertura del mercado libre campesino y, posteriormente, a su erradicación. De hecho, estos cambios de políticas son claros ejemplos de la disyuntiva del Estado entre los intereses contradictorios de legitimidad ideológica, el poder político y el crecimiento económico. El próximo período breve de implementación de políticas económicas confirmaría el deseo demostrado del liderazgo de regresar a los experimentos radicales de antaño, donde la economía pasaba a un segundo plano respecto a la ideología, en el intento continuo de centralizar el control político.

Después de 1986, se hicieron algunos intentos por modificar el sistema de planificación de tipo soviético con un «Sistema para el Desarrollo Económico» menos restrictivo —reemplazando el SDPE, supuestamente más engorroso y burocrático—, que permitiría a Castro una mayor flexibilidad para intervenir y modificar la economía según su conveniencia. Tales intentos se encontraban en diferentes fases de implementación en la década de 1990, pero ninguno tuvo mucho éxito en la mejora del sistema de planificación. De cualquier modo, después de 1989, el cese de las relaciones especiales entre Cuba y la URSS, y el fin de los subsidios soviéticos, sumieron al país en una profunda recesión, dejando poca oportunidad para que las nuevas estrategias de planificación demostraran su valía.

La estrategia básica de desarrollo continuó haciendo énfasis en el azúcar como la fuente principal de ingresos en divisas y durante este período se lograron buenas zafras. Áreas como la biotecnología y la industria farmacéutica, tanto para el consumo interno como para la exportación, tuvieron un impulso significativo con una cuantiosa inversión en instalaciones de investigación y las tecnologías más avanzadas. También se dio prioridad al turismo y a la minería del níquel para expandir el ingreso en divisas. Un «programa alimentario» comenzó en 1986, con el objetivo de lograr una producción azucarera de 11 millones de toneladas; así como el incremento de la producción de cítricos para la exportación y de alimentos para el consumo interno. Otras metas igualmente grandiosas, y poco realistas, se establecieron con el fin de desarrollar superficies irrigadas para el cultivo del arroz y el azúcar, nuevos centros para el crecimiento ganadero, nuevas centrales lecheras, etc. Objetivos, todos, que quedaron sin cumplirse (Mesa-Lago, 2000:272-274). La corrupción en los centros de trabajo y el robo también fueron perseguidos por el Gobierno, pero sin mucho éxito, debido en parte a que el estancamiento económico posterior a 1985 no ayudaba a ese propósito.

El sector laboral continuó siendo problemático durante el proceso de rectificación. Una vez más, Castro enfatizó la importancia de los incentivos morales y criticó los materiales. Se crearon brigadas de corte militar para el sector de la construcción —y se les dio una compensación material especial—, como una manera de absorber el exceso de mano de obra en las empresas. Parte del problema fue que, para evitar el incremento del desempleo, se habían creado muchos puestos de trabajo de baja productividad, con el fin de absorber las grandes legiones de jóvenes nacidos en los años del *boom* de la natalidad (1960-1968), que entraban en el mercado laboral en esos momentos.

El énfasis aumentado durante el Proceso de Rectificación en el igualitarismo y en la eliminación de las redes privadas de suministros —a excepción del perdurable mercado negro—, exigió la expansión del racionamiento (ibíd.:264). Como resultado de las presiones sociopolíticas asociadas a este, el trabajo autónomo continuó decreciendo de un minúsculo 1,2% en 1985 a 0,9% en 1987, tocando fondo con 0,7% de la fuerza laboral en 1989 (Mesa-Lago, 1990 y 2000:264). A mediados de la década de 1980, el Estado admitió que una razón para la proliferación de la «economía secundaria» era el ser, a menudo, la única fuente de muchos productos y servicios esenciales. Sin embargo, el Gobierno insistió en que un mayor control y vigilancia contra estos comportamientos «antisociales» era la mejor solución y prometió incrementar los suministros estatales para llenar ese vacío.

En sus escritos de la época en que se instauraba el Proceso de Rectificación, Mesa-Lago expresó sus dudas respecto a su éxito potencial, dado el historial de ineficiencia y baja productividad del sector estatal. Advirtió que los «ataques severos contra los campesinos privados, el mercado campesino, los cuentapropistas, los pequeños manufactureros y los constructores de casas privadas» significaban que las agencias estatales, notorias por su incapacidad de proveer bienes y servicios de calidad, no podían llenar el vacío. «La historia socialista de Cuba nos muestra —afirma en referencia a los experimentos fallidos del pasado con la ideología radical— que, cuando el Estado eliminó los incentivos a los campesinos privados, disminuyeron sus esfuerzos y productividad». No obstante, respecto a los experimentos exitosos de mercado, de principios de los años 80, expresó que, «cuando se añadieron incentivos materiales, aumentó su producción» (1988:84).

De hecho, al igual que el experimento radical al que se asemejaba, el desempeño general del Proceso de Rectificación fue negativo para la economía cubana. Por supuesto, su pobre papel se exacerbó al tratar de implementarlo en vísperas de lo que sería la peor crisis económica enfrentada por la Revolución. La profundidad de la crisis de la década de 1990 se debió, fundamentalmente, al colapso de la Unión Soviética y a las repercusiones que tuvo, para una Cuba demasiado dependiente, la pérdida del generoso, aunque oculto, apoyo financiero que proporcionaba la URSS. No obstante, es probable que el enfoque ideológico del Proceso de Rectificación para la resolución de los problemas económicos haya incrementado la proliferación de los «delitos» económicos que, en teoría, debía erradicar. Las exhortaciones morales e ideológicas —la predicación, a menudo combinada con la vigilancia y el castigo— son instrumentos débiles para motivar a los trabajadores en un contexto de creciente escasez. Más bien, ese tipo de faltas sirve como terreno fértil para la proliferación de las ilegalidades, la corrupción y el aumento del mercado negro.

Al igual que los períodos anteriores de control, el Proceso de Rectificación surgió entre motivaciones políticas, económicas e ideológicas divergentes. La mayoría de los estudiosos concuerdan en que las acciones del Estado, a finales de la década de 1980, pueden explicarse por su deseo continuo de mantener el control y el poder político, y de preservar el socialismo cubano en medio de las reformas radicales que tenían lugar en el mundo socialista allende. Hay menor unanimidad en relación con el peso relativo de los factores ideológicos y económicos dentro de este proceso. Algunos analistas, como Zimbalist y Eckstein (1987), argumentaron que las justificaciones ideológicas de Castro para llevarlo a cabo fueron solo un pretexto que ocultaba exigencias económicas más profundas; por tanto, ellos sí dan crédito a las declaraciones públicas del entonces presidente cubano sobre el origen ideológico del Proceso de Rectificación. Para ellos, las políticas aparentemente contradictorias —y en gran parte fallidas— incluidas en este (eliminación del sector privado interno y estimulación simultánea a la inversión privada extranjera y el turismo) pueden vincularse a metas económicas subyacentes.

Otros han argumentado que los factores ideológicos fueron su causa decisiva, pero no exclusiva (Pérez-López, 1995a; Mesa-Lago, 1998; 2000). Por ejemplo, Mesa-Lago sostuvo convincentemente que, ante tiempos difíciles, el liderazgo cubano se ha visto obligado a priorizar políticas económicas pragmáticas y racionales por encima de la preferida experimentación radical de motivaciones ideológicas. Solo en los tiempos de relativo éxito económico pudo el liderazgo permitirse actuar como ideólogos económicos (Mesa-Lago, 1988:83).

Por tanto, la historia económica de la Cuba revolucionaria ha consistido en vaivenes pendulares entre períodos de un pragmatismo relativo que se adaptaban a las presiones del mercado y daban espacio a la experimentación empresarial (1961-1965, 1971-1985, 1990-1995 y, de nuevo, con la ascensión de Raúl Castro al poder, después de 2006), y oleadas de ideología en aras de una distribución de bienes más igualitaria que reafirmaban el control económico centralizado y tildaban a los trabajadores autónomos de explotadores ilegítimos (1966-1970, 1986-1989 y 1996-2005).

CONSECUENCIAS DE LA SUPRESIÓN DE LA PEQUEÑA EMPRESA PARA EL DESARROLLO

Como producto de la eliminación de la pequeña empresa y la microempresa a partir de la década de 1960, hubo una variedad de efectos negativos. El Estado fue incapaz de remplazar muchas de las actividades que fueron nacionalizadas y, por consiguiente, dejaron de existir o pasaron a la clandestinidad, resultando en una disminución del suministro de bienes y servicios, la subida de los precios, la proliferación del mercado negro y el menoscabo del respeto a la ley. Las consecuencias fueron, en general, mayores ineficiencias, la reducción de la cantidad y la calidad de muchos bienes y servicios, la disminución del nivel de vida para muchos ciudadanos y el paso forzado de las actividades económicas a la economía clandestina.

Para muchos tipos de productores a pequeña escala, los emprendedores reunían abastecimientos provenientes de redes informales de suministros y, por ende, proporcionaban bienes y/o servicios con calidad y precios competitivos en locaciones convenientes para los compradores. Estos emprendedores no podían ser reemplazados por estructuras burocráticas en modo alguno. En muchos casos, estos habían funcionado sin cuentas formales, declaraciones de fuentes de suministros y salidas de la mercancía (ej.: vendedores ambulantes y artesanos). El Estado no parecía estar interesado en garantizar la sustitución total de estas actividades por empresas públicas y, de cualquier modo, hubiera tenido grandes dificultades para hacerlo.

A pesar de que esta acción gubernamental se justificaba en parte con el objetivo de mejorar la calidad de los servicios en general, los servicios que se eliminaban, por lo regular, se perdían para siempre. Por ejemplo, de las 56 000 tiendas y negocios que se cerraron en 1968, aproximadamente, se estima que solo dos tercios continuaron funcionando bajo una nueva administración estatal —en ocasiones, se le permitía al antiguo dueño quedarse como empleado del Estado (Pérez-López, 1995a:44)—. Además, la eliminación de unos 3 700 vendedores ambulantes en las áreas urbanas tuvo el efecto funesto de destruir sistemas informales que recopilaban suministros de alimentos de varias fuentes, los combinaban y los vendían a clientes en locaciones accesibles y convenientes. Estos vendedores ambulantes no mantenían registros formales ni cuentas escritas; tampoco detallaban el cómo, cuándo, dónde ni a quién compraban todos los productos que adquirían. El Estado no podía reemplazar esas actividades ni aunque lo hubiese intentado. Los costos de obtener la información pertinente, planificar y monitorear un sistema de reemplazo hubieran sido prohibitivos. Como consecuencia, un valioso componente específico de la economía fue destruido. Por otra parte, se sobrecargaron las tiendas y los restaurantes estatales, y las colas en estos establecimientos se hacían cada vez más largas. La provisión de alimentos a los ciudadanos en las áreas urbanas se deterioró sustancialmente y el resultado fue, primero, una disminución del nivel de vida material de la gente y, segundo, el incremento del ausentismo al trabajo, puesto que las personas pasaban cada vez más tiempo en busca de alimentos.

Sin dudas, esta dinámica de causa y efecto se multiplicó repetidas veces en otras áreas de la economía. Incluso, cuando el Estado se apoderaba de una pequeña empresa e intentaba hacerla funcionar, era improbable que su desempeño, al estatalizarla, resultara eficaz. Las nacionalizaciones de la Ofensiva Revolucionaria convirtieron a los antiguos empresarios en empleados dentro de las negocios «intervenidos». En lugar de ser autoactivados y estar comprometidos con el cuidado del funcionamiento de sus centros, los gerentes estatales eran simples empleados que cumplían órdenes de arriba. Se recrudecieron una serie de problemas, incluidos los relacionados con las «limitaciones presupuestarias» —el precio insignificante de la mano de obra que conducía al sobreempleo y a la ineficiencia—, la administración débil, la indiferencia a los intereses del comprador, la disminución de la calidad de los bienes y los servicios, los problemas de coordinación general dentro del sistema de planificación y el empeoramiento de la rigidez y la pereza en las respuestas a las exigencias de los consumidores y las circunstancias cambiantes, como se analizó a profundidad en otros estudios (Ritter, 1974; Mesa-Lago, 2000). El resultado general de estos problemas fue una reducción del nivel de vida real, incluso, a pesar del beneficio de otros factores, como las mejoras en la educación y en la salud.

En contraste con el resto de América Latina, donde las calles estaban vivas en cuanto a actividad comercial, las rúas de las principales ciudades de Cuba estaban muertas desde este punto de vista. Algunas actividades del sector privado no-agrícola sí se mantuvieron en pie legalmente después de 1968; pero indica como la Tabla 3.1, el empleo en este sector decayó poco a poco hasta solo 1,1% del total, en 1968. Irónicamente, desde entonces se ha demostrado que la eliminación de algunas de estas actividades específicas perjudicó al sector estatal y privado, pues el Estado había sido uno de los clientes primarios de este último, sobre todo en los bienes industriales y en el sector de los servicios (Mesa-Lago, 2000).

Una consecuencia adicional del bloqueo al trabajo por cuenta propia es el paso de muchas de estos negocios a la economía clandestina —como se analizará en el Capítulo 7—. De hecho, muchos han podido realizar sus actividades desde la ilegalidad. Como resultado, el Estado pierde fuentes potenciales de ingresos fiscales. Además, existen diversas regulaciones gubernamentales que no se aplican y se promueve una cultura de la ilegalidad, haciendo que el paso de estas acciones a la superficie legal sea más difícil. La operación comercial clandestina se vuelve un círculo vicioso en el que esos negocios tienen que obtener los insumos y vender sus productos en la misma clandestinidad. Esto significa que dependen de suministros ilícitos, que en gran parte son artículos robados del sector estatal. Reconstruir una cultura de observancia y respeto hacia la política pública, en lugar de la evasión y la ilegalidad, no es tarea fácil.

Una característica adicional —además de paradójica y contradictoria— del sistema de planificación central de Cuba es que, sin quererlo, comenzó a promover actitudes y comportamientos empresariales en una gran parte de la población, desde su instauración en 1961. La causa principal y más importante de este proceso fue el sistema de abastecimiento con el fin de alcanzar un nivel primario de igualdad de consumo y renta real. Remplazó el mecanismo de mercado y la elección familiar o individual por una cuota racionada de bienes básicos disponibles a precios bajos, en relación al promedio de ingreso mensual. Este sistema daba a cada individuo —u hogar, en el caso de algunos productos— cuotas mensuales fijas de alimentos, artículos de aseo, tabaco, bebidas alcohólicas y artículos del hogar, así como cuotas anuales de ropas y calzado.

Todo el mundo recibía las mismas asignaciones de productos a precios controlados y generalmente bajos, con la excepción de los niños y las personas con problemas específicos de salud, como los diabéticos, a quienes llegaban raciones especiales de alimentos. Como todos tenían básicamente las mismas cuotas, mucha gente obtenía artículos que no quería o no necesitaba. En el contexto de la escasez generalizada en Cuba y el exceso de demanda —existente con altas y bajas desde 1962, y empeorado en 1989—, todos tenían un incentivo para vender tales productos o cambiarlos por otros que les hicieran más falta. Por ejemplo, los no fumadores compraban sus cuotas de tabacos y cigarros para familiares o amigos, los revendían en mercados informales o los intercambiaban por otros artículos. Por tanto, el propio sistema de abastecimiento convirtió a casi todo el mundo, con independencia de sus niveles de entusiasmo ideológico, en mini capitalistas en busca de oportunidades para vender y comprar.

La situación de exceso de demanda y la escasez generalizada también significó que cualquiera que tuviera acceso privilegiado a algún producto a precio oficial podía revenderlo a un precio más alto de mercado o en la economía dolarizada. Esto significaba que había un fuerte incentivo para la «búsqueda de rentas» o para generar ganancias a partir de la compra, venta o intercambio de muchos tipos de productos entre las fuentes oficiales de los precios fijos e informal del «mercado negro». Por ejemplo, el periódico *Granma* que un jubilado vendía a un turista lo compraba en la economía de pesos (donde 1 USD = 1 CUP) y lo revendía en la economía dolarizada (donde 1 USD = 22 CUP en mayo de 1997), ganando, por ende, una «renta» o ingreso de 95%. De hecho, todo lo que estaba disponible a los precios oficiales de la cuota podía revenderse a un precio más alto determinado por el mercado.

Asociado al fenómeno antes mencionado, estaba lo que pronto se dio a conocer como «amiguismo» o «sociolismo». En tanto que tales reciprocidades ocurren probablemente en todos los países y en muchos contextos diferentes, en Cuba ha adquirido formas significativas adicionales. Básicamente, cualquier persona con control sobre recursos podía intercambiarlos por algún beneficio material presente o futuro. Eso podía significar que un dependiente de una peletería reservara un par de zapatos al bajo precio oficial para un amigo que podía brindar al dependiente un acceso recíproco a otro producto en el futuro; o podía involucrar el intercambio de algún artículo o efectivo (un soborno), a cambio de algún producto en falta. En Cuba, hacer amigos o asociados de esta forma se volvió vital con rapidez en la década de 1960, a fin de garantizar el acceso a los bienes y los servicios necesarios para el bienestar material, personal y familiar.

Por tanto, redes complejas de obligaciones recíprocas se han convertido en una parte importante del funcionamiento de la economía. La vida cotidiana incorpora acciones constantes para establecer, extender y mantener las relaciones personales necesarias para garantizar el acceso a bienes y servicios esenciales, a través de canales informales u oficiales de manera no formal. Este fenómeno ocurrió a lo largo de las décadas de 1990 y 2000, y es probable que continúe mientras exista la economía dual, con la venta de los bienes racionados a precios demasiado bajos; mientras que el exceso de demanda monetaria empuja los precios del mercado negro a grandes múltiplos de los precios de los productos racionados y, al mismo tiempo, los precios de las tiendas en dólares permanezcan excesivamente altos.

En resumen, los ciudadanos cubanos, ya sea en lo personal o en el contexto familiar, han tenido que comportarse en gran medida como empresarios en sus vidas materiales cotidianas. Las circunstancias los han obligado —empleando la lexicografía de esos años— a «resolver» los problemas y hacer lo que haga falta para cubrir alguna necesidad específica de sobrevivencia; a «inventar» soluciones a problemas de sobrevivencia; a «forrajear» en la búsqueda constante de servicios y bienes escasos; y a «luchar» por la sobrevivencia mediante negocios clandestinos, el intercambio de productos robados y la evasión de impuestos y regulaciones. En efecto, han utilizado y fortalecido sus habilidades empresariales para explorar y evaluar nuevas oportunidades económicas, adquirir los bienes necesarios para ellos y sus familias, y vender otros bienes o servicios que necesitan menos. Amelia Weinraub analiza estos fenómenos a profundidad, específicamente en el contexto de mediados de la década de 2000 (2004). No obstante, se generalizaron casi desde el principio de la Revolución.

Irónicamente, otra esfera donde la acción empresarial ha sido necesaria es dentro del propio sistema de planificación. En un sistema de planificación que funcionara a la perfección, los administradores de las empresas tendrían poco que hacer además de obedecer e implementar órdenes. Sin embargo, como no pudo, ni puede, funcionar así, a veces tienen que tomar iniciativas personales para resolver problemas imprevistos. A menudo, las soluciones solo se encuentran fuera de los canales normales del sistema de planificación y exigen acciones improvisadas por parte de ellos. Este tipo de improvisación también implica que los administradores adquieran los insumos requeridos mediante negociaciones horizontales con otras empresas, verticales con los funcionarios superiores y/o diagonales con superiores o inferiores de otros sectores o ministerios. La argumentación política, el amiguismo o socialismo político o dentro del Partido, así como los criterios económicos, son componentes esenciales del proceso de negociación. Por tanto, los administradores en la sociedad cubana, incluidos los del área de la salud y la educación, al igual que en la economía, tienen que invertir mucho tiempo y energías en la resolución de este tipo de problemas de insumo y suministros.

En el sistema soviético, surgió un tipo específico de profesional —el *tolkachi* o «resuélvelo todo»— para improvisar soluciones a esta especie de problemas de insumo y suministros. En el caso de Cuba, sin embargo, los administradores de las empresas —o los funcionarios responsables de su funcionamiento o de instalaciones como las escuelas, los hospitales, los centros de investigación o las funciones gubernamentales— se vieron obligados a obtener los insumos necesarios, sobre todo para sus trabajadores. A mediados de la década de 1990 los funcionarios de las empresas con el cargo de «jefe de servicios» tuvieron una importancia particular, ya que estaban a cargo de la provisión de comidas, ropas de trabajo, gasolina, mantenimiento, piezas de repuesto y bienes y servicios en general para los empleados. En medio de la escasez de aquellos años, desempeñaron un importante papel completando insumos y rellenando vacíos, localizando y coordinando el suministro de productos a la fuerza laboral, a veces a cambio de servicios proporcionados por el centro en cuestión.

Por consiguiente, como resultado de las imperfecciones inevitables del sistema de planificación, en particular cuando están dando formas atípicas e intensas de turbulencias económicas, con trastornos significativos en el flujo de suministros, los administradores del sector estatal deben comportarse de manera empresarial, a fin de improvisar soluciones a los problemas e intentar mantener los niveles de producción. Por esta razón, el propio sistema de planificación, en especial durante esos períodos de agitación económica, puede paradójicamente promover algunos tipos de iniciativas empresariales —aunque sea por defecto y no por diseño.

4

PERÍODO ESPECIAL (1990–2006)

Cuba se sumergió en una profunda crisis económica cuando, a partir de 1989, la Unión Soviética puso fin a su generoso subsidio, con una contracción de la economía de casi 35% entre 1989 y 1993. Los ingresos en divisas del país colapsaron en el momento en que la URSS comenzó a emplear los precios del mercado mundial en su comercio con la Isla y dejó de financiar su déficit bilateral comercial. La crisis se exacerbó aún más con la reducción del mercado de las exportaciones cubanas dentro del bloque soviético, debido a la recesión resultante de la transición en dichos países y al cese de las relaciones comerciales especiales de Cuba con los demás países de Europa del Este. La totalidad de la economía y la sociedad cubana sufrieron el impacto profundo de estas nuevas circunstancias económicas. En 1990, como consecuencia de esta nueva situación, Castro anunció una nueva fase de la trayectoria histórica de Cuba, la cual dejaba atrás el Proceso de Rectificación y conducía al país hacia lo que se denominó Período Especial en Tiempos de Paz.

El Período Especial atravesó tres fases entre 1990 y 2006. La primera, desde su declaración inicial en agosto de 1990 hasta el anuncio de las nuevas reformas económicas casi tres años después, el 26 de julio de 1993, estuvo encaminada a lograr la recuperación económica mediante el fomento de la inversión extranjera, la expansión del sector turístico y la diversificación de las exportaciones. Al mismo tiempo, los ciudadanos cubanos fueron exhortados y obligados por las circunstancias a hacer mayores sacrificios personales. De hecho, el nombre mismo que se escogió para esta nueva era indicaba que, para garantizar la sobrevivencia, la Isla estaría al pie de una guerra especial, aunque técnicamente continuaran viviendo en «tiempos de paz». Se implementaron medidas de emergencia para reducir las importaciones de petróleo de manera que la economía pudiera continuar funcionando sin cambios significativos a las políticas y las instituciones económicas internas.

Cuando estos ajustes iniciales entre 1990 y 1993 no lograron detener el declive económico ni impulsar la recuperación, el Gobierno inició un proceso más radical de reestructuración de la economía interna cubana. Esta segunda fase del Período Especial comenzó con el discurso de Fidel del 26 de julio de 1993, donde anunció las reformas económicas internas, incluida la aceptación del dólar estadounidense como una moneda legal; la expansión del sector privado en ciertas áreas de la agricultura (unidades de producción cooperativa y mercados campesinos minoristas) y el trabajo por cuenta propia. Estas reformas económicas tenían la intención de despenalizar muchas de las actividades a las que los ciudadanos recurrían a fin de sobrevivir. No obstante, se promulgaron de forma reacia e irregular y no estaban integradas a ningún plan de desarrollo económico cohesivo ni dirigidas a ninguna transición eventual del mercado.

La tercera fase dio inicio a mediados de 1996, cuando las reformas de 1993-1995 parecían haber detenido la caída libre económica de 1989-1993. Como había sucedido con posterioridad a los períodos de reformas anteriores, no se consideraron necesarias cambios más abarcadores ni profundos y los que ya estaban establecidos se constriñeron progresivamente. No obstante, esta vez los términos del debate entre la ideología y el pragmatismo habían cambiado. Ya no era cuestión de elegir entre la planificación y el mercado; sino, más bien, de determinar hasta dónde había de extenderse el mecanismo del mercado para garantizar la sobrevivencia, evitando a su vez las consecuencias anti-igualitarias y la pérdida del control político. Dado que Cuba ya no podía depender del apoyo soviético y en vistas de la magnitud de las reformas económicas (principalmente, la dolarización, el turismo, las remesas, la inversión extranjera y las empresas mixtas), el regreso a las restricciones guevaristas quedaban fuera de los límites.

Aun así, aquellos que favorecían una apertura más rápida y completa al mercado que la que los líderes habían querido conceder, tenían sus dudas a raíz de las experiencias conflictivas en los países de Europa del Este. Según Carmelo Mesa-Lago: «Consideraban al sector privado capaz de desempeñar un rol positivo, pero temían un efecto dominó puesto que el sector demandaba cada vez más insumos, acumulaba riquezas y desafiaba al Estado. La desaparición o la reducción extrema de la red de seguridad era su principal preocupación» (2000:209-291). Esos temores incluían el desempleo que seguiría a la reducción del sector estatal, la desigualdad socioeconómica que acompañaría al crecimiento del sector privado, el incremento probable de los precios de casi todos los productos y una caída de los promocionados servicios sociales de Cuba. De todos modos, a pesar de las estrictas limitaciones impuestas a las reformas del mercado y del crecimiento anémico del sector privado desde los primeros años de la década de 1990, muchos de estos y otros problemas sociales se han intensificado.

Con rapidez, el sector autónomo recobró vida después de su legalización en 1993. Su despenalización tuvo lugar gracias a que el sector estatal era incapaz de lidiar con la crisis económica del país y de garantizar la provisión adecuada de bienes y servicios para el sustento del pueblo. El Gobierno llegó a reconocer que, cada vez más, los ciudadanos estaban resolviendo sus propios problemas de sobrevivencia mediante emprendimientos individuales; básicamente, era más fácil pedir perdón si los cogían, que pedir permiso para comenzar. Al legalizar el trabajo por cuenta propia, el Estado estaba, en efecto, ratificando las actividades económicas en que participaban la mayoría de las personas, ya fuese como productores y/o consumidores; si bien, cuando eran ilegales, ubicaban a la mayoría de los ciudadanos cubanos al margen de la ley.

Contexto para la liberalización económica (1990-1993)

Los orígenes y la naturaleza de la crisis económica de Cuba ya han sido bien documentados. La causa fundamental fue la disminución de los ingresos en divisas y la capacidad para adquirir importaciones —que decayó en 75% de 1990 a 1993—, como resultado del cese, por parte de la Unión Soviética, del subsidio oculto, inherente a un comercio especial y a relaciones de asistencia para Cuba. La verdadera envergadura de este subsidio no era conocida por el pueblo cubano y, probablemente, tampoco estaba muy clara para el propio Fidel Castro, pues se disfrazaba de varias formas (Ritter, 1990):

1. los precios por encima del mercado para las exportaciones de azúcar y níquel a la URSS;
2. los precios por debajo del mercado de las exportaciones del petróleo soviético a Cuba;
3. los beneficios que Cuba ganaba como intermediaria por la exportación del petróleo soviético a terceros países por encima del precio de mercado;
4. el déficit comercial continuo con la Unión Soviética financiado por créditos de ese país, que no han sido pagados; y
5. créditos para propósitos militares.

Estos tipos de subsidios justifican una gran parte del total de bienes y servicios producidos por Cuba, según los índices del Ingreso Nacional Creado (INC); que estimaba la producción total en esos momentos. La asistencia soviética variaba de 36,4% del INC en 1984 a 23,3% en 1986, con un promedio de 31,7% entre 1980 y 1987 (ibíd.:126). Evidentemente, cuando la Unión Soviética anunció que asumiría los precios del mercado mundial en su comercio con Cuba, quedó claro que el subsidio llegaría a su fin y que traería como consecuencia una crisis duradera y profunda para Cuba; que se agravó con la reducción de los mercados de exportación, sobre todo con los países de Europa del Este, como resultado de la disolución del CAME, el colapso de la Unión Soviética y la contracción económica del antiguo bloque soviético. Al principio, Rusia siguió comprando grandes cantidades de azúcar cubana; pero a precios del mercado mundial, en lugar de los subsidiados anteriores.

Otros varios factores contribuyeron a la crisis económica cubana. Primero, la estructura económica de Cuba era frágil y rígida; en la década de 1990 su estructura de exportación no estaba diversificada (Gráfico 4.1). Las exportaciones cubanas eran prácticamente aquellas de 1958, con la misma fuerte dependencia de los viejos productos agrícolas y minerales: azúcar, níquel, tabaco, cítricos, productos del mar y café; la industria farmacéutica y el turismo representaban las únicas actividades emergentes para el ingreso de divisas. La incapacidad de la Isla para diversificarse hacia otros productos de exportación se debía a la extrema escasez de divisas y a la contracción económica; así como a la pérdida de sus mercados en el antiguo bloque soviético.

Gráfico 4.1: Exportación cubana por productos (1990)
(total de 5 658 millones de pesos cubanos).

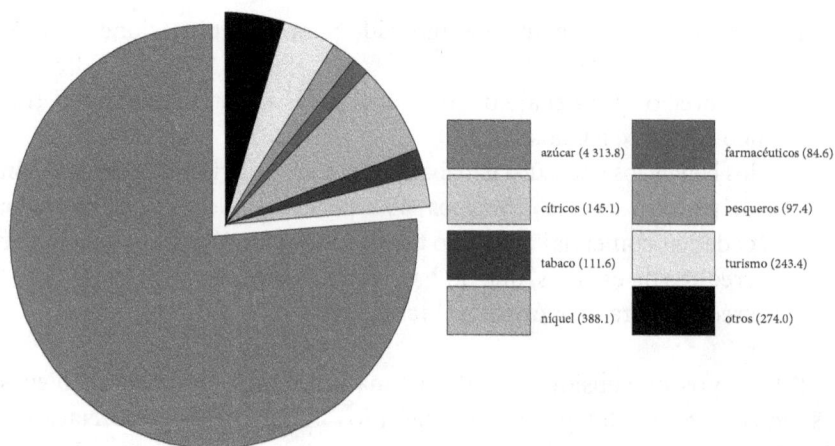

azúcar (4 313.8) farmacéuticos (84.6)

cítricos (145.1) pesqueros (97.4)

tabaco (111.6) turismo (243.4)

níquel (388.1) otros (274.0)

Fuente: Naciones Unidas, CEPAL (2000, tabla A.38) y Mesa–Lago (2000:366).

Segundo, el sistema de planificación centralizado, en sí, agravó las inflexibilidades y la rigidez de la economía. Las iniciativas descentralizadas por parte de negocios independientes no eran posibles dentro del sistema organizacional centralizado, esclerótico y burocratizado. Como consecuencia, había poco espacio para la exploración y el descubrimiento de nuevos nichos de exportación.

Tercero, Cuba no tenía acceso al crédito internacional en 1990 por parte de los bancos comerciales, las fuentes bilaterales oficiales ni los suministradores, puesto que había declarado una moratoria para el reembolso y el servicio de la deuda en 1986. Además, debido al embargo estadounidense, no era elegible para membresía en las instituciones financieras internacionales de relevancia, como el Fondo Monetario Internacional, el Banco Mundial, o el Banco Interamericano de Desarrollo, que pudieron haber brindado apoyo a sus procesos de ajustes económicos. Cuba estaba huérfana y andaba por su cuenta en términos económicos.

Asimismo, el sistema monetario disfuncional de la Isla continuó invariable hasta entrados los años 90, con la tasa de cambio oficial para el viejo peso (CUP) en moneda nacional, sobrevaluándose cada vez más con la intensificación de la inflación interna —aunque suprimida para los controles de precio de los productos racionados—. Con la tasa de intercambio vieja, las exportaciones cubanas se hacían más sobrevaluadas y el poder adquisitivo interno de las utilidades en pesos, según la tasa oficial de cambio, se redujo de modo constante y progresivo, provocando así la disminución del incentivo y la capacidad productiva para la exportación. Por último, el recrudecimiento del embargo estadounidense mediante la Ley Torricelli (1992) y la Ley Helms-Burton (1996), bloqueó aún más el comercio con EE.UU y complicó otros aspectos del comercio, la inversión extranjera y las relaciones financieras de Cuba. Las compañías extranjeras que querían invertir en la Isla tenían que asegurarse de que no se estaban involucrando en propiedades cuya titularidad estuviese siendo reclamada por ciudadanos o compañías en EE.UU. Los potenciales inversionistas extranjeros que tenían conexiones en ese país, ya sea como exportadores o inversionistas, eran igualmente desalentados a implicarse en interacciones económicas más cercanas con Cuba.

El resultado acumulativo de estos factores fue una grave escasez de divisas que rápidamente generó una crisis multidimensional mucho peor que la situación de 1963-1964, posterior al fracaso de «la estrategia de industrialización instantánea», y que los problemas generales que acarreó el intento fallido de la Zafra de los 10 millones en 1970. Las otras dimensiones de la crisis incluyeron, primero, una crisis macroeconómica, con una reducción de 34% en los niveles de ingreso per cápita entre 1989 y 1993 (Naciones Unidas, CEPAL, 2000). Los factores que la provocaron fueron la falta de suministros importados de todo tipo; las dificultades para obtener las piezas de repuesto, bienes de capital, e insumos intermedios de los antiguos socios comerciales de Europa del Este; y los intentos inadecuados de producir sustitutos para esos productos que ya no estaban disponibles. Asimismo, hubo una crisis energética, donde las importaciones de petróleo en 1993 declinaron casi en 58% en comparación con las de 1989 (íd.). Esto, a su vez, provocó limitaciones en el transporte público; reducciones en la generación de electricidad; el colapso de productos fabricados, en especial aquellos que demandaban grandes dosis energéticas como el cemento; y la sustitución de los tractores por los bueyes en el sector agrícola.

Una dimensión adicional de esta crisis macroeconómica fue una grave escasez de alimentos y una desnutrición extendida. Los productos alimenticios importados conformaban 57% del consumo humano total de proteínas y 50% del consumo de calorías, según la Junta Central de Planificación (1992:9). Asimismo, grandes volúmenes de insumos necesarios para la agricultura interna y la producción de alimentos eran importados, incluidos el pienso animal, los fertilizantes, pesticidas, maquinarias y petróleo. Por ende, la producción agrícola para el consumo interno sufrió grandes daños a causa de la escasez de divisas. La evidencia dolorosa de esta situación fue la pérdida de peso generalizada y la neuropatía o ceguera temporal, que afectó a unas 25 000 personas entre 1992 y 1993 —situación que afortunadamente se revirtió después.

Otros impactos de la escasez de divisas incluyeron una reducción significativa de los niveles nacionales de ahorro e inversiones, los cuales decayeron, respectivamente, a 3,7% y 4,9% del PIB en 1994; descensos notables, en comparación con los niveles de 12% a 15% y de 21% a 27% de 1985 a 1988 (Naciones Unidas, CEPAL, 2000). Estas reducciones aceleraron el deterioro del capital social, incluida la infraestructura física básica como casas, instalaciones públicas y equipamientos y maquinarias de plantas. Con esta contracción económica subió el déficit fiscal, en tanto que disminuyeron los ingresos por este concepto. El Gobierno respondió mediante el financiamiento de los gastos públicos y los déficits de las empresas estatales con una acelerada creación de dinero que, a su vez, provocó mayores presiones inflacionistas. La supresión de estas, debido a los precios fijos de los volúmenes de productos rápidamente decrecientes del sector estatal, condujo entonces a una escasez generalizada —demasiado dinero persiguiendo muy pocos bienes— y a la subida de precios en el mercado negro. En el mercado ilegal de los dólares estadounidenses, la tasa informal de cambio subió a $90 por 1 dólar y llegó a $150 por 1 dólar, en el breve período entre 1993 y 1994.

Estas crisis interconectadas disminuyeron de manera grave la calidad material de vida del pueblo cubano. Lo más serio fue el declive de la disponibilidad de alimentos del sistema racionado. En 1994, el suministro mensual real de alimentos por persona disponible por la cuota se redujo a, tal vez, 10 o 14 días. Esto obligó a las personas a comprar alimentos en el mercado negro a precios muy altos, o en las aún más caras tiendas en dólares —si es que podían—. De hecho, el sistema estatal para la producción agrícola y la distribución de alimentos parecía colapsar a mediados de 1994; incapaz de adaptarse bien a los problemas originados por la falta de insumos para el sector agrícola y las cantidades reducidas de alimentos importados. La reducción sostenida de la disponibilidad de alimentos alcanzó proporciones de crisis en 1993. Según la Agencia de Ayuda Española, el consumo diario promedio de calorías en Cuba bajó de 2 550 por día en 1970, a 1 780 en 1993, en agudo contraste con el nivel de 2 600 calorías diarias recomendado por la Organización Mundial de la Salud (EIU, 1994:14).

En esta situación, el dólar estadounidense se convirtió en algo vital para los ciudadanos cubanos al perder el peso cubano casi todo su poder adquisitivo, dado el bajo promedio de ingreso mensual ($180 en 1994) y la tasa de cambio del dólar al peso (de $30 por 1 dólar a $150 por un dólar, en 1994). Esta problemática en sí desencadenó una demanda generalizada del USD para la adquisición de bienes en las tiendas en dólares o en el mercado negro y una disposición a proporcionar cualquier bien o servicio que ingresara esta divisa. La venta de tabacos y rones en dólares, ya fuesen robados o de fuentes dudosas, era una actividad que se hacía rápidamente evidente al visitante extranjero; así como los servicios de taxis particulares por parte de casi todo el mundo que dispusiera de un carro (doctores, ingenieros, oficiales retirados, maestros, etc.), el alquiler de casas propias y el establecimiento de los paladares, fueron obvias manifestaciones de la intensa necesidad de este tipo de moneda. Al mismo tiempo, la reducción de la producción de casi todo en el sector estatal creó oportunidades para que la misma gente ofertara servicios o fabricara productos de varios tipos para la venta directa a los demás. Además, en la medida en que las personas quedaban excedentes o continuaban recibiendo salarios sin trabajar en realidad, pasaban a realizar diferentes tipos de trabajos por cuenta propia.

Los ingresos en la economía ilegal eran muy altos en comparación con el de los trabajadores del deflactado sector estatal, lo cual brindaba un mayor incentivo para que las personas establecieran sus propios negocios marginales. De igual manera, la afluencia de alimentos que llegaban a la ciudad para su venta ilegal en el mercado negro también se incrementó constantemente por las mismas razones; a saber, la necesidad de alimentos por parte de la población, y la necesidad de ingresos por parte de los vendedores. Los precios de los alimentos en el mercado negro alcanzaron altos niveles debido a las presiones inflacionistas generales, que no podían mitigarse a través del sector estatal, donde la mayoría de los precios eran fijos, a niveles establecidos mucho tiempo atrás.

En resumen, lo que sucedió desde 1990 hasta mediados de 1993 fue que las estrategias personales para la sobrevivencia familiar obligaban a participar en los mercados ilegales, establecer todo tipo de pequeños emprendimientos informales, a obtener en el emergente sector informal lo que la economía tradicional socialista no podía proporcionar y a involucrarse en «prácticas rentistas» —la compraventa entre las economías socialista tradicional del peso y la internacionalizada del dólar, como se describe en los Capítulos 3 y 7.

En este proceso, la gente participaba cada vez más en lo que se consideraba, desde un punto de vista oficial, actividades ilegales. Además, con el empeoramiento de la inflación del peso y la falta de confianza en la visión económica, la estrategia y la política gubernamentales y, por ende, en el futuro del peso cubano, los cubanos retenían los dólares estadounidenses como «medio de intercambio» y «depósito de valor». No obstante, antes de 1994 esto aún se definía como una actividad ilegal y las personas iban a la cárcel por ese delito. Un conjunto de políticas, leyes o prohibiciones que coloque a un gran por ciento de la población al margen de la ley pone en peligro la credibilidad o la autoridad moral del Gobierno y menoscaba el respeto de las personas hacia el imperio de la ley. Por tanto, la medida de liberalizar el trabajo por cuenta propia puede considerarse como una respuesta gubernamental a las estrategias de sobrevivencia económica; muchas de las cuales eran formalmente ilegales. A pesar de que la economía clandestina siempre había sido un componente estructural del sistema económico de planificación centralizada de Cuba, esas actividades se expandieron en gran medida en los primeros años del Período Especial como una respuesta a la escasez generalizada y a la desintegración de las provisiones estatales de casi todos los productos; incluidos los alimentos, la gasolina y los suministros médicos.

En el verano de 1992, el Gobierno despenalizó la posesión y el uso del dólar estadounidense, legalizando así una actividad realizada por un gran número de personas. Esta medida aceleró el proceso de «dolarización» de la economía y estimuló y legitimó aún más la búsqueda popular de esta moneda desde la economía clandestina. Posteriormente, el 8 de septiembre de 1993, entró en vigor el Decreto-Ley no. 141, que legalizaba el trabajo autónomo bajo el término «trabajo por cuenta propia» (*Granma*, 1993:4-5). Esto representó un cambio de política decisivo que permitió a tales microemprendimientos salir de la clandestinidad y funcionar de manera más eficaz, eficiente y rentable.

El Decreto-Ley no. 141 y la resolución adjunta definieron el marco legal para el carácter y el funcionamiento de las actividades por cuenta propia. Al principio, solo estaban autorizados a ejercerlas los jubilados, las amas de casa, las personas con «capacidad laboral reducida» y trabajadores que habían perdido sus empleos producto de los cierres o de la «racionalización» —los términos cubanos para los recortes de plantillas—. Específicamente excluidos quedaban todos los graduados universitarios, el personal médico y los administradores empresariales. Tales restricciones fueron modificadas un tanto en 1995, cuando se permitió a los profesionales unirse al trabajo por cuenta propia; pero solo con permiso de sus centros de trabajo y en actividades asignadas de «baja tecnología», fuera de sus áreas de conocimiento.

En un principio, se permitieron 117 actividades en seis áreas generales, incluidas transporte y mantenimiento (16); reparación de casas (12); actividades relacionadas con la agricultura (16); servicios familiares y personales (39); servicios de alojamiento (12); y otras (22). Las actividades que no se autorizaban de forma explícita quedaban prohibidas. Una resolución subsecuente, del 8 de junio de 1995, añadió 19 más (*Granma*, 1995a:2). También, anunció el aumento de las tarifas mensuales de las licencias para 25 actividades. A fin de calificar como un «trabajador por cuenta propia», los individuos tenían que registrarse de manera oficial en la oficina de Administración Laboral municipal y demostrar que en su antiguo trabajo habían cumplido con la «disciplina laboral».

Hubo otra serie de restricciones añadidas al sector autónomo; incluida la prohibición a contratar trabajadores asalariados —aunque se permitían familiares no remunerados para un pequeño número de ocupaciones—. Los cuentapropistas registrados debían pagar una tarifa mensual, siendo este el único método viable de cobrarles impuestos en aquel momento; los intermediarios debían evitarse «a toda costa»; y las empresas estatales no estaban autorizadas para comprar bienes o servicios al trabajador autónomo —a excepción de servicios relacionados con la agricultura y con la transportación de tracción animal—. Tuvo particular importancia que los precios y los términos de las ventas debieran ser determinados por el vendedor y el comprador, funcionando el propio trabajador autónomo como este primero. De hecho, así se constituyó el mecanismo de precios que funcionaba en los mercados. No obstante, los Consejos Populares también tenían el derecho de intervenir con regulaciones «en caso de precios abusivos o claramente excesivos» (ibíd.:4); si bien no se explicitaron los detalles de cómo funcionaría eso.

Los resultados iniciales de esta política fueron extraordinarios. Un número considerable de personas registraron formalmente sus negocios autónomos, ya fuese constituyendo unos nuevos o sacando a la superficie los que operaban desde la clandestinidad. El 8 de junio de 1995 se firmó una resolución que permitía el establecimiento de vendedores y elaboradores de alimentos en las calles y en cafeterías al frente de la casa, al igual que lo etiquetado de modo oficial como «servicios gastronómicos» —más conocido como «paladares» o restaurantes particulares (ibíd.:2)—. No obstante, los paladares estaban limitados a un máximo de 12 sillas, a fin de controlar sus tamaños y evitar la competencia con los restaurantes del sector estatal. A mediados de 1996, surgieron cerca de 2 000 a lo largo de la Isla; de ellas, 1 600 concentrados en La Habana (véase el Capítulo 8 para un análisis más detallado respecto a los paladares).

La Ley del trabajo por cuenta propia se creó originalmente para aplicarse a los cubanos que ya brindaban servicios a otros ciudadanos, por lo cual la mayoría de las licencias y las tarifas fijas mensuales se pagaban en pesos cubanos. Sin embargo, con la expansión acelerada del turismo a lo largo de la Isla en la década de 1990, algunos ramos —en especial en las áreas de los servicios alimenticios, el transporte y el alojamiento— comenzaron a brindar servicios a extranjeros y a cobrarles en USD; por lo cual, como consecuencia parcial, se añadieron algunas modificaciones a la legislación original entre 1995 y 1997 —incluyendo la expansión de los servicios alimenticios (1995), el transporte (1996) y el alquiler de casas particulares (1997)— en la lista de ocupaciones permisibles, al obtener ingresos en dólares como resultado.[1] También

---

[1] Estas tres ocupaciones (transporte, alquiler de habitaciones y servicios de alimentos privados) rápidamente se convirtieron en las ocupaciones particulares más populares du-

se estipuló que pagaran sus impuestos en esta moneda. El cuentapropismo se expandió vertiginosamente siguiendo esta ola de legalizaciones. De 25 000 personas en 1989, los números crecieron a 121 100 en 1994, llegando a un pico de 138 100 en 1995. Luego, las cifras comenzaron a decaer hasta 112 900 en 1998 (Naciones Unidas, CEPAL, 2000). No obstante, estos totales no incluyen el servicio de taxis particulares ni el de alojamiento, que, en aquellos momentos, estaban separados del trabajo por cuenta propia desde el punto de vista administrativo.

En la Tabla 4.1 se observa un desglose de las 19 actividades por cuenta propia más comunes en 1999; que representaban más de 70% de todas las licencias activas en junio, a pesar de las diversas 157 ocupaciones autónomas existentes en ese año. Las actividades más significativas en términos de empleo eran la elaboración y venta de alimentos y bebidas (20,1% del total); mensajeros (principalmente compradores de los productos racionados para los demás, 5,1%); carpinteros (4,5%); reparadores de neumáticos (3,9%); peluqueros (3,2%); barberos (2,9%); manicure (2,2%); y lustrador y reparador de calzado (5,2%). Los empleados domésticos y otras labores cuentapropistas constituían 16,1% del empleo total en el sector. Una vez más, la Tabla 4.1 no contempla el transporte particular —supervisado por el Ministerio del Transporte—, ni las casas particulares de alquiler —supervisado por el Ministerio de la Vivienda—; cuya inclusión incrementaría considerablemente esos totales.

Estos pequeños emprendimientos emergieron de varias fuentes. Si bien algunas salieron a la superficie desde la economía clandestina al ser legalizadas, varias permanecieron en la clandestinidad —según analizaremos en el Capítulo 7—. Muchas, fueron empezadas por individuos que quedaron excedentes durante la profunda depresión de 1993. Por ejemplo, un conocido de los autores, con un doctorado en Química, fue despedido por el centro de investigación científica donde trabajaba en ese período y comenzó a confeccionar sandalias para poder subsistir. Otras fueron iniciadas por personas que veían un mayor potencial de ingresos en el trabajo por cuenta propia que en sus empleos estatales. En este caso, abandonaban sus puestos laborales de manera voluntaria —usando algún tipo de certificado de discapacidad como justificación para comenzar sus pequeños negocios.

---

rante el Período Especial. Después de la reapertura y la expansión significativa del trabajo por cuenta propia a partir de octubre de 2010, reemergieron una vez más como las más comunes —junto a los trabajadores contratados.

Tabla 4.1: *Principales ocupaciones del trabajo*
por cuenta propia (junio de 1999).

OCUPACIÓN	CUENTAPROPISTAS	% DEL TOTAL
preparación y venta de alimentos y bebidas al detalle	21 369	16,92
empleados domésticos	20 326	16,09
mensajero	7 719	6,11
carpintero	6 294	4,98
ponchero	4 975	3,94
preparación y venta de alimentos y bebidas en puntos fijos	4 846	3,84
peluquero	4 081	3,23
barbero	3 668	2,90
reparador de calzado	3 529	2,79
lustrador de calzado	3 009	2,38
manicura	2 786	2,21
reparador de fosforeras	1 335	1,06
reparador de equipos electrodomésticos	1 302	1,03
preparación y venta de carbón	1 135	0,90
parqueador (automóviles)	990	0,78
operador de compresor de aire	867	0,69
parqueador (bicicletas y motos)	772	0,61
reparador de equipos mecánicos y combustión	598	0,47
preparación y venta de artículos del hogar	528	0,42
TOTAL	90 129	71,35

Fuente: Esta tabla se basa en estadísticas de la Dirección del Trabajo por Cuenta Propia, del Ministerio del Trabajo (junio, 1999), proporcionadas por Neili Fernández Peláez en su tesis sobre el cuentapropismo para la Universidad de La Habana (2000).

El Gráfico 4.2 ilustra la expansión vertiginosa del trabajo por cuenta propia respecto al empleo total entre 1970 y finales de la década de 1980, y después de 1989. De 1989 a 1995, el crecimiento fue impresionante, seguido posteriormente por una contención hasta 1998 y, luego, por otro incremento de 30% en 1999. Tiempo después, hubo otro descenso gradual hasta mediados del año 2000. (Las políticas públicas que se implementaron para contener el sector se explican más adelante y se revisan de nuevo en los Capítulos 5, 7, 8 y el Epílogo.)

Gráfico 4.2: Porcentaje del trabajo por cuenta propia no-agrícola
del empleo total (1970-2005)

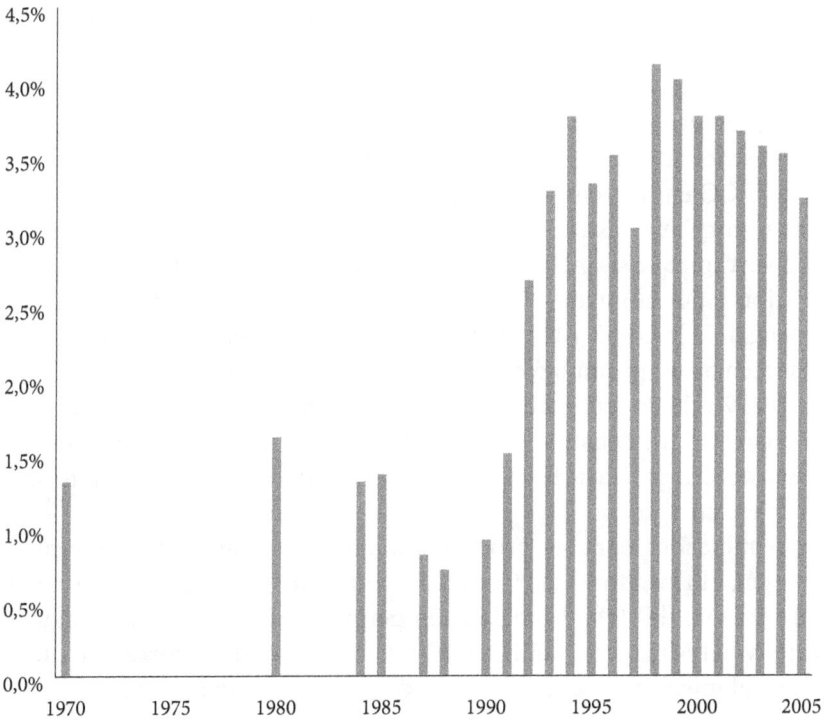

Fuente: ONE (2007).

Aunque no fue una parte formal de la legislación del trabajo por cuenta propia, el restablecimiento de los mercados agropecuarios o «agros» —similares a los MLC descritos en el capítulo 3—, en septiembre de 1994, fue un paso significativo en el proceso de liberalización de la microempresa. Esta medida produjo rápidos resultados positivos: el incremento de los suministros alimenticios en las áreas urbanas, la reducción de los precios a niveles inferiores a los del mercado negro, el establecimiento de un mercado nacional de alimentos más integrado, el fortalecimiento de los incentivos para los productores de alimentos a ampliar los suministros y el incremento del uso y, por ende, de la demanda del peso cubano, con un impacto positivo de su valor frente al dólar estadounidense. A pesar de que Fidel Castro daba la impresión de ser un reticente observador en las conversaciones que dieron lugar al restablecimiento de los mercados agropecuarios —con el entonces vicepresidente Raúl Castro a la cabeza—, parece que tan solo tres semanas después de su restablecimiento ya se había convertido en su defensor y se dio a la tarea de explicar su funcionamiento en una reunión de los presidentes de la Asamblea Nacional.

La propuesta específica para el restablecimiento de los mercados agrícolas, después de la desaparición de los MLC en la década de 1980, surgió en debates sostenidos dentro de las fuerzas armadas, seguidos por tres reuniones del PCC en diferentes regiones del país, en julio de 1994, todas encabezadas por Raúl Castro. Las reuniones del Partido fueron notables por la franqueza con que se analizaron los problemas de la agricultura/alimentos/nutrición y por el intento de ir más allá del ritual de culpar al embargo y al colapso de la URSS y el CAME por las dificultades del presente. Como consecuencia, se promulgó el Decreto no. 191 y la resolución asociada, en los días 19 y 20 de septiembre, publicadas al día siguiente por *Granma*. La legislación no fue debatida ni aprobada por la Asamblea Nacional; indicio no solo de la urgencia de la legislación, sino también de la falta de autoridad real de ese cuerpo.

Los mercados para los productos industriales y artesanos se legalizaron según el Decreto 92 del Comité Ejecutivo del Consejo de Ministros, el 21 de octubre de 1994. La legislación permitía que las empresas estatales, locales y del Ministerio del Interior, así como los productores por cuenta propia, alquilaran espacios en áreas de mercado asignadas para la venta de sus productos. Asimismo, los precios de estos mercados serían determinados por la oferta y la demanda. Los vendedores rentarían puestos de ventas y pagarían su alquiler a la administración de estos; los cuales, a su vez, debían ser autofinanciados y autónomos en su funcionamiento. Las fincas estatales podrían vender mediante representantes que operarían en consignación. Sin embargo, los cuentapropistas tendrían que expender sus productos ellos mismos, sin emplear legalmente a intermediarios, ni como compradores ni como vendedores.

Las rentas particulares a huéspedes fueron otra esfera donde las iniciativas cuentapropistas se desataron, tanto en la economía del peso cubano, como en la de dólares para los turistas. Para 1993, muchos cubanos con casas bien ubicadas invertían en la reparación, el mobiliario y los aires acondicionados a fin de sacarles provecho; cuyo alquiler, en sus inicios, se llevaba a cabo sin ninguna autorización legal y al margen de cualquier tipo de regulación. En 1997, existía un número significativo de este tipo de alojamiento a precios bastante inferiores a los de los hoteles formales. Esto trajo como consecuencia: mayor entrada de dólares estadounidenses en la economía privada a expensas de los hoteles estatales; el recrudecimiento de la dualidad en el patrón de distribución del ingreso desde el momento en que algunos cubanos comenzaron a recibir altos ingresos en divisas, en comparación con el ingreso promedio; y el fomento de una nueva variedad de turismo —con menos recursos o estudiantes/mochileros que dependían de precios bajos—. Evidentemente, resultaba necesario algún tipo de sistema regulatorio e impositivo para este sector.

Por otra parte, con la legalización del cuentapropismo en la década de 1990, comenzó a evidenciarse una suerte de jerarquía. Este espectro de escala y éxito se hizo más pronunciado en las escasas ocupaciones de mayor envergadura y dinamismo; sobre todo en las casas particulares, taxis y paladares, conectados todos con la floreciente industria turística.

***

Milagros y el Paladar Siete Mares

Un negocio privado «intocable» funcionaba bajo el sorprendente nombre de Paladar Siete Mares, a pesar de que en esa época los mariscos estaban prohibidos en los restaurantes no-estatales. Resultó, sin embargo, tras investigar, que en realidad licencia era para casa de alquiler; a pesar de que la tarjeta de negocios que Milagros, la gerente del restaurante, me dio [Henken] a la entrada, identificaba el sitio como «paladar». Esta estrategia permitía a los emprendedores sacar provecho de que los impuestos y las regulaciones fueran mucho menos problemáticas para las casas de alquiler que para los paladares. Complaciente, Milagros se ofreció a darme una visita completa por las instalaciones. Me mostró dos comedores de 12 sillas; uno de ellos, con un bar bien surtido. Asimismo, me enseñó dos habitaciones separadas con lechos cameros y aire acondicionado, y un apartamento privado con dos camas. Me dijo que cada habitación se alquilaba a 35 dólares por noche, con desayuno incluido. Además, si hacía falta, había parqueo para un auto de alquiler y servicio de chofer. Milagros me contó que el paladar ya llevaba diez años funcionando (1991-2001) cuando lo visité y que el restaurante se especializaba en mariscos, con una oferta de langostas, camarones, pescado, e, incluso, la exquisita carne de caguama.

Mas, cuando le pedí que me mostrara el menú, sonrió al decir que solo tenían un menú «oral», y comenzó a describirme la variedad de platos con

129

orgullo y gusto. La falta de menú, obviamente, no se debía a la falta de dinero para imprimirlo; es más probable que no quisieran arriesgarse a tener evidencias públicas de su especialidad en servir mariscos de contrabando. Además, un menú oral también les permitía subir o bajar los precios para acomodar las comisiones de los «buscavidas», lo cual era conveniente.

Después de observar tantas violaciones a las regulaciones del trabajo por cuenta propia, me pregunté si alguna vez habían tenido que pagar una multa. Milagros, rauda —e increíblemente—, respondió: «Jamás, aquí siempre seguimos las reglas». Además, me explicó que las leyes en este sector se obedecían bien y aquellos que las violaban se buscaban sus propios problemas. Me contó, asimismo, que los inspectores solo le habían aconsejado cómo cumplir mejor con la ley cuando habían encontrado alguna «inconsistencia» y habían aceptado, a primera vista, sus argumentos sobre no haber entendido bien la regulación. Milagros afirmó también que ella no cambiaría nada de las leyes existentes, pues la mayoría de los cubanos aún no estaban listos para una economía abierta y descontrolada; a pesar de que ella misma parecía bastante preparada.

***

Intercaladas en nuestras observaciones sobre el aumento de la implementación y las regulaciones del trabajo por cuenta propia después de 1995, presentamos viñetas ilustrativas de los sectores emergentes de casas de alquiler y transporte.[2] Sobre la base de nuestra investigación etnográfica

---

[2] En este capítulo, con frecuencia aludimos a varios individuos e iniciativas privadas en los sectores de las casas de alquiler y los taxis («boteros») particulares. En estas viñetas, los nombres de los emprendedores se han cambiado y las descripciones de los negocios son, por lo general, esbozos mixtos a partir de múltiples entrevistas realizadas por Ted Henken entre 2000 y 2011; si bien las de los boteros y arrendatarios de casas particulares se hicieron durante la depresión del trabajo autónomo entre 2000-2006. A pesar de que es imposible hacer generalizaciones estrictamente representativas sobre la base de entrevistas cualitativas, concordamos con el científico político Mark Q. Sawyer, quien señala en su libro *Racial Politics in Post-Revolutionary Cuba*, que «las entrevistas abiertas y profundas permiten a los investigadores explorar cómo las experiencias de vida específicas y la información dan lugar a actitudes [...] complejas y muchas veces contradictorias» (2006:104). También se puede consultar *Revolutionizing Romance: Interracial Couples in Contemporary Cuba* (2010), de la antropóloga Nadine Fernández, para una lógica similar respecto al uso de la etnografía y las entrevistas como valiosas herramientas de investigación cualitativa en Cuba, dada la dificultad para llevar a cabo investigaciones cuantitativas allí.

y entrevistas detalladas con los dueños de las casa de alquiler, creamos una tipología informal separándolos en cuatro grupos, de alguna manera distintivos: (1) «los intocables»; (2) «los privilegiados»; (3) «los negocios familiares»; y (4) «los clandestinos». También establecimos una tipología similar para los servicios de taxis en el período 1996-2005: aquellos estatales para turistas y locales, los que operaban con licencias privadas y los informales o «gitanos».

La primera acotación necesaria sobre los «intocables» es que dicho término es relativo. En Cuba, especialmente dentro del sector cuentapropista —en otros tiempos ilegítima y ahora legal—, nadie está estrictamente fuera del alcance del largo brazo de la ley. Esto ha quedado demostrado muchas veces en las políticas cambiantes del Gobierno revolucionario en relación a este sector —como se argumentó en el Capítulo 3. Ahora bien, en este caso empleamos el término para indicar algún grado de tolerancia no oficializada por parte del Estado frente a las violaciones a las leyes del trabajo por cuenta propia para un grupo selecto de negocios bien conectados. Las características específicas de este grupo de emprendedores incluyen, ante todo, la violación sistemática de las regulaciones fundamentales del alquiler. Por ejemplo, en el período de 1999-2005, cuando se realizaron estas entrevistas y observaciones, era común la oferta de alimentos en las casas particulares para los huéspedes y para otros clientes, sin que el dueño pagase el respectivo 30% de recargo requerido.

De hecho, la mayoría de estas pocas casas particulares intocables hacían también de paladar en la práctica, con un menú lleno de platos prohibidos, —como la langosta—, para tantos comensales como cupieran en sus espaciosos y elegantes comedores. Estos negocios solían emplear a muchos trabajadores, incluidos un portero, un chofer, varios camareros, personal de cocina, agrupaciones musicales y un grupo de dos o tres administradores; de manera que siempre hubiese uno presente. Por supuesto, muy pocos, o ninguno, de los empleados eran miembros de la familia o cohabitantes del titular de la licencia.[3]

---

[3] Existe una asombrosa semejanza entre las estrategias de sobrevivencia de las casas particulares de alquiler y las de los paladares (Capítulo 8). Puesto que los requerimientos legales para tener una paladar se hicieron más onerosos entre 1996 y 2005, era común encontrar, *de facto*, restaurantes privados que estaban registrados como casas de alquiler. De esta manera, los dueños podían evitar a los inspectores de los paladares, conocidos por exigir los recibos de todos los productos alimenticios e inspeccionar los refrigerados y las basuras en busca de alimentos prohibidos. Con la licencia de arrendador, los dueños podían simplemente pagar la sobretasa de 30% exigido por los «servicios de alimentos» por encima del impuesto mensual

Los negocios de alquiler intocables también se beneficiaban de muy buena ubicación, infraestructura de primer nivel y economías de escala. Muchos evidenciaban grandes inversiones de capital en el negocio, con equipos recién adquiridos y entornos limpios y estilizados. Gracias a sus ofertas de lujo, a menudo, estos lugares se habían ganado un seguimiento por parte de una clientela extranjera solvente. Dado sus niveles de éxito e impunidad aparente, otros negocios privados de alquiler o de servicios alimenticios más humildes asumían muchas veces que los «intocables» habían sido cooptados por el Estado o «plantados» por el Gobierno —ya fuera con el propósito de espiar o sacar a los demás del negocio—. Por último, dada la envergadura y las flagrantes violaciones de las leyes del trabajo por cuenta propia, es muy probable que gozaran de la protección de los cuerpos de inspectores, a cambio de pagos o sobornos periódicos.

DE LA EXPANSIÓN A LA CONTENCIÓN: POLÍTICAS PÚBLICAS HACIA EL MICROEMPRENDIMIENTO (1996-2005)

Ambiente político y política general

El liderazgo político y los medios de comunicación oficiales de Cuba se tornaron cada vez más críticos hacia el cuentapropismo legal entre 1995 y 1996. A principios de 1997, comenzó a declarar con mayor evidencia que el sector había sido necesario durante un tiempo, pero que, con el tiempo, la reversión de esta política sería conveniente. (En el discurso oficial, la economía sumergida básicamente no existía en ese tiempo y los emprendedores clandestinos, a menudo, era agrupados con los cuentapropistas con licencias, como ideológicamente dudosos.) El sector legal fue criticado por varias razones. Primero, promovía de manera ostensible una mentalidad que se consideraba incompatible con el «socialismo». De hecho, el propósito de las reformas de 1993-1994 era, de manera explícita, salvar al «socialismo y a la Revolución», no iniciar una transición hacia algo diferente. Es decir, parte del liderazgo entendía su existencia como una contradicción del carácter fundamental de

---

y tenían así el pretexto legal para operar paladares bajo la cobertura de la licencia de alquiler. Esta situación también permitía que dichos establecimientos ofrecieran hospedaje a sus comensales. Por otra parte, esa escapatoria legal les permitía tener dos negocios a la vez, algo ilegal en aquellos tiempos desde un punto de vista técnico; pero permitido entre octubre de 2010 y diciembre de 2018.

la sociedad cubana. Según las palabras del entonces vicepresidente Raúl Castro, en su lectura del Informe del Comité Central del Partido el 23 de marzo de 1996: «La psicología del productor privado y del trabajador por cuenta propia en general, como resultado del origen de su ingreso personal o familiar —la venta privada de los bienes o de los servicios que producen— tiende al individualismo y no es fuente de conciencia socialista».

Asimismo, el liderazgo enfatizó las consecuencias negativas del sector; pero ignoró las positivas. Tampoco se analizaron las posibles causas de esos factores negativos. El entendimiento de los efectos negativos del trabajo por cuenta propia requiere una comprensión del contexto dentro del cual opera, en lugar de una evocación general de los «males del capitalismo». El presidente Castro, por ejemplo, se regodeó en el impacto que había tenido el surgimiento del cuentapropismo en la distribución de los ingresos con alusiones a aquellos que eran «diez veces, veinte veces y treinta veces lo que gana un trabajador [estatal]». Sin embargo, no dijo nada acerca de la bifurcación estructural y monetaria de la economía, causada por las políticas gubernamentales que permitieron el surgimiento de las desigualdades. De hecho, la mayoría de los negocios que emergieron en este período eran estructuras modestas, que ofertaban bienes y servicios en la economía del peso, dirigidas a otros cubanos de ingresos promedios, que generaban, a su vez, ingresos promedios a sus dueños.

Además del presidente Fidel Castro, cuya perdurable oposición ideológica al mercado y a la empresa privada es harto conocida, otros importantes líderes políticos de la Isla también hicieron declaraciones abiertas en contra del creciente papel del trabajo autónomo. Por ejemplo, en un artículo del periódico *Granma* de noviembre de 1997, Raúl Valdés Vivo, en aquel entonces director de la escuela ideológica del Partido Comunista y miembro del Comité Central, rechazó las afirmaciones de que era injusto permitir la inversión extranjera al tiempo que se le prohibía a los capitalistas nacionales una mayor participación en la economía de la Isla (1998). Comparando a ese último grupo con «pirañas [...] capaces en un tiempo mínimo de devorar un caballo hasta los huesos», afirmó que el liderazgo se había visto obligado a recurrir a la inversión capitalista extranjera en contra de su voluntad y argumentó que los cubanos no podrían haber proporcionado el capital, la tecnología, ni los mercados necesarios traídos por los de afuera. Al mismo tiempo, admitió que las razones para las restricciones contra los capitalistas nacionales no eran solamente económicas, sino también políticas e ideológicas. Específicamente, escribió que permitir a los ciudadanos cubanos que proporcionaran dinero a los cuentapropistas introduciría una fuerza social que, tarde o temprano, serviría a la contrarrevolución. Asimismo, añadió que Cuba no deseaba el regreso de una clase nacional explotadora sostenida por intereses extranjeros y citó las palabras de Fidel Castro en el V Congreso del Partido: «Cuba no puede permitirse la existencia de una nueva clase de ricos que después adquiriría un poder tremendo, empezaría a conspirar contra el socialismo» (íd.).

A diferencia de muchos otros informes de los medios de comunicación estatales que caracterizaban a los trabajadores por cuenta propia como «millonarios» o «explotadores» que vivían del trabajo de los demás, el artículo de Valdés Vivo reconocía que la «población cubana está por lo general agradecida por los servicios brindados por los trabajadores por cuenta propia, quienes trabajan un promedio de diez a doce horas diarias». Sin embargo, su artículo termina enfatizando la necesidad de la «disciplina» y declaró que, si a los trabajadores por cuenta propia no le gustaban los altos impuestos y las regulaciones existentes, no tenían más opción que entregar sus licencias. «Quien no pueda cumplir las normas del orden y la disciplina —afirmó el periodista Rodríguez Cruz— no podrá ser un trabajador por cuenta propia» (*Trabajadores*, 1996:5). A pesar de los muchísimos cambios en el sector no-estatal entre 1996 y 2018, y a su apertura relativa después de 2010 bajo la presidencia de Raúl Castro, se ha mantenido igual la mentalidad de siempre enfatizar «la disciplina, el orden y el control» por encima del apoyo al y la confianza en el emprendedor.

Por otra parte, el marco regulatorio implementado en aquellos momentos estaba diseñado para controlar y disciplinar al trabajador autónomo, recordándole constantemente sus responsabilidades, a pesar de no incluir casi ninguna disposición para la protección de sus derechos legales. Esta tendencia paternalista de enfatizar «el control por encima del apoyo» (Fernández Peláez, 2000) se reiteró en un informe del mes de julio de 2000 sobre la economía interna. El viceministro de Cultura, Abel Acosta, declaró que la solución de los problemas económicos de Cuba «no estaba en la proliferación de *chinchalitos* (2000) —pequeños negocios privados, informales—». Al mismo tiempo, funcionarios cubanos admitieron que el crecimiento del sector autónomo había proporcionado empleos, servicios y bienes necesarios en un momento de severa crisis económica.

Esta actitud paternalista, aunque algo agradecida, hacia el trabajo por cuenta propia, tuvo eco en varias ocasiones en los discursos del presidente Fidel Castro. Por ejemplo, el 9 de abril de 1997, justo antes de que se anunciara la regulación para la actividad de alquileres particulares, Castro reiteró la necesidad de la disciplina y el control en el sector autónomo, y afirmó que no todos los trabajadores por cuenta propia estaban registrados ni pagaban impuestos. «Tenemos que ser capaces de poner orden a esta actividad. Si necesitamos 100 inspectores, 100 inspectores; 800, 800; 2 000, 2 000. Si necesitamos 200 inspectores para los inspectores, entonces 200; pero es necesario que esta actividad tenga orden, que tenga disciplina».

El presidente Castro continuó caracterizando a algunos de los cuentapropistas como especuladores holgazanes, advirtiendo a sus oyentes: «Debemos combatir el enriquecimiento ilícito, por supuesto; pero no solo ilícito, sino también el enriquecimiento que no es producto del trabajo duro sino que resulta de las condiciones en que estamos viviendo» (íd.).

Un último ejemplo de la creciente actitud antagónica del Estado hacia el cuentapropista cubano se reflejó en un artículo del periódico *Granma*, que indicaba la necesidad de movilizar los Comités de Defensa de la Revolución (CDR) en la batalla contra los crecientes niveles de delitos económicos. El presidente de la Asamblea Nacional, Ricardo Alarcón, expresó lo siguiente sobre los paladares:

> *No debemos confundirnos por los «milagros» que les atribuyen [al sector cuentapropista]. Los más ricos, como los paladares, deberían preguntarse primero en qué casa, si no es en la que les ha dado la Revolución, podrían haber establecido el negocio; y segundo, si en una sociedad capitalista, el dueño de esas casas les habría permitido a los inquilinos establecer un restaurante en una de sus propiedades. Si el capitalismo regresara a Cuba, arrasaría con ellos (Lee, 1997c).*

La declaración de Alarcón presagió con claridad lo que demostraría ser un futuro inseguro para los dueños de propiedades privadas convertidas en pequeños negocios. Básicamente, compara al Estado con un bondadoso terrateniente que ha permitido a sus inquilinos abrir negocios en su propiedad. Los ciudadanos cubanos son tratados como niños que se han aprovechado de manera injusta de los regalos que les ha dado el padre: si el capitalismo regresa, vas a perder el negocio y tu padre ya no podrá protegerte.

Esta tensión entre las políticas estatales de tolerancia, legalización y expansión del sector privado por un lado, y medidas posteriores hacia un mayor control, contención y represión por el otro, revela la desconfianza del Gobierno revolucionario en relación con el sector cuentapropista. En aquel tiempo, los funcionarios cubanos y los periodistas enfatizaban constantemente la «indisciplina, las ilegalidades y la falta de orden» que caracterizaba al sector privado, siempre arribando a la misma conclusión.

Como se consideraba que la indisciplina era dada por la falta de vigor en las regulaciones y la decadencia de la conciencia revolucionaria producto de «la psicología individualista del productor privado» (Lee 1997c:3), la solución adecuada era un mayor control de arriba hacia abajo, combinado con mayor fervor revolucionario y vigilancia.

Los emprendedores a pequeña escala también carecían de voz política. El art. 3.14 del Decreto-Ley no. 174 prohibía la organización de cooperativas o asociaciones de productores a menos que tuvieran autorización oficial. Cualquier tipo de asociación independiente por parte de los cuentapropistas quedó descartada por el ministro de Economía, José Luis Rodríguez, en una entrevista en 1997, para el periódico español *El País*: «Nosotros no estamos estimulando la creación de asociaciones independientes en esa dirección [...] Ahora, con claridad, digo que no vamos a admitir un enmascaramiento en organizaciones de este carácter para cuestionarse el sistema y los objetivos básicos de la Revolución».

Por tanto, el trabajador por cuenta propia no contaba con ninguna organización que diera voz a sus preocupaciones ni defendiera sus intereses, lo cual los hacía particularmente vulnerables a algún cambio de dirección de la política gubernamental. Bajo el mandato de Fidel, era obvio que la política pública hacia el trabajo autónomo no lo concebía como un derecho que podía ser defendido, sino como un permiso temporal que podía ser revocado a voluntad.

Por último, los emprendedores del sector privado no tenían ninguna seguridad básica. Persistían los viejos recuerdos de la confiscación casi totalitaria de las empresas en la década de 1960, sobre todo en 1968; las cuales no fueron compensadas ni pudieron ser apeladas ante ningún poder judicial independiente.[4] Los cambios de política, como la eliminación de los mercados campesinos en 1986, de seguro también se recordaban. El Gobierno, de manera caprichosa y confiscatoria, ha cambiado periódicamente las reglas del juego, afianzando la percepción pública de que no podría haber ninguna seguridad perdurable y fundamental para dichas actividades en las circunstancias políticas actuales. Esto, a su vez, alimentaba una profunda desconfianza y escepticismo respecto a los motivos del Gobierno entre los cuentapropistas cubanos. En resumen, en su relación con el Estado, los cuentapropistas eran por lo general impotentes, sin derechos ni capacidad legal para apelar las ac-

---

[4] En las confiscaciones de 1968, los pequeños negocios no obtuvieron ninguna compensación. Las empresas de mayor tamaño recibieron bonos que debían ser recuperados cuando el Gobierno pudiera costearlos y que expiraban a principios de la década de 1970.

ciones de las políticas gubernamentales. Sin embargo, no quiere decir que no desarrollaran a menudo ingeniosas estrategias de sobrevivencia, como lo demuestran las viñetas etnográficas que hemos intercalado en este capítulo.

Proceso de obtención de licencias

La autorización oficial del trabajo por cuenta propia se basa en una licencia otorgada a nivel municipal. Los funcionarios están empoderados para concederlas a juicio y criterio propios, según algunos lineamientos e influencias de arriba. Sin embargo, durante este período, a menudo se le negaban las licencias a potenciales emprendedores. Seguramente, esto les indujo a adentrase o a permanecer en la clandestinidad. Aunque existen relativamente pocas estadísticas publicadas sobre el otorgamiento de licencias, la Tabla 4.2 contiene información al respecto para los municipios habaneros entre 1996 y 2001. Como se aprecia en los datos, este suministro decreció en casi 39% en ese período. Entretanto, la solicitud se incrementó en 110%, a pesar del impacto desalentador que deben haber generado los constantes y altos «índices de fracaso». Desde otra perspectiva, y como puede calcularse a partir de la información expuesta en la tabla, los «índices de éxito», es decir, el porcentaje de licencias otorgadas, como un por ciento del total de solicitudes, bajó de 82,3% en 1996 a 24% en 2001. Es probable que esta reducción también haya ocurrido en otras regiones del país.

Tabla 4.2. Proceso de otorgamiento de licencias en La Habana (1994-2001)
(número de solicitudes por año)

CATEGORÍA	1994	1995	1996	1997	1998	1999	2000	2001
en proceso	4 193	21 963	n.a.	n.a.	n.a.	n.a.	n.a.	499
otorgadas (#)	169 098	208 786	38 057	34 984	31 587	28 380	24 719	23 351
otorgadas (%)	68.0	53.4	82.3	50.4	37.4	31.1	26.1	23.9
negadas	10 675	11 519	8 211	34 423	52 889	63 018	70 106	74 337
retiradas	n.a.	n.a.	n.a.	n.a.	n.a.	n.a.	n.a.	11 332
fallidas	64 586	148 491	1 791	24 990	41 002	50 015	56 809	60 627
TOTAL	248 552	390 759	46 268	69 407	84 456	91 398	94 827	97 687

Fuente: Ministerio de Trabajo y Seguridad Social, CEPAL (1997) y Dirección Provincial de Trabajo y Seguridad Social (2001:1 y 5).

La disminución del índice de éxito a la hora de obtener las licencias para el trabajo por cuenta propia en este período probablemente condujo a los solicitantes rechazados a encontrar otras sedes para sus iniciativas empresariales o a desarrollar otras estrategias de sobrevivencia. Gran parte de estas energías de seguro se concentraron en las actividades de la economía sumergida a lo largo y ancho de toda Cuba. Por otra parte, la negación de licencias que tenían que renovarse cada año podía conducir al cierre total de las actividades que no podían llevarse a cabo en la clandestinidad. Por ejemplo, si bicitaxista en Centro Habana no lograba renovar su licencia, su negocio estaría obligado a cerrar. Si continuaba ejerciendo la labor sin ella, se enfrentaba a una fuerte multa y a la confiscación del propio bicitaxi.

En el verano de 2003 se anunciaron nuevas regulaciones contra los dueños de casas particulares de alquiler, que incluyeron el incremento de las tasas impositivas en general, con un impuesto adicional de 30% por la provisión de alimentos a los huéspedes y pagos extras por las áreas comunes de los hogares que fuesen utilizados por estos. Se estableció, además, un límite de dos habitaciones máximo, con solo dos huéspedes por cuarto; se prohibió contratar a alguien que no fuera de la familia; se eliminó el derecho de alquilar un apartamento entero; y se exigió que siempre hubiese un miembro de la familia presente en el inmueble. Esta lista de nuevas regulaciones contra un tipo de trabajo por cuenta propia, apenas legalizado en 1997 (Henken, 2002), se justificó según la convicción de que «en el ejercicio de esta actividad han surgido tendencias y comportamientos que distorsionan la esencia misma del alquiler» (Res. no. 270, 2003).

***

Casa particular de la doctora Alejandra Morales

La doctora Alejandra Morales, no del todo jubilada, comenzó a alquilar habitaciones en su casa antes de que la actividad fuese regulada, en el verano de 1997. Con esto en mente, ella y su esposo Armando me explicaron su reacción a la legalización en 1997 de la siguiente manera: «Tienes que recordar que la Ley se promulgó porque la actividad ya existía. No fue para fomentar el alquiler privado, sino para reconocer y legalizar lo que ya existía subrepticiamente». A pesar de su general valoración positiva del sistema de arrendamiento, Alejandra señaló algunas restricciones ilógicas.

Según como están las cosas ahora, nosotros cobramos entre $25 y $30, pero reportamos solo entre $15 y $20. Si la ley fuera diferente podríamos ser honestos sobre nuestros ingresos. Tienes que entender que en Cuba no ha existido un impuesto sobre los ingresos durante más de treinta años y aquí no hay una cultura de pagar impuestos. La gente siente que le están quitando su dinero. El Estado lo sabe e impone una ley estricta. Es un ciclo. Ellos esperan que mintamos y, por tanto, ponen una ley dura que nos obliga a reportar menos ingresos a fin de sobrevivir.

Cuando le pregunté acerca del cambio de actitud que experimentan los individuos involucrados en los trabajos autónomos, Alejandra sonrió ampliamente, admitiendo que, en verdad, la mentalidad cambiaba por completo. «En el pasado la mentalidad era dame esto y dame lo otro. La gente está dejando atrás la mentalidad socialista y adquiriendo una capitalista. Algunos se están convirtiendo en pequeños potentados. ¡Parecen estar olvidando en el país que viven». Traté [Henken] de resumir esta línea de razonamiento citando algo que había escuchado en una entrevista anterior: «Ya no es gracias a la Revolución, sino gracias a mi trabajo duro». No obstante, Alejandra rechazó esa interpretación diciendo que sería más exacto decir gracias a ambos.

Algunos de los propietarios que alquilan olvidan muy rápido que muchos de los bienes de la infraestructura que ellos usan en sus negocios son mayoritariamente subsidiados por el Estado: la electricidad, el agua, el gas, la propia casa... Todas estas cosas se pagan caro en cualquier país capitalista. ¡Tan solo imagínate que, con todos los huéspedes que tenemos aquí y todos los galones de agua que usamos, solo pagamos $3 mensuales por el agua, $10 por la electricidad y $6 por el teléfono! Si el Gobierno alguna vez decide eliminar estos subsidios o si alguna vez tenemos otro gobierno, la vida se va a poner dura de repente, porque todo esto desaparecerá.

Armando estuvo de acuerdo con el espíritu de su razonamiento, pero también le recordó que este tipo de conclusiones le permite al Estado pagar salarios extremadamente bajos, asumiendo que, como todo lo básico es casi gratis, los cubanos no necesitan realmente mucho salario para salir adelante.

***

A diferencia de las casas particulares de alquiler intocables, no puede decirse que las que caracterizamos como «privilegiadas» violaran de manera sistemática las regulaciones del trabajo por cuenta propia. Aunque los emprendedores privilegiados estaban obligados a estrategias irregulares debido al marco legal antagónico, el uso de estas soluciones ilegales las llevaban a cabo con mayor discreción que los intocables. Además, como carecían de vínculos especiales dentro del país, tenían poca influencia política y un acceso bastante limitado al capital. Las casas de alquiler privilegiadas tenían que depender mucho más de las ventajas con las que sí contaban: espacio, ubicación, infraestructura, conexiones internacionales y trabajo arduo, combinado todo ello con buen sentido para los negocios.

La conjunción de regulaciones cada vez más estrictas y la negación arbitraria a las solicitudes de licencias fue un mecanismo importante para reducir el cuentapropismo; en especial, los sectores dinámicos de los taxis y las casas particulares. No obstante, se adoptó una medida mucho más draconiana en 2004. La Res. 11/2004 del Ministerio de Trabajo estipuló que no se otorgarían nuevas licencias para 40 de las 157 actividades autorizadas para ser ejercidas por cuenta propia. Los que ya contaban con estas podían continuar su actividad; pero no se otorgarían otras nuevas para esas labores y se prohibía transferir a terceros las que ya existían. Entre esas ocupaciones se encontraban los vendedores de libros de uso, masajistas, joyeros, restauradores, magos, obreros metalúrgicos, vendedores de alimentos y mecánicos de autos.

Con el recorte del otorgamiento de licencias y el impedimento de la legalización a quienes deseaban emprender, el número de negocios en todas estas áreas se redujo, en muchos casos, de manera significativa. Esto provocó, a su vez, una disminución del volumen de la producción de bienes y servicios afines, con el consecuente incremento de los precios por encima de lo que podrían haber sido. El consumidor resultó perjudicado al estar obligado ahora a pagar mayores precios por esos bienes y servicios. También, permitió mayores ingresos a los negocios que ya poseían las licencias correspondientes. Por otro lado, en algunas actividades de «perfil bajo» era posible, para aquellos sin licencias, «pasar a la clandestinidad». En estos casos, los productores ilegales que podían evadir los impuestos y evitar regulaciones costosas se convertían en una competencia injusta para los que sí trabajaban desde la legalidad y puede que hayan frenado muchas de las ventajas que estos últimos experimentaban a raíz de las limitaciones dentro de la competencia autorizada.

En contraste, para los negocios de perfil alto que tenían que ejercer su actividad al descubierto, puede que fuera imposible funcionar desde la clandestinidad. Para estos productores, la reducción del número de homólogos, en ausencia de la competencia de los negocios clandestinos, habría permitido mayores precios e ingresos. Si bien la restricción de las licencias condujo a muchos emprendedores a pequeña escala a ejercer su ocupación desde la economía sumergida, los ingresos fiscales del Gobierno se vieron reducidos por la evasión fiscal. Por último, si el mismo proceso de licenciamiento empujaba los negocios hacia la clandestinidad, las energías y los esfuerzos de los emprendedores habrían sido aún más desperdiciadas, debido a la excesivamente pequeña proporción y a las ineficiencias generadas al evitar llamar la atención.

***

Carlos, revolucionario jubilado y chofer de taxi

Carlos fue miembro de la clandestinidad en la lucha contra la dictadura de Batista y piloto de Cubana de Aviación; retirado hacía más de diez años al momento de esta entrevista, en 2001. Ganaba una pensión de $440 al mes —casi el doble del salario promedio cubano, de $250 en aquellos tiempos—. Admitió que su retiro era relativamente alto para la media cubana, a pesar de que el peso había perdido gran parte de su valor desde 1989, y añadió con orgullo: «Recibiré esa cantidad todos los meses hasta que me muera. Y después mi esposa lo seguirá recibiendo hasta que ella muera». Antes de jubilarse, ganaba $490 mensuales. Me explicó que, como su salario no era suficiente para llegar a fin de mes, se hizo taxista particular en 1997. «Me metí en esto para tener una fuente extra de ingresos. Para poder comprar las cosas que no hay en la bodega: ropas, detergente, carne, aceite, etcétera».

Carlos me contó que al principio, en 1997, había sacado dos licencias diferentes. Una que le permitía ofrecer servicios a turistas que pagaban en dólares —por la que pagaba un impuesto de 75 USD al mes— y otra que le permitía transportar a cubanos —$450 o 23 USD mensuales—. Trabajó con las dos licencias poco menos de un año; sin embargo, como el impuesto por la licencia del servicio en dólares aumentó más de tres veces su valor en febrero de 1998 y subió a 250 USD, añadió que casi todos los taxis particulares con licencias en dólares se vieron obligados a renunciar a ellas —a pesar de que muchos, él incluido, continuaban brindando servicio a los extranjeros de manera furtiva.

Me explicó que, cuando trabajaba con las dos licencias, normalmente se parqueaba cerca de la feria de artesanías de Malecón —próxima al Hotel Meliá Cohiba— y buscaba carreras entre los extranjeros que por allí circulaban. Después de entregar la pagada en dólares, comenzó a recorrer una ruta específica cuatro o cinco veces al día. Iniciaba el circuito en la heladería Coppelia (23 y L), avanzaba por todo 23 hasta Playa y de ahí regresaba al Vedado. Este era un recorrido de ida y vuelta de 14 km que podía contar con un total de ocho pasajeros entre la ida y el regreso; eso sumaba $80 por cada vuelta entera, para $320 al día. De ahí, estimaba que usaba unos $60 diarios en gasolina, dejándolo con una ganancia neta de $260 cada día o $1 500 semanales, sin descontar los impuestos.

Cuando le pregunté cómo el Gobierno daba seguimiento a sus ingresos y cómo los verificaba, Carlos me respondió que tenía que llenar un informe semanal de pasajeros e ingresos. Estos 52 informes se entregaban a la ONAT al final de cada año y se calculaba un impuesto sobre sus ganancias personales. Aclaró que se le permitía deducir 20% para gastos, pero que los suyos eran mucho más que esa cifra. «Tienes que comprar la gasolina, el petróleo, etc., en dólares, pero gano lo suficiente para vivir decentemente sin tener que robarle a nadie». Antes de pagar su impuesto de fin de año, sustraía las mensualidades pagadas a lo largo del año por la licencia ($450 x 12). Estimaba que su ganancia bruta era entre $30 000-$32 000 anuales. De ahí, sustraía unos 6 000 de gastos y otros 5 400 basado en lo que ya había pagado, dejándole un poquito por debajo de 20 000 al año —entre 800 USD y 1 000 USD— como su ingreso gravable anual.

Sin haberle incitado, Carlos comenzó a explicar la lógica del surgimiento del trabajo por cuenta propia en la década de 1990:

> El trabajo por cuenta propia surgió como un medio de sobrevivencia durante el Período Especial. Tienes que recordar que en lugar de flexibilizar el bloqueo ante la desaparición del bloque del Este, EE.UU. lo recrudeció y no nos quedó otro remedio que permitir el trabajo por cuenta propia como una de las estrategias para salvar el socialismo, para salvar la Revolución. De repente nos encontramos solos, y de un día para otro perdimos todos nuestros mercados principales. La inversión extranjera y el trabajo por cuenta propia eran los únicos medios para salvar el socialismo.

Dado que el trabajo por cuenta propia surgió como una respuesta a una situación de emergencia, Carlos advirtió que no era más que «una etapa, nada más. «Este es un país socialista y con el tiempo nos libraremos del trabajo por cuenta propia. No pega aquí», insistió —bastante profético, de hecho; al menos, a corto plazo—. «El empleo privado ha existido por un tiempo, pero no puedes crear antagonismo de clases en un sistema socialista. Todo esto va en contra de la esencia del sistema. Esa apertura hacía falta, pero ahora la economía se está recuperando». Con una sonrisa irónica, añadió: «Tenemos altas tasas de crecimiento en los último años (1997-2001), a pesar de que ustedes los americanos siguen tratando de arruinarnos. Vamos a mantener nuestros principios, pase lo que pase».

Al mismo tiempo, la sutil política estatal de sacar del negocio a los taxistas que preferían operar en dólares no le pasó desapercibida.

El Estado tiene sus propios taxis y quiere los dólares de los turistas para él. Pero, por supuesto, cuando yo trabajo, lo que gano es para mí. Esto es competencia entre el sector privado y el estatal. Sin embargo, los turistas prefieren el sector privado, primero, por la singularidad de los carros viejos, y, segundo, porque los precios son más baratos. Los taxis estatales son nuevos y más caros. Es por eso que el Estado subió los impuestos de 75 a 250 dólares al mes. Quería eliminar los taxis privados que trabajaban por dólares.

✳✳✳

A finales de los años 90 y principios de 2000, los taxis particulares cubanos se dividían informalmente en aquellos que trabajaban en la ruta colectiva de $10 que usaban el área de parqueo de las cercanías del Capitolio en Centro Habana como su terminal informal; y los que buscaban viajes en paradas informales ubicadas estratégicamente alrededor de la ciudad. A pesar de que al principio existía la opción de obtener la licencia para funcionar en el mercado del dólar, esto dejó de ser así a mediados de la década de 1990. Por tanto, los taxis particulares tenían explícitamente prohibido —aunque no de manera muy eficaz— brindar servicios a otros que no fuesen los cubanos que pagaban en pesos.

Debido a los inmensos obstáculos financieros y legales para adquirir un automóvil en Cuba, en este período los choferes con licencias eran una raza especial. Por ejemplo, la ley cubana prohibió durante mucho tiempo la compra venta de carros, excepto aquellos que antecedían a la Revolución —una restricción anulada bajo el mandato de Raúl Castro—; así, el Estado quedaba como el único comprador y vendedor legal de todos los vehículos posteriores a 1959. Esta prohibición condujo a una concentración irónica de carros americanos clásicos, prerrevolucionarios, en el negocio de los taxis privados. De hecho, aunque la mayoría de ellos llevan un cartel de «taxi» improvisado en el parabrisas, la manera más fácil de identificarlos era simplemente echar un vistazo a la calle en busca de uno de los modelos antiguos de carro americano, inmensos e inconfundibles.[5]

---

[5] Otra razón por la que los carros americanos predominaban en el sector privado era que su gran tamaño permitía a los conductores maximizar los ingresos llenando el carro con 6 y hasta 8 pasajeros a la vez. Asimismo, se modificaban a menudo para que funcionaran con petróleo, gasohol, e incluso gas natural, todos ellos más baratos que la gasolina.

Las limitaciones para adquirir un carro, junto a las ya mencionadas para obtener una licencia de taxista privado, condujeron a una red de arreglos informales en el sector de los taxis con licencia que muchas veces escondía complejas relaciones de propiedad detrás de una fachada de legalidad. Al igual que pasaba con el mercado de las casas, donde por mucho tiempo los matrimonios falsos se usaron como un medio para adquirir la titularidad del inmueble, imposible de otra manera; no era inusual que los cubanos acordaran matrimonios ficticios con extranjeros para poder comprarse un carro. Por ejemplo, al preguntarle a la esposa cubana de un amigo si su cónyuge por fin había logrado comprarse el auto para el que había ahorrado por mucho tiempo, esta le respondió riendo: «Sí, finalmente tiene el carro. ¡Está bello, pero tuvo que casarse con una rusa para comprarlo!». Este gran número de restricciones también trajo como consecuencia la polarización económica de los múltiples implicados en dicha actividad. Debido a la escasez de autos disponibles, a la necesidad de un copioso capital de inversión inicial y a las restricciones para la compra y titularidad legal, surgió una práctica informal, pero bastante común, mediante la cual los propietarios contrataban sus carros a trabajadores que aparecían como los dueños legales en todos los documentos (Fernández Peláez, 2000:31).

Entorno normativo

Durante el Período Especial, el trabajador autónomo operaba en un entorno normativo cada vez más difícil. Las microempresas legales autorizadas, en la mayoría de los países, funcionan desde lo formal dentro de un marco regulatorio legal que abarca las normas laborales, las leyes de salario mínimo, la salud, la seguridad y las normas medioambientales. Mediante el pago de impuestos, también comparten parte de la carga de financiar el funcionamiento de las comunidades y los bienes públicos de todo tipo. En Cuba, sin embargo, el ambiente fiscal y regulatorio ha sido singularmente severo. Se concibió para limitar los ingresos del sector, restringir el tamaño de los microemprendimientos individuales y reducir el del sector privado en general.

La mayor parte del marco legislativo, según el cual debe funcionar el cuentapropismo, se definió en el Decreto-Ley no. 174, instituido en 1997. Las principales regulaciones de la Ley, así como los castigos por su violación, se resumen en el Cuadro 4.3. Específicamente, los arts. 3 y 5 brindan una útil panorámica de la tónica del entorno normativo para las labores por cuenta propia en ese momento en Cuba.

Cuadro 4.1. Decreto-Ley no. 174: reglas, contravenciones y sanciones para el cuentapropismo.

	CONTRAVENCIÓN	MULTA (PESOS)	CONFISCACIÓN DE EQUIPOS Y PRODUCTOS	RETIRO DE LICENCIA
art. 3: regulaciones generales	1. ejercicio de actividad no autorizada	500–1 500	sí	n.a.
	2. ejercicio no autorizado de actividad legal	400–1 200	sí	n.a.
	3. violación de regulaciones en actividad legal			mínimo 2 años
	(a) más de 12 sillas en paladar	500–1 500		
	(b) venta de mariscos o res en paladar	500–1 500	sí	
	(c) ventas en USD no autorizadas	500–1 500		mínimo 2 años
	(d) venta de alcohol sin alimentos	400–1 200		mínimo 2 años
	(e) uso de bancos o mesas en cafeterías	500–1 500		mínimo 2 años
	(f) uso de otro local que no sea la casa	250–750		mínimo 2 años
	(g) recibos inadecuados por compra insumos	250–750	sí	mínimo 2 años
	(h) uso de familiares sin licencias	400–1 200		mínimo 2 años
	(i) proyección de filmes no autorizados	400–1 200	sí	mínimo 2 años
	(j) venta o uso de flora o fauna protegida	400–1 200	sí	mínimo 1 años
	4. uso de la casa para otra actividad	250–750		
	5. uso de intermediarios o vendedores especializados.	400–1 200		mínimo 1 años
	6. actuar de intermediario por otros	400–1 200		mínimo 2 años
	7. no pagar alquiler por espacio de mercado	150–500		

Cuadro 4.1. Decreto-Ley no. 174: Reglas, contravenciones, y sanciones para el cuentapropismo (cont.).

	CONTRAVENCIÓN	MULTA (PESOS)	CONFISCACIÓN DE EQUIPOS Y PRODUCTOS	RETIRO DE LICENCIA
art. 3: regulaciones generales	8. ventas a entidades estatales sin permiso	400–1 200		
	9. violaciones de seguridad	400–1 200		
	10. ocultar o falsificar información	400–1 200		
	11. fallo al mostrar documentos de registro	400–1 200		
	12. empleo de personas con menos de 17 años	500–1 500		mínimo 2 años
	13. actuar como mayorista	500–1 500	sí	mínimo 1 años
	14. ventas de un producto por otro	500–1 500	sí	permanente
	15. organización de cooperativas de producción o asociaciones a menos que se autorice específicamente	500–1 500	sí	permanente
	16. reventa de productos industriales comprados al sector estatal	400–1 200	sí	
	17. uso de materiales o insumos prohibidos	250–750	sí	mínimo 2 años
	18. funcionar en otras provincias	250–750	sí	
	19. no actualizar la información del Registro de Trabajadores por Cuenta Propia	150–500	sí	
art. 4: regulaciones sanitarias	1. incumplimiento de las normas de higiene	500–1 500	sí	mínimo 1 años
	2. eliminación inapropiada de desechos	400–1 200		mínimo 2 años
	3. no mostrar licencia sanitaria a las autoridades	400–1 200		

art. 5: contravención de la disposición fiscal	1. no hacer pagos mensuales o anuales en tiempo	150–500	
	2. dejar de registrarse o actualizar información	150–500	
	3. no poder mostrar documentos de cualquier fecha	250–750	
	4. no tener la información de ingresos y costos por un año	500–1 500	
	5. no brindar información de la manera requerida	400–1 200	
	6. no permitir libre acceso a los inspectores designados	400–1 200	mínimo 2 años

Notas: Algunos emprendedores dijeron en entrevistas que la suspensión de licencia por un mínimo de dos años funcionaba en la práctica como una suspensión permanente.

El salario promedio de Cuba era $214 en 1996. Por tanto, estas multas oscilaban entre 70% y 700% del salario promedio y más, en el caso de ofensas múltiples.

Fuente: «De las contravenciones personales de las regulaciones del trabajo por cuenta propia» (Gaceta Oficial de la República de Cuba, no. 22, 30 de junio, 1997:337–352).

La primera limitación fue el rango restringido de labores autorizadas (art. 3.1). A pesar de que, a principios de 2003, se autorizaron 157 actividades, con 153 000 personas empleadas, todas las demás actividades estaban prohibidas. Entre las excluidas se encontraban casi todas las actividades profesionales, como la ingeniería, la contabilidad, la arquitectura, la decoración de interiores, la jardinería, la computación e informática, los bienes raíces, agencias de publicidad o empleadoras, servicios legales, etc. Segundo, se requería una licencia para poder ejercer actividades legales (art. 3.2). Como ya se explicó, las licencias se otorgaban de manera restrictiva, no automática, y al principio se usaron para contener el tamaño del sector y, luego, para reducirlo. Tercero, la ubicación del negocio en algún otro lugar que no fuese la casa del emprendedor también estaba prohibido (art. 3.4). Esto reducía en gran medida la viabilidad potencial de algunas tipologías, como los paladares y los vendedores de alimentos. La Ley también observó un número de limitaciones respecto a su tamaño y diversidad. Los restaurantes privados, por ejemplo, tenían la infame restricción de un máximo de doce sillas. Asimismo, se les prohibía la venta de mariscos o carne de res, alcohol sin alimentos, o la tenencia de un bar o música en vivo. Los vendedores del tipo cafetería, conocidos popularmente en Cuba como «puntos fijos», no podían tener sillas, bancos o mesas. Además, se prohibía la venta en dólares, a menos que se autorizara específicamente.

Una amplia gama de restricciones adicionales negaban acceso a una serie de suministros de producción. La primera era la mano de obra. No se autorizaba a contratar mano de obra, a pesar de que miembros de la familia no pagados podían trabajar en ella (un resquicio que daría lugar a muchos primos falsos en el sector de los servicios alimentarios y el arrendamiento). Segunda, no tenía acceso a divisas ni a insumos importados. Las compañías estatales de gran escala y las empresas mixtas podían usar sus ingresos en pesos para adquirir divisas a la tasa de cambio oficial de 1.00 USD = 1 CUP (peso cubano o moneda nacional) y podían obtener los permisos burocráticos requeridos para importar los insumos materiales necesarios y equipamiento según esta tasa de cambio. Las microemprendimientos no tenían permitido hacer esto. Podían comprar artículos en las tiendas de dólares, pero solo los que estaban disponible a precios de mercado corriente. Eso incluía 140% de impuestos sobre las ventas. Asimismo, los cuentapropistas tenían que comprar los dólares estadounidenses a la tasa cuasi-oficial establecida para los ciudadanos cubanos, es decir 1.00 USD = 22 a 26 CUP a principios de 2000, o 1.08 CUC (pesos convertibles) = 26 CUP, después de 2004.

Los negocios no tenían acceso a créditos bancarios, de manera que sus inversiones tenían que ser financiadas a partir de ahorros personales, préstamos informales de amigos, ganancias acumuladas, ventas de otros activos o remesas (Orozco y Hansing, 2011). La disponibilidad de créditos para el sector estatal y las empresas mixtas, y su ausencia para el sector privado representaba una forma de discriminación, cuyo principal efecto era atrofiar su desarrollo. Otra de las limitaciones era que estaba restringido su acceso a los mercados: solo se permitían las ventas a consumidores individuales. Las ventas a las empresas estatales, al servicio público, las empresas mixtas o las organizaciones formales (como las cuasi-ONG) estaban prohibidas. Los objetivos de tales restricciones parecían ser limitar la expansión del sector privado y proteger las empresas estatales de la competencia con este.

Poco después de la legalización del trabajo autónomo se establecieron restricciones para su ubicación. Por ejemplo, en 1995, se promulgaron nuevas regulaciones para el ejercicio de la actividad por cuenta propia en los quince municipios de La Habana. Con 63 969 cuentapropistas legales en agosto de ese año, la ciudad tenía la mayor cantidad de negocios privados y los más rentables. El Acuerdo 84 (1997), como se conocía esta nueva Ley, establecía regulaciones detalladas acerca del uso de los espacios públicos de la capital, especificando las locaciones prohibidas para las labores por cuenta propia. La Ley ilegalizaba el cuentapropismo en las principales calles y avenidas de la ciudad (incluidas Malecón, La Rampa, Salvador Allende, San Rafael, Neptuno, San Lázaro, Boyeros, L, Línea, G, Paseo y la miramareña 5ta Avenida). Estas actividades tampoco podían realizarse en las cercanías de cualquier institución gubernamental de importancia (escuelas, hospitales, cementerios, zonas militares, y embajadas) y en las proximidades de cualquier empresa o inmueble relacionado con el turismo (hoteles, aeropuertos, museos, etc.) (Acuerdo 84, 1997:490-495).

La intención explícita del Acuerdo 84 era lograr una «mayor disciplina y eficacia» en el trabajo por cuenta propia en la capital, evitar la «proliferación excesiva de vendedores» y «neutralizar y combatir cualquier acción contra el desarrollo positivo del cuentapropista, evitando la impunidad de los que violan la legislación existente» (Martínez, 1995b:2). No obstante, esta lista de áreas prohibidas, junto a las restricciones anteriores, debe haber resultado draconiana para los cuentapropistas afectados por la disposición. Estos individuos, que invertían su tiempo y ahorros de toda la vida en el desarrollo de sus negocios, probablemente interpretaron la regulación como una señal de que el Gobierno quería complicarlos y penalizarlos por el simple hecho de haberse vuelto emprendedores. Esta conclusión, a su vez, probablemente hizo que muchos de ellos dudaran de la justeza y la buena voluntad del Gobierno, y provocó más «violaciones de la legislación existente» para poder mantenerse en el negocio.

Los emprendimientos no estaban autorizadas a dar a conocer sus productos o servicios en los medios de comunicación ni materiales promocionales como folletos, volantes o boletines. Un emprendedor individual[6] —amigo de uno de los autores— pensó en la siguiente iniciativa en sus comienzos: publicar un volante o folleto publicitario para los paladares —financiada por ellos— en La Habana y ponerlos a disposición gratuita en los principales hoteles turísticos; lo cual hubiera sido útil para el turista, el turismo y para los propios paladares. Sin embargo, desechó la iniciativa cuando unos funcionarios le advirtieron que no lo hiciera, sin ninguna razón para ello. No obstante, uno pudiera imaginarse que los principales motivos probablemente fueron impedir la competencia del sector privado en los restaurantes estatales en dólares y la contención de los paladares.

Una última restricción fue el veto del uso de «intermediarios» (arts. 3.5, 3.6 y 3.13). Esto implicaba que el productor autónomo tenía que vender por sí solo sus productos; también se prohibía que vendedores especializados compraran las mercancías de otros productores para su reventa. Esta prohibición del nivel más fundamental de especialización condenó a muchos trabajadores por cuenta propia a continuar con la baja productividad, la ineficiencia y los bajos ingresos, puesto que los productores también estaban obligados a vender. Tiene poco sentido exigir que un artesano, por ejemplo, produzca sus artículos y también se siente en un puesto a venderlos. En la práctica, es posible que tales restricciones hayan conducido a una ilegalidad generalizada, falta de respeto por reglas irracionales y desconfianza hacia un Gobierno que las promulga y las hace cumplir.

En algunas actividades, tales como las artes y los productos artesanales, que ganaban sumas sustanciales en divisas por la venta al turismo, los inspectores y funcionarios pertinentes parecían tolerar infracciones de la regla de «no intermediarios», presumiblemente al darse cuenta que su cumplimiento estricto dejaría a la mayoría de los involucrados sin negocio. Este tipo de prohibición también existía para los pequeños agricultores privados, quienes se suponía transportaran sus cosechas del campo a la ciudad. Sin embargo, los funcionarios oficiales se hacían los de la vista gorda, tal vez porque reconocían que el cumplimiento de esta regla era imposible e insensato.

---

[6] Este emprendedor es ahora un profesional de éxito en México.

Un pequeño ejército de inspectores era el encargado de hacer cumplir las numerosas restricciones adicionales para los paladares, casas de alquiler y taxis particulares. Por ejemplo, los primeros solo podían comprar suministros en las tiendas en dólares y, con el fin de asegurar que así fuera, debían guardarse los recibos de pago, que serían sometidos a inspección; los impuestos a alquileres estaban regulados, además, según los espacios utilizables por los inquilinos y la cantidad de metros cuadrados. Estos inspectores ejercían el poder de manera arbitraria y tenían la potestad para imponer altas multas, por infracción, a los cuentapropistas. Conformaban una capa sobornable más en el sistema; según parecen indicar los casos conocidos, era algo usual aceptar diversos sobornos para pasar por alto infracciones a las regulaciones.[7]

Los fondos adquiridos mediante las multas por infracción han sido significativos. Además del importe de los ingresos recaudados por impuestos en concepto de pagos fijos mensuales y el ingreso personal con la «declaración jurada» a fin de año —descrita más abajo—, las multas recaudadas a los cuentapropistas en los primeros seis meses de 1999 sumaron $13 093 500. Ese fue el resultado de las 18 628 multas que se recaudaron a partir de un total de 462 628 inspecciones realizadas (Fernández Peláez, 2000). El Gobierno también acometió en contra de algunos tipos de negocios, en lo que pareció ser una suerte de «competencia predatoria». Un ejemplo de ello fue la campaña de algunas empresas estatales contra los merenderos o vendedores de meriendas, refrescos y varios tipos de alimentos en las calles, a una clientela modesta en pesos cubanos. A principios de 1997, las empresas estatales usaron una flotilla de carretillas y bicicletas para vender meriendas similares en los lugares donde solían estar los particulares. Asimismo, se abrieron varias cafeterías estatales en La Habana y los informes indican que cerca de 600 nuevos vendedores estatales salieron a las calles con ofertas de meriendas ligeras, en competencia directa con las cafeterías privadas (Whitefield, 1996a).[8]

El ministro de Finanzas, Elio Amat, explicó que el Estado tenía planes de establecer una cadena de restaurantes de lujo, en pesos, con el objetivo de hacer una feroz competencia a las populares paladares. «Ni por un segundo

---

[7] Un conocido de uno de los autores se puso demasiado delgado durante los días difíciles de 1992-1995. Sin embargo, después de obtener un trabajo como inspector de paladares en 1996, rápidamente ganó bastante peso corporal, quizás, como una consecuencia derivada de su nuevo cargo.

[8] Otro conocido de uno de los autores, vendedor de helado privado, tenía un negocio bastante exitoso en una de las calles principales de Centro Habana; pero pronto tuvo que lidiar con un vendedor estatal que se ubicó justo a su lado. A pesar de que sus precios eran más altos, siguió vendiendo por algún tiempo gracias a la calidad superior de sus productos. No obstante, al final perdió el negocio.

hemos considerado quedarnos atrás con respecto a los paladares», expresó en aquellos momentos (Whitefield, 1996a). Esto pudo haber sido un sencillo caso de competencia justa, a no ser por la discriminación en cuanto a los costos de los suministros y los niveles de los impuestos, que favorecían a las firmas estatales; pues estas podían comprar sus insumos a través del sector estatal controlado a precios subsidiados. Esos precios correspondían a una pequeña fracción de los impuestos en las tiendas en dólares, donde tenían que comprar sus insumos los cuentapropistas.[9]

En un sentido, la tercera categoría de casas de alquiler particulares (negocio de familia) era justo el tipo de actividad a pequeña escala, dirigida a la sobrevivencia, que el Estado pretendía legalizar cuando aprobó el trabajo por cuenta propia en 1993. La regularización de este tipo de negocios pequeños, individuales o familiares, permitiría a los hogares cubanos un espacio para «resolver» sus necesidades básicas de sobrevivencia sin tener que recurrir al mercado negro, como lo habían estado haciendo en masa hasta entonces. Asimismo, un espacio expandido para los negocios familiares crearía empleos y brindaría bienes y servicios, sin amenazar el predominio de la propiedad estatal dentro del modelo económico de orden socialista. Paradójicamente, este tipo de negocios familiares pequeños, de ingresos bajos y bastante obedientes de la ley, fue el que sufrió el mayor golpe del sistema impositivo y de todas las regulaciones adicionales cuando se incrementaron los impuestos y se intensificaron las inspecciones.

***

Leonardo y Julia alquilan habitación

Tanto Leonardo como su esposa, Julia, son graduados universitarios. Se licenciaron juntos por la Universidad de La Habana en 1983. El apartamento de alquiler de la pareja queda en la parte norte de la calle San Lázaro, cerca de la

---

[9] Por ejemplo, el precio de una libra de azúcar refinada en el sector controlado por el Estado era de $0.08 o 0.0036 USD en la tasa de cambio semioficial a mediados de 1997. El precio del mercado negro era de $2.50 o 0.011 USD; mientras que el precio en la tienda en dólares era alrededor de 1.50 USD. Obviamente, si las negocios estaban obligados a comprar azúcar —ingrediente fundamental para la mayoría de las meriendas y bebidas cubanas—, en las tiendas en dólares, mientras que los vendedores estatales lo hacían a precios controlados, los primeras no podían competir con estas últimas. De adquirir dicho producto en el mercado negro, estarían violando la ley y serían vulnerables a castigos o, incluso, confiscación.

Universidad, justo en el área hotelera ubicada en los límites de la zona del Vedado. A principios de la década de 2000, esta ubicación privilegiada los obligó a pagar impuestos mucho mayores que los que estaban en la calle del frente, en el municipio de clase obrera de Centro Habana. Mientras que la tarifa allí era de 3 USD por metro cuadrado, se duplicaba en su ubicación dentro de la zona hotelera. Así, a 6 USD por metro cuadrado, los 60 m^2 de su propiedad equivalían a $360 USD de impuesto mensual. Calculando mentalmente, Leonardo explicó que cada día a él le costaba 12 USD, puesto que esa era la cantidad que tenía que pagarle al Gobierno ($360/30 días = $12), y señaló que, con ese apretado presupuesto, sus ganancias solo quedaban entre 70 USD y 120 USD al mes, tras pagarle al Gobierno.

A raíz de esos elevados impuestos, Julia comentó que ella y muchos otros arrendatarios habían protestado contra el sistema impositivo, declarándolo injusto en reuniones públicas con las autoridades. «El hecho es que esas leyes te obligan a cometer ilegalidades. A la gente decente no le gusta incumplir la ley». Cuando se les preguntó por qué simplemente no alquilaban de manera legítima, sin trucos ni violaciones, respondieron que lo habían intentado la primera vez y habían terminado en la quiebra. «¿Qué les pasa a los que tratan de cumplir las leyes? Van a la quiebra», dijo Julia.

Para mantenerse a flote uno tiene que ser flexible y hacer pequeñas excepciones, aunque no te gusten. La legalidad es un concepto relativo en este negocio. Yo preferiría pagar impuestos altos, registrar la casa entera, lo que sea, pero que el impuesto sea sobre la base del negocio que haga, de mis ingresos. Este sistema de impuestos fijos es feudal.

Cuando se le pidió mencionar los aspectos más positivos del trabajo por cuenta propia, Julia argumentó que le había ayudado a resolver los problemas económicos de su familia. Sin embargo, negó beneficios más allá, al decir:

Existe la idea errónea de que la independencia económica conlleva a la libertad. Quizás es así en teoría, pero eso no encaja aquí. En Cuba no importa demasiado si tú haces mucho dinero o si tienes un negocio particular. Todos tenemos que vivir bajo las mismas limitaciones. La independencia económica no te libera aquí, porque uno nunca sabe cuánto va a durar la política de tolerancia. No puedes planificar para el futuro y nada está seguro, porque todas las leyes pueden cambiar del día a la noche.

***

Al igual que los demás grupos, estos negocios familiares también recurrieron a estrategias ilegales a fin de producir beneficios y mantenerse a flote. No obstante, a diferencia de las categorías de los intocables y los privilegiados, quienes contaban con diferentes mecanismos a su disposición para neutralizar los abusos del sistema, los negocios familiares no solían tener los recursos materiales ni las conexiones internas o externas para contrarrestar las excesivas regulaciones. Como resultado, acudían a los miembros de la familia como uno de sus recursos confiables, legítimos y baratos. Sin embargo, sin el acceso al capital para poder pagar cuantiosos sobornos, a menudo estos negocios se veían obligados a abonar multas aún mayores. La lección general, con el tiempo, parecía ser que la honestidad no era rentable.

A diferencia de muchas de las operaciones privilegiadas —con un uso extensivo de una división del trabajo bastante compleja— y de los intocables —cuyo dueño real a menudo estaba ausente—, los dueños-administradores de estas casas de alquiler y restaurantes privados familiares estaban involucrados directamente en todos los aspectos del negocio. Por otra parte, a muchos se les amenazó con el cierre y, con el tiempo, fueron obligados a presentar fútiles apelaciones para que les rehabilitaran las licencias. Como consecuencia, estos paladares muchas veces intentaban unirse a las filas de los privilegiados mediante el incremento de sus vínculos con la informalidad y/o la inversión de pequeñas cantidades de capital de vuelta en el negocio. Sin embargo, era más probable que se sumergieran dentro de las filas del sector clandestino o sencillamente lo perdieran, pues las características de los operadores privilegiados eran difíciles de replicar (ubicación, espacio, infraestructura sólida y conexiones internacionales).

Régimen impositivo del trabajo por cuenta propia

En principio, es lógico, justo y necesario que todo tipo de iniciativa empresarial en cualquier país, ya sea pequeña o grande, privada, pública o mixta, sea gravada de manera equitativa, a fin de pagar su parte de los costos de la provisión de los servicios públicos. Ahora bien, la estructura fiscal y la incidencia de la carga de los impuestos tienen que ser equitativas entre las empresas e individuos. El régimen impositivo para el cuentapropismo establecido entre 1993 y 1997 incluyó un número de disposiciones que lo hizo tan injusto, en términos de su incidencia en los diferentes tipos de empresa, como contraproducente respecto a su impacto en el comportamiento económico. El nivel de impuestos que se le impuso a este sector pasó aceleradamente de cuotas bajas en septiembre de 1993, a unas excesivamente altas a mediados de 1997 e, incluso, mayores en 2004, lo cual resultó letal para la sobrevivencia de muchos negocios (Ritter, 2000a y 2000b).

El régimen impositivo de Cuba durante estos años consistía en cuotas fijas mensuales (CFM) de carácter obligatorio —constituyendo impuestos implícitos—, que se pagaban todos los meses a la Oficina Nacional de Administración Tributaria (ONAT), junto a un pago anual de impuestos sobre los ingresos mediante declaración jurada, para corregir cualquier falta de pago —pero no sobrepago—, a través de la suma fija mensual. Más allá de que la suma fija se exigía aparte de los ingresos personales, una característica especialmente perniciosa del sistema en esta etapa era la deducción máxima permisible de hasta 10% del ingreso gravable por la compra de insumos.

El primer elemento del régimen impositivo fue «el pago de cuotas fijas mensuales». Las cifras oscilaban entre $10 para un empleado de limpieza hasta $400 para los paladares. De hecho —como se describe en los Capítulos 5 y 8—, las cuotas fijas de los paladares se incrementaron rápidamente e incluyeron pagos mensuales adicionales por la contratación de un máximo de dos trabajadores y por la venta de bebidas alcohólicas, según se indica en la Tabla 4.4. Si el restaurante cobraba en dólares, o luego en CUC, los impuestos habían de pagarse también en esa moneda, hasta un máximo mensual de $520 por adelantado.

Tabla 4.4. Tasas fiscales para paladares y otros servicios alimentarios, pagos de la cuota fija mensual.

CATEGORÍA	ECONOMÍA INTERNA (CUP)	SECTOR TURÍSTICO (USD o CUC)
A. vendedor de alimentos y bebidas al detalle	100	
B. vendedor de alimentos en la casa	200	100 USD
C. restaurantes privados (paladares)	400	300
+ venta de bebidas alcohólicas	100	100
+ impuesto por el mínimo requerido de dos empleados	120	120

Fuente: Ministerio de Trabajo y Seguridad Social y de Finanzas y Precios, Resolución Conjunta 4/95 (Granma, 14 de junio, 1995).

El acuerdo de la CFM se impuso inicialmente en 1993, cuando Cuba entró en la primera fase de la liberalización del trabajo autónomo. El Ministerio de Finanzas y Precios, y el Ministerio de Trabajo y Seguridad Social, fijaron las tarifas mínimas; pero los Consejos Administrativos de cada gobierno municipal tenían el poder para establecer cuotas por encima de estos niveles mínimos, mediante aprobación de los Ministerios pertinentes. Las cuotas podían cambiarse cada seis meses (enero y julio). La legislación les permitía subir las cuotas si consideraban que el ingreso era «excesivo», a pesar de que no existía un criterio definido para ello (Decreto-Ley no. 141, 1993). La Ley solo permitía los incrementos de los impuestos, no la disminución, lo cual creó una fuente de incertidumbre adicional para estas. Los emprendedores podían abandonar la actividad al principio de cualquier mes y dejar de pagar de inmediato la cuota mensual.

Las cuotas de impuestos iniciales se establecieron a niveles relativamente bajos en septiembre de 1993, para luego incrementarse. Resulta especialmente significativa la diferencia entre los negocios operantes en la economía del dólar o del peso convertible, con respecto a aquellas en la economía del peso cubano. Las primeras tenían cuotas veinte veces mayores que las últimas, según la tasa de cambio pertinente a los ciudadanos cubanos. A final de año, tenían que pagar un impuesto sobre la renta a partir de la base de un calendario fiscal «progresivo»; la segunda característica del sistema impositivo. No obstante, podían deducir el total de los pagos de las CFM a la suma del impuesto que se debía, acorde a este calendario.

El procedimiento era el siguiente:

1. los negocios suman sus ingresos brutos;
2. restan 10% de los ingresos brutos (20% en el caso del transporte privado) como una sustracción permisible por la compra de insumos, a fin de llegar al ingreso neto obligatorio, sin tener en cuenta el costo verdadero de los materiales o suministros adquiridos, la mano de obra, el alquiler, los servicios públicos, etcétera;
3. calculan el impuesto que deben, según las escalas mostradas en la Tabla 4.5. Los pagos son acumulativos con cada componente de ingreso cayendo dentro de cada categoría impositiva, siendo gravados según la tarifa para cada una de ellas;
4. sustraen la suma de los pagos de las CFM ya realizados en el curso del año que pasó al impuesto que se debe; y
5. si la cantidad a pagar es mayor que la cantidad ya dada mediante los CFM, tienen que abonar la diferencia. Si la cantidad a liquidar es menor que la que entregada, no reciben ningún rembolso.

Tabla 4.5: Ficha de la escala impositiva aplicada a los ingresos personales (1997).

CATEGORÍA IMPOSITIVA	TASA IMPOSITIVA (%)
Por encima del primero hasta el último	
A: 0-3 000	5
B: 3 000-6 000	10
C: 6 000-12 000	15
D: 12 000-18 000	20
E: 18 000-24 000 (escala en CUP)	25
F: 24 000-36 000	30
G: 36 000-48 000	35
H: 48 000-60 000	40
I: 60 000 y más	50
Por encima del primero hasta el último	
A: 0- 2 400	10
B: 2 400- 6 000	12
C: 6 000- 9 600	15
D: 9 600-13 200	20
E: 13 200-18 000 (escala en USD)	25
F: 18 000-24 000	30
G: 24 000-36 000	35
H: 36 000-48 000	40
I: 48 000-60 000	45
J: 60 000 y más	50

Fuente: ONAT, Declaración Jurada, Impuesto sobre Ingresos Personales, Moneda Nacional (1997:1) y Ministerio de Finanzas y Precios, Instrucción 11/96, Declaración Jurada, Divisas (1996).

La primera escala en la ficha de impuestos es para los ingresos y tributos en moneda nacional (CUP), en tanto que la segunda corresponde a los ingresos e impuestos en dólares estadounidenses o CUC. La escala impositiva se aplica a 90% del ingreso bruto; es decir, el ingreso menos 10% de los ingresos brutos, que era el máximo deducible en aquel momento por la compra de insumos. La «progresividad» de la escala impositiva para los ingresos en dólares no es muy descabellada en el contexto de una perspectiva comparativa internacional. También parece razonable desde el punto de vista cubano. Por otro lado, para las entradas en pesos, aumenta desde 5% para los primeros $3 000 y alcanza 50% de los ingresos gravables. Esto parece bastante abrupto, pues la tasa fiscal marginal de 50% se aplica sobre un ingreso *anual* de $60 000 —que representaban entre 120 USD y 140 USD *mensuales*— a lo largo de casi todo el período 1996-2006.

La tercera característica del sistema tributario —que aquí llamamos «la regla de deducción máxima de 10%»— era una deducción máxima de solo 10% del ingreso bruto por la compra de insumos a la hora de determinar el ingreso gravable. Es decir, el ingreso neto para los propósitos tributarios o «la base imponible» siempre era 90% del ingreso bruto, independientemente del valor real de las compras; la única excepción era en el transporte, donde la deducción máxima por insumos adquiridos era de 20% (Oficina Nacional de Administración Tributaria, 1997:6). Esta es una característica problemática del régimen tributario, ya que los emprendimientos con altos gastos en la compra de insumos —ocupaciones más complejas con valor añadido— estaban, en efecto, siendo gravadas en estas compras. Así, el verdadero impuesto sobre el valor añadido, en sus ingresos netos reales, puede ser muchos más alto que los indicados en la Tabla 4.5, que solo muestra las tasas para aquellas con un costo real de insumos adquiridos de 10% de los ingresos brutos.

Tal vez algunas pocos negocios hayan tenido ingresos netos iguales o mayores que 90% del ingreso bruto —por ejemplo, con costos de insumos inferiores a 10% del ingreso bruto—; las cuales llevarían a cabo procesos productivos de gran intensidad laboral con insumos materiales o de equipos mínimos. Servicios de mensajería, parqueadores de bicicletas, guarderías, conserjes, masajistas, auxiliares domésticas, e incluso entrenador de deportes o instructores de idiomas, pudieran ser de este tipo. En adición, muchas otras actividades (venta de alimentos, zapateros, artesanos, cultivadores y vendedores de flores, vendedores de libros de uso o discos viejos) implican la compra y el procesamiento de cantidades sustanciales de materiales de insumo. Algunos dueños de restaurantes privados —según refirieron en entrevistas realizadas en 1998—, estimaban sus costos de tal tipo bien por encima de 60%. Como argumentamos a continuación, esta situación creó problemas de equidad, eficiencia y viabilidad para el sistema tributario.

Un número de factores instaba al Gobierno a adoptar este sistema tributario. Al legalizar el trabajo por cuenta propia en septiembre de 1993, los precios, ingresos y beneficios netos en una gran parte del sector cuentapropista eran a menudo muy altos. Esto fue el resultado del número limitado de microempresas que surgieron al principio, junto a la escasez extrema y el

158

exceso de poder adquisitivo en manos de los ciudadanos; mientras los precios del sector estatal, a niveles bajos, eran fijos. La imposición del sistema tributario y el incremento de las tasas fiscales estaban, por tanto, diseñadas para eliminar una proporción de este ingreso por razones de equidad. No obstante, debemos enfatizar de nuevo que una gran parte de estas se dedicaban a la provisión de bienes y servicios sencillos para cubanos de bajo poder adquisitivo en la economía del peso y generaban ingresos modestos, aunque más altos que el promedio del sector estatal.

Segundo, el régimen tributario para el cuentapropismo se creó en un momento en que aún no existía una administración bien establecida para este tipo de imposición. Anteriormente, Cuba no contaba con un sistema tributario transparente ni una cultura popular de pagar impuestos porque las tasas y los pagos impositivos habían sido incluidos. Por otra parte, antes de que se legalizara gran parte de este sector, muchos de estos negocios habían funcionado de manera clandestina, evitando el pago de impuestos y otras regulaciones. El sistema tributario que se implementó estaba diseñado para hacer cumplir un alto grado de observancia en un contexto donde el incumplimiento en la economía sumergida había sido la norma.

Tercero, existía una cantidad significativa de robos de productos del sector estatal, en especial durante la década de 1990; parte de los cuales llegaban al sector cuentapropista como insumos de producción. Uno de los elementos novedosos del sistema tributario —el límite de 10% en la deducción de la base imponible por la compra de insumos— parece haber sido diseñado para enfrentar esta situación. Si era imposible saber a ciencia cierta el valor total de los suministros adquiridos, sería riesgoso permitir que los emprendimientos calcularan sus costos de insumos para determinar la base imponible. Era más fácil, desde el punto de vista administrativo, declarar un máximo de 10% de los ingresos brutos por la compra de insumos para la totalidad de estos, independientemente de sus gastos verdaderos.

**

Jorge, trabajador vanguardia, alquila su auto como taxi

Jorge, un doctor retirado, comenzó la entrevista diciendo que se había ganado su carro, un Moskvitch ruso de 1985, después de haber salido empleado vanguardia en el hospital. De hecho, en ese momento se encontraba en una misión internacionalista en Nicaragua y no tomó posesión de su auto hasta su regreso a Cuba, en 1987. Sin embargo, cuando alguien se ganaba un automóvil de esta manera, significaba que tenía el derecho a comprar un auto al Estado. De hecho, pagó $4 500 por él en 1988, el equivalente actual a 225 USD. A manera de chiste, dijo que el Moskvitch ruso era notorio en Cuba por su mala hechura. Aun así, estaba contento con su carro y lo usó felizmente hasta el comienzo del Período Especial.

En 1994, simplemente no podía permitirse usarlo debido a la escasez de combustible y a los precios prohibitivos de la gasolina. En esos momentos, el auto en desuso atrajo muchas ofertas de potenciales taxistas que se aparecían en su casa y lo querían «alquilar» para usarlo como taxi. Al final cedió y le permitió a un hombre «confiable», recomendado por un amigo mutuo, que lo usara bajo la condición de que le pagara 5 USD diarios (35 USD semanales) como una tarifa de alquiler. Sin embargo, resultó no ser tan confiable después de todo. «No cuidaba el carro, así que se lo quité».

Aún con la necesidad de un ingreso suplementario, Jorge intentó rentarlo en otras dos ocasiones. No obstante, en ambas tuvo el mismo problema: los taxistas desbarataban el carro. «Así pasó por tres personas diferentes —dijo—, el último tipo me lo devolvió hecho polvo. Tenía una goma ponchada, la pintura dañada y estaba lleno de golpes. Decidí que no lo alquilaría más». En su lugar, invirtió algunos ahorros en repararlo y por fin lo «vendió» en 1997, con la esperanza de librarse de la carga.

Como casi todas las propiedades «privadas» de peso en Cuba (casas, tierras, barcos, etc.), en aquel momento los automóviles no se podían simplemente vender al mejor postor en el mercado libre. Jorge declaró con una sonrisa irónica: «Nos "dan" los carros, pero no podemos venderlos». Comentó que a pesar de haberlo el carro en 225 USD, logró venderlo en 1 500 USD, un beneficio sustancial a pesar de la gran suma de dinero que había invertido en la reparación. Como esa venta no era legal en la Isla, recibió un pagaré semioficial de manos del hombre a quien se lo había vendido, declarando que se le debían $40 000. La idea detrás del pagaré era que Jorge le había dado el carro temporalmente al «comprador», como una suerte de depósito de seguridad.

Después de los previos dolores de cabeza, vendió el carro bajo palabra de que no se usara como taxi. Además, en aquel tiempo, cualquiera que no fuese el dueño legal tenía prohibido usarlo para ese propósito. No obstante, eso era justo lo que el comprador tenía en mente. La idea original era que el hombre tenía un hijo médico que necesitaba el carro para ir al trabajo. «Descubrí que eso no fue más que un cuento que me hizo para convencerme de que le vendiera el carro con el objetivo de usarlo como taxi», contó.

Tras la venta del carro en 1997, Jorge ha sido citado dos veces por la policía, después de que el nuevo dueño fuera parado bajo sospechas de ser un taxi ilegal. Específicamente, la acusación era que estaba usando el carro particular como taxi sin tener licencia para ello y sin ser el dueño; ambos, delitos en Cuba. Por suerte, en esas ocasiones, Jorge y el comprador pudieron evitar la multa de $1 000 gracias a la dudosa explicación de que el chofer era en verdad su mecánico y usaba el carro de vez en vez, cuando le hacía reparaciones.

Reflexionando sobre su revoltijo personal en busca de un retiro decoroso y sobre el estado general del comunismo cubano a principios de la década de 2000, Jorge declaró con convicción: «Como una filosofía política [el comunismo], ha sido un desastre». Y añadió:

Mira, aquí en Cuba, en términos concretos, hay mucha necesidad material. No quiero alardear, pero yo hice más de lo que me tocaba [por la Revolución] y no lo hice para morirme de hambre. La gran verdad es que conseguir suficiente comida es uno de nuestros problemas más grandes. Si almuerzas, no comes; si comes a lo mejor no puedes desayunar o almorzar, etc. Esto es simplemente una tragedia.

Luego, haciendo referencia a los constantes desfiles, marchas y discursos del Gobierno condenando a EE.UU. y celebrando el gran éxito del socialismo cubano, argumentó: «Convocan a una de esas tribunas abiertas y todo el mundo va a cantar y gritar. Miles de personas asisten a esas cosas. Pero toda esa gente, a solas, dice las mismas cosas que te estoy diciendo ahora. Es un caso de cobardía colectiva».

***

Un punto de vista popular entre los cuentapropistas era que el sistema tributario estaba diseñado para castigarlos por razones ideológicas y, a la larga, sacarlos del negocio. Eso es una posibilidad y algunas declaraciones de los líderes —citadas anteriormente— parecen apoyar esta perspectiva. La fuerte dependencia de las regulaciones y los castigos severos por las «infracciones» también sugieren que ese era el caso. Ahora bien, no es probable que el sistema tributario estuviera diseñado para aniquilar ese sector —lo cual implicaría destruir su propia base de impuestos y su razón de ser—. Más bien, es probable que se diseñara, en realidad, para recaudar impuestos en un entorno difícil, donde el pago transparente y abierto de impuestos no era la práctica establecida.

El sistema tributario inicial para el trabajo autónomo, instituido a finales de la década de 1990, tuvo diversos efectos en términos de justeza, eficiencia y viabilidad. Desde el punto de vista individual, los pagos de las cuotas fijas implicaban un tasa impositiva marginal de 100% de los beneficios reales netos hasta que se amortizaran. En este nivel, la tasa impositiva marginal cae a cero, continuando así hasta que el ingreso bruto llegara al nivel en que los pagos impositivos debidos, según la escala de impuestos oficial, fueran iguales al primer gravamen del impuesto —$3 000 en la escala de la Tabla 4.5, donde se haría efectiva—. De cara a este patrón de tasas impositivas marginales, lo más probable es que evitase el pago de aquellas más altas mediante la restricción de su producción y/o una declaración jurada por debajo de la real. Si el negocio restringía su producción, la sociedad no obtenía los bienes y servicios previstos, el sector cuentapropista perdía ingresos y el Gobierno se quedaba sin entradas fiscales; si declaraba por debajo, el Gobierno perdía ingresos.

Dada la alta barrera para entrar, creada por la tasa impositiva marginal de 100%, inherente al sistema de pagos de la CFM, algunos negocios tenían un fuerte incentivo para pasar —o permanecer en— a la clandestinidad. Sin duda, esto sucedía en Cuba, como en cualquier otra parte: los técnicos se dedicaban a la reparación de casas y electrodomésticos; los mecánicos, autos; los estilistas brindaban servicios de peluquería y manicura en sus hogares o en salones de belleza; los dueños de autos privados, como Jorge, alquilaban sus carros a otros para que trabajaran como taxistas por la izquierda, a pesar del riesgo que implicaba; y muchas personas ofrecían servicios personales extraoficialmente —todo esto, sin licencias. En este tipo de situaciones, el Gobierno pierde una inmensa porción de ingresos fiscales potenciales. Por supuesto, la ONAT estaba muy consciente de los ingresos perdidos y utilizaba inspectores y los CDR para impedir las actividades de los emprendimientos clandestinas. No obstante, aquellos informales estaban bastante generalizados y los miembros y dirigentes del órgano de vigilancia estaban muchas veces implicados en la economía sumergida. De tal manera, se volvía difícil controlar, por no decir imposible —véase más adelante la viñeta de Rafael y Norma.[10]

---

[10] Uno de los autores conocía un negocio clandestino bastante amplio que funcionaba con el total conocimiento del presidente del CDR del barrio, que vivía al cruzar la calle. No obstante, este funcionario, por su cuenta, también llevaba a cabo actividades clandestinas, de manera que existía un acuerdo tácito de guardar silencio; un clásico ejemplo de la frase «si tienes tejado de vidrio, no le tires piedras a tu vecino».

En el sector autónomo, el sistema impositivo era poco equitativo en relación a su impacto *entre* estas. Debido a «la regla de 10%», los negocios con mayores niveles de insumos pagaban mayores tasas impositivas marginales y promedio, respecto a sus ingresos netos, que otras firmas con los mismos ingresos netos y menores niveles de insumos. Un segundo elemento de iniquidad consistía en la discriminatoria estructura fiscal respecto a los nuevos emprendedores que accedían a cualquier parte del sector, ya que la tasa de impuesto marginal era inicialmente de 100% debido a la CFM. Los nuevos emprendedores carentes de ahorros o inversión tenían que tener ingresos de inmediato para poder pagar esos impuestos.

Desde el punto de vista emprendedor, el régimen impositivo también produjo una serie de ineficiencias. Al crear una alta barrera de entrada debido al impuesto marginal de 100%, el número de negocios principiantes que se unió al sector fue probablemente reducido. Los altos niveles de incertidumbre y riesgo para los nuevos participantes también sirvieron como muro que mantenía al margen a emprendedores potenciales. Por tanto, había menos competencia legal, precios más altos y menores volúmenes productivos de los que hubiese habido de haber sido más bajas estas barreras de entrada. Por otra parte, para algunos otros tipos de emprendimientos, donde la entrada a la economía clandestina era más fácil, el resultado puede haber sido una competencia incrementada por parte de los suministradores de menor costo —evasores de impuestos— de ciertos bienes y servicios. La «regla de 10%» también tuvo efectos negativos en términos de ineficiencia. Producto de los altos niveles de impuestos verdaderos para aquellos con mayores niveles de insumos, el volumen de la producción de los bienes y servicios procedente de estos negocios probablemente haya sido demasiado bajo.

Para la equidad social, los impuestos al sector cuentapropista, sin duda, son necesarios. Este sector, al igual que los demás, tiene que pagar su parte de los costos de los servicios y los bienes públicos. Resulta difícil saber cuál debió haber sido un nivel impositivo justo para este nivel en el momento en que se estableció en Cuba. La causa es que, al menos durante un período transicional, los ingresos del sector eran altos debido a las razones ya mencionadas. Las elevadas tasas fiscales en términos reales —respecto a los verdaderos ingresos netos del sector— reflejaban el deseo de intervenir estos altos ingresos por razones de equidad y de recaudación de ingresos. No obstante, no resulta justo imponer gravámenes a los emprendimientos que tienen un mismo ingreso neto a tasas diferentes; que es lo que logra la «regla de 10%».

Tal vez, una de las iniquidades más inquietantes del sistema impositivo hacia el cuentapropismo es que es más oneroso que aquel para los negocios que operan en empresas mixtas con las compañías estatales cubanas —situación que, al parecer, ha continuado después de 2014—, dados los muy generosos términos que aparecen en la Ley para la inversión extranjera publicada en abril de 2014. En contraste con el régimen impositivo para el trabajo autónomo, uno normal, según los estándares internacionales, se impuso para las empresas mixtas con compañías extranjeras en el período 1995-2010. Tales compañías operaban bajo un régimen impositivo razonable, que permitía la deducción de todos los costos de producción a la hora de determinar la base gravable. Por el contrario, la aplicación de un sistema tributario impuesto sobre 90% de los ingresos brutos en el sector privado, en efecto, discriminaba a los ciudadanos cubanos (Cuadro 4.2).

Cuadro 4.2: Régimen impositivo para el cuentapropismo
y las empresas mixtas con participación extranjera (1995–2010).

	SECTOR CUENTAPROPISTA	EMPRESAS MIXTAS
tasas de impuestos efectivas	puede exceder 100% del ingreso neto	30% del ingreso neto (50% para la minería y el petróleo)
base imponible	90% del ingreso bruto (deducción máxima de 10% por concepto de costos de producción)	ingreso neto después de la deducción de los costos totales de producción
deducción de la inversión	no se deduce de la base imponible	totalmente deducible de la base imponible
impuesto fijo	pago de la cuota fija mensual por adelantado	ninguna
reembolso por sobrepago de impuesto	sin rembolso por sobrepago de impuesto	n/a
vacaciones fiscales	No	Sí
expatriación de beneficios	No	Sí

Fuente: Elaboración propia.

Las compañías extranjeras de las empresas mixtas en este período recibían, desde una perspectiva comparativa internacional, un tratamiento bastante estándar respecto a los impuestos y se les trataba de una manera mucho más favorable que a los negocios de propiedad y destino nacional. Por ejemplo, podían deducir los costos de la inversión de la base imponible; en cambio, los emprendimientos, no. Las empresas mixtas podían deducir todos los costos de producción de la base imponible (ingresos brutos); los últimos solo podían hacerlo hasta un máximo de 10% del ingreso bruto. Las primeras no encaraban la posibilidad de un sobrepago de impuestos; los segundos, que sí lo hacían, no recibían —ni reciben— rembolso. Las empresas mixtas extranjeras pagaban impuestos una vez ganados los ingresos; los emprendimientos pagaban —y pagan— antes de generar los ingresos. En resumen, resulta notable la discriminación contra los cuentapropistas.

Reiteramos que, desde una perspectiva social, el régimen impositivo para el cuentapropismo decrece los estándares de vida al menoscabar la racionalidad de la asignación de recursos. Primero, los niveles onerosos de impuestos inherentes al régimen impositivo conducían a los negocios a cerrar o, en algunos casos, a autorrestringir la producción, a fin de evitar categorías tributarias más altas. Ambas consecuencias reducen el volumen de los bienes y los servicios producidos por el sector y elevan los precios. Segundo, restringe la entrada al sector y, por ende, limita la competencia, reduce la producción y eleva los precios. Tercero, su paso a la clandestinidad trae también como consecuencia la ineficiencia en el uso de los recursos, pues tienen que operar en una escala muy pequeña y constantemente «encubiertas»; sin contar la disminución de los ingresos fiscales. Esto disminuye la calidad y la cantidad de sus productos e incrementa sus precios en comparación con las que funcionan desde la legalidad. Mediante el bloqueo de la entrada a nuevos emprendimientos y el fomento de sus salidas, reduce, asimismo, el empleo productivo y la generación de ingresos.

Un resultado sorprendente de este régimen hacia el cuentapropismo es su discriminación inherente a la actividad económica de «valor añadido», orientada al mercado nacional. Los emprendimientos tenían poco o ningún acceso a insumos importados; excepto aquellos adquiridos a partir de materiales reciclados o comprados en las tiendas en dólares o a vendedores estatales específicos de insumos —que eran, y aún son, prohibitivamente caros. La tasa de cambio efectiva en 1998 era de $20 por un valor de insumos importados equivalente a 1.10 USD (más impuestos de 140%). Para las empresas del sector estatal, sin embargo, los insumos por un valor de 1.00 USD costaban solo $1.00. Esto significa que las empresas estatales podían acceder a las importaciones de manera mucho más barata que los primeros. El resultado fue que las últimas hacían mayor uso de los insumos disponibles a nivel nacional que los otros. Al discriminar los emprendimientos privados, el régimen impositivo, a su vez, discriminaba el valor doméstico añadido y favorecía a las compañías estatales más intensivas en las importaciones.

La percepción de injusticia del régimen impositivo hacia el trabajo autónomo ha traído como consecuencia altos niveles de incumplimiento. De hecho, la sobrevivencia de algunos emprendimientos dependía de dichos incumplimientos; especialmente si no podían pasar a la economía sumergida debido a su ubicación o a un perfil incompatible con las actividades clandestinas. Por otra parte, era probable que un número significativo de estos declararan ingresos inferiores a los reales. El resultado del carácter del sistema impositivo y el incumplimiento que engendró fue que este careciera de credibilidad. En lugar de fomentar el desarrollo gradual de una «cultura tributaria» en la que las personas pagaran sus impuestos con honestidad y voluntad, el sistema conducía al fraude. En cierta medida, esto ha sido parte de las estrategias generales de sobrevivencia de la gente durante las difíciles circunstancias de las décadas de 1990 y 2000 —y, quizás, desde mucho antes—. Es posible que la naturaleza del sistema impositivo haya conducido a algunas personas a pensar que la evasión de impuestos no era precisamente falta de ética, a pesar de ser ilegal. A la larga, será difícil remplazar la actual «cultura de evasión fiscal» por una de cumplimiento. Esto puede continuar como un problema incluso después de que se establezca un régimen impositivo más razonable —como ha ocurrido, en parte, tras las reformas en 2010.

En general, las características de las casas particulares de alquiler no diferían mucho de los negocios familiares ya descritos. Las casas de alquiler clandestinas —las últimas en nuestra tipología— no solían tener condiciones ideales para el alquiler: eran pequeñas, deterioradas y con habitaciones angostas para los inquilinos. A menudo, sus clientes, de bajo presupuesto, buscaban cuartos baratos y alguna aventura fuera del trillado ámbito turístico. Además, estas operaciones clandestinas acostumbraban tener pocos empleados, siendo las dueñas y sus familias —con predominación de las mujeres— quienes usualmente se ocupaban de la limpieza y el mantenimiento. A pesar de que estos negocios no parecían tener acceso a mucho capital, no era muy raro que compartieran parte de sus ganancias con los inspectores o, más comúnmente, con los presidentes de los CDR, a fin de mantener buenas relaciones con los vecinos y evitar la envidia. A diferencia del negocio familiar, las operaciones clandestinas, por definición, estaban involucradas en actividades ilegales y, algunas veces, vinculadas de modo directo con el mercado negro y otras ilegalidades —como permitir a los extranjeros llevar a sus citas cubanas.

***

Habitación de Rafael y Norma en el Vedado

Rafael y Norma son una pareja mayor que ocasionalmente alquilaba una habitación en su casa bastante amplia ubicada en el barrio del Vedado, en La Habana, a finales de los años 90. Rafael era un profesor semi-retirado de la Universidad y Norma, una doctora jubilada; ambos, bien activos, años atrás, como estudiantes en la lucha clandestina contra la dictadura de Batista. A pesar de que los dos se habían desilusionado del sistema económico y político cubano, y a pesar de que Norma se negaba ya a participar en lo que ella llamaba el «hula-hula político», Rafael era todavía presidente activo, aunque algo cínico, del CDR del barrio. Si esta fuese una pareja representativa del estado de la economía sumergida de esos tiempos, entonces los demás funcionarios, inspectores, presidentes de los CDR y los que alguna vez habían sido orgullosos revolucionarios comunistas, bien podían tener las manos metidas en la actividad ilegal.

Cuando preguntamos sobre las casas particulares de alquiler en Cuba, Rafael explicó: «Hay gente en Miramar y Kohly que alquilan sus casas. Estas pertenecen a altos funcionarios retirados del Gobierno. Cuando estaban activos, le sacaron todo lo que pudieron a la vaca y convirtieron sus casas en palacetes lujosos. Ahora, en los tiempos duros, las alquilan y tienen tremendas ganancias».

Añadió que eran exactamente estas personas las que podían permitirse pagar impuestos altos, pues tenían recursos financieros para pagarlos incluso en la temporada baja, podían cobrar más caro y estaban alejados de las principales zonas turísticas, por lo que la carga impositiva era sustancialmente menor que la que pagaría él por vivir más cerca del corazón de la economía del turismo. Además de la obvia corrupción y el tráfico de influencias que ello implica, Rafael argumenta que esa situación también discrimina a las personas que, como él, no tenían las mismas condiciones de lujo para ofrecer.

> *Mira a una persona con una casa normal. No tiene aire acondicionado, ni entrada privada, ni refrigerador o televisión. Esa persona tiene que cobrar barato y no puede pagar ni una fracción de los 250 USD de impuesto mensual. ¿Cómo se las arregla una gente así? Ellos tienen las mismas necesidades que todo el mundo. Terminan alquilando por la izquierda porque no les dejan otra alternativa. Sin quererlo, tienen que violar la ley, porque la ley es injusta. En vez de servir para regular, sirve para convertir a la población en delincuentes.*

Rafael también comentó sobre la paradoja de que la violación de las leyes estatales, a su vez, ha contribuido de manera indirecta a la sobrevivencia del sector estatal. «El dinero que he ganado aquí no solo nos ha ayudado a nosotros. También me ha permitido comprar las cosas que necesito para mi trabajo oficial. Irónicamente, violo las leyes del Estado para continuar sirviéndole al Estado. Casi gasto más dinero para trabajar que el que recibo por concepto de salario mensual». También señaló que su ubicación poco llamativa le permitía volar bajito y seguir la regla de oro del emprendimiento privado en la Cuba de hoy: *la discreción*. «La gente siempre está interesada en el éxito de los demás, pero no por buenas razones. La parte fea de esto es que tenemos que tener mucho cuidado para evitar la envidia. Para ser honesto, nuestro peor enemigo no es el Estado ni la policía. Más bien —declara con énfasis—, nuestro peor enemigo es la envidia».

Cuando se le preguntó si pensaba que el trabajo autónomo tenía futuro, respondió: «Voy a serte sincero. Esto tiene futuro porque en el mundo real el Estado no puede encontrar una solución para cada pequeño problema del país. Hay muchas áreas donde el emprendimiento privado puede trabajar mejor que el Estado». El argumento básico de Rafael era que el control estatal sobre la industria de los servicios no era solamente innecesario, sino además, perjudicial para el desarrollo económico.

> *Tienes que acordarte del viejo dicho cubano: «El que parte y reparte coge la mayor parte». Por supuesto, probablemente ellos cojan la mejor parte también. Pero consideremos un momento sus salarios. La única manera en que pueden echar para alante es robando, y después de un tiempo se convierte en un asunto de sentido común. Pienso que el Gobierno debe limitarse a las grandes partes de la economía, las cosas que determinan el desarrollo.*

✳✳✳

A pesar de que algunos de estos alojamientos clandestinos operaban con licencias en otro entonces, parece ser que la mayoría nunca se legalizaron. Esto no significa que ellos no hayan considerado seriamente el hecho de obtener una licencia; pero muchos no creían que ganarían lo suficiente cada vez para pagar el impuesto obligatorio, sobre todo porque debían pagarse con independencia del nivel ocupacional y los ingresos. Es decir, pocas de estas casas de alquiler clandestinas permanecían sumergidas por elección y muchas afirmaban que se registrarían enseguida si los impuestos fuesen sobre la base de los ingresos. Según declaró un arrendador ilegal: «Por supuesto, no se trata de que nosotros seamos delincuentes, sino del hecho de que no existe otra manera de hacer dinero. Nosotros no escogemos ser ilegales».

Probablemente más que los demás, los arrendatarios clandestinos estaban bien conscientes de lo que el economista peruano Hernando de Soto ha llamado «los costos de la informalidad» (1989 y 2000). Al describir lo que él denomina «apartheid legal», argumenta que, además de las comisiones y los sobornos usuales, los emprendedores extralegales deben enfrentar «los costos de evitar penalidades, hacer transferencias fuera de los canales legales y operar desde locaciones dispersas y sin crédito, [mostrando que] la vida del emprendedor extralegal resulta ser mucho más costosa y llena de problemas cotidianos que la del emprendedor legal» (De Soto, 2000:83).

Para los arrendatarios extralegales cubanos de la década de 1990 y principios de los años 2000, estos costos incluían ingresos bajos, poco acceso a la inversión y, obviamente, ninguna protección legal ni posibilidad de promoción. Como tal, la mayoría de estas operaciones alquilaban solo de manera ocasional y cobraban extremadamente barato (de 5.00 USD a 15.00 USD por noche), provocando que sus ingresos fueran mucho más bajos de lo que hubiesen podido ser. Por otra parte, como no tenían acceso legal a la publicidad, muchas veces se encontraban a merced de intermediarios inescrupulosos, que eran una de sus pocas fuentes de clientes. Al igual que los emprendedores informales en todo el mundo, se encontraban en una suerte de trampa paradójica frustrante, en la que necesitaban publicitar sus operaciones para garantizar una fuente estable de ingresos; pero, al mismo tiempo, se desmotivaban por miedo a sanciones legales, que incluían la posible confiscación de sus hogares, aunque pocas veces se ponía en práctica.

Conclusión: impacto de las políticas públicas hacia el cuentapropismo durante el Período Especial

Los trabajadores por cuenta propia registrados, junto a otras actividades autónomas no registradas, surgieron durante la crisis del Período Especial y tuvieron un efecto significativo en la economía cubana, produciendo valiosos bienes y servicios que satisficieron las necesidades esenciales de casi todos los ciudadanos, empleando principalmente los insumos nacionales, a diferencia de las firmas estatales, que casi siempre utilizaban importaciones. Los cuentapropistas ganaron y ahorraron divisas para el país, crearon puestos laborales y asistieron a las familias cubanas en garantizar una sobrevivencia básica. Existen numerosos ejemplos donde el trabajo por cuenta propia —incluso el ilegal— ha servido como suplemento o subsidio para el sector estatal, permitiendo a los trabajadores con empleos en la «economía secundaria» (taxistas privados y los dueños de casa de alquiler, por ejemplo) continuar con sus profesiones de valor social. A pesar de que algunos tipos de actividades autónomas han generado altos ingresos —en especial las del sector turístico—, la gran mayoría ha arrojado ingresos bastante modestos que suplementan los bajos salarios del sector estatal. Asimismo, estas actividades han constituido una importante escuela de capacitación empresarial.

Las regulaciones relacionadas con la salud y la seguridad, las normas laborales, los salarios mínimos y el medio ambiente son bastante razonables. Sin embargo, el principal objetivo de la densa red de normativas sobre la compra de insumos, el mercadeo, el tamaño y la ubicación en la que las negocios funcionaban era limitar el tamaño e ingresos de las individuales, eliminar a los intermediarios y contener la expansión general del sector. A pesar de las contribuciones del sector autónomo, el marco regulatorio e impositivo según el cual estaba obligado a funcionar en este período ha tenido fuertes efectos negativos en el desarrollo económico, social y humano de Cuba. Creó un desperdicio generalizado de recursos humanos, naturales y financieros, y bloqueó la mejora del funcionamiento económico que tanto se necesitaba.

También desperdició el talento y la energía empresarial de cientos de miles de ciudadanos cubanos, complicó sus vidas y les hizo perder tiempo y recursos sin necesidad. Como se menciona en el Capítulo 1, *Granma*, el periódico del PCC, escribió por accidente el epitafio más exacto e irónico sobre el experimento inicial del país con el trabajo por cuenta propia durante el Período Especial, donde admitía sin rodeos que dichas políticas «condenaron el trabajo por cuenta propia casi a la extinción y estigmatizaron a quienes decidieron sumarse a sus filas, legalmente, en la década de los 90» (Martínez Hernández, 2010).

El sistema regulatorio e impositivo ha generado un sinnúmero de irracionalidades económicas ubicuas. A pesar de que, vista de manera individual, la compleja red de restricciones y regulaciones puede parecer trivial cuando se considera en su totalidad, trae como consecuencia un desperdicio inmenso de recursos de todo tipo, sobre todo de recursos humanos;

pues las personas invierten su tiempo y sus vidas en actividades de sobrevivencia de poca monta con las posibilidades de un uso más racional de sus potencialidades bloqueadas por el marco regulatorio y el sistema impositivo. La continuidad de las ineficiencias, irracionalidades económicas y la baja productividad que estas generan, hacen que los ingresos reales y los estándares de vida sean inferiores a lo que los ciudadanos necesitan.

Durante este período, el denso entorno normativo dificultaba el trabajo por cuenta propia legal, por no decir que lo imposibilitaba. Como resultado, los emprendedores que habían podido sobrevivir con mayor facilidad en la clandestinidad así lo hicieron. Por otra parte, cada regulación específica crea una red de subterfugios y evasiones, al igual que la necesidad de más inspectores, sanciones y multas. Si estas regulaciones se perciben como arbitrarias, punitivas y concebidas para reducir los ingresos de los emprendimientos —con pocos fundamentos claros respecto al entorno, a la salud o a la seguridad—, la respuesta del trabajador autónomo será la evasión. Por tanto, las restricciones punitivas y densas traen como consecuencia el fomento de una cultura generalizada de ilegalidad y de economía sumergida.

Las regulaciones también fueron eficaces en mantener bien limitado el tamaño del sector cuentapropista. Las prohibiciones sobre el empleo, el acceso a créditos, los mercados y la compra de insumos han contribuido a bloquear el crecimiento normal de estos negocios. Por supuesto, esa ha sido por mucho tiempo la intención declarada de la política pública —encaminada a reducir los ingresos, prevenir la expansión del sector privado, impedir la competencia con el Estado y evitar el surgimiento de grupos de personas políticamente independientes al margen del control estatal. Ahora bien, la consecuencia económica del entorno normativo ha sido que los emprendimientos son pequeños e incapaces de alcanzar economías de escala básicas; lo cual conlleva al desperdicio de los recursos humanos, financieros y naturales de Cuba, mientras las valiosas habilidades empresariales de los gestores se consumen en labores de evasión, bajo nivel y pequeña escala.

De hecho, una lección principal de las políticas gubernamentales hacia el cuentapropismo en el Período Especial es que las regulaciones estatales del trabajo autónomo estaban acompañadas de regulaciones tan onerosas que eclipsaban los beneficios de la legalización. Lo que inicialmente se esperó que fuera una serie de reformas a fin de permitir a los ciudadanos cubanos desempeñar un papel proactivo en la recuperación económica de la Isla, resultó ser un mecanismo de control sobre los cuentapropistas. Los emprendedores cubanos estaban, en efecto, limitados para desarrollar sus negocios a plenitud y de manera legal. Como resultado, recurrían con frecuencia a la informalidad. Por último, los sistemas normativos e impositivos fomentaron la economía sumergida, así como una amplia variedad de ilegalidades. Esto condujo a una cultura de la ilegalidad generalizada y que miraba con desconfianza al Gobierno. En tanto el Capítulo 7 se centra en la economía sumergida omnipresente en Cuba, los Capítulos 5 y 6 analizan cómo el gobierno de Raúl Castro ha intentado tomar un nuevo rumbo, pasando de «la condena» y la «estigmatización» del trabajo por cuenta propia a su promoción como una actividad viable, legítima, alternativa y complementaria al sector estatal.

5

REFORMA DE LAS POLÍTICAS BAJO RAÚL CASTRO (2006–2014)

Cuando Fidel Castro enfermó repentinamente y delegó la autoridad del mandato a su hermano Raúl, en el mes de julio de 2006, Cuba ya tenía una considerable experiencia en el trabajo por cuenta propia y una mejor noción de sus ventajas y desventajas que en la década anterior. A pesar del enfoque de contención empleado por el gobierno de Fidel, muchos ciudadanos, observadores, analistas —y tal vez— decisores políticos consideraban obvios los beneficios del sector autónomo. Por otra parte, la situación objetiva de la economía cubana se había hecho vulnerable a pesar del incremento ostensible de las tasas de crecimiento económico. Entre julio de 2006 y febrero de 2008, al asumir la presidencia, Raúl parecía haberse convencido de la necesidad de reformar las políticas cubanas relacionadas con el cuentapropismo; convicciones que quizás ya albergaba en el pasado. Sin embargo, durante 2008 y en el período subsiguiente, su gobierno comenzó a implementar una serie de proyectos pilotos que respondían de manera pragmática a circunstancias específicas, procediendo a liberalizar cautelosamente las políticas hacia el emprendimiento individual.

Después de cuatro años de deliberaciones, a finales del verano de 2010, Raúl Castro estaba listo para reformas económicas más ambiciosas. Como indicamos de modo breve en nuestra introducción, en septiembre de ese mismo año, el periódico *Granma* publicó un sorprendente pronunciamiento del presidente de la CTC, que presentaba un plan para reducir el número de trabajadores superfluos del sector estatal. Esto fue seguido casi de inmediato por la noticia de que se introducirían políticas para facilitar la expansión del trabajo por cuenta propia. A pesar de que se enfatizaba en una mayor productividad y eficiencia, el objetivo principal detrás de esta expansión era la absorción de los trabajadores «redundantes» del sector estatal. De hecho, en octubre de 2010, se aprobó una nueva legislación encaminada explícitamente a fomentar el auge del cuentapropismo.

El nuevo sistema normativo y el régimen fiscal descritos en la legislación fueron radicales y aplastantes si se comparan con las políticas implementadas entre 1996 y 2006, diseñadas para contener y controlar el sector —según se argumenta en el Capítulo 4—. Este nuevo enfoque favorable al cuentapropismo era también muy contrastante con las perspectivas «oficiales» comunes expresadas por los medios y por parte del liderazgo político que había criticado y estigmatizado, una y otra vez, a aquellos que trabajaban legalmente en el sector.

Entre 2011 y 2014 se añadieron gradualmente reformas y modificaciones adicionales a la apertura inicial. Por ejemplo, se introdujo a finales de 2012 una nueva legislación sobre impuestos que establecía un marco legal para las cooperativas no-agrícolas y se comenzó a implementar poco a poco a partir del verano de 2013. Se había establecido una plataforma para la expansión acelerada del trabajo autónomo y la transformación progresiva de las instituciones de la economía cubana, al menos, en lo relacionado con el emprendimiento a pequeña escala.

Los beneficios potenciales de una mayor liberalización del trabajo autónomo se habían hecho obvios a mediados de la década de 2000. El incremento del cuentapropismo intensificaría la competencia, bajaría los precios, mejoraría la calidad y ampliaría la diversidad de los bienes y los servicios disponibles a los ciudadanos, superando, por ende, sus niveles de vida. Generaría empleo productivo, con la utilidad del trabajo y el valor de la mano de obra demostrados por una difícil «prueba de mercado». Los ciudadanos comenzarían a ganar ingresos reales. El Gobierno recaudaría más impuestos, en lugar de gastar cada vez más sus magros ingresos en subsidios universales y la vigilancia de los infractores de la ley. La gigantesca economía sumergida se reduciría, aunque no desaparecería. Los ingresos y los ahorros en divisas se incrementarían en la medida en que los productos nacionales remplazaran las importaciones y los suministros para el sector turístico y la exportación se expandieran. Se fomentaría la innovación y la mejora de la calidad y la variedad de los bienes y servicios. En resumen, se revitalizaría el comercio urbano y rural, y surgiría, con el tiempo, una cultura de cumplimiento y respeto hacia las políticas públicas, en lugar de la evasión e ilegalidad.

Si se albergara alguna duda respecto a las ventajas de esta liberalización, considérese brevemente el sector de las artes y las artesanías. Antes de que estas áreas fueran liberalizadas en 1993, los *souvenirs* y los productos artesanales disponibles para la venta al turismo o a los cubanos, de pésima calidad y sin variedad, salían de un pequeño número de talleres estatales. Sin embargo, tras la liberalización del trabajo por cuenta propia, a principios de la década de 1990, esta área cobró vida. De manera rápida, la Plaza de la Catedral y la Avenida de los Presidentes se llenaron de vendedores que brindaban una amplia variedad de artesanías. Muy pronto hubo demasiados vendedores para estos lugares y fueron reubicados en el Malecón, La Rampa y el Parque Luz y Caballero (entre Malecón y Cuba), cerca de la Catedral; este último luego se reubicó en una almacén restaurado en las cercanías.

Tales mercados de artesanías —bastante parecidos al famoso *French Market* de Nueva Orleans— constituyen una importante atracción turística e ingresan una significativa cantidad de divisas al país. Esta apertura del sector artesanal desató la energía creativa, innovadora y emprendedora de muchos cubanos, quienes rápidamente aprovecharon las oportunidades legales disponibles para crear nuevas ofertas. Así, ganan su sustento y hacen un valioso aporte a la sociedad; a la par que liberan al Estado de la responsabilidad de proporcionarles empleo y le contribuyen ingresos para los programas sociales a través de los impuestos. Una apertura similar a favor del trabajo autónomo en otras esferas de la economía conllevaría a aportes similares.

Por supuesto, ante cualquier cambio de las políticas públicas, existen siempre ventajas y desventajas, costos y beneficios. Para Cuba, son cuatro las preocupaciones principales en relación con un entorno normativo liberalizado para el trabajo autónomo.

Primero, una mayor libertad económica para los emprendedores cubanos permitiría que un mayor por ciento de la población se desvinculara del empleo estatal universal —como describimos en el Capítulo 2—, con algunos cuentapropistas enriqueciéndose y desarrollando quizás una mentalidad e intereses económicos incompatibles con el socialismo de Estado. Esa posibilidad es una de las causas fundamentales por la cual el cuentapropismo se ha mantenido limitada a lo largo de la Revolución, a pesar de su evidente contribución a la provisión eficiente de bienes y servicios necesarios y a la generación de empleos.

Segundo, ¿empeoraría dicha apertura la distribución del ingreso? Con el tiempo, en la medida que el sector crecieran en tamaño, alcance y rentabilidad, esto podría suceder. No obstante, Cuba ya cuenta con un sistema impositivo para —que se ajusta constantemente a fin de que funcione mejor—, de manera que ese resultado puede ser controlado. La apertura del trabajo por cuenta propia a todos los aspirantes también incrementaría la competencia dentro del sector, reduciendo así los precios y los ingresos a niveles promedio. Por otra parte, la desigualdad socioeconómica ya venía incrementándose poco a poco en el prolífero mercado negro y bajo las limitadas reformas pro mercado puestas en vigor en la década de 1990 —como describimos en el capítulo 4—. Una mayor legalización daría, al menos, la oportunidad al Gobierno de monitorear y regular la creciente complejidad de la estructura de clases en Cuba, en lugar de solo denunciarla como dudosa desde el punto de vista ideológico.

Tercero, ¿la apertura fomentaría el desvío de los recursos estatales, como ha sucedido en el pasado? Esta es una posibilidad que se debe manejar y que podría controlarse mediante el establecimiento de mercados mayoristas para la venta de suministros, ya que si continuara siendo difícil adquirir los suministros necesarios de manera razonable, los negocios privados bien pudieran seguir las compras ilegales. Un mercado razonable para la provisión de suministros al sector es, por tanto, vital y ha sido una preocupación central de los cuentapropistas entrevistados. Sin embargo, hasta ahora el Estado ha estado renuente, o ha sido, simplemente, incapaz de implementar dicho sistema. Es importante recordar que el desvío ya es una característica rutinaria del paisaje del empleo estatal. De hecho, muchos trabajadores permanecen en sus trabajos estatales mal pagados porque dichos puestos les brindan acceso a bienes del Estado que pueden ser robados y usados personalmente o revendidos en el mercado negro.

Cuarto, ¿conllevaría una expansión al incremento de las «infracciones» y las ilegalidades al intentar evadirse las normas y los impuestos? Esto podría de hecho suceder si las normas continuaran siendo punitivas y si las cargas fiscales fuesen ilógicas o difíciles de sostener. No obstante, si la apertura estuviera acompañada por la eliminación de las normas abusivas y si el sistema fiscal fuera claro, razonable y justo, es probable que hubiese mejoras en el cumplimiento. Según lo analizado en el Capítulo 2, un sistema que implica menos regulaciones detalladas y de un enfoque estrecho, combinado con una ejecución más eficiente funciona, generalmente, mejor que uno caracterizado por una amplia variedad de regulaciones detalladas y una ejecución corrupta o permisiva. Parafraseando a Centeno y Portes (2006), un Estado no se debilita por tener menos regulaciones, sino por su incapacidad de hacer cumplir las regulaciones que ya existen. El desarrollo de una cultura de respeto a las regulaciones requerirá tiempo. Debido al previo enfoque punitivo sobre el trabajo autónomo bajo el mandato de Fidel Castro —junto al considerable estigma ideológico que por mucho tiempo se colocó sobre los emprendedores al tildarlos de especuladores y explotadores— los emprendedores cubanos han llegado a ver al Gobierno como una fuerza enemiga que impone normas encaminadas a su eliminación y no a su contención.

En el año 2006, cuando Raúl Castro pasó a ser presidente en funciones, estaban bien definidas las deficiencias del sector estatal en la provisión de los bienes y servicios básicos a la población. Esto ya se había manifestado durante muchos años en la cantidad limitada de bienes y servicios disponibles en la libreta de abastecimiento. De hecho, a pesar del crecimiento razonable de los indicadores oficiales del PIB y de los bajos niveles oficiales de desempleo, la economía nacional estaba débil, con el colapso de la producción azucarera, apenas ninguna recuperación en la industria desde su contracción de 50% en 1989 y una mayor dependencia de las importaciones de alimentos. El incremento del PIB se debió fundamentalmente a un cambio de contabilidad en el cálculo del valor de los servicios sociales y a la intensificación de las relaciones especiales con la Venezuela de Hugo Chávez, lo cual incrementó el ingreso de divisas mediante la exportación de servicios médicos.

Según los estimados de la Oficina Nacional de Estadísticas de Cuba, el PIB per cápita se incrementó poco a poco a principios de la década de 2000 y comenzó a acelerarse en 2004, como puede observarse en el Gráfico 5.1. No obstante, los incrementos del PIB entre 2004 y 2006 se deben en gran medida a cambios en el sistema de calcular los indicadores en la ONE, que lo renombró como «PIB social sostenible». La ONE cambió las mediciones del valor de los servicios del costo de su provisión previo a una evaluación estimada de su valor internacional (AEC, 2006; Mesa-Lago y Pérez-López, 2006). El valor del «consumo público» se elevó, por tanto, a un arbitrario 76,6%, principalmente, por los servicios de salud. Esto incrementó el PIB per cápita general de Cuba y condujo a una tasa de crecimiento acelerada sobre la base de la exportación de servicios de salud, sobre todo a Venezuela.

A pesar de este aparente crecimiento económico, el valor real de los salarios en la economía de pesos permaneció extremadamente bajo: 25% del nivel de 1989 (Gráfico 5.2). Esto se debió a la reducida disponibilidad de bienes y servicios, a los precios fijos —y muy bajos— que se ofertaban en la libreta de abastecimiento o, directamente en el sector público (por ejemplo, los servicios médicos), junto a los altos precios de los productos disponibles en las tiendas en dólares —a una tasa de cambio de $26 por 1.00 USD de productos importados, más un alto impuesto de venta de 140%—, en los mercados campesinos, en el sector autónomo y en la economía sumergida.

Gráfico 5.1: PIB per cápita (1989-2012).

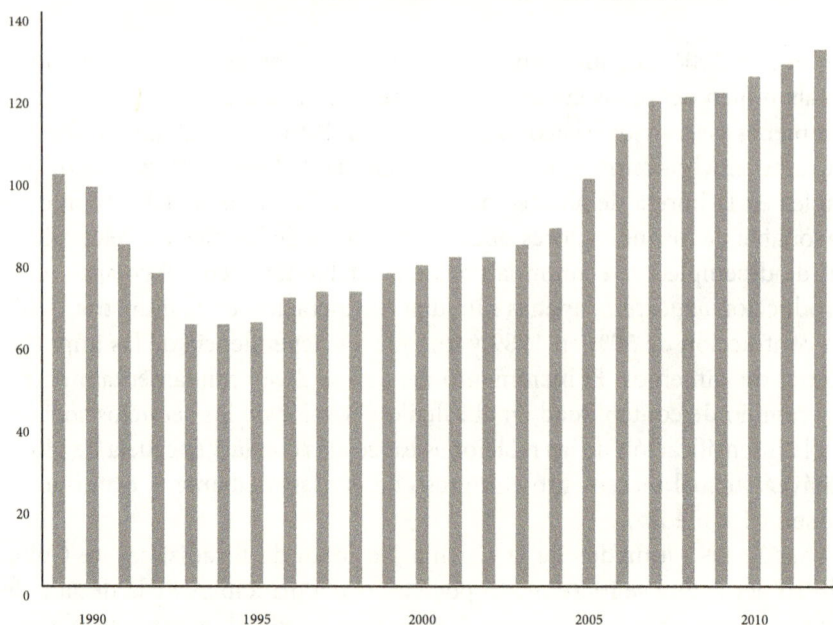

Nota: *Un nuevo sistema de medición del PIB se adoptó en el año 2004, según el cual se incrementó el valor de los servicios públicos de la salud y la educación en 67% (Mesa-Lago y Pérez-López, 2006).*

Fuentes: *ONE (2013).*

¿Cómo pudo recuperarse tanto la economía mientras los salarios reales aún eran tan solo 22% o 25% de los niveles en 1989? Es verdaderamente un acertijo. Los cubanos observaron esa contradicción durante años, como lo sugiere el repetido comentario: «¿Dónde está la recuperación económica? No se ve». Parte de la explicación es que el valor del PIB se incrementó de manera arbitraria —como ya argumentamos —; pero eso no aumentó el suministro de los bienes y los servicios, ni las condiciones de vida de los ciudadanos. Otra posible explicación para esa disparidad entre los niveles del desempeño económico en general y los bajos niveles salariales es que porciones significativas de los bienes y los servicios producidos en el sector estatal eran desviadas y distribuidas a través de la omnipresente economía sumergida, de manera que los ingresos raras veces podían permitir un incremento salarial.

180

Gráfico 5.2: Salarios reales ajustados según la inflación (1985–2009) (CUP).

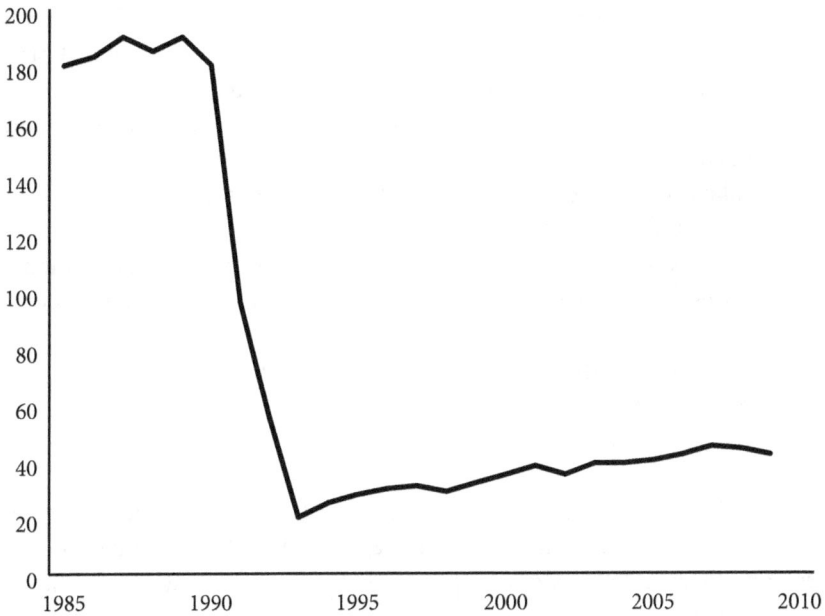

Fuentes: Vidal (2009).

Probablemente se producía mucho más en el sector estatal, pero se filtraba fuera de los circuitos (y estadísticas) oficiales mediante un desvío generalizado de recursos. Existen, sin lugar a dudas, otros factores que también permiten explicar esta situación, como es el caso de las remesas, tanto declaradas como no.

¿Cómo se las apañaron los cubanos para sobrevivir a finales de la década de 2000, cuando los salarios reales todavía eran solo un 22-25% de los niveles de finales de los años 80? Esto fue posible porque muchos pudieron generar ingresos mayores que los salarios oficiales porque contaban con transferencias «en especie» del Estado, remesas del exterior y/o trabajos en la economía secundaria. Las fuentes adicionales de ingreso incluían:

1. remesas de familiares o amigos desde el exterior o luego de sus visitas a Cuba;
2. trabajo en el exterior en carácter oficial: médicos en misión internacionalista, por ejemplo, que regresaban con divisas;
3. propinas por los servicios a turistas, legales o ilegales;

181

4. ingresos suplementarios pagados «por debajo del tapete» a los cubanos por las compañías extranjeras —desde hace tiempo ilegal técnicamente, pero tolerado, y recién legalizado y gravado por el Gobierno—;
5. las dietas de viajes recibidas en viajes al extranjero que eran ahorradas y traídas de vuelta para ser usadas en Cuba;
6. los suplementos salariales en CUC, que se pagaban a los trabajadores de los sectores clave de la economía;
7. salarios legales de los trabajos por cuenta propia;
8. actividades económicas informales;
9. «ingresos en especie» que variaban desde almuerzos a los trabajadores hasta suplementos alimenticios para las personas mayores;
10. bienes y servicios hechos en casa para el consumo del hogar, intercambiar con amigos y vecinos o para la venta; y
11. desvíos del sector estatal para el consumo personal, el intercambio recíproco o la reventa.

Si los ciudadanos lograban acceder a este tipo de fuentes de ingreso alternativas, como hizo la mayoría, entonces podrían sobrevivir más o menos bien. No obstante, había algunos que no tenían acceso a ninguna de ellas ni, quizás, a otras actividades de sobrevivencia, como vender cigarros, maníes o periódicos en las calles. Este grupo incluía a los pensionistas, algunos trabajadores agrícolas y trabajadores del sector estatal alejados de las principales ciudades. Obviamente estos individuos se encontraban en una situación extrema, pues los alimentos mensuales asignados eran escasos y cubrían solo entre diez y catorce días del mes; mientras que el resto de los comestibles y los otros artículos necesarios tenían que ser adquiridos en divisas o a precios inflados en las tiendas en dólares o en la economía sumergida.

El volumen de producción de bienes manufacturados en 2006 era solo 43,6% del nivel de 1989 y estaba lejos de recuperarse de la caída de 1990-1993. Asimismo, muchas líneas de producción habían casi colapsado. Solo los productos tabacaleros, aquellos de la radio y la televisión, las bebidas y la fabricación de metales se habían recuperado o estaban cerca de los niveles de 1989; por otra parte, la producción farmacéutica se expandió con rapidez y alcanzó 47,8%. Para los ciudadanos cubanos existían muy pocos productos hechos en Cuba disponibles en CUP, que es la moneda de pago del Estado. En su lugar, lo que se encontraba disponible eran varios productos importados como ropas, calzados y artículos del hogar. No obstante, estos solo se podían adquirir en CUC —con un valor de 24 o 26 CUP por 1 CUC— en las Tiendas Recaudadoras de Divisas (TRD), como se les llamó oficialmente.

El colapso del sector manufacturero fue consecuencia de una variedad de factores. La crisis económica de 1989-1993 redujo la capacidad de importación de Cuba para adquirir nuevos bienes capitales, piezas de repuesto, insumos de todo tipo, materias primas y energía. Condujo a un retraso en el mantenimiento y la reinversión, de manera que el capital social se deterioró con rapidez. La herencia tecnológica de la URSS perjudicó a Cuba, pues era más o menos obsoleta y en extremo ineficiente. Un entorno de políticas públicas deformado también dañó este sector; más en específico, las confusiones provocadas por la dualidad de los sistemas monetarios y los tipos de cambio, y una tasa de cambio sobrevalorada, lo cual hacía que las importaciones fueran artificialmente baratas e impedía cualquier posibilidad de exportación.

Cuba también tuvo la mala suerte de atravesar una crisis económica y la deformación de sus políticas, justo cuando China, en particular, y otros nuevos países industrializados como India y Brasil, emergían como potencias manufactureras.[1] La difícil interrogante que enfrenta la Isla es si su base manufacturera podrá resurgir de nuevo y alcanzar la prominencia que tuvo durante la época de la fuerte subvención soviética.

El complejo azucarero agroindustrial de Cuba también había colapsado virtualmente con los volúmenes de producción, cayendo a una sexta parte de los niveles de finales de los años 80, como se ilustra en el Gráfico 5.3. Entre los principales factores que condujeron a este catastrófico declive, se encuentra la falta de reinversión y de mantenimiento —que no sucedía desde la década de 1970—; demasiado exacerbada durante el Período Especial a inicios de 1990. Otro elemento que contribuyó a este hecho fue la estructura deformada de los incentivos a las empresas, a sus administradores y a los trabajadores, como resultado de la dualidad monetaria y el sistema de tipos de cambio. Ello generó una variedad de problemas para Cuba; incluidos la disminución de los ingresos en divisas (en unos $3 500 millones en 2010), el aumento de las tierras de cultivo ociosas en 32,1% (hasta 1,2 millones de hectáreas) y la pérdida de una cantidad considerable de empleos productivos.

---

[1] Las producciones del país asiático han inundado Cuba, al igual que el resto del mundo, eliminando la competencia de la industria nacional en numerosas áreas productivas. Esto ha sido posible a partir un nuevo capital social de renovación rápida y continua, sus enormes economías de escala y «de aglomeración» —que contribuyen a reducir los costos de la producción— y una fuerza de trabajo laboriosa, poderosamente motivada, aunque no muy bien pagada, cada vez más calificada y abundante. Por último, China ha infravalorado su moneda de manera sistemática, abaratando de modo artificial sus exportaciones; mientras que la tasa de cambio cubana para el sector estatal era muy sobrevalorada.

Gráfico 5.3: Producción azucarera cubana (1985-2013) (millones de toneladas).

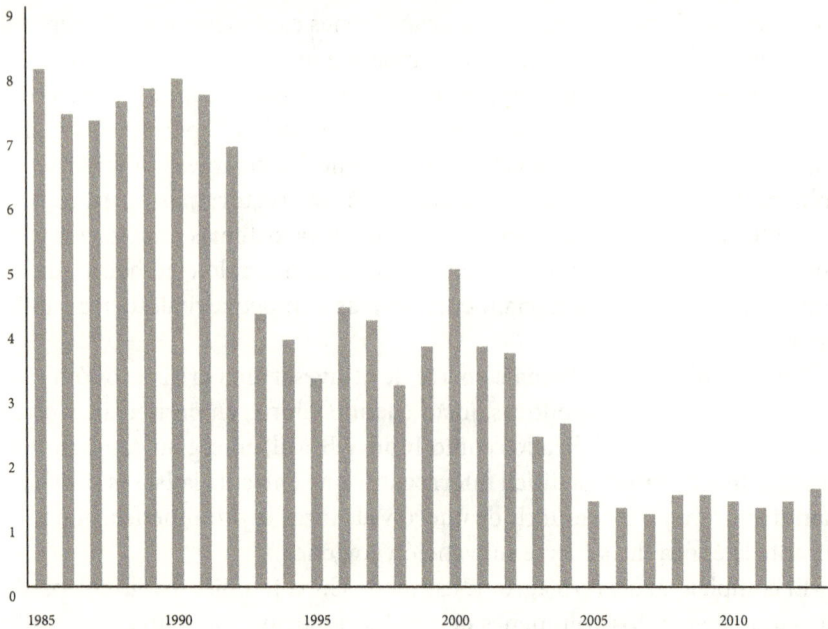

Fuentes: Naciones Unidas, CEPAL (2000, tabla A.86); ONE (2012, tabla 11.3).

El colapso de la industria azucarera también trajo como consecuencia la reducción de la generación de electricidad como producto derivado y casi eliminó un grupo de actividades que elaboraban suministros, productos procesados y brindaban servicios al complejo agroindustrial. El derrumbe del sector también aniquiló la posibilidad de un cambio fluido y fácil hacia la producción de etanol, pues grandes extensiones de tierras antiguamente dedicadas al cultivo de la caña de azúcar ahora estaban cubiertas de marabú; un arbusto resistente y agresivo, que será difícil y costoso de eliminar cuando se reintente cultivar los campos. Asimismo, destruyó la base económica de muchos pueblos dependientes de la producción de azúcar, perjudicando el desarrollo rural y aumentando las presiones para la emigración a las ciudades, sobre todo a La Habana, o al exterior.

El sector agrícola en general empeoró poco a poco durante gran parte del Período Especial. El Gráfico 5.4 muestra enormes superávits en el comercio de los productos agrícolas —con la excepción del tabaco y las bebidas— hasta 1992. En la década de 1990, el valor de las exportaciones —en especial

Gráfico 5.4: *Exportaciones e importaciones cubanas de alimentos (1989-2011)*
(en billones de CUP).

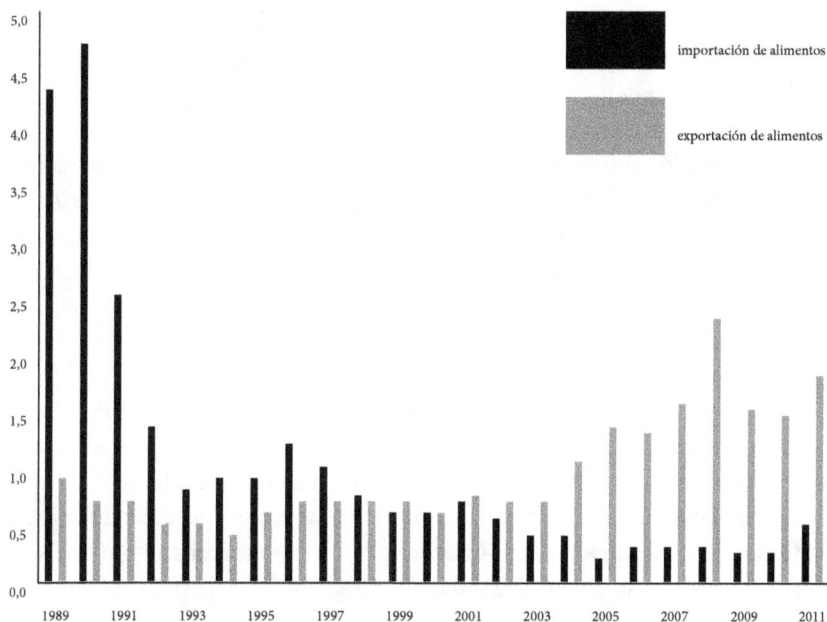

Fuentes: ONE (2012).

del azúcar, pero también del café y los cítricos— se desplomó precipitadamente. Las importaciones agrícolas también alcanzaron niveles bajos en 1993 —lo que contribuyó a la crisis alimentaria de la primera mitad de dicha década—, aunque después se fueron incrementando hasta alcanzar un pico en 2005, mientras las exportaciones del sector seguían en picada. Durante la segunda mitad de la década de 2000, las importaciones agrícolas sobrepasaron las exportaciones entre 300% y 500%, según el año. Se estimó que en el año 2005, cerca de 58% de las calorías y 62% de las proteínas consumidas por los cubanos fueron importadas; niveles más altos que los porcentajes de 47% y 53%, respectivamente, de los años 50, y algo más altos que durante la década de 1980 (Nova, 2012:56). Como ironía suprema, una porción significativa de estos comestibles importados se compraban en efectivo a Estados Unidos.

Una «perfecta tormenta» circunstancial contribuyó al declive de la producción interna de alimentos. Un elemento fundamental fue la reducción de las tierras de cultivo, que disminuyeron en 33% entre 1998 y 2007, según el presidente Raúl Castro (2008); resultado de una multitud de problemas en el sector azucarero. El más notable fue el desmantelamiento de casi la mitad de la capacidad de producción en 2002, por parte de Fidel Castro. Asimismo, fue relevante la insuficiencia de ingresos y recursos disponibles para el sector debido a la escasez generalizada de insumos nacionales e importados; al igual que los bajos precios que el Gobierno fijó para la compra de los productos agropecuarios, lo cual debilitó el incentivo y la capacidad de producción en las fincas estatales y en las cooperativas campesinas. Además, existían los típicos problemas institucionales y de planificación, discutidos en repetidas ocasiones por Raúl Castro (2009). Por último, la densa red de regulaciones que limitaban al sector campesino privado y dictaba el qué, cuánto y a quién podían vender —al Estado y a precios fijos— sirvió como un potente desincentivo contra una mayor y mejor producción agropecuaria.

La deficiencia de los salarios en pesos se confirmó en abril de 2005 cuando el presidente Raúl Castro anunció un incremento sustancial de los salarios y las pensiones para los ciudadanos de ingresos más pobres. De manera aparente, este paso fue en respuesta a un informe de un grupo de economistas que tenían la tarea de analizar la pobreza creciente en Cuba (Frank, 2005). El salario mínimo se elevó de $100 a $225 mensuales y la pensión mínima pasó de $55 a $150 (*Granma*, 2005). No obstante, estos aumentos no eran significativos en pesos convertibles, según la tasa de cambio pertinente para los cubanos, que osciló entre $20 y $26 por 1 CUC en la década de 2000. Esto se debe a que el incremento de los ingresos tenía que gastarse en productos no racionados; aquellos en las tiendas TRD tenían que ser adquiridos en CUC e incluían cargas fiscales de 140%. Los precios de los vegetales de los mercados agropecuarios y campesinos estatales se vendían a precios de mercado y eran relativamente altos. El poder adquisitivo de los pensionados y asalariados mínimos, a pesar del aumento, no parecía ser muy significativo.

Muchos analistas cubanos estaban bien conscientes de esas tendencias y las analizaron de manera abierta antes de que Raúl Castro asumiera la presidencia temporalmente en agosto de 2006. A principios de la década de 2000, Fidel Castro había enfatizado una y otra vez los aspectos positivos del acertijo económico cubano y subestimado sus desventajas. En 2005, por ejemplo, aparecieron pancartas por La Habana con una foto del presidente junto a la declaración «Vamos bien». Sin embargo, la imagen no encajaba con la percepción de muchos ciudadanos ni con los análisis de varios expertos cubanos. Por ejemplo, investigadores del Centro de Estudios sobre la Economía Cubana habían llamado, de modo constante, la atención sobre las dificultades económicas.[2] Incluso, quizás, algunos analistas dentro del propio Gobierno también estaban al tanto de los problemas mencionados.

Con el paso de los años, algunos de los que hablaron de manera crítica —y con coraje— fueron encarcelados, como fue el caso del economista Óscar Espinosa Chepe. Otros, perdieron sus empleos, comenzaron a trabajar en el exterior para instituciones regionales o internacionales como las Naciones Unidas —por ejemplo, los economistas innovadores Julio Carranza y Pedro Monreal—, o fueron obligados al exilio —donde ahora contribuyen al análisis de la economía cubana a través de organizaciones tales como ASCE. Unos terceros suprimieron sus críticas públicas a fin de «seguir en el juego» y mantener sus puestos. Por supuesto, muchos analistas del Gobierno y de las universidades aceptaron fielmente la línea política oficial proveniente de los altos niveles del Gobierno del presidente Fidel Castro. No obstante, las realidades del atroz Período Especial condujeron a una erosión de la fe en los viejos enfoques políticos —inclusive en algunos de los decisores políticos de las generaciones más viejas.

PROCESO DE REFORMA DE LAS POLÍTICAS

El 31 de julio de 2006, el mandatario Fidel Castro sufrió una emergencia médica y tuvo que ser operado para reparar un sangramiento gastrointestinal. Fue remplazado por su hermano Raúl, primer vicepresidente, quien asumió el cargo de presidente en funciones. En febrero de 2008, su salud no se había recuperado lo suficiente y Raúl fue entonces declarado para el primer puesto, tras aprobación unánime de la Asamblea Nacional.

Evolución de la visión del presidente Raúl Castro sobre la estructura institucional cubana

Durante los primeros años de la presidencia de Raúl Castro, los cambios en las políticas demoraron en llegar. Las expectativas populares de las direcciones de

---

[2] Para ejemplos, véase en la bibliografía las referencias a los trabajos de Armando Nova González, Omar Everleny Pérez Villanueva, Pavel Vidal Alejandro, Camila Piñeiro Harnecker, Luisa Iñiguez Rojas, Ricardo Torres Pérez, Jorge Mario Sánchez, Juan Triana Cordoví, y otros analistas del Centro de Estudios de la Economía Cubana, quienes han realizado serios estudios de la situación económica de Cuba desde su fundación en 1992. Especialmente esclarecedora es la serie de volúmenes anuales publicados desde 2009, titulado *Miradas a la economía cubana*.

la nueva política eran minimalistas y confusas. La dirección y el carácter de los posibles cambios en las políticas eran ambiguos e inciertos. No obstante, las esperanzas del pueblo eran relativamente altas en comparación a los últimos años de la presidencia de Fidel Castro. Esto se debía a que su hermano Raúl era considerado un líder más pragmático. De hecho, en su primer discurso de importancia en julio de 2007, lo demostró, al reconocer las dificultades que enfrentaba la economía cubana y la magnitud del esfuerzo que se necesitaría para superar los problemas. Esto fue un fuerte contraste con la complacencia e, incluso, el triunfalismo injustificado de los últimos años de la época fidelista. En las propias palabras de Raúl:

> *Somos conscientes igualmente de que en medio de las extremas dificultades objetivas que enfrentamos, el salario aún es claramente insuficiente para satisfacer todas las necesidades, por lo que casi dejó de cumplir su papel de asegurar el principio socialista de que cada cual aporte según su capacidad y reciba según su trabajo. Ello favoreció manifestaciones de indisciplina social y tolerancia que, una vez entronizadas, resulta difícil erradicar, incluso cuando desaparecen las causas objetivas que las engendran. [...]*
> *Nadie, ni un individuo ni un país, pueden darse el lujo de gastar más de lo que tienen. Parece algo elemental, pero no siempre pensamos y actuamos en consecuencia con esa realidad insoslayable.*
> *Para tener más, hay que partir de producir más y con sentido de racionalidad y eficiencia, de forma que podamos reducir importaciones, en primer lugar de alimentos que se dan aquí, cuya producción nacional está aún lejos de satisfacer las necesidades (2007).*

En su discurso, enfatiza la necesidad de mejorar el sector agrícola y la industria, así como la posibilidad de incrementar la inversión extranjera directa. También habló sobre la «indisciplina social» y la expansión de la economía sumergida. Aseguró a los cubanos que el Gobierno estaba analizando esos problemas cuidadosa y exhaustivamente, y que aprobaría políticas adecuadas a su debido tiempo. En discursos posteriores —mucho más breves y menos frecuentes que los de su hermano— Raúl mostró un creciente pragmatismo y respeto por la realidad, y una disminución de la rigidez ideológica y el dogmatismo. Estaba muy consciente de las dificultades del sistema de planificación centralizado de Cuba y de las ineficiencias generalizadas y los delitos económicos —de menor y mayor envergadura— que parecía generar:

> *La armonía en la planificación y la organización es esencial en el socialismo. Su ausencia puede conducir a un caos más peligroso que el característico del*

capitalismo, donde las leyes del mercado terminan por establecer cierto orden y equilibrio, aunque sea a costa del sacrificio de miles de millones de seres humanos a escala mundial.

En el socialismo es indispensable que en los planes económicos la asignación de recursos se ajuste estrictamente a los ingresos disponibles. No podemos aspirar a que 2 y 2 son 5; 2 y 2 son 4; más bien a veces en el socialismo 2 y 2 da 3 (Castro, R., 2008).

De igual manera, reconoció la necesidad de romper con algunas políticas e instituciones económicas tradicionales cubanas. Desde su punto de vista, estos cambios son necesarios por razones políticas, para garantizar a largo plazo la viabilidad de Cuba como nación independiente, según se menciona a continuación:

Nos enfrentamos a realidades nada agradables, pero no cerramos los ojos ante ellas. Estamos convencidos de que hay que romper dogmas y asumimos con firmeza y confianza la actualización, ya en marcha, de nuestro modelo económico, con el propósito de sentar las bases de la irreversibilidad y el desarrollo del socialismo cubano, que sabemos constituye la garantía de la independencia y soberanía nacional. [...]

[...] Sin el aumento de la eficiencia y la productividad es imposible elevar salarios, incrementar las exportaciones y sustituir importaciones, crecer en la producción de alimentos y en definitiva sostener los enormes gastos sociales propios de nuestro sistema socialista (Castro, R., 2010b).

A veces, el énfasis que hace Raúl en los aspectos de la productividad y la eficiencia como las fuentes principales de ingresos reales más elevados —análisis correcto— parece ser sorprendentemente evocador de los mantras y panaceas de las instituciones financieras internacionales como el Fondo Monetario Internacional de la década de 1990. Un detalle digno de mencionarse, es que Raúl alabó la profesión de la contabilidad en términos brillantes:

En este sentido, cabe destacar la contribución decisiva de miles y miles de contadores para recuperar el lugar que corresponde a la contabilidad —ustedes saben lo que estoy hablando y cómo anda la contabilidad en este país, en casi todas las empresas— en la dirección de la actividad económica, que como sabemos es una condición indispensable para asegurar el éxito y el orden en todo lo que nos proponemos (íd.).

Este aparente reconocimiento formulista del papel de la contabilidad en el funcionamiento de la economía moderna es notorio porque, bajo el mandato de Fidel Castro, tanto las contadurías de costos dentro de la empresa estatal, como la profesión en sí, habían sido abolidas eficazmente. No obstante, si esto era una crítica a Fidel, fue bien contrarrestada en su discurso —como en la mayoría de los demás— mediante numerosas referencias encomiásticas al papel histórico y los anales de logros del máximo líder.

La opinión del presidente Raúl Castro sobre el cuentapropismo cambió significativamente durante los primeros cuatro años de su mandato, tras su ascenso al poder en 2006. A finales de 2010, declaró que el Gobierno debía apoyar el trabajo autónomo en lugar de «demonizar» el sector:

> *[...] Hemos arribado a la conclusión de que el ejercicio del trabajo por cuenta propia constituye una alternativa más de empleo [...], con el fin de elevar la oferta de bienes y servicios a la población y liberar al Estado de esas actividades para concentrarse en lo verdaderamente decisivo, lo que corresponde hacer al Partido y al Gobierno, en primer lugar, es facilitar su gestión y no generar estigmas ni prejuicios hacia ellos, ni mucho menos demonizarlos, y para eso es fundamental modificar la apreciación negativa existente en no pocos de nosotros hacia esta forma de trabajo privado (íd.).*

Por otra parte, ha reiterado en varias ocasiones que un cambio económico básico es necesario para la sostenibilidad del socialismo cubano. No considera estos cambios como la adopción de algún tipo de «capitalismo», sino que los ve como una mejora y «actualización» del socialismo cubano. Por ejemplo, en su discurso del 1 de agosto de 2009, señaló: «A mí no me eligieron presidente para restaurar el capitalismo en Cuba ni para entregar la Revolución; fui elegido para defender, mantener y continuar perfeccionando el socialismo, no para destruirlo» (2009).

No obstante, según frecuentes declaraciones públicas y la serie de reformas de las políticas económicas que tuvieron lugar lenta, pero consistentemente bajo su mandato, el concepto actual del socialismo de Raúl Castro ha cambiado de manera visible respecto a la noción fidelista tradicional. En el país que adoptó estándares de consumo comunes mediante la distribución igualitaria de muchos productos básicos a través de un sistema de cuotas, Raúl insiste en que el socialismo significa iguales oportunidades y derechos, no la garantía de iguales resultados: «Socialismo significa justicia social e igualdad, pero igualdad de derechos, de oportunidades, no de ingresos. Igualdad no es igualitarismo. Este, en última instancia, es también una forma de explotación: la del buen trabajador por el que no lo es, o peor aún, por el vago» (2008).

Este es en esencia el mismo enfoque que se implementa en grados diferentes en casi todos los sistemas políticos socialdemócratas y liberales con economías de mercado mixtas, desde Suecia hasta Estados Unidos.

Asimismo, enfatizó que los cambios en las políticas debían introducirse de modo deliberado y con cautela. Sin dudas, había sido así con anterioridad al 1 de agosto de 2010. Sin embargo, el discurso que pronunciara en esta fecha a la Asamblea Nacional también incluía la propuesta de despedir a 1,5 millones de trabajadores estatales presumiblemente redundantes con la esperanza de que fuesen absorbidos en lo productivo, de alguna manera, por el sector cuentapropista, ahora revitalizado. «Proseguiremos con sentido de responsabilidad, paso a paso, al ritmo que determinemos nosotros, sin improvisaciones ni precipitaciones, para no errar y dejar atrás pars siempre errores o medidas que no se avienen a las condiciones actuales (2010b).

Primeros pasos y programas pilotos (2006-2010)

Después de que Raúl Castro ocupó el lugar de su hermano en 2006, se introdujeron una serie de experimentos e innovaciones en las políticas de modo gradual. En el curso de los próximos cuatro años, se evidenció que el Gobierno estaba contemplando algunos cambios de políticas significativos y poniéndolos a prueba sobre la base de proyectos pilotos. A continuación, resumimos varias iniciativas de políticas que tuvieron una relevancia particular para el cuentapropismo en esta etapa (véase el Anexo 1 para una cronología más detallada).

En 2006, el Gobierno otorgó permiso a los ciudadanos cubanos para entrar y hacer uso de las instalaciones hoteleras que antes eran para uso exclusivo de los extranjeros —pero solo en CUC, que podían adquirirse a una tasa de cambio de 24-26 CUP por 1 CUC; el salario promedio mensual en ese año era de 387 CUP). También flexibilizó las regulaciones pertinentes a la compra de artículos electrodomésticos, permitiendo a los ciudadanos comprar teléfonos celulares, reproductores de CD y DVD, y equipos de computación con mayor facilidad — solo en CUC; también en esta moneda, podían adquirir celulares y contratos personales. Por primera vez, ya no era ilegal que los ciudadanos pudieran rentar carros a su nombre. No obstante, el hecho de que todos estos bienes y servicios se ofrecieran exclusivamente en moneda dura los mantenía fuera del alcance de la vasta mayoría de personas —ahora producto de los costos y no por regulaciones gubernamentales.

En 2007, el Gobierno legalizó los suplementos salariales en moneda dura que a menudo se pagaban a los empleados cubanos por parte de las empresas mixtas extranjeras —una práctica ilegal, aunque oficialmente tolerada— que venía sucediendo desde principios de la década de 1990. Luego, en 2008, eliminó las cuotas de cigarros y tabacos, expandió las licencias para los taxistas privados, comenzó a autorizar arrendamientos de hasta diez años de las tierras ociosas estatales a pequeños campesinos (Decreto-Ley no. 259) y reconoció el fracaso del experimento de los «maestros emergentes» mediante el ofrecimiento de incentivos financieros para atraer a los docentes retirados de vuelta a su profesión (Decreto-Ley no. 260).

Raúl remplazó el equipo económico de Fidel Castro en 2009; acción que condujo a la renuncia del presidente del Banco Central. Se lanzó la propuesta de reducir la subvención de los productos racionados mediante la eliminación de la libreta de abastecimiento, que ha sido un elemento del sistema cubano desde principios de la década de 1960. Por otra parte, se eliminarían también los comedores de los trabajadores para remplazarlos por un incremento salarial de manera, con el cual los trabajadores pudieran comprar sus propios almuerzos a los vendedores de alimentos privados. Asimismo, se les autorizó a los pequeños campesinos a vender sus productos directamente al consumidor, incluidos dichos trabajadores.

Por último, 2010 presenció un conjunto de políticas que expandían y profundizaban muchas de las reformas que estaban teniendo lugar; entre ellas, la privatización de las barberías, peluquerías y servicios de taxis estatales, así como algunos autobuses de menor tamaño y la gestión de los parqueos urbanos. En todos estos casos, los antiguos empleados estatales pagarían una tarifa de arrendamiento al Estado —más los impuestos sobre los ingresos y el costo de los suministros— por el derecho de ejercer su ocupación y retener las ganancias. Además, el Gobierno estableció mercados para la venta de insumos a los pequeños campesinos privados, facilitó la venta de materiales de construcción y mantenimiento a los propietarios de las casas, subió las edades de retiro de 55 a 60 años para las mujeres y de 60 a 65 años para los hombres, y extendió el arrendamiento de tierras hasta 99 años para las compañías turísticas extranjeras.

Muchas de estas iniciativas no eran particularmente importantes en sí. Sin embargo, si se consideran como un conjunto, las políticas pertinentes al cuentapropismo constituían una amplia gama de proyectos pilotos y conformaban un significativo proyecto de experimentación. Señalaban un cambio en la orientación de las políticas económicas para dar mayor peso al mecanismo de mercado y al sector empresarial.

Enfoque en las políticas fundamentales: despidos de los trabajadores del sector estatal y creación de empleos en el sector privado

La intención de reducir la fuerza laboral redundante en el sector estatal se hizo pública, por primera vez, en el discurso del presidente Raúl Castro a la Asamblea Nacional el 1 de agosto de 2010. Allí declaró que en una serie de reuniones durante los días 16 y 17 de julio, el Consejo de Ministros, los vicepresidentes del Consejo de Estado, los miembros del Buró Político y el Comité Central, los primeros secretarios regionales del Partido, funcionarios de la CTC, miembros de la UJC y otras organizaciones de masas, se habían reunido y acordado un paquete de políticas encaminadas a reducir las «plantillas infladas» o el exceso de trabajadores del sector estatal y liberalizar algunas políticas que afectaban las actividades del trabajo por cuenta propia (Castro, R. 2010). En ese momento no se ofrecieron detalles y los cambios parecían ser algo nebuloso con un enfoque y trascendencia indeterminados.

La tarea de explicar en detalles la mala noticia, dígase la reducción de plantillas en el sector estatal, cayó irónicamente en manos del sindicato laboral oficial: la CTC. El 13 de septiembre de 2010, se publicó un «pronunciamiento» en todos los periódicos nacionales que anunciaban un excedente de 500 000 trabajadores estatales, que serían despedidos y transferidos a otras áreas de la economía antes del 31 de marzo de 2011. Además, el señalaba que existía otro millón o más de empleados redundantes en toda la economía, que a la larga también serían despedidos y reubicados. Esta cifra representaba 20% del total de la fuerza laboral en ese año (*Pronunciamiento,* 2010).

¿De dónde saldrían estos trabajadores y hacia dónde irían? ¿Sobre la base de qué criterios serían declarados excedentes? ¿Quién lo determinaría? En septiembre de 2010 se filtró un informe interno para La Habana que contenía los detalles de la reducción que tendría lugar en cada municipio habanero, así como la creación de empleos por cada uno de estos. Curiosamente, proponía la eliminación de 137 000 puestos para toda la ciudad, con 64 546 nuevas ubicaciones en el sector no-estatal; casi la mitad del número de despidos. Se esperaba que estos nuevos puestos se generaran sobre todo en el sector cuentapropista (84% del total), con proporciones menores en otras áreas: empresas mixtas, 6,8%; cooperativas, 3,3%; compañías extranjeras, 2,5%; y otras actividades privadas, 3,5% (Ciudad de La Habana, 2010).

El despido de 500 000 trabajadores estatales en un breve período de seis meses parecía arriesgado desde un punto de vista político y socialmente brutal, por decir poco. Esperar que de alguna manera fueran absorbidos por el sector no-estatal parecía poco realista —en especial después de que los pioneros del trabajo autónomo en Cuba habían sido estigmatizados una y otra vez, y sacados de sus negocios o sumergidos en la clandestinidad bajo el liderazgo político de Fidel Castro entre 1996 y 2005. En otros contextos, este enfoque hubiera sido etiquetado como un ajuste estructural «neoliberal», con un carácter de «terapia de choque» del tipo más draconiano y reprensible. ¿Tendrían los trabajadores despedidos la capacidad y la actitud para emprender sus propios negocios? No obstante, la principal interrogante era si el sector cuentapropista podría crear medio millón de nuevos empleos para el 30 de marzo de 2011 y otro millón más en los años venideros. Daba la impresión de que Raúl había puesto «la carreta delante de los bueyes» al proponer que se llevara a cabo este despido masivo en el sector estatal antes de la introducción de cambios políticos que permitieran la expansión del sector privado.

Estos despidos masivos y la deseada creación de empleos constituyeron un cambio de política de una verdadera dimensión «revolucionaria». También representaban un asombroso giro de fortuna para el cuentapropismo en Cuba. Como se describió en los Capítulos 3 y 4, la pequeña empresa y la microempresa privadas fueron casi completamente eliminadas del paisaje interno entre 1959 y 1968, para ser luego liberalizadas en una tímida reforma a favor del mercado entre 1993 y 1995, y volver a ser estigmatizadas y contenidas mediante impuestos y regulaciones onerosas. Ahora se suponía que debían salvar la economía al generar puestos laborales, mayor productividad y mejores condiciones de vida de las que eran posibles bajo el viejo sistema. Como nos contara Pepe —un barbero cuentapropista que entrevistamos por primera vez en 2001— cuando lo visitamos de nuevo en 2011: «Te digo que antes, en lo años 90, nosotros los cuentapropistas éramos lo más indeseables que pudiera haber. Éramos unos oportunistas, los más adinerados, […] un delincuente, o sea, todo lo más malo. Ahora los cuentapropistas van a salvar al país».

El intento de Fidel Castro durante casi cincuenta años de construir su propio estilo de «socialismo» era ahora repudiado y abandonado por su hermano. Esto parecía ser una «galleta sin manos» para Fidel —a pesar de que para nada fue presentado de esa manera—, quien permaneció en silencio sobre el asunto y mucha de la verborrea acerca de las medidas de las reformas en realidad le hacían homenaje, como la muy repetida —y casi vacía—cita: «Revolución significa cambiar todo lo que necesita ser cambiado» (*Lineamientos*, 2010).

Tras el transcurso de varias semanas, se hizo más evidente que la meta de despedir 500 000 trabajadores para el 31 de marzo de 2011, era demasiado ambiciosa. En muchos casos, resultaba difícil identificar a los posibles candidatos a excedentes y casi nadie quería formar parte de los comités con esa misión en cada centro de trabajo. También quedó claro muy pronto que el sector cuentapropista no se expandiría automáticamente como para absorber un número tan grande de personas sin cambios de políticas más serios. Se hacían imprescindibles medidas más sistemáticas, propicias y ambiciosas si habían de crearse empleos en el sector privado. Por suerte, el Gobierno había estado trabajando en la modificación de las políticas para el cuentapropismo, que se publicaron en octubre de 2010, en un paquete legislativo bastante integral que contenía numerosos Decretos-Ley del Consejo de Estado, Decretos del Consejo de Ministros y varias Resoluciones ministeriales (*Gaceta Oficial...*, 2010a y 2010b).

Nuevo marco jurídico

Las características fundamentales de las reformas regulatorias y tributarias fueron expuestas en una compleja batería de Decretos-Ley y Resoluciones publicadas en las ediciones del 1 y 8 de octubre de 2010, en la *Gaceta Oficial...* Mientras el régimen regulatorio y fiscal anterior de 1995-2010 estaba diseñado para contener el crecimiento del sector, cercenar el tamaño de los negocios y limitar los ingresos de los cuentapropistas, la intención del nuevo cuerpo legislativo y regulatorio era liberalizar el entorno dentro del que operarían los pequeños emprendimientos y facilitar —si bien en términos relativos— la expansión del sector. Algunas de las características principales de esta legislación se resumen a continuación.

La Res. 32/2010 incrementaba el número de actividades permitidas de 158 a un total de 178; incrementadas después a 181 en el otoño de 2011 y a 201 en otoño de 2013. No obstante, la importancia económica de algunas de las 178 ocupaciones iniciales, por no decir la mayoría, era mínima e incluía categorías súper detalladas; como «forrador de botones», «limpiador y comprobador de bujías», «pocero», «productor/vendedor de piñatas», «animador de fiestas, payasos o magos», «reparadores de sombrillas y paraguas»;,y «reparador de juguetes» (véase el Anexo 2 para toda la lista). Por otra parte, un reducido número de categorías revestían cierta importancia económica de peso si las licencias fueran otorgadas libremente (*Gaceta Oficial...*, 2010b:119-123).

Casi todas las actividades profesionales permanecían prohibidas; sin embargo, los instructores de idiomas y mecanografía, maestros de música y arte, programadores de computación y reparadores de equipos de oficina y electrónicos constituían excepciones. Las últimas dos categorías podían fácilmente abarcar una amplia variedad de trabajos relacionados con las computadoras, el diseño de redes y aplicaciones de *software*.

El cambio en la asignación de licencias fue notable, ya que la nueva legislación básicamente abría el otorgamiento de licencias para todos los solicitantes; en comparación con el bajo número concedido, analizado en el Capítulo 4. Esto permitiría una rápida expansión del sector y generaría múltiples beneficios. El incremento de las emprendimientos suministradores de muchos tipos de bienes y servicios aumentaría la competencia y contribuiría a la reducción de precios para beneficio de todos los consumidores; al tiempo que empujaría los ingresos del sector hacia el promedio nacional, coadyuvando así al objetivo de la distribución equitativa de los ingresos. Por tanto, mejoraría también la calidad, aumentaría la gama de opciones para el consumidor e incrementaría la diversidad de productos.

Por otra parte, en un paso sin precedentes, se liberalizó la contratación de mano de obra, primero para 83 de las 178 categorías y, luego, para el resto. También se exigió que ciertas actividades contrataran un número mínimo de trabajadores, dos en el caso de los paladares pequeñas y uno para los vendedores ambulantes de alimentos. El entorno impositivo para el trabajo autónomo se flexibilizó, al permitírsele deducir montos más elevados y realistas por la compra de insumos de la base imponible; también se relajaron las sanciones por la infracción de las regulaciones, que dejaron de ser draconianas.

Otros cambios alentadores incluyeron la legalización del arrendamiento de instalaciones a otros individuos o al Estado para establecer pequeños negocios; así como la venta de bienes y servicios a entidades estatales —un importante paso cuando gran parte de la economía todavía pertenecía al sector estatal. Además, se modificaron varias regulaciones anodinas; como el límite de 12 sillas en los paladares, cifra que se elevó a 20 y más tarde a 50. Asimismo, se le autorizaba a una persona sola, o dos del mismo núcleo familiar, a poseer más de una licencia —práctica previamente ilegal a pesar de que algunos hogares participaban en varias actividades por cuenta propia dentro de la economía sumergida.

El cuentapropismo continuaba teniendo algunas responsabilidades de peso codificadas en la legislación: el cumplimento de las regulaciones de los organismos superiores, el pago de impuestos, la compra de insumos y equipos a fuentes legales, el empleo exclusivo de mano de obra contratada, el cumplimiento de las leyes laborales y de las normas higiénicas y medioambientales (*Gaceta Oficial...*, 2010b:117). Por otra parte —como se explicará con más detalles en la sección sobre el nuevo régimen impositivo—, el trabajador por cuenta propia tendría ahora que pagar impuestos adicionales por concepto de seguridad social y mano de obra.

A pesar de esta apertura sin precedentes, continuaron existiendo limitantes al trabajo autónomo; por ejemplo, la mayoría de las actividades profesionales continuaron prohibidas. Ese era también el caso para los intermediarios y se requería que los productores fueran quienes vendiesen sus propios artículos. En principio, permaneció limitado el número de trabajadores que se podía contratar, aproximadamente, para la mitad de las actividades; mientras continuaba prohibida la publicidad. Y, a pesar de las garantías que se daban, aún no tenían acceso a créditos, inversión o mercados mayoristas; elementos todos esenciales para que cualquier negocio dinámico pueda generar crecimiento económico, empleos y desarrollarse más allá de una mera sobrevivencia, como los existentes hasta el momento.

En el primer semestre de 2011, se evidenciaron dos señales positivas. La primera fue que hubo un cambio notable en el tono empleado en los medios de comunicación oficiales respecto al trabajo por cuenta propia, pasando de un tono de críticas y rechazo a uno de aliento, e incluso celebración (Batista, 2011; Peters, 2012a:12-13; Peters 2012b:26-30). Por ejemplo, un artículo publicado en el periódico *Juventud Rebelde*, el 19 de marzo, con el título «Negocio propio en la economía de todos», habla del trabajo autónomo como un «fenómeno [que] vuelve a irrumpir en la dinámica nacional, sin aquella sensación de provisionalidad que tal vez lo acompañó en otros momentos, con mayor pujanza y empeñado en consolidarse en la visión estratégica de la economía nacional»; y como una nueva fuente de empleos» que «multiplica la posibilidad de puestos de trabajo, estimula la producción e incrementa la oferta de bienes y servicios» (Martínez Molina *et al.*, 2011). Como tal, su desarrollo ha sido «muy bienvenido por la gente».[3] El artículo también resultaba novedoso en el sentido que, proviniendo de un periódico oficial de la prensa cubana, publicara entrevistas a jóvenes cuentapropistas de al menos cinco provincias y destacara sus preocupaciones acerca de las ineficiencias de las reformas pertinentes a este sector hasta la fecha.

---

[3] Estos artículos laudatorios coincidieron con la aparición de una nueva sección en el periódico *Granma* con el nombre «Cartas al editor», publicada todos los viernes. No obstante, algunos, como la abogada independiente Laritza Diversent, han notado una tendencia a que esta nueva sección se utilice para publicar cartas que denuncian los altos precios, la indisciplina y la falta de una adecuada actitud revolucionaria entre los cuentapropistas (*Diversent*, 2011a, 2011b, 2011c y 2012).

Las críticas más comunes mencionadas por el grupo de jóvenes entrevistados guardaban relación con la irregularidad de la disponibilidad y los altos costos de la variedad de insumos que necesitan estos nuevos emprendimientos; así como el límite artificial impuesto al número de opciones de trabajo por cuenta propia, que en gran medida les impide «hacer algo que tenga una relación más directa con sus profesiones».[4] Un problema adicional explícito en el artículo fue el hecho de que la vasta mayoría de los nuevos cuentapropistas no venían del sector estatal, como se esperaba; sino que eran «desempleados», o sea, provenientes de la economía sumergida. Como testimonio de lo anterior, fue citado Roberto Cruz Tamayo, especialista en la Dirección Provincial del Trabajo de Las Tunas: «Casi todas las personas registradas eran desempleadas [...] Un buen grupo lo realizaba ilegalmente y ahora se legalizó» (íd.).

La segunda señal positiva que apareció en 2011 fue que esta vez el Gobierno sí parecía estar escuchando. De hecho, tras un período de prueba de siete a ocho meses, se promulgaron nuevas reformas para el trabajo autónomo después de que este se diera cuenta que tendría que posponer su plan para despedir a medio millón de trabajadores estatales para el 31 de marzo del propio año (Peters, 2013a). El vicepresidente Machado Ventura describió este enfoque claramente en el mes de julio como «sistemático» y «definitivo», hecho «con pies y oídos bien puestos sobre la tierra», y añadió: «[estamos] muy atentos a la opinión de la gente, listos para rectificar sobre la marcha, ajustar el ritmo y adoptar nuevas decisiones» (citado en Peters, 2012b:11). Esto indicaba un cambio en la visión del Gobierno de una mentalidad ideológica o dogmática de mandato y control —que por mucho tiempo caracterizó la Administración de Fidel Castro en relación con las políticas económicas— a una más pragmática, donde la disposición gubernamental de estar abierto a la retroalimentación podría conducir a ajustes positivos y reformas más profundas.

Como resultado, entre los meses de mayo y septiembre de 2011, los cuentapropistas de las 178 categorías permitidas recibieron autorización para contratar empleados y el número de actividades con licencias subió a 181. También se declararon vacaciones fiscales hasta finales de ese año,

---

[4] Por ejemplo, en este artículo, Lesvis Odanis, 34 años, dueño de un puesto de alimentos en Cienfuegos, antes desempleado, se describe como alguien a quien su comunidad tiene en «gran estima» y cuyo propósito no es enriquecerse, sino simplemente «proveer para su familia». Aun así, dijo que su mayor problema era la «falta de ingredientes. Muchos de ellos tengo que comprarlos en la tienda, en divisas, pero yo vendo mis productos en pesos cubanos [...] el suministro es muy inestable y a veces no puedo encontrar lo que necesito en lo absoluto».

librando a los cuentapropistas de pagar los impuestos por mano de obra de hasta 5 empleados y señalando un cambio importante en las prioridades, que ahora «enfatizaban la creación de empleos por encima de la recaudación fiscal» (Peters, 2012b:11). En diciembre, se prolongó esta política fiscal más permisiva hasta 2012 y se aprobó la exención de impuestos para aquellos con ingresos inferiores a 10 000 pesos al año —en lugar de 5 000— (Peters, 2011b; Hautrive y Rodríguez Cruz, 2011). Asimismo, se les facilitó el cierre por reparaciones y el período de tiempo en que podían permanecer inactivas, con la suspensión de las licencias y las obligaciones fiscales (*Granma*, 2011; Fernández Sosa, 2011).

Lineamientos de las Reformas Económicas y Sociales (2010)

En noviembre de 2010, el gobierno cubano publicó el llamado *Proyecto de Lineamientos de la Política Económica y Social*, que esbozaba una declaración de políticas futuras profundamente abarcadoras y ambiciosas y que constituyó el boceto de un «plan de acción» para el proceso de reforma económica. Este documento se debatió y criticó en varios foros a lo largo del país para luego aprobarse un conjunto definitivo de «lineamientos» en el VI Congreso del Partido Comunista de Cuba, el 18 de abril de 2011. Es probable que este documento sea la iniciativa definitoria de la política pública y el principal legado económico de la presidencia de Raúl Castro.

El documento inicial incluía 291 iniciativas y recomendaciones de políticas que abarcaban casi todas las áreas social y económica. El rango de su cobertura puede medirse rápidamente enumerando los sectores y el número de recomendaciones en el documento, el cual incluía el Modelo de Gestión Económica (38), Políticas Macroeconómicas (25), Política Económica Externa (45), Política Inversionista (13), Política de Ciencia, Tecnología e Innovación (7), Política Social (37), Política Agroindustrial (31), Política Industrial y Energética (38), Política para el Turismo (14), Política para el Transporte (19), Políticas para las Construcciones, Viviendas y Recursos Hidráulicos (15) y Política para el Comercio (9). En efecto, la lista inicial de políticas parecía más bien una «lista de deseos» o, con más optimismo, una lista de «cosas por hacer». En cualquier caso, representaba un fuerte compromiso con la reforma. A pesar de las incongruencias internas y elementos opacos existentes dentro de las 291 recomendaciones, también hay propuestas radicales en muchos aspectos de la organización y la política económica. No obstante, entre las propuestas no se establecía ninguna prioridad ni se daba sugerencia alguna sobre la secuencia de las políticas. Tampoco había ninguna coordinación evidente sobre cómo serían implementadas.

Las recomendaciones para el desarrollo de lo que, sistemáticamente, se llamaba el sector «no-estatal» eran mínimas; tanto en el *Proyecto de Lineamientos...*, como en la versión aprobada por el Congreso del Partido. En el documento final solo aparecían dos vinculadas de modo directo a esta área, junto a un número de sugerencias de relevancia indirecta. Ahora bien, había cinco propuestas interesantes sobre las cooperativas —que analizaremos en el Capítulo 6.

Bajo el encabezamiento: «Modificar la estructura del empleo, reducir las plantillas infladas y ampliar el trabajo en el sector no-estatal», se propuso que el trabajo en el sector no-estatal se promoviera como una alternativa más a la labor en el estatal para la producción de bienes y servicios (Lineamiento 168); mientras el siguiente iba dirigido a «Desarrollar procesos de disponibilidad laboral, bajo el principio de la idoneidad demostrada, contribuyendo a eliminar tratamientos paternalistas. Estimular la necesidad de trabajar y reducir los gastos de la economía y el Presupuesto del Estado» (Lineamiento 169). Mientras tanto, en la sección de «Política para el Comercio», se declararon una serie de lineamientos para la restructuración de los sistemas minorista y mayorista, tomando en cuenta la eliminación gradual de las cuotas y, finalmente —pero no de inmediato—, la unificación monetaria. Esto incluía «Reestructurar las ofertas de bienes y servicios, revisando los precios minoristas de los productos que formen parte de la canasta básica y que se defina puedan ir transfiriéndose a la venta liberada sin subsidios en pesos cubanos» (310). El número 311, por su parte, enfatizaba el lugar de «la demanda solvente de los consumidores» en la determinación de los bienes y servicios a producir y mencionó que debían reconsiderarse y revisarse una serie de prohibiciones que limitaban el comercio. Dichas medidas implicaban que la soberanía del consumidor sería ahora la fuerza principal que impondría las directrices y la configuración del sistema de comercio, y, por ende, de producción; lo cual sugiere que la demanda de este pasaría a ser el determinante fundamental de lo que se produciría. Por su parte, el Lineamiento 68 señalaba que: «Se mantendrá el carácter centralizado de la determinación de los precios de los productos y servicios que económica y socialmente interese regular, descentralizándose los restantes».

De tal modo, se hace obvia la interrogante sobre cuáles son los precios que se controlarán de forma centralizada y cuáles serán «descentralizados»; lo cual resulta ambiguo. El «carácter centralizado» de la determinación de precios que refiere este lineamiento es contrario a lo que expresa el 311, respecto a la demanda solvente del consumidor como determinante de lo que se debe producir. Esta ambigüedad deja a los gestores del proceso de reforma un alto margen de discreción a la hora de decidir en la balanza entre el plan central y el «mecanismo de mercado» para la orientación de la economía.

Existen una serie de lineamientos adicionales que guardan relevancia indirecta para el sector cuentapropista. Por ejemplo, el no. 73 prevé la eliminación gradual y ordenada de la canasta básica y la libreta de abastecimiento. Esta medida haría que una gran porción de la demanda de alimentos y necesidades cotidianas pasara del área estatal controlada a la del mercado y la elección del consumidor predominaría por encima de la asignación burocratizada de una variedad de productos. Los ciudadanos podrían comprar la mayoría de los bienes y servicios necesarios a cualquier fuente, incluidos los crecientes sectores autónomos y las cooperativas; lo cual implica una expansión futura considerable para estos sectores no-estatales. No obstante, las distribuidoras estatales de mayor escala —funcionando en gran medida como grandes cadenas de distribución con numerosos puntos de ventas— continuarían desempeñando un papel fundamental. Asimismo, el objetivo del Lineamiento no. 9 era «desarrollar mercados de aprovisionamiento que vendan a precios mayoristas y brinden los servicios de alquiler de medios y equipos, sin subsidio, al sistema empresarial, al presupuestado y a las formas de gestión no-estatal». Esto significaría un beneficio fundamental para los negocios no-estatales, pues anteriormente estaban obligados a adquirir sus insumos en las tiendas en dólares, a altos precios minoristas, que incluían un impuesto sobre las ventas de 140%.

Los Lineamientos para la política industrial (215-239) no hacen referencia a los emprendimientos de pequeña escala; excepto el 217, que indica:

> *Reorientar a corto plazo las producciones del sector industrial con vistas a asegurar los requerimientos de los mercados de insumos necesarios a las distintas formas de producción (en particular las cooperativas y trabajadores por cuenta propia), así como desarrollar la oferta de equipos para las producciones a pequeña escala.*

La mejora del acceso a los insumos de todo tipo, incluido el equipamiento, para el cuentapropismo, sería un importante progreso. En el pasado, apenas existían fuentes legales de equipos, maquinarias, piezas de repuesto e insumos (materia prima, insumos intermedios, productos químicos, comestibles, materiales de construcción, etc). Ello significaba que este sector tenía que improvisar mucho; por ejemplo, se reconstruían viejas maquinarias, casi siempre con mucho ingenio. Sin embargo, a menudo tenía que recurrir al mercado negro para adquirir suministros. Los desvíos del área estatal eran también una fuente principal de esos productos. Por tanto, esta medida podría contribuir a una mejor productividad de los emprendimientos cooperativos y a pequeña escala, y a la contención del desvío generalizado de los recursos estatales que, por mucho tiempo, ha asolado la economía cubana.

En la versión final de los *Lineamientos...*, la sección de la política industrial incluye el fomento de las exportaciones y la diversificación, y define objetivos para los diferentes subsectores industriales. Desafortunadamente, no se menciona el papel específico del cuentapropismo en estas áreas. Esto resulta lamentable porque, con el transcurso del tiempo y después de la unificación monetaria y de la tasa de cambio —y sobre todo con la normalización de las relaciones con EE.UU.—, podría desempeñar una importante función en la expansión y diversificación de las exportaciones, en la producción de tabaco, en las confecciones, publicaciones, muebles, servicios web y algunos tipos de alimentos procesados, por ejemplo.

El Lineamiento no. 55 propone la unificación monetaria y el tipo de cambio: «Se avanzará hacia la unificación monetaria, teniendo en cuenta la productividad del trabajo y la efectividad de los mecanismos distributivos y redistributivos. Por su complejidad, este proceso exigirá una rigurosa preparación y ejecución, tanto en el plano objetivo como subjetivo». Esto supondrá un beneficio económico y social en general en el momento que suceda. Asimismo, será particularmente beneficioso para el sector autónomo y las cooperativas, cuando tendrán un mercado unificado y se evitarán, por tanto, las complicaciones de tener que sobrevivir a través de las manipulaciones de dos monedas, dos tasas cambiarias y dos tipos de mercado.

RÉGIMEN FISCAL PARA EL TRABAJO POR CUENTA PROPIA

Reformas fiscales

El gobierno cubano modificó el régimen fiscal para el cuentapropismo como parte de las reformas de las políticas diseñadas para absorber los trabajadores redundantes del sector estatal por parte del privado. Algunas de estas modificaciones fueron positivas en el sentido de reducir las pesadas cargas fiscales. No obstante, los cambios fueron modestos y el sistema fiscal continúa limitando la creación de empleos y la expansión emprendedora. El nuevo sistema fiscal —presentado en la *Gaceta Oficial...* (nos. 11 y 12, de 1 y 8 de octubre, respectivamente)— tiene cuatro componentes: impuesto sobre las ventas, sobre la mano de obra contratada, sobre la renta y los pagos de la seguridad social. Por lo general, los impuestos se pagan en CUP; aquellos que perciben ingresos en CUC, tienen que traducirlos a pesos según la tasa de cambio cuasi-oficial. Existe también un régimen especial para las casas de alquiler particulares —gran parte de las cuales cobran en CUC— que no se considera aquí.

Primero, el impuesto sobre las ventas es de 10% sobre el valor bruto de las ventas y debe ser pagado por todas los negocios que no caigan dentro de la categoría del Régimen Fiscal Simplificado. A pesar de que es razonable en principio y se utiliza en la mayoría de los países, el costo administrativo de monitorear el valor de las ventas y recaudar los impuestos de muchas de las actividades por cuenta propia de menor escala es alto. De hecho, esto se reconoció en las reformas, que establecieron un Régimen Tributario Simplificado para los emprendimientos muy pequeños.

El segundo es el Impuesto por la Utilización de la Fuerza de Trabajo. El gravamen sobre la contratación de empleados se fijó en 25% de 150% (o sea, 37,5%) del salario promedio nacional, que era de $429 mensuales en 2009 (ONE, AEC, 2010, tabla 7.4). Por tanto, el impuesto sería de $161 mensuales por empleado o $1 932 al año. Se estableció un mínimo de empleados por propósitos fiscales de 2 para los paladares y 1 para los vendedores ambulantes y algunas otras actividades. No parece haber ninguna excepción o ajuste para los trabajadores a tiempo parcial. No obstante, en la legislación, 74 actividades por cuenta propia tenían prohibido la contratación de personal y otras 7 podían emplear solo una persona; restricción que fue eliminada posteriormente.

Tercero, existen dos regímenes fiscales: uno simplificado para las actividades autónomas de menor escala y uno más complejo para las de mayor escala. El régimen simplificado se aplica a 91 actividades. En lugar de los impuestos sobre la renta y sobre las ventas, estas pagan un gravamen consolidado por el pago mensual de la licencia, que varía de $40 a $150 mensuales, a ser ingresados en los primeros diez días de cada mes. Algo que no quedaba claro era si se rembolsarían los sobrepagos, lo cual no era el caso en el sistema anterior. Las otras caen dentro del régimen fiscal general y abonan todos los impuestos individuales aquí planteados; incluido el impuesto/licencia mensual por adelantado, que va de $40 a $700 mensuales.

Para la determinación del impuesto sobre la renta, la «base imponible» se define como los ingresos totales menos una cantidad fija de gastos deducibles. Las cantidades máximas permitidas de estos gastos varían de 10% para 10 de las actividades; 20% para las de arrendamiento— las casas de alquiler tienen su régimen fiscal específico sobre la base del número de habitaciones alquiladas y otros espacios utilizados por los arrendadores—; 25% para otras 40 actividades; 30% para 10 más; y 40% para 6 relacionadas con los alimentos y el transporte.

Las tasas fiscales para los emprendimientos que caen dentro del Régimen General —pero no en el Simplificado— escalan progresivamente de la siguiente manera:

1. 15% de los primeros $10 000 —antes era de los primeros $5 000 hasta 25% del ingreso adicional entre $5 000 y $10 000 —; más
2. 20% por incrementos de ingresos de $10 000 a $20 000; más
3. 30% de $20 000 a $30 000; más
4. 40% de $30 000 a $50 000; más
5. 50% por ingreso adicional por encima de los $50 000 (Pons Pérez, 2012).

Estas tasas pueden parecer altas y lo son, en efecto, más que las de muchos países; pero tienen precedente en comparación a nivel internacional.

El cuarto elemento son los pagos de la seguridad social destinados a la larga para el apoyo a la tercera edad, licencias de maternidad, incapacidad y muerte en la familia; determinados según una escala que varía de $350 a $2 000 mensuales, según decida el trabajador por cuenta propia. Esto es un plan de seguridad social, a pesar de que los pagos sean similares a los impuestos.

Ejemplo: Tres casos de impuestos para paladares

Para reflejar el carácter del régimen fiscal, analizamos a continuación el caso de un paladar, con los cálculos resumidos en la Tabla 5.1. En este ejemplo, se asume que el total de entradas al ingreso bruto del paladar es $100 000 al año (Fila 1) o unos modestos $280 diarios (unos 10.50 USD). Se suponen entonces tres escenarios diferentes, donde los costos de producción son de 40% (caso A), 60% (caso B) y 80% (caso C) de los ingresos totales. Una situación donde los costos de producción de un paladar sean de 80% es razonable si se consideran los requeridos para la compra de los alimentos, la mano de obra, los gastos de capital, el alquiler, los servicios públicos, etc. Por otra parte, el máximo de 40% resulta demasiado bajo para muchos tipos de negocios —especialmente para los paladares.

Tabla 5.1: Tres casos de cálculo de los impuestos para paladares (CUP).

	CASO A	CASO B	CASO C
1. ingreso bruto	100 000	100 000	100 000
2. costo real de insumos (% del ingreso bruto)	40	60	80
3. valor en Pesos	40 000	60 000	80 000
4. costos deducibles permitidos del ingreso bruto (%)	40	40	40
5. valor en Pesos	60 000	40 000	20 000
6. ingreso neto real antes de los impuestos (1-3)	60 000	40 000	20 000
7. base imponible (1-5)	60 000	60 000	60 000
8. impuesto sobre la renta a pagar, basado en los ingresos brutos menos el valor de las deducciones permitidas (1-5)	19 500	19 500	19 500
9. impuesto por la contratación de empleados mínimos: 2 empleados a 37.5% del salario promedio anual	3 864	3 864	3 864
10. pago total de impuestos (8 + 9)	23 364	23 364	23 864
11. tasa fiscal promedio real (10/6)	38,9	58,4	116,8%

Fuentes: Elaboración propia a partir de la Gaceta Oficial... (2010a y 2010b).

Las tres situaciones de costos de insumos diferentes (Filas 2 y 3) generan diferentes ingresos netos (Fila 6, que es la Fila 1 menos la Fila 3). La base imponible, sin embargo, se determina según un máximo legal permisible de $40 000 (Filas 4 y 5) y es $60 000 en los tres casos (Fila 7). El impuesto sobre la renta a pagar se determina mediante la escala progresiva ya señalada y es $19 500 para todos (Fila 8).[5] El impuesto sobre la contratación de 2 empleados mínimos es de 25% de 150% (o sea, 37,5%) del salario promedio nacional, que era de $429 mensuales o $161 por 12 meses por 2 empleados, o $3 864 al año (Fila 9). Los impuestos totales, entonces, son la suma de las Filas 8 y 9, o $23 364 anuales (Fila 10).

La tasa efectiva de impuesto se calcula entonces como el Pago de Impuesto como un por ciento del Ingreso Neto Real (la Fila 10 dividida por la

---

[5]

Categoría de Ingresos	Tasa impositiva	Impuesto a pagar
Primeros 10 000	15%	1 500
Próximos 10 000	20%	2 000
Próximos 10 000	30%	3 000
Próximos 20 000	40%	8 000
Últimos 10 000	50%	5 000

Impuesto total a pagar: 19 500

Fila 6). Para el caso C, donde los verdaderos costos de producción constituyen 80% de los ingresos totales, la tasa efectiva de impuesto resulta ser un imposible 116,8% de los ingresos totales. Una vez más, esto se debe a que el máximo permisible por concepto de costos en la determinación de la base imponible se fijó en 40% de los ingresos totales; mientras que los costos reales de producción fueron 80% de los ingresos totales. Este caso puede ser relevante para negocios del tipo de restaurantes, donde los insumos alimenticios y laborales probablemente se acercan o sobrepasan 80% de los ingresos reales en algunos casos.

El resultado clave de este ejemplo es que las tasas efectivas de impuestos pueden ser mucho mayores que las tasas fiscales nominales en todas las actividades donde los verdaderos costos de los insumos sobrepasen el por ciento máximo establecido. En algunos casos, los impuestos a pagar pueden fácilmente ser superiores al ingreso neto real, si se asume el cumplimiento real de las regulaciones fiscales. Es probable que esta situación suceda para todas las actividades que no caen dentro del régimen fiscal simplificado. Estas tasas efectivas de impuestos tan elevadas pueden destruir los emprendimientos en cuestión y bloquear el surgimiento de otros nuevos; lo cual, de hecho, era el propósito de las políticas anteriores a 2006. Sin embargo, es de suponer que el objetivo del nuevo enfoque político sea fomentar este sector y la creación de empleos. Es probable que estas tasas efectivas de impuestos tan altas y poco realistas conlleven a la evasión fiscal por parte de aquellos negocios cuyos costos de insumos sean mayores que los ingresos totales.

Evaluación de las nuevas disposiciones fiscales

Este nuevo régimen fiscal representa un significativo paso de avance en comparación con el anterior puesto que permite la deducción de costos de producción superiores al máximo permitido previamente de 10% de los ingresos totales. Esto es un ajuste lógico a la base imponible, pues la mayoría de las actividades cuentapropistas generan costos superiores a ese por ciento. La nueva disposición resulta particularmente beneficiosa para las actividades relacionadas con los servicios gastronómicos, el transporte y las manufacturas artesanales, cuyos costos de insumos sobrepasan ese 10%. La estructura progresiva de los impuestos sobre la renta es razonable, aunque bastante rígida. Al mismo tiempo, existen un número de fallos en el nuevo régimen fiscal que continuarán frenando el desarrollo del trabajo autónomo al impedir la absorción de los trabajadores excedentes del sector público. Primero, el impuesto sobre el empleo es problemático, pues se añade al costo de contratación que debe pagar el empleador. El impacto evidente de este impuesto será limitar la creación de empleos y ralentizar la absorción del desempleo. Otro resultado relacionado es el incentivo para que los negocios privados contraten personal «por debajo del tapete» a fin de evitar estos impuestos. A pesar de que el impuesto sobre la contratación de los trabajadores empleados en el sector privado quedó suspendido —quizás en 2012—, su subsecuente rehabilitación tendrá los mismos efectos negativos aquí referidos.

El nivel de los impuestos en general es severo. Su sumatoria (renta, fuerza laboral y recargos por los servicios públicos) es elevada y puede contribuir a crear tipos impositivos efectivos que excedan 100% —como ya explicamos. Esto, como consecuencia, continuará fomentando el incumplimiento, desalentará a los emprendimientos clandestinoas a pasar a la legalidad y no será promovido el establecimiento de nuevos negocios.

Ahora bien, la deficiencia más seria del régimen fiscal sobre la renta tiene que ver con la base imponible, que no son los «ingresos netos» después de la deducción de los costos de los insumos, sino diferentes proporciones arbitrarias de los ingresos totales, según la actividad en cuestión. El régimen fiscal limita la cantidad máxima de costos de insumos deducible de los ingresos totales de 10% a 40%, según el tipo de emprendimiento. Cuando sus costos reales de los insumos son superiores al máximo permitido, la tasa fiscal sobre el ingreso neto verdadero puede ser muy alta. En el ejemplo comparativo del Cuadro 5.1, la tasa impositiva efectiva —definida como los impuestos a pagar como un por ciento del ingreso neto verdadero— puede exceder 100%. Evidentemente, esto aniquilaría el negocio o fomentaría el fraude; así como también frenaría el paso de las actividades clandestinas a la formalidad y bloquearía el establecimiento de nuevos emprendimientos.

Las reformas al régimen fiscal para el trbajo autónomo inicialmente redujo la discriminación fiscal que favorecía a la empresa mixta extranjera por encima de la nacional. Sin embargo, la Nueva Ley para la Inversión Extranjera, publicada en abril y puesta en vigor en junio de 2014, otorgó mayores ventajas fiscales a los inversionistas extranjeros al incrementar la discriminación a favor de estos y contra los pequeños negocios cubanos, a los que se les niega el derecho de recibir inversión extranjera. La Ley se aprobó debido a las deficiencias de su predecesora para fomentar la suficiente afluencia de inversión extranjera y los

Cuadro 5.1: Comparación de los regímenes fiscales
para el cuentapropismo y las empresas mixtas extranjeras
con posterioridad a la Nueva Ley para la Inversión Extranjera de 2014.

	SECTOR CUENTAPROPISTA	INVERSIONISTAS EXTRANJEROS DE LAS EMPRESAS MIXTAS O LAS ASOCIACIONES ECONÓMICAS
tasas fiscales nominales	impuesto sobre los ingresos personales: de 15% a 50% de los ingresos superiores a $50 000 o $2 000 al año	impuesto sobre las ganancias: 15% de la renta corporativa neta (quizás 50% en el caso de los recursos); Los impuestos personales exentos para esos beneficios
base imponible real	de 60% a 90% de los ingresos brutos (un máximo de 10% a 40% permitidos por costos de insumo según la actividad)	el ingreso neto después de sustraer todos los costos de inversión y de producción de los ingresos brutos
tipo impositivo real	puede acercarse o sobrepasar 100% del ingreso neto	15% del ingreso neto (quizás 50% para la minería y el petróleo)
vacaciones fiscales	ninguna	ocho años de exención de impuestos sobre las ganancias
deducibilidad de los costos de inversión de los ingresos brutos	deducibles solo dentro de los límites permitidos de 10% a 40%	completamente deducibles de los ingresos brutos a la hora de determinar la base imponible
deducibilidad de los costos de los insumos de los ingresos brutos	deducibles solo dentro de los límites permitidos de 10% a 40%	completamente deducibles de los ingresos brutos
pagos para la Seguridad Social	sí	sí
impuestos fijos	se deben pagar cuotas fijas mensuales por adelantado	ninguno
derechos de importación de insumos	se prohíbe la importación directa de insumos	se permite libremente la importación directa de insumos
expatriación de las utilidades	no	sí

Fuente: Elaboración propia.

beneficios percibidos que traería al país el incremento de la inversión directa extranjera. Los beneficios incluirían transferencias tecnológicas, gerenciales y empresariales dentro de las empresas ya existentes; creación de empleos de mayor productividad; acceso a niveles de ingresos superiores, a mercados extranjeros; y flujos financieros que podrían complementar el ahorro interno y permitir niveles de inversión incrementados. Este último factor es de especial importancia frente a los niveles extremadamente bajos de ahorro e inversión que Cuba ha logrado. De hecho, los niveles de inversión cubanos han sido los más bajos de Latinoamérica durante los últimos veinte años. En 2011, esta tasa era de 10,2% del PIB, en comparación con la de 22,4% en el resto de América Latina.

Existen también una serie de costos aparejados al incremento de la inversión extranjera; entre ellos, la expatriación de las utilidades siempre que la inversión sea rentable, la posible divergencia de intereses de la empresa foránea con los del país receptor y la hipotética represión o desplazamiento de la iniciativa empresarial nacional. En este sentido, la Ley ha creado un ambiente bastante hospitalario para las firmas extranjeras, brindando mayores seguridad de tenencia y control sobre la contratación y la compensación de la fuerza laboral; sobre todo, generosas exenciones fiscales. De hecho, las ventajas fiscales para los inversionistas extranjeros son ahora en extremo beneficiosas. Podría esperarse que los bajos niveles de los impuestos para los nuevos inversionistas extranjeros tuvieran gran éxito en el fomento de la inversión por parte de una amplia gama de fuentes; sobre todo China y Brasil, quienes, a principios de 2014, ya tenían varios proyectos en camino.

El tratamiento fiscal de la empresa extranjera relativo al cuentapropismo se resumen en el Cuadro 5.1 (una versión modificada del Cuadro 4.2), que compara el régimen fiscal para el sector privado con el régimen fiscal actual para los inversionistas extranjeros de las empresas mixtas o las asociaciones económicas internacionales, en el período posterior a junio de 2014. Las diferencias más notables son:

1. Las tasas fiscales nominales para los emprendimientos privados son entre 15% y 50% de todos los ingresos por encima de 2 000 USD anuales, o 167 USD mensuales. Los impuestos sobre la renta corporativa son de 15% en general, y 50% en caso de la extracción de recursos.
2. Los inversionistas extranjeros de las empresas mixtas —presuntamente con firmas estatales cubanas— reciben ocho años de vacaciones fiscales; no así los cuentapropistas.

3. La base imponible efectiva para las firmas extranjeras son las ganancias o los ingresos netos; es decir, los ingresos brutos menos todos los costos de inversión y de producción —insumos, utilidades de los trabajadores, alquiler, etc. En contraste, para el cuentapropismo, la base imponible son los ingresos brutos menos niveles máximos permitidos y arbitrarios de los costos de los insumos que oscilan entre 10% y 40%, según la actividad, más allá de los costos de producción verdaderos. Esto trae como consecuencia que las tasas efectivas para las compañías extranjeras sean razonables, pero para los emprendimientos privados nacionales sean ilógicamente altas, pudiendo alcanzar y sobrepasar 100%.

4. Para las firmas extranjeras, los costos de la inversión son deducibles de los flujos de ingresos futuros según la convención internacional normal. Una vez más, sin embargo, para su contraparte son deducibles solo dentro de los niveles máximos permitidos de 10% y 40% del año en curso.

5. Para las firmas extranjeras, todos los costos de producción (insumos, fuerza laboral, costos de los intereses, servicios, costos de alquiler, etc.) son deducibles de los ingresos totales a la hora de calcular los beneficios o la base imponible. Para los negocios privados, solo los son hasta un máximo de 10 a 40% según el tipo de actividad.

6. Por otra parte, según la nueva legislación, todas las ganancias de las compañías extranjeras pueden ser expatriadas. En contraste, los ingresos, muchísimos más modestos, de los cubanos, después de pagar los impuestos, se gastarían casi en su totalidad en la economía interna. (Resulta verdaderamente inusual para los cubanos —incluso para los emprendedores de éxito— enviar remesas al exterior en lugar de recibirlas.) De hecho, si sus ganancias, después de pagar los impuestos, fuesen a salir del país, tendrían que cambiar sus ahorros en pesos cubanos por una moneda extranjera a una tasa de 26 CUP = $1.00 USD, o aproximadamente 34.5 CUP = 1 euro.

7. Los cuentapropistas también tienen que pagar un impuesto sobre la contratación de más de cinco empleados; lo cual no es un buen mecanismo para crear puestos laborales. Las firmas extranjeras están exentas de este tipo de impuesto, lo que les permite una ventaja injusta en la formación de empresas de mediano tamaño y una buena posición dentro del incipiente sector de las pymes.

8. Los trabajadores autónomos tienen todavía que pagar algunos impuestos por adelantado, a principios de mes, en la forma de cuotas

fijas mensuales. Definitivamente, esto no se aplica para los inversionistas extranjeros.

9. Las firmas foráneas pueden importar sus insumos, equipos y maquinarias, así como el personal, directamente del exterior. Los ciudadanos cubanos con pequeños negocios tienen que hacer sus compras en las TRD, donde los márgenes y los impuestos sobre las ventas son muy altos. —En el futuro, puede que estén disponibles a precios mayoristas con impuestos sobre las ventas aún desconocidos; pero ese futuro prometido parece no llegar nunca.

Este tratamiento diferencial entre los impuestos para los cuentapropistas y los inversionistas extranjeros representa una insólita forma de discriminación contra los cubanos; sobre todo en un país con una orgullosa tradición nacionalista/socialista de priorizar en teoría los derechos y los objetivos nacionales —«Cuba para los cubanos»— por encima de los «extranjeros explotadores». Con el tiempo, es probable que este tipo de discriminación genere mayores insatisfacciones en los cubanos nacionalistas, así como entre los emprendedores. Queda la esperanza de que las presiones políticas y el clima de la opinión pública exija, en breve, una mayor justeza en el carácter de los impuestos.

Pasos de avance y de retroceso (2011-2014)

Entre 2011 y 2014 se han introducido una serie de medidas que modifican las regulaciones iniciales para el cuentapropismo. Los objetivos generales de estos cambios de políticas eran facilitar aún más la expansión del empleo dentro de dicho sector a fin de crear nuevas oportunidades laborales para los trabajadores excedentes del sector estatal y acelerar este proceso en un corto plazo. No obstante, algunos analistas han interpretado estas nuevas medidas más bien como una cortina de humo o una manera de «descompresión»; es decir, lo ven simplemente como una forma en que el Estado se libera de sus compromisos sociales y laborales insostenibles, consigue tiempo para consolidar el poder durante una transición incierta a una nueva generación de líderes revolucionarios seleccionados a mano y evita el colapso total del sistema, mientras protege el monopolio estatal sobre la propiedad y el control sobre las actividades de importación y exportación (Celaya, 2013a y 2013b). En cualquier caso, entre 2011 y 2012 el Gobierno dio pasos para corregir el problema de «la carreta delante de los bueyes» que había implicado la propuesta inicial de despedir a los trabajadores del sector estatal antes de que los nuevos empleos en el sector privado pudieran absorberlos. Ahora, estos debían llegar primero; mientras tanto, se pospuso el despido de los empleados estatales.

Nuevas medidas

Primero, las empresas estatales que generaban pérdidas, como muchos de los restaurantes de ese sector, debían ofrecerse para alquiler a cuentapropistas y gestionarse como pequeños negocios privados (*Granma*, 2011). Esta puede ser una medida significativa, pues provee un mecanismo de empleo potencial para esos trabajadores que quedarían excedentes. En algunos casos, los mismos empleados pueden funcionar como una pequeña empresa o, tal vez, como una cooperativa.

Segundo, las 201 actividades por cuenta propia podían ahora contratar empleados. Este cambio de política alentaría a que los asistentes contratados de manera informal —e ilegal— se incorporaran formalmente a muchos emprendimientos particulares. Permitiría, asimismo, que muchos negocios, de alguna manera, se expandieran de forma óptima y lograran, por tanto, mayores economías de escalas.

Tercero, se otorgó una exención de impuestos sobre la fuerza laboral para aquellas actividades autónomas con menos de seis empleados —una medida para fomentar la creación de puestos laborales. Se eliminó el requerimiento de un número mínimo de empleados con el propósito de facilitar el cálculo fiscal.

Cuarto, se relajaron una serie de regulaciones que, por lo general, complicaban y obstruían el funcionamiento de algunos emprendimientos. Por ejemplo, se permitió incrementar el número de sillas en los paladares de 20 a 50 —un incremento al miserable antiguo límite de 12 asientos. Algunos cuentapropistas, principalmente los taxistas, tenían autorización para detener las acciones durante períodos de reparación con el fin de no tener que pagar impuestos mientras el negocio estuviera inoperante.

Quinto, las compras a gran escala de algunos insumos se permitieron a precios «mayoristas» más bajos, en lugar de los elevados precios de las tiendas en dólares (*Trabajadores*, 8 de julio de 2011).

Sexto, de gran importancia potencial a largo plazo, fue la apertura de facilidades de crédito para las actividades autónomas por parte de las instituciones financieras estatales. El Decreto-Ley no. 289 del Consejo de Estado, de 16 de noviembre de 2011, legalizó las facilidades de crédito para préstamos al trabajador autónomo, los pequeños campesinos y las personas con licencias para practicar otras formas de empresa no-estatal. La provisión de microcréditos para el sector privado por parte del sistema bancario comenzó en 2012. Al principio, solamente 10% de los créditos otorgados fueron al sector autónomo y el resto se destinó a la reparación de inmuebles (Vidal Alejandro, 2012); sin embargo, esto podría cambiar en el futuro. Los pequeños emprendimientos también recibieron permiso para comprar materiales de construcción y pagar la mano de obra empleada en la construcción.

Séptimo, se ampliaron aún más los mercados potenciales para el cuentapropismo; una medida de gran potencial para el futuro. Los pequeños emprendimientos obtuvieron permiso para vender directamente al sector del turismo. También se le autorizó a comercializar sus bienes y servicios directo con los hoteles y restaurantes como mayoristas o minoristas (*Granma*, 2011) a las CPA, a las Cooperativas de Créditos y Servicios (CCS), a las Unidades Básicas de Producción Cooperativa (UBPC) y a las fincas orgánicas pertenecientes a entidades estatales. Los bienes que podían proporcionar incluían materia prima industrial, productos agropecuarios, arroz, y carbón, con precios en CUP (Res. no. 122 de los Ministerios de Finanzas y Precios, y del Turismo, noviembre 14).

Octavo, se anunció en el mes de diciembre de 2011 que las *Páginas Amarillas* del Directorio Telefónico de 2012, producido por la Empresa de Telecomunicaciones de Cuba (ETECSA) incluiría la lista de los diferentes servicios brindados por los negocios privados (*Juventud Rebelde* 2011). Esta simple medida legitima el sector, incrementa el potencial para la competencia —precios más bajos y mejor calidad— entre los productores y reduce los «costos de transacción» para los compradores. También brinda la ventaja de una comunicación más fluida con los compradores para los emprendimientos legales *versus* las actividades clandestinas; estas últimas, a las cuales debe contribuir a reducir.

También se introdujeron una serie de modificaciones al sistema fiscal para el cuentapropismo. En diciembre de 2011, se redujeron los niveles impositivos para los emprendedores. El mecanismo fue incrementar la exención inicial de la base imponible de $5 000 a $10 000 anuales; el pago de impuestos sobre la fuerza laboral continúa suspendido de manera indefinida, aunque no se ha declarado permanente de manera oficial. En el otoño de 2012, se incluyó una reducción aún mayor de los niveles impositivos para los cuentapropistas como parte de la nueva ley fiscal. Las tasas aplicables de impuestos a la renta se disminuyeron en 7% para los niveles de ingresos más bajos y en 3% para los más elevados. El gravamen a pagar por cada empleado se aplicaría solo a aquellos con seis empleados o más. La tasa a pagar por el restos se redujo en 80% para los próximos cinco años (Peters, 2012e).

Estas medidas estaban encaminadas a ayudar a crear un estímulo intenso a corto plazo para el desarrollo del trabajo autónomo y tendrían un impacto positivo. La relajación del impuesto sobre la fuerza laboral para los negocios con menos de seis trabajadores debía ser particularmente beneficioso y facilitar la contratación de empleados en el sector. La reducción de 80% de las tasas sobre la fuerza laboral, cuando se emplean seis o más personas, resulta positiva a la hora de generarse puestos, aunque solo por un período transitorio. Asimismo, la cuota fija mensual por adelantado para los dueños de las casas de alquiler particular se redujo para lo que quedaba del año 2011 de 200 CUC a 150 CUC; en dependencia si el alquiler era en CUC o en CUP. Esto también constituyó un intento por otorgar un recorte tributario a fin de fomentar el surgimiento de nuevos emprendimientos.

Una de las políticas introducidas a finales del verano de 2012 podría tener un impacto negativo en el sector privado. En ausencia de mercados mayoristas para bienes nacionales e importados, algunos emprendedores a pequeña escala comenzaron a ser dependientes de importaciones periódicas de insumos traídas a Cuba por viajeros que regresaban del exterior; por tanto, la imposición de altas tasas impositivas sobre dichas importaciones perjudica a muchos pequeños negocios. Se espera que se tomen rápidas provisiones para el establecimiento de mercados de insumos mayoristas. Por otra parte, la primera mitad de 2013 fue testigo de una serie de represiones *ad hoc* contra las actividades que habían establecido tiendas en los portales techados de muchas de las principales ciudades de Cuba, especializadas en la venta de bienes importados. En otoño de ese mismo año, siguieron una serie de medidas y anuncios legales más directos y sistemáticos encaminados a lograr mayor «orden, disciplina y control» sobre el sector emergente cuentapropista. Estas operaciones en contra del trabajo autónomo, en apariencia, legal ha enviado un mensaje decididamente contradictorio a los emprendedores cubanos en apuros (Gálvez, 2013; Peters, 2013c).

Nuevas ocupaciones

Por la parte positiva, un conjunto significativo de regulaciones para el trabajo por cuenta propia, del 26 de septiembre de 2013 (*Gaceta Oficial,* 2013, Res. nos. 353 41 y 353 42), por primera vez, elevó el número general de ocupaciones privadas legalizadas a 201 actividades. Entre las nuevas actividades se encontraban los gestores de permutas y compraventa de viviendas —se legalizaba así una ocupación fundamental, aunque informal, conocida desde hace tiempo en Cuba como «corredores de permutas»—; intermediarios para el alquiler de casas particulares —salían de la clandestinidad los buscavidas que trataban de conducir a los turistas extranjeros a los alquileres—; elaboradores de jabón, betún y tintas; servicios de construcción, chapistas, graniteros, anticuarios y fundidor/oxicortador.

Dos ocupaciones particularmente interesantes son los agentes de correo, quienes pueden proveer servicios minoristas a nombre de la Empresa de Correos de Cuba; y los «agentes de telecomunicaciones», que pueden dar servicios y productos de venta minoristas correspondientes a ETECSA (Cancio Isla, 2013; Pérez, 2013). Además, a principios del otoño de 2013, el Ministerio de Turismo de Cuba estableció la Res. 145/2013, que permite a las empresas y agencias de turismo estatales contratar servicios externos directamente a los cuentapropistas, con pagos en CUC, e incluirlos en los paquetes turísticos que ofertan. Es notable que el objetivo primario de esta reforma era comenzar a incorporar las ofertas singulares y populares de los pujantes paladares, casas de alquiler y taxis privados de Cuba al lucrativo, pero muchas veces de baja calidad, sector del turismo (*El Nuevo Herald,* 2013b; *DDC,* 2013b; Carrillo Ortega, 2013; *Café Fuerte,* 2013c).

Por otra parte, el Decreto-Ley no. 288 del Consejo de Estado, aprobado dos años antes, el 30 de octubre de 2011, permitió el establecimiento de un mercado para la compraventa de casa particulares. Si bien esta medida no está enfocado directamente en el cuentapropismo, tendrá un número de beneficios colaterales para el sector del trabajo autónomo. Por ejemplo, al permitir que el canje clandestino de inmuebles salga a la superficie. Con anterioridad, el mercado inmobiliario se limitaba a las «permutas», mediante las cuales se intercambiaban las viviendas y se hacían pagos por debajo del tapete de una parte a la otra para equiparar los valores estimados de las propiedades. La mayor fluidez del intercambio abierto de casas y el movimiento de personas entre los inmuebles será muy beneficioso para los ciudadanos en la medida que sus necesidades inmobiliarias evolucionen en el ciclo vital.

Como dijimos con anterioridad, una de las nuevas medidas de septiembre de 2013 también permitió que los «corredores de permuta», quienes actuaban como agentes inmobiliarios clandestinos, legalizaran sus estatus y se convirtieran en trabajadores por cuenta propia. Sin duda, esto se convertirá en una fuente considerable de ingresos para muchos y en un componente importante del sector laboral privado —como es el caso en muchos países. Un mercado inmobiliario abierto también permitirá que algunos negocios se trasladen con mayor facilidad a locales más adecuados para su actividad específica, según su tamaño, ubicación y otros servicios que oferten. Asimismo, creará un capital fungible para los dueños de las propiedades que podría ser empleado como capital de inversión para sus propias actividades económicas o las mejoras de su hogar. A pesar de que hasta enero de 2014 no existía un mercado hipotecario, ya se podían imaginar posibles transacciones con vistas a producir fondos de inversión para pequeños emprendedores, como la venta de una casa grande, la adquisición de una pequeña y la inversión de la diferencia en un negocio. Eso por no hablar del crecimiento explosivo de las remesas familiares hacia Cuba; de las cuales, de hecho, se invierte una parte significativa en negocios privados (Morales, 2013; Orozco y Hansing, 2011). El Estado también se beneficia a partir de la reforma en el sector de la vivienda, principalmente, por concepto de impuestos. Los agentes inmobiliarios pagan impuestos sobre sus rentas; mientras este impone un gravamen sobre la venta de 4% del valor estimado de la casa en cuestión. De manera probable, esto podría convertirse en una fuente creciente de ingresos en la medida que aumente el volumen de las casas y su valor.

De igual manera, la autorización para comprar y vender —o donar— vehículos automotores, construidos después de 1959, y el establecimiento, por ende, de un mercado legal automotriz, tendrá beneficios colaterales para el sector cuentapropista. Al igual que con las propiedades inmobiliarias, esto facilitará la fluidez a la hora de llevar a cabo transacciones e inversiones (Decreto no. 292 del Consejo de Ministros, 20 de septiembre de 2011).

Al mismo tiempo, el movimiento hacia el establecimiento de un mercado más libre para la venta y compra de automóviles en los años 2012 y 2013 recibió un golpe funesto cuando los anuncios, en principio celebratorios, de mayores importaciones y la venta liberada de automóviles del exterior (Ravsberg, 2013) fue seguida por la noticia absurda de que el precio de los autos que se venderían, oscilaban entre los 40 000 CUC y 250 000 CUC (*BBC Mundo*, 2014). A pesar de no constituir una de las reformas fundamentales del Gobierno, esta sorpresa —en extremo desagradable— reveló lo que un grupo de activistas de la sociedad civil en la Isla describe como la esencia misma de todo el proceso de reformas bajo el mandato de Raúl Castro: «la proclamación formal de un derecho cuya implementación en la práctica resulta imposible» (Grupo Consultor, 2013 y 2014; Sánchez, 2013).

Nuevas limitaciones

A finales de 2013, el trabajo por cuenta propia había logrado avances significativos desde el punto de vista *cuantitativo* a pesar de que continuaba enfrentando importantes límites *cualitativos* en relación con su crecimiento, profundidad y dinamismo futuros. El veterano estudioso de Cuba, Philip Peters, lúcidamente ha llamado a este dilema «la parte difícil» y ha señalado que, cuando el Estado comience la titánica labor de reformar las improductivas e ineficientes empresas estatales cubanas, necesitará «un fuerte sector privado que genere empleos para los trabajadores estatales excedentes [en] empresas de mayor escala que pueda emplear mayores cantidades de profesionales y otros trabajadores, incluso en la producción de bienes y servicios de alto valor añadido» (2013a). También sugiere que el Gobierno parece preferir que el sector cooperativo no-agrícola, hace poco tiempo establecido —tema central del Capítulo 6—, sea quien desempeñe ese papel en lugar del sector privado. Peters basa esta valoración en su propio análisis de la profundidad y la secuencia de las reformas hasta la fecha; así como en francas declaraciones del liderazgo cubano al respecto. De hecho, en marzo de 2013, el entonces primer vicepresidente cubano —y actual presidente desde abril de 2018—, Miguel Díaz-Canel, incluyó la siguiente declaración: «Hemos avanzado en lo que era más fácil, en las soluciones que requerían menos profundidad de decisión y de realización y ahora nos van quedando aspectos más importantes, más decisivos para el desarrollo futuro del país, y también más complejos de solucionar» (citado en Morales, 2013a).

De hecho, a pesar de que la cantidad total de trabajadores por cuenta propia alcanzó un récord de 455 557 hacia finales de febrero de 2014 —más del triple del número existente en otoño de 2010— (*CubaDebate*, 2014b; *Mesa Redonda*, 2014), esta sin precedentes expansión cuantitativa contradice un número de limitaciones cualitativas e ideológicas, y francamente obstáculos políticos, que continúan frenando el crecimiento del sector más allá de una mera supervivencia. Ya sea a propósito o por defecto, estas restricciones impiden la transformación del trabajo por cuenta propia en un sector empresarial dinámico de pequeña y mediana escala que podría constituir la base de una clase media emergente. En particular, en el otoño de 2013 se aprobó una serie de nuevas regulaciones para el cuentapropismo —junto a un grupo de pronunciamientos oficiales nada populares—, encaminadas a detener los «abusos» y «deformaciones» predominantes en el sector. Este énfasis renovado en la ley y el orden se desplegó a pesar de —o tal vez debido a— la creciente evidencia de que esos supuestos «abusadores» estaban compitiendo con éxito con el sector estatal —mediante empleos y bienes y servicios a precios inferiores y con mayor calidad y variedad que las empresas estatales, reconocidas por los «precios exorbitantes y la mala calidad» de sus productos (Valdés, 2013; véase también Frank, 2013d; Rainsford, 2013; Rodríguez, A., 2013; *Cuba Dice*, 2013; García, 2013; Palacios Almarales, 2013).

Esta Ley y los pronunciamientos del orden incluyeron la prohibición de finales de septiembre de la reventa de bienes importados —en particular confecciones traídas a Cuba por «mulas»— y de artículos del hogar adquiridos en las tiendas minoristas estatales (*Gaceta Oficial...*, 2013a). Después, a principios de noviembre —tras lo que resultó ser una declaración prematura del viceministro de Cultura, Fernando Rojas, favoreciendo a la «regulación» por encima de la «prohibición» total (*Juventud Rebelde*, 2013)—, el periódico *Granma* publicó una prohibición absoluta que exigía explícitamente el cierre de las muy populares salas de juego y cines 3D privados; antes toleradas, aunque no reguladas. El artículo ordenaba su prohibición con las siguientes palabras: «Cesarán de inmediato en cualquier tipo de actividad por cuenta propia» (2013). El rechazo popular de este movimiento desde arriba hacia abajo, hacia un mayor «orden, disciplina y control», puso de manifiesto un dilema fundamental que enfrenta el gobierno cubano a la hora de intentar promulgar reformas económicas que cedan espacio al sector privado.

La prohibición total de las actividades que el Gobierno prefiere mantener dentro del monopolio estatal (negocio de importación/exportación y la mayoría de las profesiones) le permite ejercer un control simbólico sobre la población e impone un orden aparente en la sociedad y los ciudadanos cubanos. No obstante, este control viene a costa de empujar dicha actividad económica —junto con sus potenciales ingresos fiscales— de vuelta al mercado negro —donde gran parte ya existía antes de 2010, como lo evidencia la gran proporción de cuentapropistas que, según encuestas gubernamentales, estaban «laboralmente desvinculados» antes de ser trabajadores por cuenta propia formales (Rodríguez, A., 2013; Dámaso, 2013c). Por otra parte, la inclusión y regulación de muchas actividades privadas inventadas y probadas en el mercado por el siempre ingenioso sector empresarial de Cuba crearía más oportunidades legales de empleo, una mayor calidad y variedad de bienes y servicios a precios inferiores; al tiempo que incrementaría los ingresos fiscales para enfrentar la desigualdad y financiar programas sociales. No obstante, estos beneficios vienen con el costo político de permitir una mayor autonomía ciudadana, riquezas y propiedades en manos privadas, y una competencia abierta contra los monopolios estatales por mucho tiempo protegidos (Celaya, 2013a y 2013b).

La medida inicial que prohibía la reventa de ropas importadas estaba dirigida a aquellos que hacían bajo la licencia de «costureras» o «sastres». Asimismo, a los vendedores de artículos para el hogar se les acusó de «especulación», pues sus licencias solo contemplaban los artículos producidos por ellos mismo y no aquellos comprados en las tiendas minoristas estatales a un precio superior. Según cálculos de Marc Frank y Rosa Tania Valdés, de la agencia de noticias *Reuters*, es probable que estos cambios hayan traído como consecuencia el cierre de unos 20 000 negocios a finales de 2013 (Frank, 2013c; Valdés, 2013). De manera específica, la Ley añadió definiciones ocupacionales más precisas que prohibían la venta de productos importados y/o adquiridos en las tiendas minoristas estatales para 6 actividades preexistentes: vendedores ambulante de productos agrícolas, de alimentos y bebidas, de artículos del hogar, de alimentos, costurera/sastre, y elaborador/vendedor de jabones, betún y tintas, etcétera.

A pesar de que a los vendedores de ropas importadas se les dio hasta el 31 de diciembre para liquidar su inventario antes de cerrar sus puertas, las nuevas restricciones seguramente perjudicaron muchas otras actividades vinculadas a las extensas cadenas de suministros de estos negocios. Por ejemplo, un taller de reparación de bicicletas podía también vender piezas de repuesto importadas o un productor de piñatas de cumpleaños podía también vender globos traídos del exterior o importar los suministros para confeccionar las piñatas. Los productos importados llegan a Cuba a través de una variedad de canales informales como marinos mercantes, trabajadores cubanos que regresan del exterior, familiares que visitan Cuba o cubanos que viajan al extranjero por diferentes motivos. No obstante, es muy probable que la mayoría de estos artículos llegaran a través de las redes informales de suministro o «las mulas»; articuladas por los emprendedores cubanos debido a la falta constante de una fuente mayorista viable de suministros y a la prohibición contra el sector privado que les impide participar de cualquier actividad de exportación o importación —un monopolio estatal (Alonso González, 2013; Monzo, 2013; Laffita, 2013; Palacios Almarales, 2013).

Varias son las consecuencias que acarreó esta medida. Sacó a muchas emprendimientos fuera del negocio, al menos de aquellos registrados y legales. A principios de 2014, el visitante casual ya podía observar la gran cantidad de «ferias» o áreas de mercado donde algunas de esas actividades estaban ubicadas (Alonso Torna, 2014). Por supuesto, como era de esperarse, muchos, ahora prohibidos, continuaron, una vez más, como parte de la economía sumergida. De hecho, durante los meses de octubre y noviembre de 2013, un grupo genuino de emprendedores y analistas frustrados comenzaron a denunciar en público la decisión aparentemente irreversible del Gobierno de escoger la prohibición sobre la regulación (Rodríguez, A., 2013; Celaya, 2013b; *Cuba Dice*, 2013; García, 2013; Cárdenas Lima, 2013; Rainsford, 2013; Palacios Almarales, 2013).

Por ejemplo, a principios de octubre, *Reuters* fue testigo de una conglomeración pública de vendedores de ropa descontentos liderados por Justo Carrillo, su representante ante la CTC en Cuba. Carrillo fue aplaudido cuando pidió en voz alta al Gobierno que «reconsiderara» esa drástica decisión. «Tenemos muchos productos y dinero invertido en esto —explicó—. La prohibición significa que esta gente se quede desempleada y se vean obligados a hacer cualquier cosa. Retornarán al mercado negro, a la actividad ilegal» (Valdés, 2013). Asimismo, el destacado economista cubano Omar Everleny Pérez Villanueva calificó la prohibición como un «error» y señaló la incapacidad del Estado para competir con el sector privado en términos de calidad, variedad y precios. «Este negocio ofrece ciertamente una seria competencia a las tiendas estatales —dijo—. El Estado debe ser competitivo, en vez de usar estos mecanismos», puesto que solo servirán para presionar a los emprendedores privados a que regresen al mercado negro —justo lo opuesto a los objetivos de las reformas (Rainsford, 2013). Informes posteriores de periodistas independientes describieron una protesta pública el 10 de octubre frente al icónico Capitolio habanero, donde unos cien cuentapropistas se reunieron para exigir que se levantara la prohibición (Palacio Almarales, 2013).

Este rechazo popular fue incluso reconocido en un par de artículos del periódico *Granma*, escritos por Oscar Sánchez Serra, el primero de los cuales informó que el periódico estaba inundado de quejas de los lectores que argüían que la respuesta adecuada para el tema de los revendedores de ropa era una correcta regulación y otorgamiento de licencias, no la prohibición (Sánchez Serra, 2013a y 2013b). Por desgracia, tanto para los vendedores como para los clientes, este reconocimiento de la «diversidad de opiniones» en *Granma* no se tradujo en ninguna modificación seria de las políticas (Dilla Alfonso, 2013; Tamayo, 2013; Orsi, 2013b; Xinhua, 2013; Kozlowska, 2013; Vega, 2014), a no ser la autorización de una «ventana de liquidación» de dos meses para los revendedores; tiempo durante el cual todos los cuentapropistas serían visitados periódicamente por las autoridades con el objetivo de «lograr sus comprensión» (Valdés, 2013).

En la medida en que esto se implemente con rigor, se verán afectados muchos cuentapropistas que venden artículos importados como negocio principal, o por la izquierda, mediante productos que contienen bienes importados como una actividad complementaria al negocio principal. Asimismo, perjudicará a la extensa red de ciudadanos de cualquier ámbito social que habían llegado a depender de los bienes y servicios que ofrecían estos emprendimientos. De hecho, en un escrito de *La Joven Cuba,* publicación abiertamente pro revolucionaria, Harold Cárdenas Lima describe estas medidas como «un paso atrás» y, en específico, critica al Gobierno por volver a su típico enfoque de «botar el sofá por la ventana» al lidiar con los problemas económicos.

> *Existe un entramado social que depende de estas tiendas, desde la persona que vende hasta el que transporta y quien alquila su casa para esta función, detrás de cada establecimiento hay 6 personas que se mantenían en esta labor y ahora han quedado en la calle. Pero lo necesita no solo el vendedor, sino también el ciudadano. La oferta es variada y más económica que en los establecimientos laborales. Quienes toman medidas así deberían pensar a quién se está afectando, que en este caso es una buena parte de la sociedad cubana (Cárdenas Lima, 2013).*

Además de la represión contra los revendedores de ropas, las nuevas definiciones esclarecidas de cada empleo por cuenta propia incluyeron restricciones específicas respecto al ejercicio de toda una gama de ocupaciones (véase el Anexo 2 para la lista completa). Por ejemplo, las antenas de radio y televisión fueron limitadas a la recepción de señales únicamente nacionales; los pulidores de metal, los reparadores de joyas y los restauradores de arte, a ofrecer servicios sin poder vender el tipo de productos con los que trabajaban; y los planificadores de eventos no podían tener clubs nocturnos. Asimismo, a los que tenían licencias para «operar equipos de recreación» se les prohibió trabajar con cualquier tipo de equipo acuático; tomando en cuenta estas especificidades, pareciera que los emprendedores relacionados con la amplia gama de actividades recreativas (paintball, salas de cine privadas y juegos de video) podrían tomarse respirar aliviados siempre y cuando se mantuvieran alejados de los «equipos acuáticos» (*Gaceta Oficial...,* 2013a, Res. no. 42, anexo 261).

Por tanto, resultó una sorpresa bastante desagradable para los propietarios de las pequeñas salas de cines privadas —muchas de las cuales exhibían películas en 3D y ofrecían juegos de video—, el extenso artículo publicado por el periódico nacional *Juventud Rebelde*, el 27 de octubre de 2013, bajo el título «¿La vida en 3D?». Quizás lo más sorprendente y perturbador para esos emprendedores fue la constante repetición de que ellos operaban sin licencias, lo cual condujo a un debate público entre los funcionarios culturales de Cuba sobre cómo lidiar con ellos. Todo eso a pesar de que muchos de estos pequeños cines privados sí tenían licencias, usualmente de «operador de equipos de recreación», otorgadas a menudo por las autoridades locales, con la intención expresa de abrir salas de cine 3D (Rodríguez Milán, 2013; Pérez, 2013).

Además, aunque el viceministro de Cultura de Cuba, Fernando Rojas, parecía querer tranquilizar a los lectores, expresó: «¿Qué hacer entonces: prohibir o regular? Creo que se trata de regular, a partir de una premisa fundamental: el cumplimiento por todos y todas de lo que establece la política cultural». Tanto él como Roberto Smith, presidente del Instituto Cubano del Arte y la Industria Cinematográficos, evidenciaron la intención paternalista y quijotesca de continuar controlando la programación, incluso de las redes de entretenimiento privado, bajo el presupuesto de que las salas no estatales de 3D promueven «mucha frivolidad, mediocridad, pseudocultura y banalidad, lo que se contrapone a una política que exige que lo que prime en el consumo cultural de los cubanos sea únicamente la calidad» (*Juventud Rebelde*, 2013; *CubaDebate*, 2013c; Álvarez, 2013a; *Uno de Guanajay*, 2013; *Espacio Laical*, 2013).

Para despejar cualquier duda respecto a la legalidad de estas actividades cinematográficas —y acallar cualquier interrogante acerca de la política cultural de la Revolución o de la «banalidad» o «calidad» relativa de los filmes 3D proyectados en las sedes particulares—, el Comité Ejecutivo del omnipotente Consejo de Ministros, encabezado por el propio Raúl Castro, publicó en el *Granma* su infame «Nota informativa sobre el trabajo por cuenta propia», el 2 de noviembre, que incluía las siguientes frases en negritas: «nunca han sido autorizados» y «cesarán de inmediato». Este tipo de mensaje, después de la preferencia explícita de Rojas por la regulación en vez de la prohibición, envió un aviso desconcertante y definitivamente contradictorio a los cuentapropistas cubanos, por no decir más.

Sin duda, el asunto en cuestión nunca se trató de la supuesta banalidad de la programación en las salas privadas, dado que tanto la televisión como los cines estatales están llenos de ofertas banales —pirateadas de Hollywood o producidas en Cuba—; sin hablar del contenido de los CD y DVD vendidos legalmente en las calles cubanas por otros miles de cuentapropistas con licencias —en flagrante violación de las leyes internacionales de *copyright*— (Pérez, 2013; Palacios, 2013; Álvarez, 2013b; Azor Hernández, 2013; Kozlowska, 2013; *Espacio Laical*, 2013). El asunto real, en su lugar, es la protección del monopolio estatal de la producción y proyección cinematográficas, junto al control paternalista de los espacios privados a fin de no utilizarlos para el enriquecimiento indebido o la difusión de ideas contrarias a la Revolución.

Nuevas penalidades

En enero de 2014 se publicaron nuevas legislaciones acerca de las violaciones y penalidades en relación a las regulaciones según las cuales debían funcionar las actividades por cuenta propia. Esta legislación, el Decreto-Ley no. 315 (*Gaceta Oficial...*, 2014a), remplazaba al Decreto-Ley no. 174 de junio de 1997, resumido en la Tabla 4.3. Gran parte de la nueva legislación es bastante estándar; por ejemplo, las normas de salud y seguridad, los asuntos medioambientales, el empleo de menores, la prohibición de venta de la flora y fauna protegida, y los controles de las ventas de bebidas alcohólicas. La interdicción del uso de insumos adquiridos de modo ilegal fuera realmente razonable si se encontraran disponibles mercados adecuados para su adquisición; lo cual aún no era el caso a finales de 2014 (*Café Fuerte,* 2014; Martínez Hernández, 2014; Freire Santana, 2014).

También parece haber algún relajamiento en las regulaciones en comparación con la situación anterior. Por ejemplo, dejan de estar en vigor las restricciones contra el uso de ambas monedas (CUP y CUC). Tampoco existen interdicciones respecto al empleo de «intermediarios», de manera que un productor o artesano puede usar legalmente a otros para la venta de sus productos; lo cual representaba un cambio significativo, pues si se fuese a implementar una prohibición contra los intermediarios, sería difícil, si no imposible, hacer funcionar el Ramo privado artesanal o manufacturero. Tampoco estaba prohibida la venta de bienes y servicios a entidades o empresas estatales. No obstante, un número de provisiones del Decreto-Ley no. 315 continúa siendo restrictiva. Por ejemplo, es ilegal la formación de cualquier tipo de organización (cooperativas, asociaciones de negocios, etc.), a menos que se autorice de manera específica. El objetivo de esta limitación es político en esencia: impedir el surgimiento de organizaciones independientes de emprendedores y presionar a los trabajadores autónomos a unirse al sindicato oficial: la CTC.

La restricción contra las actividades no autorizadas prohíbe cualquier labor económica que no esté incluida en las 201 que se legalizaron. La mayoría de los trabajos profesionales continúan interdictos. Asimismo, muchas de las autorizadas continúan con limitaciones demasiado específicas y no se pueden interpretar de manera creativa a fin de ampliar el rango de actividades legales. De hecho, se definen con tanta estrechez que tal vez puedan aplicarse solo a cuatro o cinco individuos. Los mejores ejemplos son: el grupo musical Los mambises, Dandy, el dúo de danza Amor, la pareja de baile Benny Moré, la exhibición de perros amaestrados y el dúo musical Los Amigos (*Gaceta oficial*, 2013, Res. 42, anexo).

Las penalidades por las diferentes infracciones varían desde «notificaciones preventivas» a «confiscación de instrumentos y materiales». «Las notas preventivas» —que suenan como advertencia por una primera falta— solo se aplican a la ofensa menos lesiva de no brindar la información actualizada a las autoridades pertinentes. Las multas listadas se aplican a cada infracción y se duplican a la cantidad más alta en el caso de más de una. Si alguna de ellas impone un «riesgo a la salud, la vida o las buenas costumbres —estas últimas no cuentan con una descripción más detallada en la legislación—, el cuentapropista es excluido de esa actividad; si bien puede cambiarse a otra. La prohibición de todas las actividades por cuenta propia se impone cuando no se pagan las multas o continúan las infracciones. La confiscación de todos los instrumentos y equipos se hace valer cuando la falta genera daños a la salud o si las herramientas y equipos en cuestión fueron adquiridos de manera ilegal (*Gaceta Oficial...*, 2014a).

A diferencia de la regulación pasada, cuando existía un rango de multas para cada infracción, los recargos son fijos en la actual. Si la multa se paga en los primeros tres días siguientes a su notificación, solo se abona 50% del monto establecido. Curiosamente, entre los días tercero y trigésimo posterior a su notificación debe pagarse 100% . Si se ingresa entre el primer y segundo mes luego de notificada, la multa se duplica. De no pagarse después de los dos meses, se suspende la licencia. Si la materia prima, las herramientas o equipos fueron adquiridos de manera ilegal, el negocio puede ser cerrado y estos, confiscados. No se define lo que constituye daños a la salud y, probablemente, no incluya cosas tales como fumar.

La nueva legislación continúa cediendo a los inspectores significativo poder discrecional. Sus decisiones sobre cualquiera de las infracciones citadas más arriba pueden imponer grandes penalidades financieras a los emprendedores e incluir el cierre total de los negocios. Este tipo de poder puede ser fácilmente abusado y ejercido para obtener beneficios personales. El comportamiento corrupto por parte de los inspectores fue una queja constante de los emprendedores en las décadas de 1990 y 2000. En teoría, el papel riguroso, o tal vez excesivo, de estos individuos, combinado con el cierre de los negocios que vendían ropas importadas, fue la causa de una marcha protesta que tuvo lugar en Holguín en enero de 2014 (Tamayo, 2014a; Cave, 2014a).

Como el Gobierno prohibió la formación de asociaciones independientes de trabajadores autónomos, le ha tocado conformar un sindicato oficial para los trabajadores autónomos bajo el auspicio de la CTC (Peláez *et al.*, 2014; Benítez, 2013). Para octubre de 2013, 257 639 cuentapropistas, probablemente los dueños de negocios y sus trabajadores, ya se habían incorporado (íd). Eso representaba 55% del número total de cuentapropistas en aquel momento. Según un funcionario de la CTC, hubo algunas dificultades para convencer a los trabajadores autónomos a que se incorporaran. Algunos afirmaban que «no querían afiliarse; otros argumentaban que ellos no veían a la CTC como una solución, ni la utilidad de estar sindicalizados» (ibíd.:). De hecho, es difícil saber cuál sería el papel de este tipo de sindicato. En concordancia con el carácter de ese órgano oficial, su función principal, tal vez, sea servir como mecanismo para las comunicaciones verticales y la contención de las exigencias y las quejas de los empleados. No obstante, este tipo de sindicato también podría funcionar como un medio de protección al trabajador contra comportamientos arbitrarios por parte de los poderosos inspectores.

EVOLUCIÓN DEL SECTOR CUENTAPROPISTA (2006-2014)

A finales de 2011, el número de personas empleadas en el sector privado había llegado a 391 500 (ONE, AEC 2011, tabla 7.2), de 333 206 en septiembre de 2011 (Vidal Alejandro y Pérez Villanueva, 2012). Para marzo de 2014, había aumentado a 455 577 (*CubaDebate*, 2014b; *Mesa Redonda*, 2014; *Cuba Central*, 2014), llegando a 471 085 a finales de julio de 2014 (Manguela, 2014; *14ymedio*, 2014a). Ello ha sido verdaderamente un incremento impresionante en relación con los 138 400 trabajadores del sector en 2007 y representa, asimismo, un crecimiento significativo y evidente de los 147 400 trabajadores en 2010. En otras palabras, el sector empresarial cubano, una vez moribundo, se triplicó mucho más en tamaño en casi cuatro años (finales de 2010-mediados de 2014) (Gráfico 5.5).

Gráfico 5.5: Porcentaje del empleo total del trabajo por cuenta propia
no-agrícola (2000–2014).

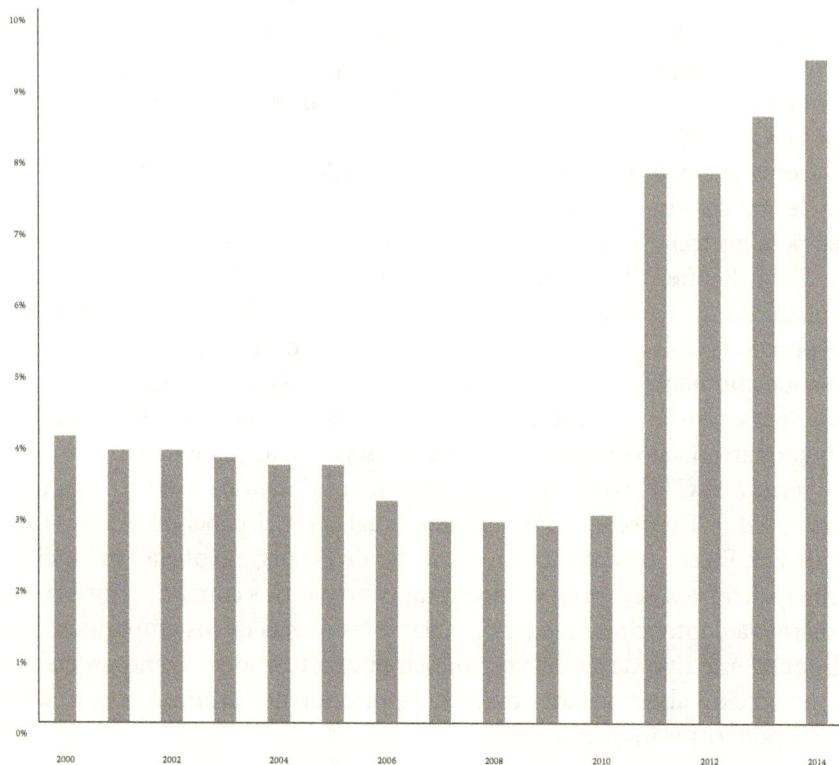

Fuente: ONE (2015); El Nuevo Herald (2013); CubaDebate (2014); y Manguela (2014).

Sin embargo, aunque esta expansión representa un aumento notable, en comparación con el contexto cubano existente entre 1990 y 2006, los 471 085 cuentapropistas registrados a mediados de 2014 fueron menos de los 600 000 previstos para finales de 2012. A este hecho, hay que añadir la poco difundida noticia de que más de 400 000 trabajadores autónomos habían decidido entregar sus licencias en el mismo período de tiempo (Peláez *et al.*, 2014; DDC, 2014b; Cartaya, 2014; Torres Hernández, 2014; Tamayo Batista, 2014). Aun así, la verdadera expansión del empleo en el sector fuera, tal vez, más elevada de lo que indican los números oficiales, debido a la contratación de trabajadores parciales o a tiempo completo no legalizados; a pesar, incluso, de que el permiso de «trabajador contratado» se encuentra dentro de las ocupaciones más comunes y conforma 20% del total de las

226

licencias, o sea, casi 100 000 trabajadores de los 471 085 cuentapropistas reportados. De estos, al no haber estimados ni conteos confiables, y debido a su clandestinidad, solo existe evidencia anecdótica. Calculamos que, aproximadamente, la mitad de los emprendimientos emplean al menos un trabajador ilegal y es que, el evitar el impuesto sobre la fuerza laboral, resulta una motivación para los dueños; mismo incentivo que tienen también los propios trabajadores no registrados.

Ahora bien, si existía un gran número de empleados no registrados en el sector cuentapropista formal, es posible que en 2014 el Gobierno se hubiera acercado, o incluso sobrepasado, a la meta de los 600 000 trabajadores propuesta para finales de 2012. No obstante, es imposible saber a ciencia cierta si el fomento gubernamental del empleo no-estatal, desde 2010, contribuyó a esta causa o si solo sirvió para revelar actividades clandestinas ya existentes. En términos de empleo por actividad económica en 2014, se registraba en ese momento 12,7%, o sea, 57 776 de los 455 577 trabajadores autónomos, en los servicios gastronómicos (restaurantes, cafeterías, y vendedores ambulantes); 10,5% (47 733), en el transporte; y 6,6% (29 952), propietarios de casas particulares de alquiler; mientras, otro 20,2% (91 978) lo constituían, de hecho, empleados contratados y no dueños de esos negocios (*CubaDebate*, 2014b).

Las reformas en el sector autónomo han tenido suma importancia al haber crecido el trabajo autónomo a niveles nunca vistos, brindando gran variedad de bienes, servicios y oportunidades de empleo para los ciudadanos cubanos. Además, hasta la fecha, parte de ese crecimiento parece haber sido suscitado más bien por la formalización de antiguos emprendedores clandestinos que por la incorporación de trabajadores estatales despedidos, que era el objetivo estipulado por el Gobierno. Asimismo, dada la prohibición casi total del empleo autónomo profesional en el sector cuentapropista, la mayoría del aumento en el trabajo no-estatal ha sido en ocupaciones de servicios de bajas tecnologías —aunque importantes— y no en actividades profesionales de altas tecnologías; estas últimas con el valor añadido de poder contribuir mucho más a una mayor productividad y eficiencia económica.

En 2013, el cuentapropismo de Cuba se había expandido notablemente. Un cálculo interesante del número total del sector privado, realizado por Richard Feinberg (2013:8), estimó para ese año la cifra total del sector privado formal en 1 042 000, de un total de empleos de 4 902 000 —último número oficial de 2012—, o 21,3% del empleo total. Según sus estimados, esta área incluía registrados, a finales de ese año, 430 000 cuentapropistas, 353 000 cooperativistas de servicios agrícolas y de crédito, 222 000 campesinos privados o arrendados, 34 000 empleados de empresas mixtas extranjeras y cerca de 3 000 miembros de cooperativas no-agrícolas. Resultaría difícil conocer el número de artistas y artesanos no registrados, pues ambas actividades caen sobre un espectro de formalidad, con algunos practicantes listados y otros no. No obstante, a la cifra anterior habría que añadir el número de empleados no registrados en la economía sumergida y en el cuentapropismo legal. Incluiría, asimismo, trabajadores a tiempo completo y muchos otros parciales también, operativos lo mismo desde su actividad en el sector estatal que desde sus hogares. Como enfatizamos en el Capítulo 7, es muy difícil determinar la magnitud de la economía sumergida en cualquier país; en Cuba, en particular, dado su singular perfil geopolítico, ideológico y económico.

El número relativamente pequeño de trabajadores del sector estatal excedentes dentro de los negocios privados indica que la absorción de grandes cantidades de empleados redundantes de esta primera área por la segunda no será fácil en el futuro. Los trabajadores de las antiguas empresas estatales a los cuales se le informa que su centro de trabajo ha sido seleccionado para ser transferido al sector no-estatal tienen dos opciones: convertirse en autónomos o quedarse desempleados (Freire Santana, 2012; Frank y Valdés, 2014). La reducción del sector estatal ha sido, también, difícil de implementar en la práctica, ya que pocos cubanos se ofrecieron voluntarios para trabajar en los comités que identificarían a los colegas «disponibles» que serían despedidos (Alfonso, 2012; *Diversent*, 2010; Perera, 2010).

Por tanto, la expansión del trabajo autónomo puede interpretarse, incluso, como el despido de cientos de miles de trabajadores por parte del Estado; la mayoría de los cuales, probablemente, no está preparada para convertirse en emprendedores eficaces. De hecho, al igual que con la creación de las cooperativas no-agrícolas —que se verán en el capítulo 6— (Frank 2013a; Frank y Valdés 2014), existe una diferencia entre los trabajadores autónomos por esfuerzo personal, quienes abren sus propios negocios, y los trabajadores estatales, transformados en empresarios de manera burocrática al quedar «disponibles» su única opción (Carrillo Ortega, 2012; *Trabajadores*, 2012e y 2012f; Peters, 2013a).[6]

---

[6] La jerga jurídica estándar para estos casos es: «los empleados de tales unidades que no deseen incorporarse al modelo, cesarán su vínculo laboral y se les aplicará el tratamiento de trabajadores disponibles» (2012). La socióloga cubana Neili Fernández Peláez capturó bien este sentimiento cuando criticó la nueva «acogida del trabajo por cuenta propia» por parte del Gobierno más bien como el abandono de la «promesa del trabajo universal» que el reconocimiento de mayores derechos laborales y libertades económicas.

Cabría esperarse que, tras la rápida expansión del cuentapropismo entre 2011 y 2013, habría un período de consolidación y, quizás, estabilización. Sin embargo, no todos los nuevos negocios triunfarían debido a problemas de ubicación en algunos casos, calidad de los productos en otros, o hacinamiento e insuficiente demanda. También cabría esperarse que el auge de algunos microemprendimientos más eficientes sacarían fuera del sector a los menos eficientes.[7] La evidencia anecdótica refleja que, en efecto, pudo haber ocurrido un freno en el crecimiento, e incluso una involución, a principios de 2014, cuando algunos emprendedores comenzaron a abandonar las ferias o áreas de mercado donde radicaban (Linares, 2014; Alfonso Torna, 2014).

No obstante, cabe preguntarse en qué medida ese volumen de ventas o de bancarrota dentro del sector empresarial es el resultado «natural» de la competencia y del incremento abrupto de miles de emprendedores entrando a un mercado nuevo al mismo tiempo —a menudo con las mismas ofertas—, y cuánto se debe a la apertura del Gobierno, todavía reticente, al sector privado —podría decirse que con más «pausa» que «prisa»—, al deseo continuo de limitar la concentración de riquezas en manos privadas y al énfasis en el orden y el control por encima de la facilitación del crecimiento. Por otra parte, tras el establecimiento del marco legal para las cooperativas no-agrícolas en diciembre de 2012, es posible que un número mayor de trabajadores abandonara el sector estatal al transformarse en cooperativas una serie de actividades a menor escala del sector estatal productoras de bienes y servicios. De hecho, un artículo de *Reuters* sobre el estatus de estas nuevas cooperativas urbanas y de servicios parecía indicar que dicho proceso ya estaba en sus fases iniciales, al menos para un grupo de restaurantes que ya habían pasado al sistema de cooperativas (Frank y Valdés, 2014).

CONCLUSIONES

Los cambios de políticas para el cuentapropismo introducidos durante la presidencia de Raúl Castro han sido positivos y han contribuido a una notable expansión del sector. De hecho, las iniciativas de las políticas han sido radicales si se comparan con las reformas en extremo tentativas de mediados de la década de 1990. Aun así, la generación de empleos a mediados de 2014 todavía estaba por debajo de la meta inicial y relativamente po-

---

[7] Véase Díaz Fernández *et al.* (2012:21-24) para un caso práctico del fracaso de una cafetería.

cos trabajadores estatales habían encontrado plazas en el sector autónomo hasta esa fecha. Por ende, resulta una interrogante fundamental si estas reformas significativas son suficientes para lograr el objetivo explícito gubernamental de incrementar la eficiencia y la productividad. Una pregunta más importante sería, tal vez, si las reformas de Raúl pueden lidiar con las crecientes exigencias y la inventiva emprendedora del pueblo cubano.

Entre las medidas de apoyo a la expansión cuentapropista hasta mediados de 2014 se encuentran:

1. la revocación del estigma político y mediático;
2. el otorgamiento de licencias a la mayoría de los potenciales candidatos para abrir nuevos negocios;
3. el incremento pequeño en las actividades autorizadas;
4. la ampliación significativa de los mercados legales para los trabajos autónomos;
5. la flexibilización de algunas regulaciones;
6. el incremento a un número de cinco empleados máximos;
7. el aumento en la deducibilidad de los costos de los ingresos brutos para el pago de los impuestos y el relajamiento de otras provisiones fiscales;
8. el acceso a microcréditos, servicios bancarios y la compra de insumos nacionales e importados a precios mayoristas —aunque a mediados de 2014 todavía se encontraba en fase muy incipiente;
9. el alquiler de instalaciones estatales a emprendedores privados;
10. la relajación de algunas de las penalidades más drásticas para las infracciones en el trabajo por cuenta propia: concretamente, la revocación de las licencias y la confiscación de los equipos; y
11. la legislación para las cooperativas no-agrícolas.

Al mismo tiempo, existen todavía políticas que perjudican la creación de empleos y obstaculizan la expansión del sector cuentapropista; a saber, las más importantes son:

1. el alto nivel en general y los múltiples tipos de gravámenes, a pesar de alguna relajación de los impuestos;
2. el impuesto sobre la fuerza laboral para más de cinco trabajadores;
3. la alta tasa fiscal efectiva, producto de los costos reales de producción que exceden el mínimo deducible a la hora de determinar los impuestos;
4. la discriminación fiscal a favor de las firmas extranjeras en las empresas mixtas por encima de las privadas nacionales;

5. la estrecha definición de las actividades legales;
6. la exclusión de la mayoría de las actividades profesionales y de alta tecnología;
7. la falta de mercados mayoristas y del acceso a bienes importados —al menos hasta mediados de 2014—;
8. la no disponibilidad total al acceso a los servicios bancarios —al menos hasta mediados de 2014—;
9. el estigma, aún marcado, contra la concentración de riquezas en manos privadas;
10. la no protección de los derechos sobre la titularidad y la propiedad privada; y
11. la resistencia interna por parte de burócratas a niveles inferiores por imponer su control sobre los cuentapropistas.

A pesar de estar incompleta la tarea de modificar el marco de las políticas para el sector cuentapropista, se han instituido hasta la fecha considerables mejoras y otras están en proceso de implementación. El Cuadro 5.3 resume estas reformas en diferentes áreas; así como aquellas donde, probablemente, sean necesarios otros pasos de avance. Aún así, ya se notan mejorías gracias a algunas de estas políticas; en particular, la liberalización de las licencias y el permiso a anunciarse en algunos medios de comunicación. Cuba ya cuenta con una estructura institucional eficaz —antiguamente recelosa— para la imposición de impuestos y para la implementación de las regulaciones ambientales, laborales, de seguridad y de salud. Este marco legal es, por supuesto, vital para el funcionamiento del sector privado.

Asimismo, ha habido progresos —o en están en camino— en otras áreas; tal es el caso de la relajación del sistema fiscal, el establecimiento de instituciones de microcrédito y el fomento a la expansión de los emprendimientos mediante la liberalización de las restricciones de empleo. No obstante, estas reformas pueden avanzar aún mucho más. Algunos otros sectores importantes han experimentado cambios mínimos que han permitido la autorización de un rango de pequeños negocios profesionales, la eliminación del monopolio estatal para la importación y la transformación de la breve y muy detallada lista de ocupaciones permitidas en una que solo enumera aquellas prohibidas, dejando todas las demás abiertas a la imaginación y al ingenio de los emprendedores cubanos. En otras áreas, se han iniciado las reformas o se implementarán pronto; como el establecimiento de mercados mayoristas para la provisión de insumos al sector autónomo. La legalización de la publicidad en las «páginas amarillas» de la guía telefónica resulta también un cambio interesante; sin embargo, aún se mantienen otros aspectos prohibitivos al respecto; tal es el caso, por ejemplo, de la no inclusión de los paladares en los panfletos turísticos.

Cuadro 5.3: Principales áreas de políticas públicas
para el cuentapropismo hasta agosto de 2014.

ÁREA DE POLÍTICA	ESTATUS
liberalización de las licencias	hecho
autorización para cuentapropismo Profesional y de Alta Tecnología	todavía
revisión del régimen fiscal	en proceso
incremento del tope de contratación de personal	todavía
establecimiento de mercados mayoristas de insumos	en proceso
acceso a insumos importados en la tasa de cambio disponible para el sector estatal	iniciando
eliminación de restricciones anodinas	en proceso
establecimiento de instituciones para micro créditos	en proceso
legalización de intermediarios	iniciando
permiso para publicidad	iniciando
legalización de los mercados de viviendas, automóviles, y bienes duraderos	a término
cese de las campañas políticas y mediáticas contra el cuentapropismo	hecho
creación del Ministerio de la Pequeña Empresa	todavía
fomento de la credibilidad de las políticas públicas	en proceso
establecimiento de Instituciones estatales regulatorias y tributarias	hecho

Fuente: Ministerio de Trabajo (1999).

Todavía harán falta algunos años antes de que las políticas públicas gubernamentales hacia el cuentapropismo ganen una fuerte credibilidad ante los ojos de los ciudadanos y los emprendedores cubanos. Los demasiados cambios arbitrarios y reveses en el pasado, junto a la mucha «hostilidad» en las políticas hacia el sector, no permiten que la desconfianza y el recelo que ha provocado, desaparezca rápidamente. A todo esto se añade un número de contracciones significativas en medio del programa general de reformas; como la represión contra los revendedores de ropas importadas y las salas privadas de cine y de juegos en 2013, y el recrudecimiento de las regulaciones aduanales en septiembre de 2014. Por tanto, si bien se han dado pasos razonables en aras de fomentar la confianza y el cumplimiento voluntario por parte de los emprendedores privados, falta un largo camino por recorrer antes de que los cuentapropistas sientan suficiente seguridad en relación con la política gubernamental como para acatar de manera espontánea la mayoría de las regulaciones, reglas y medidas fiscales.

Tal vez, sean recomendables, a corto plazo, algunas otras innovaciones institucionales. Una de esas posibilidades es un fuerte sistema de microfinanzas o microcréditos, para el cual ya se han dado pasos al respecto. Otro cambio sería el establecimiento de un Ministerio de la Pequeña Empresa, lo cual proporcionaría mayor prioridad y enfoque a la creación de políticas de apoyo al sector. Si bien no se prevén para dentro de poco tiempo, probablemente será inevitable la recomendación y la necesidad de nuevas organizaciones gubernamentales cuando la administración transfiera la mayoría de los servicios de menor escala, la venta minorista, el transporte, los oficios de construcción, las artesanías y algunas de las manufacturas a los sectores privados y el emergente de las cooperativas —este último se analizará en el capítulo siguiente.

En conclusión, durante la presidencia de Raúl Castro se instituyeron reformas significativas dentro de las políticas generales que impactaron el establecimiento y el funcionamiento del cuentapropismo en Cuba. Estos cambios impulsaron una rápida expansión del sector —aumentando en más de tres veces su número entre 2010 y 2014— y han generado valiosos beneficios para la vida material cotidiana del ciudadano cubano. Es poco probable que tales transformaciones se reviertan en el futuro, como ha sido otras veces en el experimento económico cubano desde 1959. El sector debe aún continuar su expansión en la medida en que el Estado vaya apartándose del suministro de variados tipos de bienes y servicios. No obstante, este proceso sería mucho más factible a partir de reformas más profundas. Entre las más importantes, deberían encontrarse:

- la legalización de todas las actividades económicas para el sector autónomo, incluida una amplia gama de actividades profesionales;
- la revisión del sistema fiscal de manera que todos los costos de la producción y de la inversión con recibos legales se puedan deducir de las ganancias totales al determinar la base imponible;
- la disminución de los impuestos sobre la renta a niveles más cercanos a los de las compañías extranjeras de las empresas mixtas;
- la eliminación o la reducción de los impuestos sobre la contratación de la fuerza laboral;
- la eliminación de la discriminación fiscal que favorece a las empresas extranjeras y penaliza a las cubanas;

- el establecimiento de mercados mayoristas para los insumos importados que se emplean en el sector cuentapropista;
- la liberalización de las restricciones respecto a la publicidad;
- la liberalización aún más de las restricciones en la contratación de fuerza laboral;
- la seguridad de la no corrupción ni recelo de los inspectores; y
- una mayor capacitación para los emprendedores sobre «cómo empezar un negocio», las leyes pertinentes, las regulaciones y los impuestos, el marketing, los sistemas de pagos más formales y, en algún momento, las habilidades técnicas pertinentes.

Es probable que el proceso de reformas de las políticas continúe y se intensifique al hacerse evidente para todos los beneficios de los cambios ya instituidos. De tal modo, a pesar de que el gobierno de Raúl demostró ser más pragmático en términos de las políticas públicas hacia la iniciativa cuentapropista que el de Fidel, también ha probado ser cuidadoso al asegurarse de que una mayor libertad económica no conlleve a la creación de nuevos grupos de intereses privados que pudieran amenazar el control político. Así, admitió abiertamente que su versión «actualizada» de la Cuba socialista necesita la sobrevivencia de un sector no-estatal eficiente y productivo. No obstante, el Gobierno también parece creer que el crecimiento descontrolado de ese sector bien puede amenazar su propia subsistencia.

6

PASO HACIA LAS COOPERATIVAS NO-AGRÍCOLAS

En el proceso de analizar los conflictos y problemas que enfrentaba la economía cubana tras su ascenso al poder en julio de 2006, Raúl Castro concluyó que una gran parte del sector estatal de la economía —y del proceso de planificación según el cual funcionaba— era irremediablemente ineficiente. Ninguno de los numerosos intentos para mejorar su funcionamiento había tenido éxitos significativos; lo cual se reflejó crudamente en el derrumbe del sector agroindustrial del azúcar, la incapacidad de recuperación del sector industrial no relacionado con el azúcar tras su caída en el período 1989-1992, la sistemática escasez de la economía de consumo y la proliferación de la economía sumergida. Como respuesta a esta constante y difícil situación, el gobierno de Raúl Castro elaboró el *Proyecto de Lineamientos de la Política Económica y Social*, en noviembre de 2010, cuya versión final fue enmendada y aprobada por el VI Congreso del Partido en mayo de 2011. Esta guía para el curso subsiguiente de las reformas económicas abogó en específico por el establecimiento de un entorno propicio al cuentapropismo, entre otros factores. Los puntos 2 y 25 de los *Lineamientos...* apelan a la promoción de las empresas cooperativas no-agrícolas, indicando que ese nuevo tipo de gestión habían sido objeto de considerable análisis en el seno del gobierno cubano entre 2008 y 2011.

El 11 de diciembre de 2012, se publicó una batería de nuevas leyes y regulaciones sobre las cooperativas no-agrícolas, entre ellas dos decretos-ley del Consejo de Estado, dos resoluciones ministeriales, un decreto del Consejo de Ministros y una «norma específica de contabilidad» ministerial (*Gaceta Oficial...*, no. 53, 2012). Esta legislación traza las estructuras, el funcionamiento, el Gobierno y la organización financiera de las nuevas cooperativas, y proporciona el marco legal dentro del que deben operar (*Trabajadores,* 2013). Asimismo, autoriza y define un nuevo tipo de institución económica para Cuba —impensable bajo la presidencia de Fidel Castro—, con el potencial para revolucionar la estructura institucional de la economía cubana. De hecho, en los meses previos a la promulgación de la nueva ley para las cooperativas, el Gobierno intentó justificar la expansión de esta forma de empresa no-estatal al catalogarla como compatible con una versión «actualizada» del socialismo cubano. Por ejemplo, a principios de julio de 2012, Claudio Alberto Rivera, presidente de la Sociedad de Cooperativismo de Cuba, argumentó que «la potenciación del cooperativismo como forma de gestión constituye una de las vías del proceso de actualización del modelo económico en el país y significa *una alternativa mundial al sistema neoliberal imperante*», (*DDC*, 2012d, énfasis añadido).

La primera legislación de 2012 presentó las cooperativas como algo «experimental» e indicó que, inicialmente, tras aprobar e implementar alrededor de 200 de ellas, la forma institucional sería revisada y modificada según fuese necesario. Por tanto, existía cierta incertidumbre sobre el carácter a largo plazo del marco legislativo que gobierna su estructura y funcionamiento. No obstante, en nuestra opinión, es más probable que la reforma fuera para una mayor «flexibilización», en lugar de una «restricción» —asumiendo que Raúl y sus sucesores no retornen a las orientaciones de centralización y desmercantilización de la anterior era «fidelista». Basamos esta asunción en nuestra lectura de la apertura, demasiado cautelosa, del trabajo por cuenta propia desde 2010. Nuestro análisis indica que el Gobierno ve esta nueva forma de «cooperativismo» —en gran medida aún no comprobada— más compatible con el socialismo de Estado —y tal vez más fácil de controlar— que los negocios privados. De hecho, en un comentario público acerca del sector en la Asamblea Nacional de Cuba, en diciembre de 2013, Marino Murillo expresó: «Las cooperativas tienen prioridad sobre las pequeñas empresas privadas. Esta forma de gestión tiene un carácter más social en la producción y distribución». Añadió, también, que estas nuevas cooperativas no-agrícolas pagan menos impuestos, pueden deducir el costo total de sus gastos antes de abonarlos y se benefician del acceso a los suministros del sistema estatal;[1] a diferencia de los emprendimientos particulares, que solo pueden deducir porcentajes

---

[1] Por ejemplo, un artículo de la publicación oficial online *CubaDebate*, titulado «Cooperativas no agropecuarias a buen ritmo», habla sobre la cooperativa de reparación de autos «Reconstructora de Vehículos», en la Habana Vieja, y sus cinco meses operativos, y señala que sus principales clientes son algunas de las empresas estatales más importantes: el monopolio de comunicación ETECSA, el gigante del turismo Cubanacán, la firma de seguridad SEPSA y Cubataxi, entre otras. Además, informa que 90% de los insumos de la cooperativa se compraban directamente a IGT, la compañía estatal mayorista importadora del transporte —derecho que no se les concede a los cuentapropistas.

limitados del costo de los insumos y tienen que comprar los suministros a precios minoristas (Frank y Valdés, 2014; Nieves Cárdenas, 2014) o, podría añadirse, en el mercado negro.[2]

En esencia, el nuevo régimen legal para las cooperativas no-agrícolas dispone la gerencia y la propiedad parcial de la empresa a manos de sus empleados, fundamentalmente con una gestión y control independientes sobre el establecimiento de los precios, la compra de insumos, las decisiones sobre la producción, las relaciones laborales y la remuneración de los miembros. Por ende, a diferencia del trabajo por cuenta propia —descrito en los capítulos anteriores—, las cooperativas están «abiertas a los profesionales y no hay una lista de perfiles de trabajos permitidos». Por otra parte, se perciben como autónomas, desconectadas de las entidades estatales, a pesar de que son «libres de hacer negocios con entidades gubernamentales, compañías estatales y entidades privadas» (Peters, 2013b).

Resulta notable, sin embargo, que, si bien las cooperativas en sí son «propiedad» colectiva de sus miembros, la infraestructura física (inmuebles, tierra, equipos, etc.) se rente por un período de diez años al Estado, que retiene el derecho total de esta sobre los «medios de producción». Solo dos meses después de que se lanzaran las primeras 124 cooperativas, el 1 de julio de 2013, un informe oficial publicado por varios medios de comunicación estatales aclaró este hecho: solo pueden formarse «a partir de medios de producción del *patrimonio estatal,* tales como inmuebles y otros, que se decida gestionar de forma cooperativa y para ello puedan cederse estos, por medio del arrendamiento, usufructo u otras formas legales que *no impliquen la transmisión de la propiedad*» (*Trabajadores,* 2013, énfasis añadido); no obstante estar reconocidas en los *Lineamientos...* como «una forma socialista de propiedad colectiva».

Marino Murillo, ministro responsable del proceso de reformas, anunció el 7 de julio de 2013 la transformación de algunas empresas estatales en cooperativas (Frank 2013a), a las cuales se les cedería mayor control sobre

---

[2] De hecho, en el artículo debidamente titulado «Cuba looks to cooperatives to slow rise of capitalism», los corresponsales de *Reuters* en la Habana, Marc Frank y Rosa Tania Valdés, comparan explícitamente a los luchadores, y muchas veces celebrados, cuentapropistas con estas «cooperativas menos conocidas y menos comunes», llamándolas: «parte del juego de malabares políticos del gobierno, que necesita sacar a cientos de miles de trabajadores de la nómina estatal, pero que a la vez quiere frenar el surgimiento del capitalismo. En muchos aspectos, prefiere las cooperativas, donde cada trabajador tiene participación en el negocio, a los negocios privados donde los dueños obtienen ganancias sobre la base del trabajo de sus empleados».

sus ganancias —reteniendo 50% de estas para su uso propio—, así como sobre sus remuneraciones y salarios, gastos de inversión y la compra de insumos importados. En aquel momento no quedaba claro si los precios serían controlados por los planificadores estatales o por las fuerzas del mercado. Lo cierto es que estos cambios indican una vía hacia una economía más mixta, una mayor descentralización de la gestión económica y la disminución del papel de la autoridad de planificación central.

Este tipo de participación de los trabajadores en la propiedad y la gestión dentro de un entorno del mercado podría considerarse como una variante de «socialismo de mercado». Cuba ha emprendido un camino hacia un tipo híbrido de economía mixta, con cuatro sectores: uno estatal aún significativo, otra de emprendimientos autónomos en expansión, uno tercero de empresas mixtas (extranjeras y nacionales estatales) y, por último, aquel de propiedad estatal gestionado por trabajadores. Solamente Yugoslavia, antes de su división, había tenido una gran parte de su economía bajo una forma singular de gestión a mano de los trabajadores; aunque todavía da la impresión de que los trabajadores eran gestores más bien en teoría que en la práctica (Carson, 1973). La mayoría de los otros países cuentan con empresas cooperativas de varios tipos que sobreviven y prosperan. No obstante, a pesar de que algunas son grandes y muy exitosas, ningún tipo de modelo de cooperativa ha abarcado un por ciento mayoritario de la economía en otro país desde la desintegración de Yugoslavia en 1990-1992.

Si el nuevo marco legal de Cuba para las cooperativas no-agrícolas se sostiene, y si en verdad funcionan con la autonomía y la democracia interna descrita en la legislación, su gobierno y funcionamiento serán bastante igualitarios en el sentido del proceso de la toma de decisiones dentro de la empresa y la distribución de los ingresos entre sus miembros. La adopción de este modelo, que implica la titularidad y la gestión de la compañía por parte de los trabajadores bajo mecanismos de mercado, podría llegar a ser una innovación institucional de gran relevancia para la Isla. Sin embargo, durante el primer año de funcionamiento experimental el proceso de aprobación ha sido dolorosamente lento y la mayoría de los permisos han sido para economatos cooperativos agrícolas; mientras que los solicitantes de cooperativas de profesionales con un mayor nivel y valor añadido todavía aguardaban en mayo de 2014 la aprobación ministerial (Nieves Cárdenas, 2014).[3] Ahora bien, en el contexto de las estructuras económicas existen-

---

[3] Agradecemos al economista cubano Juan Triana por compartir esta observación con nosotros en la conferencia anual de LASA en mayo de 2014.

tes, este experimento cubano podría demostrar ser innovador e, incluso, tal vez, «revolucionario»; aunque aún es demasiado temprano para juzgar.

Cooperativas como alternativa

Las empresas cooperativas de varios tipos desempeñan una importante función en las economías de la mayoría de los países. No obstante, su carácter no es solo económico; se consideran ampliamente como elementos de la democracia participativa en la economía. Desde este punto de vista, las cooperativas son un intento por combinar la eficiencia en la economía con la democracia en el puesto de trabajo y con la responsabilidad social en la comunidad en general. Es por ello que, a menudo, son parte de movimientos socioeconómicos y políticos.

Según la definición de el International Cooperative Alliance (ICA), en su página web, la empresa cooperativa

> *[...] es una asociación autónoma de personas unidas voluntariamente para satisfacer sus necesidades y aspiraciones económicas, sociales y culturales en común, mediante una empresa de propiedad conjunta y controlada democráticamente. Las cooperativas se basan en los valores de la autoayuda, autorresponsabilidad, democracia, igualdad, equidad y solidaridad. En la tradición de sus fundadores, los miembros de las cooperativas creen en los valores éticos de honestidad, transparencia, responsabilidad social y preocupación por los demás (s. a.).*

El ICA también declara los principios según los cuales las cooperativas llevan sus valores a la práctica. Un resumen de estos incluye:

1. adhesión voluntaria y abierta;
2. control democrático de la membresía;
3. participación económica de los miembros;
4. autonomía e independencia;
5. educación, formación e información a sus miembros, representantes electos, gerentes y empleados;
6. cooperación entre cooperativas; y
7. compromiso con la comunidad.

O sea, son organizaciones democráticas controladas por sus miembros, quienes participan activamente en la fijación de sus políticas y la toma de decisiones; sus miembros contribuyen de manera equitativa y controlan de modo democrático el capital de su cooperativa —parte del cual es propiedad común de esta—, y casi siempre reciben una compensación limitada, si la hay, sobre el capital suscrito como condición de membresía; son mutualidades autónomas, de autoayuda, gestionadas por sus miembros; y fortalecen el movimiento cooperativo trabajando de conjunto mediante estructuras locales, nacionales, regionales e internacionales; entre otros aspectos.

Muchos países ostentan cifras elevadas de variadas empresas cooperativas. Por ejemplo, en 2004, Chile tenía 2 132 cooperativas, con 1,25 millones de miembros; Brasil, 6 652 con 300 000 cooperativistas; Canadá, 9 000 con 150 000 integrantes; Estados Unidos, 30 000 cooperativas con 2 millones de personas agrupadas; y Francia, 21 000, para 3,5% de su fuerza laboral (íd.). Si bien la presencia de las cooperativas agrícolas está suficientemente difundida en varias naciones, las uniones de créditos, los servicios de seguros, las cooperativas de consumo, las cooperativas en las ventas minoristas, la minería, el transporte, la construcción y la vivienda, y las confederaciones de cooperativas de «segundo nivel», tienen distintos grados de significación en cada una de ellas.[4] Cuba tendrá considerable compañía cuando expanda su sector de cooperativas no-agrícolas.

Desde los primeros días de la Revolución, Cuba ha tenido un sector de cooperativas y pseudocooperativas en la agricultura. En 1969, se establecieron las CCS para los pequeños campesinos independientes que aún eran propietarios de sus fincas y tierras. A pesar de que estas no fueron creadas por iniciativa de los propios campesinos, sino impuestas desde arriba, han continuado funcionando de manera más o menos «cooperativa» con respecto al mercado, la compra de equipos e insumos y la obtención de créditos. En 1975, el Gobierno estableció las CPA y les exigió a los pequeños agricultores que incorporaran sus fincas a unidades de producción más grandes y se hicieran miembros (Mesa-Lago, 2000). Este proceso, involuntario, incumple con el primer principio del movimiento internacional de cooperativas.

Años después, en 1995, el gobierno convirtió las fincas estatales en UBPC; proceso que tampoco fue voluntario. Sus directores eran nombra-

---

[4] La ciudad de New York es, tal vez, la única ciudad estadounidense que cuenta con un a larga tradición y un elevado número de cooperativas inmobiliarias, bajo la dirección de una junta electa de directores, que por lo general supervisa la contratación de una compañía de gestión para que se ocupe de las actividades corporativas cotidianas de la cooperativa. De hecho, sus miembros, técnicamente, no son dueños de sus apartamentos sino accionistas, y la cantidad de sus acciones se basa en el tamaño y en el valor de sus apartamentos. Ted Henken fue miembro de este tipo de cooperativa.

dos por el Estado y no elegidos por los miembros; estos últimos no podían determinar la remuneración para los propios integrantes. Asimismo, requerían de autorización para la compra de insumos, las decisiones sobre la composición de la producción y los mercados apropiados para sus productos. Además, estaban sujetas a los precios dictados por las autoridades. En resumen, distaban mucho de ser cooperativas reales y continúan siendo una especie de empresa controlada por el Estado (Cruz Reyes, 2014).

Para 2010, existían 579 400 miembros de las supuestas cooperativas agrícolas; dentro de los cuales, 362 440 petenecían a las CCS —más genuinas—, según la ONEI (Tabla 6.1). En vistas de los problemas que enfrentaba la agricultura cubana, en 2012, el gobierno de Raúl Castro implementó una serie de reformas en la gestión de las UBPC encaminadas a convertirlas en cooperativas más auténticas (*Granma*, 2012a, 2012b). Sus directores debían ser elegidos por los miembros, en lugar de ser nombrados desde arriba. Las UBPC tendrían el control autónomo sobre las compras de insumos y equipos para la unidad de producción, así como para las viviendas y necesidades diarias de los trabajadores. Los volúmenes de producción por encima de las cantidades, claramente definida por contratos con el sector estatal, podrían venderse por la libre en cualquier mercado. Sus pasadas deudas acumuladas serían cubiertas por el Estado, con una parte a pagar por la propia UBPC con 5% de sus ingresos brutos en un período de veinticinco años. Por otra parte, aunque el Estado no cubrirá sus pérdidas financieras actuales, pueden declararse en bancarrota si el déficit es inabarcable, a menos que sea de «especial interés» para el gobierno —un criterio bastante elástico.

Si las UBPC se convirtieran en auténticas cooperativas de productores, Cuba sería ciertamente uno de los países más «cooperativizados» del mundo. Ahora bien, a la luz de las dificultades que las cooperativas han enfrentado en el pasado bajo todas las variantes institucionales, existen dudas sobre si las reformas, a pesar de todo lo útil que parecen ser en el papel, les permitirán sobrevivir y prosperar. Además, sería difícil argumentar que esas reformas hayan sido verdaderamente el resultado de un proceso de decisión libre e informada por parte de sus miembros.

Legislación para las cooperativas no-agrícolas (2012)

Algunas de las características de las nuevas cooperativas, mencionadas sucintamente en los *Lineamientos...* de noviembre de 2010, fueron un tanto modificadas en la versión final que se aprobó en el VI Congreso del Partido, el 18 de abril de 2011. Por ejemplo, la versión original incluía cinco lineamientos (del 25 al 29) —de un total de 291— dedicados solo a las cooperativas: debían basarse en la «asociación libre» de los trabajadores, que tenían que ser dueños de los medios de producción o los arrendatarios de la propiedad estatal; no obstante, la propiedad de la cooperativa no se puede vender a otros, ya sean a otras cooperativas ni a entidades públicas ni privadas; podían vender directo al público y mantener relaciones contractuales con todo tipo de empresas; tenían el poder de determinar el salario de los trabajadores y la distribución de las utilidades, al tiempo que debían pagar los impuestos y las contribuciones de la seguridad social; y se permitían las «cooperativas de segundo orden», formadas por otras de «primer orden». El cambio principal que se registró en la versión final fue la articulación más detallada de qué eran las «cooperativas de segundo orden» —en respuesta a los casi mil comentarios de los ciudadanos durante un debate nacional en los primeros meses de 2011.

La legislación, publicada en noviembre de 2012, esclarece en detalle el marco legal, las estructuras de gobierno y las modalidades de operación de las cooperativas. Según el conjunto de leyes para estas, su rango de actividades no está restringido (Decreto-Ley no. 305, 2012). En teoría, todas las áreas de producción de bienes y servicios son permisibles bajo esta forma institucional; lo cual incluiría servicios de bajas tecnologías de todo tipo (venta minorista, transporte, construcción y manufactura, etc.), así como actividades profesionales de un mayor nivel. En otoño de 2010, se filtró a la prensa internacional un borrador de un conjunto de instrucciones para la eliminación de la fuerza laboral redundante en La Habana, que proponía 76 posibles áreas donde podrían operar las cooperativas de bajas tecnologías: 15 en la agricultura, 8 en la construcción, 3 en materiales de la construcción, 9 en transporte, 5 en la producción de alimentos y 36 en actividades misceláneas, entre otras (La Habana, 2010; Peters 2010e; *El Universal* 2010a; *Penúltimos Días* 2010).

La legislación no excluye, de modo específico, los servicios de mayor valor añadido ni los profesionales, que podrían incluir: contabilidad, arquitectura, consultores de ingeniería, todo tipo de consultores de gestión y medio ambiente, así como servicios legales, de computación, electrónica y sitios web, instrucción de computación, investigación económica y de mercado, diseño gráfico, agentes inmobiliarios y agencias de viaje, instrucción de música, arte y danza, etc. Todas estas actividades contribuirían significativamente a la sociedad y a la economía cubanas, y permitirían a los cubanos bien instruidos practicar sus profesiones dentro de su propia empresa cooperativa. Se asume, sin embargo, que el núcleo central de los servicios médicos y de educación permanecerá en el sector estatal; aun así, las lecciones de música, profesores particulares o repasadores —activos desde hace mucho en la economía sumergida o informal—, la venta y fabricación de remedios homeopáticos, los servicios de quiropráctica y los masajes terapéuticos, pudieran ser también candidatos para empresas cooperativas.

Cualquier ciudadano o residente cubano mayor de 18 años de edad, en posesión de las habilidades pertinentes, puede ser miembro de una cooperativa (Decreto-Ley no. 305, 2012, art. 10.1) y tiene que trabajar dentro de la empresa *de facto* (ibíd., art. 23). El tamaño mínimo se estableció en tres individuos (ibíd., art. 5.1) y no se definió un máximo; la legislación menciona cooperativas con más de 60 miembros (ibíd., art.18.1). Los nuevos integrantes potenciales tienen que ser aprobados en la asamblea general del centro. En el caso de la transferencia de las actividades económicas del sector estatal a una empresa mutualista, los trabajadores originales han de tener prioridad en el empleo como miembros fundadores de la cooperativa.

El proceso de aprobación para el establecimiento de nuevas cooperativas comienza a nivel local con los órganos del Poder Popular, que pasan las solicitudes a la Comisión Permanente para la Implementación y el Desarrollo de los Lineamientos; esta última debe obtener el permiso para la creación de la nueva cooperativa del Consejo de Ministros (ibíd., arts. 11.1 y 12.1). Esta Comisión Permanente, encabezada por Marino Murillo, es la responsable también de la implementación de los lineamientos. Así, Murillo es, en efecto, el nuevo zar de la economía en Cuba y el principal administrador del nuevo sector de la cooperativa no-agrícola.

El capital inicial para la cooperativa debe provenir de los recursos financieros de los miembros, además de los créditos bancarios (ibíd., art. 21). Para la transformación de una compañía estatal en cooperativa, esta deberá pagar una tarifa de arrendamiento al Estado. Asimismo, los precios de los equipos comprados a la antigua compañía estatal deberán ser negociados entre los vendedores estatales y los compradores de la cooperativa (Ministerio de Finanzas y Precios, Res. 427/2012, párrs. 14-15). Las cooperativas tienen que ser financieramente autónomas e independientes del gobierno, con derecho a establecer sus precios, que a la larga serán determinados por las fuerzas del «suministro y la demanda»; excepto en casos indefinidos donde el ministerio pertinente establece costos fijos. Asimismo, tienen el derecho a determinar su propia estructura salarial y distribución de utilidades después de pagar los impuestos y las contribuciones a la seguridad social (Decreto-Ley no. 305, 2012, art. 25). Por último, podrán declararse en bancarrota si son incapaces de cubrir sus costos (ibíd., art. 30).

Una cooperativa puede contratar trabajadores adicionales, aunque solo hasta un máximo de 10% del total de horas de trabajo de la empresa (ibíd., art. 26.1). Un trabajador por contrato puede laborar solo por 90 días, después de los cuales se hace elegible para unirse a la cooperativa y recibir el mismo estatus que los miembros previos, y tener derecho al voto. De lo contrario, su empleo deberá suspenderse. Se pueden establecer «cooperativas de segundo orden» (ibíd., art. 5.1). Estas englobarían economatos más pequeños o de un nivel más bajo, nombrados «cooperativas de primer orden». De hecho, serían confederaciones cooperativas, formadas por mutualidades más pequeñas.

La máxima autoridad dentro de una cooperativa es la Asamblea General, que incluye a todos sus miembros. Este cuerpo tiene la autoridad de elegir un presidente, un sustituto y un secretario mediante un voto secreto (ibíd., art. 18.1). La estructura de gerencia específica será determinada por la actividad que realiza y su número de miembros: aquellas con menos de 20 miembros eligen un administrador; las que tienen entre 20 y 60 integrantes optan por un consejo administrativo; y las integradas por más de 60 cooperativistas designan un comité de dirección y un consejo administrativo. Por tanto, en dependencia de su tamaño y complejidad, la gestión financiera de una cooperativa estará a cargo de un único miembro o de un comité financiero. Las estructuras de gerencia y funcionamiento se exponen detalladamente en el Decreto 309 del Consejo de Ministros.

Según la Res. 427/2012 del Ministerio de Finanzas y Precios, las cooperativas tienen que pagar impuestos sobre las ventas, el empleo de la fuerza laboral, las utilidades y una contribución a la seguridad social. El despacho de productos alimenticios está exento de los impuestos sobre las ventas. Por su parte, los pagos a la seguridad social y los impuestos sobre la contratación de trabajadores se definen en otra legislación. El Decreto-Ley no. 306 delinea un régimen especial para la seguridad social de los miembros de las cooperativas (pensiones, pagos por incapacidad, beneficios por accidentes o enfermedad, licencia de maternidad y beneficios por muerte). Para el impuesto sobre las utilidades de la cooperativa, estas se definen como la cantidad residual después de deducir los costos de los insumos —hasta un máximo de 40% de los ingresos y para reserva de contingencias—, el salario de los trabajadores —al nivel del salario promedio para esa actividad en la provincia— y, por último, el pago de la renta de las instalaciones (Ministerio de Finanzas y Precios, Res. 427/2012, párr. 6). Además, la compra de los insumos de la cooperativa recibe un tratamiento especial: los adquiridos a nivel minorista reciben 20% de descuento del precio corriente; mientras los comprados en los mercados mayoristas también reciben 20% de descuento del precio corriente mayorista (ibíd., párr. 13).

POTENCIAL DEL COMPONENTE DE LAS COOPERATIVAS PARA LA ECONOMÍA CUBANA

La legislación de 2012 para las cooperativas no-agrícolas parece abrir una puerta a una amplia gama de nuevas actividades empresariales que habían estado bloqueadas durante casi medio siglo bajo el gobierno del presidente Fidel Castro. Puede constituir una importante innovación institucional que, con el tiempo, podría promover el auge de una nueva actividad y productividad económica. La conversión de una serie de empresas estatales de los servicios y la industria ligera al formato de cooperativa será quizás significativa. Como se explica, según el nuevo marco legal, es posible que los proveedores de servicios profesionales de varios tipos pudieran establecerse en el sector cooperativo, pues muchos de ellos pueden funcionar en grupos relativamente pequeños. El hecho de que suceda o no, depende de cómo se aplique la legislación y del tipo de actividades que puedan incorporarse bajo esa rúbrica.

La legislación de Cuba podría permitir el desarrollo de una gran diversidad de tipos de cooperativas; entre ellas:

1. una pequeña cafetería de esquina, un taller de reparación de calzado, un salón de belleza, o una barbería conformada por tres o más empleados;
2. un antiguo restaurante estatal convertido en cooperativa, con un máximo de 20 antiguos empleados que pasan a miembros (Frank, 2013b; Frank y Valdés, 2014);
3. una tienda minorista de ropa femenina de alta gama;
4. una planta manufacturera con 60 trabajadores o más;
5. un grupo de plomeros, electricistas, o albañiles que establezcan una empresa cooperativa de conjunto (Recio, 2013);
6. un grupo de ciudadanos que creen un vivero de plantas y una florería para el cultivo y venta de flores;
7. un grupo de especialistas en computación que provean servicios relacionados con el diseño web, Internet, reparación de computadoras y reventa de computadoras (Nieves Cárdenas, 2014);
8. un grupo de arquitectos, contadores, analistas de mercado o consultores agrupados en una empresa cooperativa;

9. una combinación de varios trabajadores de la construcción como carpinteros, albañiles, plomeros, o electricistas que establezcan una cooperativa para la construcción o reparación de viviendas;
10. una confederación de pequeñas cooperativas de cafeterías o puntos de venta minorista.

Como cabe esperar, la eficacia de la forma de empresa cooperativa tiene grandes ventajas, así como algunas desventajas. Las décadas de 1960 y 1970 fueron testigos de un extenso debate dentro del cuerpo económico sobre esas ventajas; parte del cual se centró en específico en Yugoslavia, que organizaba su economía a partir de negocios pertenecientes al Estado y gestionado por los trabajadores coordinados principalmente por el mercado. Algunos analistas, entre ellos el prominente Jaroslav Vanek (1969), argüían que las empresas gestionadas por los trabajadores que operan según el mercado era la forma óptima de tal entidad. Las críticas al modelo yugoslavo casi siempre provinieron de Branco Horvath (1971) y fueron analizadas con mayor profundidad por Richard Carson (1973).

Primero, tal vez, la ventaja más potente de las empresas —propiedad de— gestionadas por los trabajadores, como las cooperativas, en comparación con las empresas estatales y las privadas, tiene que ver con los incentivos, las motivaciones y las relaciones laborales (Carson, 1973:639-641). Dado que los miembros de la mutualidad comparten los beneficios —incluida la participación en estos—, supuestamente tendrán un fuerte incentivo para trabajar duro, «darlo todo», y contribuir a la disciplina, el aliento, la supervisión y el monitoreo entre ellos. Los intereses, objetivos y comportamientos de los trabajadores y los administradores, también dueños, no están encontrados, sino en relativa armonía.[5] En las entidades privadas o estatales, donde los empleados reciben un salario o retribución mensual, su estímulo sería más débil porque ganarían la misma cantidad con independencia de sus esfuerzos y el chequeo de la calidad de sus desempeños y resultados desde arriba es más difícil y costoso.[6] Pero en una cooperativa, los miembros estarían observando y tratando de motivar a sus compañeros.

---

[5] Ello presupone también que los miembros de la cooperativa han escogido libremente la membresía por encima de ser meros empleados —lo cual no siempre es el caso en las cooperativas que se forman a partir de la conversión de las empresas estatales, y los antiguos empleados están obligados a «aceptar su destino o quedar despedidos» (Frank, 2013b; Frank y Valdés, 2014).

[6] Sin embargo, es cierto que los sistemas de pago a destajo o las primas salariales por desempeño de producción excepcional generarían fuertes incentivos laborales

Por otra parte, probablemente, una cooperativa no toleraría el fenómeno generalizado del pequeño hurto a la empresa que practica una gran cantidad de trabajadores de las firmas estatales cubanas —especialmente desde los primeros años de la década de 1990—. Incluso, quizás, los cooperativistas criticarían el comportamiento contraproducente que implica la frase «ellos hacen como que nos pagan y nosotros hacemos como que trabajamos» y lo contrarrestarían. No obstante, puede existir la tendencia a «volar bajito» y dejar que los demás hagan el «trabajo pesado» si la cooperativa es tan grande como para que los beneficios de los esfuerzos de un trabajador diligente se compartan entre muchos otros. Esto significa que las cooperativas más pequeñas pueden generar mayores incentivos por el desempeño arduo de sus miembros que las más extensas. La remuneración de los miembros mediante un salario por horas, más una participación de los ingresos, puede ser óptimo para suscitar un desempeño serio, sostenido y eficiente por parte de los integrantes. En cualquier caso, la motivación para trabajar con afán es tal vez más fuerte en una cooperativa que en una empresa estatal o privada.

Segundo, es probable que la empresa mutualista funcione con un mayor nivel de flexibilidad y capacidad de respuesta a su mercado que las empresas estatales, ya que lo analizarán y observarán de manera directa. Así, podrán estar en condiciones de estructurar su producción en términos de calidad, precio, diversidad de productos y disponibilidad, de modo que, consecuentemente, se reflejen mejor las demandas del mercado y se ajusten los planes de producción. Las cooperativas también tendrán cierta flexibilidad al poder ajustar directamente los pagos de los ingresos a sus miembros, a través de los acuerdos de distribución de ganancias, para reflejar cualquier fluctuación o cambio en la demanda de los productos de la empresa. Ahora bien, no queda claro si estas tendrían ventajas de «incentivo» y «flexibilidad» por encima de entidades privadas de iguales dimensiones. La coexistencia continua de cooperativas y firmas privadas que realizan el mismo tipo de actividad económica en muchos otros países (uniones de crédito, lecherías, venta de ferreterías, etc.) indica que ninguna de las dos tiene mayores prebendas por encima de la otra en ese sentido. De hecho, si una de estas formas empresariales fuera superior, quizás sobreviviría mejor y conduciría a la otra a la extinción; lo cual no ha sucedido.

En el caso de Cuba, una tercera ventaja de las cooperativas es que pueden obtener economías de escala que están fuera del alcance de los cuentapropistas. Muchos tipos de actividades económicas, especialmente en la fabricación, exigen mayores volúmenes de producción, un mayor capital accionario y números más elevados de trabajadores a fin de reducir los costos por unidad; lo cual no es posible para la mayoría de los emprendimientos ni del sector de trabajo por cuenta propia en la Isla, pero sí es factible para los sectores estatales y las empresas mixtas. O sea, el sector de la cooperativa gestionada por los trabajadores debe facilitar mayores eficiencias asociadas a empresas más grandes que las que son posibles hasta hoy en el área de los pequeños negocios privados.

Las empresas cooperativas generarían, asimismo, una distribución de ingresos más igualitaria que las privadas de iguales dimensiones. Ello se debe, sencillamente, a la participación de los integrantes en la distribución de las ganancias. El control por parte de la asamblea de los miembros de la cooperativa sobre la estructura de las retribuciones y los salarios por hora y por mes, y sobre el acuerdo de distribución de ingresos debe conducir también a una distribución de ingresos bastante equitativa, sobre todo entre los trabajadores y los administradores elegidos. Esto constituye una gran ventaja de las cooperativas, en especial en el contexto cubano, donde se ha priorizado la equidad en la distribución del ingreso.

Las «cooperativas de segundo orden» concebidas en la legislación resultan de especial interés (Decreto-Ley no. 305, 2012, art. 5.1). Uno podría imaginarse una «coalición cooperativa de cooperativas», semejantes a grandes organizaciones centralizadas como Starbucks o franquicias como McDonalds. Este tipo de disposición podría permitir economías de escala significativas para el diseño de instalaciones, la compra de insumos, el desarrollo de publicidades y marcas, etc. En contraste con las grandes cadenas privadas, la distribución de ingresos permanecería bien equitativa entre los dueños de las cooperativas de cafeterías, quienes también serían los propietarios de la confederación de cooperativas. Esta forma podría ser relevante para una variedad de puntos de venta minorista, servicios personales o gastronómicos.

Por último, la empresa cooperativa implica una democracia en el centro de trabajo, una ventaja considerable en comparación con las empresas estatales y privadas, según la opinión de muchos observadores. Bajo el sistema empresarial estatal cubano, los empleados han quedado reducidos a «aceptar órdenes». Los sindicatos obreros han servido mayormente como canales de comunicación para hacer pasar órdenes desde arriba hacia los trabajadores de abajo. En lugar de defender los intereses de sus miembros, el principal propósito de los sindicatos en Cuba ha sido garantizar que los intereses de la nación —determinados por su liderazgo político— se implementen a través suyo. En la empresa privada, en la mayoría de las economías de mercado, el laborante es también un «receptor de órdenes», pero puede tener, o no, un fuerte sindicato obrero que defienda sus intereses. Sin embargo, en las cooperativas, los integrantes deben tener un control sustancial a través de los mecanismos de gobierno que crea la legislación correspondiente. El control democrático de la empresa es un fin en sí; pero también fortalece el compromiso de los trabajadores hacia un empeño compartido, incrementando de este modo la intensidad, la dedicación y la eficiencia en el desempeño. Por ende, una mayor democracia en el centro de trabajo debe de traer, como consecuencia, el incremento de la productividad.

En Cuba, resulta irónico el establecimiento de una forma democrática de propiedad y control en manos de los trabajadores, ya que su sistema político se caracteriza por el monopolio de un partido altamente centralizado, donde la participación genuina es manipulada desde arriba con bastante eficacia. Las elecciones en su sistema unipartidista son una farsa transparente y un insulto a los ciudadanos cubanos. Aun así, la legislación para las cooperativas concibe un sistema de control democrático por parte de los trabajadores a nivel de empresa, lo cual es en realidad una paradoja interesante. Presumiblemente, el gobierno de Raúl Castro no se siente amenazado por el tipo de democracia laboral que está implícita en las estructuras de mandato y en el funcionamiento de las cooperativas. O, tal vez, a estas nuevas cooperativas no se les permitirá el desarrollo de esa autonomía o funcionamiento democrático interno, como mismo ha sido el caso por mucho tiempo en las cooperativas agrícolas de Cuba.

Dificultades y limitaciones previsibles de la ley de cooperativas de Cuba

Existen algunas debilidades genéricas del modelo de cooperativa, así como algunos problemas específicos que pueden preverse a raíz del marco legislativo cubano para las cooperativas. Primero, a pesar de que se pueden proporcionar razones convincentes sobre las eficiencias potenciales de la propiedad y la gestión en manos del trabajador, este modelo no ha demostrado que sea, en efecto, más eficiente. Sin dudas, las cooperativas han sobrepasado la prueba de la supervivencia y, de hecho, algunas han tenido mucho éxito —nótese Mondragón en España, y Desjardins y Home Hardware en Canadá, por ejemplo—. No obstante, si en verdad representaran una forma más eficiente de empresa, uno esperaría, por lógica, que hubiesen conseguido gradualmente participaciones más grandes de la actividad económica en muchos países. Esto no ha llegado a suceder en un grado significativo, aunque es cierto que parecen «estar resistiendo» y manteniendo sus cuotas de mercado.

A menudo, las cooperativas son difíciles de crear y de sostener. Pero, ¿qué es lo que las ha frenado? Podrían enumerarse la gobernabilidad, que representa un problema permanente para este tipo de empresas; los «costos de transacción» de la gestión participativa, que pueden ser considerables; las animosidades personales, las diferencias políticas o ideológicas, los fracasos participativos, y/o los errores administrativos, que pueden servir para debilitar el proceso de toma de decisiones y generar disfuncionalidad. Por supuesto, esto también es aplicable a las entidades privadas y estatales.

La conversión de las empresas estatales en cooperativas, con los antiguos empleados ahora como miembros fundadores, puede ser más fácil de establecer que muchos otros tipos de economatos. Si las acciones encaminadas a la promoción y el entorno propicio por parte del Estado son fuertes, como parece ser el caso actual en Cuba, bien podría facilitarse la formación de empresas cooperativas. Sin embargo, a medida que crezca este sector, probablemente disminuya la eficacia del control de los trabajadores. Por ejemplo, en la manufactura compleja de alto capital, la gestión tiene que ser delegada a gerentes empresariales de niveles más elevados. Esto está incorporado en los lineamientos para la gobernabilidad de las nuevas cooperativas en Cuba.

La nueva ley para las cooperativas contempla un número de aspectos específicos potencialmente preocupantes y que podrían causar dificultades. Primero, tienen que pasar por un proceso complejo de selección antes de ser certificadas y establecidas, pasando —como ya explicamos— por los órganos municipales del Poder Popular, la Comisión Permanente para la Implementación y el Desarrollo de los Lineamientos, y el Consejo de Ministros. ¿Será este un proceso razonablemente automático o se ejercerán onerosos controles políticos para determinar cuáles cooperativas podrán constituirse? Cabe imaginarse esfuerzos en los más altos niveles políticos para aprobar cooperativas favorecidas o en áreas específicas de la economía y, de ese modo, perfilar el desarrollo del sector según las ideas oficiales preconcebidas, en lugar de permitir que el sector evolucione de manera espontánea y natural. Con este tipo de control sobre el proceso de aprobación, el surgimiento del sector de la cooperativa podría deformarse y atrofiarse. Por otra parte, es posible que el proceso aprobatorio sea menos controlador y permita todas las propuestas factibles. Si bien el jefe de la sección del modelo de gestión de la Comisión Permanente aseguró a los periodistas que el proceso sería «abierto», en el mismo artículo declaró que se establecerían algunas cooperativas «de acuerdo a intereses del Estado» (*Juventud Rebelde*, 2012). De ser este el caso, el principio de membresía voluntaria podría peligrar. Las cooperativas establecidas de esta manera serían similares a las agrícolas que se impusieron desde arriba, con consecuencias negativas relacionadas con el compromiso de los trabajadores y la eficacia del sistema de incentivos.

Por ejemplo, el artículo ilustrativo de José Jasán Nieves Cárdenas, «Cuba y Cooperativas *sin papeles*» (2014), describe el problema de la proliferación de estas cooperativas indocumentadas, producto del gran atraso para conceder el reconocimiento ministerial legal a un número creciente de grupos de cuentapropistas organizados de manera informal.[7] En él, cita la muestra fascinante de un grupo de ingenieros informáticos y electrónicos que actualmente funcionan bajo el nombre de Tecnología de la Información-SOFT, quienes proporcionan servicios cooperativos y coordinados a sus clientes aunque están obligados a permanecer como cuentapropistas individuales, pues su solicitud para convertirse en cooperativa llevaba más de un año «bajo revisión». Su director, Ernesto Flores Castillo, subrayaba el costo económico de ese atraso lo mismo para la empresa que para los impuestos sobre las utilidades del gobierno: «En 2013 pagamos al fisco $250 000 (más de 12 000 USD) y habíamos proyectado en 2014 contribuir con un millón, si fuéramos cooperativa» (Nieves Cárdenas, 2014).

El artículo también resaltaba la diferencia significativa en el régimen fiscal para las cooperativas frente a los cuentapropistas. Dado que estos últimos solo pueden deducir entre 30% y 50% de sus gastos de los impuestos, muchas más empresas exitosas llegan con mayor rapidez a un umbral de ingresos tras el cual, básicamente, tienen que «trabajar solo para tributar». Por su parte, el hecho de que las cooperativas puedan deducir 100% de los costos de su base imponible es un potente incentivo para que los cuentapropistas se cooperativicen. No obstante, este proceso burocrático ha demostrado consumir mucho más tiempo del que se necesita para obtener una licencia de trabajo por cuenta propia.

---

[7] Véase también el excelente artículo de la periodista cubana Milena Recio, «El trabajo por cuenta propia en Cuba (Infografía)» (*OnCuba*, 2013), que destaca las muchas maneras imaginativas en que se han agrupado cuentapropistas individuales para crear cooperativas funcionales a partir de la lista rígida e incompleta de las 201 licencias legales de trabajo autónomo. Un ejemplo que ilustra este fenómeno de cooperativas «funcionales e indocumentadas» son los numerosos asilos de ancianos privados que han surgido a lo largo de la Isla a fin de satisfacer la creciente demanda de cuidados a la tercera edad; los cuales están obligados a funcionar al margen de la ley porque, a pesar de existir una licencia disponible para el cuidado a la tercera edad, resulta aun demasiado caro combinar esa licencia con las de «servicios alimenticios» y «casas de alquiler» (Palma, 2014).

Segundo, la legislación de la cooperativa aboga por el establecimiento inicial de 230 entidades de este tipo, como una suerte de base experimental según la cual serán evaluadas, quizás en el plazo de un año. El marco legal será entonces revisado a la luz de dicha evaluación. Este podría ser un proceso muy positivo, acorde con el carácter cauteloso y deliberativo del enfoque del presidente Raúl Castro hacia el desarrollo de políticas. Asimismo, resulta adecuado en vistas de la falta de experiencia en Cuba con cooperativas no-agrícolas. No obstante, también podría permitir la inversión de la política o la intensificación de los controles políticos sobre las cooperativas en caso de que su surgimiento desagrade a la Comisión o al liderazgo político del país. Por ejemplo, en su discurso anual de fin de año durante las reuniones de la Asamblea Nacional, en diciembre de 2013, Raúl Castro indicó que el experimento con las cooperativas marchaba bien tras los primeros seis meses de operación con 250 cooperativas —20 más de las pensadas en un inicio—; mientras expresó que aún era demasiado pronto para dar una «evaluación integral» del sector:

> *Ha proseguido la ampliación del experimento de las cooperativas no agropecuarias, de las cuales se encuentran funcionando más de 250, aunque el corto tiempo transcurrido no permite todavía una evaluación integral de sus resultados. En esta etapa se requiere una permanente supervisión y control de la experiencia por las instituciones rectoras de cada actividad para detectar y corregir oportunamente cualquier desviación (Castro, R., 2013).*

Tercero, no queda claro si la Comisión y el Consejo de Ministros permitirán o no que las cooperativas que ofrezcan servicios profesionales obtengan certificación. Ese permiso representaría un importante paso de avance en la evolución de la economía cubana, ya que es probable que una amplia variedad de empresas profesionales se establezcan rápidamente. Ello conllevaría a una utilización de los recursos humanos más eficiente que la actual en el sistema económico controlado por el Estado.

Una cuarta debilidad es inherente a las reglas para la contratación de trabajadores no cooperativizados. Según la legislación, una cooperativa solo puede contratar trabajadores por un máximo de 90 días, tiempo en el que deberán ser aceptados como miembros o tendrán que ser despedidos (Decreto-Ley no. 305, art. 26.1). Además, la cantidad de empleados que pueden ocupar está limitada a 10% del total de horas trabajadas en la empresa.

Estas dos últimas regulaciones posiblemente limitarán la generación de empleos en las empresas cooperativas —un resultado para nada deseado—, imponiendo una rigidez innecesaria y perjudicando a los potenciales trabajadores contratados a corto plazo. Si un empleado brinda un servicio especializado a tiempo completo o parcial, a una o a varias cooperativas, quizás prefiera no hacerse miembro o, incluso, sea la propia cooperativa la que opte por ese acuerdo. Asimismo, puede estar conformada por un número de profesionales que sean socios principales, necesitados también de tareas que requieran menos habilidades. Imagínense cooperativas de abogados, arquitectos o diseñadores web que necesiten algún tipo de apoyo secretarial a corto plazo, servicios de recepcionista o especialistas en computación. En casos tales, si los miembros no pueden emplear un laborante a largo plazo, tal vez tendrán que usar su propio tiempo en ese tipo de tareas, malgastando horas, reduciendo la eficiencia del negocio y, además, privando a alguien de un puesto. En estos casos, podría defenderse la autorización del empleo a largo plazo de trabajadores no miembros de la cooperativa. Sin embargo, también podría conllevar a un acuerdo dual, donde los integrantes —que comparten los beneficios— restringen la membresía a fin de reducir el número de personas entre las que se distribuyen las ganancias. Este es un tema complejo que, presumiblemente, exigirá futuros ajustes.

Quinto, las normas equitativas para la membresía en las cooperativas (ibíd., art. 21.1) pueden ser ventajosas en algunos sentidos porque parecen más justas y tal vez fortalezcan los incentivos laborales. Sin embargo, podría tener consecuencias negativas el hecho de que las reglas ignorasen las contribuciones diferenciales. ¿Por qué un trabajador que aporta un mayor capital personal al establecimiento de una cooperativa cedería voluntariamente el control sobre esa contribución a otros miembros que no hayan invertido en igual medida? Esto podría militar contra el establecimiento de cooperativas y, en su lugar, promover el cuentapropismo.

Sexto, ¿serán, de hecho, establecidas sobre una base verdaderamente voluntaria desde el punto de vista de la membresía? Recuérdese que el primer criterio para la formación de una cooperativa genuina según ICA es que la membresía sea voluntaria. En la práctica, un impulso fundamental para su establecimiento es el deseo gubernamental de pasar las actividades del sector estatal que generan pérdidas (restaurantes, cafeterías, peluquerías, etc) a este otro. No obstante a haberse formado muy pocas cooperativas a finales de 2013, ya parecía existir cierta ambivalencia por parte de los trabajadores en algunas empresas estatales acerca de las decisiones de las oficinas de planificación del Gobierno de exigir la transformación de la gestión estatal a la de cooperativa. Marc Frank refleja este ambiente en un artículo que reseña la «cooperativización» del sector de los restaurantes estatales: «En el caso de las cooperativas, que supuestamente se forman sobre la base de la voluntariedad, la vasta mayoría hasta la fecha han sido el resultado de decisiones tomadas en el más alto nivel gubernamental e impuestas a los trabajadores, quienes tienen que aceptar su destino o quedar despedidos» (2013b).

El tema de la gobernabilidad en las cooperativas puede ser difícil. Para una entidad muy pequeña, de unos tres o siete miembros aproximadamente, quizás resulta más fácil y útil tener un dueño/trabajador a cargo que asuma total responsabilidad, trabaje con seriedad y garantice que los pocos empleados también trabajen seria y responsablemente. Este tipo de cooperativa tan pequeña quizás no tenga ninguna ventaja significativa sobre un megocio privado de iguales dimensiones. Pero, en la medida en que se vuelvan más grandes, su estructura democrática de gobierno y su entorno favorable al incentivo tal vez les permita lograr mayores ventajas sobre las firmas privadas de similar tamaño. Por tanto, es difícil generalizar sobre la eficacia relativa de ambas formas sin recurrir a las especificidades de las disposiciones de gobernabilidad alternativas.

Las tres estructuras alternativas de gobernabilidad delineadas en la legislación cubana (ibíd., art. 10.1) intentan una correspondencia entre la complejidad de las estructuras administrativas y el tamaño y la complejidad de la cooperativa. Sin embargo, el alto nivel de detalle en el reglamento sobre la administración de las cooperativas de primer grado (según el Decreto no. 309 del Consejo de Ministros) indica que este puede ser un aspecto difícil, contencioso y engorroso, y les puede impedir acciones más «ágiles». Por último, ¿cuál será el papel del PCC y de los sindicatos controlados por el Estado en las nuevas cooperativas? Si el control de las asambleas generales en aquellas de mediano y gran tamaño es capturado por núcleos del Partido o de la CTC no solo se subvertiría la democracia de los trabajadores, sino que, es muy probable, decrecerían los incentivos para trabajar seriamente. ¿Se mantendrán acaso estos dos órganos de poder al margen de la gestión de la empresa cooperativa?

Comienza la implementación

Las primeras 16 cooperativas no agropecuarias comenzaron sus operaciones el 1 de julio de 2013 en la provincia de Artemisa (*La Nación*, 2013). En agosto de ese mismo año ya se habían establecido un total de 124, y otras 71 estaban en proceso de formación (*CubaDebate*, 2013). La Tabla 6.2 muestra el número de cooperativas por sector.

Tabla 6.2: Cooperativas no agropecuarias en funcionamiento o en formación.

SECTOR	ESTABLECIDAS	EN FORMACIÓN	TOTAL
construcción	12	12	24
servicios personales y gastronomía	99	22	121
industria	2	16	18
transporte y servicios	11	2	13
otros	0	19	19
TOTAL	124	71	195

Fuentes: Mesa Redonda *(2013);* CubaDebate *(2013);* Trabajadores *(2013).*

De las 16 cooperativas en Artemisa, 13 se dedicaban a la venta minorista de productos alimenticios y agrícolas, el resto se repartía en transporte, construcción y reciclaje. La cooperativa del transporte contaba con 71 miembros, un tamaño significativo. De las 11 pertenecientes a esa misma área y ya establecidas a lo largo del país en agosto de 2013, 5 se dedicaban directamente a la transportación y 6 a servicios relacionados o auxiliares. Las primeras incluían 2 de taxis colectivos (de ruta fija), 1 de autobuses escolares y 2 de camiones. Las últimas incluían 1 garaje taller, 2 centros de reparación de autos, 1 centro de reparación de neumáticos y 1 remolcadora (íd.).

En abril de 2014 existía aún muy poca información disponible sobre el funcionamiento de las cooperativas, lo que refleja lo novedoso de este experimento. La economista cubana C. Yailenis Mulet Concepción (2013) subrayó una serie de ventajas de las que disfrutaban; a saber: 20% de descuento de los precios de las ventas mayoristas —aparentemente no siempre cumplido— y una considerable rebaja en la compra de gasolina para las cooperativas de transporte —ya que sus ingresos son en CUP y la gasolina se vende en CUC, tienen una tasa de cambio de 10 CUP = 1 CUC en lugar de 24 CUP = 1 CUC). Sin embargo, también enfrentaban dificultades específicas: vacilación de las entidades estatales para contratar cooperativas de la construcción, acceso insuficiente a insumos de los mercados mayoristas y barreras para conseguir el descuento de 20% del precio mayorista, entre otras. Estos obstáculos, así como muchos otros, no resultan sorprendentes, pues apenas está comenzando todo el movimiento cooperativo.

Algunos informes iniciales de un número de periodistas invitados específicamente por el Gobierno a la Isla en julio de 2013, a fin de que vieran en acción las nuevas cooperativas, no fueron muy prometedores (Frank, 2013a; Caruso-Cabrera, 2013). A pesar de que Marino Murillo reconoció en público que «la vida ha demostrado que el Estado no puede ocuparse de toda la economía, que debe ceder el espacio a otras formas de gobierno», echó también un cubo de agua fría a las esperanzas de reformas pro mercado más audaces al destacar que la introducción de las cooperativas no-agrícolas y las reformas en las grandes compañías estatales constituían una «transferencia de administración y no una reforma de la *propiedad del pueblo*» (Frank, 2013a). Por otra parte, durante un viaje de una semana lleno de conferencias de prensa, cocteles y visitas a cuentapropistas exitosos, no se les enseñó a los periodistas ni una sola de las 197 nuevas cooperativas que, supuestamente, habían iniciado sus operaciones el 1 de julio de 2013, en los sectores de los restaurantes, la construcción, la industria y el transporte. Los intentos independientes por parte de algunos de estos visitantes para conocerlas y entrevistar a sus miembros fueron frustrados. En uno de los casos, una cooperativa de almacenamiento al por mayor, en las afueras de La Habana, aún mantenía sus almacenes vacíos. En otro, un grupo de reparadores de aires acondicionados que habían tomado el control de una empresa estatal, en el barrio de Miramar, estuvieron de acuerdo con la entrevista, pero cambiaron de parecer cuando llegaron las cámaras (Caruso-Cabrera, 2013).

En general, estas cooperativas están en una fase experimental de proyecto piloto y servirán como casos de estudio para una modificación posterior del marco legislativo a fin de garantizar que el sector cooperativo sea viable —y tal vez controlado en términos de tamaño y generación de riquezas privadas—. Este enfoque cauteloso resulta razonable, ya que la Isla se está adentrando en un área desconocida para el país. Además, no hay una para nada amplia experiencia en el resto del mundo de donde Cuba pueda sacar información e inspiración en relación con un sistema económico que incluya un gran sector cooperativo con propiedad parcial y gestión en manos de los trabajadores, dentro de un marco del mercado.

El libro *Voces de cambio en el sector no-estatal cubano. Cuentapropistas, usufructuarios, socios de cooperativas y compraventa de viviendas* (2016), del economista cubano-americano Carmelo Mesa-Lago y algunos de sus colegas en Cuba, contiene un capítulo entero dedicado al experimento actual con cooperativas no-agrícolas y de servicio. De acuerdo al texto:

El Consejo de Ministros aprobó cuatro grupos de cooperativas no-agrícolas: en 2013, 126 en abril, 71 en julio, 73 en octubre y 228 en marzo de 2014, para un total de 498. El número de cooperativas no-agrícolas aprobado aumentó de 275 a finales de 2013 a 498 en 2014, y se estancó en 2015; mientras que aquellas en operación saltaron 71% entre 2013 y 2014, solo crecieron en 6% en 2015. Por otra parte, el número de socios aumentó de 2 300 a 5 500 entre 2013 y 2014, y a 7 700 en 2015, por lo que estos han aumentado a un ritmo mayor» (Mesa-Lago et al., 2016:106-107).

Es decir, la fase «experimental» de las cooperativas no-agrícolas se ha prolongado indefinidamente, al menos hasta 2016, cuando salió publicado el libro de Mesa-Lago. Aunque se ha especulado mucho sobre el impacto potencial de este sector en Cuba, sus 7 700 miembros solo representaban 0,5% del área no-estatal cubano en el año 2015; mientras los 483 400 trabajadores por cuenta propia representaban 41,4% del sector.

Además, la gran mayoría de las cooperativas no-agrícolas creadas durante estos años han sido empresas estatales —junto a sus trabajadores— «convertidas» (77%), «frente a 33% por iniciativa personal». Además, Mesa-Lago reporta que, de las operativas en 2015, «90% [...] se concentraba en cuatro sectores: 36%, en comercio y reparación de efectos personales; 25%, en hoteles y restaurantes; 17%, en construcción; y 13%, en la pequeña industria. El resto se dividía en 5% en actividades comunales, asociaciones y personales; 2%, en servicios empresariales, inmobiliarias y de alquiler; 1,6%, en transporte; y 1%, en electricidad, gas y agua. Se desglosan: 5%, en criar aves; y 4%, en reciclaje de desechos» (ibíd.:107-108).

Conclusiones

La iniciativa cubana de diciembre de 2012 para el establecimiento de las cooperativas no agropecuarias puede permitir el surgimiento de empresas no-estatales de mayor escala que pudieran operar con mayor eficacia que aquellas que sí lo son. Además, bien podrían tener ventajas sobre el cuentapropismo, en particular en lo concerniente a la equidad de los acuerdos para la distribución de ingresos y a los niveles de compromisos e incentivos de los trabajadores. Si esta iniciativa se implementa de manera extendida en la economía cubana, podría constituir un cambio y, tal vez, una mejora de dimensiones históricas. Cuba podría convertirse en un país de «socialismo cooperativo» si gran parte del sector estatal de la economía pasara a formas institucionales de cooperativas; lo cual difiere bastante del sistema de propiedad estatal altamente centralizado al que ha aspirado durante medio siglo.

Ahora bien, las cooperativas auténticas son difíciles de establecer, gestionar o hacer funcionar de manera eficiente. Exigen independencia, un entorno de confianza y —como bien indica el nombre— cooperación entre los miembros. Sin embargo, esos tres aspectos empresariales no han estado muy presentes en el ámbito de la economía cubana durante décadas. Asimismo, existe una serie de incertidumbres y problemas potenciales, específicos al caso cubano, a juzgar por la legislación. Tal vez las posibles dificultades más serias incluyan: el proceso de aprobación, que no está claro y es susceptible al control centralizado; el papel nebuloso del PCC y de la CTC en el funcionamiento de la empresa; la posibilidad limitada de contratar trabajadores no miembros; y, por último, la incertidumbre de si se permitirán o no cooperativas de servicios profesionales.

Sería sabio por parte del Gobierno proceder con cautela y considerar la primera fase de las empresas cooperativas de manera «experimental» y tentativa en carácter. El marco legislativo para el funcionamiento de estas cooperativas puede, entonces, modificarse sobre la base de la experiencia inicial. Este enfoque pragmático es intencionalmente diferente al proceso de toma de decisiones bajo la presidencia de Fidel Castro, en la que los cambios sustantivos de políticas e institucionales eran determinados por el presidente e implementados con rapidez, de manera que la magnitud de la insensatez de la decisión se hacía notar cuando ya era demasiado tarde para desviar el curso. Si el experimento se cumple como está concebido en la legislación de la cooperativa, el papel del control y la gestión por parte de los trabajadores podría constituir un grado importante de «democracia económica» para la Isla. Esto sería un acontecimiento significativo y muy paradójico en vista de la falta casi total de una democracia auténtica en el sistema político cubano. Una interrogante que surge con esta posibilidad es si una mayor democracia en el centro de trabajo podrá generar ímpetus y una fuerte presión en aras de una mayor participación genuina en la esfera política.

7

ECONOMÍA SUMERGIDA

¿Cómo puede ser que en Cuba el gobierno reconozca
que el salario no alcanza y las personas viven,
que a personas que ganan salarios que no les alcanzan
para empezar a vivir tú las ves bien alimentadas y se visten bien?
La respuesta es el invento cubano. Esas personas inventan, resuelven.
Eso caracteriza la vida cubana. Son infinitas las alternativas.
Sobre esas formas en que se desarrolla la vida cotidiana cubana
y la relación de los ciudadanos con el Estado, con el poder,
habría mucho que escribir en Cuba.
(Padura, *en* Martinoticias, 2014)

«Todo está prohibido, pero vale todo».
(dicho común en las calles de La Habana, 2004)

En todos los países se dan varios tipos de ilegalidades económicas y actividades económicas clandestinas o informales. En Cuba, sin embargo, las políticas públicas que preservaron con fervor la propiedad estatal sobre los medios de producción, la planificación centralizada y el sector estatal del empleo prácticamente universal —y que estigmatizaron una y otra vez toda la actividad económica independiente, así como las fuerzas económicas que provocaban baja productividad, ineficiencia y escasez crónica— han fomentado este fenómeno de manera exagerada. Durante la presidencia de Fidel Castro, la Isla parecía estar inundada de ilegalidades económicas. Muchos ciudadanos cubanos insistieron en que casi todo el mundo estaba involucrado en actividades económicas que el Estado consideraba ilegales, aunque muchas de ellas no parecían poco éticas a los autores del delito. De hecho, muchos argumentaban que eran necesarias para sobrevivir. Cabría decir que había una «cultura de la ilegalidad» arraigada en la economía y la sociedad cubanas de esa época.

Otra manera de expresar esta idea es que la economía oficial cubana —igual que las estadísticas económicas oficiales— era parcialmente ilusoria y que la economía informal, «secundaria» o «sumergida», era un componente importante de la economía *real* del país, de la que la gente dependía para cubrir sus necesidades. Esta economía sumergida continuó existiendo tras las reformas de 2010 promulgadas bajo la presidencia de Raúl Castro, pero, tal vez, en una escala más reducida al no tener vínculos laborales previos la mayoría de los nuevos cuentapropistas. Es decir, al registrarse como cuentapropistas solo estaban formalizando el estatus de sus negocios antes informales —no pasando del sector estatal al trabajo autónomo, que era el objetivo expreso del gobierno—. Aun así, dada la naturaleza indeterminada y la falta de profundidad de muchas de las reformas hasta la fecha, y el énfasis reciente en el «control, la legalidad y la disciplina» descrito en los Capítulos 5 y 6, la economía sumergida cubana continúa prosperando. También, porque —como comenta el citado novelista cubano Leonardo Padura— los salarios estatales aún son, de manera lamentable, insuficientes para llegar a fin de mes, «el invento» continúa caracterizando la vida cotidiana de la mayoría del pueblo cubano, mediando —en palabras de Padura— la relación de los ciudadanos con el Estado, con el poder».

Existen dos tipos generales de actividades ilegales que se analizan en este capítulo. El primero incluye los emprendimientos clandestinos que, de lo contrario, serían legales, pues producen bienes y servicios legales, aunque al margen del marco regulatorio del Estado. Este tipo de actividad económica, que denominamos AECL, corresponde a la categoría C1 de el Cuadro 7.1, una categorización general de las actividades económicas.[1] El segundo grupo contempla otras «ilegalidades económicas», entre ellas las actividades económicas que no se reportan, realizadas dentro del trabajo por cuenta propia registrado (C2), los trabajos privados que se llevan a cabo dentro de las firmas estatales o del sector público (C3); y los mercados negros o el intercambio ilegal de bienes y servicios a precios más altos (C4).

El trabajo por cuenta propia o el emprendimiento legal y oficialmente registrado se incluye en la categoría B1, pues ha sido en su mayoría incorporado al marco regulatorio y al régimen fiscal del Estado.[2] La «economía

---

[1] Estas AECL también podrían llamarse «actividades económicas informales legítimas». De hecho, el Cuadro 7.1 es una versión expandida del Cuadro 2.2 sobre lo que ocurre en Cuba.

[2] Basado en la definición de la «economía secundaria» introducida en el Capítulo 2: «aquellas actividades económicas en las economías socialistas que no están reguladas por el Estado ni incluidas en su planificación central», así como «todas las actividades con fines de

Cuadro 7.1: Categorización de las actividades económicas en el contexto cubano.

	TIPO DE ACTIVIDAD ECONÓMICA	CARÁCTER Y EJEMPLOS
A	economía del hogar: actividades no monetarias dentro del hogar o entre vecinos	cuidado de niños; actividades de «hazlo tú mismo»; trabajo cooperativo
B	economía formal: bienes y servicios legales realizados dentro del marco regulatorio estatal	empresas estatales; empresas mixtas
	1. cuentapropista con licencia	cuentapropistas registrados; pequeños campesinos
	2. empresas formales: mixtas, estatales y cooperativas formales	turismo; minerales; sector azucarero; etcétera
C	economía sumergida	no autorizadas, no reguladas, sin impuestos e ilegales
	1. AELC	bienes y servicios legales al margen de los regímenes regulatorios y fiscales del Estado
	2. actividades dentro del trabajo por cuenta propia registrado	ventas no autorizadas; actividades en CUC o dólares no autorizadas
	3. actividades clandestinas dentro de las empresas estatales	pagos privados a empleados estatales; ventas por la izquierda; entidades privadas ilícitas
	4. mercados negros	ventas por la izquierda en puntos minoristas del Estado; ventas de productos fuera del sistema estatal
D	economía delictiva: actividades indebidas, realizadas de manera ilegal	robo; venta de bienes robados; venta de puestos de trabajo; uso personal de la propiedad social; drogas, prostitución; etcétera

Fuente: Elaboración propia.

---

lucro —legales o no— que contradigan las ideas socialistas de igualdad, la planificación o la propiedad estatal sobre los medios de producción y el empleo universal», la economía secundaria cubana incluiría las AELC (C1) y la mayoría, si no todas, de las actividades descritas en C2, C3 y C4. Sin embargo, dado sus componentes legales e ideológicos —basado en beneficios privados en un contexto de socialismo de Estado—, incluiría también una buena parte de los sectores del trabajo por cuenta propia (B1) y cooperativo (B2), y una buena parte de las economías familiares (A) y delictivas (D).

265

del hogar» (A), incluye aquellas tareas económicas dentro del hogar en la la vida cotidiana junto a actividades cooperativas informales entre amigos, vecinos y familiares. Si bien esta es una parte vital de la economía cubana —como todas las demás—, no la examinamos directamente en esta sección, a pesar de sus vínculos cercanos con el trabajo por cuenta propia legal y con las AELC. Tampoco analizamos aquí las actividades delictivas de carácter económico (D).

Las fuerzas causales presentes en Cuba que generan las ilegalidades económicas y la economía sumergida incluyen raíces históricas y factores comunes a todos los países. Ahora bien, existen fuerzas específicas como resultado de las políticas económicas del gobierno cubano que han producido y sostenido los desequilibrios estructurales, monetarios e institucionales en este sector, que, a su vez, generan muchas de las acciones ilegales e informales por parte de los ciudadanos. Más importante aún, muchas de esas ilegalidades han sido y son, de hecho, necesarias para los ciudadanos como parte de su estrategia de supervivencia personal y familiar —se le conoce también como «el invento cubano»). En efecto, algunos observadores las consideran como una forma de rebelión de bajo rango, pero activa y constante, en el contexto de una economía formal disfuncional que no puede cubrir las necesidades materiales básicas del pueblo.

El célebre anarquista James C. Scott —al escribir inicialmente sobre los campesinos del sureste asiático— ha realizado tal vez el estudio más exhaustivo en el ámbito de la antropología política cuando teorizó sobre las llamadas «armas de los débiles». En ese trabajo, que abarca más de treinta años, argumenta que los grupos subalternos, tales como los trabajadores y los campesinos, que poseen poco poder formal o autoridad no están carentes de recursos. En su lugar, argumenta, suelen responder a la dominación económica y política mediante sistemas formales de poder a través del desarrollo de su propia «economía moral» hecha en casa, que implica numerosas formas de «resistencia cotidiana» y «expedientes ocultos» como alternativa a la «historia oficial» hegemónica proferida por las autoridades gubernamentales todas poderosas en apariencia (Scott, 1979, 1985 y 1990).

En sus escritos sobre la contestación de las ideologías raciales, Mark Q. Sawyer (2006) ha aplicado provechosamente los trabajos de Scott y de Robin Kelley (1994) a la Cuba contemporánea y afirma que existe una laguna considerable entre la historia oficial y las opiniones de la gente en la calle. Esta arena intermedia, donde las personas de a pie implementan sus «trasuntos ocultos» y sus estrategias de supervivencia contrahegemónicas se identifica como «infrapolítica». Asimismo, establece un vínculo explícito entre raza, infrapolíticas y participación en el mercado negro. «El tráfico ilícito de gasolina, comestibles, bienes de consumo, sexo, drogas y tabaco es un medio de supervivencia para muchos cubanos», señala. No obstante, sostiene que este tipo de actividad clandestina en la Cuba socialista no solo tiene un mero significado económico. «En la medida que los cubanos conectan su dislocación económica a fallas del Gobierno, la participación en el mercado negro no es solo una forma de supervivencia, sino también una forma de resistencia al nuevo orden [...]» (2006:106).[3]

Las consecuencias económicas y sociales de estas ilegalidades son diversas. Las AECL, componentes de la economía sumergida, tributan un valioso aporte a la economía y a la sociedad, específicamente a la supervivencia de las personas y su bienestar material. Ahora bien, es muy probable que muchos negocios clandestinos «emerjan» a la legalidad a partir de una línea de modificaciones a las políticas que le brinden un entorno favorable —algunas ya implementadas bajo el mandato de Raúl Castro—. Así, funcionarían como las pequeñas empresas normales en muchos países y servirían como un componente positivo de los cimientos para el desarrollo social y económico futuro. En contraste, algunos otros tipos de ilegalidades económicas pueden ser perjudiciales y corrosivas para Cuba y sus ciudadanos; aunque debe enfatizarse que su existencia ayuda frecuentemente a la supervivencia de las personas en una economía que no ha funcionado con eficacia.

---

[3] En un muy debatido artículo de opinión, publicado en *The New York Times* (2013) —y cuya publicación parece haber causado su despido como editor principal de la reconocida editorial Casa de las Américas—, el escritor cubano Roberto Zurbano reiteró el punto de vista de Sawyer, lamentando el hecho de que los afrocubanos son, a menudo, incapaces de participar en muchas de las áreas de mayor crecimiento en la nueva economía de Cuba: «La mayor parte de las remesas provenientes del exterior —principalmente de Miami, el centro neurálgico de la comunidad de exiliados, en su mayoría blanca— va a los cubanos blancos. [Ellos] tienden a vivir en las mejores casas, que pueden ser fácilmente convertidas en restaurantes o alojamientos [para turistas], el tipo más común de negocios privados en Cuba. Los negros tienen menos bienes y dinero, y también tienen que lidiar con el racismo generalizado». Según él, en la medida en que progresa la liberalización económica, los afrocubanos están siendo excluidos a voluntad o por omisión. Sin embargo, el hecho de recurrir al mercado negro, muchas veces su única manera de beneficiarse de mayores oportunidades económicas, es utilizado a menudo por su contraparte blanca como «prueba» de su supuesta propensión natural al delito. «Ahora, en el siglo XXI, se ha hecho evidente que la población negra está insuficientemente representada en las universidades y en las esferas de poder económico y político, y sobrerrepresentada en la economía sumergida, el ámbito penal y los barrios marginales». Acerca del mismo tema pueden consultarse el informe de *Reuters* sobre cómo la apertura económica cubana está intensificando la división racial en la Isla (Valdés y Trotta, 2014) y la investigación de Bert Hoffmann y Katrin Hansing «The Return of Race-based Inequalities in Contemporary Cuba: Analysing the Impact of Past Migration and Current Reforms», del German Institute of Global and Area Studies (https://www.giga-hamburg.de/de/project/the-return-of-race-based-inequalities-in-contemporary-cuba).

La transformación de las políticas y las estructuras económicas actuales, a fin de frenar las ilegalidades, será difícil. En ocasiones, el gobierno cubano pareció tomar conciencia de este fenómeno e intentó combatirlo, como fue el caso de la campaña contra la «corrupción» que tuvo lugar entre octubre de 2005 y marzo de 2006. No obstante, antes 2010, había limitado su política de respuesta a lo que llamamos «las cuatro P»: predicación, patrulla, prohibición y procesamiento judicial. Estas acciones estaban encaminadas a suprimir el fenómeno, pero no lidiaban con sus raíces causales.

A pesar de que todos los países tienen «economías sumergidas» e ilegalidades económicas, en el caso de Cuba, en comparación, han sido más numerosas y han involucrado un mayor porcentaje de la población. El marco de políticas públicas dentro del cual ha tenido que funcionar el sector legal de cuentapropistas ha provocado, sin proponérselo, el fomento de una «economía sumergida» o «economía secundaria» generalizada. El bloqueo oficial del trabajo autónomo legal mediante el no otorgamiento de licencias, en adición a regulaciones atroces, altos impuestos y un entorno político y mediático negativo, ha servido en conjunto para empujar estas actividades legales a la clandestinidad. Asimismo, también contribuyó a la proliferación de otros tipos de ilegalidades una variedad de fuerzas; de las cuales, la más poderosa fue la necesidad económica durante el Período Especial, entre 1996 y 2006, cuando los cubanos desarrollaron diferentes acciones económicas ilegales para sobrevivir en un contexto donde, según las palabras de Padura, las personas «ganan salarios que no les alcanzan para empezar a vivir».

Al menos hasta 2006, pocos analistas académicos dentro de Cuba habían intentado estudiar a profundidad la economía sumergida y las ilegalidades económicas. De hecho, parecía como si el gobierno negara la existencia de esa parte de la economía. La falta de información y las dificultades para estudiarlas de manera sistemática son tal vez los factores esenciales para explicar la falta de atención que han recibido. En los medios de comunicación cubanos, el cuentapropismo legal estuvo bajo ataque constante tras su liberalización en 1993 hasta finales de 2005. Sin embargo, hasta la campaña contra la corrupción de octubre de 2005 a marzo de 2006, se había prestado poca atención a otros tipos de ilegalidades.

Raíces históricas

Parte del poco aprecio por la autoridad económica de los cubanos tiene profundas raíces coloniales y prerevolucionarias. Desde los primeros años de la colonia, estos rompían el acuerdo bilateral de comercio impuesto por España. El comercio de contrabando con los franceses, los británicos y luego EE.UU., así como con los piratas, en desafío a las autoridades coloniales españolas y a la base naval de La Habana, no era infrecuente —véase la primera sección del Capítulo 3—. Según los censos de aquella época, el pueblo de Bayamo, en el oriente de Cuba, estaba casi tan poblado y desarrollado como las ciudades de La Habana y Santiago, y su avance se debía casi totalmente al comercio de contrabando de carne y cuero a los piratas y corsarios a cambio de otros bienes (*Economics Press Service*, 2001:5).

En la década de 1950, a pesar de que Cuba había desarrollado un rango diversificado de grandes negocios corporativos modernos, continuaron existiendo números elevados de industrias caseras de pequeña escala en muchas esferas de la economía. Esto era una «economía informal» auténtica —del tipo que define la Organización Internacional del Trabajo (OIT, 2002)—, que producía bienes y servicios legales, y era tolerada por el Estado a pesar de que el sector estaba al margen de su marco regulatorio. Algunas de ellas atrajeron la atención de la misión en Cuba del IBDR. Estos pequeños negocios evadían los impuestos, pagaban salarios más bajos que las grandes firmas, no estaban sindicalizados, evadían los pagos de la seguridad social y, por lo general, estaban al margen del marco regulatorio oficial. Las grandes empresas se quejaron a esta misión de la injusta competencia por parte de esos pequeños productores. Sin embargo, el informe del IBRD no recomendó su eliminación y reconoció los beneficios económicos y sociales que generaban. En su lugar, exhortó a las firmas de mayor escala a funcionar con más eficiencia para que fuesen competitivos con las más pequeñas (IBRD, 1951:944 y 957).

Probablemente persistió un considerable grado de continuidad entre la etapa anterior a 1959 en relación con las actividades económicas clandestinas y la cultura de la empresa clandestina ilegal después de ese año. Las personas que ya operaban «desde las sombras» en 1958 estaban en una posición razonable para continuar funcionado clandestinamente después de la Revolución. La investigación etnográfica llevada a cabo en 1969 por el antropólogo Oscar Lewis —a invitación de Fidel Castro— sobre los esfuerzos revolucionarios para transformar la existente «cultura de la pobreza» describe algunas de las operaciones informales que aún perduraban en algunos de los barrios más marginales de La Habana (Chomsky, Car y Smorkaloff, 2033; Guillermoprieto, 2004; Donate, 2011).[4]

---

[4]   Posteriormente, Lewis fue expulsado de Cuba sin ceremonias y el Gobierno confiscó la mayoría de su investigación. Sin embargo, su esposa y colegas lograron publicar tres grandes volúmenes de este estudio tras su muerte en 1970 (Lewis, Lewis y Rigdon, 1977a, 1977b y 1978).

Tras las nacionalizaciones de 1959-1961, continuó existiendo un pequeño sector privado autónomo legal en la agricultura y en actividades no agropecuarias, junto a redes ilegales del «mercado negro». No obstante, las nacionalizaciones de marzo de 1968, como parte de la Ofensiva Revolucionaria, y una política oficial de disminución gradual del sector campesino de pequeña escala condujeron a grandes reducciones de la actividad del sector privado legal. Una amplia gama de empresas pequeñas y micro fue nacionalizada o cerrada en su totalidad. Algunas pasaron a manos del Estado; pero muchas otras (vendedores ambulantes, puestos de vegetales, bares, cafeterías, talleres de carros, etc.) fueron cerradas, pasando los emprendedores a la clandestinidad o quedándose sin negocio. Un sector ilegal, pero relativamente tolerado, continuó prosperando, junto a un «mercado negro» menos aceptado —el impacto de estas confiscaciones fue analizado en el Capítulo 3.

El período 1970-1993 presenció una significativa economía sumergida, conformada por trabajadores independientes que recibían ayuda de familiares o amigos. Además, parte del sector no agropecuario fue legalizado a partir de 1978, cuando el Decreto-Ley de 14 de julio de ese mismo año formalizó 48 categorías de trabajo autónomo (Pérez-López, 1995a:95-96), para las cuales se estableció un sistema fiscal de tarifas que oscilaba entre $5 y $80 al mes (ibíd.:95). Las actividades reconocidas consistían sobre todo en servicios personales de varios tipos, junto a algunas actividades en el transporte, comerciantes, artesanías y tres modalidades manufactureras (sastrerías, zapatería y carbonería). La cifra de emprendimientos del sector no-agropecuario registradas oficialmente en 1988 era de 28 000, con 12 800 empleados (ibíd.:112). Sin embargo, es imposible saber las dimensiones de la economía sumergida en esa etapa. Sin dudas, se llevaban a cabo distintas actividades no reconocidas, así como otras legales no registradas que evadían impuestos. De hecho, gracias a ese mismo sector cuentapropista, existente dentro de la «economía sumergida», le fue posible cobrar vida tan rápido después de su legalización en 1993.

Las fuerzas causales subyacentes a las actividades ilegales generalizadas y a la economía sumergida son complejas y tienen parte de sus raíces en las políticas económicas que han generado un entorno donde los ciudadanos sienten la necesidad de actuar al margen de la letra y del espíritu de la ley a fin de sobrevivir. De hecho, el carácter y el funcionamiento del sistema de planificación centralizado, adoptado en 1961-1963, fue una característica singular que fomentó las ilegalidades financieras.

Según Centeno y Portes: «El intento [...] de sofocar cualquier manifestación de iniciativa empresarial popular termina, con el tiempo, fomentando su proliferación. El resultado [...] es una floreciente "economía secundaria" que contradice y socava a cada paso la que está sujeta a las reglas oficiales» (2006:31). Por ejemplo, la rigidez del sistema de cuotas hizo que casi todo el mundo se convirtiera en un emprendedor o un minicapitalista, ya que virtualmente asignaba los mismos bienes y servicios a todos, más allá de sus necesidades o preferencias. Este fenómeno conllevó al uso de la muy común estrategia del «amiguismo» o «sociolismo». Las mecánicas de la planificación centralizada también fomentaron las actividades económicas clandestinas. Al no poder funcionar a la perfección los sistemas de planificación, los administradores de las empresas se veían obligados a solucionar los problemas al margen del sistema de planificación formal, teniendo que negociar con otras entidades y funcionarios superiores o subordinados de otros sectores o ministerios. La resolución de las dificultades a menudo exigía el intercambio ilegal o «extra legal» de bienes o favores.

Por otra parte, estaba el problema de la «propiedad colectiva» en el trabajo, cuyo reflejo en Cuba se sostenía en el pensamiento generalizado de que la propiedad no pertenece a nadie —y, por tanto, es de todos—, de modo que si una persona no la aprovecha, alguien más lo hará en su lugar.[5] Por consiguiente, la propiedad pública parece haber sido tratada como si fuera leña en el bosque, peces en el mar o frutas silvestres en el bosque, que no pertenecen a nadie en particular y están disponibles para cualquiera que los necesite y pueda tomarlos —un problema que se describe en otras partes como «la tragedia de los bienes comunes», en referencia al crecimiento demográfico descontrolado (Hardin, 1968)—. Asimismo, la propiedad pública como los carros, que acompañan una posición oficial, se usan para asuntos personales sin ningún cargo de conciencia. Según Juan Clark: «La mayoría de la gente cree que robar al Estado no es un delito»

---

[5] De hecho, en un resumen sobre el debate interno en la Cuba contemporánea acerca de la necesidad de formas de propiedad no estatales, Carmelo Mesa-Lago ha indicado que los economistas cubanos están bien conscientes de este «problema de la propiedad colectiva». El asunto con la propiedad estatal, por ejemplo, es que «lo que es de todos no es de nadie y, por tanto, nadie responde por ella». Existe incluso un esfuerzo por expandir la noción tradicional de la «propiedad socialista» más allá de la mera «propiedad estatal», e incluir el trabajo autónomo y las cooperativas como formas de propiedad también legítimas y, de hecho, eficientes y productivas. Al mismo tiempo continúa existiendo una aversión general a la mera mención de la frase «propiedad privada» entre los economistas institucionales de la Isla (2013:79).

(en Pérez-López, 1995a:99). Irónicamente, el abanderado de este tipo de actitud y comportamiento fue el propio Fidel Castro, junto a los miembros más importantes del Partido, que han usado la propiedad estatal para propósitos políticos de la organización, y a menudo personales, tratándola, básicamente, como la propiedad privada del Partido Comunista y del llamado «líder máximo de la Revolución».

Otra razón general para las actividades económicas ilegales ha sido la coexistencia de la vieja economía de CUP con un importe bajo para los productos básicos de la cuota y la nueva economía del CUC —antes USD—, con precios hasta cierto punto internacionales o determinados por el mercado.[6] La diferencia de precios entre ambas era —y sigue siendo— abismal, lo que crea una gran oportunidad para arbitrajes lucrativos dentro del «mercado negro», donde los costes se determinan según la oferta y la demanda. Por su parte, el mercado negro también incluye numerosos productos desviados del sector estatal. De esta manera se conectan la dualidad monetaria y los sistemas de cuotas al «problema de la propiedad común».

Además, las limitaciones de las políticas para el cuentapropismo legal han fomentado ilegalidades económicas. La restricción de las licencias trajo como consecuencia que potenciales emprendimientos legales fueran empujadas a la economía sumergida. Su régimen regulatorio también les dificultó las cosas y llevó a algunas a pasar a la clandestinidad, después de intentar integrar el sector autónomo formal a principios de la década de 1990. Las rígidas regulaciones sobre los insumos utilizable y su lugar de compras condujeron a varias a adquirirlos de manera ilegal. Las cortapisas al empleo tienen un efecto similar; o sea, mientras más complejas sean las regulaciones que gobiernan la conducta de actividades económicas en particular, mayor es el margen para acciones ilegales. Asimismo, los impuestos elevados también contribuyen al intento de algunos negocios de evadirlos impuestos de varias maneras. Como resultado, un gran número de negocios que podrían funcionar formalmente se ven obligadas a permanecer en la clandestinidad.

---

[6] Un ejemplo de la diferencia de precios entre las dos economías ilustra la oportunidad de arbitraje. Las «tiendas en dólares» en particular han sido caras, con costes que son literalmente cientos de veces más altos que los de los productos racionados. Por ejemplo, en el año 2000, el precio del azúcar por la libreta de abastecimiento era de 0.15 centavos la libra (CUP); en comparación, en la «tienda en dólares» era de 1.50 CUC o 39 CUP —según la tasa de cambio relevante para los cubanos en aquella época de 1 CUC = 26 CUP—. O sea, 260 veces más caro que el precio del sistema racionado. Debe tenerse en cuenta que cualquier producto disponible en pesos cubanos por la libreta puede ser vendido más caro en el mercado negro.

El impedimento a que los profesionales se convirtieran en trabajadores autónomos dentro de su ramo —aún vigente en junio de 2014— era otra restricción clave del régimen cuentapropista y tuvo como consecuencia que algunos de los cubanos más educados y capacitados se marcharan al exterior —el clásico robo de cerebros— o a una suerte de «insilio», donde aquellos que deciden permanecer en el país se ven obligados a abandonar su área de conocimientos para trabajar en el mercado negro, mucho mejor remunerado aunque no sea tan gratificante desde el punto de vista social. Este tipo de «desperdicio de cerebros» también funciona en el sector autónomo. «Una cubana puede tener un negocio como payasa, pero no como abogada. Puede abrir un bar, pero no una clínica privada», escribió la periodista Julia Cooke en un agudo artículo de opinión para el *New York Times* (1 de abril, 2014).

Los impuestos elevados y regulaciones como las leyes laborales, la legislación del salario mínimo y las normas de salud y seguridad, propician también las actividades económicas clandestinas en la mayoría de los demás países (Schneider y Enste, 2002a). Lo que difiere en el caso de Cuba son las onerosas tasas fiscales, el rigor del régimen regulatorio, la prolongada estigmatización e ilegitimidad ideológica del cuentapropismo y el licenciamiento limitado de muchas actividades autónomas. Así, a pesar de que los cambios correspondientes a este tema, iniciados bajo el mandato de Raúl Castro, resultan significativos en comparación con la política pública deliberadamente antagonista de la presidencia de su hermano Fidel, existen dudas sobre si serán suficientes o no para sacar a la mayoría de las AELC de la economía sumergida.

De hecho, muchos cuentapropistas legales fueron empujados de vuelta a la economía clandestina como consecuencia directa de la serie de nuevas medidas promulgadas en 2013, que definía y delimitaba explícitamente el rango de actividades autorizadas en cada una de las 201 ocupaciones para el trabajo autónomo. Por ejemplo, un artículo del diario digital *14ymedio* reportaba que, a finales de mayo de 2014, de nuevo se «apretaban las tuercas» con las regulaciones aduanales, al responsabilizar a las llamadas «mulas» —mediante las cuales, de manera periódica, se importa mercancía extranjera para la reventa ilegal en las prohibidas *boutiques*, activas en la clandestinidad— por cualquier bulto ajeno que traigan consigo. El texto también informaba que muchas de esas *boutiques*, cerradas en teoría, realidad habían pasado a la clandestinidad y accedían a sus clientes a través de catálogos informales, pasados de mano en mano (2014b).[7]

---

[7] Al mismo tiempo, este artículo mencionaba un video de «advertencia» colgado en el sitio web de la *Gaceta Oficial...*, que no se centraba en la importación ilegal de ropas, sino en

Tal vez, la fuerza más poderosa que promueve las ilegalidades económicas sea la necesidad. La razón principal es que las personas ganan en CUP, por lo que sus ingresos no son suficientes para adquirir los alimentos básicos —sin mencionar todo lo demás— necesarios para su supervivencia (*Martinoticias,* 2014b; Zurbano, 2013; Sawyer, 2006). Por tanto, la gente ha tenido que encontrar fuentes adicionales de ingreso en CUP o en CUC —un «trajín» tan común en Cuba que ha dado lugar a varias expresiones populares: «resolver», «inventar», «luchar», entre otras; dos de las cuales, incluso, menciona específicamente Padura en su entrevista—. Los cubanos describen a menudo esta situación al decir que sus salarios oficiales mensuales les alcanzan para comprar los alimentos de la canasta básica y de otras fuentes suficientes para 10 o 14 días; el resto del mes tienen que adquirirlos con fondos «resueltos» o «inventados» por otro lado. «Todo está prohibido, pero vale todo». O sea, implica obtener esos ingresos extras, muchas veces, a partir de actividades económicas ilegales pero legítimas; en otras, utilizar la propiedad estatal con fines privados; la compraventa de diferentes productos en el mercado negro; varias formas de hurto o desvío del sector estatal; e incluso, en menor medida, el robo a los ciudadanos. En 2003 esta acción se definía como «tocar el arpa»; expresión y gesto común en La Habana para denotar ese tipo de robo, que se derivó de una posición similar a la de tocar guitarra con los dedos.

De hecho, los productos realmente disponibles en la canasta básica son limitados. Entre 1999 y 2009, incluían: azúcar, arroz, frijoles o chícharos, aceite de cocina, huevos, muy ocasionalmente carne o pescado, leche para los niños hasta 7 años, alguna pasta de harina de trigo, jabón de baño y de lavar y, a veces, dentífrico. Los otros bienes y servicios había que comprarlos en las tiendas en dólares, a cuentapropistas, en mercados agrícolas o en el mercado negro. Vale destacar que la electricidad, el agua y las líneas fijas telefónicas aún se pueden pagar en CUP, más o menos a precios subsidiados; no siendo así para los servicios de la telefonía celular.

Por tanto, la gente estaba presionada a encontrar fuentes adicionales de ingresos para complementar sus salarios en CUP a fin de sobrevivir. Eso podía hacerse de varias maneras. Primero, las personas podían abandonar

---

dramatizar la llegada de un viajero que traía 150 memorias USB al país. El mensaje estaba claro: ya no se aceptaría la típica excusa de «no sabía lo que era porque lo traía para alguien que me pidió que se lo diera a la familia». El artículo de AP «Cuba Cracks Down on Goods in Flyers Luggage» amplía la información sobre las mucho más estrictas regulaciones aduanales que entrarían en vigor el 1 de septiembre de 2014 (Weissenstein, 2014).

la economía en pesos cubanos y pasar a una en dólares o internacionaliza-da, donde podían ganar divisas. La forma más fácil para ello era emigrar; cosa que han hecho y continúan haciendo un número elevado de cubanos, especialmente jóvenes y personas bien capacitadas. Esta solución permi-te a los emigrados continuar ayudando a los familiares que se quedan en Cuba mediante las remesas. Segundo, algunos podían pasar a la economía interna internacionalizada (turismo, organizaciones internacionales, em-presas mixtas, embajadas extranjeras, etc.), donde podían ganar ingresos adicionales en USD o CUC después de octubre de 2014; si bien esta era una pequeña minoría afortunada. Por ejemplo, los maestros podían abandonar la educación para trabajar en el turismo, especialmente si hablaban lenguas extranjeras (Cooke, 2014). Tercero, muchos cubanos recibían ingresos adi-cionales de otras fuentes.

Alcance y clases de ilegalidades económicas y emprendimientos clandestinos

A pesar de la apertura de mediados de la década de 1990 en relación con el cuentapropismo, aún existían en 2005 incontables tipos de ilegalidades económicas que podían observarse en Cuba. Algunas tenían profundas raí-ces y una larga historia; en tanto otras, probablemente, fueron provocadas por la contrarreforma que comenzó en 1996 y alcanzó su clímax en otoño de 2005 con la llamada Batalla de Ideas y la represión contra la corrupción. A continuación, referimos algunas de las ilegalidades que atestiguamos du-rante nuestra investigación. (La anotación al final de cada ejemplo se refiere al tipo de ilegalidad según las categorías del Cuadro 7.1.)

1. Un tahonero de una panadería local ahorra materiales para sobre producir panes a fin de venderlos a precio de mercado —$1 por unidad—, en vez de los 0.20 centavos que cuesta por la libreta. Los panes pueden ser vendidos a cualquiera con dinero extra para ge-nerar ganancias (D1 y C3).
2. Los empleados de una pizzería reducen el tamaño de la pizza y ahorran los ingredientes sobrantes para uso personal (D1 y C3).
3. Los trabajadores y guardias de seguridad de una fábrica de tabacos venden tabacos a los turistas transeúntes en CUC (D1 y C4).
4. Los funcionarios de entidades estatales con acceso a vehículos para uso oficial lo utilizan como carro particular (D1).

5. Un cantinero intercambia el ron de la economía en dólares que se le oferta a los clientes por uno nacional de bajo costo en pesos cubanos para venderlo fuera del local a precios en USD (D1 y C3).

6. Un inspector de paladares hace la vista gorda de las discrepancias entre la compra de insumos y los recibos del dueño a cambio de un soborno o una cena (D1).

7. Un mecánico de un taller estatal le dice a un cliente que determinada pieza de repuesto no está disponible en las fuentes oficiales, pero que él la puede localizar, para suministrarla por fuera a un precio más alto (D1 y C3).

8. Un «pistero»[8] de una gasolinera soborna al encargado o chofer de una pipa de gasolina o petróleo para que le despache más combustible del asignado oficialmente a la gasolinera y embolsarse el dinero de la reventa de ese extra (D1 y C4).

9. Un reparador de elevadores exige un pago adicional por arreglar el elevador de un pequeño edificio de apartamentos (C3).

10. Algunos pintores de casas y edificios del sector estatal diluyen la pintura que deberían usar en sus trabajos oficiales, a fin de utilizar el sobrante en trabajos privados fuera del horario laboral (D1 y C4).

11. Una esteticista exige un pago adicional al cliente por los servicios ofrecidos en un salón de belleza estatal (C3).

12. Un guardia de seguridad de una tienda en dólares sustrae artículos que luego vende por fuera, a menudo justo afuera de esta (D1 y C4).

13. Un taxista apaga el taxímetro bajo el supuesto de que mal funcionamiento para fijar el precio de una carrera (C3).

14. Un paciente ofrece pequeños obsequios a un doctor para garantizar un buen tratamiento.

15. El dueño de una casa de alquiler sin licencia la renta de manera ilegal (C1).

16. El presidente local de un CDR acepta un soborno de 10 CUC para no reportar un alquiler de habitaciones ilegal en el barrio (D4).

17. A los tubos de pasta de dientes de la tienda les falta un 25% de su contenido y se rellenan con aire. La pasta extraída se utiliza para uso personal o reventa (D1 y C3).

18. Un ciudadano paga un soborno de 5 CUC para garantizar la compra de un pasaje en autobús, cuyo valor es de $85, de La Habana a Holguín (D4).

---

[8] Así se le llama en Cuba al encargado de despachar el combustible de las bombas en las gasolineras.

19. El responsable de aceptar las solicitudes para cualquier trabajo que permita una significativa adquisición de divisas mediante propinas, especialmente en el turismo, vende a los aspirantes el ingreso a tales puestos laborales (D4).
20. Un ciudadano que monta una antena satélite, capaz de recibir canales foráneos, conecta al vecino por una tarifa de 10 CUC mensuales (C1).
21. Un periodista con acceso a ciertas horas de Internet permitidas bajo concepto laboral, vende algunas en el mercado negro.
22. Se altera la cuenta para cobrarle más a los turistas en los restaurantes, añadiendo productos o propinas supuestamente incluidas; también se puede alterar el precio de algunos artículos o, de manera más planificada y confabulada, funcionando con dos menús separados: uno para los que llegan solos y otro para dar la comisión a los gestionados por los buscavidas (D1).

La lista puede extenderse casi hasta el infinito y, a pesar de que resulta difícil conocer cuán significativas han sido este tipo de ilegalidades, sí se sabe que están generalizadas. De hecho, se dice a menudo que en el mercado negro está disponible todo lo que uno pueda imaginar, esencialmente a partir de desvíos del sector estatal. Por ejemplo, la bloguera cubana Yoani Sánchez refiere que en esa época ya se encontraban a la venta en el mercado negro digital de Cuba una enorme cantidad de datos electrónicos (CD, DVD, juegos de video, libros, aplicaciones, programas de computación, noticias, información, etc.). A pesar de que gran parte circula vía pequeñas memorias USB, también hay un mercado para torres externas de datos que se compran y venden no solo en megabytes o gigabytes, sino en terabytes (conversación personal, marzo de 2013; Sánchez, 2014a).

La bloguera, exprofesora de periodismo de la Universidad de La Habana y fundadora de *Periodismo de barrio* —medio independiente sin fines de lucro— en octubre de 2015, Elaine Díaz Rodríguez, nos confirmó que este sistema de distribución/venta de datos digitales, inluido lo que se conoce en Cuba como «el paquete» y los «combos», estaba bastante formalizado como una parte fundamental de la economía sumergida de Cuba a finales de mayo de 2014. Explicó que, cada lunes, aparecía un nuevo paquete digital en el mercado negro a un precio de 5 CUC. Aquellos que lo compraban primero a este precio hacían dinero extra redistribuyéndolo a un número exponencial de personas el resto de la semana, bajando gradualmente de 5 CUC a solo 1 CUC o 2 CUC por cliente (conversación personal, mayo de 2014). No hace falta decir que este sistema depende de una violación sistemática de las leyes internacionales de propiedad intelectual y *copyright*; a menos que involucre programas compartidos o aplicaciones licenciadas a través de la red innovadora *Creative Commons*.

Desde mediados de la década de 2000, los muy populares sitios webs *Revolico.com, Cubisima.com y Porlalivre.com* —todos versiones cubanas de *Craigslist*— se han convertido en las páginas a donde acudir para encontrar una amplia variedad de bienes y servicios del mercado negro —incluidas permutas y equipos electrónicos—, ya sean desviados del sector estatal o importados informalmente a través de las «mulas» (Miroff, 2009; Ravsberg, 2012d; Días Rodríguez, 2013; Nieves, 2014a y 2014b; *14ymedio*, 2014b). Díaz Rodríguez explica, en el revelador «Economía sumergida: de las calles a la web», que esta versión digital de mercado negro surge sobre todo porque muchos productos —en especial los artículos electrónicos de última tecnología— tienen precios demasiado altos para los cubanos en las tiendas estatales, escasean, no se venden o, incluso, están prohibidos. De hecho, a pesar de que *Revolico.com* era el sitio más socorrido, el Gobierno cubano lo bloqueó durante bastante tiempo, obligando a los usuarios a usar servidores proxy para visitarlo. Irónicamente, Díaz Rodríguez informa que, aun con el sitio bloqueado e ilegal, debido a la fuente ilícita de la mayoría de sus productos, es todavía la página que brinda a muchos cubanos su primera experiencia con Internet. Asimismo, captura con pericia la lógica que ha conducido al surgimiento de la más nueva manifestación del mercado negro en la Isla:

> La centralización del comercio minorista por parte del Estado y la falta de abastecimiento con estándares de calidad/cantidad capaces de hacerle frente al consumidor nacional posibilitaron la consolidación y el rápido crecimiento de una opción de compraventa que facilitaba a cualquier ciudadano, aunque no se dedicara a ello usualmente, convertirse en vendedor o comprador según lo necesitara (2013).

En años más recientes, el pequeño pero creciente número de cubanos que se han unido a la revolución de los teléfonos inteligentes —comprando a menudo sus teléfonos importados androides o iOS vía *Revolico*— se ha beneficiado de la proliferación de aplicaciones especialmente configuradas para el entorno singular *off-line* que existe en Cuba. Podría mencionarse *Guía Cuba*, desarrollada por programadores locales que administran una cadena de talleres de reparación de celulares con el nombre de La Clínica del Celular, que permite a los cubanos con teléfonos inteligentes —pero sin acceso inalámbrico a la red por datos móviles, solo inaugurada a partir de diciembre de 2018— dar seguimiento y etiquetar los bienes y servicios disponibles en el creciente sector no-estatal; si bien los usuarios se veían obligados a visitar «la clínica» todos los meses para actualizar la aplicación y muchas otras con nueva información (Benítez, 2013; Nieves, 2014a y 2014b). En un par de artículos en su popular blog, *Generación Y,* a principios de 2014, Yoani Sánchez describe algunas de las aplicaciones más innovadoras y populares que se encuentran en los celulares de los cubanos. Por ejemplo, para iOS se desarrolló Messy SMS, que brinda un servicio encriptado de mensajería instantánea que impide a Etecsa seguir las conversaciones personales; mientras, en el sistema androide se instalan Etecsa-Droid, una copia pirateada del directorio telefónico cubano, que incluye el nombre completo de la persona, el número de identidad, e incluso la dirección de cada usuario; WifiHacker, herramienta que facilita la localización y el hackeo de las escasas redes wifi en Cuba; y una versión no autorizada, *off-line,* de *Revolico.com* (2014b y 2014c). Sin dudas, es aún demasiado temprano para saber a ciencia cierta cómo la apertura de acceso a la red por datos móviles podrá cambiar el mundo de los negocios *off-line* surgidos en la Isla entre 2012 y 2018.

Tal vez este hecho pudiera comenzar a perfilarse con la emergencia de un sinfín de nuevas aplicaciones digitales para facilitar la navegación más libre y privada de la red, así como la compraventa de productos y servicios de todo tipo; algunas de las más populares durante estos años han sido Psiphon, que permite a los usuarios crear una red privada virtual (VPN) que protege el anonimato mientras permite conectarse desde un punto de acceso Wi-Fi Nauta, el portal del monopolio de telecomunicaciones del Gobierno, a sitios típicamente bloqueados en Cuba como *CubaNet, 14ymedio* o *Diario de Cuba.* Del mismo modo, la aplicación Aurora Suite deja a los usuarios cubanos acceder a sitios web, incluidos los bloqueados, mediante la interfaz de correo electrónico de Nauta, sin requerir un plan de datos ni una conexión activa a un punto de acceso Wi-Fi (Freedom House, 2018).

Entre los nuevos emprendimientos digitales más destacados y exitosos están ConoceCuba, Isladentro, AlaMesa —este último centrado en bares, cafeterías y paladares— que buscan conectar clientes potenciales —tanto nacionales como extranjeros— con la creciente cantidad y diversidad de bienes y servicios que ofrece el revitalizado sector privado de Cuba mediante aplicaciones desarrolladas para funcionar sin conexión en los teléfonos inteligentes. Además, ofrecen una gran variedad de datos y perfiles fotográficos de cientos de los nuevos negocios privados cubanos, basándose en los mapas digitales que proporcionan geolocalización en tiempo real al usuario al triangular su ubicación GPS con la de cada negocio y las torres celulares en la Isla, sin acceso a datos web o Internet (Henken, 2015).

En ese listado pueden mencionarse otros emprendimientos populares e innovadores como Cubazon, una versión cubana de Amazon que permite a los usuarios pedir productos para su entrega; Knales, posibilita a sus usuarios acceder a datos web; y Kwelta, un calendario cultural con servicio de publicidad. En la mayoría de los casos, el modelo de negocio es proporcionar aplicaciones gratuitas al público a través de los talleres privados de reparación de celulares y cobrar a los negocios 5 CUC mensuales para incluirlos en las aplicaciones. Algunos han hecho arreglos exclusivos con esos talleres para que se carguen automáticamente solo sus aplicaciones en los móviles que atienden. Otros experimentan con cupones de descuento siguiendo el estilo de las empresas estadounidenses Groupon o LivingSocial; o se han asociado a revistas digitales independientes para ofrecer reseñas de restaurantes o bares privados (Henken, 2015; *EFE*, 2017; Freedom House, 2018).

Una serie de escándalos y represiones estatales revelados por la prensa extranjera e independiente permiten entrever la magnitud de la economía sumergida ilegal en Cuba. Por ejemplo, un informe indicó que, en tres de los quince municipios de La Habana, la policía y oficiales de la aduana hicieron una redada de 150 operaciones clandestinas de fabricación de tabacos, que fueron clausuradas, y se confiscaron 11 935 cajas (*CubaNet*, 2004). Debido a las habilidades ampliamente conocidas, las escasas barreras para acceder a esta actividad y su lucro, es probable que hubiese muchas más por todo el país. Asimismo, el uso de diésel como combustible para cocinar por un gran número de personas en los pueblos pequeños, especialmente en los bateyes de los centrales azucareros, que era desviado de los suministros estatales y vendido a través de circuitos ilegales. Sin embargo, la situación era tolerada gracias a la cantidad de individuos dependientes del gasóleo para esa actividad.

El propio presidente Fidel Castro brindó un ejemplo interesante sobre una operación económica ilícita relacionada con el hurto y reventa de materiales pertenecientes a un importante proyecto de construcción:

Recuerdo que estábamos construyendo en Bejucal un importantísimo centro de biotecnología. Cerca de allí había un pequeño cementerio. Yo estaba en mis visitas y un día pasé por el cementerio. Allí vi un mercado enorme donde el equipo de construcción, tanto capataces como muchos de los constructores, habían montado una venta de cemento, cabillas, madera, pintura, absolutamente todo cuanto se usa para construir (Castro, F., 2005b).

Otro ejemplo de la generalización de las AELC lo proporcionó Marc Frank, corresponsal de *Reuters* y *Financial Times*, al describir la vida en las áreas rurales de Cuba:

> *El vecino de María, un maestro, hace autostop a la costa todos los fines de semana con una maleta vacía y la trae llena de pescado. Otro pinta cuadros y carteles. Otros venden sus servicios como vinateros, costureras, conserjes, jardineros, reparadores de bicicletas, mensajeros, vendedores de tabaco o maquillistas. «Casi todo el mundo que no recibe dinero de EE.UU. hace algo para sobrevivir —dice María, miembro del Partido Comunista—. La mayoría no tienen licencias pero nadie hace nada al respecto porque todo el mundo lo que está es tratando de sobrevivir» (2004b).*

Según evidencia anecdótica, también ha existido una serie de prácticas ilícitas en el sector del turismo. Según un gerente de un hotel cinco estrellas:

> *Este es un negocio multimillonario, donde millones fluyen a diario en un país de gente pobre luchando por sobrevivir. Todo el mundo encuentra la forma de ganar ingresos inmerecidos y alguna gente se vuelve ambiciosa. Al igual que en muchos otros países del Tercer Mundo, la gente a menudo paga para trabajar en la industria y sobornar a los superiores con una parte de lo que ganan. Podría darte cientos de ejemplos. Hasta dónde ascienden estas pequeñas mafias, y si el problema se relaciona con el escándalo de Cubanacán,[9] estaría por ver (Frank, 2004a).*

Esto se corroboró a principios de 2004, cuando quince de los más altos funcionarios de Cubanacán fueron despedidos de sus puestos, al igual que el ministro de Turismo, Ibrahim Ferradaz, junto a otros empleados de menor rango poco después (íd.). Como resultado parcial, el 19 de febrero de 2005 se promulgó la Res. no. 10 del Ministerio de Turismo, que definió un código de conducta para los trabajadores y los altos funcionarios administrativos del sector.

---

[9] Conglomerado de empresas estatales que abarca más de 50 hoteles, restaurantes y cafeterías, una cadena de tiendas con más de 300 puntos de venta, dos marinas, una agencia de viajes, una agencia de renta de autos y un servicio de taxis, un centro de convenciones y 15 sitios de entretenimiento.

Damián: dueño/administrador de un banco de películas

Damián era un ingeniero industrial, treintañero, que había comenzado un negocio clandestino de alquiler de videos a mediados de los años 90. Pudo empezar gracias a una inversión sustancial de 1 000 USD que le dio su suegra, quien le pidió el dinero a sus padres, que habían emigrado a EE.UU. décadas atrás. Les explicó que le hacía falta la inversión para ayudar a sus hijos a sobrevivir durante la crisis económica causada por la caída de la Unión Soviética. Damián usó los 1 000 USD para comprar dos reproductores de videos VCR (300 USD cada uno) y 75 casetes de videos (VHS) en blanco. También recibió ayuda en sus inicios de una amiga que tenía su propio negocio de alquiler de películas en otra área de La Habana. Ella le prestó las suyas para que él las copiara y comenzara a alquilarlas en su propio barrio.

Con el tiempo, Damián incrementó su inventario mediante contactos que regresaban a Cuba de lugares como EE.UU., México y Venezuela, y traían películas nuevas. Más tarde, pudo comprar también cintas a individuos con acceso a la televisión satelital en Cuba y amplió su negocio a la venta de casetes de películas y *shows* populares. Cinco años después de comenzar su actividad —cuando lo entrevistamos en el verano de 2001—, contaba ya con un inventario de 700 casetes. En ese momento, había comenzado hacía poco el proceso de convertir sus VHS en DVD. De hecho, tras conocer sobre su negocio a través de un amigo en común, Henken garantizó la entrevista apareciéndose en su casa con una «donación» a la causa: una torre de 100 DVD en blanco que había comprado en EE.UU. y logrado entrar al país enmascarados dentro de su extensa colección de CD.

Su espaciosa casa estaba decorada con varios carteles de películas, principalmente estadounidenses, y su cuarto/oficina estaba equipado con un enredo de equipos electrónicos y computadoras que le permitían transferir las cintas VHS a DVD y grabar nuevos filmes, series televisivas y espectáculos humorísticos que le llegaban a través de su antena satélite clandestina, escondida dentro de un tanque de agua vacío en la azotea. Sin embargo, Damián decidió alquilar un espacio para almacenar sus videos en casa de un vecino después de que su negocio y su clientela comenzaron a crecer, y el tráfico de clientes en la suya empezó a llamar demasiado la atención sobre su actividad clandestina. También decidió desviar la atención contratando un pequeño grupo de «mensajeros» —la mayoría estudiantes universitarios—, armados con mochilas, quienes les llevarían a domicilio los títulos más recientes a los clientes de confianza.

Los días entre semana, alquilaba los videos a $5 por noche y los fines de semana subía el precio a $7.50 por todo el fin de semana, de viernes a domingo. No obstante, algunos tipos de películas y *shows*, como los estrenos o las buscadas novelas mexicanas y colombianas, se alquilaban a tarifas más elevadas: entre $7 y $10 por día. Damián explicó que, en la medida que el negocio creció, en un período de dos a tres años, pudo comenzar a vivir con una comodidad relativa, comprar la mayoría de los artículos necesarios para el hogar en la tienda en dólares y ahorrar una considerable suma de más de 3 000 USD, guardados en una cuenta en dólares en un banco cubano. Estimó que él y su esposa, quien era su socia en el negocio, ganaban un promedio de $20 000 al mes (800 USD-1 000 USD) de ingresos netos después de los gastos y el pago a los empleados.

A pesar de su éxito financiero, Damián y su esposa vivían con un temor constante de una inspección sorpresa de la policía y, por ende, tenían un estrés tremendo. Explicaron que este tipo de registro podría conducir a la confiscación de la videoteca y todos sus equipos de grabación, los televisores y cualquier otro material que las autoridades pudieran vincular a la producción de su mercancía; sin contar las multas exorbitantes, e, incluso, la confiscación de su hogar y el de la familia que almacenaba sus videos, como castigo por estar implicados en una actividad de contrabando y especulación. A fin de evitar esa eventualidad, esquivan todos los materiales «pornográficos» o políticamente controversiales; a pesar de la gran demanda que tiene el *Show de Cristina* entre su clientela, un programa miamense de tema cubano, muy popular y polémico. De hecho, no obstante su relativamente cómodo nivel de vida, estaban tratando con todas sus fuerzas de emigrar para poner fin a su constante estado de ansiedad. Según el propio Damián: «Queremos poder vivir honestamente de la profesión que elijamos, sin tener que esconder nuestras actividades de las autoridades y vivir una doble vida». En 2006 ya habían logrado a emigrar a EE.UU. y ambos trabajaban como profesionales.

Miguelito: pensionado, vendedor ambulante

Oficialmente, Miguelito tenía 92 años, pero insistía en que en realidad eran 98. Cada mañana, al menos hasta principios de 2003 —cuando lo entrevistamos—, iba a un punto de venta central de periódicos y compraba varias ejemplares de *Granma*, *Trabajadores* y *Juventud Rebelde*, luego revendía en una esquina agitada de la calle Monte, junto con cigarros sueltos y, a veces, tubos de pasta Perla.

Miguelito no era el único en ese pequeño negocio. Había cientos o tal vez miles de pensionados que hacían lo mismo. ¿Por qué? Por necesidad. Su pensión era de $90-$100 mensuales —téngase en cuenta el poder adquisitivo que explicamos al inicio de este capítulo—, más un modesto almuerzo en una cafetería para personas de la tercera edad y servicios de salud. Compraba el *Granma* a $0.25 —aproximadamente 0.01 USD— y lo revendía a $0.80 o incluso $1 —unos 0.05 USD—; de igual manera, adquiría los cigarros a $5 la cajetilla de 20 cigarros —o $0.25 cada uno— y los detallaba a $0.40 por unidad; mientras la pasta de dientes le costaba $7, y él la daba a $10. Una rápida aritmética revelará que Miguelito podía duplicar los ingresos de su pensión si vendía 8 periódicos diarios en un mes de 20 días laborales, 13 cigarros o 2 tubos de pasta de dientes al día. Por tanto, para un pensionado, bien vale la pena una venta minorista como esta.

Moncho, Peluquero

Moncho era médico, pero dejó la medicina para hacerse peluquero. Individuo con muchos talentos, tenía clientes agradecidos. Su salario en la peluquería estatal en 1997 era de $148 al mes. No obstante, reconociendo que él también tiene que sobrevivir y deseosos de recibir sus buenos servicios, los clientes le pagan por la izquierda o le hacen regalos, de buena gana, por sus servicios especiales. De hecho, sus prestaciones se brindan sobre la base de «tarifa por servicio», pero bajo el caparazón estatal. Además, Moncho tiene una clientela privada que le paga por su trabajo fuera de la peluquería; —ya sea en su casa —equipada con un sillón clásico de barbero— o en casa de los clientes.

Es probable que, a finales de la década de 1990 y principios de 2000, la mayoría de los peluqueros, barberos y cosmetólogos funcionaran así, al menos parcialmente. Se desconoce la cantidad de empleados estatales que trabajaban también desde sus hogares u otra parte, o que tenían negocios privados dentro de las barberías o peluquerías estatales; así como el número de personas que brindaban estos servicios de manera informal, pero a tiempo completo. Sin embargo, a juzgar por la alta calidad de los pelados y las manicuras típicas de la mayoría de las cubanas, la cuenta debía ser elevada y andar, tal vez, por el orden de los miles. Obviamente, el Estado estaba al tanto de la existencia de estos negocios, lo cual, tal vez, haya influido en la decisión de Raúl a ceder ante la realidad y convertir poco a poco a la mayoría de los taxistas, peluqueros y barberos en emprendedores privados entre 2008 y 2011 (Peters, 2008 y 2010c; *Gaceta Oficial…*, 2008; Weissert, 2009; Robles, 2010; *CubaEncuentro*, 2010a, Miroff, 2010).

Pedro: embotellador de refrescos

Pedro Caballero, ingeniero, era un alto funcionario de un ministerio gubernamental. Cuando le pasaron por encima para una misión de capacitación en otro país y le dieron la oportunidad a otro colega, a quien él consideraba menos capacitado pero con mejores conexiones políticas, dejó el ministerio con exasperación —y con un certificado y una pensión por discapacidad producto de un previo ataque al corazón. Como tenía talento técnico y experiencia previa en la producción clandestina de ron, decidió comenzar una operación privada e ilegal de embotellamiento de refrescos. Con una pequeña suma de capital, adquirió los equipos necesarios, compró los suministros pertinentes y empezó el negocio. Producía tres variedades de refrescos y los transportaba en bicicleta para venderlos en otros barrios aunque a veces los compradores venían a su casa. Ganaba lo suficiente para pagar un empleado, vivir con relativa comodidad y mantener un viejo carro; no obstante, era una vida dura, pues todo el trabajo y la transportación eran manuales.

Existía un sorprendente nivel de «honor» entre los clientes; cualquiera de ellos pudo haberle denunciado a las autoridades, pero no lo hizo. A pesar de que vivía al frente del presidente del CDR, no había mucha amenaza de que lo fuera a delatar, pues era su amigo y este tenía también que sobrevivir mediante sus propias actividades clandestinas. Tal vez Bob Dylan estaba en lo cierto cuando cantaba: «para vivir fuera de la ley, tienes que ser honesto» (*Absolutely Sweet Marie*, 1966).

Mecánico de autos clásicos

Para muchos turistas extranjeros, una característica atractiva de Cuba es el extenso inventario de carros estadounidenses, y algunos británicos, anteriores a 1961. Dado su tamaño y durabilidad, muchos de ellos brindan un importante servicio como taxis colectivos; otros se mantienen como autos privados; y, unos pocos, forman parte del parque automovilístico de la firma estatal Gran Caribe.

¿Cómo es que se mantienen, reparan, rescatan y se rejuvenecen estos carros? Gran parte, queda a cargo de las habilidades y el ingenio de sus dueños. No obstante, los trabajos más complicados los realizan un amplio grupo de especialistas ilegales en chapistería, pintura, tapicería, cristalería, electricidad, adaptación y fabricación de piezas y adornos, fabricadores de piezas de goma, reparadores de llantas e incontables mecánicos, a menudo especializados en algo en particular.

Ese era el caso, al menos hasta septiembre de 2013, cuando muchas de esas actividades fueron legalizadas por fin como ocupaciones por cuenta propia o cooperativas. Durante los años de nuestra investigación central, a finales de la década de 1990 y principios de 2000, la mayoría de estas operaciones, si no todas, eran aparentemente ilegales y no tenían licencia; incluso, algunos de estos especialistas trabajaban también en el sector estatal. Resulta interesante resaltar que hasta los vehículos de Gran Caribe —agencia estatal de alquiler de autos— se reparan en la economía sumergida. Esto se debe a que su mantenimiento y la reparación —al igual que la de algunos taxis— es responsabilidad financiera de los choferes, no de la empresa del Estado que los renta, quienes, por supuesto, intentan minimizar los costos y optimizar la efectividad de los gastos de mantenimiento y reparación.

CONSECUENCIAS FINANCIERAS Y SOCIALES DE LA ECONOMÍA SUMERGIDA Y SUS ILEGALIDADES

Las ilegalidades económicas en Cuba tienen tanto una serie de consecuencias benignas y útiles, como nocivas social y económicamente, en dependencia de su carácter específico (véase un resumen en el Cuadro 7.2).

Costos y beneficios de las AELC

En la mayoría de los países, la economía sumergida es considerada por los decisores políticos, los analistas y gran parte de la sociedad en general como un elemento negativo, por razones bien conocidas y ampliamente aceptadas. Este sector participa de la evasión fiscal y, por tanto, la carga de financiar al sector estatal pasa al trabajo autónomo y a los ciudadanos de la economía legal; sin contar con que concede a los emprendimientos clandestinos una ventaja injusta sobre los formales, que sí pagan impuestos. La economía sumergida opera al margen del marco regulatorio del Estado evadiendo así los salarios mínimos y las leyes laborales, la legislación de salud y seguridad, y las leyes ambientales; lo cual le concede a las empresas sumergidas otra ventaja injusta sobre aquellos negocios que cumplen dichas regulaciones. Se relaciona a menudo con la producción y tráfico de drogas ilícitas, la prostitución, la comercialización de bienes robados, la explotación laboral con el impago de los salarios mínimos y el incumplimiento de las normas básicas laborales y, en algunos países, con el tráfico de personas o de inmigrantes ilegales.

Tabla 7.2: Resumen de las ilegalidades económicas
y sus impactos económicos y sociales.

	TIPOS DE ILEGALIDAD	IMPACTOS ECONÓMICOS Y SOCIALES
C	economía sumergida: servicios y bienes legales, no regulados, no gravados y de producción fuera de lo legal	principalmente productivos
	1. AELC	bienes y servicios útiles; empleos e ingresos; gana y ahorra divisas; promueve el ahorro y la inversión, desarrolla la actividad empresarial, impacta la distribución de ingresos de maneras complejas; ineficiencias producto de la clandestinidad
	2. ventas o métodos no autorizados dentro de las actividades por cuenta propia registradas o formalizadas	principalmente positivos: permite sinergias naturales y evasión de regulaciones triviales
	3. actividades clandestinas dentro de las empresas estatales	mixtos: permite la supervivencia de los trabajadores; puede perjudicar las actividades de la empresa estatal
	4. los mercados negros: intercambio ilegal de bienes y servicios a precios más elevados	mixtos: algunos intercambios son totalmente positivos; otros tienen dimensiones negativas (ej. la venta de bienes robados)
D	economía delictiva: actividades indebidas llevadas a cabo de manera ilegal	negativos

Fuente: Elaboración propia.

No obstante, el caso cubano difiere de la percepción común de los analistas occidentales sobre sus propias economías. En Cuba, contrariamente, las AELC tienen consecuencias en extremo positivas. Su primer beneficio son los bienes y servicios para la población que el sector estatal no es capaz de proporcionar con calidad o en cantidad suficientes, ni a precios costeables; pues, a pesar de las ventajas de una política pública favorable, precios de insumo propicios, acceso a divisas, políticas de crédito, etc., las empresas estatales son, a menudo, demasiado engorrosas, burocráticas e ineficientes como para proveer muchos bienes y servicios de forma adecuada. De hecho, la producción de bienes o servicios básicos de gran parte de la economía sumergida son generados por personas de bajos ingresos para otras de iguales medios. Algunos, tienen una evidente importancia. Por ejemplo: los servicios de reparación de refrigeradores y fogones son vitales para cubrir las necesidades básicas de la población; asimismo, los productores/vendedores de leña y carbón contribuyen a la alimentación de los ciudadanos. El sector en general complementa la diversidad de productos y servicios disponibles al público.

Por otra parte, las AELC ganan o ahorran divisas para el país. Por ejemplo, los artesanos autorizados emplean a muchos ayudantes ilegales en la producción de las artesanías y el arte que venden a los turistas. En otros casos, los negocios de la economía sumergida utilizan materiales reciclados, nacionales o sustituyen importaciones cuando les es posible. Las pequeñas cafeterías clandestinas sirven comidas cubanas en locales que son frecuentados, casi solo, por clientes locales; a diferencia de los paladares, que dependen típicamente de una clientela extranjera. En contraste, las cadenas de cafeterías estatales tales como las Burgui, los Rápido y los Di Tú, sirven alimentos importados en muebles y con bandejas, platos, etc., de fabricación foránea.

Sin dudas, las AELC proporcionan empleo productivo a un número significativo de cubanos. Así, muchos perciben ingresos razonables o complementarios que les permiten sobrevivir, o vivir mejor de lo que lo harían de no darse el caso. Si bien es cierto que la economía sumergida evade los impuestos fiscales, esos ciudadanos que ganan dólares, pesos convertibles o suficiente moneda nacional como para poder comprar otras monedas, pagan impuestos indirectos cuando usan sus USD o CUC para comprar en las tiendas en divisas; cuyo gravamen sobre las ventas oscilaba entre una tasa de 140% sobre los artículos básicos de consumo a 100% sobre los productos electrónicos en 2004 —una estructura de impuesto inusualmente regresiva—. Mediante esta manera indirecta, de hecho, son bastante gravadas estas partes del sector, al igual que todos aquellos que gastan USD o CUC en las *shoppings*, como se les llama conoce a esos establecimientos.

A la vez, también generan ahorros e inversión. De hecho, no tienen más fuentes de créditos que no sean sus propios ahorros o los de los amigos o familiares. Por tanto, los negocios en este sector deben ser administradas cuidadosamente para que puedan generar el superávit para la reinversión, sin contar con créditos bancarios ni estatales; pero es muy probable que reciban alguna inyección de capital de fuentes extranjeras (Orozco y Hasing, 2011).

Sorprendentemente, la economía sumergida a menudo actúa como un subsidio adventicio para la economía oficial socialista, debido a que el salario que reciben los profesionales y los trabajadores de la economía socialista en CUP no son suficientes para sobrevivir y dependen, entonces, de dinero obtenido en las actividades complementarias de la economía sumergida para poder comprar lo necesario en las tiendas en dólares, los mercados agropecuarios o en el propio mercado negro. Esto significa que los ingresos y las actividades clandestinas complementarias a menudo sostienen el muy pregonado sistema de educación y salud «gratuito y universal», la administración pública, la industria y muchas otras esferas de la economía socialista en CUP. Asimismo, un profesor que sobrevivía ahorrando las dietas de sus viajes institucionales al exterior podía continuar como profesor con un salario de $225 al mes a mediados de la década de 2000 —unos 10 USD— o un maestro que tutoraba por la izquierda, después de su horario laboral formal, a niños de familias con mejores ingresos, subsidiando así el sistema oficial de educación. De igual manera sucede con los médicos que trabajan frecuentemente como taxistas en sus horas de descanso o reciben regalos de pacientes agradecidos. En resumen, la amplia variedad de AECL generadoras de divisas permite a sus practicantes mantener sus empleos en el sector estatal mediante un considerable sacrificio personal y subsidiar, a la vez, los sectores vitales en los que trabajan.

El funcionamiento de las AELC, si bien presenta importantes ineficiencias, tiene también fuentes significativas a favor de su rendimiento. Por ejemplo, las instalaciones de capital de los emprendimientos son habitualmente las casas de los propios emprendedores, de modo que se evitan «gastos fijos» en términos de áreas dedicadas solo a la producción. Esto transfiere algunos de los costos a las propias negocios y a sus familias —autoexplotación—, cuyos hogares y vida personal pueden verse perturbados. Por otra parte, las actividades llevadas a cabo desde la casa pueden promover la capacitación de aprendices adolescentes. Asimismo, las tareas domésticas y el cuidado de los niños se pueden combinar con algunos tipos de labores económicas desarrolladas en la vivienda, en particular las realizadas por mujeres. No obstante, a pesar de representar un ahorro para la sociedad, implica una carga especial para aquellas féminas que combinan el cuidado infantil con las actividades cuentapropistas con base en el hogar (Holgado Fernández, 2000; Abd' Allah-Álvarez Ramírez, 2013).

Por último, las AELC son una valiosa «escuela de emprendedores» para Cuba. De manera paradójica, durante los años en que el ejercicio del emprendimiento en un entorno orientado al mercado estaba eficazmente prohibido (1968-1993) o en extremo restringido (1993-2010), Cuba creó una nación de trabajadores autónomos. Por desgracia, gran parte de la energía y el talento empresarial de los implicados en la economía legítima sumergida se ha desperdiciado o no se ha usado en todo su potencial, debido a la pequeña escala de sus operaciones y a las restricciones impuestas, producto de su clandestinidad.

En el caso cubano, la economía sumergida también tiene consecuencias negativas similares a las de las economías mixtas de mercado: los negocios clandestinos evaden algunos impuestos, al igual que, a veces, las normas de salud y seguridad. Asimismo, incluye también algunas actividades delictivas como la producción y venta de drogas, la prostitución y el comercio de propiedad robada. Algunos de los aspectos negativos del funcionamiento de las AELC son resultado del entorno de las políticas que imponen límites artificiales sobre el cuentapropismo «por encima de la superficie» —tales como la proscripción de su capacidad para importar insumos o la prohibición a los profesionales de unirse a sus filas— o que las elimina totalmente. Esto no solo crea ineficiencias a nivel del emprendimiento clandestino, sino también injusticias en la distribución de ingresos y en los gravámenes entre los sectores de las entidades legal e ilegal, y una serie de pérdidas sociales.

Al nivel del sector autónomo sumergido, la clandestinidad significa tener que permanecer apenas sin crecimiento a fin de evitar su detección y renunciar a economías de producción de mayor escala. Además, debe involucrarse en muchos tipos de actividades para «no llamar la atención», creando, por tanto, costos adicionales; por ejemplo, en el transporte de la producción o de los insumos en pequeñas cantidades para pasar desapercibida. Otras veces, la falta de insumos necesarios puede afectar la calidad de los bienes y servicios producidos. La ilegalidad, más allá de la serie de restricciones aplicadas al trabajo por cuenta propia, también obstaculiza o impide el empleo de trabajadores adicionales, deniega acceso a los créditos y divisas, e impide una publicidad y un mercadeo activas. Por todas estas razones, los emprendedores involucrados en las AELC desperdician a menudo sus energías en actividades de bajo nivel y relativamente improductivas, aunque necesarias. Asimismo, están presionados a gastar preciados recursos en prácticas «rentistas», como sobornar a los funcionarios o ganar favores especiales. En conjunto, esto hechos representan una gran pérdida en general para Cuba.

A un nivel «sectorial» más amplio, resulta injusto para los emprendimientos formales que los negocios de la economía sumergida evadan el pago de los impuestos directos. Sin embargo, para los negocios clandestinos constituye una ventaja suficientemente considerable como para persuadir a algunos emprendedores a permanecer en la clandestinidad en lugar de pasar a la legalidad, quienes consideran que son mayores los costos de la legalización (De Soto, 2000). Desde la perspectiva del sector cuentapropista, las políticas oficiales en relación con el trabajo autónomo pueden limitar el número de actividades en algunas áreas, en particular aquellas de mayor visibilidad que no pueden operar con facilidad desde el hogar. Los altos niveles de incertidumbre y riesgo funcionan como una barrera que deja fuera participantes potenciales. Por tanto, puede que haya menos competencia legal, precios más elevados y niveles inferiores de producción de los que habría si esas barreras de entrada fueran menores.

Las desventajas también se dan a nivel social, entre otros aspectos, con el desperdicio de la energía humana y el emprendimiento producto de todas las implicaciones de la clandestinidad y de su reducido tamaño; así como el deterioro de la calidad de los bienes y servicios producidos. El poco incentivo para realizar planificaciones a largo plazo es otra consecuencia de la clandestinidad, pues el futuro incierto que conlleva la economía sumergida solo motiva al emprendedor a hacer tanto dinero como pueda en el menor tiempo posible, resultando en una elevación innecesaria de los precios. Por otra parte, los ahorros, la inversión y el desarrollo pueden ser sacrificados y perjudicados, con déficits no solo para los propios emprendedores a corto y largo plazos, sino también para los consumidores; sin contar la pérdida de Cuba, como nación, a raíz del desperdicio de sus recursos materiales, humanos y empresariales.

Por último, la falta de respeto y credibilidad es el resultado del carácter de los sistemas impositivos y regulatorios, y el incumplimiento que engendran. Al parecer, muchos cuentapropistas consideran al Gobierno como una fuerza hostil de actuar arbitrario que los excluye de la visión a largo plazo que tiene para el país. En lugar de conducir al desarrollo gradual de una «cultura tributaria» en la que la gente paga sus impuestos de manera voluntaria y honesta, el sistema ha provocado el hábito de hacer fraude. En cierta medida, es parte de las estrategias de supervivencia bajo las difíciles circunstancias del Período Especial. La naturaleza de los regímenes regulatorios e impositivos hace que algunas personas no consideren la evasión fiscal y la clandestinidad como algo poco ético a pesar de su ilegalidad. A la larga, podría ser difícil transformar esta «cultura de evasión fiscal» en una de cumplimiento; lo cual podría continuar siendo un problema incluso después de que se haya implementado un régimen fiscal razonable. Esto es un mal presagio para la política pública y gubernamental, así como para el sector autónomo en particular y para el pueblo cubano en general. El fomento de una relación de confianza será un proceso lento y difícil.

Costos y beneficios de otros tipos de ilegalidades

En la otra punta del espectro de las actividades ilegales se encuentran el hurto en las empresas y entidades estatales, y el uso de la propiedad pública para propósitos personales. Pero, a pesar de que el robo puede ayudar a sobrevivir a algunos, es sin duda nocivo para la sociedad. Primero, perjudica a las empresas y las instituciones donde ocurre al dañar su capacidad de proveer bienes y servicios al público. Segundo, empeora la distribución de los ingresos ya que, aquellos que no están en condiciones de robar, perciben ingresos menores que quienes sí lo hacen. Lamentablemente, gran parte de la mercancía vendida en el mercado negro es robada al sector estatal; lo cual implica que las ganancias de ambos, vendedor y comprador, son a expensas de otros. A la vista, el impacto en la distribución de ingresos del uso de la propiedad estatal para propósitos personales puede parecer menos nocivo; sin embargo, perjudica la distribución de ingresos pues los que gozan de acceso privilegiado ganan a expensas de la sociedad en general.

Las prácticas corruptas como la aceptación de sobornos o la venta de puestos de trabajo son especialmente aborrecibles. En estos casos, los individuos en posiciones estratégicas pueden utilizar sus puestos o cargos privilegiados y de confianza. Asimismo, quienes pueden sobornar o comprar sus puestos laborales ganan también accesos favorecidos a bienes y servicios escasos, obstaculizando el acceso de otros y perjudicando, por tanto, a la sociedad en general.

Por último, el hurto al Estado fecunda actitudes y culturas anárquicas que menoscaban la confianza y los cimientos éticos de la economía y la sociedad. La práctica de ilegalidades económicas podría escalar y convertirse en una suerte de guerra civil no declarada entre los ciudadanos por los despojos del sistema, llegando a ser un ciclo vicioso que, a largo plazo, podría deformar y paralizar los sectores financiero y social. Varios «intelectuales públicos» han expresado su creciente preocupación acerca del daño a la nación —o a la Revolución— que va dejando a su paso la generalización de la corrupción y la ilegalidad.

Por ejemplo, el experimentado editor y líder laico católico, Dagoberto Valdés, ha calificado en repetidas ocasiones el cinismo flagrante, el delito económico y la doble moral —todos manifestándose a un nivel individual— como «daños antropológicos» que son el legado de «la herida más profunda y más grave que el sistema totalitario marxista-leninista ha infligido sobre las sociedades controladas y despersonalizadas» (Valdés Hernández, 2013:3; Valdés Hernández y Echániz, 2004). Al mismo tiempo, ha salido a la luz una serie condenatoria de artículos, desde las propias filas del Partido Comunista, sobre la amenaza letal que constituye la corrupción para la Revolución. El más contundente de estos artículos, escrito por Esteban Morales —reconocido experto afrocubano en las relaciones raciales en Cuba—, señaló la corrupción como «la verdadera contrarrevolución», mu-

cho más peligrosa que la oposición interna porque involucra a funcionarios estatales de todos los niveles que «se están preparando financieramente
para cuando la Revolución se caiga, y [...] tienen casi todo listo para la
transferencia de activos estatales a manos privadas, como ocurrió en la antigua URSS» (Morales, 2010a).[10] De hecho, en las páginas siguientes habla-
remos sobre una de las famosas diatribas de Raúl Castro, en la que reprende
abiertamente a la audiencia por varias cosas, desde la corrupción flagrante
y el robo y reventa de los bienes públicos hasta el orinar en público y la cría
de cerdos en la ciudad (Orsi, 2013a; Burnett, 2013).

Política pública y otras ilegalidades económicas

En vistas de sus corrosivas y perversas consecuencias, las ilegalidades generalizadas y la cultura de la pequeña corrupción deberían reducirse con
el transcurso del tiempo. Pero, ¿cuáles medidas podrían ser eficaces a tal
efecto? Periódicamente, el Gobierno desarrolla campañas de carácter punitivo y exhortatorio; sin embargo, es raro que sean efectivas más allá de
un breve período temporal. Y es, a fin de lidiar con la cultura de la pequeña
corrupción, hacen falta medidas y políticas más profundas que lleguen hasta las causas verdaderas de las ilegalidades económicas. De hecho, aunque
el gobierno de Raúl Castro ha continuado, e incluso incrementado, la represión a la corrupción, parecía haberse enfocado más en los funcionarios
corruptos en los altos niveles y menos en los delitos económicos de menor
envergadura, contrario a lo sucedía bajo el mandato de Fidel Castro. Asimismo, mientras Raúl continúa predicando a los ciudadanos la necesidad
del orden y la disciplina, y en contra de la supuesta pérdida de valores, ha
exhortado también una y otra vez a los burócratas en los niveles inferiores a deshacerse de sus prejuicios contra los emprendedores (Castro, R.
2010a), advirtiéndoles que «cualquier resistencia burocrática será inútil»
(Mesa-Lago 2013). ¿Coincidirían los burócratas?[11]

---

[10] Este artículo, junto al que le siguió: «El misterio de la Santa Trinidad: corrupción, burocracia y contrarrevolución», picaron tan cerca que fueron borrados enseguida de la
página web de la Unión de Escritores y Artistas de Cuba, donde habían sido publicados y
Morales fue expulsado por poco tiempo del Partido, por lavar en público los trapos sucios
de la Revolución. Véase también su artículo de seguimiento «¿Hasta dónde permitiremos
que llegue la corrupción en Cuba?» (*Havana Times*, 2013).

[11] En el Capítulo 8, sobre los paladares, narramos la experiencia del tenor cubano Ulises Aquino, a quien le cerraron de manera poco ceremoniosa su teatro-restaurante, completamente

Enfoques recientes del gobierno cubano

Como ya se ha visto, los principales métodos empleados por el gobierno cubano para enfrentar el fenómeno de las ilegalidades económicas han sido la predicación, el patrullaje, la prohibición y el procesamiento judicial. Los efectos de este enfoque han sido hasta ahora transitorios y las ilegalidades han resurgido tan pronto como ha menguado la presión y terminado la campaña. Por tanto, es poco probable que sean erradicadas con esta aproximación si no se combaten las fuerzas subyacentes que las generan. Muchas veces, el Gobierno ha afirmado que su fuente principal es la existencia del sector cuentapropista legal, así como los mercados agropecuarios privados. Invariablemente, entonces, procede a restringir aún más este sector. Sin embargo, tal reducción, sumada al recrudecimiento de sus regulaciones, termina empujándolo hacia la economía sumergida. Así, por ejemplo, la eliminación de las 40 categorías del área autónoma para emitir nuevas licencias en octubre de 2004 y el retiro de 2 000 licencias a mediados de junio de 2005 (Frank, 2005a) apenas disminuyeron las redes de actividades ilegales; más bien, es probable que las hayan aumentado de disímiles maneras.

Las actividades económicas más aborrecibles, a menudos, son enfrentadas mediante un monitoreo y vigilancia vigorosa. La función fundamental de la policía ha sido la de detener e interrogar a cualquier persona que viaje a pie, en bicicleta, o en carro con grandes paquetes o mochilas, buscando arrestar a los implicados en el trasiego de productos del mercado negro. O sea, los oficiales están a cargo de vigilar cualquier tipo de ilegalidad; sin embargo, muchas veces dejan pasar la falta —posible o real— por amistad con el infractor, simpatía con su situación o, incluso, hasta se dejan sobornar.

Si bien las infracciones pueden castigarse prohibiendo la actividad en cuestión, tal acción puede terminar empujándola a la clandestinidad. Por tanto, a fin de prevenir las infracciones, se requiere que los inspectores vigilen el ejercicio legal del cuentapropismo. El rol de los inspectores de paladares y casas de alquiler es bien conocido. No obstante, se informa que en algunos casos los inspectores se vuelven avariciosos y exigen sobornos por infracciones que pueden ser reales, imaginadas o inventadas; en otros, parece que los inspectores son menos oficiosos a la hora de hacer cumplir las innumerables regulaciones pertinentes al cuentapropismo.

---

legal, conocido como Ópera de la Calle. Dedicamos esa parte del libro a adentramos más en el tema de la resistencia burocrática a las reformas de Raúl y nos preguntamos si el cierre fue una anomalía o acaso un presagio de lo que podría venir.

Parte de las tareas de monitorear las actividades de las personas para prevenir ilegalidades pertenecen a los CDR. En algunos barrios, estas instituciones cumplen eficazmente su labor; sin embargo, sus funcionarios locales también necesitan de un ingreso adicional para sobrevivir, siendo probable que ellos mismos estén implicados en actividades ilegales y, por tanto, no sean diligentes a la hora de denunciar o acusar a sus vecinos, o puede que reciban una pequeña parte de los beneficios de las actividades clandestinas. En los centros estatales, se emplean guardias de seguridad para intentar prevenir robos u otras actividades ilegales. No obstante, sucede lo mismo: ellos también quieren sobrevivir; de manera que en ocasiones se hacen los de la vista gorda ante las infracciones, desvían artículos de sus establecimientos laborales o aceptan sobornos.

En otras ocasiones, el Gobierno utiliza un pretexto para llevar a cabo registros en las casas en busca de actividades ilegales. Por ejemplo, en enero de 2003 se usó una redada contra las drogas para registrar numerosos hogares y penalizar cualquier actividad ilegal o clandestina que se encontrara. En aquel momento, cesaron algunas de esas actividades, pero solo hasta que disminuyó la presión.

Otro método empleado para reducir las ilegalidades económicas es el pronunciamiento en discursos —notable durante la presidencia de Fidel Castro— y artículos en los medios de comunicación. No obstante, no queda claro el caso que la gente hacía a sus protestas maratónicas; de hecho, era probable que desde hacía tiempo hubiese menguado la atención que le prestaba el pueblo a sus palabras. Contrariamente, Raúl Castro parecía abstenerse en gran medida de este acercamiento «predicativo» —más allá de sus exhortaciones de julio de 2013— o, al menos, sus diatribas eran mucho más breves y concisas que las de su hermano.

La campaña de octubre de 2005 a marzo de 2006

En el pasado, se han realizado numerosos intentos en Cuba por reducir las ilegalidades en el sector cuentapropista y la corrupción en la economía oficial. Incluso, en fechas tan distantes como septiembre de 1970, se libró una lucha contra los funcionarios que se aprovechaban de los privilegios (*Granma*, 1970). Entre 1995 y 2005, hubo una campaña no intensiva, pero implacable, en la prensa y mediante los ejecutores del sistema regulatorio para sancionar el incumplimiento y la evasión fiscal por parte de los microemprendedores. Todas esas medidas han tenido una limitada duración en la escala y el ámbito de las ilegalidades económicas al centrarse en sus consecuencias e ignorar las causas.

En octubre de 2005, el presidente Fidel Castro anunció una gran campaña contra las ilegalidades económicas, que ha sido, quizás, el mayor intento contra la corrupción hasta esa fecha. El día 17 de ese mismo mes, 28 000 «trabajadores sociales»[12] amanecieron en todas las gasolineras de La Habana en un intento por contrarrestar el desvío sistemático de la mitad de la gasolina de la ciudad y su reventa en el mercado negro, con gran repercusión mediática (*BBC Mundo,* 2005). Justo un mes después, el 17 de noviembre, Fidel dio a conocer en otro revelador discurso una ofensiva general contra la corrupción, el robo, la malversación y «los nuevos ricos». En esa diatriba, durante seis horas, ante los estudiantes de la Universidad de La Habana, hizo un llamado a retornar al igualitarismo, como parte de una «renovación total» de la sociedad cubana encaminada a eliminar las crecientes diferencias entre los pudientes y los no pudientes (Castro, F., 2005a; Ritter, 2006).

Entre las diferentes acciones se encuentran:

1. octubre: ataques fulminantes en la prensa contra los «nuevos ricos», producto de las actividades cuentapropistas y las prácticas corruptas —vinculándolos a ambos sin mucha sutileza—;
2. 17 de octubre de 2005: el Gobierno desplegó una «Operación de muerte a la corrupción», en varios frentes, autorizando una intervención militar en el Puerto de La Habana, donde el desfalco de mercancías que llegaban en contenedores se había vuelto práctica común, y el Ejército asumió la gerencia del Puerto para remplazar a los funcionarios corruptos;
3. del 7 al 9 de noviembre se llevaron a cabo redadas oficiales en los *mercados agropecuarios*, dirigidas a los campesinos que vendían su producción en los mercados privados antes de cumplir con la cuota que debían entregar al Estado (*Cubasource,* 2005);
4. 17 de noviembre: el discurso de Fidel en la Universidad de La Habana hizo énfasis en el tema de la anticorrupción, dirigido fundamentalmente al cuentapropismo legal, en especial los paladares y

---

[12] Los trabajadores sociales eran jóvenes sin otras fuentes de lucro, contratados para llevar a cabo varias tareas del Gobierno, como: visitar casa por casa, recoger los bombillos incandescentes y remplazarlos por otros ahorradores, recolectar equipos electrodomésticos ineficientes desde el punto de vista energético (refrigeradores, hornos, lavadoras y ventiladores), para ser cambiados por otros más eficientes.

taxis particulares; pero señalando también a lo ministros y otros funcionarios[13] deficientes (Castro, F., 2005a);

5. 22 de noviembre: la pensión mínima subió de \$150 a \$164 y el salario se incrementó en \$43 más al mes (*Cubasource,* 2005; *Granma,* 2005);

6. finales de noviembre: se llevó a cabo la Operación Araña contra el acceso ilegal a la televisión satelital (*Cubasource,* 2005);

7. 29 de noviembre: se inició una operación contra los bicitaxistas sin licencia en La Habana, en la que se confiscaron sus vehículos y fueron enviados de vuelta a sus provincias los conductores que no tenían residencia legal en La Habana (*CubaNet,* 2005);

8. 5 de diciembre: según el presidente Castro, los «trabajadores sociales» también se incorporaron al sistema de distribución de alimentos en La Habana, así como a fincas, cooperativas y empresas estatales, a fin de detectar las ilegalidades y la corrupción en esos lugares.

Estas medidas parecen haber tenido un impacto transitorio en la economía sumergida y las diferentes ilegalidades. Con el tiempo, el control dejó de ser menos intenso y las actividades ilegales retornaron a los niveles previos de normalidad. Si bien los incrementos de las pensiones y de la seguridad social podían haber disminuido ligeramente la intensidad de las actividades ilegales, la necesidad de pagar con ellos los altos precios en las *shoppings* o en los mercados campesinos reducían su poder de adquisición y el efecto del incentivo. Al final, siempre que las condiciones de vida de las personas les exigían obtener ingresos adicionales para sobrevivir, los varios estratos de inspectores, monitores, guardias de seguridad y funcionarios de los CDR no eran más que capas adicionales corruptibles dentro del sistema; su eficacia real para hacer cumplir las regulaciones y prevenir las diversas ilegalidades era limitada.

---

[13] Según Fidel Castro: «En esta batalla contra vicios no habrá tregua con nadie. [...] o derrotamos todas esas desviaciones y hacemos más fuerte la Revolución [...] o moriremos». Asimismo, criticó a «los nuevos ricos» de Cuba, centrándose específicamente en los dueños de pequeños restaurantes, los taxistas privados que conducían carros americanos de los años 50, tan consumidores de gasolina, y los trabajadores de las gasolineras. «No estoy teorizando; estamos actuando, estamos marchando hacia un cambio total de nuestra sociedad [...] ¿Y qué podrá derivarse del trabajo de esos jóvenes? Que vamos a poner fin a muchos vicios de ese tipo: mucho robo, muchos desvíos y muchas fuentes de suministro de dinero de los nuevos ricos».

En su primer viaje a Cuba durante el verano de 1997, Ted Henken se aventuró en el laberinto de calles del barrio de Cayo Hueso, en Centro Habana, en busca de unos panecillos para la cena. Con un bolsillo lleno de pesos y total ignorancia sobre las formas correctas de comprar alimentos en la Cuba socialista, vislumbró una pequeña panadería y en el español más cubano que pudo lograr dijo en voz alta: «Oye, compañero, dame ocho panes por favor». A pesar de que su español era pasable, el dependiente le respondió como si le hubiera hablado en chino. Raudo, al darse cuenta de que en verdad se trataba de un extranjero ignorante, y que además tenía dinero para gastar, le hizo señas para que caminara calle abajo, fuera de la vista. En unos minutos, sin embargo, envió a un joven «mensajero» que le ofreció una jaba de nailon con ocho panes frescos. Contento, Ted le pagó los $8.00 que el chico le pidió y, algo confundido por la odisea, regresó al apartamento particular donde alquilaba una habitación. No fue hasta que le contó a su anfitrión todo el episodio que tuvo conciencia de lo que en realidad había pasado.

Primero, advirtió que, sin saberlo, había comprado en una panadería estatal, legalmente restringida a vender un pan por persona al día mediante la libreta de abastecimientos. Por tanto, requerir en voz alta que le vendiera, no uno, sino ocho panes a un extranjero, era equivalente a pedirle al panadero que violara la ley —al menos en dos formas—. Asimismo, supo por su anfitrión que el panadero había reaccionado de esa manera porque, a pesar de que le preocupaba que lo sorprendieran quebrando la ley, él mismo respondía a una ley «superior»: la de la oferta y la demanda. Así, le explicó que el cómplice del panadero, al igual que la mayoría de los trabajadores del sector de los servicios gastronómicos —y de hecho de todo el sector estatal de venta minorista—, apartaba casi siempre una parte de las asignaciones de la cuota a la población para poder venderla «por la izquierda» y aumentar sus escasos ingresos haciendo un poco de empresa privada.

Por supuesto, el problema con este escenario, repetido una y otra vez a través de todo el sistema empresarial estatal, es que este esquema espontáneo de privatización por parte de las bases trae como consecuencia la reducción del tamaño y de la calidad de los productos alimenticios racionados, la subida de los precios del mercado negro y la socialización de una cadena interminable de productores, vendedores y clientes en una actividad ilegal cotidiana, pero ostensiblemente necesaria. Al mismo tiempo, a pesar de que Henken había pagado cinco veces el precio establecido de $0.20 por cada pan, también recibió lo que quería a un costo que consideró justo —por supuesto, no muchos cubanos podían comprar alimentos a esos precios—. Por su parte, el panadero siguió brindándole un servicio al público socialmente necesario, a la vez que encuentra un incentivo material para seguir yendo al trabajo.

Esta breve viñeta ilustra de la manera más vívida y elemental el dilema que enfrenta el funcionamiento eficiente del socialismo de Estado en un entorno de escasez crónica. A pesar de que el objetivo ostensible de la propiedad estatal y de los precios fijos es proveer bienes y servicios necesarios a precios «justos» para todos, este tipo de sistema, en la práctica, a menudo tiene el efecto de disminuir los incentivos personales, causar frustrantes ineficiencias y socializar a todo el país en ilegalidades sistemáticas. Como consecuencia, muchos de los trabajadores de la empresa estatal cubana, si no la mayoría, no ven sus trabajos como un medio honesto de sustento o como una función social útil o necesaria, sino como un punto de acceso para el hurto y la reventa de la propiedad estatal. De hecho, muchas veces los trabajos estatales en Cuba son valorados no por sus salarios o beneficios, sino por el acceso que permite a los bienes estatales que se pueden «resolver» —léase usar de cualquier modo para beneficio propio. No obstante, como nos señalara uno de estos «criminales» en su entrevista, sería errado atribuir este tipo de comportamiento simplemente a un control insuficiente o a la falta de una correcta conciencia revolucionaria: «Si somos criminales realmente, somos criminales por necesidad».

A pesar de ser no ser muy usuales, la prensa cubana ha publicado periódicamente artículos sobre la pequeña corrupción e, incluso, escándalos de mayores dimensiones que implican a cuadros comunistas y funcionarios en puestos estratégicos (Díaz-Briquets y Pérez-López, 2006).[14] De hecho, la historia completa de la Revolución puede caracterizarse como una batalla cíclica entre períodos de una apertura relativa al papel del mercado —y a la ley del suministro y la demanda— y épocas donde la estricta ideología socialista intenta reinar sobre los «abusos» del mercado, represiones altamente

---

[14] Una mejor fuente donde encontrar una descripción profunda y abarcadora, aunque ficcional, de la gran variedad de ilegalidades económicas, puede hallarse en los libros policíacos del escritor cubano Leonardo Padura. En lugar de centrarse en las ilegalidades de menor escala, sus libros tienden a subrayar la «corrupción de los cuadros» en la cima de la cadena alimenticia de la empresa estatal. Este tipo de conducta impropia, mucho más bochornosa para la estructura de poder, no es casi nunca informada en la prensa oficial. Padura ha declarado que uno de sus propósitos al elegir ese género era reinventar la novela policíaca socialista simplista cambiando el énfasis sobre los maleantes, espías y contrabandistas contrarrevolucionarios —antiguamente los villanos comunes en la mayoría de la literatura «revolucionaria» de ese tipo— a los cuadros comunistas, en teoría intocables e «incorruptibles», devenidos vendedores de influencias oportunistas (Padura, 2000 y 2005; De la Soledad, 2006; Ferman, 2006; Wilkinson, 2006).

públicas contra los implicados en el mercado negro, los intermediarios y los «aprovechadores» —a menudo denigrados en la prensa cubana como «macetas»— (Mesa-Lago, 2000 y 2013; Mesa-Lago y Pérez-López, 2005 y 2013). La Batalla de Ideas, nombrada así por Fidel Castro, fue una de la últimas arremetidas contra el mercado en este ciclo recurrente, que comenzó a principios de la década de 2000 y alcanzó su pico en 2005 (Anderson, 2006). Su propósito era arremeter contra el arraigamiento de la corrupción en todas las capas de la economía cubana y los crecientes niveles de desigualdad económica en la sociedad cubana (Castro, F., 2005a).

Dada la timidez de la prensa cubana para sacar a la luz los «trapos sucios» de la Revolución o para lidiar con cualquier problema relacionado con las contenciosas políticas económicas, tal vez, la serie «La vieja gran estafa» —publicada en tres partes, un año después (otoño de 2006), en el periódico *Juventud Rebelde*—, resulta más sorprendente que la represión del año 2005 (Orta Rivera, 2006a y 2006b; Orta Rivera, Montero y Rodríguez, 2006; Orta Rivera, Montero y Suárez, 2006; Peters, 2006a). Básicamente, la secuencia de artículos describía lo que pasaba cuando varios periodistas encubiertos, a menudo en compañía de inspectores estatales, visitaban varios establecimientos estatales —incluidos bares, cafeterías pequeñas y locales— y solicitaban ciertos servicios básicos, como comprar cerveza, arreglar un par de zapatos o tomar un taxi, entre otros.

Sus hallazgos solo refuerzan la experiencia de lo ilegal que vivió Henken cuando compró sus panes. Sin embargo, en estos casos, los consumidores no recibieron más de la cuota, sino muchas veces menos y a precios inflados; los estafadores revendían el producto y se repartían el dinero entre ellos. Incluso, por ejemplo, los periodistas notaron en un bar que los trabajadores timaban periódicamente a los consumidores al servirles la cerveza en vasos más pequeños de lo estipulado, embolsándose así hasta $222 al día; en aquel entonces el equivalente al salario promedio mensual de un trabajador (Orta Rivera *et al.*, 2006; Peters, 2006a).

Ahora bien, lo que singularizó estas exposiciones, en comparación con las anteriores, fue que el artículo citaba, frecuentemente, la defensa que alegaban los infractores. La mayoría aducía que, a menudo, estaban obligados a llevar sus propios suministros a fin de mantener el negocio estatal abierto —razón más que convincente—, debido a la incapacidad crónica del Gobierno para suministrarles la materia prima. Por tanto, argumentaban que el cobro por encima del precio establecido era «justo» y «natural», siendo esa la manera de recuperar su inversión original y ganar algo «extra» para compensar el arduo día de trabajo. Por ejemplo, decía un zapatero:

Este pomo de pegamento me costó $150. El cono de hilo $50 más. Los
implementos de trabajo que usted ve en esta mesa, también son míos. Todos
los compré con mi dinero. La empresa no me da nada para trabajar. Por eso
es que tengo que cobrarle $25 por coser sus zapatos. Si no le conviene, vaya
a la esquina, allí trabaja un particular, verá cuánto le cobra (Orta Rivera
et al., 2006c).

Lo extraordinario de esto es que atestigua el equivalente a una privatización interna, de base, de muchas empresas ostensiblemente estatales. El Estado no puede proporcionar las materiales necesarios, así que los empleados asumen poco a poco el control y administran un negocio privado —o una serie de negocios semiprivados— dentro del caparazón de una empresa socialista estatal oficial (Peters, 2006a). No obstante, cuando se le preguntó en aquel momento sobre esas prácticas a Jorge Almaguer, director general de la Unión de Comercio y Gastronomía de La Habana, argumentó que tales reclamos eran «más bien una justificación utilizada por algunos para seguir inventando y estafando al pueblo» (Orta Rivera *et al.*, 2006c). Sin embargo, muchos de los ajustes económicos instituidos en Cuba desde 2010 —en especial los que han transformado muchas de estas empresas estatales (piqueras, barberías, peluquerías y muchos suministradores de alimentos) en negocios privados o cooperativas no-agrícolas dirigidas por los trabajadores— no se han fundamentado en sus argumentos, sino en el razonamiento económico del zapatero.

A pesar de que estos periodistas de *Juventud Rebelde* hicieron bastante hincapié en la idea de que esos «delitos» eran el resultado de una flagrante «falta de control, organización y una desmoralización general en las empresas estatales [...] en contra de los principios morales que la Revolución siempre ha defendido», vale también destacar su mérito al hacer un número de importantes cuestionamientos sobre las «implicaciones socioeconómicas» de esa pequeña corrupción generalizada en las empresas (íd.). Específicamente, el artículo final de la serie fue más allá de la mera descripción y condena de la delincuencia, y de la predicación de una adecuada moral revolucionaria, para incluir un debate, aunque algo vacilante y críptico, sobre los problemas crónicos de la centralización y la burocracia económicas dominantes, la falta de autonomía empresarial, la escasa relación entre el desempeño eficiente en los trabajos estatales y los incentivos materiales propicios, y la propia teoría de la propiedad socialista (Orta Rivera *et al.*, 2006d; Peters, 2006a).

A finales de la década de 2000, quedaba claro que los resultados esperados no se obtenían solo con la predicación, las rondas, la prohibición y el procesamiento judicial, por lo que era necesario un enfoque pragmático en torno a la regularización de las actividades económicas legítimas clandestinas, con un alto beneficio para Cuba y sus ciudadanos. En resumen, un enfoque pragmático ayudaría a mejorar las condiciones de vida y el desarrollo económico en general; así como a fortalecer el sector público mediante el incremento de los ingresos fiscales.

Sin embargo, la implementación de un enfoque más pragmático requeriría algunos cambios regulatorios básicos para afrontar las raíces de las ilegalidades. Entre ellos, la eventual unificación del doble sistema monetario y de tasas de cambio. Esto resulta más fácil decirlo que hacerlo y es un elemento importante en la agenda del Gobierno. Asimismo, necesita ser revisado el entorno regulatorio, fiscal y de las políticas en el que funciona el cuentapropismo, a fin de permitirle mayor prosperidad. Un enfoque propicio para ellos sería autorizar todas los emprendedores deseosos de establecerse, con el pago de los impuestos y el respeto a regulaciones razonables —a diferencia de la lista actual, aunque expandida, de 201 ocupaciones permitidas.

Además, el gobierno podría simplificar sus regulaciones y establecer un sistema fiscal para disminuir los incentivos a permanecer en la clandestinidad; o sea, los costos de la formalidad serían inferiores a los de la informalidad y se incrementarían los beneficios de la primera. Un acicate fundamental para legalizar las empresas sumergidas —y tal vez más eficaz que el enfoque de las «cuatro P»— sería establecer una fuente de insumos mayorista normal para los negocios con licencias, reduciendo así la tentación del mercado negro —al cual muchas recurren para obtener sus suministros— y los altos precios monopolísticos de las tiendas en divisas. Por supuesto, esta acción exigiría un compromiso de capital político y financiero por parte del Gobierno, pues la afectación del monopolio minorista estatal encontraría de seguro una resistencia férrea por las partes perjudicadas.

La propiedad estatal constituye un problema complejo y su propia prevalencia contribuye a promover una cultura de malversación y otras ilegalidades mediante el «problema de la propiedad social». Lidiar con este tipo de comportamiento arraigado no es fácil. No obstante, la disminución del papel del Estado en la administración de muchas de estas empresas económicas más pequeñas puede reducir el ámbito para la malversación de la propiedad pública. Sería útil, también, un cambio de comportamiento en los niveles políticos más altos para un contundente efecto dominó en relación con el uso público de la propiedad social. A largo plazo, la tarea de reducir las ilegalidades económicas implicará la transformación de la cultura económica desarrollada con la planificación centralizada y la propiedad estatal. La conducta tan enraizada de malversación, de los beneficios individuales a partir de posiciones de poder y responsabilidad y del uso de la propiedad social para ganancias personales solo podrá cambiar cuando se transformen las condiciones que la generan (Díaz-Briquets y Pérez-López 2006); a cuyos efectos, la intensificación de las exhortaciones ha probado tener resultados discutibles.

No obstante, los viejos hábitos no son fáciles de erradicar y, a pesar de que Raúl Castro actuó con un pragmatismo económico mucho mayor respecto a las ilegalidades financieras que su hermano mayor, de vez en vez caía en las «viejas regañinas» y culpaba a los ciudadanos cubanos por la falta de orden, disciplina, decencia y decoro en el país; como si fuera un abuelo presidiendo un hogar gigante o, mejor aún, un general dando órdenes a los cadetes en un cuartel militar. Por ejemplo, en un discurso de julio de 2013, escarmentó a los oyentes por su «moral decadente», «la pérdida de las responsabilidades cívicas» y la «indisciplina social» generalizada (Orsi, 2013a), enumerando en detalle su larga lista de quejas: construcción de viviendas sin autorización; apropiación y sacrificio de ganado mayor y otros animales; aceptación de sobornos; desvío de bienes y su reventa a precios inflados; gritos y malas palabras en las calles; conductores borrachos y consumo público de bebidas alcohólicas; despojos de basura en la calle y orinar en parques públicos; tardanzas habituales en el puesto de trabajo; grafitos y vandalismo; música alta; evasión del pago del transporte público; violación del código de vestir en los centros de trabajos y en las escuelas; venta de notas en los centros de estudio; pedradas a carros y trenes; y faltas de respeto generalizadas hacia los ancianos, las mujeres embarazadas, los discapacitados y las madres con niños pequeños (Orsi, 2013a; Burnett, 2013).

Mas, aunque puso el dedo en la llaga en problemas sociales muy reales, muchos de los oyentes argumentaron que esos comportamientos solo eran consecuencias culturales cotidianas de un sistema político y económico centralizado, autoritario y paternalista, caracterizado por gruesas capas burocráticas que, a su vez, provocaban escasez y deficiencias crónicas. Además, el hecho de no reconocer e intentar corregir las causas económicas y políticas fundamentales de esos comportamientos verdaderamente nocivos, puede parecer a los cubanos —en particular a los jóvenes— que el presidente es un viejo mal-

303

humorado, desconectado por completo de sus vidas y luchas cotidianas por la sobrevivencia básica. Ante la invitación del *New York Times* a comentar sobre el discurso, Katrin Hansing, antropóloga y especialista en cultura cubana de la juventud, declaró que regañar a los jóvenes sin invitarlos a ser parte de un debate abierto sobre los problemas que enfrenta la sociedad cubana solo sirve para alienarlos aún más, poniendo de manifiesto la «muy evidente discrepancia entre los que dirigen el show y los que lo viven» (Burnett, 2013).

Por último, la recuperación económica, el incremento de los salarios reales en la economía del peso y una mejora auténtica de las condiciones de vida debe disminuir el incentivo para malversar la propiedad estatal y usarla con el propósito de beneficios personales, así como para incurrir en otro tipo de ilegalidades. A pesar de que las condiciones de vida han mejorado algo en comparación con los días negros de 1992-1994, muchos —tal vez la mayoría— continúan sufriendo limitaciones materiales. Incluso, en 2014, era poco probable que hubiera mucha gente capaz de sobrevivir con sus salarios en pesos sin una fuente adicional de ingresos. O sea, hasta tanto no cambie esa situación, las ilegalidades económicas continuarán como parte de la rutina de la vida; lo que Padura llama «el invento cubano», que caracteriza la vida en la Isla y media, en menor o mayor grado, en la mayoría de las relaciones de los ciudadanos con el Estado.

Pero, ¿hasta dónde ha llegado el gobierno de Raúl Castro en el enfrentamiento con las fuerzas que han producido esta masiva economía sumergida? Para comenzar, vale afirmar, una vez más, que es imposible extirparla de la economía cubana, o de cualquier otra, porque uno de sus motivos de ser se evadir los impuestos y diferentes tipos de regulaciones. No obstante, sí se puede y se debe reducir considerablemente su cantidad por las razones ya enumeradas.

Varios de los cambios de políticas durante la presidencia de Raúl Castro en relación al sector autónomo legal debieron haber tenido impactos significativos en la economía sumergida. Hasta cierto punto, el otorgamiento de licencias a casi todos los solicitantes debió conducir a algunos emprendimientos clandestinos a formalizarse enseguida, siempre que la factibilidad y el lucro de sus actividades se beneficiaran con el funcionamiento legal. Esto debió haber sido especialmente cierto en el caso de las *boutiques* de ropas importadas, los cines 3D privados y las salas de juegos, que habían cesado o pasado a la clandestinidad tras sus restricciones en otoño de 2013.

El relajamiento de la carga impositiva y le eliminación de algunas de las regulaciones previas que dificultaban —por no decir imposibilitaban— la legalidad del cuentapropismo ha constituido una significativa modificación; incluso aquellas insignificantes pero diseñadas para atrofiar el sector y contener su crecimiento. A ello se le suman la eliminación del máximo de 10% deducible del ingreso bruto por costos de producción, la relajación de las sanciones draconianas (confiscación y cierre) por algunas infracciones de las regulaciones y el aumento del número de empleados permitidos a cinco o más para todas los negocios. De este modo se desarrolla del respeto por las regulaciones y sus ejecutores, creando una cultura del cumplimiento y no de la evasión.

Asimismo, un papel más reducido del Estado y de la propiedad pública en el trabajo autónomo contribuirá a eliminar la malversación y a reducir la economía sumergida y las ilegalidades en general. En la medida en que el gobierno cubano traspase la propiedad y la operación de las actividades de los pequeños negocios del sector estatal al privados y al de la cooperativa, irá menguando el desvío de recursos, ya que los dueños de los emprendimientos o de las cooperativas supervisarán y controlarán con más cuidado la administración de los recursos al depender de eso sus ingresos y sustento; lo que no es el caso para los gerentes de las empresas estatales. Como dice el viejo dicho: «el ojo del amo engorda el caballo». Además, comparado con la práctica habitual de llevar negocios privados dentro de la estructura de las empresas estatales, sería más difícil —aunque no imposible— para los empleados manejar sus propias empresas dentro de las operaciones de su empleador particular.

A pesar de que los Lineamientos enfatizaron la importancia de la unificación monetaria y las tasas duales de cambio, no indicaron cómo ni cuándo tendrían lugar. Esto no se logró durante el gobierno de Raúl Castro —y tampoco ha sucedido en lo que va del mandato de Díaz-Canel. Sin embargo, cuando se logre, se eliminará uno de los incentivos principales para que las personas realicen diferentes tipos de arbitrajes entre los dos sectores y se involucren en numerosas actividades ilegales a fin de adquirir algunos pesos convertibles como suplemento crucial a los ingresos y salarios en pesos cubanos, necesarios para su sobrevivencia.

Desafortunadamente, existe poca información contundente sobre la evolución reciente y la magnitud cambiante de la economía sumergida. No obstante, la duplicación casi inmediata de la cantidad de negocios legales tan pronto entró en vigor la flexibilización de las medidas entre 2010 y 2011 indica que muchos emprendimientos estaban listos para operar desde la legalidad, tal vez porque ya lo estaban haciendo en cierto nivel desde la clandestinidad. Es probable que muchas de los 300 000 negocios formales que emergieron a principios de 2014 hayan salido de la economía sumergida. Tampoco hay muchos datos sólidos sobre el número de estos que entrarían en dicha categoría con respecto a las nuevas establecidas. La cantidad de vendedores ilegales aún existente en las calles han llevado a algunos observadores a opinar que la cifra de negocios ilegales no ha disminuido mucho. De hecho, la falta permanente de un mercado mayorista para los nuevos emprendimientos cubanos puede, en efecto, fomentar el crecimiento del mercado negro, que continúa siendo la fuente de insumos a donde recurren muchos cuentapropistas legales.[15]

La respuesta a la prohibición de septiembre de 2013 de la venta minorista de bienes importados por parte de los cuentapropistas, condujo, sin dudas, a que gran parte de ese comercio se hiciera «bajo el tapete». Algunos de los vendedores de ropas de contrabando también pasaron a la clandestinidad —desconocemos el número—, pero es probable que parte de la demanda de estos bienes importados de precios más bajos haya ido a los vendedores estatales con precios más elevados, pasando entonces a la «formalidad». De hecho, todavía perduran la mayoría de las fuerzas básicas que generan las condiciones propicias para la economía sumergida. Por ende, el sector continúa siendo significativo.

Una estadística reveladora —publicada por *Granma* a principios de 2014— muestra que un total de 407 608 cuentapropistas autorizados entregaron sus licencias entre 2010 —cuando entró en vigor la reforma del trabajo por cuenta propia— y noviembre de 2013 (Peláez *et al.*, 2013; *DDC*, 2014c; Cartaya, 2014). Esta es una cifra similar a la de los algo más de 450 000 autónomos con permiso en marzo de 2014; solo 300 000 de ellos eran «nuevos», uniéndose a las filas del sector privado después de 2010 (*CubaDebate*, 2014b). Esta alta tasa de devolución da una medida indirecta de la dificultad que enfrentan muchos cuentapropistas para salir adelante en el sector del trabajo autónomo legal, obligándolos a entregar sus licencias y, tal vez, pasar sus negocios —¿de vuelta?— a la economía sumergida.

CONCLUSIONES

Un chiste cubano popular en los años 80 contaba que la Revolución había erradicado las tres clases sociales del capitalismo (alta, media y baja), solo para remplazarlas con las tres nuevas clases del socialismo: los «dirigentes»: los pocos funcionarios comunistas en la cima; los «*diplogentes*»: los pocos diplomáticos y extranjeros en el medio; y los «indigentes»: las masas de

---

[15] Véase el perceptivo artículo de Fernando Ravsberg en *Havana Times* (2014) para un análisis abarcador de lo que él llama «las causas y consecuencias del mercado negro en Cuba»; aún una característica fundamental de la economía cubana.

abajo. El igualitarismo socialista había hecho a todos iguales, haciéndolos igualmente pobres; excepto, por supuesto, que algunos eran más iguales que otros. Este chiste varió con el advenimiento del Período Especial y sus trastornos inherentes y reformas fragmentarias, añadiéndosele un cuarto grupo a la jerarquía: los «delincuentes»: los que sobrevivían violando la ley (Cluster, 2004). Pero, dado los bajos salarios de la mayoría de los cubanos y los muchos beneficios tangibles de violar la ley, el chiste terminaba con la pregunta de si estos delincuentes deberían estar en el fondo o en la cima de la nueva jerarquía de clases socialistas cubanas.

Dejando las bromas a un lado, hemos tratado de ilustrar en este capítulo que no resultan una novedad en la Cuba socialista aquellas personas que ganan su sustento violando las leyes. Dada la escasez crónica y las limitaciones estructurales inherentes al socialismo, este tipo de sistema siempre ha causado la prosperidad de los mercados negros y las economías secundarias. No obstante, la crisis económica que comenzó a finales de los 80, y que empeoró vertiginosamente después de 1990, transformó una característica de bajo nivel, aunque crónica, de la economía cubana en una realidad cotidiana no solo para los delincuentes de Cuba, sino también para la mayoría de los indigentes, diplogentes y dirigentes. En resumen, la economía sumergida cubana había pasado de estar «detrás de la escena a un primer plano», remplazando a menudo la economía oficial en la vida diaria de muchos cubanos (Pérez-López, 1995a).

Estas actividades económicas clandestinas implicaron importantes beneficios para Cuba y sus ciudadanos, incluidos bienes y servicios de bajo costo, ingresos y empleos productivos, inversiones y ahorros internos, ganancias y ahorros de divisas, y capacitación en el empresariado. Sin embargo, también conllevaron pérdidas: desperdicio de recursos humanos, capitales y naturales, debido al tamaño reducido de la operación; aquellas relacionadas con el mismo ejercicio de la clandestinidad; el número reducido de empresas y volúmenes de producción; precios innecesariamente altos; desperdicio de los talentos empresariales de los cubanos en actividades de bajo nivel; y el fomento de una «cultura de la ilegalidad».

Los beneficios sociales y económicos de las AELC serían mayores si fueran autorizadas y pudieran funcionar formalmente «en la superficie». Esto podría lograrse mediante la liberalización y el otorgamiento de licencias a todos los solicitantes —profesionales incluidos—; el establecimiento de un régimen fiscal más razonable y progresivo para el cuentapropismo, que les permita la deducción de los costos reales, la reducción de la aún densa carga regulatoria, la provisión de fuentes de suministros costeables y racionados, y la provisión de seguridad a largo plazo para su propia existencia. Tal vez una transformación más importante, pero menos tangible, sea el cambio de mentalidad necesario en los ciudadanos cubanos de toda índole, de una que asocia el trabajo por cuenta propia con el enriquecimiento ilícito y el mercado negro —considerándolo más «como un peligro en lugar de una oportunidad»— a otra que lo acepte como una alternativa legítima al sector estatal (Torres Hernández, 2014). De hecho, la prensa cubana, tradicionalmente moribunda, ha comenzado a fomentar este cambio al añadir nuevos matices a su antaña descripción rígida, dogmática y desdeñosa de toda la actividad privada como un «enriquecimiento indebido». Por ejemplo, el artículo de opinión «Mitos y realidades del trabajo por cuenta propia en Cuba», publicado en el sitio web estatal *Radio Coco,* intentó desmitificar nociones negativas infundadas sobre el trabajo autónomo con las siguientes palabras:

> *Entre los mitos más comunes en torno al trabajo por cuenta propia se encuentra el de que, quienes lo ejercen, son vagos. Es cierto que muchos vivos han visto en esto un filón para no trabajar y dedicarse a ganar dinero sin sudar. Pero hay que separar bien a quienes no trabajan y a los ilegales de los trabajadores por cuenta propia (íd.).*

Durante el gobierno de Raúl Castro se realizaron significativos cambios de políticas que brindaron un ámbito más propicio y «amistoso» para el cuentapropismo legal. Esas transformaciones condujeron a que se triplicara su número y el de sus empleados hasta alcanzar los 450 000 en marzo de 2014; así como, probablemente, cuantiosa reducción del sector autónomo sumergido. Los cambios de políticas futuros, tales como la unificación de la moneda y de los sistemas de tipos de cambio, mayores reformas fiscales y regulatorias, más una mejora sostenida en el ingreso per cápita, deberán en su momento implicar una mayor reducción de los diferentes componentes de la economía clandestina y a una mayor expansión del cuentapropismo legal (Ravsberg, 2014).

8

SURGIMIENTO, CAÍDA Y RENACIMIENTO DE LOS PALADARES (1993–2014)

Hoy el problema político, militar e ideológico de este país
es buscar comida [...] Hay que estar claros de una cosa;
si hay comida para el pueblo no importan los riesgos.
(Castro, R., 1994)

Está bien que estos mercados y el cuentapropismo
le hayan enseñado a la gente un poquito sobre el capitalismo [...]
Pero tenemos que pensar el modo de hacer las cosas correctamente
[...] Algunas paladares y trabajadores por cuenta propia ganan más
en un día que nuestros honorables maestros en un mes.
(Castro, F., 1995)

La viñeta siguiente es el punto de partida que nos permitirá aprender varias lecciones a partir de la experiencia pasada sobre los restaurantes «paladares» en Cuba. Su historia y evolución durante 1993-2013 es el tema central del presente capítulo. Estas lecciones pueden aplicarse a la situación general de los emprendedores cubanos a principios de 2013, después de casi dos décadas de importantes reformas económicas, y al comienzo del segundo y último término de cinco años de la presidencia de Raúl Castro.

Primero, la política inicial de «legalización» de partes del sector privado de la Isla, inaugurada en 1993 durante la presidencia de Fidel Castro, estuvo acompañada en el transcurso del tiempo por una telaraña de restricciones legales tan gruesa que, por diseño o por defecto, se malogró el objetivo original de la legalización. Las restricciones originales, tanto para los paladares como para el sector del empleo autónomo en general, eran tan grandes y los impuestos tan altos, que a menudo minimizaban los beneficios del propio estatus legal. Las políticas gubernamentales impedían el desarrollo pleno del cuentapropismo legales y lo obligaba a utilizar estrategias informales o a pasar por completo a la clandestinidad a fin de ganarse la vida.

Segundo, las restricciones legales que se establecieron para controlar y limitar el crecimiento de estos negocios privados frecuentemente daban lugar a las correspondientes estrategias (muchas veces ilegales) de supervivencia. Por ejemplo, las restricciones en contra de los intermediarios y la publicidad causaron una extensa red clandestina de «jineteros» como Gregorio.

***

Las Doce Sillas

Cuando atravesé la entrada del paladar Las Doce Sillas,[1] un restaurante privado de nombre irreverente en Centro Habana, Orestes, el dueño, expresó agradable sorpresa al recibir otro cliente para el almuerzo a la hora tardía de las 3:00 p.m. También pareció asombrado por el ingenio de Gregorio, mi guía «jinetero»,[2] quien ya había traído un grupo de cuatro españoles no hacía ni diez minutos. Sin embargo, también estaba un poco molesto, puesto que ahora tenía que pagar otros 5 CUC además de los 20 CUC de comisión que ya le debía a este por sus servicios. Para confirmar mis sospechas, espié a Orestes mientras contaba deliberadamente el total de 25 CUC en frente de Gregorio, que, muy contento consigo mismo después de unas pocas horas de trabajo, dobló con tranquilidad los billetes y los guardó en el bolsillo de su camisa antes de salir al calor de la tarde.

Haciéndome el tonto, le pregunté a Magalis, mi camarera, cómo era que no veía langosta en el menú y aun así veía un caparazón vacío en un plato cercano. Ella inclinó la cabeza y susurró: «¡Tú sabes que no podemos poner eso en el menú!». No obstante, se viró hacia una pequeña improvisada

---

[1] Los detalles etnográficos relatados en este capítulo fueron recogidos por Ted Henken en sus varios viajes a Cuba entre 1999 y 2011. Al igual que en los capítulos 4 y 7, a lo largo de este haremos frecuentes referencias a varios individuos y negocios autónomos. Con la excepción de tres casos donde se alude a paladares cuyas operaciones han sido bien cubiertas por los medios internacionales (La Guarida, Hurón Azul y Ópera de la Calle), el resto de los nombres de este tipo de negocios ha sido cambiado para proteger el anonimato de la fuente y sus descripciones son, por lo general, esbozos compuestos a partir de las entrevistas a más de una docena de dueños de paladares entre 2000 y 2011.

[2] Aunque empleamos el término «jinetero» con el sentido de «buscavidas», los lectores deben saber que esa palabra tiene varios significados en Cuba, según el contexto y el género. Si bien el masculino se refiere generalmente a hombres que ofrecen una variedad de productos y servicios —muchas veces ilegales— a los turistas extranjeros, el femenino se emplea para describir un tipo peculiar de prostitución que surgió en la Isla en la década de 1990.

puerta de servicio y preguntó en voz alta y confiada: «Oye, ¿queda más "L" allá atrás?». De regreso con un plato de enchilado de langosta, me explicó: «Si nos cogen con langosta, nos confiscan todos los equipos, nos acusan por ventas ilícitas y nos cierran».

Mientras ingería contento mi «L», me di cuenta que solo había cuatro mesas en el atiborrado comedor, con exactamente doce sillas distribuidas entre ellas. Al final de mi comida, al indagar acerca del peculiar nombre del restaurante, Magalis me contó que, a pesar de su aparente origen en la famosa película cubana *Las doce sillas* (Tomás Gutiérrez Alea, 1962), era más bien una broma indirecta del dueño para burlarse de la ridícula restricción gubernamental que prohibía tener más de doce puestos en los paladares. Y con la misma, me condujo con orgullo a la parte de atrás, a través de una puerta de doble hoja, atravesando la cocina, a un segundo comedor escondido, para enseñarme donde sentaban al exceso de clientes cuando el negocio estaba en apogeo.

Antes de marcharme, hablé brevemente con Orestes, quien afirmó: «A partir de esta experiencia, me di cuenta que había nacido para ser empresario». Sin embargo, con el típico choteo del cubano, añadió: «¡El único problema es que nací en el país equivocado!». Como emprendedor nato, me dijo que le gustaba el desafío de crear su propio negocio. No obstante, expresó su frustración sobre las regulaciones que lo obligaban a hacer trampas e improvisar todo el tiempo. «Veo que conociste a Magalis, «mi prima —bromeó—. «Todo el mundo sabe que no somos parientes, pero la regla contra los empleados que no son familia nos obligó a inventar esa mentira». Orestes también se insinuó sobre el sombrío futuro del cuentapropismo en Cuba: «Yo no compraría acciones de ningún paladar. Todo es parte de un juego y tienes que saber cómo jugarlo. El Gobierno puede beneficiarse de la imagen positiva que crea la existencia de indicios de negocios privados, pero no será mucho más que eso, una imagen».

***

Asimismo, la prohibición de contratar trabajadores asalariados que no fuesen familia o cohabitantes a menudo conducía a la práctica de emplear «primos lejanos» ficticios, como Magalis. Las restricciones relacionadas con el menú y el tamaño condujeron a la proliferación de alimentos prohibidos y comedores escondidos. En resumen —haciendo referencia al Cuadro 2.1—, la *intención* de regulación total por parte del gobierno cubano discordaba cada vez más con su menguante *capacidad* regulatoria, por no decir que estaba en conflicto con la creciente necesidad material del pueblo de los escasos bienes y servicios durante los peores años del Período Especial. Como resultado, la clase emergente de emprendedores nacionales comenzó a desarrollar una serie de estrategias de negocios innovadoras para mantenerse a flote durante la crisis económica —posteriormente enumeraremos algunas de ellas.

Tercero, a pesar de que la economía sumergida de Cuba —incluidas las numerosas AECL descritas en el Capítulo 7— y su emergente sector autónomo legal, a menudo se entienden como el equivalente cubano de las economías informales encontradas en el resto de América Latina y el Caribe, en realidad son más comparables a las «economías secundarias» que existían en varios países de la antigua Unión Soviética. Al igual que las actividades económicas privadas similares que ocurrían en esos sistemas de planificación centralizada —como se describe en el Capítulo 2—, incluso cuando partes de la propia economía secundaria cubana estaban legalizadas y reguladas desde 1993, continuaron siendo ideológicamente ilegítimas y enérgicamente reprimidas y estigmatizadas (Miroff, 2012). De hecho, el período comprendido entre 1993 y 2006 indica que la legalización y la regulación del trabajo por cuenta propia no condujo a una creación significativa y sostenida de empleos ni a una productividad económica. Al contrario, la política pública en relación con el trabajo autónomo fue utilizada en la práctica como una medida temporal y paliativa, encaminada a detener la hemorragia económica de mediados de los años 90, convirtiéndose con el tiempo en otro mecanismo de control estatal sobre la economía.

Por último, el cuentapropismo enfrentaba un futuro poco prometedor al final de los cuarenta y siete años del mandato de Fidel Castro, en agosto de 2006. A pesar de que la mayoría de los dueños de negocios sobrevivientes dudaban que fueran clausurados completamente por el Estado —en especial si sabían «cómo jugar», como diría Orestes—, pocos creían que alguna vez pudieran crecer más allá del nivel de subsistencia y pasar al sector nativo de pyme. El aura de ilegitimidad que acompañaba cualquier actividad económica independiente en tiempos de Fidel, el temor del Gobierno a la supuesta amenaza política de ese tipo de actividades, a largo plazo, a la dirección centralizada y a la estructura de control, y la actitud antagónica y paternalista gubernamental hacia el trabajo autónomo, condenaron de manera eficaz al cuentapropista cubano a una existencia informal y provisional, reduciendo así los beneficios económicos que generaban.

Ahora bien, antes de que escribir el epitafio sobre los experimentos de Cuba con el trabajo autónomo, es necesario centrar el estudio en los paladares, otros servicios gastronómicos no estatales; así como, en menor medida, en el transporte privado y el alquiler de habitaciones —muchas veces interrelacionados—. De esta manera, podremos evaluar las reformas —sobre las que ya hemos venido hablando en capítulos anteriores— para evaluar[3] su despliegue, incompleto en nuestra consideración.

A pesar del hecho de que la escala total de los paladares privados constituían solo una pequeña fracción de los 471 085 negocios autónomos existentes hasta julio de 2014, las licencias para la gastronomía en general (13%) y de trabajadores por contrato (20%) —la mayoría trabajaba en los servicios gastronómicos o en las casas de alquiler particulares— conformaban los dos grupos más cuantiosos de cuentapropistas en aquel entonces. Entre ambos sectores cubrían 33% de todo el empleo privado fuera de la agricultura, seguidos en un tercer lugar por el transporte privado (11%) y más tras por las habitaciones de alquiler (7%) (Martínez Molina *et al.,* 2011; *Opciones,* 2012; *DDC,* 2012c; *Trabajadores,* 2012a, 2012b y 2012c; Manguela Díaz, 2012; Lotti, 2012; Fernández Sosa, 2012; *Café Fuerte,* 2013b; Rodríguez, J. A., 2013). O sea, esas cuatro ocupaciones conformaban 50% del total de todos los cuentapropistas autorizados en Cuba en esa época (*CubaDebate,* 2014; Maguela, 2014; *14ymedio,* 2014a).

Abundantes en las aceras y calles de las principales ciudades de Cuba, los restaurantes privados y otras operaciones de servicios gastronómicos dependen en gran medida de insumos y crédito, tienen una carga impositiva significativa sobre la renta (Cuadro 5.1) y necesitan contratar fuerza laboral —por la que también pagan impuestos si emplean más de cinco trabajadores—. Además, hace algún tiempo el Gobierno ha comenzado a impulsar el cierre de muchos restaurantes y cafeterías estatales, permitiendo a sus antiguos trabajadores administrarlos como cuentapropistas (*Trabajadores,* 2012; *Café Fuerte,* 2012) o transformarlos en cooperativas independientes dirigidas por ellos (Frank, 2013). Por todas estas razones,

---

[3] Hakim compara el caso de estudio al foco o al microscopio al establecer que «su valor depende esencialmente de lo bien que se enfoque el estudio» y añade que «por lo mínimo un caso de estudio puede brindar un "retrato" bien detallado de un fenómeno social específico». Además, distingue los casos de estudios descriptivos como ejercicios exploratorios; en especial muy útiles cuando no se conoce mucho sobre un tema. Esos casos de estudios descriptivos pueden también ser «retratos ilustrativos de entidades o patrones sociales que se consideren típicos, representativos o promedios» (1987:61). Es esta última interpretación la que empleamos en nuestro análisis de los paladares cubanos.

resulta instructivo en particular escoger los paladares como «caso de estudio» para profundizar en el alcance y audacia de las reformas de Raúl, durante su mandato, sobre el trabajo autónomo; es decir, su inclinación hacia «un poquito de capitalismo», en palabras de su hermano mayor.

Al analizar el surgimiento, la caída y el renacimiento de los paladares cubanos entre 1994-2014 —ejemplo particularmente instructivo de la ambivalente reforma económica típica del socialismo de Estado—, repasaremos la evolución de las regulaciones del trabajo por cuenta propia, según se aplican a este sector y complementaremos nuestro estudio con breves viñetas ilustrativas donde los dueños de los paladares seleccionados explican cómo balanceaban las exigencias de la regulación estatal con sus necesidades de innovación y supervivencia.[4] Debido a que nuestro tema central de investigación surgió a partir de observaciones directas de la realidad cotidiana de lo que en principio pensábamos acerca de «la economía informal del turismo», los métodos utilizados en la recopilación de datos fueron cualitativos según su naturaleza: observación participativa y entrevistas minuciosas a emprendedores formales e informales.[5]

---

[4] Específicamente, las entrevistas etnográficas se realizaron a 22 propietarios de paladares durante cinco visitas separadas a la isla entre julio de 2000 y diciembre de 2001; junto a otras paralelas con 15 taxistas y 27 propietarios de casas de alquiler —muchos de los cuales llegaron a administrar pseudopaladares encubiertos por sus licencias de alquiler. Estas entrevistas iniciales aumentaron luego con las de seguimiento a ellos mismos y fueron complementadas con observaciones de otras 40 paladares más, realizadas en cuatro visitas de investigación subsecuentes entre 2002 y 2006.

Asimismo, fueron complementadas con notas tomadas por Neili Fernández Peláez (2000) de su propio muestreo de entrevistas a 15 servicios gastronómicos, 20 de transporte y 18 casas de alquiler. Incluidas en este conjunto de datos que gentilmente nos proporcionó ella misma, también se encuentran 2 entrevistas a presidentes de consejos populares de La Habana y 1 a un funcionario del Ministerio de Transporte a cargo del otorgamiento de las licencias para los taxis privados en la capital.

Tras la implementación de las reformas trascendentes en las regulaciones del trabajo autónomo instituidas en el mandato de Raúl Castro, se volvieron a visitar y a entrevistar a muchos de esos propietarios en abril de 2011 —junto a una serie de negocios recién abiertos. Estas últimas entrevistas etnográficas nos permitieron entender las experiencias, opiniones y evaluaciones de estas dos rondas de reformas (1993-2006 y 2006-2014) desde su perspectiva al comprar y contrastar los entrevistados ambas series de cambios.

[5] Schwandt define «los métodos cualitativos» como «los procedimientos que incluyen entrevistas abiertas no estructuradas y la observación participativa que genera datos cualitativos» (2001:213). También indica que la mayoría de los investigadores incluirían la etnografía, la investigación de casos de estudio, la indagación naturalista, la etnometodología, la metodología de la historia de vida y la indagación narrativa bajo el rubro «indagación cualitativa». También estableció que la «observación participativa» como

Asimismo, debido a los esfuerzos del Gobierno durante las últimas dos décadas para incorporar al trabajador autónomo clandestino a la economía oficial, muchos antiguos cuentapropistas informales ahora sirven a sus clientes de manera legalmente y pagan tanto las tarifas mensuales por la licencia como los impuestos sobre los ingresos. Por tanto, nuestro estudio incluye cuentapropistas formales e informales. De hecho, aunque específicamente queríamos comparar a los formales con sus contrapartes clandestinas, fue imposible lograr una muestra aleatoria y científica representativa de estos dos componentes del trabajo autónomo. Incluso desde la legalidad, estas personas no tienen muchas razones para abrirse a extraños y el carácter «oculto» de los dueños sin licencias hizo necesario emplear una estrategia de muestreo «propositiva» —técnica de muestreo no aleatoria a menudo denominada «bola de nieve» o muestreo «teórico»—, donde los entrevistados potenciales se identifican mediante la observación y se añaden futuros sujetos a través de recomendaciones de contactos iniciales.[6]

Por último, dado que los paladares se han encontrado entre los ejemplos más lucrativos, dinámicos y de mayor volumen de iniciativas privadas —en términos de ingresos y empleos—, durante el período de las políticas antagónicas de 1993-2006 y uno más alentador posterior a 2010,[7] es importante

---

«un procedimiento para generar el entendimiento de las formas de vida de los demás [...] requiere que el investigador se comprometa a un escenario durante un período de tiempo relativamente prolongado [...], tome parte en las actividades cotidianas de las personas entre las que está estudiando y reconstruya sus actividades mediante el proceso de inscripción, transcripción y descripción en notas que tome sobre la marcha y poco tiempo después» (ibíd.:185-186).

[6] Schwandt distingue entre dos estrategias de muestreo generales usualmente empleadas en los estudios cualitativos: las estrategias empírica/estadística y teórica/intencional. El muestreo estadístico se utiliza cuando las unidades se eligen sobre la base de su representatividad de una población más amplia y conocida. Entonces, «se escoge una muestra de esa población mediante el uso de un procedimiento que garantice que todas las muestras tienen una probabilidad igual o conocida de ser seleccionada». Por otra parte, en el muestreo intencional, «las unidades se eligen no por su representatividad sino por su relevancia a la investigación en cuestión, [...] porque puede haber una buena razón para creer que "lo que sucede ahí» es crucial para comprender algún proceso o concepto o para probar o elaborar alguna teoría establecida» (ibíd.:232). Por tales razones escogimos el muestreo intencional.

[7] Por ejemplo, Mesa-Lago (2001:139) ha compilado una escala útil de la desigualdad de ingresos por ocupación en Cuba en el año 1995. De los 16 índices salariales que enumera (jubilado, maestro, cirujano, barman de hotel, taxista, trabajador cuentapropista, prostituta, etc.), los dueños de los pequeños restaurantes y habitaciones de alquiler privados son las dos categorías ocupacionales en la cima, con una ganancia mensual de 2 500 USD-5 000 USD y 467 USD-654 USD, respectivamente; cuando muchas veces el salario de un trabajador

entender la interacción entre las cambiantes políticas públicas y el sector, puesto que son los de mayor potencial, entre las 201 ocupaciones permitidas, para evitar la maldición de la informalidad y convertirse en una red de pymes en un futuro ambiente regulatorio más flexible.

SURGIMIENTO Y CAÍDA DE LOS PALADARES CUBANOS

Nacimiento y muerte prematura (1993–1995)

Tal vez, por ser una de las manifestaciones más visibles de la iniciativa privada y de la reforma promercado para los visitantes foráneos en Cuba, se le ha brindado gran atención mediática a la emergencia del llamado «paladar».[8] Como esta palabra comparte el mismo significado tanto en español como en portugués, el cómo se abrió paso hasta volverse un cubanismo explica las esperanzas iniciales de los cubanos para el potencial de estos restaurantes caseros durante los peores tiempos del Período Especial. Siguiendo el ejemplo de Raquel, la protagonista de la novela brasileña *Vale todo*[9] —popular en Cuba a principios de la década de 1990—, una mujer pobre que trabajó como vendedora ambulante en las famosas playas de Copacabana hasta lograr abrir su propia cadena de pequeños restaurantes, a los cuales nombró Paladar, los cubanos llamaron así también a los suyos (Baker, 2000:153; Sosín Martínez, 2013). El periodista Howard LaFranchi capturó las implicaciones de la chispa que encendió este ejemplo de éxito emprendedor para la Isla:

> *Noche tras noche la novela recontaba cómo una pobre mujer brasileña cambió sus harapos por riquezas al convertir astutamente un modesto puesto de alimentos en una cadena de restaurantes bajo el nombre*

---

promedio era de 6 USD al mes en aquellos momentos. De igual modo, los choferes de taxis particulares que servían al turismo ganaban un estimado entre 100 USD y 467 USD al mes, ocupando el sexto eslabón en este listado de ocupaciones (véase también Lee, 1997c:2). Mesa-Lago emplea la tasa de cambio promedio para 1995, que era de 32.1 CUP por 1 USD.

[8] Además de la serie de artículos periodísticos sobre el incremento de estos restaurantes/«tabernas clandestinas» (Whitefield, 1994a y 1994b; Farah, 1994; Fletcher, 1995; Lee, 1997a; Vicent, 2000; LaFranchi, 1996), estudios de analistas académicos incluyen a Scarpaci (1995); Segre, Coyula, y Scarpaci (1997); Núñez Moreno (1997); Togores González y Pérez Villanueva (1996); Peters y Scarpaci (1998); Rivera (1998); Jatar-Hausmann (1999); Ritter (1998, 2000a y 2000b); Fernández Peláez (2000); Duany (2001); y Jackiewicz y Bolster (2003).

[9] Para un análisis más detallado, véase a Henken (2008a).

Paladar. No pasó desapercibido el hecho de que Raquel contara la historia de su exitosa hazaña justo cuando Cuba atravesaba un abrupto declive económico y una escasez de alimentos generalizada. Paladar dejó a los cubanos con la boca hecha agua (LaFranchi, 1996).

Otra implicación irónica de este peculiar origen del término es que las restricciones cubanas sobre la migración interna, así como las prohibiciones de llevar a cabo más de una sola operación autónoma, impedían duplicar este éxito en Cuba en ese momento, a pesar de las liberalizaciones de principios de la década de 1990. De hecho, en el tiempo en que *Vale todo* le aguaba la boca a los cubanos, la dimensión del sector autónomo formal era insignificante y los restaurantes privados estaban prohibidos por ley. No obstante, comedores-bares clandestinos, tipo paladares, comenzaron a aparecer a lo largo de la Isla en esos años iniciales como respuesta a la creciente escasez de alimentos. Estas redes gastronómicas informales fueron toleradas al comienzo por el hecho de que brindaban un servicio esencial, primordialmente a la población cubana. Esto cambiaría después, cuando los paladares empezaron a competir con el Estado por los dólares del turismo. Su posterior legalización fue una respuesta administrativa a una multitud de estrategias internas de supervivencia —la mayoría ilegales— desarrolladas por el pueblo cubano (Whitefield, 1993).

En septiembre de 1993, el Gobierno publicó una lista inicial de 117 actividades legales por cuenta propia. Entre ellas, se encontraban cuatro actividades económicas, incluidas las que se llegó a conocer como el infame «etcétera»: «productor de meriendas ligeras (refrescos, dulces, frituras, etc.)» (Decreto-Ley no. 141, 1993:4-5; Alonso, 1993; CEPAL, 1997). En esencia, el Gobierno había decidido legalizar grandes sectores de la creciente economía informal al darse cuenta que esas actividades clandestinas llenaban el vacío que dejaba el deficiente y agonizante sector estatal. Estas prácticas informales y muchas veces ilegales permitieron sobrevivir a los cubanos, e irónicamente, al propio sistema socialista (Domínguez, 2001; Fernández, 2000).

En los meses siguientes al anuncio de septiembre de 1993, multitudes de cubanos —ya estaban activos— en el sector gastronómico sacaron licencias para comenzar a legalizar lo que hasta entonces venían haciendo de manera clandestina. Sin embargo, a principios de diciembre, el Gobierno revirtió su decisión inicial porque muchos de esos cuentapropistas estaban, de hecho, dirigiendo restaurantes a toda monta, según la interpretación más amplia de la palabra «etcétera». Las discusiones en la Asamblea Nacional en diciembre de 1993 acerca del ofensivo «etcétera» concluyeron que la legalización había sido un error debido a la sospecha de que estos restaurantes incipientes fomentaban la competencia con el sector estatal, dependían de suministros mal habidos y contrataban empleados ilegalmente (Whitefield, 1994a). Poco después, los legisladores se percataron que la suspensión de la ley había sido ignorada en gran medida por muchos de los emprendedores y necesitaron incrementar las inspecciones y reforzar el cumplimiento (Ricardo Luis, 1993).

La negativa de muchos de los incipientes dueños de restaurantes cubanos a cerrar sus negocios condujo a la primera de muchas campañas represivas contra las supuestas «ilegalidades, indisciplina y abusos» en el sector privado, en enero y febrero de 1994 (Scarpaci, 1995; Segre *et al.*, 1997; Whitefield, 1994a y 1994b). La policía hizo redadas y cerró más de cien paladares en La Habana, acusando a los propietarios de «enriquecimiento ilícito», a pesar de que muchos tenían licencias de «productor de alimentos ligeros» (Segre *et al.*, 1997:233). Tras haber aprendido la lección de ser discretos —continuar con el negocio, pero no crecer mucho ni ostentar las ganancias—,[10] muchos retomaron sus actividades poco después y encontraron distintas maneras de mantenerse en el negocio: servir comida solo para llevar a una clientela selecta o hacer que los clientes ordenaran por teléfono. De hecho, a pesar de la arremetida, se estima que el número de paladares alcanzaba los 4 000 establecimientos en el país, de los cuales se ubicaban en La Habana entre 1 000 y 2 000 (Whitefield, 1994a; Farah, 1994; Segre *et al.*, 1997).[11]

No obstante, a pesar de la campaña contra los paladares, la mayoría de los delegados a la Asamblea Nacional consideraban el trabajo por cuenta propia, en general, como algo muy popular entre el pueblo porque proporcionaba empleos necesarios y constituía una fuente vital de bienes y servicios durante los tiempos más duros de la crisis económica. Asimismo, los delegados en-

---

[10] Para una excelente reflexión de esta poderosa regla tácita cubana de «no te destaques para no buscarte problemas», véase en el blog de Yoani Sánchez: «Y tú, hijo, no te destaques» (2104d).

[11] Como narramos en los Capítulos 5 y 7, esta respuesta creativa de los cuentapropistas cubanos ante las leyes del trabajo por cuenta propia en Cuba —aprovechándose del lenguaje ambiguo y de las lagunas legales para lograr llegar a fin de mes y salir a flote en las finanzas— continúa caracterizando la relación —ya antagónica ya complaciente— entre los emprendedores cubanos y el Estado. Por ejemplo, después de 2010, muchos cuentapropistas sacaron licencia de costureras y sastres cuando en la práctica eran revendedores de ropas importadas en boutiques minoristas privadas por toda la isla. Después de la medida gubernamental para proteger su monopolio de importación y venta minorista con la aprobación de la nueva Ley de septiembre de 2013, que explícitamente delimitaba tales prácticas, los emprendedores reaccionaron con el paso de sus actividades al mercado negro, dependiendo entonces de catálogos para llegar a sus clientes (*14ymedio*, 2014b).

tendían que, mediante la legalización de la actividad clandestina, el Estado podía controlarla y llevar las riendas sobre los abusos y el «enriquecimiento ilícito» (Ricardo Luis, 1993). Como se describe en el Capítulo 3, esa misma tensión entre el éxito económico y la amenaza político-ideológica de las reformas promercado caracterizaron los experimentos anteriores en Cuba con el trabajo autónomo y los mercados campesinos a principios de la década de 1980. Esa tensión continuaría siendo una característica duradera del enfoque ambivalente del Gobierno hacia el trabajo por cuenta propia a lo largo del Período Especial y hasta las reformas significativas posteriores a 2010.

Resurrección y regulación (1995–1996)

La segunda fase del ciclo de vida de los paladares cubanos comenzó con la aprobación, en junio de 1995, de la Resolución Conjunta no. 4 («Ampliación de actividades: Paladares, 1997). Esta nueva Ley abordaba directamente la categoría de «productor de alimentos ligeros»[12] que se había suspendido y establecía tres tipos de operaciones gastronómicas que se permitirían en el futuro. La primera, conocida como «productor/vendedor de alimentos y bebidas no alcohólicas al detalle», estaba dirigida a aquellos que querían vender alimentos en las calles, ya fuera como vendedores ambulantes o desde puntos fijos al frente de sus casas, por lo cual debían pagar un impuesto de $100 mensuales.[13] La segunda, «a domicilio», era para los servicios de *catering* y exigía un impuesto de $200 mensuales o 100 USD, en dependencia de la moneda en que se desarrollara el negocio.

Por último, los verdaderos restaurantes que funcionaban en las casas, o paladares, recibieron el nombre legal de «servicios gastronómicos». Los impuestos mensuales para aquellos que cobraban en pesos se establecieron inicialmente en $500; en tanto que para los que funcionaban en dólares eran 400 USD al mes. Estas tasas incluían el derecho a servir alcohol («Ampliación»…, 1997:485-487). Asimismo, mientras que ninguna otra actividad autónoma estaba autorizada a contratar trabajadores asalariados, el Estado reconoció que los paladares siempre habían funcionado con la ayuda de

---

[12] De hecho, la nueva ley canceló las ocupaciones de productor de meriendas ligeras, de productos lácteos, productor de conservas agrícolas, y cocinero, de la lista de actividades por cuenta propia. Aquellos que habían realizado esas actividades tenían la oportunidad de registrarse de nuevo de acuerdo a la nueva ley de servicios gastronómicos.

[13] Durante este período la tasa de cambio entre el CUP y el USD era 26:1.

personal de servicio y de cocina. Por tanto, la Ley estableció una regulación peculiar que prohibía los «trabajadores asalariados» por una parte; pero exigía la contratación de al menos dos «familiares asistentes» por otra.

***

El Rinconcito

La génesis del paladar El Rinconcito ilustra la manera en que algunos emprendedores navegaban de manera creativa el volátil entorno legal durante los primeros años del Período Especial. Patricia, una afrocubana afable, madura y aguda, con educación universitaria, que dirigía el negocio, explicó que originalmente lo había registrado a nombre de su madre en 1995, puesto que ella no estaba aún retirada —un requerimiento en aquel entonces—. También admitió que lo había administrado de manera clandestina en 1993 y 1994, antes de obtener la licencia disponible en 1995. El argumento de la necesidad de generar suficiente capital antes de arriesgarse a formalizar su negocio, fue su justificación para el tiempo en que permaneció ilegal.

***

En esta fase, el Estado limitó el tamaño y el ámbito de los paladares a fin de controlar la competencia y reducir lo que veía como especulación. La restricción más conocida fue el límite del máximo de doce sillas. Se prohibió específicamente la venta de mariscos y carne de caballo y solo se permitía en el menú la carne de res, leche o sus derivados, si se adquirían en la tienda en dólares (Dirmoser y Estay, 1997:485-487). La Ley también dictaba que cada núcleo familiar solo podía tener una única licencia de trabajo por cuenta propia. A pesar de que los dueños podían poner ellos mismos los precios, estaban obligados a comprar los insumos en las caras tiendas en dólares y en los mercados campesinos privados, y a guardar los recibos de todas las compras. Ningún alimento o ingrediente proveniente de las bodegas subsidiadas por el Estado podía revenderse en esos restaurantes. No obstante, como las tiendas en dólares aún no estaban preparadas para entregar recibos a los clientes, muchos emprendedores interpretaron el requisito de comprar en ellas como la laguna legal que podrían usar para cerrarlos en una fecha futura (Segre, Coyula y Scarpaci, 1997). Junto a otras actividades gastronómicas legales, los paladares serían sujeto de visitas no anunciadas por parte de varios cuerpos de inspectores.

Solo un mes después de su legalización, se dieron a conocer nuevas regulaciones que cubrían las actividades por cuenta propia en los quince municipios habaneros. El Acuerdo 84, como se conoció esta nueva Ley, establecía regulaciones detalladas sobre el uso de los espacios públicos de La Habana, especificando dónde se prohibiría el trabajo autónomo (Dirmoser y Estay, 1997:490-495). La Ley en sí, así como los artículos de prensa subsecuentes que la explicaban, afirmaba que su intención era «neutralizar y combatir todas y cada una de las acciones contra el desarrollo positivo del trabajador por cuenta propia, evitando la impunidad de aquellos que violaran la legislación existente» (Martínez, 1995:2). Sin embargo, es probable que la tan exhaustiva lista de prohibiciones pareciera a ojos de los emprendedores privados que sus negocios aún permanecían en esencia ilegítimos, aunque contaran con la licencia que los legalizaba. Es también plausible que esa conclusión haya conducido a muchos de ellos a desarrollar elaboradas estrategias de sobrevivencia y a recurrir al mercado negro con mayor frecuencia para obtener suministros caros y escasos.

A finales de 1995, se publicaron estadísticas que indicaban que estos tres tipos de operaciones gastronómicas (al detalle, a domicilio y paladares) ya se encontraban entre las actividades autónomas más comunes. Por ejemplo, el periódico *Granma* informó que las cinco licencias más comunes en La Habana era de vendedores ambulantes y cafeterías en los frentes de las casas (al detalle), mensajero, artesano, peluquera y taxista particular. Asimismo, las autoridades capitalinas habían otorgado 278 licencias de paladar de 984 solicitudes solo dos meses después de haber sido habilitadas (íd.). Sin embargo, el número total de permisos en La Habana se redujo a 58 000 a finales de 1995, de un pico de casi 64 000 en agosto. El número de cuentapropistas registrados en la capital nunca volvió a sobrepasar los 60 000 en el período 1993-2010; de hecho, en abril de 1997, había disminuido a 35 171 (Avendaño, 1997; *DPPFA*, 1997).

Aun así, el peso relativo de las ocupaciones autónomas vinculadas a la gastronomía, el transporte y el hospedaje particular queda claro al analizar las ocupaciones más comunes a lo largo de la isla en 1999. Los tres trabajos de vendedores ambulantes «al detalle», «trabajador de la familia» y «preparador/vendedor de bienes alimenticios y bebidas «en puntos fijos de ventas», conformaban cerca de 37% de todos los empleos por cuenta propia.[14]

---

[14] Nótese que los paladares no constituyen un por ciento significativo del número de licencias y, por ende, no se incluyen entre estas ocupaciones más comunes. Véase Núñez

323

Al incluir además los servicios de transporte y hospedaje particulares en nuestro análisis, se vuelve evidente el predominio de estas tres ocupaciones dentro del sector autónomo. Por ejemplo, la distribución de licencias para el trabajo por cuenta propia por ocupación en el municipio capitalino Plaza de la Revolución (Tabla 8.1) subraya esta tendencia. Agrupadas en 9 categorías diferentes, las 3 572 licencias de trabajo por cuenta propia activas en ese sector de la ciudad, durante junio de 1999, revelan una abrumadora concentración en estos tres ramos. Por separado, cada una de estas categorías fácilmente sobrepasa el número de las otras seis y, en el caso del alquiler de habitaciones y los servicios gastronómicos, de manera notable. Además, la suma de las licencias para el alquiler de habitaciones (1 113), los servicios gastronómicos (1 132) y el transporte (320) constituye casi 72% de todas los permisos cuentapropistas en dichos municipio y período.[15]

Tabla 8.1: Distribución de licencias de trabajo por cuenta propia por actividad económica, municipio Plaza de la Revolución (1999).

ACTIVIDAD ECONÓMICA	CANTIDAD
transporte	320
servicios gastronómicos	1 132
alquiler de habitaciones	1 113
reparación de inmuebles	98
atención personal	123
personal doméstico	221
manufactura de pequeña escala	123
servicios varios	196
otros	246

Fuente: Fernández Peláez (2000).

Moreno (1997:46) para un desglose numérico similar que muestra la predominancia de las actividades gastronómicas entre las ocupaciones autónomas desde abril de 1996. También indica que 74% de todos los cuentapropistas registrados se concentraban en solo 16 de las 157 ocupaciones autorizadas. Lee, periodista de *Granma* (1997c), ofrece números similares de la concentración de trabajadores autónomos en estas ocupaciones.

[15] Debe tenerse en cuenta que los 1 132 administradores de servicios gastronómicos en el municipio Plaza agrupa cuatro actividades autónomas diferentes (comida a domicilio, vendedores ambulantes, cafeterías puntos fijos y paladares como tal); de las cuales, los paladares conforman una marcada minoría. A pesar de que no se incluye información detallada, es probable que ese número también incluya la ocupación «familiar ayudante».

Incremento de la regulación, estigmatización y declive (1996 –2000)

Por desgracia, para los dueños de los paladares cubanos, los años posteriores a su existencia legal coincidieron con un cambio sustancial en la política gubernamental. Si bien el Gobierno expandió el número de categorías de ocupaciones autónomas de 117 a casi 160, con anterioridad a diciembre de 1995, permitiendo un incremento consiguiente de la cifra total de emprendedores formales —con un pico de 208 786 en diciembre de 1995—; después de esa fecha, legalizó pocas ocupaciones nuevas y descontinuó el otorgamiento de licencias para muchas de ellas.

Indicaciones del creciente antagonismo hacia el trabajo por cuenta propia se hicieron evidentes en repetidas declaraciones de la prensa oficial, recordándoles a los propietarios sus responsabilidades legales, fiscales y morales.[16] También, fue cada vez más común que artículos de los periódicos *Granma* y *Trabajadores* reiteraran el rechazo del Gobierno al trabajo por cuenta propia catalogándolo solo como una opción de desarrollo de pequeña escala, complementaria y temporal; incluso, con el presidente de la Asamblea Nacional etiquetándolo como «la última escala social en cualquier parte del planeta» (Lee, 1997d). El mejor indicador del cambio de política fue la disminución del número de cuentapropistas registrados y la casi eliminación de los paladares.

Los cambios legales y fiscales durante estos años incluyeron: (1) el anuncio, en febrero de 1996, del incremento de los impuestos mensuales para muchas ocupaciones, entre ellos: la duplicación de los impuestos mensuales para los paladares a $1 000 y 600 USD, según el tipo de moneda en que funcionaran; (2) el final de la concesión de licencias para paladares nuevos en La Habana en abril de 1996; (3) en junio de 1996, una reinscripción nacional de todos los cuentapropistas; y (4) una nueva Ley, abarcadora, dirigida a fortalecer las sanciones contra los infractores de las regulaciones del trabajo autónomo (Decreto-Ley no. 174, 1997).

A pesar de que el incremento fiscal de febrero de 1996 afectó a 144 de las 162 ocupaciones autónomas, los paladares recibieron el golpe más duro. A los que cobraban en pesos cubanos les duplicaron los impuestos de $400 a $800 al mes, llegando a $1 000 para las que vendían bebidas alcohólicas.

---

[16] En su revelador ensayo «La Economía Política del caudillismo», Mary Katherine Crabb argumenta que esta «campaña contra la indisciplina y la ineficiencia» se intensificó en la primavera de 1997, encaminada a incrementar los castigos por los delitos económicos y alistar a los CDR del país para «vigilar agresivamente a sus vecinos» (2001:170).

Sin embargo, el cambio fue menos drástico para las que funcionaban en dólares, cuyo aumento fue de 200 USD (Avendaño, 1997; Ritter, 1998, 2000a y 2000b; Segre *at al.*, 1997). Todo ese proceso estuvo acompañado por una serie de nuevas regulaciones para los cuentapropistas (*Trabajadores*, 1996).

***

Estrategias de supervivencia de Patricia

Patricia, la propietaria del mencionado paladar El Rinconcito, explicó que sus impuestos mensuales habían escalado drásticamente durante los seis años que llevaba en el negocio en el momento de nuestra entrevista original. Cuando obtuvo la licencia en 1995 solo tenía que pagar $500 (23 USD) al mes. Seis años después, en enero de 2001, durante la entrevista de seguimiento, abonaba un total de 775 USD mensuales para mantener su licencia; casi 34 veces el gravamen inicial. Además, empleaba a cinco personas. No obstante, solo tres de ellos estaban registrados para evitar el pago de impuestos extras. Por supuesto, ninguno de sus empleados vivía con ella ni eran en verdad parientes, como estaba estipulado.

Nos dijo que pagaba una parte de esos 775 USD mensuales eran por el derecho a contratar 3 trabajadores, 97 USD por cada uno. También les pagaba a ellos por separado y argumentaba que ese trabajo era, por mucho, su mejor posibilidad de ingreso. Expresó una gran frustración por tener que pagar un impuesto por emplear a otra persona y no tener la libertad de escoger a quien ella quisiera realmente: «¿Cómo se atreven a decirme a quién puedo y a quién no puedo emplear en mi propio negocio? Yo pago impuestos, debería tener el derecho de contratar a quien yo decida». Asimismo, clasificó los impuestos de muy «abusivos», destinados a «estrangular a muerte a los paladares, además de las constantes multas, inspecciones y restricciones. Algunos dicen que es presión; yo digo que es hostigamiento».

Cuando se le preguntó cuánto debía normalmente en impuestos, además del impuesto fijo mensual, se rió y dijo que solo había pagado 15 USD en su declaración fiscal de 2000. Al ver mi sorpresa, aclaró: «Considerando que el Estado ha puesto tanta agresividad en las leyes para la iniciativa privada, no nos queda otra alternativa que responder con la misma agresividad al "cumplir" con la ley». Y continuó justificando que la manipulación, la trampa y la tergiversación rutinarias eran sus únicas opciones.

Por ejemplo, cuando se le preguntó si caracterizaría su paladar como un «negocio de familia», simplemente respondió: «De ninguna manera. Eso es falso y absurdo. La regulación de no tener más de doce sillas también es absurda. [...] El sistema está diseñado de tal manera que nos obliga a mentir para sobrevivir». Asimismo, explicó que el hecho de que pareciera haber una ley contra todo ha creado un clima donde violar la ley y hacer trampas es algo común, visto como parte inherente de hacer negocios. «A fin de sobrevivir, todo el mundo está obligado a convertirse en un criminal, lo que conduce a una falta de respeto generalizado por la propia ley. Como puedes ver, hay cosas que no tienen ninguna lógica. Todo el mundo está tan acostumbrado a violarla, que la ley misma ha perdido todo sentido».

Al preguntársele sobre los obstáculos, fue directo al centro de la diana: «Hay muchos detalles, pero tenemos que comenzar con la esencia del problema: el Gobierno no quiere que existan los paladares. Contradicen la orientación política fundamental del país. Es opuesta al modelo económico». No obstante, Patricia sostuvo que «nada de esto puede entenderse desde una perspectiva económica. Eso se debe a que todo en este país es político. Establecen una meta política —un marco ideológico— y la economía debe encajar ahí. [...] Es irónico, porque es justo lo opuesto a lo que Marx enseñó —que todo tiene una base material. Así es como funciona el resto del mundo, pero aquí en Cuba es al revés».

***

Primero, las cafeterías en las casas o «puntos fijos» fueron separadas legalmente de los vendedores ambulantes o «al detalle» y se estipuló para las primeras que: «[...] no podían tener mesas, sillas, bancos, ni nada por el estilo; y los productos tenían que dispensarse directo, sin la mediación de ningún servicio gastronómico» (*Trabajadores,* 1996:4; Rodríguez Cruz, 1996:5). Por tanto, cabe señalar que la prohibición de un *máximo* de doce sillas no era privativa solo de los paladares; estos pequeños puestos de alimentos no podían tener *ninguna* silla o mesas, ni proveer ningún tipo de servicio al cliente más allá de las ventas directas.

Segundo, las nuevas regulaciones para los paladares formales incluían una prohibición contra la tenencia de televisores, música en vivo, en incluso un área de bar donde los clientes pudieran tomarse un trago mientras esperaban que hubiera sitio disponible. Acorde a la Ley: «cuando se ofrezcan bebidas alcohólicas, no podrán ser consumidas en un espacio aislado construido específicamente para este propósito» (íd.; íd.). La redacción aquí era importante, puesto que no estaban en sí prohibidos los bares. Como resultado, casi todas los paladares que visitamos tenían un área destinada para esto y los dueños, sencillamente, se cuidaban de servir tragos a la vista a los clientes que esperaban allí.

Tercero, la Resolución de 1996 estipulaba que todos los «familiares ayudantes» en el sector privado de la gastronomía tendrían en lo adelante que sacar sus licencias individuales y pagar un impuesto personal sobre los ingresos igual a 20% del gravamen que pagara el paladar en cuestión. En la práctica, eran los dueños de estos quienes los pagaban, incrementando así sus impuestos de $1 000 a $1 400 o de 600 USD a 840 USD al mes (Tabla 8.1).[17] Por último, la Resolución prohibía cualquier tipo de publicidad para los paladares más allá de colgar un cartel fuera de la casa, por el que tenían que pagar un impuesto extra igual a 20% del fijo mensual (Whitefield, 1996a y 1996b; Mayoral, 1996:2; Lee 1996b:2).

***

La Azotea de Magda

Magda, la dueña de La Azotea, un paladar a pocas cuadras de la Universidad de La Habana, se ha visto obligada a cambiar su estrategia de negocios de varias maneras. Cuando llegué a almorzar a su elegante apartamento, cubierto de enredaderas y sorprendentemente muy bien escondido, en seguida me preguntó cómo había encontrado el lugar. Sintió alivio al escuchar que un amigo estadounidense me había dado la dirección y me explicó que, si hubiese sido un jinetero, tendría que haber añadido 5 dólares al precio estándar de $8 para cubrir su comisión.

Magda experimentaba una abierta frustración por el sistema en el que el jinetero intermediario trabajaba poco en comparación con el dueño del restaurante y, según ella, podía hacer más de cien dólares diarios. Incluso, había comenzado a negarse a pagar comisión a los buscavidas y, como consecuencia, estos habían esparcido rumores de que su comida era mala y

---

[17] Dado el cambiante entorno legal comprendido en el período 1993-2004, debe notarse que los impuestos mensuales para los paladares dolarizados, varían en otras partes entre 520 USD (Ritter, 2000a y 2000b), 710 USD (Ritter, 1998), 750 USD (Stanley, 2000:122), 800 USD (Newman, 2001), 850 USD (Smith, 2001), 895 USD (Whitefield, 1996b) y 1 250 USD (Reyes, 1998).

cara. Así que quitó el cartel del frente de su casa y comenzó a publicitar su negocio solo por recomendación. Parecía agradecer las medidas gubernamentales para erradicar las actividades especulativas. Creía que estos jóvenes eran casi todos muchachos que habían dejado la escuela, que restaban ingresos a su negocio y que se sumaban al cúmulo de sus frustraciones producto de restricciones, multas e impuestos.

Al mismo tiempo, Magda señaló que la mayoría de los paladares dependían de los jineteros como su único medio para atraer clientes al estar prohibida la publicidad. Al igual que muchos otros cuentapropistas, Magda está atrapada en una situación donde necesita divulgación para atraer la mayor cantidad de clientes posible y evitar la dependencia de los costosos jineteros. No obstante, solo puede promocionar los servicios para los cuales tiene licencia, ya que, lo que divulgue para los clientes potenciales, también será visto por los inspectores gubernamentales y la policía. A pesar de tener más de doce sillas, servir langosta y carne de res, y alquilar habitaciones en su casa, no puede anunciar ninguno de estos servicios porque todas estas actividades ilegales la tendrían sujeta a sanciones.

Mientras esperaba mi comida, el teléfono sonó. Cuando Magda llegó para servirme, me explicó que había sido una reservación de larga distancia desde España. Fingiendo sorpresa de que alguien hubiese llamado desde Europa solo para reservar una cena, bromeé con que la comida debía de ser extremadamente buena. Rio y me dijo que era para una de las habitaciones de su casa, que también alquilaba en ocasiones. De hecho, aprovechó la oportunidad con rapidez para sugerirme que en mi próximo viaje podía quedarme allí, con un precio especial de solo 5 USD por plato para los huéspedes.

Seis meses después, regresé a cenar en La Azotea y descubrí que Magda había hecho un cambio innovador en su estrategia de negocio: había entregado su licencia de paladar y reanudado las operaciones como casa de alquiler. La casa mostraba ahora un cartel bilingüe que audazmente declaraba: «*Room for Rent with Gourmet Meals*/Renta de habitación con servicio gastronómico». Quitar el cartel le había resuelto el problema con los jineteros en el pasado, pero pasaba trabajo para atraer clientes y dar la vuelta a las onerosas restricciones de los paladares. Sin embargo, había descubierto que llevar el negocio con una licencia de casa de alquiler le permitía reducir la dependencia de los jineteros, promocionar sus servicios abiertamente, alquilar habitaciones sin temor a que la multaran, mientras servía comidas de manera legal a sus inquilinos —y a otros,— bajo la tapadera de su nueva licencia.

***

Añadido a los cambios legales y fiscales ya mencionados, hubo un esfuerzo concertado por parte del Gobierno, que comenzó en mayo de 1996, para mejorar el sector gastronómico estatal y competir directamente contra los paladares y cafeterías privadas. Se abrieron numerosas cafeterías estatales en La Habana y unos 600 vendedores ambulantes del sector no privado salieron a las calles con meriendas ligeras (Whitefield, 1996a; Ferreira, 2000). Como consecuencia de los cambios en la estructura fiscal y del incremento de la competencia, muchos dueños de paladares intentaron pasar su negocio a pesos cubanos, solo para evitar los elevados impuestos (Whitefield, 1996b). Sin embargo, dada su incapacidad de sobrevivir sin la dependencia del mercado del turismo/dólar, la mayoría se vio obligada a retornar a operar en esa moneda y pagar los gravámenes más altos. Muchos también notaron que las restricciones en el menú y la reglas contra la publicidad los supeditaba a los servicios ilegales de los jineteros, a veces inescrupulosos.

Asimismo —como muestra la viñeta de Magda—, a finales de la década de 1990 muchos habían seguido su ejemplo, entregando las licencias para paladares y reabriéndolos bajo la cubierta legal, mucho menos onerosa, de habitación de alquiler. Con este permiso, los dueños, sencillamente, podían seguir sirviendo comidas a sus clientes habituales, mientras hacían creer que los servicios gastronómicos eran solo para sus huéspedes; tal como lo estipulaba la ley. En respuesta al incremento de estas gravosas regulaciones para los restaurantes privados, muchos emprendedores comenzaron a quejarse con amargura en cartas que enviaban a la columna «Para el contribuyente», del periódico *Granma*.[18] Otros, expresaron sus críticas a periodistas extranjeros, entre ellos Mimi Whitefield, del *Miami Herald,* quien fue confrontada por un camarero molesto con el dilema del «llamado primo». «¿Por qué tenemos que seguir con el mito ridículo del negocio familiar? Estas reglas nos han convertido a todos en unos mentirosos e hipócritas» (1996a). Mientras los emprendedores cubanos se ven obligados a convertirse en «mentirosos e hipócritas» al lidiar con restricciones inviables, el Estado mantiene la ficción que divide al empleo autónomo en los trabajadores «honestos y honrados», por un lado, y los «especuladores abusadores y delincuentes», por otro. Para el Gobierno, no son los impuestos ni las regulaciones las que son abusivas y conllevan a infringir la ley, sino un puñado de «macetas» abusadores e inescrupulosos que rodean a, y viven de, ciudadanos que, de lo contrario, serían arduos trabajadores respetuosos de la ley.

---

[18] Véase dos artículos de Susana Lee (1996b:4 y 1996c:4).

***

La Guarida

Siendo fácilmente el restaurante privado más famoso de Cuba, La Guarida ha ofrecido su cocina internacional a numerosos dignatarios foráneos, incluidos los reyes de España, la estrella de cine Jack Nicholson y el difunto premio Nobel de literatura Gabriel García Márquez. La causa de su gran éxito y popularidad se debe a ser el sitio de filmación de *Fresa y Chocolate* (Tomás Gutiérrez Alea, 1993); película que lidió con el tema tabú de la homosexualidad de frente a la Cuba socialista. El nombre del paladar viene de la expresión que usaba Diego, uno de los protagónicos, para referirse a su apartamento en el tercer piso del edificio (González, 2012).

Enrique Núñez, fundador, propietario y gerente de La Guarida, nos explicó en la entrevista que, después de la presentación internacional del filme y su gradual popularidad en todo el mundo, un número de extranjeros comenzaron a aparecer para dar un vistazo al sitio donde se había filmado la cinta. En 1995, al encontrarse de pronto sin trabajo, estas visitas sin fin le dieron la «idea loca» de convertir el pequeño apartamento de sus padres, en el verdaderamente impresionante edificio en ruinas, en un paladar.

Enrique pasó los ocho meses siguientes invirtiendo sus ahorros y varios préstamos para materializar su «idea loca». Mientras renovaba el apartamento, la mayoría de sus amigos le dijeron que de verdad estaba fuera de sí y le señalaron un gran número de fallas en su plan de negocio: el local estaba en un tercer piso, sin elevador, en un solar cubano, intimidante y descuidado; ubicado en medio del barrio de Centro Habana, sobrepoblado y lejos de las áreas turísticas habituales. Sin embargo, serían justamente esos factores —pensaba él—, unidos a la atracción cinematográfica del apartamento, los que garantizarían el éxito del restaurante. Tampoco tenía otras opciones a la mano.

La fecha de apertura tuvo que posponerla, una y otra vez, debido a atrasos en la construcción. Providencialmente, había decidido sacar su licencia en abril de 1996, pensando abrir a finales de ese mes. Por irónica coincidencia, menos de dos semanas después de que fuera aprobada su licencia el día 20, el Gobierno suspendió de repente el otorgamiento de nuevas permisos para los paladares; es muy probable que La Guarida haya sido uno de los últimos restaurantes privados registrados en Cuba durante el período inicial de la década de 1990, bajo el mandato de Fidel. Al fin, después de muchas expectativas y atrasos, tuvo su inauguración el 14 de julio de 1996, a la cual invitó a todos los actores de *Fresa y Chocolate*.

Sin embargo, había tenido que pagar un alto impuesto mensual tres meses antes de que el paladar comenzara a generar ingresos. Este fue un problema imprevisto que le generó el hecho de sacar la licencia anticipada.

Enrique también explicó que, entre los mayores obstáculos, estaban las constantes amenazas de multas por parte de los inspectores y la búsqueda continua de suministros difíciles de encontrar. Muchas veces, simplemente no hallaba en Cuba los artículos que necesitaba. «Deberías de ver mi maleta cada vez que regreso de un viaje al extranjero.[19] ¡Pago una fortuna por sobrepeso!». Por ejemplo, tuvo que obtener gran parte del equipamiento de la cocina en esos viajes al exterior. Asimismo, nos confesó que, hasta el momento, había logrado evitar cuantiosas multas: sabía bien cuáles eran las leyes que debían cumplirse a cabalidad y a cuáles se les podía dar la vuelta sin mayores problemas.

Por último, le pedimos que sugiriera de qué modo podían ser las leyes un poco más racionales, En su respuesta, no dejó piedra por mover y afirmó que casi todas las restricciones no solo eran injustas, sino, sencillamente, ilógicas: eliminaría la restricción, «absurda por total», de la obligatoria membresía familiar de todos los empleados y quitaría el límite de doce sillas. Por último, admitió que esos cambios permitirían el incremento de los ingresos para los paladares y, por tanto, apoyaría un incremento en los impuestos que reflejara uno proporcional de las utilidades. Subrayó, además, que los cambios del marco legal en ese momento tendrían que ir acompañados de un sistema confiable de monitoreo de los ingresos, pues ese tipo de sistema no existía en Cuba. «En Cuba —explicó— el Gobierno tiene poca confianza en que los individuos informen sus ingresos con exactitud y, por ende, ha creado un sistema fiscal autoritario y paternalista». El sistema fiscal cubano espera que la gente sea deshonesta y, en consecuencia, exige el pago de cuotas abusivas, conduciendo a una mayor deshonestidad en un ciclo vicioso de profecía inexorable, que implica una revisión de todo el sistema fiscal si se les diera más espacio a los pequeños negocios.

***

---

[19] Es importante señalar que en la época de esta entrevista no les resultaba fácil viajar a la mayoría de los cubanos debido a los trámites burocráticos aduanales de Cuba, las exigencias para aplicar y calificar los visados en las embajadas, y el costo de los viajes. Por tal motivo, muchos ciudadanos cubanos se acogieron en su momento a la ley española de hijos y nietos para minimizar estas dificultades. El hecho de que Enrique fuera capaz de traer los insumos necesarios para su negocio desde otro país le otorgaba una amplia ventaja frente a otros paladares, cuyos dueños no tenían esa posibilidad.

De hecho, en las entrevistas, los dueños de restaurantes privados que admitieron sus pequeñas infracciones, a fin de sobrevivir, nos expresaron muchas veces cómo mejorarían las cosas si el Gobierno tuviera una mano más dura con los delincuentes, acosadores y jineteros que les daban una mala reputación. Asimismo, sabiendo que ningún propietario registrado quiere ser asociado con los «macetas del cuentapropismo», los periodistas de los medios oficiales de comunicación han fomentado esta práctica dentro del sector privado al recordarle a los lectores su deber revolucionario de reportar los delitos económicos a las autoridades correspondientes (Lee, 1997c:2).[20] Irónicamente, mientras la mayoría de los trabajadores autónomos se ven obligados a incumplir las reglas para sobrevivir, parecen dispuestos a aceptar la descripción gubernamental de los infractores como individuos excepcionales que se enriquecen a costa de los demás.

La última ley de peso aprobada en ese período para regular el sector autónomo fue el Decreto-Ley no. 174 de 1997: «De las Contravenciones Personales de las Regulaciones del Trabajo por Cuenta Propia» —resumida brevemente en el capítulo 5—. El endurecimiento de las leyes, la intensificación de las medidas de observancia y los llamados a la vigilancia contra el crimen surtieron efecto si se mide por el descenso vertiginoso del número de paladares registrados. De los 1 562 listados en 1996, solo quedaban 416 en agosto de 1998; la mitad, en La Habana (Lee, 1998:2). Para el año 2000, restaban 253; dos tercios, ubicados en la capital (*Latin American, Caribbean, and Central American Report*, 2000:4). Varios artículos, tanto en la prensa cubana independiente como en la internacional, confirmaron esta tendencia descendente al informar que solo en el año 2000 habían cerrado 200 (Viño Zimerman, 2001; Vicent, 2000; Newman, 2001; Duany, 2001:48). En 2003, varios investigadores y periodistas indicaron que existían menos de 200 paladares registrados en todo el país (Escobal Rabeiro, 2001; Jackiewicz y Bolster, 2003). Nuestras propias observaciones y entrevistas

---

[20] *Granma* no solo anunció en uno de sus artículos que el trabajo por cuenta propia sería un tema fundamental de la próxima Asamblea Nacional de los CDR; también les recordó a los infractores que la Revolución tenía ojos en cada barrio: «Sabemos de aquellos que se han convertido en "simpáticos" y su popularidad hace que los vecinos los protejan cuando se descubren serias evasiones de impuestos y "mercachifleo" con productos. Sabemos quién cumple y quién no cumple. Quién es leal y quién es desleal. No disfrutarán inmunidad en nuestros barrios» (Lee, 1997e:2).

Por supuesto, además de la imagen orwelliana del Gran Hermano que nos recuerda este tipo de discurso, está la irresistible comparación con el paternalismo del siempre vigilante Papá Noel, quien «te ve cuando duermes, sabe cuando estás despierto y si te has portado bien o mal, así que, ¡por Dios!, hay que ser bueno».

a dueños de restaurantes particulares en La Habana y Santiago entre 2003 y 2006 así lo confirman. De hecho, en una visita que hicimos en 2006, el corresponsal de *Reuters* en La Habana, Marc Frank, nos informó que una fuente gubernamental le había dicho que en ese momento solo quedaban 98 paladares con licencia en La Habana.

Recentralización económica y ofensiva
contra el trabajo por cuenta propia (2001-2006)

Como se describe en el capítulo 4, después de 2001, la política económica cambió poco a poco de las reformas de mercado de principios de la década de 1990 hacia un control más centralizado de la economía. El otorgamiento de licencias para muchas ocupaciones se detuvo y numerosos micronegocios formales se vieron obligados a cerrar o a pasar a la clandestinidad, como resultado de un sistema fiscal predatorio y del incremento de los ataques públicos contra los emprendedores al catalogarlos como «los nuevos ricos» corruptos. Las tres ocupaciones dentro del trabajo por cuenta propia que se vieron más afectados por esta nueva ofensiva y que fueron más criticadas por la prensa cubana oficial fueron, precisamente, el transporte (taxis, camiones de carga y bicitaxis), las casas de alquiler y los servicios gastronómicos (sobre todo los paladares). El mensaje no podía ser más claro: puede que todavía sean legales, pero ya no son legítimos (Jatar-Hausmann, 1999).

De hecho, dado que la economía cubana alcanzó una estabilidad relativa a finales de 1990, e incluso comenzó a mostrar señales de un crecimiento incipiente, el Gobierno pudo reducir de modo gradual la apertura de la economía interna restringiendo o eliminando por completo muchas de sus reformas económicas nacionales. El destino del trabajo por cuenta propia es el ejemplo más claro de este retroceso. Muchos de los emprendedores cubanos llegaron a la conclusión de que el trabajo autónomo no era más que una medida gubernamental provisional, instituida a regañadientes, y «directamente vinculada al Período Especial». Por tanto, interpretaron el cambio de fortuna que sufrían desde 2001 como el éxito de la apuesta estratégica —aunque contradictoria— del Gobierno de implementar el capitalismo empresarial para salvar el socialismo de Estado y habían llegado a la inevitable conclusión de que el sector sería eliminado cuando las cosas se estabilizaran (Jackiewicz y Bolster, 2003:375).

A partir de noviembre de 2004, el dólar estadounidense fue sacado por completo de la circulación interna y remplazado por el CUC, lo cual proporcionó un mayor control gubernamental sobre los gastos y obligó a canalizar todos los intercambios económicos internacionales a través del Gobierno central (Mesa-Lago y Pérez-López, 2005:22-25). A las medidas de la administración de Bush de limitar las remesas y las visitas de familiares, La Habana respondió con una sobretasa de 20% en el cambio del USD. O sea, reducía el valor de las remesas familiares en 20%, redireccionando esa porción directamente a las arcas gubernamentales. Al mismo tiempo, se aprobó un nuevo conjunto de restricciones al trabajo por cuenta Propia, que incluían la suspensión de nuevas licencias para 40 ocupaciones; aun aquellas tan inocuas como magos, payasos para fiestas infantiles, vendedor de libros de uso, hacedor de arreglos florales, masajistas y vendedores de periódicos (Res. no. 11, 2004).

***

Hurón Azul

Hurón Azul es un paladar de dos habitaciones, decorado con elegancia y discretamente situado en una calle sucia y comercial, vecina de la Avenida 23, Vedado, cerca del barrio de Cayo Hueso, en Centro Habana. De hecho, fue el primer paladar que visité en La Habana en agosto de 1997. Me llevó allí un «jinetero», que me había visto transitar por la calle O en busca de un sitio para almorzar. Cuando regresé de nuevo, cuatro años después, me sorprendió encontrar al mismo camarero tan eficiente y profesional abriéndome la puerta. Al hablar con él después del almuerzo, supe que se llamaba Fran y que el dueño era Juan Carlos Fernández. Fran me contó que trabajaba ahí desde hacía cuatro años, tras haberse ido de otro paladar. En ese momento, me pregunté cómo había podido cambiar si se suponía que ese tipo de negocios era «familiares». Se rió, me dijo que todos los cuentapropistas tenían que «hacer su propia trampa» y me confirmó que no era pariente de Juan Carlos.

A pesar de que mi primera visita fue a través de un intermediario, me pareció, en las subsecuentes, que estaban tratando de combatir esa práctica. Al lado de la puerta de entrada, justo debajo del cartel azul y blanco que anunciaba el nombre del paladar, había otro, fijado con un azulejo a la pared, donde se leía: «No pagamos comisión». En mi entrevista posterior con Juan Carlos, este argumentó que no tenían que depender de pregoneros para promover el negocio pues tenían una clientela bastante constante, conformada en su mayoría por artistas e intelectuales cubanos. Señaló, además, que si pagaba comisión, tendría que cargarla a sus clientes subiendo los precios y prefería no hacer eso. También parecía rechazar el ejercicio de sobornar; aunque sabía que era una práctica habitual en otros paladares. «Depende del tipo de negocio que lleves y del tipo de relación que tienes con los inspectores —expresó—, si estás limpio no tienes nada que temer; pero si haces muchas cosas ilegales imagino que tengas que tener una "relación especial" con ellos».

A pesar de que no quiso compartir el monto exacto de sus ingresos conmigo, sí aseguró que ser trabajador por cuenta propia le producía mucho más que los $400 que remuneraba al mes en su antiguo trabajo como profesor universitario y obtener ganancias. Trabajaba el doble o el triple de las horas como cuentapropista; mientras en su trabajo anterior laboraba seis días a la semana, cinco horas diarias. Ahora, trabajaba todo el tiempo: «todo el día, todos los días». Su enfoque hacia las restricciones gubernamentales era algo singular y claramente pragmático: si uno decidía abrir un restaurante o cualquier tipo de negocios tenía que estar dispuesto a jugar según las reglas de esa sociedad. Si bien no negó que Cuba tenía muchas regulaciones «absurdas», ridículas e ilógicas, las quejas y denuncias por la injusticia de tales reglas eran solo una pérdida de tiempo. «Hay que vivir en el mundo real, no en algún mundo futuro que a lo mejor nunca existe».

Aunque Juan Carlos no era por lo general muy crítico con el sistema fiscal ni con las estrictas regulaciones y restricciones, no se hacía ilusiones acerca de la relación conflictiva que los negocios privados como el suyo tenían con el gobierno socialista de la Isla. «El Estado cubano no está interesado en la propiedad privada. Para ellos somos un mal indeseado, pero necesario en la actualidad». Asimismo, argumentaba que el sistema socialista consideraba la empresa privada como un anacronismo. No obstante, a él no le preocupaba mucho eso. Por ejemplo, cuando le preguntamos si veía un futuro para el trabajo por cuenta propia en Cuba, respondió en el mismo tono que sus respuestas anteriores: «Eso no me quita el sueño, pero tengo que apostar a que sí. No pierdo el tiempo preocupándome al respecto, pero sí me preocupo por mi negocio y me aseguro de cumplir todas las leyes tal como son». Considerando que a la larga las autoridades cubanas decidieron castigar con toda severidad a Juan Carlos —como se verá más adelante—, resulta una ironía suprema que haya concluido la entrevista con las siguientes palabras: «Tienes que cumplir las leyes del país en que te encuentres o pagar las consecuencias».

***

En esta lista figuraban las cuatro modalidades gastronómicas: vendedores ambulantes, cafeterías, servicios a domicilio y paladares. Este cambio redujo el número de ocupaciones permitidas de 158 a 118. Además, se prohibía a los negocios gastronómicos que no fuesen paladares productos a base de papas y se les exigía la contratación de al menos un familiar ayudante, por el que tendrían que pagar impuestos. A los dueños de los restaurantes se les orientó que mínimo dos de los tres ayudantes requeridos debían ser miembros de la familia o cohabitantes por lo menos durante los tres últimos años. Para rematar, como respuesta al hecho de que la mayoría de los propietarios habían logrado burlar la regla de no servir bebidas alcohólicas a los clientes mientras esperaban en el bar, el Gobierno estipuló esta vez, explícitamente, que las bebidas alcohólicas solo se servirían con la comida (Res. no. 11, 2004).

En 2005, como respuesta a una creciente preocupación sobre el incremento de las desigualdades en la Cuba socialista, el Gobierno aumentó el salario mínimo y las pensiones, pero comenzó a cobrar la electricidad sobre la base del consumo. Para finales del año, lanzó una movilización ideológica que incluía una ofensiva contra la corrupción, el hurto, la malversación, y los «nuevos ricos». En un discurso de seis horas, pronunciado el 17 de noviembre a los estudiantes de la Universidad de La Habana, un envejecido pero enérgico Fidel, hizo prácticamente un llamado a una revolución cultural (Ritter, 2006). Castro se enfocó, de manera específica y reiterada, en el trabajador por cuenta propia, acusándolo de ser la columna vertebral de la clase incipiente de «nuevos ricos» y señalando a los taxistas, los dueños de casas de alquiler y, en especial, a los dueños de paladares, como el eslabón más indignante de la moral socialista.

> Soñó el imperio que en Cuba se establecieran muchos más paladares, pues puede ser que no quede ninguno —vociferó el encanecido revolucionario en lo que sería uno de sus últimos discursos maratónicos como el máximo líder de Cuba—. O qué creen, ¿que nos hemos vuelto neoliberales? Ninguno de nosotros se ha vuelto neoliberal» (2005b).

En aquel momento, el Gobierno justificó la reducción del trabajo autónomo como el resultado de la mejora económica. A medida que la economía se recuperaba —con ayuda de China y Venezuela, especialmente—, los cuentapropistas retornaban, en teoría, a sus trabajos estatales. Sin embargo, esa explicación pasa por alto que la mayoría de los cubanos seguían necesitando complementar sus escasos ingresos estatales y las insuficientes provisiones racionadas. Además, las ganancias, incluso de los emprendedores particulares menos solventes, estaban aún bien por encima del salario promedio estatal. Esta explicación facilista del Gobierno acerca de la reducción del número de cuentapropistas formales, también ignoró la posibilidad de que el abandono de muchos micronegocios no fuera voluntario, sino impelidos por multas que llevaron a la bancarrota o clausurados por los inspectores estatales. Por último —como se indica en el capítulo 7—, muchos propietarios con licencias no regresaron necesariamente al sector estatal; sino, que, en múltiples ocasiones, pasaron a la clandestinidad.

En el caso de los paladares, resulta irónico que los pocos sobrevivientes hasta esa fecha se hayan visto obligados por las limitaciones legales y los elevados impuestos a subir los precios, cobrando en dólares a una clientela cada vez más exclusiva —y, por ende, casi extranjera en su totalidad— (Holgado Fernández, 2000). Esto es un cambio significativo en comparación con los precios iniciales, más o menos bajos, en pesos cubanos, y la función interna de la mayoría de los paladares durante la primera mitad de la década (Scarpaci, 1995; Segre *et al.,* 1997). Esa variación es aún más desafortunada dada la gran dificultad que tienen muchos cubanos para procurarse suficientes alimentos. La atrevida declaración de Raúl Castro en 1994: «si hay comida para el pueblo no importan los riesgos» (1997:466), parece que no sobrepasaba el riesgo que suponían los restaurantes privados. De hecho, el que los paladares ya no satisficieran principalmente las necesidades de consumo de la población cubana puede haber sido el pretexto perfecto para que el Gobierno recrudeciera las políticas represivas en su contra. No obstante, el que muchos extranjeros, sobre todo personalidades influyentes como la Familia Real de España, fueran clientes frecuentes, puede haber contribuido a impedir su total eliminación.

Vivir en la clandestinidad: estrategias de sobrevivencia

Según se aprecia en las viñetas anteriores, por cada ilógica restricción legal impuesta a los paladares, los emprendedores han desarrollado estrategias específicas para sortearlas. De manera bastante literal, los propietarios se han inspirado en la novela brasileña *Vale Todo*, a pesar de la gran cantidad de restricciones legales —o, precisamente, debido a ellas— (Henken, 2008a). Hasta la distensión de finales de 2010, estas restricciones incluían limitaciones al menú, cantidad de comensales, ubicación, fuentes de suministro, formas de promoción y contratación de empleados. Tales frenos eran exacerbados por lo caras de las fuentes legales de suministros alimentarios y otros materiales necesarios. Todos los artículos debían ser comprados a precios minoristas, ya fuera en las tiendas estatales en dólares —muchas veces a precios exorbitantes— o en el mercado campesino —donde los precios se establecen según la oferta y la demanda—, al no existir almacenes mayoristas legales para ninguna actividad autónoma. Por último, los impuestos, decididos de manera administrativa y no sobre la base de los ingresos, obligaban a muchos propietarios a declarar ganancias inferiores a las reales para reducir la imposible carga fiscal.

Como se ilustra en las viñetas de Las Doce Sillas, El Rinconcito, La Azotea, La Guarida y Hurón Azul, las estrategias más comunes desarrolladas por los emprendedores en el período 1993-2006, de cara a los onerosos requerimientos fiscales y legales, incluían ofertar alimentos prohibidos, utilizar habitaciones escondidas con sillas adicionales y —después de 2005— promocionarse en Internet —en especial, en *TripAdvisor*, a partir de 2010—. A todo esto se le añaden los intermediarios (jineteros y boteros), con su respectivo pago de comisiones ilegales, para conseguir clientes, adquirir mercancías en el mercado negro y comprar recibos falsos para justificar los suministros obtenidos ilegalmente.[21] Debido a la alta comisión —casi siempre 5 CUC por comensal— y a la prohibición de muchos alimentos, algunos paladares diseñaron más de un menú, según el costo del intermediario, la selección del menú «especial» e, incluso, la nacionalidad. Asimismo, los altos precios minoristas y los suministros limitados en las tiendas en dólares y el mercado campesino, obligaban, a menudo, a los dueños de estos restaurantes privados a recurrir a los precios «mayoristas» del mercado negro.

El sociólogo cubano Fernández Peláez señala la lógica económica detrás de esta estrategia:

> En general, la estrategia utilizada para garantizar la rentabilidad puede resumirse en la disminución de los costos con la compra de los suministros, casi siempre más barata, en el mercado negro. Estos dueños solo pueden beneficiarse en este mercado, pues no pueden contar con suministros estatales al por mayor. [Este es] uno de los mayores problemas actuales de la plataforma institucional que obliga a los operadores [de los paladares] a comprar a precios minoristas, por supuesto, más altos (2000:30).

---

[21] Los guías turísticos, tanto estatales como independientes, figuran también dentro de los intermediarios, ya sea cobrando las respectivas comisiones al «promocionar» casas de renta, paladares y autos clásicos; como en la venta ilegal de tabacos y rones a sus clientes.

***

Paladar del Mar

Arturo, el propietario de un restaurante verdaderamente atrayente, con el provocativo nombre de Paladar del Mar, ubicado en el exclusivo barrio de Siboney, donde residen la mayoría de los diplomáticos, me dijo en una entrevista en 2006: «Aquí servimos comida criolla, pero tratamos de distinguirnos ofertando mariscos frescos a nuestros clientes». Con poco temor a las sanciones por tan flagrante violación a tener este producto en su menú, habló efusivamente sobre su amplia variedad de platos, cuando pensó que yo podría publicar en el exterior lo que me decía.

De hecho, me pidió de modo explícito que reportara una letanía de frases cautivadoras que capturaran las ofertas singulares de su paladar, mientras me daba un tour por las extensas áreas del recinto gastronómico: «amplia variedad de mariscos», «área de cena en un bohío clásico cubano», «área interior con aire acondicionado», «obras de arte de algunos de los pintores más distinguidos de Cuba», «cocinamos en un grill al aire libre delante de los clientes», «bodega de vinos con una selección internacional de Francia, España, Chile, Sudáfrica y Estados Unidos», fueron algunas de ellas.

***

En el caso de las pocas operaciones a gran escala, las violaciones flagrantes son más comunes. Por ejemplo, mientras algunos paladares emplean trabajadores que no son familia, aquellos a mayor escala cuentan con un personal numeroso; incluidos, cocineros, personal de seguridad privado, choferes de taxis y tropas de músicos que entretienen a los clientes con música en vivo. Asimismo, la disponibilidad de habitaciones de alquiler, el informe de cifras muy inferiores a los ingresos reales y los «acuerdos» especiales con el cuerpo de inspectores son otras de estas notables violaciones. Una vez más, Fernández Peláez señala la lógica económica detrás de la práctica común del soborno: «Una de las principales estrategias es sobornar a las autoridades a cargo de las inspecciones e impuestos. Por ejemplo, ante la imposibilidda de diversificar la oferta de los productos debido a las actuales regulacione, el cuentapropista paga por el «silencio» de los inspectores [para evitar] las multas» (2000:30).

340

Una consecuencia negativa de la práctica del soborno es que tiende a sacar del negocio a las operaciones a menor escala que no pueden costearla, en tanto sobreviven las más lucrativas o bien conectadas.[22] Por ejemplo, en la entrevista a Magalis, la camarera de Las Doce Sillas, nos explicó que el Gobierno es especialmente riguroso al implementar las regulaciones cuando el negocio es exitoso. Según ella, elige a estos llamados «nuevos ricos» para vigilarlos y cerrarlos gradualmente. «El objetivo es restringirnos y obligarnos a cerrar —expresó—. Si da la impresión de que estás haciendo dinero, vienen corriendo y buscan una excusa para cerrarte. Ya sabes lo que dicen: "el que saca el cuello…"»; aquí, solo puedes tener éxito hasta que te cogen en algo». Su vasto conocimiento sobre el funcionamiento del hampa en el sector se basaba en su experiencia como camarera en un paladar que había sido clausurado dos años antes, en 1999. Además, antes de conseguir su trabajo actual en Las Doce Sillas, había trabajado como mucama en una casa de alquiler durante dieciséis meses.

Cuando le preguntamos acerca del soborno, Magalis afirmó que, según sus vivencias, casi todos los emprendedores recurrían al soborno de los inspectores y de la policía, al menos de manera ocasional. Al hablar de los primeros, comentó: «Hay una minoría que se niega, pero la mayoría acepta el soborno. Veamos, esos tipos solo cobran $180 al mes (8 USD) y la tentación es demasiado grande para ellos, especialmente cuando tienen poder burocrático sobre gente con mucho dinero —añadió—. Incluso puedes sobornarlos tan solo con un plato de comida». Riendo, contó cómo los inspectores solían quejarse del hambre que tenían cuando hacían sus «visitas» periódicas. A veces, al descubrir alguna violación, podían preguntar por su «aguinaldo». De hecho, Magalis confirmó que las «inspecciones» tendían a incrementarse al acercarse las Navidades.

---

[22] A pesar de que es común que la prensa oficial publique informes de cuentapropistas inescrupulosos que ofrecen sobornos a inspectores estatales (Lee, 1996d:4), una variedad de fuentes, incluida al menos una publicación estatal, han indicado niveles crecientes de abuso de poder entre los inspectores. Así, en la primavera de 1999, *Juventud Rebelde* publicó que un grupo de estos, con sus jefes superiores, habían sido acusados de aprovecharse de los vendedores de alimentos mediante la imposición de multas injustificadas y la confiscación de bienes para uso personal (1999:7). Como respuesta a los niveles crecientes de corrupción, el Estado comenzó a rotarlos periódicamente a través de los diferentes municipios de La Habana para evitar que se familiaricen demasiado con los cuentapropistas de su jurisdicción (Zúñiga, 1999; Fernández Peláez, 2000). Nuestras entrevistas también confirmaron estos informes. Véase, además, Rodríguez Águila y Rodríguez Causa (s. a.); «Indicaciones a los inspectores laborales para el trabajo por cuenta propia» (1995); y «Código de Ética y Conducta» (1995)).

Por último, previo a 2010, hubo un par de estrategias de «último recurso» que, aparentemente, se hicieron muy comunes en el sector gastronómico. Una serie de emprendedores, presionados a cerrar sus puertas debido a la imposibilidad de sobrevivir en el laberinto de requisitos legales establecido para los paladares, a pesar de haber invertido mucho tiempo y capital en equipar sus casas con la infraestructura necesaria para ofrecer comidas de calidad, decidió entregar sus licencias y solicitar el menos oneroso permiso de renta de habitaciones, para continuar con el funcionamiento de los paladares detrás de la fachada legal de casas de alquiler.[23] Otros, como «último recurso», cesaron sus licencias y continuaron operando desde la clandestinidad.

En Varadero, por ejemplo, se hacía necesario «estar en la oscuridad», ya que, allí, las actividades autónomas relacionadas con el turismo estaban estrictamente restringidas. Asimismo, las entrevistas a propietarios de varios paladares en La Habana, obligados a cerrar, y a otros que continuaban la actividad de manera clandestina, confirman el recrudecimiento de la represión de mediados de la década de 2000 y el uso sistemático de estrategias informales para no perder el negocio. De hecho, a principios de 2009, el paladar Hurón Azul fue cerrado tras una larga y radical operación policial encubierta, comenzada en diciembre de 2008, y se demostró que su propietario, Juan Carlos, había sido violado varias de las reglamentaciones: tenía contratado personal no autorizado, la cantidad de puestos era mayor que doce sillas, vendía carne de res y mariscos —escondidos en un tanque de agua en la azotea—; no obstante, hasta el inicio de la redada, nunca se había detectado ninguna violación, a pesar de sus tres inspecciones al mes, lo cual indica que Juan Carlos sí tenía «acuerdos especiales» con los inspectores. Sin embargo, había negado todos esos hechos en nuestra entrevista.

No obstante, una presentación de PowerPoint, con 192 diapositivas, verdaderamente inquietante —filtrada desde la capitalina Fiscalía Provincial del Grupo de Enfrentamiento a las Drogas y la Corrupción, y publicado en el post «La envidia de fiesta», en el blog de Yoani Sánchez *Generación Y* (2009)—, reveló que la operación desarrolla por Juan Carlos era mucho más intrincada y multifacética que la mayoría. La presentación comienza:

---

[23] Este tipo de negocio puede ofrecer «servicios gastronómicos» a sus huéspedes tras pagar una tarifa equivalente a 30% de su impuesto mensual (*Granma*, 1997:4-5). A pesar de que este pago concede el derecho de servir comidas solamente a los huéspedes de la casa, en la práctica, muchos de ellos, con una reputación y una clientela bien establecidas, funcionaban, *de facto*, como restaurantes privados.

El 1-12-2008 se recibió información de la DTI, referente al ciudadano Juan Carlos Fernández García, de 47 años, vecino de Humbolt No. 153 e/ O y P, Vedado, quien mediante la realización de actividades ilegales en su desempeño como propietario del paladar Hurón Azul, había obtenido cuantiosas sumas de dinero, lo que le ha permitido mantener un elevado nivel de vida caracterizado por la adquisición de varias viviendas, cientos de obras de arte, equipos electrodomésticos y frecuentes viajes al exterior, entre otras manifestaciones de enriquecimiento indebido.

De hecho, la operación policial reveló que Juan Carlos tenía otros dos restaurantes, a nombre de terceros, que dirigía a la vez. El PowerPoint documentaba su carro, su motocicleta, siete casas, siete cajas fuertes llenas de efectivo con las sumas de 22 000 CUC y $29 000, seis celulares, una extensa colección de arte y una unidad de almacenamiento, bien surtida, con cientos de botellas de vino, licores y cajas de cerveza.

También fue acusado de participar en otros negocios, supuestamente nefandos: «involucrarse en actividades no asociadas al objeto social del restaurante», como «patrocinar actividades culturales como una galería de arte y otros proyectos culturales», con «evidencia documentada de donaciones y contribuciones a varias entidades culturales»; por ejemplo, había concebido, dirigido y financiado una exposición de arte en el Centro Cultural Hispanoamericano, con un presupuesto estimado de 50 000 CUC. Asimismo, se descubrió que había importado dos fotocopiadoras, como parte de un envío considerable proveniente de Panamá con equipos industriales y comestibles, que había donado al Museo Nacional de Bellas Artes. Tal era su éxito que parecía en proceso de abrir un cuarto restaurante en Milán.

De hecho, Enrique Núñez, el dueño de La Guarida, amigo cercano de Juan Carlos, observó horrorizado cómo se revelaba la magnitud de la vigilancia policial a Hurón Azul. Núñez estaba especialmente preocupado, pues ambos habían logrado un éxito similar y habían empleado similares estrategias ilegales con ese fin. Tal vez Juan Carlos se había pasado de la raya con la administración de más de un restaurante, la acumulación de varias casas y el llamativo patronato de las artes; pero su arresto en la primavera de 2009 y su encarcelamiento subsecuente fueron bastante aleccionadores para él. Como consecuencia, Núñez decidió viajar a Madrid en el verano de 2009 para repensarse las cosas. Según explicó después a sus alicaídos empleados, ya no valía la pena para él siempre «vivir con la tensión de inspectores estatales viniendo todo el tiempo al restaurante y regatear y negociar para no correr con la misma suerte de su amigo encarcelado»

(Usborne, 2011). «La Guarida lo sobrevivió casi todo —reportó el blog del exilio *Penúltimos Días*—; pero, al final, el hacha del Gobierno cayó sobre ella y la hizo pedazos, dándole oportunidad al dueño de cerrarla hoy para evitar la cárcel» (2009).

***

Maravillas de Alicia

Menos dramático que Hurón Azul, pero igualmente instructivo, es el caso del elegante y espacioso paladar Maravillas de Alicia, en Miramar, donde Magalis —la camarera de Las Doce Sillas— solía trabajar. Alicia, la antigua propietaria, explicó que el sitios había sido multado en exceso y clausurado en octubre de 1998, después que una inspección sorpresa, tarde en la noche, descubriera un único empleado sin licencia «fregando un plato». Estaba especialmente frustrada porque llevaba cuatro años y medio en el negocio, había invertido una cantidad considerable de dinero y tiempo en él y nunca antes había incurrido en ninguna violación. No obstante, tuvo al final que aceptar su suerte luego de dos años fallidos de trámites burocráticos para recuperar la licencia.

A pesar de afirmar que normalmente era escrupulosa en el cumplimiento de las reglas, Alicia sí argumentó que las restricciones gubernamentales al número de sillas imponía un límite artificial a su potencial de crecimiento.

Un restaurante es diferente a un bar —explicó—. Un bar tiene clientes durante todo el día y la noche. Por otro lado, un restaurante hace la mayor parte de su negocio entre 12:00 y 3:00 p.m.; después llega el tiempo muerto. Más tarde, sobre las 7:30 y 8:00 p.m. levanta de nuevo hasta las 10:00 p.m. El principal problema con la restricción de las sillas es que si todos mis clientes llegan a la misma hora no los puedo atender y ellos no van a esperar eternamente. Ni tampoco le puedo pedir a los que están aquí que se apuren y terminen.

Ese tipo de restricciones la obligaban a elegir entre perder el negocio o ser flexible con la cantidad de puestos cuando era necesario. Ella escogía lo segundo.

Durante la entrevista, me mostró una de las dos habitaciones que le alquilaba a extranjeros para compensar la pérdida de su negocio. Cada cuarto estaba bien equipado con dos camas, un baño y aire acondicionado. No obstante, cuando le pregunté acerca de la legalidad de esta nueva actividad, sonrió y dijo simplemente: «Yo alquilo, pero no alquilo. ¿Entiendes?». Sin embargo, yo recordaba las palabras que me había gritado un guardia uniformado que custodiaba una embajada cercana: «Si busca a la señora que alquila habitaciones, su casa es la de la esquina». Como dice el dicho cubano: «Todo está prohibido, pero vale todo» (Henken, 2008a).

***

En su conjunto, el uso común de la mayoría de las estrategias de supervivencia que empleaban los dueños de paladares contradicen la presunción de que la ilegalidad es el resultado de una falta de control adecuado de arriba hacia abajo, la carencia de una conciencia revolucionaria o la delincuencia de unos pocos individuos que se proponen explotar a las masas y «vivir del trabajo de los demás». Sin duda, están quienes abusan del sistema para lucro personal; pero la vasta mayoría de los emprendedores cubanos soportan la carga de la gran incertidumbre económica del país y combinan una variedad de entradas, mientras lidian con regulaciones complejas, innovan constantemente, logran que un sistema bien deficiente funcione eficazmente y proporcionan empleos y bienes y servicios lícitos a una población necesitada. Sin embargo, en lugar de reconocer y fomentar la contribución positiva que los emprendedores aportan a la recuperación económica del país, el marco legal antagónico del Estado, entre 1993 y 2006, creó un entorno ideológico donde estos, aun cuando estaban legalizados, eran consideraban ilegítimos.

Los paladares en relación con otras actividades por cuenta propia

Como ya dijimos, la legislación del trabajo por cuenta propia define cuatro tipos diferentes de servicios gastronómicos autorizados: vendedores ambulantes, servicios de *catering*, cafeterías de puntos de venta fijos y restaurantes privados o «paladares». Es natural, entonces, que estudios académicos nacionales (Núñez Moreno, 1997; Fernández Peláez, 2000) y numerosos artículos de la prensa oficial cubana (Lee, 1997c y 1998) hayan determinado que este sector es el área más común dentro del trabajo autónomo. Por ejemplo, Núñez Moreno informó que, en abril de 1996, las ocupaciones gastronómicas de vendedores ambulantes y las cafeterías de puntos fijos, junto a sus «familiares ayudantes» conformaban más de 30% de todos los cuentapropistas con licencias (1997:46).

345

Según esta caracterización, a menudo se asume que los propietarios de los paladares también constituyen una gran proporción de los trabajadores por cuenta propia. Sin embargo, no es así; tampoco representan un por ciento elevado de las licencias otorgadas para la gastronomía. El número total de paladares registrados nunca sobrepasó los 2 000 en toda la Isla entre 1995 y 2010, y, para 2001, había decrecido a menos de 200. De hecho, un estudio realizado en la provincia de La Habana, publicado en julio de 1997, llegó justo a esa conclusión. En tanto las licencias activas en ese año para los servicios gastronómicos en la ciudad ascendían a 8 891, los paladares solo constituían 5% del total (445); frente a las cafeterías o puntos fijos, con 68% (6 046) (DPPFA, 1997:5). Por tanto, a pesar del considerable impacto económico de estas relativamente pocas paladares, puesto que funcionan y pagan impuestos en dólares, son en números menos importantes en comparación con los otros servicios gastronómicos, mucho más abundantes.

¿Qué características distinguen a los paladares de otras ocupaciones por cuenta propia? Ante todo, como promedio, son más lucrativas que otras actividades autónomas —recuérdese la escala de desigualdad de ingresos por ocupación de Mesa-Lago—. Esta diferencia se debe, en parte, a su vinculación directa con el mercado del turismo internacional, funcionando casi exclusivamente en USD o CUC. Para muchos visitantes, estos restaurantes son su primera experiencia culinaria en la Isla y «sobre todo "una experiencia sociológica", una manera diferente y auténtica de conocer Cuba», como las describiera una vez un periodista de *El País* (Vicent, 2000).

Asimismo, debido a la naturaleza misma de los servicios gastronómicos, generan más empleos —privados— e ingresos que cualquier otra actividad por cuenta propia; excepto, tal vez, las cafeterías de venta en puntos fijos, que también están autorizadas a contratar «familiares ayudantes». Por último, debido a su tamaño relativamente grande y su alto volumen de ventas, son lo más parecido que tiene Cuba a un pequeño sector de negocios privado. Al igual que el alquiler de habitaciones —con el cual sostienen, a veces, vínculos informales—, funcionan sobre la base de una organización bastante compleja y el empleo de fuerza laboral, brindan servicios múltiples a los clientes, participan en la intrincada preparación de productos e, incluso, pueden utilizar equipamientos caros de alta tecnología (Fernández Peláez, 2000). Además, generan fuertes vínculos de retroalimentación con otras áreas de la economía, generando empleos mediante su constante demanda de bienes y servicios.

Estas características, a su vez, ayudan a explicar por qué los paladares han sido blanco de mayor escrutinio y represión estatal en comparación con otras actividades autónomas más modestas y menos lucrativas. Por ejemplo, la socióloga cubana Núñez Moreno ubicó los servicios gastronómicos a la cabeza de una lista jerárquica de cuatro niveles de cuentapropistas que incluyen empleadores/dueños de pequeña escala, trabajadores independientes, trabajadores privados asalariados y familiares no remunerados (1997:45).

> *A nivel nacional, el subgrupo de restaurantes —los llamados paladares— y cafeterías tienen la mayor concentración de trabajadores (por cuenta propia) registrados. Pudiera inferirse que un segmento de altos ingresos, alto consumo y alto nivel de vida se está consolidando dentro del sector autónomo, con medios económicos relativamente grandes y posibilidades de acumulación. Este subgrupo estaría en el proceso de configurarse como una pequeña burguesía estable y relativamente numerosa, que emplea una fuerza laboral adicional, conformando entre todos aproximadamente un 22% de los cuentapropistas registrados (ibíd.:47).*

Esta tendencia dentro del sector gastronómico permite entender mejor el tratamiento represivo del Gobierno contra los paladares. Es decir, la transformación de los dueños de los restaurantes clandestinos, en lo que Núñez denomina «pequeña burguesía», no era claramente la intención gubernamental cuando legalizó los restaurantes privados en 1995. En apariencia, durante el período 1993-2006, las oportunidades de empleo y los bienes y servicios proporcionados por los paladares demostraron ser menos importantes que la amenaza que llegaron a representar en relación con la pérdida del control estatal.

Desde el punto de vista ideológico, la existencia de una clase emprendedora, independiente y solvente, contradice el compromiso tradicional de la Revolución con el igualitarismo —explícitamente abandonado bajo la presidencia de Raúl Castro—. Como consecuencia, el Gobierno sigue incrementando los impuestos para los paladares y ha reiterado en público el principio fundamental del sistema fiscal: «quien gana más, paga más» (Lee, 1998:2). Aunque pudiera pensarse que la competencia económica que representan los restaurantes privados para el sector gastronómico estatal —sobre todo en el sector del turismo— podría evitarse aumentando los ingresos fiscales, el hecho es que la suma de todos los impuestos sobre los ingresos personales —de los cuales los paladares solo constituyen una fracción— representó menos de 2% del presupuesto estatal anual a finales de la década de 1990, cuando el desempleo estaba siendo poco a poco reprimido (Lee, 1997b:2). Por tanto, la amenaza económica que suponen los paladares es más una función del carácter liberador del empleo y los ingresos no estatales. En otras palabras, el crecimiento del empleo y del ingreso privado constituye una amenaza política latente al poder estatal al socavar los ideales de la propiedad estatal sobre los medios de producción, la planificación centralizada y, en especial, el empleo estatal universal —como señalamos en el capítulo 2.

La libertad económica conduce a una mayor libertad política, pues permite a los trabajadores, casi siempre dependientes, desconectarse del Estado. Por tanto, aunque se dijo que durante algún tiempo el gobierno de Fidel había considerado permitir la existencia de un sector emprendedor privado, legalmente constituido (Mesa-Lago, 2000:619), al final rechazó esa posibilidad y declaró que el único sector autónomo en Cuba sería aquel «perfeccionado» de la pequeña empresa estatal. La reavivación del trabajo por cuenta propia bajo la presidencia de Raúl y sus consiguientes esfuerzos para reinventar la cooperativa cubana pueden ser indicadores de un cambio en esos cálculos.[24]

Renacimiento en 2010: ¿a la tercera va la vencida?

> *El trabajo por cuenta propia en Cuba:*
> *la suma de un bazar haitiano, un sistema fiscal suizo,*
> *y una representación política norcoreana.*
> *Tremendo modelo para el siglo xxi.*
> (Nota de Twitter de Manuel Cuesta Morúa @Cubaprogresista, 13 de abril, 2013)

En nuestras entrevistas a microemprendedores cubanos durante 1999-2014, a veces los escuchamos recitar indistintamente los siguientes refranes: «el ojo del amo engorda el caballo» y «el que tenga tienda, que la atienda y si no, que la venda». En esencia, exigían que el Gobierno pasara a manos del pueblo aquellas actividades económicas que no lograba administrar bien —muchas de las cuales insertas «la clandestinidad legítima»—,

---

[24] Los siguientes son ejemplos de investigaciones útiles realizadas por analistas cubanos sobre el trabajo por cuenta propia: Hernández y González (1993); Carranza Valdés *et al.* (1995); Gutiérrez Urdaneta *et al.* (1996); Pavón González (1996); Pérez Villanueva y Togores González (1996); Quintana Mendoza (1997); González Gutiérrez (1997); Togores González (s. a.); Espina Prieto (1997); Espina Prieto *et al.* (1998); Fernández Peláez (2000); López Levy (2002); Leiva (2003); Vidal Alejandro y Pérez Villanueva (2010); Gálvez Chiú (2010 y 2013); Díaz Fernández *et al.* (2012); Triana Cordoví (2012 y 2013); Antúnez Sánchez *et al.* (2013); Carthy Correa y Núñez Valerino (2013).

con tal de incrementar la producción, la eficiencia y el bienestar general; sin mencionar los beneficios que generaría para ellos mismos.

No obstante, la recentralización y las restricciones que tuvieron lugar en la economía cubana entre 1996 y 2006 indican que Fidel Castro prefería un caballo flaco socialista a uno gordo capitalista.[25] Más consciente del riesgo político que representaría un empresariado popular para el control centralizado, que de los beneficios que podría brindar a la población, Fidel no tenía la disposición ideológica ni la voluntad política de ceder más que una porción simbólica de la «tienda» del Estado al ingenio del pueblo cubano. En resumen, a pesar de que el caballo socialista sea flaco, es fácil de controlar; y todos sabemos quién se sube a la montura.

La meta subyacente de las reformas económicas en los Estados socialistas ha sido la misma en todas partes: perfeccionar y preservar el socialismo. Es más, esas son las mismas metas expresadas en los *Lineamientos* —aprobados en el VI Congreso del PCC en abril de 2011—, bajo la dirección de Raúl, quien recuerda constantemente a los escépticos: «A mí no me eligieron presidente para restaurar el capitalismo en Cuba ni para entregar la Revolución; fui elegido para defender, mantener y continuar perfeccionando el socialismo, no para destruirlo» (Castro, en Corrales, 2012). De hecho, las reformas económicas en los países de Europa del Este no lograron «perfeccionar y preservar el socialismo», donde estuvo claro el papel subverso de la economía secundaria en socavar y debilitar instituciones económicas fundamentales del Estado (propiedad estatal, planificación centralizada, y empleo estatal universal). Teniendo en cuenta esta historia, es comprensible el rechazo abierto de Fidel Castro al camino que siguieron las reformas en Europa oriental, que cumplieron pocas de las metas establecidas, aniquilaron el control sobre la fuerza laboral y privaron a los líderes de una base social. Asimismo, crearon nuevos grupos de interés, cada vez más poderosos y solventes, que contrarrestaron los intentos de control en las reformas iniciales (Róna-Tas, 1997).

Con semejantes lecciones, el Gobierno sacó suficiente provecho, hasta 2006, de sus iniciales reformas económicas de los años 90 para sobrevivir la peor etapa del Período Especial (Corrales, 2004). No obstante, el cambio de liderazgo, combinado con acontecimientos económicos coyunturales internacionales y nacionales, incrementaron la urgencia y, tal vez, la inevitabilidad de llevar a cabo reformas económicas más profundas e irreversibles.

---

[25] O, parafraseando a Mao Tse-tung, prefería que la gente comiera hierba socialista que trigo capitalista.

Además, a diferencia de su hermano mayor Fidel, Raúl Castro parecía estar convencido de la sabiduría popular de los recitados refranes y comenzó lenta, pero deliberadamente, a achicar la «tienda» del Estado, permitiendo a los trabajadores cubanos que se apoderaran de una parte y abrieran las suyas propias (Frank, 2013b). Asimismo, mostró interés sobre el camino alternativo de las reformas económicas llevadas a cabo en China y Vietnam, que hasta la fecha han demostrado tener bastante éxito en lograr crecimiento económico, mientras mantienen la estabilidad política y un sistema unipartidista.

A pesar de que las reformas de Raúl fueron mucho menos ambiciosas —o exitosas— que las de «socialismo de mercado» asiáticas, sus cambios tuvieron un resultado directo en el incremento significativo del número de emprendimientos legales, pues sus políticas ya no obligaban a la mayoría de los trabajadores autónomos a pasar a las AECL. Esto se reflejó en un aumento radical del número total de cuentapropistas registrados (150 000 en 2010 para triplicarse en julio de 2014 con más de 470 000); con un crecimiento casi quince veces mayor del número de paladares (113 en octubre de 2010 a 1 651 en mayo de 2012 y más de 2 000 en 2013). Sin embargo, aún queda mucho por hacer en las reformas de las políticas públicas hacia el cuentapropismo a fin de impactar lo suficiente la *calidad* del trabajo privado, de manera que se transforme verdaderamente y pase de ser una actividad marginal encaminada a la sobrevivencia, a una que contribuya a la innovación empresarial, el empleo productivo y el crecimiento económico (Whitefield, 2013).

Reformas iniciales y ajustes posteriores (octubre de 2010-diciembre de 2011)

Inherente a la legislación inicial del trabajo autónomo, publicada en octubre de 2010, hubo un conjunto de cambios pequeños, pero simbólicamente significativos, que tuvieron un impacto directo en los paladares, otras ocupaciones gastronómicas similares y casas de alquiler. Incluyeron el otorgamiento de licencias para nuevos restaurantes privados; algo que no se había visto en más de una década. Se eliminó la obligatoriedad de que solo podía ser empleados los miembros de la familia. El menú amplió los alimentos permitidos en la carta y los comensales ya podían sobrepasar las doce sillas —al principio, sin embargo, el límite de asientos solo subió a veinte, indicador de una continua mentalidad de control burocrático y límites arbitrarios al cuentapropismo y a la generación de riquezas—. Los dueños de casas particulares podían alquilar toda la casa —ya no estaban restringidos a un máximo de dos habitaciones— o por horas; aquellos que tuvieran «permiso de residencia en el exterior» —conocido como «PRE»— tenían autorización para rentar sus residencias mientras estuvieran en el exterior, a través de un representante que administrara el alquiler en su ausencia (*DDC,* 2010; Peters, 2012a). No obstante, tal parece que la planificación y el orden de las reformas iniciales no fueron bien pensadas, pues no se facilitaron créditos ni mercados mayoristas para apoyar estos nuevos emprendimientos y es muy probable que los despidos masivos en el sector estatal comenzaran *antes* de que el sector autónomo funcionara plenamente (Gálvez Chiú, 2010; Ritter, 2010).

A pesar de los problemas con estos ajustes iniciales, las nuevas regulaciones para el trabajo autónomo, de hecho, sí se diferenciaron de aquellas que condenaron el cuentapropismo casi a la extinción» en la década de 1990, según *Granma* (Martínez Hernández, 2010). Tal vez, el cambio más revolucionario en las regulaciones, con un impacto directo en los paladares, fue la autorización para contratar fuerza de trabajo en 83 de las 178 ocupaciones legalizadas originalmente —que después se hizo extensiva a todas—; algo que no se veía desde 1968 (*Gaceta Oficial,* 2010a y 2010b; Martínez Molina *et al.,* 2011). Además, si bien antes solo calificaban para cuentapropistas jubilados y personas provenientes del sector estatal, ahora cualquiera podía serlo —abriendo las puertas a solicitantes del sector informal (quienes de hecho han dominado el trabajo autónomo conformando quizás dos tercios del total de nuevas licencias). Asimismo, por primera vez, un individuo o núcleo familiar podía obtener diferentes licencias para más de una ocupación —un cambio que, en teoría, permitiría a los administradores de paladares legalizar muchas de sus actividades económicas auxiliares informales—; los cuentapropistas tampoco tendrían ya, necesariamente, que operar en sus viviendas, pues se les permitía rentar otros locales, incluso estatales (*Gaceta Oficial,* 2010a; Martínez Hernández, 2010; Peters, 2010a).

Por ejemplo, Justo Pérez, quien había trabajado como chef para el Estado durante mucho tiempo, acogió rápidamente la posibilidad de realizar el sueño de abrir su propio restaurante, que inauguró a principios de diciembre de 2010 con el muy apropiado nombre de La Comercial Cubana,[26] en una muy elegante casa restaurada de Centro Habana. «Hay mucha gente

---

[26] En esta parte financiera del capítulo, nos referimos una vez más a las experiencias cualitativas de varios dueños de paladares. No obstante, esta vez, en la mayoría de los casos, usamos los nombres reales de los operadores y sus restaurantes, ya que sacamos las descripciones de artículos publicados por la prensa cubana o internacional (los casos de Pérez y Núñez) y casi todos los propietarios que entrevistamos en abril de 2011 accedieron a «ser citados», dieron sus nombres y permitieron que se grabaran las entrevistas. Esto, en

esperando para hacer esto —explicó a un periodista extranjero—. Es solo el comienzo. Estoy seguro de que habrá muchas propuestas buenas [pues] las reglas del juego parecen estar muy claras, mucho más que antes». No obstante, Pérez tuvo la sensatez de moderar su entusiasmo con una dosis de realismo bien ganada dado lo sucedido con los paladares la última vez. «Aun así —insistió—, hasta que esto [experimento] no se haya implementado totalmente, nadie sabe cómo terminará» (*CubaEncuentro*, 2010c).

Por ese mismo tiempo, La Guarida decidió reabrir sus puertas después de haber estado «cerrado por reparaciones» más de un año, también motivado por el cambio aparente de la mentalidad gubernamental tras las nuevas regulaciones para el trabajo por cuenta propia. Su propietario y fundador, Enrique Núñez, explicó a la prensa internacional: «Ahora La Guarida reabre en un contexto optimista; uno que nos permitirá trabajar. Nunca pensé que la apertura sería tan rápido. Las condiciones son muy favorables ahora [y] puedo decir ahora mismo que estoy administrando el lugar según las reglas»; haciendo notar que ahora empleaba diez trabajadores —por quienes pagaba impuestos—, según la nueva política de «contratación de fuerza laboral», cuatro de los cuales eran chefs (*CubaEncuentro,* 2010b; Usborne, 2011).[27]

Los *Lineamientos* también dejaban claro la intención de las autoridades cubanas de evitar «la concentración de bienes» (Miroff, 2012c), a fin de «impedir que los ciudadanos lograran una mayor libertad económica con la que podrían abogar por mayor libertad política» (Espinosa Chepe y Henken, 2013:167). Esta intención se evidencia en la implementación de un sistema fiscal excesivo para el sector privado emergente; mucho más severo y restrictivo del que se aplica a las empresas mixtas —como se indica en el Capítulo 5—. Aunque hay que reconocer que incrementa significativamente las deducciones a la base imponible —algo muy importante para los paladares—, lo cual le permite al cuentapropista deducir hasta 40% del ingreso por el costo de los suministros —aun así, bien inferior a los costos de los insumos reales para la mayoría de los paladares—, en comparación con el solo 10% del régimen fiscal anterior. No obstante, el nuevo sistema

---

sí, es un indicador del cambio gradual en la visión de ilegitimidad que había dominado el trabajo autónomo entre 1993 y 2006.

[27] El periodista y bloguero Tracey Eaton —excorresponsal extranjero en La Habana del *Dallas Morning News*— informó que Hurón Azul también había reabierto en el verano de 2010. Al preguntar, un empleado del restaurante le informó que el mismo dueño de antes, Juan Carlos Fernández, dirigía el lugar de nuevo; pero esa información no fue confirmada independientemente.

también incluye cinco tipos diferentes de impuestos, que a veces se superponen, haciéndolo potencialmente mucho más engorroso, confuso y costoso que su antecesor (Frank, 2010; Peters, 2010b).

Un par de problemas constantes que afectan sustancialmente a los negocios de mayor escala dependientes de insumos, como los paladares, están dados por que el sector cuentapropista reformado se puso en marcha sin antes haber creado mercados mayoristas ni garantizar el acceso a créditos. Por tanto, «los propietarios de negocios no tienen un sitio al que recurrir donde puedan adquirir insumos u obtener préstamos en condiciones razonables. En su lugar, están obligados por las circunstancias a depender de las caras tiendas en divisas […] o del mercado negro para la adquisición de insumos, o de familiares o usureros para obtener créditos» (Espinosa Chepe y Henken, 2013:168). El economista independiente Óscar Espinosa Chepe predijo que la falta de recursos para otorgar créditos y suministros legales conduciría a una expansión del mercado negro como forma de satisfacer esta nueva demanda de inversión y suministros —contrarrestando, así, la esperada reducción de la economía sumergida que normalmente debería ocurrir con la formalización de los negocios.

Tal vez, más interesante para el futuro crecimiento de los paladares, y el sector gastronómico en general, es el hecho de tener que identificar, cerrar y transferir o transformar las empresas estatales de pobre desempeño —sobre todo en la gastronomía— en negocios privados o cooperativas, permitiendo que «las premisas fueran mejor utilizadas mediante el alquiler a cuentapropistas» (*CubaEncuentro*, 2011a; Peters, 2011a) —la misma estrategia ya había sido implementada con éxito en los taxis en 2008, y las peluquerías y barberías en 2010 (Morales, 2011)—. A finales de diciembre de 2011, esta estrategia se expandió, una vez más, para incluir una serie de servicios personales, tecnológicos y domésticos, antes ofrecidos por trabajadores del Estado (carpinteros, fotógrafos, cerrajeros, y una amplia variedad de reparadores, etc.) (Peters, 2011c; *Café Fuerte*, 2011). Por último, se aprobaron otros cambios menores; entre ellos, el incremento de 20 a 50 sillas en los paladares y 25% de reducción de la tarifa mínima fija mensual requerida para las casas de alquiler (Espinosa Chepe y Henken, 2013:173).

Crecimiento en medio de una continua ambivalencia (2012–2014)

A pesar de las evidencias de un cambio significativo de mentalidad hacia el trabajo por cuenta propia, los anuncios gubernamentales del primer semestre de 2012, que proyectaban confiadamente 600 000 cuentapropistas para finales de año (*Opciones*, 2012), tuvieron que aminorar la escala cuando las estadísticas revelaron que en realidad aún había menos de 400 000 en octubre de ese año (Peters, 2013a). Este hecho también obligó al Gobierno a aceptar que los despidos del sector estatal de 1,5 a 1,8 millones tendrían que ser pospuestos, con el medio millón de despidos originalmente programados para abril de 2011, ahora sugerido para 2015 (Peters, 2013a). Esta transición, más lenta de lo esperado, del empleo estatal al trabajo autónomo en el curso de los dos años siguientes indicó que el cambio de mentalidad en el liderazgo era un elemento necesario, pero todavía insuficiente para lograr las metas trazadas por el propio Raúl Castro entre 2010 y 2011.

Aún faltan varios elementos fundamentales para lograr tales metas. Por ejemplo, a pesar de los reformas que siguieron en 2012 y 2013, y el crecimiento continuo del sector autónomo no-estatal, un obstáculo esencial continúa siendo la ambivalencia del liderazgo hacia cualquier reforma que reconozca el pleno derecho de propiedad y la creación de riquezas en manos privadas; por no mencionar mayores libertades civiles o derechos políticos (Corrales, 2012:178). Todavía falta un consumidor cubano. El activista cubano Eliécer Ávila ha argumentado que ello es necesario «para que los inversionistas estén dispuestos a asumir riesgos, buscar créditos y alternativas. Nadie va a arriesgar algo para vender a fantasmas flacos y mirones neutros» (2012). Otro elemento final necesario para implementar exitosamente la agenda de reformas es un cambio similar de mentalidad en los miles de burócratas anónimos —y con intereses propios— de los que depende el Presidente para ponerlas en práctica (Domínguez, 2012).

Estadísticas publicadas en el periódico *Trabajadores,* entre mayo y julio de 2012, revelaron por primera vez el rápido incremento en el número de paladares a partir de 2010. Por ejemplo, mientras que la Habana solo contaba con 74 paladares en octubre de 2010 —de unos cientos a finales de 1990—, para mayo habían aumentado a 376 (*Trabajadores,* 2012b), con solo cuatro casos de licencias rechazadas (Yhanes, 2012). La expansión fue incluso más impresionante a nivel nacional, con un total de 114 existentes en octubre de 2010, para mayo de 2012 se habían multiplicado más de quince veces, alcanzando la cifra de 1 651 paladares. A ello podrían añadirse las 5 207 casas de alquiler particular; muchas de las cuales eran nuevas debido a regulaciones más flexibles y tasas impositivas más bajas (*DDC,* 2012c). Si se estudia más de cerca el sector popular de los servicios gastronómicos privados, puede hallarse que los vendedores ambulantes, con un número registrado de 46 200, son los más numerosos; a ellos les siguen las cafeterías —también conocidas como «puntos fijos»—, con 9 060; seguidas, a su vez, por los paladares, con 1 651, y los de servicio a domicilio, con 713 (*Trabajadores*, 2012c; Beaton Ruiz *et al.*, 2012; Perdomo, 2012).

***

El Rinconcito y Buen Provecho (2011)

En abril de 2011, cuando regresé [Ted Henken] a visitar a Patricia, la propietaria de El Rinconcito nos informó que, como el clima político hacia los paladares había empeorado a principios de la década de 2000, ella había decidido entregar su licencia y pasar el negocio a la clandestinidad. No obstante, según sus cálculos de que las transformaciones anunciadas en septiembre de 2010 significaban un cambio cualitativo de mentalidad, con el tiempo solicitó, y rápidamente recibió, una nueva licencia en enero de 2011. Cuando le pregunté acerca del tipo específico de licencia que había obtenido, respondió: «Para paladar, sabes cómo les gusta decirles aquí: "elaborador-vendedor de alimentos y bebidas con servicio gastronómico". No, no, medieval. ¡Es un nombre medieval para la ocupación de alguien!». Sin embargo, se había acogido de nuevo el trabajo por cuenta propia formal porque

> [...] esta vez parece que el Gobierno tiene la total intención de apoyar a los emprendedores privados. En lugar de hacer lo que hacía antes, que era meterse siempre en el medio y hacer arduo el proceso, ahora hay apoyo. Pero no estaríamos en las pésimas condiciones que estamos ahora si hubiesen creado estas mismas posibilidades años atrás. No posibilidades físicas, sino legales.

Y, a pesar de que dice tener toda la intención de alcanzar el éxito dado el nuevo contexto interno más favorable, lamentó que el Gobierno haya tenido que esperar una recesión global para darse cuenta de sus errores y cambiar la estrategia. «Quizás es demasiado tarde», añadió con nostalgia.

Al preguntársele sobre los cambios específicos de la ley que han resultado beneficiosos para ella desde la reapertura, Patricia enumeró los más comunes y obvios, que incluyeron la autorización para tener un negocio de mayor tamaño —más de doce sillas—, la contratación de empleados fuera de la familia y la posibilidad de ofrecer todo tipo de alimentos. «Por suerte, ya no tenemos que decir tantas mentiras. Estamos acercándonos a una situación más lógica, a un estado de cosas más normal. De hecho —enfatizó—, estamos alcanzando una normalidad que la gente pedía a gritos». No obstante, explicó que ahora el país se encontraba en medio de una transformación trascendental y que no se sabía exactamente hacia dónde se dirigía.

> *Nosotros los emprendedores todavía estamos atrapados en una situación extraña que nos obliga a existir dentro de un marco legal muy estrecho donde nuestra capacidad para hacer negocios con otros negocios es muy limitada, muy escasa. No estoy segura hasta qué punto un país puede ser mitad socialista, mitad capitalista. ¿Quién sabe? Pero lo que sí sé es que lo más importante no es un sistema o el otro, sino sencillamente dejar que la gente sea libre. Dejar que la gente tome sus propias decisiones y que respeten el marco legal.*

Ubicada más al oeste de El Rinconcito, en el barrio de Miramar, el paladar Buen Provecho fue inaugurado en junio de 1993 —cuando aún no era totalmente legal— y se ha mantenido activo desde entonces. Su singularidad radica en el intento de crear una fusión entre la cocina italiana y la criolla. En abril de 2011, cuando tuvo lugar nuestra entrevista, su fundadora, Miriam Infante, había comenzado a pasar la mayor parte del tiempo en España —donde goza de doble ciudadanía— y había dejado la administración a su sobrino Alfredo, quien trabajaba como uno de los chefs principales y gestionaba el restaurante a diario. Este nos contó que se especializaron en comida italiana luego de algunos años en el negocio, al darse cuenta que las pastas y las pizzas eran del gusto de una amplia variedad de turistas internacionales —quienes aún conforman 90% de su clientela—, en especial a los visitantes italianos, bastante comunes —incluso «demasiado común», según Alfredo— a finales de la década de 1990.

Además, sostuvo que el negocio funcionó durante muchos años con «la ayuda de la familia», como lo exigía la ley. Sin embargo, ya que las regulaciones permitían la contratación de empleados no familiares, habían traído más trabajadores con experiencia y capacitación especializada, para un total de 15 empleados. De hecho, Alfredo es un gastronómico altamente calificado, graduado como chef de la Escuela Superior de Eusebio Leal en La Habana Vieja. Como gerente del restaurante, también ha innovado en la publicidad del restaurante, captando las áreas cercanas a las embajadas extranjeras y las tiendas en divisas con volantes y tarjetas del negocio. Asimismo, tiene un sitio web que permite a los extranjeros reservar *on-line*, con un plus de un coctel complementario y un descuento de 10% para la cena. «A la gente les gustan esos detallitos y quieren sentirse bienvenidos», expresó.

Cuando se le preguntó acerca de los principales obstáculos en la administración del paladar, afirmó que la mayor dificultad actual es el suministro estable de alimentos y de los ingredientes especiales que necesita. «De alguna manera tenemos la suerte de que la dueña, mi tía Miriam, tiene ciudadanía española y vive buena parte del tiempo allá». Explicó que a menudo ella compra cosas a crédito en España y las envía o las trae a Cuba cuando viaja; estrategia que muchos dueños exitosos de paladares han utilizado. Algunos, incluso, se han hecho ciudadanos españoles con el propósito explícito de acceder a bienes para suministrar sus restaurantes desde el exterior. Alfredo comentó que la alternativa eran «los escasos productos, excesivamente caros, disponibles en las tiendas cubanas en divisas. Eso conduce a que seamos incapaces de ofrecer siempre lo que aparece en el menú. Es una situación bastante catastrófica». Sin embargo, esa realidad los ha obligado a ser más creativos, siempre cambiando al menú y sugiriendo los especiales del día a los clientes. Aun así, Alfredo señaló otro problema relacionado con el suministro:

> *Los excesivos precios de las tiendas son los que nos obligan a subir nuestros precios también, porque tenemos que hacer todas nuestras compras de insumos en tiendas minoristas estatales, a diferencia de los restaurantes estatales que tienen acceso a bienes mayoristas con precios increíbles, lo que a su vez les permite mantener precios muy bajos.*

De modo positivo, Alfredo dijo haber visto un cambio marcado para bien en el comportamiento y profesionalismo de los inspectores. «Eso se ha estabilizado significativamente desde que salieron las nuevas medidas el año pasado. En el pasado el tipo de gente que trabajaba normalmente como inspectores no estaban bien capacitados y tenían una baja cultura. Venían buscando cosas y creando problemas, si sabes a lo que me refiero». Asimismo, subrayó que con las nuevas medidas para el trabajo por cuenta propia bajo Raúl llegó también una mentalidad nueva y más favorable.

> *Hasta el ministro salió por la televisión y habló en favor de los cuentapropistas. Creo que eso enviará un mensaje útil a los nuevos inspectores. Solo déjennos trabajar. Queremos trabajar. Está bien que pongan a alguien para que nos controle, pero no uno que venga buscando o creando problemas. Deberían simplemente dejarnos trabajar, especialmente si al final somos nosotros los que mantenemos al Gobierno funcionando con nuestros impuestos.*

***

Con el propósito de impulsar aún más este probado crecimiento del sector no-estatal, el período 2012-2014 presenció la introducción de varios proyectos gastronómicos bastante novedosos que contemplaron la transferencia al pueblo de actividades que el Gobierno no podía administrar a cabalidad (Orsi, 2012; *Havana Times,* 2012; González Mirabal, 2012; Frank, 2013b; Frank y Valdés, 2014). Sin embargo, en la práctica, esta es una concesión mixta; pues, al igual que con el traspaso de los taxis, las barberías y peluquerías, así como ciertos tipos de servicios, los trabajadores que pasan a la autonomía en estas áreas no tienen ningún derecho inherente sobre la propiedad del negocio, el inmueble físico o el equipamiento (*Trabajadores,* 2012d; *CubaEncuentro,* 2012; *CubaDebate,* 2012). También tienen que pagar de sus bolsillos los impuestos y la renta al Estado, y cubrir los costos de todos los suministros, la electricidad y otros servicios públicos; si bien existen algunas exenciones de impuestos y reducciones de renta implícitos en estos programas en casos especiales (*Café Fuerte,* 2012).

Por ejemplo, en otoño de 2013, más de veinte restaurantes estatales comenzaron su transición a cooperativas dirigidas por los trabajadores como parte de un programa piloto que, de ser exitoso, sería expandido a lo largo de la Isla, eliminando básicamente los restaurantes estatales. Esto fue, de hecho, una buena noticia para los emprendedores y los consumidores cubanos, pues era un indicio de que el Gobierno estaba en verdad listo para comenzar a entregar «la tienda del Estado», al menos en esta área pequeña del sector minorista, a los trabajadores de las cooperativas. Según Richard Feinberg: «el Gobierno espera que los dueños de las cooperativas, orgullosos de sus establecimientos y motivados por los ingresos, ofrezcan un servicio mucho mejor y bienes de mayor calidad a los clientes, ya sean turistas o ciudadanos cubanos» (Frank, 2013b). Sin embargo, este cambio también estaba motivado por el deseo gubernamental —según las propias palabras de Raúl Castro— de «liberarse» de actividades económicas no estratégicas —decisión impuesta desde arriba— sin transferir los derechos sobre la propiedad a los nuevos dueños de estas cooperativas. A pesar de esto, al menos un perspicaz observador cubano acogió este cambio desde una perspectiva puramente pragmática, ya que significaba mayor autonomía para los emprendedores cubanos y una mayor cantidad de opciones para los clientes:

> *Algunos podrán considerar estos proyectos como ejemplos de pequeña empresa capitalista, otros los denominarían cooperativas. Yo me atrevo a afirmar que, a estas alturas, los cubanos están más interesados en prosperar que en denominaciones. A fin de cuentas, como dijera el finado Deng Xiaoping, «no importa de qué color sea el gato, lo importante es que cace ratones» (Rodríguez López, 2013).*

A pesar de que durante su presidencia Raúl Castro demostró haber tenido mayor seriedad y pragmatismo en relación con la agenda de reformas que Fidel, el Estado que gobernó estaba debilitado y seguía respondiendo al «ordeno y obedece» establecido por su hermano mayor —no por gusto le decía el Comandante a Fidel—. La estructura gubernamental debilitada, heredada por Raúl, se enfrentó a lo que ha sido descrito por el eminente científico politólogo cubano-americano Jorge Domínguez como una «insurgencia burocrática» (2012:273). Esta epidemia de reticencia a causa de intereses propios por parte de algunos funcionarios públicos ha sido citada por el economista cubano Ricardo Torres como uno de los factores internos fundamentales que obstaculizan las reformas económicas. «La mente de las personas es lo más difícil de cambiar. Si llevan haciendo algo de una manera durante cincuenta años, no es fácil que accedan a hacerlo diferente [...]. De hecho, en algunos casos, ese proceso de aprendizaje será imposible».

Al mismo tiempo, Torres reconoció un propósito más intencional, y tal vez más obstinado, por parte de algunos burócratas:

> *Estos cambios están afectando a ciertos grupos y segmentos de la población, quienes, por lo tanto, van a oponerse a ellos utilizando cualquier recurso que tengan a su alcance para impedir o al menos obstaculizar su progreso. Es una reacción natural de las personas protegerse contra cualquier cosa que pueda afectarlas (Torres, en Grogg, 2012).*

De la misma manera, Domínguez ha señalado la «frustración extraordinaria» que se evidencia en muchos de los discursos de Raúl Castro al tener que lidiar con dilaciones habituales e incluso desafíos conspiratorios por parte de muchos funcionarios de niveles inferiores que se resistían a implementar sus políticas (2012:273). Este fue el tema central de su breve intervención en la clausura de las reuniones de la Asamblea Nacional en agosto de 2011, donde argumentó con fervor que la mayor amenaza a la Revolución no era el imperialismo, sino «nuestros propios errores», y añadió que el principal obstáculo al cambio eran, de hecho, «las mentalidades arcaicas» y las «barreras psicológicas causadas por la inercia, la inmovilidad, la doble moral, la indiferencia y la insensibilidad». Después, haciendo referencia directa a la reticencia burocrática para poner en práctica los *Lineamientos* aprobados en el VI Congreso del Partido, aseguró a quienes lo escuchaban: «Seremos pacientes y perseverantes de cara a la resistencia al cambio, consciente o no. [Pero] les advierto que toda resistencia burocrática a la estricta implementación de los acuerdos […] será inútil» (en Peters, 2011c; *CubaEncuentro,* 2011b).

La sorprendente ironía aquí es que, a pesar de que la política pública hacia el cuentapropismo bajo el mandato de Fidel fue con frecuencia muy mala, los funcionarios y burócratas la consideraban como órdenes a ser obedecidas e implementadas. Después de todo, una de las frases más comunes para celebrar el estilo de liderazgo de Fidel fue por mucho tiempo: «¡Comandante en Jefe, ordene!». En contraste, las políticas mucho más pragmáticas, racionales y potencialmente productivas de Raúl, eran a menudo recibidas por los burócratas de niveles inferiores como reformas amenazantes que había que resistir y socavar. Una vez más, Domínguez señala la naturaleza sin precedentes de esta insurgencia burocrática:

> *El gobierno de Cuba se ha debilitado. Se ha debilitado porque sus propios funcionarios resisten la implementación de las nuevas políticas. El Gobierno se ha debilitado porque su propia burocracia participa de pequeños actos de insurgencia. El gobierno de Raúl Castro se ha debilitado porque los funcionarios del Partido Comunista, por primera vez en medio siglo, comienzan a imponer su autoridad en el establecimiento de políticas sobre los agentes gubernamentales y quienes toman las decisiones (2012: 274).*

Por tanto, a pesar de que las políticas públicas de Raúl hacia el cuentapropismo desde 2006 fueron mucho más alentadoras que las de su hermano entre 1993 y 2006, no quedaba claro si poseía la capacidad o la autoridad para lograr que sus políticas se implementaran cabal y consistentemente. En otras palabras, a pesar de que podían constituir un paso de avance bienvenido, e incluso sin precedentes, en comparación con las políticas pasadas que «condenaron el trabajo por cuenta propia casi a la extinción y estigmatizaron a quienes decidieron sumarse a él legalmente» (Martínez Hernández, 2010), la concepción de un nuevo sistema —y nuevas políticas— era solo la mitad de la batalla. Otros peligros, igual de aterradores, acechan el desafío de hacer que el nuevo sistema funcione; tarea encomendada a los importantísimos burócratas cubanos, quienes en realidad implementan —o no— las decisiones tomadas en la cima.

Habiendo descrito ya el impresionante crecimiento del trabajo por cuenta propia entre 2010 y 2014 —así como el récord en la cifra de nuevos paladares y otros servicios gastronómicos privados—, concluimos aquí con una breve crónica del ominoso caso —o tal vez anómalo— del singular, y tristemente difunto, paladar/teatro conocido como El cabildo, dirigido durante un tiempo por el virtuoso maestro de ópera cubana, Ulises Aquino, junto a su tropa Ópera de la Calle. Al igual que los casos de La Guarida y Hurón Azul, el destino de El Cabildo resulta instructivo; pues revela tanto la promesa como el peligro de montar un negocio privado exitoso en la Cuba de Raúl. Este caso también subraya los límites de la tolerancia —o, tal vez, del poder— del gobierno de Raúl, así como la ambivalencia fundamental que se continúa albergando hacia el trabajo autónomo y el «enriquecimiento» privado.

Durante el verano de 2012, cuatro periodistas extranjeros radicados en La Habana (Marc Frank, de *Reuters*; Fernando Ravsberg, de *BBC*; Nick Miroff, de *NPR* y *Global Post*; y Patrick Oppmann, de *CNN*) publicaron por separado segmentos del caso, aún en curso e irresuelto, del paladar y cabaret El Cabildo, y de su compañía de teatro Ópera de la Calle». El genio emprendedor de Ulises Aquino, propietario, presentador y creador de El Cabildo, intentaba con su proyecto celebrar y mostrar la riqueza y diversidad de la cultura cubana con un restaurante propicio para el turismo (McAuliff, 2012; Ópera de la Calle, 2012a). Para lograrlo, Aquino aprovechó las nuevas flexibilidades en la legislación del trabajo por cuenta propia y sacó tres licencias para paladares —lo cual le permitía tener hasta 150 comensales—, y una cuarta, como «organizador de eventos y otras actividades» (Frank, 2012a).

Bastante conocido en Cuba por su éxito en llevar la ópera clásica, a menudo elitista, al público promedio, rediseñándola en un estilo edificante y accesible —de ahí el nombre Ópera de la Calle—, su *show* insigne era también muy cubano (Ópera…, 2012a). Con una fusión creativa de las voces poderosas de la ópera tradicional, la pompa y la diversión de un musical de Broadway, los ritmos y personajes del patio, y la aspereza de la «calle», podía considerarse, en otras palabras, como una verdadera representación de la cultura criolla cubana (McAuliff, 2012; Ravsberg, 2012a). Así, la compañía actuaba en pleno en El Cabildo los viernes y sábados en la noche, reuniendo en el escenario hasta 40 artistas a la vez, y recaudaba gran parte de los ingresos sobre la base de los 25 CUC que cobraba de *cover* a los turistas que pagaban en divisas; las noches entre semana, los miembros individuales de la compañía quedaban a cargo del piano-bar, donde podían explotar sus habilidades y compartir sus proyectos personales en un ambiente más íntimo (León, 2013). Los domingos por la noche, todo aquello se convertía en una discoteca (McAuliff, 2012). Esta estrategia innovadora le permitía pagar salarios bastante generosos a sus casi 130 empleados y cubrir sus grandes costos generales —incluidos los impuestos mensuales de $20 000 (833 CUC) y la compra de suministros a precios minoritas estatales—, al tiempo que brindaba acceso asequible a los cubanos, quienes, de hecho, conformaban la mayoría de la clientela y pagaban un precio por entrada de solo $50 (2 CUC) para ver el espectáculo (Frank, 2012a).

A pesar de que el grupo de teatro en sí fue fundado en 2006, solo llevaba poco más de un año funcionando en su nueva sede en El Cabildo cuando el corresponsal de *Reuters,* Marc Frank, residente en La Habana desde hacía muchos años, fue a verlo. Bastante sorprendido por la singular operación a gran escala y su sensacional historia como una suerte de señal de los cambiantes tiempos económicos en la Isla, el 11 de julio publicó un artículo bajo el provocador título: «En Cuba, un cantante de ópera construye un imperio»; donde calificó el establecimiento como «el negocio más grande [de La Habana] y tal vez un presagio de las cosas por venir» en el mandato de Raúl (2012a).

Lo más asombroso, según Frank, era que había nacido de la combinación oportuna de la emprendedora iniciativa individual de Aquino y su evidente compromiso hacia la mejora de la comunidad y el activismo revolucionario en un tiempo de apertura económica. De hecho, el artículo enfatizó el patrocinio por parte de El Cabildo de actividades culturales y educacionales gratuitas para los niños del área en las mañanas de los fines de semana, el pago modesto de la entrada en pesos cubanos para el espectáculo de Ópera de la Calle el fin de semana y la distribución de los ingresos entre los artistas, el personal de apoyo, los camareros y chefs —quienes ganaban entre $1 800 y $2 000 al mes, cuatro veces el salario promedio en Cuba de $450 o 20 CUC) (íd.).

«No basta con tener un socialismo feo —fueron las palabras de Aquino—. Tiene que ser más bello que los demás sistemas para que todos acojan la idea» (Frank, 2012a). Con ese fin, durante los 9 meses precedentes a la gran inauguración del 28 de abril de 2011, Aquino invirtió sus considerables ahorros de años de giras internacionales y, con la ayuda de miembros de su compañía de teatro, transformó un espacio vacante lleno de vestigios de uno de los muchos edificios en ruinas de La Habana en una sede de espectáculos (Monzó, 2012; Yhanes, 2012; Ópera, 2012a, b). La confianza patriótica que tenía en la nueva política de Raúl, más favorable a las iniciativas ciudadanas e independientes, salió a relucir cuando expresó: «El país ha dejado atrás la tendencia a degradar las cosas [...] la política del Gobierno es apoyar este tipo de fenómenos, [donde] un artista, un trabajador o un campesino pueden poner a trabajar sus propios medios de producción para contribuir a alcanzar las metas de la nación» (íd.). El artículo de Frank concluía con una cita, involuntariamente irónica, del economista cubano Rafael Betancourt, especialista en desarrollo local de la Asociación Nacional de Economistas Cubanos, quien sostuvo que el exitoso negocio de Aquino era solo uno de los muchos otros proyectos similares que se avecinaban y que contribuirían a difundir la cultura cubana a través de la iniciativa individual. «El Cabildo es solo el comienzo», insistió (íd.).

Si bien este artículo sirvió como una gran presentación de El Cabildo y su ingenioso y revolucionario fundador y director —con publicidad global gratuita a través de *Reuters*, en un país carente de una industria local de relaciones públicas más de los medios de comunicación controlados por el PCC—, tal vez el periodista debió dejar la palabra «imperio» a los propagandistas del Gobierno —o de *Madison Avenue*—. Aunque raras veces los periodistas escriben los titulares de sus historias, el título provocativo de esta llamó la atención del Departamento Ideológico del Partido Comunista Provincial de La Habana, adonde llamaron a Aquino para interrogarlo. Aparentemente, nada impresionados con su plan de negocios que incluía licencias múltiples de paladar y el cobro de entrada, las autoridades llevaron a cabo una redada sorpresiva en El Cabildo la noche del sábado 21 de julio, interrumpiendo el espectáculo, mientras un público aturdido observaba (Frank, 2012b). Luego, realizaron una inspección «comando» de cuatro horas que el mismo Aquino calificó después de «fascista»; «solo tres días antes Raúl había argumentado la necesidad de un cambio de mentalidad en la gente» (Ravsberg, 2012a; *DDC,* 2012b).

Según informó después el corresponsal de la *BBC* Fernando Ravsberg, Aquino perdió al final sus múltiples licencias por un período de dos años y fue acusado de una serie de delitos económicos que incluían la tenencia de demasiadas sillas (150) para un restaurante privado, la oferta de productos de origen indeterminado, el empleo de personal no autorizado y, lo más irritante de todo para el revolucionario cantante de ópera, «enriquecimiento indebido» por los 2 CUC que cobraba sin autorización y el pago a sus empleados de lo que ellos consideraban como un salario exorbitante (Ravsberg, 2012a). Todo esto tomó a Aquino bastante por sorpresa, pues tanto el viceministro de cultura, Rafael Bernal, como el presidente del Poder Popular de Playa, donde se encontraba el local, Edel Rodríguez, habían asistido a la gran inauguración del teatro/restaurante en abril de 2011; ocasión en la que alabaron profusamente a Aquino y a su tropa por haber transformado con éxito un espacio abandonado en un oasis cultural. El propio Rodríguez también elogió a Aquino por «no haber perdido sus conexiones con sus raíces cubanas», a pesar de su estrellato internacional, y por «trabajar [siempre] con las autoridades del Poder Popular municipal» (Ópera…, 2012a).

Sin embargo, Aquino es ese tipo de personas que no soporta en silencio que se le mancille su honor. Por tanto, comenzó a protestar en contra de lo que él consideraba un castigo arbitrario, destructivo y desproporcionado, a través de comentarios a la prensa internacional y una serie de cartas abiertas digitales que circuló entre artistas e intelectuales cubanos. Por ejemplo, le dijo al corresponsal de *CNN*, Patrick Oppmann, que los burócratas sin rostro que se atrevían a acusarlo de enriquecimiento ilícito habían cometido un error muy visible que no debía encubrirse a fin de impedir que sucediera de nuevo. También expresó que consideraba toda la experiencia como «una tremenda prueba» a la voluntad y a la fortaleza del Gobierno de cara a una clase burocrática destructiva y oportunista (Oppmann, 2012; Ópera…, 2012b). Pero no era más que un artista armado con poesía, proverbios y una indignación justificada contra la insurgencia burocrática que persistía en un Estado dividido y debilitado bajo un nuevo líder que intentaba promulgar reformas muy necesarias y abarcadoras.

Según Aquino, el ímpetu claro, aunque enmascarado, tras del cierre de su exitoso negocio vino de una «quinta columna escondida» dentro de la burocracia del Gobierno «que intenta frenar el movimiento indetenible que promueve el presidente Raúl Castro. Son una clase burocrática que intenta preservar su poder desde una posición de oscurantismo». Apuntando el sable a los burócratas, intentó una postura moralista revolucionaria al expresarle al corresponsal de la BBC Fernando Ravsberg: «Me duele más porque soy revolucionario y creo profundamente en el trabajo humanístico de la Revolución» (2012a). En la primera de sus tres cartas abiertas, alegó que la clausura de El Cabildo no tenía nada que ver con supuestas ilegalidades, sino que había sido producto del oportunismo y la envidia de elementos conservadores dentro de la burocracia estatal.

> *Los que empezaron esta guerra tienen miedo de que el trabajador, el intelectual, y el artista puedan encontrar su propio camino productivo. No son revolucionarios sino conservadores que disfrutan las comodidades del poder que les da la capacidad, como en este caso, de decidir acerca del destino de la creación de otros, no para ayudarlos a florecer sino para destruirlos (Ópera…, 2012b; Frank, 2012b).*

El corresponsal de *NPR*, Nick Miroff, siguió el acontecimiento con un reportaje perspicaz que apuntaba a las señales de alerta roja que el caso había enviado a la incipiente comunidad de emprendedores privados cubanos, pues parecía que Aquino había sido castigado por hacer exactamente lo que el gobierno de Raúl Castro había promovido con tanta energía durante casi dos años: crear empleos bien pagados en el sector no-estatal, producir bienes y servicios de mayor calidad, y reducir la carga económica al Gobierno. Sin embargo, no todo el mundo —sobre todo aquellos que Aquino llamaba «burócratas de nivel medio amenazados por las nuevas oportunidades [quienes] ven que Cuba está cambiando y saben que van a perder todo su poder»—, por lo visto, estaba a bordo con la tolerancia y, mucho menos, con la promoción, del nuevo sector empresarial cubano (Miroff, 2012a).

En otra historia de seguimiento para el *Global Post*, Miroff indicó que El Cabildo se había convertido rápidamente en un caso de prueba cuyo resultado mostraría cuán serio era el gobierno de Raúl Castro en relación con la profundidad y la permanencia de las reformas económicas: «Si intervienen para ayudar a reabrir El Cabildo estarán mandando una señal clara de que los nuevos pequeños negocios cubanos merecen aliento, no estrangulación» (2012b). Ahora bien, si la operación, que daba empleo a 120 trabajadores —tal vez el negocio privado de la Isla que menos había tardado en crecer—, se dejaba a una muerte burocrática, evidenciaría que «los escépticos tienen razón, y que Cuba no ha cambiado mucho después de todo» (2012a). Miroff también destacó la lección que otros emprendedores aprenderían, de manera inevitable, si esta experiencia aleccionadora no se resolvía de un modo abierto y con ahínco desde arriba:

> [si] El Cabildo permanece cerrado, puede mandar un mensaje diferente respecto del incipiente capitalismo en Cuba: los nuevos emprendedores aquí no deben ser demasiado ambiciosos con sus planes ni muy orgullosos de su éxito. Y cualquier negocio, independientemente del tamaño, puede ser clausurado en un pestañear, si un funcionario local así lo ordena (2012b).

De suceder, Miroff anota que Aquino habría perdido; pero lo cita diciendo: «El [verdadero] perdedor no seré yo. Será nuestro país» (íd.).

CONCLUSIONES

Dos años después de la clausura de El Cabildo, Aquino aún no había logrado obtener la aprobación para su reapertura. A pesar de todo, Ravsberg señaló que, poco tiempo después del cierre, su dueño había recibido un alentador apoyo público del Consejo Nacional de las Artes Escénicas del Ministerio de Cultura y le habían informado, en un comunicado del 28 de julio de 2012, que Ópera de la Calle podría «mantener sus actividades como un proyecto cultural comunitario financiado» (2012b). No obstante, la institución permaneció en silencio sobre la pérdida del financiamiento independiente que provenía de las funciones en el paladar; actividad económica que no era controlada a nivel nacional ni ministerial, sino por burócratas de los gobiernos municipales y provinciales (*DDC*, 2012a; *CubaNet*, 2012; López Corzo, 2012; Nieves Cárdenas, 2012). En abril de 2013, Aquino recibió un breve atisbo de esperanza cuando el Ministerio de Cultura le informó que la cantante estadounidense Beyoncé visitaría Cuba y había solicitado, específicamente, ver su espectáculo. Sin embargo, tras animar a su tropa y apresurarse para reabrir El Cabildo, fue una vez más interceptado por funcionarios del gobierno provincial de La Habana y del Partido Comunista de la capital, quienes anularon la decisión ministerial y obligaron al grupo a actuar en otro sitio —y sin la presencia de la estrella estadounidense— (*DDC*, 2013a; Ravsberg, 2013a).

Asimismo, mientras una reseña publicada en el verano de 2013 en *Trip Advisor* anunció con entusiasmo el regreso de Ópera de la Calle, el espectáculo había resurgido en marzo de 2013 como un concierto público, gratuito, patrocinado por el Estado bajo la tutela del Ministerio de Cultura. Además, dados los escasos recursos estatales y que el espectáculo ya no generaba ningún ingreso, había sido trasladado al Teatro Arenal, en el municipio Playa: «una instalación muy deteriorada que carece del entorno encantador, así como de los servicios gastronómicos y los cócteles de su antigua locación». Peor aún, el logro de Aquino al proporcionar acceso asequible a la clientela cubana —y distribuir las ganancias liberalmente entre sus empleados cubanos— quedó atrás. Ahora, la admisión era controlada de modo estricto por el Ministerio de Cultura, que cobraba a los grupos de turistas extranjeros un *cover* de 15 CUC por persona y, lo más seguro, retuviera la mayoría de los ingresos, pagando a los artistas en pesos cubanos.

Aquino tiene el mérito de no haberse quedado de brazos cruzados ante el revés de su fortuna. En su lugar, ha protestado en repetidas ocasiones ante la prensa internacional y ha continuado con sus «cartas abiertas» por correo electrónico a sus colegas en el mundo cubano de las artes y las letras —arremetiendo contra lo que él considera una Unión de Escritores y Artistas de Cuba moribunda y totalmente ineficiente (*DDC*, 2014d). Por ejemplo, en una entrevista en noviembre de 2013 al periódico miamense *Diario de las Américas*, fue bastante devastador en su valoración de las reformas del trabajo por cuenta propia, argumentando que los responsables de las políticas económicas en Cuba carecían sobre todo de un verdadero deseo de cambio. Sobre la base de su amarga experiencia y su sobria valoración de las regulaciones existentes, ha llegado a la conclusión de que el tipo de ocupaciones que han pasado a los cuentapropistas cubanos son «las que nadie quiere hacer para el Estado debido a los bajos salarios o aquellas en las que el Estado no ha tenido éxito en más de cincuenta años» (León, 2013). También se quejó de que los profesionales universitarios permanecen atrapados en el mal retribuido sector estatal y, lo peor de todo, nadie parece saber exactamente a dónde se dirige la nación por el camino de las reformas de Raúl.

Lo único que le queda claro es el egoísmo del Estado y la falta de imaginación en el diseño del marco legal para el sector cuentapropista:

> Solo pensando en aligerar su carga acude a 200 formas autorizadas del trabajo por cuenta propia, que representan muy poco, o nada, pues se trata de «timbirichis» y semiempresas con niveles de impuestos y de obligaciones, cuyos ingresos y beneficios no alcanzan para desarrollarse ni incrementar la calidad de sus servicios, por lo que, para lograr resultados están obligadas a transitar por el mercado negro u otras vías nada ortodoxas (íd.).

A pesar de un fin tan exasperante, la singular operación de Aquino tomó provecho estratégico de un número de cambios clave en las regulaciones para los paladares; en especial aquellas relacionadas con la contratación de empleados y la administración de más de un negocio a la vez. También concibió una manera ingeniosa de financiar su actividad y distribuir los ingresos que generaba entre sus casi 130 empleados y sus familias. Combinando con éxito las fortalezas y los talentos de 60 artistas, 26 trabajadores de apoyo —incluidos un director musical, un maestro de coros y un coreógrafo— y 43 empleados divididos entre el bar y las tres paladares (McAuliff, 2012), Aquino mostró lo que podría desatarse en términos de bienes y servicios de calidad; así como del empleo productivo bien remunerado cuando se eliminen algunas «prohibiciones ridículas», como las catalogara el propio Raúl.

En otras palabras, casi todas las restricciones que frenaban el desarrollo de los paladares cubanos antes de 2010 han sido reconocidas y remediadas. No obstante, lo que pudo haber sido «solo el comienzo» de una nueva ola de este tipo de establecimiento no-estatal, próspero e innovador, como lo anticipara el economista cubano Rafael Betancourt, ha resultado un nefasto ejemplo aleccionador sobre los límites de la reforma empresarial. En última instancia, este resultado se debe a la descontrolada insurgencia burocrática en Cuba, la constante alergia del liderazgo a la generación de riquezas privadas —incluso si esa riqueza se distribuye de manera cooperativa—, el temor continuo al establecimiento de una base económica independiente individual —a diferencia de la que aún depende del patrocinio estatal y es controlada por este—, y un rechazo rotundo a reconocer los derechos inalienables de los ciudadanos a la propiedad privada.

9

FUTURO DEL CUENTAPROPISMO EN CUBA

Los pasos que hemos venido dando y daremos en la ampliación y flexibilización del trabajo por cuenta propia, son el fruto de profundas meditaciones y análisis, y podemos asegurar que esta vez no habrá retroceso.

(Castro, R., 2011b)

El objetivo de este estudio ha sido analizar las políticas fluctuantes de Cuba hacia el trabajo por cuenta propia, incluyendo los emprendimientos legales y los clandestinos o «extra legales» durante el período revolucionario. A pesar de examinar toda esta etapa, nuestro foco se ha centrado, especialmente, en la magnitud del contraste entre las reformas de las políticas hacia el trabajo autónomo de la presidencia de Raúl Castro y las políticas del gobierno de Fidel Castro durante el Período Especial en la década de 1990. También intentamos evaluar los efectos de estos cambios en términos de la generación de empleo productivo en el sector no-estatal, la provisión eficiente de bienes y servicios por este sector emergente, y la reducción del tamaño y el alcance de la economía sumergida.

Como hemos descrito, los enfoques cambiantes del gobierno cubano bajo el rubro de trabajo por cuenta propia ha sido un área fundamental de política definitoria desde 1959. Con las nacionalizaciones de 1961-1963 y, en especial, con la Ofensiva Revolucionaria de 1968, los negocios privados legales a pequeña escala fueron casi erradicados; con excepción de unas 30 000 actividades autónomas muy pequeñas, que pudieron reemerger después de 1978. Posteriormente, como resultado de la crisis económica sin precedentes que tuvo lugar entre 1989-1994, el presidente Fidel Castro se vio obligado por las circunstancias a liberalizar la política estatal hacia ese sector, conduciendo de alguna manera al breve florecimiento de un rango de casi 160 ocupaciones privadas. Sin embargo, después de 1996, el Gobierno procedió a contenerlo con regímenes regulatorios e impositivos rígidos, e incluso sofocantes. El enfoque de Fidel estaba más motivado por la ideología y menos por la preocupación pragmática del bienestar cotidiano de los ciudadanos cubanos.

Desde su ascensión al poder como presidente en funciones en julio de 2006, y luego como presidente en febrero de 2008, Raúl Castro se centró en lidiar con los crónicos y constantes desafíos económicos e intentó diseñar políticas pragmáticas para resolverlos. Un aspecto fundamental, posterior a finales de 2010, ha sido la liberalización de las políticas hacia el sector cuentapropista y el fortalecimiento del rol del «mecanismo de mercado». De hecho, el trabajo autónomo en el área no-estatal se vio como el medio primario para reabsorber a los trabajadores estatales que se consideraban redundantes —denominados «no idóneos» o «disponibles»; pero nunca «desempleados»— y lograr, por tanto, el incremento de la productividad y, a la larga, mejores ingresos para los empleados que permanecieran en sus puestos.

Entre 2011 y 2014, también fue aprobada una serie de reformas adicionales, relevantes para la expansión del sector autónomo. El resultado fue una rauda expansión de «la Cuba empresarial»: se estableció una amplia gama de nuevos pequeños negocios y otros emergieron de la economía sumergida. Potencial significado tuvo, asimismo, la aprobación, en diciembre de 2012, del establecimiento de empresas cooperativas no-agropecuarias; la primera de las cuales se estableció el 1 de julio de 2013.

El argumento central de este estudio es analizar cuán contraproducente y perjudicial fue el enfoque de las políticas del presidente Fidel Castro hacia el cuentapropismo desde 1960 hasta 2006 —en especial entre 1993 y 2006— tanto para la economía como para la población cubana, en términos de acceso a empleos bien remunerados y a bienes y servicios asequibles, socavando el bienestar material e, involuntariamente, fomentando la expansión de la economía sumergida y las ilegalidades económicas generalizadas en los sectores empresarial y el incipiente cuentapropista. Si bien las pequeñas liberalizaciones de las políticas en 1978 y las otras más trascendentes de 1993-1994 fueron prometedoras, por desgracia, ambas duraron solo unos pocos años.

En contraste, las medidas de las reformas aprobadas bajo la presidencia de Raúl Castro fueron más ambiciosas, tajantes y, probablemente, irreversibles. El propio Raúl lo dejó claro al decir: «Podemos asegurarles que esta vez no hay vuelta atrás» (2011b). A mediados de 2014, sus reformas aún se encontraban en fases tempranas de implementación, pero ya habían tenido consecuencias positivas para el bienestar material de los ciudadanos cubanos. Sin embargo, a pesar de todo lo bueno que podamos ver en estos cambios, es imprescindibles que sean más profundos y tengan mayor alcance para activar por completo el talento demostrado por los emprendedores cubanos ha de ser totalmente activado en beneficio del pueblo.

Al igual que casi todos los países, sobre todo los latinoamericanos y caribeños, Cuba tuvo un sector informal «extralegal» anterior a 1959. Desde la época colonial, poseía una antigua y arraigada tradición de actividades económicas ilegales de «contrabando», provocada por el aislamiento y el descuido de gran parte del territorio oriental y, más directamente, por las políticas económicas mercantilistas y monopolistas de la corona española durante su dominio en Cuba (1492-1898). Por tanto, el pequeño sector empresarial y la «economía sumergida» de la era revolucionaria tienen sus raíces en la herencia histórica de la Isla desde el colonialismo español y en el desigual desarrollo económico en su época republicana (1902-1958). De hecho, al principio del período revolucionario mantenía aún en este sector características similares a los países de la región.

Asimismo, la economía sumergida en Cuba y el trabajo por cuenta propia fueron también influidos por características propias del socialismo de Estado, que entró rápidamente en vigor a partir de 1959: el casi generalizado empleo estatal, el sistema de planificación centralizado y la propiedad estatal de la economía —tanto de sus «cumbres de poder» como de sus microempresas y pequeña y mediana empresas—. Este modelo fue, en esencia, copiado de los países de Europa del Este a principios de la década de 1960 y comenzó a consolidarse a mediados de 1970, tras un interludio de experimentación económica radical, pero fallido a la larga, entre 1964 y 1970. Al igual que en las economías planificadas de los países de Europa oriental, se desarrolló una economía sumergida o «secundaria» para producir los bienes y servicios que el sector estatal era incapaz de proporcionar de manera eficiente con la calidad, cantidad y diversidad necesarios (Pérez-López, 1995a). Así, el empleo excesivo y, a la larga, casi exclusivo del sector estatal en el intento gubernamental por lograr empleo estatal generalizo fue acompañado, poco a poco, por «trabajos clandestinos» realizados por muchos trabajadores del sector estatal en la economía secundaria. La «economía secundaria» se convirtió, con el paso del tiempo, en una característica estructural crónica del sistema laboral nacional durante el período revolucionario. Por tanto, las estructuras económicas cubanas han tenido un carácter híbrido, compartiendo algunas semejanzas con el resto de Latinoamérica y el Caribe, y otras con los países de los antiguos sistemas de socialismo de Estado de Europa central y oriental.

Las nacionalizaciones de las empresas económicas más grandes tuvieron lugar durante los primeros años de la Revolución, entre 1960 y 1963;

mientras que el resto de la mayoría de las micro y pequeñas empresas no fueron nacionalizadas hasta la Ofensiva Revolucionaria en 1968, durante el clímax de la fase más radical y antimercado de la trayectoria revolucionaria. Después del intento fallido de la Zafra de los 10 millones en 1970, Cuba tomó otro curso y comenzó a adoptar la ortodoxia económica de los soviéticos, tanto en términos institucionales como de políticas. No obstante, el enfoque de las políticas hacia el sector autónomo solo sufrió nimias modificaciones durante los siguientes veinte años —hasta la culminación de las relaciones especiales con la antigua Unión Soviética, entre 1989 y 1991—. El más importante de estos cambios sucedió en 1978, cuando se legalizaron 48 tipos de actividades autónomas, lo que condujo a una breve expansión legal de estas ocupaciones.

Ahora bien, con el proceso de Rectificación de Errores adoptado en 1986, tras el III Congreso del PCC, la política hacia la pequeña empresa sufrió una nueva involución y regresó a un período de fuerte contención y denigración; cuya fuerza motriz fue ideológica. Según la perspectiva de Fidel Castro, este tipo de actividades era básicamente capitalista —y conducía, inevitablemente, a una mayor desigualdad económica y a la pérdida del control estatal sobre la sociedad—; por tanto, se consideraba incompatible con el modelo económico de socialismo de Estado al que aspiraba. Sin embargo, sus cíclicas ofensivas antimercado trajeron como consecuencia un estancamiento económico a escala nacional. Por otro lado, las transformaciones previas —y subsiguientes— de las políticas para flexibilizar los controles y las limitaciones impuestas al trabajo autónomo fueron motivadas por consideraciones pragmáticas; a saberse, los beneficios económicos en términos de empleo, productividad y eficiencia que generaría un enfoque de políticas menos restrictivas hacia dicho sector (Mesa-Lago y Pérez-López, 2006 y 2013).

Con la terminación del generoso subsidio soviético a la economía cubana tras 1989, Cuba sufrió un desastroso derrumbe económico. Fue así que comenzó el Período Especial en Tiempos de Paz, como nombró eufemísticamente a la nueva era, en 1990, el presidente Fidel Castro. En la etapa de 1990-1993, la contracción de la economía en cerca de 35% trajo como consecuencia que el sector estatal ya no pudiera proporcionar a los ciudadanos retribuciones ni salarios suficientes para cubrir las necesidades básicas y muchas personas intentaron, con desespero, generar sus propios empleos y ganarse la vida en actividades económicas fuera del sector estatal, expandiendo así las filas de la «economía secundaria» cubana a niveles nunca antes vistos.

Muchos se vieron obligados a realizar actividades autónomas durante estos años a fin de sobrevivir. La economía sumergida se convirtió en un medio de subsistencia para muchos ciudadanos, así como una fuente de bienes y servicios necesarios para la manutención. En efecto, para muchos cubanos, la «economía secundaria» se convirtió en la «economía primaria» al producir esos bienes y servicios mediante actividades económicas informales, técnicamente «ilegales» en Cuba; pero legales en cualquier otro lugar del mundo en aquellos momentos —incluidos Rusia, China y Vietnam—, con la excepción de Corea del Norte. De ahí, el repetido refrán de «todo está prohibido, pero vale todo». Al mismo tiempo, la economía sumergida dependía en bastante medida del desvío generalizado de insumos necesarios provenientes del sector estatal; mientras que el sector estatal contaba con la economía sumergida para generar los ingresos reales de los ciudadanos, subsidiando así a los empleados del sector estatal y al propio Gobierno, en un interesante tipo de simbiosis.

Para 1993, el Gobierno se vio obligado por las circunstancias a ratificar lo que mucha gente ya venía haciendo; o sea, a legalizar una serie de actividades autónomas e incrementar el número de licencias que concedía a los llamados cuentapropistas cubanos. Como respuesta, el sector se expandió rápidamente. A pesar de que la liberalización sirvió para mejorar de modo significativo el bienestar material de los ciudadanos, el presidente Fidel Castro continuó considerándola con disgusto. Ello se reflejó en los medios de comunicación oficiales del Estado. En 1995-1996, una vez, más el Gobierno comenzó a limitar y a contener el sector mediante la reducción de licencias, la imposición de impuestos punitivos, el castigo severo a las infracciones de las numerosas regulaciones y una constante censura mediática.

Este enfoque de las políticas se implementó para luego intensificarse por la llamada Batalla de Ideas, hasta el inesperado abandono de la presidencia de Fidel Castro a causa de una grave enfermedad intestinal, en julio de 2006. De hecho, para muchas ocupaciones clave por cuenta propia (paladares y casas de alquiler), estas políticas antagónicas siguieron en pie con unas pocas concesiones hasta finales de 2010, cuando el entonces presidente Raúl Castro cambió el enfoque de las políticas definitivamente. Lo cierto es que el accionar de Fidel Castro en este sector detuvo su expansión y, de hecho, lo redujo de manera vertiginosa entre 1996 y 2006. Las consecuencias negativas de su política de contención fueron obvias para los propios cuentapropistas, los ciudadanos cubanos en general y los analistas fuera y dentro de la isla.

No obstante, las continuas y obstinadas dificultades económicas condujeron a una reformulación de las políticas económicas en general y a una reconsideración de los roles adecuados para el sector privado y el mecanismo de mercado, por un lado, y el sector público y la planificación, por el otro. Más tarde, a finales de 2010, se anunciaron reformas de políticas significativas diseñadas para fomentar el cuentapropismo y se implementaron con resultados mixtos. En respuesta a la flexibilización de las licencias, los impuestos y el marco regulatorio, este se expandió rápidamente, triplicando su número para 2014 y generando mayores beneficios para la población cubana.

En 2012, fue anunciado otro cambio significativo con una nueva legislación que autorizaba cooperativas de servicios y minoristas no agropecuarias, sobre todo en las áreas urbanas. A diferencia de las experiencias anteriores y poco alentadoras con las cooperativas agropecuarias, estas nuevas cooperativas debían autogobernarse, independientes del Estado, y permitir actividades profesionales. No obstante, la propiedad total de estas empresas cooperativas —el terreno y la infraestructura física sobre la que se desarrollan— quedaban en manos estatales. Además, su proceso de aprobación, hasta la fecha, ha sido desalentador y limitado en relación con el ámbito de los tipos de negocios permitidos, e innecesariamente burocrático, lo cual ha impuesto un freno en su impacto económico. Sin embargo, es una política con el potencial de constituir un gran beneficio material para los ciudadanos cubanos e introducir una forma interesante de democracia laboral —que pudiera tener implicaciones para la democratización de la sociedad cubana y para la política en general.

Es probable que la liberalización del trabajo por cuenta propia y la legalización de las empresas cooperativas no-agropecuarias conduzcan a la contracción de la economía sumergida y a la reducción de las innumerables «ilegalidades» que han permeado la economía cubana desde 1959; en especial desde 1990 hasta 2010. En este contexto, existe un fuerte potencial para la emergencia y proliferación de nuevas empresas cooperativas de pequeño y mediano tamaño (pymes), con orientación de mercado en muchos sectores de la economía. Esto podría ser de especial interés para Cuba, puesto que podría estar en el proceso de desarrollar una innovadora estructura institucional de un carácter afín al de empresas cooperativas existentes en casi todas las demás economías mixtas del mundo. La diferencia clave es que, mientras las cooperativas no agropecuarias ocupan una posición de minoría en las otras economías, aquí podrían emerger como un componente mucho mayor de la economía cubana porque los negocios privados de mediana y mayor escala aún están bloqueados por las severas limitaciones que todavía restringen el crecimiento y la evolución del sector cuentapropista. Por supuesto, estas constricciones no existen para las empresas mixtas entre compañías foráneas y estatales —un aspecto decepcionante de la nueva ley de inversión en Cuba, publicada en 2014.

El intento de eliminar casi todos los negocios económicos privados y la incapacidad del sector estatal para generar ingresos y volúmenes de bienes y servicios propicios para la subsistencia —sobre todo tras la crisis económica de 1989-1994— condujo a una expansión significativa de la economía sumergida y una proliferación de prácticas económicas ilegales en aras de la sobrevivencia individual. La vasta mayoría de estos negocios ilegales o informales produjeron valiosos bienes y servicios, y generaron empleo productivo e ingreso para los ciudadanos; así como ahorros en inversiones internas y en divisas, y capacitación en emprendimiento. Su aporte a la economía, a pesar del efecto perjuicial en la economía y la sociedad debido a los inherentes desvíos de recursos de la propiedad estatal y el empleo de la propiedad social para beneficio personal, ha sido valioso.

El otorgamiento abierto de licencias, las «desestigmatización» en los medios, impuestos más justos y un marco regulatorio liberalizado para el trabajo autónomo legal debían contribuir a una expansión de la empresa cooperativa y del cuentapropismo, y a una contracción de las actividades económicas clandestinas. Pero la inexistencia de un sistema de crédito eficaz y de una red de suministro mayorista, las empujan a recurrir a fuentes alternativas en el mercado negro o extranjeras para conseguir los préstamos e insumos necesarios. No obstante, el cambio a una «empresa formal» sería muy beneficioso para Cuba en términos de ingresos fiscales y en el cumplimiento de las regulaciones laborales, de salud, seguridad y ambientales. Así, los negocios con licencias podrían evitar el precio de la clandestinidad y de «no llamar la atención»; al igual que publicitarse, operar a mayor escala y contratar empleados legalmente. Con lo cual se reduciría el desperdicio de recursos humanos, naturales y capitales producidos por sus operaciones clandestinas. Asimismo, con este paso a la privatización, debería disminuir el desvío generalizado y la corrupción menor que ha caracterizado durante mucho tiempo a la economía cubana, al incrementarse la eficacia del monitoreo de empleados y miembros en las cooperativas (Ravsberg, 2014).

Nuestro interés en la evolución de los paladares entre finales del siglo XX y principios del XXI nos permitió proporcionar un análisis comparativo del trabajo por cuenta propia —tanto legal como clandestino— a partir de técnicas de investigación fundamentadas y cualitativas (etnografía, observación-participante y entrevistas exhaustivas). Destacamos esta categoría ocupacional porque, aunque ahora es legal, años antes alargaba la estricta línea regulatoria estatal con licencias para otra actividad —como la renta de habitaciones— y recurría a métodos informales de operación (contratación de empleados no autorizados y venta de productos prohibidos) y al mercado negro para obtener los insumos necesarios.

Las viñetas relativas a El Rinconcito, La Azotea, La Guarida, Hurón Azul, Maravillas de Alicia o Buen Provecho ilustran los peligros del previo antagonismo estatal hacia el emprendimiento, así como la promesa de políticas nuevas y más propicias promulgadas bajo Raúl Castro. Por su parte, el caso de El Cabildo evidencia la mucha inseguridad que existe aún en relación con los paladares; a menudo sujetos a los caprichos de una fluctuante política gubernamental y a las ambiciones de funcionarios menores que conforman una resistencia burocrática movida por intereses propios. El ejemplo está claro: la clausura de El Cabildo indica que demasiado éxito y generación de riquezas, demasiada independencia de las instituciones estatales, y un perfil alto en la prensa internacional pueden condenar a muerte los emprendimientos privados en Cuba; incluso cuando son tan comunitarios y revolucionarios como lo era este (*DDC*, 2012a y 2012b).

Evaluación de las reformas de Raúl: significativas, pero insuficientes

Si evaluamos el éxito de las reformas económicas del presidente Raúl Castro por el objetivo formalizar al grueso de los trabajadores involucrados en las AELC, el balance resulta positivo. Los casi 150 000 cuentapropistas registrados en octubre de 2010 se triplicaron a 470 000 a mediados de 2014. De ellos, 70% estaban previamente desempleados, siendo probable muchos participaran desde antes en la economía sumergida. Por tanto, esas regulaciones permitieron que muchos —quizás incluso la mayoría de los emprendedores clandestinos de Cuba— abandonaran la clandestinidad, obtuvieran una licencia y funcionaran dentro de la ley. Ya no estaban «condenados a la informalidad y a la clandestinidad», como fue el caso bajo el Al contrario, pasaron a considerarse, por lo general, legítimas y a tener una publicidad lícita.[1]

---

[1] Sin embargo, se arreció contra otras actividades, de manera pública, como aquellas que operaban a base de importaciones informales (boutiques de ropa) o la que habán sacado un provecho creativo de la limitada lista de actividades autónomas (salas de cine 3D y de juego).

Ahora bien, la meta declarada de las reformas en el sector laboral era crear negocios capaces de absorber los despidos masivos planificados en el área estatal. Sin embargo, solo 18% del personal registrado en en el sector autónomo provenía del estatal; por tanto, resulta evidente que este objetivo *no* se cumplió. Además, solo 7% de los cuentapropistas son graduados universitarios y, probablemente, la mayoría de ellos estén empleados en actividades de tipo «timbiriche», de bajas tecnologías y orientadas a la subsistencia; lo cual redunda en contra del uso eficaz de la fuerza laboral calificada en este sector, con el subsiguiente descenso de la innovación, la productividad y el crecimiento.

Más importante que la meta de absorber los antiguos trabajadores estatales, resulta la creación de un sector de pymes que pueda contribuir a mejoras sostenidas en los niveles materiales de vida. En otras palabras, ¿podían profundizarse y expandirse los esfuerzos iniciales de Raúl Castro para mejorar la productividad económica mediante el surgimiento de un sector no-estatal de manera que comenzaran a «dar sustancia» a las reformas económicas (Peters, en Frank, 2012; Peters, 2013b)? En nuestra opinión, esto hubiera podido propiciarse si su primera ola de reformas hubiera sido seguida por una segunda, más profunda y más abarcadora, que eliminara «la lista» de las 201 ocupaciones, autorizara a los emprendedores privados a importar bienes y exportar sus productos, apoyara la creación de mercados de insumos mayoristas y créditos bancarios, y permitiera a los graduados universitarios ser autónomos en sus profesiones. No obstante, quedó por ver la falta de voluntad política y capacidad técnica del gobierno de Raúl para implementar cabalmente las reformas existentes e intensificar aún más este proceso de reformas en aras de lograr mayores niveles de libertad económica y bienestar material para el pueblo cubano (Miroff, 2012c y 2013).

Los intentos iniciales del presidente Raúl Castro de reformar las políticas antagónicas anteriores hacia el trabajo por cuenta propia equivalieron a «dos pasos para adelante y un paso para atrás». Es decir, las novedosas reformas económicas anunciadas en septiembre de 2010 pusieron «la carreta delante de los bueyes» con el necesario despido de entre 500 000 y 1,8 millones de trabajadores estatales, antes de contar con los empleos en el sector privado (Ritter, 2010). Además, los detalles de esa nueva legislación del trabajo por cuenta propia trajeron muchas preocupaciones. Por ejemplo, si bien fueron eliminados el límite de las doce sillas, las prohibiciones de platos a base de carne de res y mariscos, y el empleo de no familiares, la nueva ley no permitía que fuese el dueño del negocio o el mercado los que determinaran el tamaño óptimo de la operación. En su lugar, estableció inicialmente otro límite arbitrario de 20 sillas. Asimismo, el Gobierno tampoco permitió a los emprendedores responder de manera innovadora a las demandas de los consumidores mediante el establecimiento de cualquier tipo de negocio que estimaran conveniente; con excepción de una lista breve de ocupaciones prohibidas en específico. En un cambio de orden burlesco de la famosa declaración de Mao Tse-tung: «dejemos que cien flores florezcan y que cien escuelas de pensamiento compitan», las legislaciones para el trabajo autónomo bajo el mandato de Raúl intentaron microgestionar y controlar a los emprendedores cubanos dejando «que florecieran exactamente 201 flores» y ninguna más.

No obstante, el gobierno de Raúl amplificó de manera pragmática algunas de las primeras reformas anunciadas en septiembre de 2010, luego de que los resultados iniciales no cumplieran las expectativas. Los impuestos, que fueron juzgados como muy fuertes y severos para los incipientes emprendedores, se exoneraron solo para el período inicial de «arranque». Se permitió la contratación de empleados en las 201 ocupaciones privadas y no en la mitad de ellas, como se había estipulado al comienzo. La «carreta» de los despidos masivos en el sector estatal se pospuso ante la necesaria expansión del sector cuentapropista y —por primera vez durante la Revolución— las cooperativas no-agrícolas. Estos ajustes posteriores a la primera ola de reformas indican un cambio significativo de mentalidad por parte del liderazgo cubano que —como señalara el propio Raúl— parecía ser el «el fruto de profundas meditaciones y análisis», en vez de las frecuentes movilizaciones y ofensivas económicas ideológicas *ad hoc* del expresidente Fidel Castro.

Percepción cautelar de Europa oriental: ¿modernidad o dualidad?

En su incisivo ensayo: «¿Modernidad o un nuevo tipo de dualidad? Otra perspectiva sobre la "economía secundaria"» (1994), el sociólogo húngaro István Gábor describió la tendencia de postransición en Europa oriental como la «tercera-mundialización» de la economía secundaria socialista. En otras palabras, argumenta que las economías secundarias de los antiguos países socialistas han llegado a parecerse al sector informal de los Estados capitalistas de América Latina, débiles y frustrados (Cuadro 2.1). El carácter dualista que la economía secundaria comienza a asumir durante la transición de socialismo de Estado a socialismo de mercado se deriva de la inseguridad que sienten los propietarios privados bajo un sistema legal cambiante y frágil, y de los hábitos de subsistencia que adquirieron mientras funcionaban desde la clandestinidad. En resumen, muchas de las estrategias que pusieron en marcha para sobrevivir en el socialismo *no* los prepararon para funcionar dentro de un incipiente sistema de mercado mixto.

Una tendencia de los dueños de negocios privados es convertirse en «maximizadores miopes de los beneficios» (Kornai, 1989:56), en lugar de invertir en estos en aras de un futuro a largo plazo. A fin de mitigar el número de incertidumbres dentro del nuevo marco legal, los emprendedores privados tienden a hacerse de conexiones sobornables, lo que conduce a la corrosión de la moral de los negocios (Gábor, 1989). Asimismo, participan de ambas economías (primaria y secundaria), haciendo que su inversión a tiempo completo en el emprendimiento sea inferior a lo que sería de otra manera. Todas estas contingencias conducen al carácter «dualista», estratificado y bimodal del sector privado. «Mientras que las restricciones a la economía secundaria se imponen a menudo para contrarrestar las disparidades excesivas de ingresos, son casi siempre aquellos con ingresos excesivamente altos quienes tienen las reservas financieras y las conexiones personales necesarias para sobrellevar las restricciones» (ibíd.:602).[2] Por tanto, mientras que las reformas y el crecimiento de la economía secundaria dan paso a una transición plena hacia un nuevo orden económico, podemos percatarnos que «lo que fue crucial para socavar los antiguos regímenes comunistas no siempre contribuye a la integración de nuevos sistemas democráticos» (Kovács, 1994:XIV-XV). En otras palabras, lo que funcionó para derrocar el comunismo puede que no funcione para construir el capitalismo. Por supuesto, esto puede ser una buena o mala noticia, según lo que tienen en mente los cubanos cuando argumentan que «un mundo mejor es posible».[3]

Stark (1989) advierte sobre este mismo dilema al argumentar que, en tanto es probable que un sistema postsocialista tenga menos restricciones expresas sobre la actividad económica, puede muy bien existir la necesidad de regulaciones más explícitamente definidas —y específicas—. Tal es el

---

[2] Para mayor información, véase el provocativo artículo «Los cubanos con dinero se divierten en un floreciente circuito social» (Orsi, 2014) y las sorprendentes imágenes del fotógrafo Michael Dweck sobre el mundo emergente de la farándula cubana, en *Habana Libre: The Other Side of the Story* (2011).

[3] Por ejemplo, el tipo y la dirección de las reformas económicas promulgadas hasta la fecha han sido fuertemente criticadas como la introducción de una forma no democrática de «capitalismo de Estado» —opuesto a una mejor versión de socialismo participativo y democrático— por al menos un grupo de los autoproclamados socialistas «libertarios»; en su mayoría jóvenes asociados al grupo independiente cubano Observatorio Crítico. Para ver más críticas similares, véanse los escritos de Isbel Díaz Torres y Dimitri Prieto Samsonov, publicados en las páginas webs de *Havana Times* y *Observatorio Crítico*.

caso porque después de generaciones de desconfianza mutua, miedo y confusión, así como del desarrollo de estrategias extralegales de subsistencia (soborno, hurto, corrupción, tráfico de influencias, etc.), existe un potencial muy real para que los burócratas y los incipientes emprendedores retomen sus hábitos ya probados y prefieran el *sociolismo* informal al imperio de la ley, transparente e impersonal. Todas estas lecciones son aplicables a la Cuba de hoy, ya que comienza a implementar reformas económicas más deliberadas que ceden espacio al trabajo autónomo y a las pequeñas y medianas cooperativas (Kubalkova, 1994).

Al operar fuera del dominio del control gubernamental, el crecimiento de la economía secundaria en Cuba —a menudo catalogada eufemísticamente como el «sector no-estatal»— puede suponer una amenaza a largo plazo al monopolio estatal de la planificación económica centralizada —incluso al tiempo que contribuye a mantener el fallido sistema en pie a corto plazo—. Teniendo en cuenta esta historia, el método de Raúl Castro de avanzar con las reformas «sin prisa pero sin pausa» —como dijo en repetidas ocasiones— es bastante entendible. No obstante, la interrogante continúa siendo si sus reformas pueden seguir el paso a las crecientes exigencias y a las innovaciones cuentapropistas del pueblo cubano (*Economist*, 2012). Desde el momento en que «la actualización» del socialismo en Cuba pasó a ser el centro de la agenda del gobierno Raúl Castro —por lo cual fue aborrecido debido al uso de palabras como «reformas», «emprendedor» o «sector privado»— y se alejó de las políticas previas que condenaban el trabajo por cuenta propia casi a la extinción, las experiencias de las reformas en la Europa oriental y las teorías relacionadas del nuevo institucionalismo adquieren relevante pertinencia para la Isla.

Naturalmente, Cuba podría seguir el «otro camino» trazado por China y Vietnam: una mayor expansión del sector privado junto a un crecimiento económico y estabilidad política —todo bajo el ojo vigilante del Estado y del Partido. Pero, si bien Fidel ha sido acusado de «codiciar a Beijing, pero imitar a Moscú» (Pérez-López, 1995b:15) sobre el dilema de la reforma económica en el socialismo de Estado, puede que el camino inciado por Raúl decida también con el tiempo codiciar e imitar a China. Sin embargo, aún está por ver si la amenaza triple de una creciente desigualdad, corrupción oficial y la generalización de los delitos económicos —problemas significativos en todos los regímenes fallidos de socialismo de Estado— pueden remediarse con la antiquísima combinación de los hermanos Castro de predicar, patrullar, prohibir y procesar (Ritter, 2005), sin tener que recurrir a reformas económicas más profundas y, tal vez, más irreversibles que las contempladas bajo el expresidente Raúl Castro.

Nuestro análisis lleva a la conclusión que son necesarias una serie de políticas adicionales o modificaciones si el gobierno cubano tiene como objetivo importante estimular la expansión de las actividades cuentapropistas a fin de producir bienes y servicios de manera eficiente y generar empleos productivos para los desplazados del sector público. Tal vez, lo más primordial en una ronda futura de reformas en este sector sea la legalización de prácticamente todos los tipos de actividades económicas, incluyendo los servicios profesionales que aún son ilegales. No tiene mucho sentido desde el punto de vista económico permitir que los profesionales gestionen negocios de «bajas tecnologías» fuera de su campo y prohibirles que lo hagan dentro de sus áreas de conocimiento; no obstante, es muy probable que en el Gobierno actual esto se considere más como una cuestión política e ideológica que económica.

Liberar todas las áreas para el cuentapropismo en lugar de limitarlas a la estrecha cifra de 201 ocupaciones definidas sería de gran utilidad. Es más, la garantía de una licencia automática para cualquiera que quiera abrir un pequeño negocio sería beneficioso. La apertura de los permisos haría uso de las fuerzas de la competencia entre todos los participantes de una actividad en particular, estimulando así la innovación y el incremento de la calidad. También contribuiría a la reducción de precios y aseguraría que los ingresos, en gran parte del sector —aparte de las actividades privilegiadas orientadas al turismo como paladares y casas de renta—, también disminuyeran hacia el promedio nacional.

El régimen fiscal para el trabajo autónomo ha mejorado, pero el tope de 40% deducible para todos los costos de producción (fuerza laboral, costes de insumos y servicios, inversión y mantenimiento) de los ingresos totales para determinar los ingresos netos —o la base imponible— es contraproducente y poco equitativo. Significa que la tasa impositiva real o «efectiva» puede acercarse o incluso exceder 100% de los ingresos netos en los negocios de mayor tamaño, más dependientes de los insumos; lo cual no contribuye a la creación de empleos ni a un funcionamiento eficiente. El máximo de cinco empleados que pueden contratarse sin incurrir en impuestos mayores, aunque representa una mejoría en comparación con antes, atrofia a los negocios y les impide alcanzar un tamaño eficiente. Quizás sea esa, precisamente, la intención de esta regulación. No obstante, un límite más elevado —tal vez entre 20 o 50 trabajadores— permitiría una evolución más natural de las empresas de una «pequeña» a una «mediana» escala sobre la base de sus necesidades como negocio y de la demanda del consumidor, no por una orden oficial. El régimen fiscal actual para estos —con 50% de tasa fiscal marginal— ayudaría a contener la disparidad de los ingresos.

Aún faltan implementar otras medidas como el establecimiento de mercados mayoristas de insumos, el acceso a las divisas y a insumos importados bajo términos razonables, el establecimiento de microcréditos y de facilidades de crédito, la total legalización de los «intermediarios» y el permiso publicitarse, entre otras. El desafío será garantizar que las políticas y las instituciones en estas áreas se implementen de forma óptima si se quiere lograr un mayor florecimiento del cuentapropismo, de manera que pueda absorber la fuerza laboral proveniente del sector estatal y satisfacer las necesidades de los ciudadanos en el futuro. También deben alentar a los cuentapropistas que aún permanecen en la economía sumergida a legalizar su situación, de modo que generen ingresos fiscales y respondan al marco regulatorio y a las legislaciones de salud, seguridad y medio ambiente.

¿En qué dirección se moverán las políticas públicas hacia el trabajo autónomo en el futuro? Sin dudas, las predicciones son difíciles, si no imposibles. No obstante, existen un número de posibilidades, asumiendo que no haya una mayor evolución política bajo los mandatos posteriores al de Raúl Castro, como la ausencia de movimiento en los ámbitos de las libertades fundamentales, las libertades civiles y los derechos políticos. Por supuesto, con un cambio político significativo que asuma estos asuntos —ya sea desde el propio Gobierno o proveniente de la emergente sociedad civil cubana—, es probable que haya una transformación de política hacia el cuentapropismo específicamente, y hacia los sectores públicos y privados en general, como parte de un plan más conjunto para reconocer y garantizar los derechos plenos de los ciudadanos cubanos a la propiedad.

Una primera posibilidad sería una aproximación al enfoque de Fidel Castro sobre la pequeña empresa; lo cual, en estos momentos, sería muy poco probable. Esta retrógrada línea de pensamiento ha sido públicamente desacreditada por sus fracasos durante los últimos cincuenta años; incluso por el propio Raúl Castro, quien ha abogado de manera contundente por las reformas en múltiples discursos y por los medios de comunicación estatales cubanos. Este último — a pesar de que la implementación oportuna y consecuente de su agenda de reformas ha sido un proceso frustrantemente lento debido, en parte, a la «insurgencia burocrática»—tuvo éxito en mantener un amplio apoyo a sus reformas por parte de la ciudadanía, los políticos, y los medios de comunicación. A esto coadyuvó el cambio casi completo de personal en los niveles más altos de Gobierno, sobre todo en el Consejo de Ministros, donde las figuras militares «raulistas» reemplazaron a las «fidelistas».

Indudablemente, existen funcionarios en el Gobierno a quienes les desagradan las reformas y prefieren la anterior ortodoxia de Fidel. Ellos, quizás, pudieran intentar entorpecer, e incluso bloquear, la implementación de algunos de los cambios de Raúl. No obstante, hasta la fecha no han querido, o no han podido, organizarse desde un punto de vista político para obstruir las reformas. Teniendo en cuenta la naturaleza del sistema político cubano, no resulta sorpresivo que las reformas políticas de Raúl hacia el cuentapropismo no hayan encontrado hasta ahora ninguna oposición manifiesta o críticas en los medios y universidades, a pesar de ser contrarias a las políticas y al pensamiento convencional de la presidencia de Fidel Castro durante casi medio siglo.

Un segundo enfoque sería la estabilización del estado actual de las políticas públicas hacia el trabajo autónomo. Esto implicaría la aceptación de los objetivos actuales y las políticas que están diseñadas en sí para promover cambios. Probablemente, se requeriría de un período de tiempo para implementar las políticas; en especial aquellas relacionadas con las cooperativas no-agropecuarias. Resulta sensato ver cómo funcionarían el marco institucional y las políticas antes de implementar cambios mayores. El mandato de Raúl Castro culminó en 2018 y, en efecto, su paquete de reformas hacia el cuentapropismo se mantuvo vigente durante todo su período presidencial; sin mayores ajustes para un mejor funcionamiento, pero con cierto grado de estabilidad.

Otra posibilidad incluye la conversión de algunas empresas estatales en cooperativas y el establecimiento de otras cooperativas que funcionen bajo un mecanismo de mercado; lo cual contemplaría una gran parte de la producción de bienes y servicios. La economía cubana estaría conformada entonces por los siguientes sectores: uno privado no muy amplio de la micro y la pequeña empresas, uno de cooperativas de mediano tamaño gestionadas por los trabajadores, uno de la empresa mixta estatal-extranjera y uno de la empresa estatal reformado. Esto sería bien interesante y verdaderamente radical, pues no existen hasta ahora economías que hayan funcionado con un sector cooperativo tan grande, aunque sí cuentan con pequeños sectores cooperativos complementarios o alternativos al sector privado dominante.

Algunos observadores han bautizado la nueva estructura económica de Cuba con el nombre de «socialismo de mercado» o «capitalismo de Estado». No obstante, estas dos denominaciones pueden resultar demasiado simples para capturar la complejidad interna de la economía cubana en su transición de una forma clásica de socialismo de Estado a un futuro indeterminado. Con un extenso sector cooperativo y con todos los demás componentes antes mencionados, tal vez un sistema económico tan híbrido puede catalogarse mejor como «economía de mercado mixta cooperativa».

En este segundo enfoque, dadas las reformas ya introducidas, el cuentapropismo y el sector cooperativo se expandirían de manera significativa. Sin embargo, hay varias deficiencias importantes que limitan seriamente el desarrollo óptimo del trabajo autónomo y reducen los beneficios que pudiera generar para la sociedad cubana. Por ejemplo, el actual régimen fiscal y la prohibición de pequeños negocios de servicios profesionales limitan el desarrollo del sector, fomentan, por tanto, la economía sumergida y socavan la revitalización de la economía cubana. Asimismo, a pesar del salto cuantitativo en la cifra de cuentapropistas entre 2010 y 2014, todavía existen límites al dinamismo económico del sector autónomo, a su capacidad para absorber los trabajadores excedentes del sector estatal, a su contribución a la innovación, la productividad y al crecimiento económico. Estos límites se deben, sobre todo, a la resistencia del liderazgo político a la generación de bienes privados y a los derechos plenos de propiedad; sin mencionar el reconocimiento y el respeto por las libertades civiles y los derechos políticos plenos (Corrales, 2012).

También ha habido una considerable actitud burocrática reticente —aunque no en los niveles superiores—; así como una hostilidad por parte de algunos de los oficiales responsables de implementar las reformas. Según Raúl Castro: «No es ocioso reiterar que nuestros cuadros tienen que habituarse a trabajar con los documentos rectores que emiten los órganos facultados y a abandonar el irresponsable vicio de engavetarlos» (2011a). En caso extremo, si la inercia burocrática se convirtiera en una «insurgencia burocrática», la capacidad del Estado para implementar las iniciativas de las políticas podría perjudicarse. Según lo formula Jorge Domínguez en pocas palabras: «¿Pueden los gobernantes cubanos gobernar a Cuba?» (2012). De acuerdo a nuestros cálculos, la reticencia, sin dudas, continuará; pero será probablemente contenida.

Un tercer punto de vista sería una aceleración de las reformas hacia la pequeña, mediana y gran empresas, y un ajuste en la balanza entre los sectores público, privado y de cooperativa. Esto, a la larga, incluiría una mezcla de empresas algo diferente a la del segundo enfoque. Presumiblemente, aquellas medianas y de gran tamaño podrían evolucionar a expensas de las cooperativas y la pequeña empresa privada. Este camino fuese más probable si los nuevos programas pilotos fracasaran en la provisión de empleos y la producción de bienes y servicios en la cantidad y la calidad necesarios.

La viabilidad de este tercer enfoque también dependería de alguna manera de los cambios de las políticas estadounidenses hacia Cuba y de las propias políticas de Cuba hacia su diáspora numerosa y solvente, que ya desempeña un papel significativo, aunque mayormente silencioso, en la economía cubana como suministradores de crédito y de capital inicial mediante los miles de millones de dólares que envían a la Isla cada año en concepto de remesas y especies. No obstante, esto no será promovido mientras el Gobierno pueda mantener el control del ritmo y profundidad de los cambios económicos en la Isla. Un comodín que se ha hecho cada vez más prominente en 2014 es un coro creciente de voces de un grupo de partes interesadas, sorprendentemente diverso, en EE.UU., que aboga por una relajación real de las políticas estadounidenses hacia Cuba; en especial, por cambios calibrados en esas políticas que fomenten las aperturas pro mercado del gobierno cubano y proporcionen apoyo material y técnico a los noveles emprendedores cubanos. Consideramos que esta relación de principios con la sociedad civil emergente en Cuba —y en particular con el cada vez más robusto sector cuentapropista— puede, y de hecho debe permitírsele, desempeñar un papel en la consolidación y la expansión de las reformas económicas en el país.[4]

---

[4] El más sorprendente de estos llamados llegó en forma de «carta abierta» a Barack Obama por parte de un grupo bipartidista de antiguos funcionarios gubernamentales de EE.UU. y filántropos y líderes de negocios cubano-americanos. Los cuatro puntos de la carta solicitaban que el presidente: 1. expandiera y salvaguardara los viajes a Cuba para todos los estadounidenses; 2. incrementara el apoyo a la sociedad civil cubana; 3. priorizara una participación en base a principios en áreas de interés mutuo; y 4. tomara medidas para asegurar a las instituciones financieras que estaban autorizadas a procesar todas las transacciones necesarias relacionadas con todas las actividades permitidas (Carta Abierta, 2014; Adams, 2014). Otros llamados e iniciativas similares han sido lanzados por Americas Society/Council on the Americas Cuba Working Group (AC/COA 2014), la fundación Cuba Emprende (Cuba Emprende, 2014), y el nuevo grupo de presión a favor de la participación #CubaNow (Herrero, 2014). Véase también un par de fascinantes artículos del *New York Times* de principios de marzo, de Damien Cave, que provocaron críticas constantes por parte del *caucus* cubano-americano del Congreso (2014b, 2014c y 2014d). Además de la fundación Cuba Emprende, radicada en EE.UU. y apoyada por cubano-americanos, debe destacarse que existen una serie de programas universitarios encaminados a proporcionar cursos de administración de negocios a los cuentapropistas cubanos —y posiblemente a los miembros de estas nuevas cooperativas no agropecuarias—. Uno de ellos se ofrece en el Centro Cultural Padre Félix Varela de la arquidiócesis de La Habana, en cooperación con la Universidad Católica San Antonio, Murcia, España.

Es muy probable que el sucesor de Raúl Castro continúe con los replanteamientos que han tenido lugar durante la presidencia de este último y liberalice aún más las políticas públicas hacia los pequeños emprendimientos, legalice la empresa mediana —y tal vez la grande— en el sector privado y permita la expansión del sector privado en general para la producción de bienes y servicios, al tiempo que mantiene el papel predominante del Estado en la provisión de bienes públicos. Según este enfoque, podríamos esperar que, a la larga, la economía cubana cuente con una mezcla de empresa privada, cooperativa y estatal que no distaría mucho de tal tipo de economías en el resto del mundo. Por supuesto, este tipo de estructura económica mixta tiene ventajas y desventajas. No hay ninguna nación cuyos ciudadanos estén totalmente satisfechos con su mezcla particular de instituciones económicas.

En algún momento, habrán de tomarse decisiones sobre la función de las empresas privadas de gran escala (nacionales o extranjeras). ¿Permitirán los responsables de las políticas cubanas en el futuro el tipo de concentración de propiedad privada —una «walmartización» de la economía— que generaría importantes ingresos y riquezas, pero que concentradas intensamente exacerbarían las desigualdades ya existentes? Esto parece improbable a menos que haya un cambio radical de gobierno. No obstante, vale destacar que Cuba ya cuenta con una intensa concentración de control dentro del sector estatal con compañías estatales conglomeradas; tales como, el Grupo Cimex S.A., Cubanacán S.A. y Gaviota S.A. —perteneciente a las Fuerzas Armadas Revolucionarias—. Cualquier privatización total o parcial de estas podría conducir a una concentración de riquezas e ingresos del tipo Walmart —como sucede en otros países.

Dado los peligros de la corporatización y del incremento de la desigualdad de ingresos y riquezas por un lado, y del capitalismo de Estado monolítico y antidemocrático por el otro, esperamos con toda sinceridad que Cuba, en el futuro distante —al igual que la mayoría de los países—, luche de manera constante para ajustar su mezcla de empresas privadas pequeñas, medianas y grandes, cooperativas, mixtas, extranjeras y públicas, a fin de proporcionar adecuadamente los empleos, bienes y servicios necesarios para sus ciudadanos para mantener una equitativa distribución de ingresos.

Más cursos de este tipo se brindan en la Universidad de La Habana y en la Universidad de Las Tunas (Batista Valdés, 2014; AIN, 2014).

10

EPÍLOGO.
EMPRENDEDORES CUBANOS:
«ENTRE EL DICHO Y EL HECHO»

A la luz de los acontecimientos nacionales e internacionales que han impactado el sector privado de Cuba entre los años 2014 y 2020, intentamos examinar en este epílogo el significado, funcionamiento y entorno de las políticas hacia el «cuentapropismo», las pymes y las cooperativas no-agrícolas durante este período, señalando las implicaciones que estos significativos cambios de políticas representan para el futuro del sector privado en la Isla. Dentro del proceso más abarcador de las reformas económicas sin precedentes impulsadas inicialmente por Raúl Castro, en medio de un movimiento histórico hacia la «normalización» de la relaciones entre Cuba y EE.UU. —iniciado bajo el gobierno de Barack Obama y ahora pausado o hasta revocado bajo la administración de Donald Trump— surgen las siguientes interrogantes: ¿Cómo se está reconfigurando el emprendimiento desde adentro por los propios cubanos y desde arriba por el Estado cubano? ¿Cuáles serán los efectos de dicha reconfiguración en la conformación de una respuesta popular al modelo ultra-simplista de «o esto o aquello» de una mera «actualización» del socialismo o un declarado «perfeccionamiento» del trabajo por cuenta propia según la línea partidista *vs.* una «transición» implícita hacia una economía mixta de mercado? ¿Cuáles fueron y son las implicaciones del emprendimiento en el contexto cubano, específicamente desde la perspectiva de los propios emprendedores? ¿Se ven a sí mismos como actores en la «actualización» del socialismo cubano, como pioneros en el establecimiento eventual del sector privado de las pymes en Cuba o como ingeniosos supervivientes sin objetivos globales ni postura ideológica en particular?

Esta atención al emprendimiento adquiere mayor urgencia —y exige un análisis más profundo— en el contexto cambiante de las relaciones bilaterales Cuba-EE.UU. tras el deshielo histórico iniciado el 17 de diciembre de 2014, que culminó con el restablecimiento de las relaciones diplomáticas y la apertura de las embajadas el 20 de julio de 2015. En efecto, la política de Obama de «empoderamiento mediante acercamiento» (*empowerment through engagement*) identificó explícitamente a la clase emprendedora emergente como agente del cambio tras las liberalizaciones del sector privado permitidas por Raúl Castro a inicios de 2010. Sin embargo, las posibilidades económicas que se abrieron para los emprendedores cubanos —y entre ellos y sus potenciales inversionistas—, socios y patrocinadores estadounidenses durante 2015 y 2016 se han puesto en tela de juicio —por no decir congelado— debido a varios acontecimientos posteriores desde 2017.

Primero llegó el estancamiento de las reformas económicas en Cuba y una renovada reticencia por parte del Gobierno hacia una apertura más amplia, profunda y acelerada respecto al sector privado. Esta reserva se evidenció especialmente durante el VII Congreso del Partido en abril de 2016 —para sorpresa de muchos defensivo y demasiado nacionalista—, que siguió la visita de Estado de Obama en marzo de ese año, a la cual parecía ser una respuesta directa. Entre agosto de 2017 y julio de 2018, la supuesta «pausa para arreglos» pareció tomar la forma de una «contrarreforma» verdadera dirigida a detener el avance del sector privado y la emergencia de una clase media en la Isla (Torres, 2018a; Marsh, 2018; Álvarez, 2018; *El Toque*, 2018). Esta contrarreforma fue bastante clara con el anuncio de un nuevo paquete de leyes para «perfeccionar» el trabajo por cuenta propia el 10 de julio de 2018 (Torres, 2018b; AUGE, 2018; Díaz Castellanos, 2018b; *Granma*, 2018b; *Gaceta Oficial...*, 2018).

El segundo suceso fue la inesperada elección de Donald J. Trump como presidente de EE.UU. a principios de noviembre de 2016; a lo cual le siguió, en ese mismo mes, el fallecimiento del inveterado máximo líder cubano, Fidel Castro. Dos años después, en abril, ocurrió la transferencia del poder ejecutivo de Raúl Castro a Miguel Díaz-Canel, originalmente programada para febrero. Por primera vez en la historia el poder salía nominalmente de manos de los Castro después casi seis décadas; no obstante, Raúl Castro continúa como primer secretario del PCC.

Por último, durante los primeros nueve meses de 2020, Cuba —al igual el resto del mundo— ha atravesado una odisea epidemiológica y económica sin precedentes con la llegada del nuevo Coronavirus. Aunque el país ha logrado un relativo éxito en controlar el impacto del virus en la población —la primera quincena de octubre cerraba con 6 170 casos positivos y 125 fallecidos por esta causa, según datos oficiales del Ministerio de Salud—, ha sido posible al alto precio de una «paralización» casi total de la economía nacional; incluyendo el cierre del turismo internacional entre los meses de abril y agosto. De tal modo que, si bien el número de trabajadores por cuenta propia con licencias alcanzó una cifra récord de 632 557 en la primera mitad de año, casi 40% (243 203) ha tenido que cerrar temporalmente sus negocios debido a la cuarentena impuesta en la Isla durante este tiempo (Frank, 2020; Rodríguez, 2020; *Mesa Redonda*, 2020a).

Esta grave situación económica —combinada con la crisis económica, social y política en Venezuela, y las sanciones económicas cada vez más duras de la administración de Trump— forzó al Gobierno a anunciar una serie de nuevas reformas económicas a mediados de julio de 2020, en las que se incluyen una prometida apertura y flexibilización del trabajo por cuenta propia con la eliminación de la lista controladora de las ocupaciones permitidas, la apertura de tiendas mayoristas para cuentapropistas y la posibilidad legal para particulares de importar materias primas y exportar sus productos a través de empresas estatales. Además, el sector de las cooperativas no-agrícolas, moribundo durante los últimos cuatro años, recibió un nuevo aliento con la promesa, igualmente, de una flexibilización y expansión, así como una venidera legalización —aún sin detalles y lejos de implementarse— para las pymes.

¿Son estas medidas una señal confiable de un cambio estructural en la mentalidad del Gobierno y en sus políticas hacia del sector privado o son un mero parche temporal en tiempos de crisis que verá un inevitable retroceso en el futuro —tal como se ha visto un sinnúmero de veces en la larga historia de las fluctuantes políticas cubanas hacia el emprendimiento privado—? Dichas reformas responden a los consejos compartidos durante años por los académicos cubanos especializados en analizar el sector no-estatal (Mesa Lago *et al.*, 2016; Monreal, 2020c; Pérez Villanueva, 2009; Torres, 2018a; Triana, 2012; Vidal Alejandro, 2016; Vidal Alejandro y Pérez Villanueva 2010, 2012), así como a las críticas y recomendaciones puntales publicadas en los últimos años por los mismísimos emprendedores cubanos (Recio, 2017; Díaz Castellanos, 2017, 2018a, 2018b, 2018c y 2019; AUGE, 2020; Condis e Higueras, en Henken, 2018). No obstante, queda por ver si estas reformas anunciadas públicamente se van a convertir en cambios reales implementadas con mas prisa que pausa. Al fin y al cabo, entre el dicho y el hecho va un buen trecho.

El mambo económico de Raúl Castro:
dos pasos para alante y uno para atrás

A partir de 2010, la actividad autónoma autorizada en Cuba experimentó una explosión cuantitativa innegable y bastante inaudita, con un crecimiento

393

de 157 371 cuentapropistas cuando se reinició en septiembre de ese año a 632 557 para la primera mitad de 2020; cifra que se cuadriplicó en ocho años (Labacena Romero, 2017; *14ymedio*, 2017; *Granma*, 2018a, b; *Mesa Redonda*, 2020). La sumatoria de estos trabajadores autónomos con el medio millón estimado de emprendedores no autorizados, los empleados no registrados por los cuentapropistas informales, más los 575 000 campesinos privados y miembros de cooperativas, y cerca de 50 000 empleados en las empresas mixtas con compañías extranjeras, hace que el total del «sector no-estatal» constituya casi un tercio (32%) de la fuerza laboral cubana (Mesa-Lago *et al.*, 2016). Dentro de las actividades autorizadas, según cifras publicadas por *Granma* en 2018, el ramo más popular es el de los servicios alimentarios, con 9,8% de todas las licencias (58 101), seguido por 9,7% en el transporte (57 289), 6,3% para las casas particulares de renta (37 369) y 5% para los agentes de telecomunicaciones. Otro 27.6% de las licencias está representado por los asalariados en el autónomo (162 995); legalmente autorizados como partes contratadas y concentrados en los servicios alimentarios y en la hostelería privada (*Granma*, 2018b; Henken, 2017).[1]

Además de esta expansión cuantitativa hasta finales de 2019, ha habido ciertos avances cualitativos en la estructura de oportunidad logística para los cuentapropistas, que incluyen: mayor facilidad para solicitar y obtener licencias, una lista más amplia de ocupaciones a escoger, un sistema tributario apenas mejorado y la capacidad legal para contratar empleados privados por primera vez desde 1968. No obstante, al menos hasta los anuncios de nuevas reformas en julio de 2020 —que quedan por ver cuándo y cómo se implementarán—, persisten muchos frenos onerosos, frustrantes y aparentemente arbitrarios que contrarrestan el óptimo funcionamiento y desarrollo del cuentapropismo. Quizás el principal y mayor obstáculo es la continua prohibición a que la mayoría de los profesionales se conviertan en trabajadores autónomos en sus profesiones. De las aproximadamente

---

[1] Ted A. Henken: «Entrepreneurial Activity in Cuba's Private Sector», Engage Cuba Coalition y Cuba Emprende Foundation, febrero de 2017. El blog cubano independiente *Postdata*, que se centra en el periodismo de datos mediante los *data set* oficiales del Gobierno, informó un desglose ligeramente diferente. Según ellos, a comienzos de 2017 había más de 35 000 casas particulares de alquiler autorizadas y la distribución de licencias de trabajo por cuenta propia era la siguiente: empleados contratados (19.4%), actividades del transporte (14%), servicios alimentarios (10.7%), casas de alquiler (6.7%) y agentes de telecomunicaciones (4,4%). El resto de las demás actividades en conjunto representan 44.9% del número total de licencias en las entonces 201 categorías legales (Reyes, 2017; Doval, Pérez y Domínguez, 2017). Véase también las cifras publicadas en *CubaDebate* (20 de julio de 2019).

200 ocupaciones, solo 21% se consideran «calificadas», con un minúsculo 6% dentro de los servicios profesionales (programador de computación, contador, fotógrafo o traductor), dejando la vasta mayoría dentro de las categorías semicalificadas (52%) y no calificadas (21%) (Henken, 2017). Esto encierra eficazmente a la clase profesional altamente calificada de Cuba dentro del sector estatal, mal remunerado y centrocontrolado, o los obliga a renunciar a sus profesiones cuando eligen convertirse en autónomos; sobre todo en el creciente sector de los servicios al turismo.

Algunas de las ocupaciones más «medievales» presentes en la lista oficial del cuentapropismo son: afilador de cuchillos, arriero, encargado de los servicios, podador de palmas, esquilador de ovejas y adivinador.[2] Esta singular situación condujo a la periodista Julia Cooke a afirmar irónicamente, en un artículo de opinión del *New York Times*, que «una cubana puede entrar en los negocios como payasa pero no como abogada; puede abrir un bar pero no una clínica privada» (2014).[3] Eso sin mencionar lo errado de publicar una lista con un número limitado de ocupaciones privadas aprobadas; política que proscribe, por defecto, todas las demás. Una política mucho más sabia y generadora de empleos sería listar solo los trabajos privados que están prohibidos, permitiendo un amplio margen a la innovación empresarial a fin de fomentar la creación de nuevas ocupaciones e industrias insospechadas.[4]

---

[2] De hecho, las ocupaciones de adivinador, cochero, barbero tradicional, expositor de perros entrenados, «habaneras» —mujeres que posan con coloridos atuendos coloniales—, bailarines folclóricos, caricaturistas y «dandis» —hombre vestido con atuendo colonial—, en su mayoría orientadas al sector del turismo, tienen un carácter especial y están restringidas solo al área de La Habana Vieja, siendo autorizadas por la Oficina del Historiador (OHC). Hasta julio de 2018, estaban burocráticamente separadas de los otros 173 trabajos por cuenta propia. Durante el verano de 2018, esta lista fue «simplificado» de acuerdo con las nuevas regulaciones del Gobierno, condensándola en un total de 123 ocupaciones sin eliminar ninguna. A lo largo de 2019 se legalizaron seis más para una nueva suma de 129 (véase Apéndice 2). Como analizaremos más adelante, en el verano de 2020 se anunció la eliminación de esta lista y se habló de una «flexibilización» general en el trabajo por cuenta propia. Aún no está claro si esta lista «positiva» será reemplazado por una «negativa» más corta con los empleos prohibidos para dejar rienda suelta a la innovación y creatividad de los emprendedores cubanos.

[3] Es en realidad *más* restrictivo de lo que afirma Cooke en tono de burla, pues técnicamente, en ese momento, aún no era legal abrir un bar; la mayoría de los cuales existían disfrazados bajo la denominación de paladar. La legalidad para los bares no llegó hasta diciembre de 2018.

[4] Este fue el consejo principal del cuentapropista Camilo Condis durante su intervención en una mesa redonda organizada por la ASCE y el Cuba Study Group en Miami en el verano de 2018.

Sin embargo, a pesar de que las reformas empresariales y a favor del mercado de Raúl Castro fueron bastante significativas y cuantitativamente exitosas en comparación con las liberalizaciones de Fidel Castro durante el Período Especial, aún carecen de la profundidad, la amplitud y la velocidad que permitiría a los emprendedores cubanos emergentes desempeñar un papel en la economía que no fuese solo complementario. Por ejemplo, mientras que el sector turístico en Cuba se expandió con rapidez a un récord de 4 millones de visitantes en 2016 (13% más que en 2015) y 4.7 millones más en 2017 (17.5% más con respecto a 2016),[5] los restaurantes privados, las habitaciones de alquiler y los taxis que brindan servicios a una creciente proporción de esos turistas no tenían acceso a mercados mayoristas durante este período. Asimismo, tampoco podían importar bienes para sus negocios y tenían que lidiar con altos costos en dólares en las transferencias de dinero (12%-18%) y en el cambio de moneda (13%), considerando que tales transferencias son una de sus pocas fuentes de inversión disponibles. De igual manera, dado los esfuerzos históricos del expresidente Obama en aras de promocionar los viajes de estadounidenses a la Isla y del comercio con el sector privado cubano, resultaba muy irónico que el gobierno cubano siguiera manteniendo un monopolio en las exportaciones e importaciones, haciendo que los importantes cambios regulatorios de EE.UU. en dichas áreas durante 2015 y 2016 fuesen, en su mayoría, letra muerta.

«Con respecto a qué esperamos, yo no quiero hablar de lo que espero, sino de qué quisiera. Porque esperar ya dije que no espero mucho. [...] Yo quisiera una lista diferente. Nosotros tenemos una lista de licencias [...]. Yo quiero una lista de prohibiciones. [...] Esa es la lista que yo quiero. Qué es lo ilegal, qué es lo que yo no puedo hacer. [...] No puedes tener una escuela privada porque la educación es gratuita en Cuba, no puedes tener una clínica privada porque la salud es gratuita en Cuba. Eso es lo que yo quiero ver. Yo quiero ver una lista de qué es lo que no podemos tener. Ponme un marco regulatorio dentro de lo lógico. [...] Dime qué es lo sagrado dentro del proyecto socialista cubano. Dime qué es lo sagrado y déjame trabajar fuera de ese marco sagrado, y déjame hacer lo que yo sea capaz de crear» (Henken, 2018a).

[5] Este incremento durante 2016 y 2017 fue impulsado por una nueva ola de visitantes provenientes de EE.UU. (tanto cubano-americanos como estadounidenses). El crecimiento estuvo especialmente marcado por una explosión en el número de llegadas de residentes estadounidenses no cubanos, quienes vieron una expansión significativa de su acceso legal a la Isla con la relajación de las restricciones de viaje por parte de Obama. De hecho, el Ministerio de Turismo de Cuba reportó, a principios de 2018, que más de un millón de individuos estadounidenses habían visitado Cuba el año anterior. Este total fue conformado por 453 905 cubano-americanos (37.8% más que en 2016) y 619 523 individuos de ascendencia no cubana, con un incremento de 117.4% frente a 2016 (USCTEC, 2018; *Xinhua*, 2018).

Trump revoca las medidas liberalizadoras de Obama: ¿*plus ça change?*

La serie de restricciones internas que siguen frenando la expansión del sector privado en la Isla —los cubanos suelen denominarla «autobloqueo» o «bloqueo interno»— se exacerba aún más con el embargo estadounidense, recrudecido por las nuevas restricciones de viajes y comercio impuestas por el presidente Donald Trump. Anunciadas con gran fanfarria por Trump y el senador republicano de la Florida Marco Rubio, en la Pequeña Habana de Miami el 16 de junio de 2017, las medidas se justificaron en ese momento como un intento de cortar los fondos al gran número de empresas estatales y de propiedad militar; mientras se seguía permitiendo a los estadounidenses patrocinar —y presumiblemente «empoderar»— el sector privado de la Isla (Casa Blanca, 2017). Sin embargo, en la práctica, el riesgo legal que una vez más se asocia con viajar a Cuba, a la luz de las medidas de Trump, perjudica a los mismos emprendedores a los que, en teoría, deben ayudar. Aunque puede que las medidas redireccionen una parte del flujo de visitantes estadounidenses alejándola de las propiedades estatales y militares, y lo empujen hacia el sector privado, el costo real es una reducción sustancial del número total de viajeros estadounidenses. Esto hace parecer que las nuevas medidas están más dirigidas a lacerar al gobierno cubano —aceptando el daño colateral que se inflige a la población—, en vez de priorizar el acercamiento y el empoderamiento del pueblo —mientras se permite algún beneficio colateral para el Gobierno.

Durante una visita a La Habana en el verano de 2017, justo después del anuncio de la nueva política de Trump hacia Cuba, conversamos con el exjefe de la Sección de Intereses de Estados Unidos, John Caulfield (2011-2014), quien se encontraba presente en la Isla por asuntos de negocios. Aunque insistió en que era todavía demasiado pronto para saber cómo impactaría esta política más agresiva el acercamiento entre Cuba y EE.UU. —aún en proceso— o el naciente sector empresarial del país, este experimentado diplomático resumió el centro de esta cuestión con palabras incisivas: «A veces, en la política, lo que se dice es más importante que lo que se hace».

De hecho, a pesar del discurso grandilocuente de Trump a su público extremista cubano-americano en Miami, prometiendo una «cancelación total» del «mal acuerdo» de Obama con Cuba, al principio daba la impresión de que dejaría inalteradas la mayoría de sus políticas —en especial aquellas encaminadas a apoyar al sector privado cubano—; mientras que, a la par, apuntaba a modificaciones en tres áreas relativamente estrechas pertinentes a la economía y a los viajes.

Según se anunció en junio y se hizo política oficial de EE.UU. en noviembre de 2017, cuando las regulaciones en cuestión se publicaron en el Registro Federal, el gobierno de Trump eliminó la categoría de viajes individuales «*people-to-people*», exigiendo que los futuros visitantes estadounidenses viajasen como miembros de grupos turísticos organizados; prohibió todos los futuros acuerdos financieros con entidades que fuesen controladas por el ejército, la seguridad o los servicios de inteligencia cubanos; e impuso una definición mucho más abarcadora de «funcionarios cubanos de alto nivel», de manera que una mayor proporción de empleados estatales quedaría restringida de recibir remesas monetarias de sus familiares cubano-americanos (DOT, 2017; DOS, 2017; LeoGrande, 2017a).

Dicho esto, se mantendrían las relaciones diplomáticas y las recién inauguradas embajadas en las capitales de ambos países permanecerían abiertas, aunque bajo severas restricciones. Los viajes aéreos y en cruceros a Cuba desde EE.UU. continuarían siendo legales. Los cubano-americanos podrían viajar y enviar remesas a Cuba. La Isla quedaría fuera de la lista del Departamento de Estado de naciones patrocinadoras de terrorismo. Serían respetados los veinte memorandos de entendimiento firmados en una diversa serie de áreas, incluidos la protección del medio ambiente y la interdicción de drogas. Todos los acuerdos comerciales previamente ejecutados entre compañías estadounidenses quedarían exentos y considerados legales. Se mantendría la eliminación de la política migratoria especial conocida como «pies secos, pies mojados», el último acto legal de Obama como presidente respecto a Cuba —nada sorprendente dado la recia posición de Trump en temas de inmigración—; ningún otro cubano de «pies secos» sería admitido automáticamente como refugiado.

No obstante, durante 2019, bajo la influencia del senador Marco Rubio, el secretario del Estado Mike Pompeo, el consejero de Seguridad Nacional de Trump entre 2018 y 2019 John Bolton, y el antiguo jefe de la Sección de Intereses en La Habana entre 1996-1999 Michael Kozak, la administración de Trump profundizó las sanciones contra el gobierno cubano al autorizar reclamos legales bajo el Título III de la Ley Helms-Burton, prohibir los viajes en crucero a la Isla y limitar las remesas. Además, Raúl Castro y sus hijos fueron sancionados, junto con otros funcionarios y empresas; en especial, los involucrados en embarques de petróleo venezolano que mantienen a flote al país (Gámez Torres, 2019). En 2020, Washington prohibió todos los chárteres privados desde EE.UU., ordenó a Marriott cerrar su hotel Four Points by

Sheraton en La Habana (Sherman, 2020) y amenazó con poner Cuba en la lista de patrocinadores de terrorismo de nuevo (Spetalnick, 2020).

Además, menos de seis semanas antes de las elecciones presidenciales en noviembre de 2020, la administración Trump, cínicamente, anunció nuevas medidas para controlar el flujo de personas y dinero a Cuba en una maniobra transparente para ganar votos de cubano-americanos en el estado fluctuante de la Florida, que incluyen la prohibición de comprar ron y tabaco cubanos, y la estancia en más de 400 hoteles estatales de viajeros de EE.UU. (Gámez Torres, 2020b; Oppmann y Vazquez, 2020). Estas medidas fueron anunciadas un día después de que saliera la escandalosa noticia sobre el registro de la marca Trump con las autoridades cubanas entre 2008 y 2010 para construir hoteles, casinos y chanchas de golf, y organizar certámenes de belleza en la Isla. Tales revelaciones muestran que su recrudecimiento del embargo no tiene ninguna base en principios democráticos y es «puro teatro político», según el columnista del *Miami Herald* Andrés Oppenheimer (Oppenheimer, 2020; Gámez Torres, 2020a).

La política de Trump hacia Cuba representa un retroceso significativo en las relaciones bilaterales entre ambos países; además de inyectar un nuevo e innecesario antagonismo y desconfianza en unas relaciones diplomáticas ya escabrosas. Todas estas medidas, inevitablemente, empañarán la creciente confianza que había estado experimentando el sector cubano debido al influjo de nuevos negocios estadounidenses y, en especial, de los viajeros estadounidenses, quienes se habían convertido en clientes frecuentes y entusiastas de la «Cuba emprendedora».

La diferencia fundamental entre las políticas de Obama y de Trump hacia Cuba, sobre todo hacia su emergente clase emprendedora, radica que, mientras el primero se encaminaba a eliminar a EE.UU. como antagonista —y chivo expiatorio— del gobierno cubano —resuelto a cambiar el régimen en tanto empoderaba al sector privado de la isla involucrando a la par a estos y a los funcionarios estatales, el enfoque del segundo está encaminado a golpear económicamente a los últimos e intenta continuar brindado más oportunidades a los primeros. Este acercamiento agresivo de «brecha», dirigido a separar de modo estratégico al pueblo del gobierno cubano, es, en esencia, un regreso a las políticas idénticas de la guerra fría de aislamiento y empobrecimiento consagradas en el embargo; aunque estén disfrazadas y justificadas dentro del lenguaje de Obama como «empoderamiento».

La reacción del gobierno cubano a la ofensiva de «poder blando» de Obama, magistralmente ejecutada durante su histórica visita de Estado a la Isla en marzo de 2016, indica que los funcionarios consideraron su enfoque, mucho más equilibrado, respetuoso y sensible, como un «profundo ataque a nuestras ideas, nuestra historia, nuestra cultura y nuestros símbolos», según el Ministro de Relaciones Exteriores Bruno Rodríguez (*Reuters*, 2016). Asimismo, la posición oficial del Estado ante la nueva política de Trump, argumentó que solo era retóricamente diferente a la de Obama: el primero retornaba a la antigua política arrogante de imponer exigencias a Cuba y el enfoque más cortés y sutil del segundo era en esencia el mismo lobo disfrazado con piel de oveja, pues el objetivo de Estados Unidos sigue siendo el mismo cambio de régimen. «Cualquier estrategia dirigida a cambiar el sistema político, económico y social en Cuba, ya sea la que pretenda lograrlo a través de presiones e imposiciones, o empleando métodos más sutiles, estará condenada al fracaso» (*Granma*, 2017).

Vale la pena abordar el tema de los «ataques sónicos» contra diplomáticos estadounidenses y canadienses en La Habana para explicar a cabalidad el continuo deterioro de las relaciones bilaterales Cuba-EE.UU. y cómo esto ha impactado negativamente el sector privado cubano. Desde noviembre de 2016 y hasta al menos agosto de 2017, más de 22 diplomáticos estadounidenses y al menos un canadiense informaron haber experimentado misteriosos ataques sónicos que provocaron dolores de cabeza, mareos, pérdidas auditivas e incluso ligeras lesiones cerebrales. Aunque estos incidentes comenzaron durante la presidencia de Obama, aún no habían alcanzado las proporciones «epidémicas» que tuvieron luego. Al principio, ni la nueva presidencia de Trump ni el Departamento de Estado culpaba al gobierno cubano, e incluso Raúl Castro se reunió en privado en La Habana en la primavera de 2017 con el *Charge D'Affaires* de la embajada estadounidense, Jeffrey DeLaurentis, y prometió su cooperación para investigar las causas. Sin embargo, en agosto de 2017, Trump y el entonces secretario de Estado Rex Tillerson comenzaron a sugerir que Cuba era responsable de los incidentes, ya fuera por culpa u omisión, pues, para empezar, no había impedido que sucedieran.

Cuba ha negado responsabilidad en reiteradas ocasiones e incluso cuestionó la legitimidad de los síntomas mientras se comprometía simultáneamente a cooperar con EE.UU. para encontrar la causa. En un paso sin precedentes, permitió acceso a la Isla a investigadores del FBI para que profundizaran en su pesquisa; cuyos resultados, aún inconclusos, se han negado a compartir con los investigadores y funcionarios cubanos. Posteriormente, en septiembre de 2017, EE.UU. anunció la orden de una drástica reducción del personal de su embajada como medida preventiva mientras la investigación seguía en curso.

El senador Marco Rubio exigió entonces que la misión cubana en Washington, D.C. redujera también dos tercios de su platilla, a manera de paridad. El gobierno de Trump respondió enseguida con la expulsión de 17 diplomáticos cubanos de la Embajada de Cuba en Washington. Además, el Departamento de Estado emitió una alerta de viaje (nivel tres), contundentemente escrita, aconsejando a todos los potenciales visitantes estadounidenses que «reconsideraran viajar a Cuba debido a ataques dirigidos a los empleados de la Embajada de EE.UU. en La Habana» (Cuba Travel Advisory, 2017); a pesar de que ningún civil había informado síntoma alguno y todavía no existían pruebas de que los incidentes informados hubieran sido «ataques» en lo absoluto.

Las consecuencias de esta serie de acontecimientos verdaderamente raros e inauditos —incluso en los anales singulares de las relaciones bilaterales Cuba-EE.UU., con un largo historial antagónico— han redundado en la drástica reducción de la presencia diplomática y del alcance de los funcionarios cubanos y estadounidenses en los respectivos países, otorgando así, a quien quiera que esté detrás de estos incidentes, justo lo que buscaba: una reversión *de facto* al *in statu quo ante* de tratos diplomáticos mínimos y antagónicos y una pérdida significativa de confianza mutua. Los incidentes también pueden haber dado a la administración de Trump el pretexto perfecto para llevar a hechos lo que no se ha atrevido a hacer en la ley: revocar la apertura diplomática de Obama a La Habana.

En efecto, la periodista Mimi Whitefield, del *Miami Herald,* informa la ironía de que el personal oficial en la embajada «está ahora mucho más reducido que cuando la base diplomática estadounidense funcionaba como Sección de Intereses», antes del restablecimiento de las relaciones diplomáticas en el verano de 2015. En la misión no trabaja ningún funcionario político, económico, de relaciones públicas ni culturales, y solo hay un funcionario consular para una nación entera que se encuentra casi siempre entre los diez primeros emisores de inmigrantes a EE.UU. del mundo. En resumen, los diplomáticos estadounidenses han sido removidos del terreno de la participación, precisamente durante un momento que se da solo una vez en una generación, cuando Cuba atraviesa una transición gubernamental histórica, limitando así la capacidad de EE.UU. para defender o influir estos cambios en favor de sus intereses (2018).

En marzo de 2018, seis meses después de la reducción inicial, el gobierno de Trump determinó que fuera permanente, convirtiendo la misión diplomática en un «puesto sin acompañantes», una sombra de lo que había sido, con un equipo de solo 10 miembros, quienes trabajan allí sin ningún familiar. Este personal esquelético ha paralizado la inteligencia estadounidense, la migración, los esfuerzos «*people-to-people*»; sin contar la capacidad de EE.UU. para llegar finalmente al fondo de la causa de los incidentes acústicos. Por otra parte, según informa *Cuba Central Blog*: «prácticamente todas las funciones normales de la Embajada han sido suspendidas […] obligando a los cubanos que quieren ir de visita o emigrar a Estados Unidos a viajar a terceros países para las entrevistas y las tramitaciones» (Mendrala, 2018a). De hecho, en diciembre de 2017 solo se emitieron 22 visas de inmigrante en comparación con un promedio de 800 por mes antes de septiembre de 2017.

Como respuesta, algunos políticos estadounidenses favorables a la política de acercamiento, como la representante Kathy Castor de La Florida y un consorcio de 28 tour operadores y organizaciones de viajes educacionales, han pedido al Departamento de Estado que anule la alerta de viaje que, según sus argumentos, «ha perjudicado significativamente a los emprendedores cubanos que han desarrollado sus negocios con los servicios a los visitantes estadounidenses» (Mendrala, 2018a,b; Vela, 2018; Cuba Travel Advisory, 2018). Asimismo, el emprendedor cubano Oniel Díaz Castellanos —uno de los voceros no oficiales más elocuentes del sector privado emergente en la Isla— considera la desaparición en marzo de 2019 de las visas B2 con validez de 5 años y multientrada «una decisión política con disfraz administrativo», que actúa como un «mini bloqueo» para el sector privado cubano reduciendo las ya pocas oportunidades que tenían para acceder a insumos y profundizar su *know-how* empresarial en el Norte.

> *Esta nueva medida afecta a los emprendedores por partida doble. Como a decenas de miles de otros cubanos, nos daña como individuos, al disminuir considerablemente la posibilidad de visitar a nuestros familiares sin que sea necesario vivir el viacrucis de obtener en un tercer país una visa para viajar. Y nos afecta como empresarios, al volverse de repente prácticamente prohibitivo abastecerse de recursos en ese país, tal y como muchos venían haciendo en los últimos años (Díaz Castellanos, 2019).*

CUENTAPROPISTAS CUBANOS: ¿EMPRENDEDORES AUTÓNOMOS O TRABAJADORES «POR CUENTA PROPIA»?

El otoño de 2016 y principios del invierno de 2017 fueron testigos de dos ofensivas del gobierno cubano contra los paladares y taxis privados en La Habana. Los dueños de restaurantes privados fueron sujetos a una moratoria temporal en el otorgamiento de nuevas licencias, en tanto que 129 propietarios fueron interrogados para esclarecer una supuesta expansión de ilegalidades (González, 2016). Los taxistas sufrieron una imposición unilateral de controles de precio que provocó una huelga virtual en la capital en febrero de 2017 (Dámaso, 2017; *DDC*, 2017). Los vendedores ambulantes de vegetales continuaron siendo obstaculizados por limitaciones y restricciones extrañas, por no decir ridículas, con relación a los lugares y las maneras en que podían llevar a cabo sus actividades (Johnston, 2017; Wig, 2017).

Otra decepción aleccionadora desde 2014 ha sido la puesta en marcha, terriblemente lenta, de la iniciativa de las cooperativas no-agrícolas, anunciada en 2013 (Henken y Vignoli, 2016 y 2017). A pesar de que en un inicio se recibió con grandes esperanzas y expectativas como un camino «socialista» aceptable desde un punto de vista político para la expansión de las pymes, el Gobierno aprobó menos de 500 en cuatro años (2014-2018), con solo 367 funcionales en 2019 y un número desconocido de solicitudes aún en espera de una respuesta oficial. Por otra parte, uno de los resultados frustrantes del VII Congreso del Partido en abril de 2016, para aquellos que favorecen la expansión de las cooperativas, fue la decisión de rechazar —al menos por ahora— la masificación de las no-agrícolas y, en su lugar, «consolidar las ya creadas y seguir delante de manera más gradual» (Grogg, 2016; González, 2016). No obstante, el anuncio en el verano de 2020 de una nueva estrategia económica-social como respuesta a la crisis provocada por la Covid-19, incluye la intención de concluir la fase experimental de las cooperativas no-agrícolas, eliminar las actuales restricciones en su creación y extender su rol en la economía, legalizando así «todo tipo de cooperativas» (Ministerio de Economía y Planificación, 2020).

Al investigar para su oportuno, abarcador y bien detallado libro, *Open for Business: Building Cuba's New Economy* (2016), Richard Feinberg entrevistó a más de dos docenas de emprendedores cubanos a fin de aprender de ellos algunos de sus secretos para el éxito, así como las limitantes más importantes que continúan frenándolos. Las cuatro quejas más comunes que encontró fueron:

1. un sistema nacional bancario inadecuado que limita severamente el acceso a capital de inversión;
2. falta de acceso a suministros —ya sea mediante una red de mercados mayoristas o importaciones directas, que siguen siendo un monopolio estatal—;
3. escasez de espacios de renta comerciales; y
4. un clima de negocio casi siempre desalentador, donde la mayoría de los consumidores carecen de poder adquisitivo y el Gobierno no ha logrado definir hasta la fecha el papel de lo que, con eufemismo,- llama «sector no-estatal».

Por una parte, el Gobierno llama a los emprendedores a que desempeñen un papel cada vez más legítimo y complementario al sector estatal en la creación de empleos remunerados y el suministro de bienes y servicios necesarios para la población; y, por otra, continúa restringiendo la acumulación de capital y el crecimiento de los negocios mediante la prohibición de las concentraciones privadas de la riqueza y de bienes y propiedades, e impidiendo a los profesionales ejercer sus oficios en el sector privado (Betancourt y Sagebien, 2013:60).

La Tabla 10.1 expone algunos de los resultados de dos de las recientes encuestas principales al sector cuentapropista por los economistas cubanos Pavel Vidal y Carmelo Mesa-Lago *et al.* Aunque difieren entre sí en varios aspectos, ambas brindan información útil sobre los principales problemas, cuestiones y obstáculos que impactan el funcionamiento del sector privado en la Isla. Por ejemplo, la tabla destaca los problemas que representan para el cuentapropismo la falta de suministros, financiación y acceso a la tecnología los altos niveles impositivos, así como el exceso de regulaciones y la burocracia.

Tabla 10.1: Principales obstáculos para los cuentapropistas y las pymes en Cuba (2016).

	TAMAÑO DE LA MUESTRA	
	Vidal (120)	Mesa-Lago *et al.* (25)
acceso a suministro y mercados mayoristas	75%	31%
altos niveles impositivos	47%	
regulaciones y burocracia excesivas	41%	17%
falta de financiación	17%	
acceso a Internet/tecnología		17%
insuficiente demanda o personal		9%
transporte		6%
escasez de espacios de renta		
otros		20%
ningún problema	4%	
TOTAL		100%

Nota: *En la encuesta de Vidal eran posibles respuestas múltiples por lo que la suma excede 100%. En la de Mesa-Lago, solo se anotó el problema más significativo, por lo que la suma es 100%. Los espacios en blanco indican que en cada encuesta, ese problema era una posible opción.*

Fuente: *Vidal (2016) y Mesa-Lago* et al. *(2016).*

404

De hecho, el libro del economista cubano-americano Mesa-Lago y sus colegas en la Isla, Roberto Veiga González y Lenier González Mederos, *Voces de cambio en el sector no estatal cubano*, citan a un cuentapropista que aconseja al gobierno: «Debe darse rienda suelta a toda esta fértil imaginación que estamos demostrando los cubanos, que se realice sin trabas, de manera libre, que el Gobierno permita que esto fluya, no lo dificulte y controle solo lo que debe controlar» (2016:71). Más al punto va la respuesta directa de un vendedor de vivienda a la pregunta de los autores sobre qué le gustaría que cambiara o se ajustara en el sector no-estatal: «Me gustaría que quienes gobiernan comenzaran a pensar en cómo hacerle la vida más sencilla a los ciudadanos y menos en cómo preservar los preceptos que se han demostrado ofrecen no más que penurias» (ibíd.:159).

Además, basado en sus 80 entrevistas a protagonistas en el sector no-estatal, el libro termina con una serie de «sugerencias concretas hechas por los entrevistados para que el sector avance y logre mejores resultados en beneficio de la economía y de la población cubana»: eliminar la burocracia excesiva, acabar con la lista ocupacional de actividades permitidas —reemplazándola con una lista corta de actividades prohibidas—, permitir a los profesionales universitarios convertirse en trabajadores por cuenta propia, reducir los impuestos excesivos —especialmente los de contratar empleados adicionales—, dejar a los protagonistas del sector no-estatal contratar con empresas estatales, crear mercados mayoristas y facilitar el crédito para el sector no-estatal, permitir la importación de insumos y la exportación de productos, y superar la «etapa experimental» del desarrollo de las cooperativas no-agrícolas (ibíd.:192).

Sin embargo, ninguna de las encuestas o estudios mencionados explicita las dos causas subyacentes que vulneran a los emprendedores cubanos ante el arbitrario poder estatal, toda una década después de las reformas económicas de Raúl Castro de 2010: su falta de derechos claros y defendibles a la propiedad privada y la carencia de sus negocios de personalidad jurídica reconocida a pesar de las licencias individuales de sus dueños. Es decir, aunque los cuentapropistas autorizados son trabajadores autónomos individuales legales (personas naturales), «la ley cubana no reconoce la empresa privada [en sí] como una persona jurídica [...] [sin] estatus legal como una empresa mercantil privada, [...] no pueden abrir una cuenta bancaria ni firmar contratos» (Betancourt, 2014:5).

Documentos sumarios, publicados un mes después del cierre del VII Congreso del Partido, indicaron que las pymes serían «reconocidas como personas jurídicas» (PCC, 2016). No obstante, la Asamblea Nacional de

Cuba demoró más de un año para aprobar realmente esa decisión, el 1 de junio de 2017 (Gómez Armas, 2017). Queda por ver con exactitud cuándo y cómo se implementará este cambio en la práctica, sobre todo porque no ha habido ningún avance en este sentido durante los tres años subsiguientes.[6] De hecho, en vez de reconocer las pymes como verdaderos negocios antes del fin de la presidencia de Raúl Castro en abril de 2018, el Gobierno emitió un paquete de nuevas regulaciones para cuentapropistas el 10 de julio —ahora bajo el mandato de Miguel Díaz-Canel— que solo restringían aún más el ya limitado espacio legal en el que operan (Torres, 2018; Marsh, 2018; Álvarez, 2018; *El Toque*, 2018; AUGE, 2018; *Gaceta Oficial...*, 2018).

El Plan Nacional de Desarrollo Económico y Social hasta 2030 (PNDES 2030) también incluyó un párrafo principal sobre las micro, pequeñas y medianas empresas, y tres párrafos auxiliares, todos al final del documento del PNDES (PCC, 2017:párrs. 248-251). El plan al 2030 concibe al sector de las pymes como un área bien controlada y estrictamente restringida que incluye empresas de baja intensidad de capital que brinden servicios sobre todo a los consumidores nacionales. En la lista se encuentran los servicios alimentarios, de construcción, reparación y mantenimiento, los servicios personales, complementarios al turismo, las artes y las artesanías, el transporte y las comunicaciones, etc. La carencia de un análisis detallado del sector de las pymes y de una visión más articulada de su rol futuro en el documento del PNDES 2030 es muy sorprendente, pues el sector ya emplea más de 600 000 personas y produce muchos de los bienes y servicios necesarios para la vida cotidiana del pueblo cubano. Es, asimismo, el área de la economía cubana con un mejor desempeño en términos de creación de empleos desde 2009. De hecho, la reducción de plantillas de un millón de empleos en el sector estatal y el incremento de 550 000 cuentapropistas entre 2009 y 2016 ilustran el contraste relativo de ese crecimiento (Torres, 2018a). Sin embargo, los burócratas encargados de dictar el ritmo y la profundidad de la «actualización» económica de Cuba no prevén para este sector —al menos hasta el verano de 2020— un papel mayor, más dinámico o activo dentro de la economía. Esto no es una buena señal de las políticas futuras hacia el sector de las pymes e implica que continuará estando sujeto a fuertes restricciones en su funcionamiento y posible expansión.

---

6 Como en el caso de las cooperativas no-agrícolas, en julio de 2020 el Gobierno declaró su intención de «iniciar los pasos para la constitución de micro, pequeñas y medianas empresas, que podrán ser privadas, estatales o mixtas» (Ministerio de Economía y Planificación, 2020), permitiendo a personas naturales crear entidades con personalidad jurídica y la capacidad de comercializar sus servicios y productos (AUGE, 17 de julio de 2020).

La segunda mitad de 2017, enturbiando aún más las ya opacas aguas de la «Cuba emprendedora», presenció una serie de señales fatídicas, declaraciones públicas y decretos legales que pararon en seco el crecimiento continuo del sector privado de la Isla y representaron un verdadero chasco para la expectante, pero siempre cautelosa, clase emprendedora cubana.

Primero, en julio de 2017, tras solo seis semanas de la aprobación por la Asamblea Nacional de la previa decisión del PCC de otorgar la personalidad jurídica a las pymes, Raúl Castro ocupó los titulares al criticar abiertamente las frecuentes «irregularidades» y «actos delictivos» en los negocios particulares y las recientes cooperativas no-agrícolas (Hernández, 2017; Gómez Torres, 2017a). De hecho, en su discurso a la Asamblea Nacional, a finales de julio de 2017, comenzó asegurando a sus oyentes: «No vamos a retroceder ni a detenernos, ni tampoco permitir estigmas y prejuicios hacia el sector no-estatal». Sin embargo, también dejó muy claro que era «imprescindible respetar las leyes, [...] y enfrentar resueltamente las ilegalidades y otras desviaciones que se apartan de la política establecida» (*El Toque*, 2018). Paso seguido, explicitó su desagrado personal con el elevado estilo de vida de algunos cuentapropistas. «Se han cometido hechos delictivos [...] existen informaciones de casos donde una misma persona tiene ya dos, tres, cuatro y hasta cinco restaurantes [...] una persona que ha viajado más de treinta veces a diferentes países. ¿De dónde sacó el dinero? ¿Cómo lo hizo?» (Rodríguez, 2018; Ferreira, 2018).[7]

Más tarde, el 1 de agosto de 2017, el Ministerio de Trabajo de Cuba publicó la Resolución no. 22; clara señal de que las palabras de Raúl eran mucho más que mera retórica. La nueva Ley congeló la emisión de nuevas licencias en 27 categorías ocupacionales, argumentando que el ya grueso

---

[7] Irónicamente, el mismo Raúl había expresado tiempo atrás, cuando intentaba fomentar de nuevo el cuentapropismo y cambiar la mentalidad de los cuadros del Partido y del Gobierno sobre el sector y sus emprendedores: «Si hemos arribado a la conclusión de que el ejercicio del trabajo por cuenta propia constituye una alternativa más de empleo [...] lo que corresponde hacer al Partido y al Gobierno en primer lugar es facilitar su gestión y no generar estigmas ni prejuicios hacia ellos, ni mucho menos demonizarlos, y para eso es fundamental modificar la apreciación negativa existente en no pocos de nosotros hacia esta forma de trabajo privado [...] Los pasos que hemos venido dando y daremos en la ampliación y flexibilización del trabajo por cuenta propia, son el fruto de profundas meditaciones y análisis y podemos asegurar que esta vez no habrá retroceso» (Rodríguez, 2016; López, 2011).

conjunto de regulaciones para el trabajo por cuenta propia resultaba insuficiente y «requeriría mejor orden y control». Por tanto, hasta que no se lograra, no estarían disponibles nuevas licencias para muchas de las ocupaciones más populares y lucrativas del sector privado; a saber: casas particulares de alquiler, paladares y cafeterías, agentes de bienes raíces y de renta, talleres de reparación de automóviles, planificadores de eventos, zapateros, maestros de música e idiomas, y programadores de computación. Si bien las licencias para estas ocupaciones estarían congeladas hasta nuevo aviso, aquellas para vendedores minoristas de productos agropecuarios, carretilleros o vendedores ambulantes de productos agrícolas y compradores-vendedores de discos, se cerraban totalmente (*Gaceta Oficial...*, 2017; Puig Meneses, 2017; Gómez Torres, 2017b).

Además de esta significativa «pausa» legal en el crecimiento y consolidación del sector privado cubano, durante el verano de 2017 fueron intervenidos y clausurados un número de negocios particulares bien conocidos y altamente exitosos, cuyos inventarios se confiscaron por llevar a cabo actividades económicas que excedían el ámbito de sus licencias. Esto coincidió con la difusión de un video de una reunión privada entre funcionarios del PCC y el entonces primer vicepresidente —y futuro heredero de Castro— Miguel Díaz-Canel, donde este recriminaba amenazante la supuesta orientación contrarrevolucionaria del sector privado cubano, los medios digitales independientes y la normalización de las relaciones con EE.UU.; el cual —recordó a sus oyentes— continuaba tramando la «conquista política y económica» de la Revolución.

Las reuniones de la Asamblea Nacional de diciembre de 2017 ratificaron la necesidad de regulaciones más estrictas al sector privado cubano, matando la esperanza de algunos de que Díaz-Canel solo estuviera consintiendo a los retrógrados de la vieja guardia del régimen, sin revelar su verdadera orientación ideológica ni sus intenciones políticas. En lo sucesivo, se limitaba una sola licencia por cuentapropistas las operaciones de las cooperativas se circunscribirían a una única provincia. Tales regulaciones destruyeron eficazmente las innovadoras estrategias de negocio de algunos emprendedores, que llevaban a la vez diferentes paladares y casas particulares bajo el mismo techo, y otros que operaban la misma cooperativa en múltiples provincias. Asimismo, se topaban los salarios para los líderes de las cooperativas y se limitaban los contratos entre las empresas estatales como Havanatur y los paladares —donde con frecuencia llevaban a cenar a los turistas— a un valor total de $75 000 al año (LeoGrande, 2017; *The Economist*, 2017; Frank, 2017; Recio, 2018).

Por último, a finales de febrero de 2018, la corresponsal de *Reuters* en Cuba, Sarah Marsh, publicó una exclusiva describiendo un informe interno del Gobierno de 166 páginas, redactado el verano anterior por una comisión especial de reforma económica con el objetivo de «incrementar el control estatal sobre el sector privado y restringir el cuentapropismo»; cuyas medidas irían significativamente más allá de la paralización implementada en agosto del 2017. También añadió detalles específicos a las reformas anunciadas en diciembre por el zar de la reforma económica, Marino Murillo, en la Asamblea Nacional. Fechado el 3 de agosto de 2017 y rubricado por Marcia Fernández Andreu, vicejefa de la Secretaría del Consejo de Estado y de Ministros, el detallado informe había circulado, aparentemente, entre funcionarios de los gobiernos provinciales y nacional durante segundo semestre del año a fin de obtener retroalimentación de su parte y, quizás, ganar su apoyo para los cambios.

Las medidas[8] específicas recomendadas incluyeron la eliminación de la laguna legal que había permitido a algunos propietarios de restaurantes

---

[8] Irónicamente, a partir de 2018, cuando uno googleaba «medidas del gobierno cubano», el primer enlace que aparecía era un articulo con el mismo título, en el *blog Medium,* escrito por Norges Rodríguez, ingeniero en telecomunicaciones y activista cubano en los medios. El texto, con un lenguaje seco y oficialista, típico del gobierno cubano, anunciaba una serie de reformas profundas y largamente esperadas que La Habana, en teoría, pondría en práctica el 1 de febrero de 2018.

Antes de insinuar cambios fundamentales en las políticas de migración, agricultura, telecomunicaciones, medios de comunicación y participación democrática de Cuba, el artículo comenzaba con una larga descripción de los cambios clave en sus políticas para cuentapropistas, que se hacían eco de las recomendadas aquí por Díaz Castellanos y sus colegas. Este «grupo de medidas tiene como objetivo salir de una vez y por todas de la crisis económica que afecta al país hace casi tres décadas y contrarrestar los efectos de las regulaciones de EE.UU. que en materia comercial y financiera afectan a Cuba […]. Considerando la importancia que tiene para el desarrollo del país el Trabajo por Cuenta Propia, el Ministerio de Trabajo y Seguridad Social, luego del estudio y análisis que comenzó el 1 de agosto de 2017, cuando se detuvo la entrega de licencias, aprobó en el día de hoy una resolución que elimina el concepto de "actividades permitidas" y elabora un listado de sectores de la economía que solo pueden ser gestionados por empresas o entidades públicas y eso incluye los servicios de salud, la educación, servicio eléctrico, minería, el acueducto y alcantarillado, los servicios comunales y otros que se listan en la Resolución 1228 de 2017. Una de las novedades de esta medida es que a partir del 1 de febrero los cuentapropistas podrán tener personalidad jurídica, podrán asociarse con empresas y capital extranjero, podrán importar productos con carácter comercial y exportar sus productos y servicios» (Rodríguez, N., 2017).

Después de enumerar detalladamente otras tres medidas, asimismo convincentes, Rodríguez informa a sus lectores que deben seguir un enlace para conocer el alcance total de la exitosos eludir el límite de solo 50 sillas por establecimiento al obtener más de una licencia de paladar. En el futuro, cada individuo o casa estaría limitado a una sola licencia. De manera más general, Marsh informó que «el documento aboga por una división dentro del Ministerio del Trabajo para administrar y controlar el trabajo por cuenta propia». También se esperaba que la lista de las ocupaciones del sector privada sería revisada a fondo y se reduciría el número de ocupaciones a menos de 125. Sin embargo, aún no quedaba claro si este cambio significaba una mera reorganización burocrática de las licencias existentes o su eliminación real de los libros. Igualmente significativas fueron las listas detalladas de multas y otros castigos más «rigurosos» por violar las regulaciones del trabajo por cuenta propia (Marsh, 2018; *El Toque*, 2018).

Presintiendo que las «nuevas medidas», supuestamente dirigidas a «perfeccionar el ejercicio del trabajo por cuenta propia», sujetas a una secreta redacción por el Gobierno, implicarían más daños que beneficios en relación con la flexibilidad y prosperidad de las que disfrutaba el emergente sector privado cubano, el 21 de agosto de 2017 un grupo de 43 cuentapropistas redactaron una carta privada y la entregaron a Margarita Marlene González Fernández, la entonces ministra de Trabajo y Seguridad Social, con el objetivo de iniciar un diálogo donde pudieran expresar sus preocupaciones. A pesar del acuerdo de no revelar de manera pública esta carta, con el objetivo de incrementar las probabilidades de ser escuchados y tomados en cuenta por ese Ministerio, el vocero informal del grupo, Oniel Díaz Castellanos, publicó en Facebook ese 14 de diciembre un resumen de sus contenidos. Según explicaba, ya habían pasado 70 días sin tener noticias del Ministerio, no obstante el límite legal establecido de 60 días para responder oficialmente las peticiones de un ciudadano (Recio, 2017). «Queremos ser escuchados y tomados en cuenta […] Seguiremos insistiendo».

---

decisión del Gobierno. Para la gran diversión de algunos de sus lectores —y provocando la ira de otros por haberse dejado engañar por su artimaña—, redirecciona a la página de *Wikipedia* del Día de los Santos Inocentes.

El engaño lúdico de Rodríguez pronto cobró vida propia. Según él, el enlace fue compartido más de 20 000 veces en Facebook; muchos otros lo cortaron y pegaron en sus propios estados, omitiendo inadvertidamente el enlace final a Wikipedia y eliminando así la broma, con lo cual la publicación se convertía en una especie de *fake news* para otros lectores. En la propia plataforma de *Medium*, el artículo se había visto más de 257 000 ocasiones y se había leído 133 000 veces hasta el 12 de noviembre de 2018. Rodríguez incluso informó que en los primeros meses de ese año, la publicación había rebasado el ámbito digital y la gente compartía entre sí copias impresas del documento en varios barrios cubanos (Rodríguez, N., 2018).

El grupo al que pertenecía Díaz esperaba poder discutir los siguientes temas con la Ministra, con la esperanza de poder ser partícipes en la formulación de políticas que permitieran estimular el óptimo desarrollo del sector privado en Cuba:

1. flexibilizar los mecanismos para adquirir en el país materias primas/insumos;
2. capacidad para realizar importaciones de carácter comercial;
3. tratamiento fiscal flexible y ajustado a las condiciones de la economía nacional;
4. sustitución de las autorizaciones por un listado de actividades prohibidas debido a intereses nacionales, políticos, económicos, o medioambientales;
5. creación de un mecanismo de diálogo entre el Ministerio de Trabajo y Seguridad Social y los trabajadores del sector; e
6. implementación de la pequeña y mediana empresa privada en Cuba (Díaz Castellanos, 2017; Recio, 2017).

Increíblemente, poco después, a principios de enero de 2018, Díaz dio a conocer la buena noticia de que el pasado 28 de diciembre, Marta Deus —otra renombrada cuentapropista— y él habían tenido una reunión de dos horas con oficiales de alto rango del Ministerio de Trabajo, donde habían podido expresar sus preocupaciones. Además, declaró que había sido una reunión exitosa, donde «ambas partes hablamos con transparencia y escuchamos con interés. Un encuentro de coincidencias y discrepancias». Y concluyó su declaración con una promesa: «[Este es] un espacio que pretendemos ampliar y defender» (Díaz Castellanos, 2018a; Recio, 2018).[9] Sus declaraciones y actividades constantes durante los tres años siguientes, abogando por una política hacia el sector privado basada más en el fomento y la comunicación respetuosa que en el control y las declaraciones unilaterales, testifican que ha cumplido tal promesa.

---

[9] El 21 de agosto de 2018, en el primer aniversario de la entrega de su carta original al Ministerio, Díaz observó con ironía en Facebook que las seis propuestas de su grupo, emitidas «con el espíritu de perfeccionar verdaderamente el trabajo por cuenta propia, [...] siguen siendo asignatura pendiente. [Ellos están] ausentes en las nuevas regulaciones». Además, agregó que los problemas crónicos que afectan al trabajo por cuenta propia no se resolverán con el enfoque burocrático de control gubernamental. «Los problemas que el Estado quiere resolver, con los cuales estamos de acuerdo, lamentablemente seguirán reproduciéndose si no se atacan sus verdaderas causas» (2018c).

«La venganza del burócrata envidioso»:[10]
Nuevas regulaciones para cuentapropistas

Seis meses después, el 9 de julio de 2018, *Granma* anunció que el Gobierno finalmente había concluido sus deliberaciones y emitiría al día siguiente una serie de regulaciones para el sector por cuenta propia en la *Gaceta Oficial...*: un total de 129 páginas de nuevas medidas basadas en el borrador circulado por privado (Consejo de Ministros, 2017). «El contenido de las normas responde, por un lado, a algunas solicitudes de los trabajadores por cuenta propia» (*Granma*, 2018b; Castro Morales 2018). Sin embargo, esta justificación —orwelliana en sí misma, dado el contenido real de las regulaciones descritas— estaba mezclada con el inconfundible mensaje de que, para el Gobierno, «el perfeccionamiento» iba mucho más sobre orden y control burocrático que sobre la facilitación, integración y apoyo que concebía Díaz Castellanos.

La buena noticia era que volverían a otorgarse 27 de las codiciadas licencias, previamente congeladas, tras un período de espera de cinco meses. Las nuevas medidas se harían efectivas el 7 de diciembre de 2018 para, según *Granma*, «permitir crear las condiciones para llevar a cabo un ordenamiento efectivo, con total apego a lo legislado» (2018b). Otro aspecto positivo era el acento en un lenguaje no-discriminatorio, cuyo objetivo es proteger a grupos vulnerables dentro del sector privado (mujeres, minorías raciales, etc.). Asimismo, obliga a contratos de empleo y le permite a los dueños de casas de renta ofrecer sus servicios a entidades legales, tales como empresas y agencias estatales. Además, los cuentapropistas podrían en lo adelante aumentar el monto deducible de gastos para el cálculo del pago de sus impuestos (*Gaceta Oficial...*, 2018; AUGE, 2018; Weissenstein y Rodríguez, 2018).

Por otra parte, las nuevas medidas ignoran las preocupaciones más urgentes de los cuentapropistas. Quedaron silenciados el acceso a materias primas a precios mayoristas, la importación y exportación comercial de bienes, materias primas y servicios, la simplificación del listado a solo los «emprendimientos no permitidos», la práctica privada de los profesionales en sus propias áreas, la retroalimentación y el diálogo con los cuentapro-

---

[10] Nuestro título viene de un texto de Richard Feinberg y Claudia Padrón Cueto, donde escriben: «Las regulaciones extensas y altamente detalladas, que entrarán en vigencia en diciembre, se leen como "la venganza del burócrata envidioso"». Además, la periodista Mimi Whitefield publicó un texto en *El Nuevo Herald* bajo el editorial «La venganza del burócrata: nuevas medidas asfixian la iniciativa privada en Cuba».

pistas, y el otorgamiento de personalidad jurídica a las pymes (*Gaceta Oficial...*, 2018; AUGE, 2018; Feinberg y Padrón Cueto, 2018).[11]

El silencio del Gobierno acerca de estas cuestiones clave fue notado por Díaz Castellanos, quien escribió un artículo de opinión en *OnCuba*, reclamando a los burócratas que obviaban «una política dirigida a fomentar e incorporar al sector privado» debido a una permanente paranoia que llevaba a «limitar y reprimir [su] crecimiento» por miedo a un aumento de la inequidad social y la concentración de la riqueza y propiedades o el empoderamiento de una emergente clase media. «Las autoridades han insistido en que satisfacen algunas solicitudes de los propios trabajadores por cuenta propia [...] Pero las que se piden a gritos, y que tendrían un mayor impacto, siguen brillando por su ausencia».[12]

Bajo el título «Nuevas reglas del sector privado: el no sobre el sí», su texto señala que la palabra «no» aparece un total de 243 veces en las regulaciones —¡casi dos veces por página!— y que los reguladores perdieron una importante oportunidad de cambiar su filosofía de una visión demasiado burocrática a anunciar un cambio hacia una nueva dinámica de diálogo y apoyo al sector privado. Sarcásticamente, sugiere que podrían haber dicho «no» desde un principio, eliminando la lista de ocupaciones legales —que determina las restantes no mencionadas como ilegales— y reemplazándola con una «lista negativa», que «dé así rienda suelta a la creatividad y el empuje de los cubanos para solucionar sus problemas económicos y contribuir con productos, servicios y tributos al país» (Díaz Castellanos, 2018b).

Quizás el análisis más agudo del «masivo compendio de nuevas y duras regulaciones» para el sector privado haya sido el de Richard Feinberg,

---

[11] De hecho, el cuentapropista Camilo Condis opina que el obstáculo más importante para el sector privado en Cuba es la falta de un reconocimiento legal para los trabajadores autónomos, que realmente son pequeños empresarios. Según él, en 2016, el zar de las reformas, Marino Murillo, había dicho lo mismo por televisión. «Yo pensaba que la Constitución iba a establecer una ruta hacia esto —dice Condi— y que las nuevas medidas no iban a salir». Por eso, se sintió sorprendido —y hasta engañado» cuando vio publicado el 10 de julio de 2018 lo que considera «129 páginas de negativismo» (Henken, 2018a).

[12] En el artículo, Díaz Castellanos también se lamenta de que el resultado probable de las nuevas medidas sería simplemente empujar a una mayor parte de los cuentapropistas cubanos al quiebre económico o a la clandestinidad. Para subrayar esto, a través de Facebook compartió una ingeniosa tira dibujada años antes por el caricaturista cubano René de la Nuez (2018), que mostraba una breve conversación entre un par de cubanos:
«—Pues yo voy a pasar a la clandestinidad.
—¿Política?
—No, hombre, económica».

investigador sobre Cuba del Brookings Institution, y la periodista cubana Claudia Padrón Cueto. Más preocupados por restringir la acumulación de capital privado y la exitosa competitividad de los más innovadores y prósperos cuentapropistas que por disminuir la pobreza o estimular la inversión y la creación de empleo, los burócratas artífices de estas nuevas medidas parecen estar motivados por el deseo egoísta de proteger el moribundo y monopólico sector empresarial estatal con el objetivo político de evitar la creación de una clase media adinerada. De hecho, «los mismos ministerios que pierden cuota de mercado —afirman— están ahora a cargo de la aprobación de licencias en sus respectivos sectores» (2018).

Las nuevas regulaciones prohíben explícitamente un número de prácticas comunes de los cuentapropistas y aumentan los impuestos, así como las sanciones legales debido a violaciones de la ley; incluyendo la pérdida definitiva de la licencia y la confiscación del establecimiento donde se realiza el emprendimiento —en la mayoría de los casos se trata de la propia casa familiar del dueño del negocio— en caso violaciones más severas (*Gaceta Oficial...*, 2018; AUGE, 2018). Algunas de las prohibiciones contemplan, entre otras, los negocios con entidades extranjeras —tal y como los arrendatarios privados hacen con compañías de turismo internacional o programadores de software cubanos con firmas internacionales de tecnología—; testaferros para la creación de marcas, cadenas y franquicias; las escuelas o academias privadas; el operar empresas de bienes raíces disfrazadas de emprendimientos por cuenta propia (Díaz Castellanos, 2018b; Muñoz Lima, 2018; Rodríguez, 2018; Frank, 2018).[13]

Camilo Condis critica la falta de una mentalidad de desarrollo en las nuevas medidas gubernamentales. «Ellos llaman a las medidas como formas de "perfeccionar el sector por cuenta propia", [...] pero no hay ninguna medida hacia el desarrollo o crecimiento del sector». Además, observa en la nueva limitación a una sola licencia un gran obstáculo al crecimiento

---

[13] Curiosamente, se les ha perdonado la vida a los círculos infantiles particulares, extendidos rápidamente por toda la Isla durante 2010-2020; aunque ahora tienen que lidiar con una larga lista de regulaciones muy específicas, ni siquiera requeridas para las guarderías estatales. Por ejemplo, deben «asignar al menos dos metros cuadrados por niño, no tener más de seis niños por asistente y estar equipados con instalaciones de baño prístinas descritas con un detalle exquisito» (Feinberg y Padrón Cueto, 2018). Según Mimi Whitefield, también deben garantizar que a cada niño se le proporcionen «artículos de aseo personal [incluido] un peine, cepillo de dientes, toallas de baño, toallas higiénicas, cubiertos y tazas», cada uno identificado. Incluso se especifica que «los ganchos para sus toallas deben estar separados por un mínimo de 20 centímetros» (2018).

natural del sector cuentapropista e indica que la restricción es especialmente contraproducente, pues la ley no permite a los emprendedores vender sus negocios e ilegaliza los testaferros.

Su visión del control sobre crecimiento económico resulta preocupante:

> *Hay una de las medidas que estipula que, si usted es descubierto realizando una actividad económica en el sector por cuenta propia sin tener una licencia, se le impondrá una multa, pero además de esta multa —cosa lógica—, usted estará inhabilitado para ejercer esta actividad por dos años. Es decir, el interés no es legalizar a los cuentapropistas, sino castigar al infractor y mantenerlo fuera del sector.*

Para Condis, esto refleja más bien un rechazo hacia el crecimiento del sector cuentapropista y lo considera un enorme retroceso (Henken, 2018a, 2018b y 2019).

Convencidos de que la emergente clase empresarial privada no cumple con su visión de los cuentapropistas como trabajadores independientes con pequeños negocios familiares e ingresos de «subsistencia», los burócratas cubanos insisten en que los emprendedores más ambiciosos violan «la esencia y el espíritu del trabajo por cuenta propia que consiste en trabajadores que ejercen cotidianamente la actividad para la cual están autorizados». De hecho, la entonces viceministra de Trabajo y Seguridad Social, Marta Elena Feitó Cabrera, expresó en el verano de 2018: «¿Cómo podría alguien asumir, paralelamente, el servicio de restaurante con el trabajo de manicura o fregador de autos? No se trata de un dueño con varios negocios, pues ello se aleja de los principios que sustentan la política aprobada» (Gámez Torres, 2018; Castro Morales, 2018).

Con el objetivo de prevenir violaciones en la «esencia y el espíritu» del cuentapropismo, las nuevas regulaciones publicadas en la *Gaceta Oficial...* también anunciaron el establecimiento de un nuevo método para obtener las licencias, donde será necesaria una detallada petición por escrito, inspecciones estatales al local del negocio y una declaración jurada que atestigüe la procedencia lícita de los equipos y financiamiento. Además, los cuentapropistas que generen mayores ingresos están obligados a crear cuentas bancarias para sus negocios, las cuales deben utilizar para todas las transacciones y en las cuales deben tener un balance mínimo equivalente a tres pagos mensuales de sus cuotas impositivas. Por su parte, desaparece la exención de impuestos para el pago por fuerza de trabajo por los primeros cinco empleados. Así, Cuba se convierte en uno de los pocos países del mundo en introducir una onerosa y progresiva carga impositiva a aquellos negocios que contraten más trabajadores (Torres, 2018a). O sea, los negocios que tengan entre 11 y 20 trabajadores deben pagarles a estos tres veces el salario medio; una tasa que se incrementa a seis para quienes empleen más de 20 personas (*Gaceta Oficial...*, 2018; Castro Morales, 2018; AUGE, 2018).

A esto se añade una muy invasiva y censuradora regulación del Consejo de Ministros, firmada por el presidente Miguel Díaz-Canel (Decreto no. 349), con el objetivo de «establecer las contravenciones en materia de política cultural y sobre la prestación de servicios artísticos y de las diferentes manifestaciones del arte» (AUGE, 2018; *Gaceta Oficial...*, 2018). Esta medida prohíbe a artistas y músicos independientes actuar en establecimientos privados (restaurantes, bares o clubs nocturnos) sin la autorización y supervisión de la entidad estatal a la que pertenezcan. Este Decreto también incluye a los escritores, pintores y otros artistas que solían comercializar su trabajo sin necesidad de un permiso previo del Gobierno y define los castigos para aquellos que utilicen un «lenguaje sexista, vulgar y obsceno», violen los derechos de autor e, incluso, reproduzcan música a un volumen demasiado elevado (Gámez Torres, 2018; Feinberg y Padrón Cueto, 2018). Esto ha provocado un movimiento internacional de protesta entre muchos artistas y escritores cubanos bajo el hashtag #NoAlDecreto349 (Amnistía Internacional, 2018; Fusco, 2018; Cascone, 2018).

El 5 de diciembre de 2018, dos días antes de que entrara en vigor esta nueva legislación, Díaz-Canel anunció en Twitter una modificación: «Hoy directivos de varios ministerios actualizarán en la *Mesa Redonda* situación del TPC [trabajo por cuenta propia]. Tenemos confianza en la dirección colectiva y en el vínculo permanente con el pueblo, garantizando su participación en las tareas revolucionarias y en la toma de decisiones». Se refería aquí, de manera indirecta, a la resonante protesta de la emergente clase empresarial cubana ante el nuevo conjunto de regulaciones despóticas y onerosas. Si bien estas nuevas regulaciones se habían redactado a puerta cerrada, sin el aporte de los cuentapropistas, desde el 10 de julio, fecha en que fueron anunciadas, el Gobierno se encontró con un rechazo sostenido y pedidos de revocación o alivio en las reuniones locales con cuentapropistas para explicarlas e instruirles sobre la mejor forma de cumplirlas (Leiva, 2018; *Granma*, 2018a; Figueredo Reinaldo, Izquierdo Ferrer y Carmona Tamayo, 2018b).[14]

---

[14]   De acuerdo a un artículo de *Granma* titulado «Proceso de preparación sobre nuevas normas de trabajo por cuenta propia», entre julio y octubre de 2018 «se realizó un amplio

El 7 de diciembre, cuando entraron en vigor las nuevas regulaciones, se habían eliminado dos de sus aspectos más criticados —pero no los más fundamentales—: los emprendedores cubanos aún podrían tener más de una licencia y el tamaño de los paladares solo estarían limitados por los parámetros físicos del área de comedor y no por la regla arbitraria e infame de 50 sillas (Figueredo Reinaldo, Izquierdo Ferrer y Carmona Tamayo, 2018a). Como reacción a las afirmaciones del revés que esta derogación, emitida a última hora, representaba para su nuevo gobierno, el presidente Díaz-Canel volvió a tuitear el mismo día 7: «No hay por qué creer que las rectificaciones son retrocesos, ni confundirlas con debilidades cuando se escucha al pueblo. Revolución es cambiar todo lo que deba ser cambiado. Ninguno de nosotros puede tanto como todos juntos. #SomosCuba #SomosContinuidad».

Por supuesto, la declaración ignoraba, convenientemente, el hecho de que el Gobierno no «escuchaba al pueblo». De hecho, fue esta sordera inicial la que lo llevó a redactar leyes rechazadas por el casi todo sector privado y que luego tuvieron que cambiar, a pesar de que ya habían sido publicadas. ¿No habría sido mejor «escuchar al pueblo» antes y de manera más sistemática?

Esta oposición significativa al libre desarrollo del cuentapropismo y del extenso sector privado de Cuba resulta bastante irónica, pues llegó a su clímax justo cuando Raúl Castro —la fuerza política detrás de la apertura del cuentapropismo entre 2008-2018— había dejado la presidencia. Incluso, a pesar de ser bastante común escuchar a los emprendedores cubanos quejarse en privado del estancamiento y lentitud de las reformas de Raúl, la contrarreforma en curso entre 2017 y 2020 indica que, al menos algunos de los miembros más poderosos del élite gobernante de Cuba, temen que sus reformas de libre mercado hayan ido demasiado lejos y rápido (Álvarez, 2018; Torres, 2018a). Hasta la llegada de la Covid-19 a la Isla, en marzo de 2020, todo indicaba que este grupo de «duros» incluía a Díaz-Canel. De hecho, aunque muchos esperaban que las reformas pro-mercados se profundizaran con la sucesión presidencial, se ha evidenciado un retroceso en su lugar.

---

proceso de preparación [de los trabajadores por cuenta propia] que incluyó seminarios y el acceso a asesoría y documentación especializada. [...] más de 60% de los trabajadores por cuenta propia de Cuba han recibido capacitación sobre las nuevas regulaciones [...] fueron capacitados alrededor de 25 funcionarios y dirigentes, encargados de controlar e implementar las normativas» (2018a).

Vale la pena resaltar el hecho que fuera el propio Raúl Castro quien firmara —a puerta cerrada— los cinco principales decretos-leyes emitidos por el Consejo de Estado, entre febrero y marzo, *antes* de que Miguel Díaz-Canel le sucediera en abril. Este último solo firmó una de las 20 regulaciones: el Decreto no. 349, que obliga a los artistas independientes a respetar la «política cultural» de la Revolución. Esto indica, primero, que Raúl Castro ha sido no solo el artífice de una apertura sin precedentes en el sector por cuenta propia, sino un general-presidente, amante de la «ley y el orden», que valora el control por encima de todo lo demás. Resulta también una alerta acerca de lo prematuro del pensamiento de una Cuba postcastrista.

Como hemos documentado en las páginas de este libro, la lógica económica de la reforma tropieza con la lógica política e ideológica del *status quo*. Probablemente, los funcionarios del PCC sienten que el crecimiento incontrolado del sector privado amenaza su poder político y burocrático, independientemente de cuánto contribuya al crecimiento de la economía (*Estado de Sats*, 2018). Esta es la conclusión a la que arriban varios análisis sobre el retroceso en el sector privado publicados por el joven economista Ricardo Torres, del Centro de Estudios de la Economía Cubana de la Universidad de La Habana (Torres, 2018a y 2018b). «Ya no es un prejuicio ideológico [...] Aquí hay un cálculo político, para no empoderar a determinados sectores dentro del país, que un día pudieran cuestionar al poder político» (Muñoz Lima, 2018). Asimismo, es probable que otros vean los bolsillos de la innegable prosperidad generada por los exitosos negocios privados no con satisfacción capitalista, sino con desaprobación socialista; en tanto allanan el terreno hacia —o justo revela— la creciente desigualdad en la Isla (Frank, 2018). La respuesta a esta legítima preocupación ha sido: «Yo creo firmemente que el socialismo debe temer más a la pobreza que a la riqueza» (Ferreira, 2018).

Esta cantidad de mensajes mixtos y señales confusas y contradictorias traen a la mente un panel del congreso anual de la ASCE sobre el sector privado en Cuba, durante el verano de 2016, que incluyó la participación del emprendedor cubano Ramón Bedias, chef de pastelería de múltiples talentos y cultivador y comerciante de plantas ornamentales. Cuando le preguntaron cuál era su secreto para funcionar con éxito en un entorno de negocios tan impredecible y endeble, respondió con dos vívidas metáforas: «la escalera» y «la línea roja». Para él, la estrategia de la escalera significaba que podía permitir que su negocio creciera justo al ritmo del paso a paso en que se movían las reformas del Gobierno, nunca más rápido. Si su propio crecimiento y éxito económico se adelantaban al de las reformas, se arriesgaba a llamar demasiada atención indeseada sobre sí mismo, cruzando inadvertidamente alguna arbitraria «línea roja» de sobrada importancia. Luego, para asegurarse de ser entendido, añadió: «El pájaro que vuela sobre los árboles es el primero en ser derribado» (Henken, 2016). Esta astuta observación de la vulnerabilidad cuentapropista expone el dilema principal de ser un emprendedor en la Cuba de hoy: sin derechos defendibles a la propiedad privada y sin reconocimiento como empresa con estatus legal, los trabajadores autónomos cubanos están —según lo implica su singular nombre— «por su cuenta».

¿«Destrabando» la economía cubana?
COVID-19 y la nueva apertura hacia el sector privado (2020)

No hay perfeccionamiento...

Después de escuchar los «debates» sobre el trabajo por cuenta propia en la Asamblea Nacional en diciembre de 2019, Oniel Díaz Castellanos escribió en su página de Facebook lo que puede verse como un buen resumen de las múltiples frustraciones de los cuentapropistas cubanos frente las políticas del Estado, cada vez más enfocadas en el control y la disciplina, obviando las políticas de seguridad, confianza, respeto y fomento:

> *Después de haber escuchado lo que en la ANPP se dijo sobre el TCP me pregunto si yo pertenezco al sector cuentapropista que los diputados fiscalizaron en los últimos meses.*
> *¿Me desempeñaré yo en una dimensión paralela? Una gran parte de la realidad, de nuestro día a día se quedó fuera del salón donde se reunieron. ¿Acaso no hay otras cuestiones que tratar que no sea hablar de control, disciplina, precios desmedidos, impuestos e ilegalidades?*
> *Son reclamos hartos ya extendidos entre nosotros la necesidad de contar con* políticas de fomento; *de obtener* personalidad jurídica; *de liberar la creatividad al establecer un* listado de actividades prohibidas *en vez de autorizadas; de contar con un* sistema tributario *que reconozca todos los gastos en que incurrimos y que se parezca a la realidad; de poder insertarnos de verdad en la* economía nacional; *de poder tener relaciones no solo con* empresas estatales *sino poder ser* receptivos de la inversión extranjera; *de poder contar con un* marco jurídico *que además de traer orden brinde seguridad; de* poder exportar e importar; *de poder tener un marco de* confianza y respeto *con las*

instituciones que nos regulan; de ver desaparecer la corrupción *alimentada por regulaciones absurdas y dañinas.*

Nada de esto se mencionó, apenas un tibio reconocimiento de la necesidad de acceder a los mercados mayoristas *y supuestamente, según allí se dijo, los TCP entienden las circunstancias por las cuales, después de casi diez años de cuentapropismo aún este sigue siendo asignatura pendiente. La que vi por la TV es francamente una reunión decepcionante.*

No hay perfeccionamiento *ni lo habrá si se continúa abordando el tema de esta manera tan sesgada. Me hubiera encantado haber podido decir esto en dicha reunión (énfasis agregado).*[15]

Con el cierre de 2019 con una declaración tan crítica y desilusionada acerca de las políticas del Gobierno hacia el emprendimiento privado, era casi imposible para Díaz Castellanos imaginar que siete meses más tarde (el 16 de julio) ese mismo Gobierno anunciaría en la *Mesa Redonda* un paquete de nuevas medidas que, finalmente, incluía casi todos los antiguos reclamos. Sin embargo, este giro tan brusco se debe más a la crisis económica provocada por la Covid-19, que a una toma de conciencia por parte del Estado de la pertinencia de tales pedidos o a la buena voluntad de los decisores del país.

No obstante, el 18 de enero, menos de dos meses antes de reportarse de manera oficial el primer contagiado en la Isla, Díaz-Canel pidió explícitamente al público, durante un breve intercambio con oficiales del Ministerio de Trabajo y Seguro Social, que buscaran soluciones a «los problemas que afectan al empleo, tanto en el sector estatal como no estatal». Además, reconoció que el Gobierno tiene pendiente «destrabar» lo concerniente a las cooperativas y a las pymes. «Hay que darle cuerpo a lo que hace falta para desplegar todas las formas de gestión y propiedad que están refrendadas en nuestra Constitución», afirmó, según el sitio web de la Presidencia (Martínez Hernández, 2020; *OnCuba*, 2020).[16]

---

[15] https://www.facebook.com/oniel.diazcastellanos/posts/2189505251148961.

[16] De acuerdo a Díaz Castellanos, los cinco pronunciamientos principales sobre el sector privado tratados por Díaz-Canel durante esta reunión fueron: el estancamiento de las cooperativas y pymes, la rigidez normativa al trabajo por cuenta propia, un enfoque más integral a los problemas laborales en los sectores estatal y privado, legislar todo aquello necesario para expandir las formas de gestión y propiedad refrendadas en la Constitución, y un especial control a los cuentapropistas ilegales (https://www.facebook.com/oniel.diazcastellanos/posts/2259426274156858).
No obstante, Díaz Castellanos indica que el Presidente obvió algo que incluso el propio Gobierno ha reconocido con anterioridad: la corrupción de los funcionarios. Para él, hacen falta «mecanismos para denunciar y procesar a los funcionarios corruptos que,

No debe sorprender a nadie, teniendo en cuenta su permanente activismo para mejorar el emprendimiento privado en la Isla, que Díaz Castellanos fuera uno de los primeros en publicar «en blanco y negro» un listado de propuestas específicas que ya se necesitan implementar. De hecho, ese mismo día publicó en su Facebook una invitación al concurso de otros emprendedores para elaborar una lista de pasos concretos con los cuales el Gobierno pueda fortalecer el trabajo por cuenta propia. «El Presidente está pidiendo que le propongan lo que hay que hacer para destrabar la economía. ¿Algún colega cuentapropista por aquí que tenga el mismo deseo que yo de tomarle la palabra y poner en blanco y negro lo que necesitamos? Mi muro está abierto». Muchos autónomos cubanos no tardaron en responder y en menos de 24 horas ya habían aparecida 40 recomendaciones puntuales; llegarían a ser 87. Díaz Castellanos revisó las respuestas y las publicó en su Facebook y en *OnCuba*, el 22 de enero, bajo el título: «20 recomendaciones para destrabar el sector privado en Cuba» (2020).

En esencia, esta nueva lista profundiza y amplía con más detalles las seis propuestas que había entregado en agosto de 2017 al Ministerio de Trabajo y Seguridad Social en nombre de 43 cuentapropistas. Incluye las demandas más comunes realizadas al Gobierno en repetidas ocasiones. Tiene, además, varias recomendaciones que van mucho más allá de la filosofía de «dejar hacer» con el fin de pedir políticas positivas de fomento y coordinación estatal para el sector privado. Entre ellas, la recomendación de crear una comisión integrada por el Gobierno, académicos y cuentapropistas para revisar las regulaciones vigentes, así como una institución estatal para fomentar, regular, apoyar e incorporar el sector privado a la economía nacional; autorizar una asociación de cuentapropistas para que puedan canalizar sus intereses y dialogar con el Gobierno; permitir la afiliación de los emprendedores a la Cámara de Comercio para que tengan acceso a sus beneficios; apoyar algunos emprendimientos específicos (el turismo internacional, la agricultura y el desarrollo de software) que puedan aumentar las exportaciones o sustituir las importaciones; ofertar servicios de telecomunicación especialmente diseñados para el sector privado con precios ventajosos; permitir a los cuentapropistas y pymes prestar sus servicios a entidades e instituciones públicas y tener acceso a locales estatales para el desarrollo de sus actividades; y crear un mecanismo legal para denunciar a los funcionarios corruptos (íd.).

---

aprovechándose de las regulaciones del TCP, se dedican a crear problemas donde no existen, a poner peros y a interpretar las leyes a su conveniencia para buscar coimas y sobornos» (https://www.facebook.com/oniel.diazcastellanos/posts/2252451881520964).

«Actualización» insuficiente

Las reformas económicas implementadas bajo la presidencia de Raul Castro se hicieron dentro del modelo tradicional de planificación central, donde la empresa estatal ineficiente seguía dominando la economía y empleando la gran mayoría de la fuerza laboral.[17] Desafortunadamente, los cambios no lograron aumentar ni el crecimiento económico ni la producción doméstica. Por tanto, resulta importante subrayar que durante los cinco años la economía cubana ya experimentaba su peor crisis desde los años 90 después del derrumbe del campo socialista en Europa del Este. Esta crisis interna fue exacerbada por una caída significativa en el valor de su relación económica con Venezuela y un aumento en las sanciones del embargo estadounidense bajo la presidencia de Trump.

Según datos oficiales del gobierno cubano, el economista Carmelo Mesa-Lago (20020) indica que el crecimiento económico oscilaba entre 0,5% y 2,2% entre 2016 y 2019, mucho menos de la tasa de 5%-7% que el propio Gobierno necesita para alcanzar un crecimiento sostenible. Peor aún, la Comisión Económica para América Latina y el Caribe estima que, a causa de la pandemia, habrá un decrecimiento en la economía de 3,7% en 2020. En adición, el valor de las exportaciones agrícolas, desde 2012, cayó 48%; mientras se importaron $1 900 millones en productos agrícolas durante 2018 para cubrir alrededor de 80% de las necesidades alimenticias de la población. En comparación con los niveles de comercio exterior de 1989 —previo a la caída del bloque socialista—, las exportaciones de 2018 estuvieron 49% por debajo de 1989 y las importaciones, 41% por encima, con un déficit en el balance de bienes de 220%. Un resultado de esta grave

---

[17] Mesa-Lago (2020) comparte estadísticas que indican que entre 2010 y 2018 el tamaño del sector estatal bajó de 83,8% de la fuerza laboral a 68,4%; mientras el sector no-estatal creció de 16,2% a 31,6%. Aunque significativo, este cambio ha estado muy por de bajo de los planes iniciales del Gobierno cuando anunció su intención de reducir las «plantillas infladas» de la empresa estatal a finales de 2010. Por razones políticas y sociales, el Estado no ha creado el espacio legal en el sector no-estatal para absorber los trabajadores «redundantes» en su sector.

Los cuentapropistas representan la mayor parte de la fuerza laboral no-estatal en 41,4%; 483 400 con licencias en 2015, un total que había aumentado a más de 600 000 en la primera mitad de 2020. Le siguen los agricultores usufructuarios, que comprenden 26,7% (312 296) y los miembros de las diversas cooperativas agrícolas de Cuba, que constituyen 19,8% (231 500). El resto del sector, 8,5%, está formado por pequeños propietarios privados (99 500), 2,8% de campesinos (32 000) y 0,2% de agricultores arrendatarios (2 843) (Mesa-Lago *et al.*, 2016).

situación es que Cuba no pudo pagar, en 2019, $80 millones de su deuda reestructurada con el Club de Paris, viéndose forzada a abonar una tasa de interés de 9% hasta liquidar la deuda.

Las tres esferas más exitosas de la economía cubana desde 2000 —dado su aporte en moneda dura— han sido la exportación de servicios médicos, las remesas y el turismo internacional. Cada una de ellas padece debilidades pronunciadas en el contexto actual de la crisis venezolana, la política agresiva de Trump y la pandemia. El valor para Cuba de su comercio con Venezuela creció de 6 800 millones en 2007 a 16 000 millones en 2012; para reducirse 50% hasta llegar a solo 8 000 millones en 2017. Esta caída se debe principalmente a la pérdida de ganancias del petróleo importado de Venezuela —que Cuba revendía—, que bajaron de 6 100 millones en 2012 a 1 800 millones en 2017; una caída de 70%. Al mismo tiempo, la Isla gana cada vez menos divisas de los servicios médicos que presta a Venezuela. La cifra cayó de 7 800 millones en 2013 a 5 800 millones en 2017; 24% menos. Además, aunque ha logrado encontrar con éxito nuevos países receptores de sus servicios médicos durante la pandemia, sufre la pérdida total de sus convenios lucrativos con Brasil, Bolivia y Ecuador; tres países de la vieja «marea rosada» que terminaron sus relaciones estrechas con Cuba bajo nuevo liderazgo derechista. En total, el valor de la relación económica con Venezuela como porcentaje del PIB cubano decreció de 21,9% en 2012 a solo 8,2% en 2017 (íd.).

Las remesas —proveniente en su mayoría de EE.UU.—, cuyo valor estimado era de 3 700 millones en 2018, se vieron reducidas tras el tope anual de 4 000 USD por persona impuesto por Trump. De hecho, es muy probable que se reduzca aún más ahora con el impacto económico de la pandemia en el sur de la Florida, donde reside una buena parte de los cubanos exiliados. Hasta 2017, el turismo internacional en Cuba gozó de un crecimiento sostenido, sobre todo entre 2015 y 2017 gracias a las medidas de Obama que facilitaron los viajes a la Isla. No obstante, ya entre 2018 y 2019, el número de visitantes desde los EE.UU. había caído 22% gracias a las restricciones en los vuelos legales a la Cuba y a la prohibición absoluta para los cruceros.[18] Se estima que estas reducciones equivalen a una pérdida

---

[18] De hecho, el número de arribos estadounidenses durante enero de 2019 fue 70% por debajo de las llegadas en el mismo mes en 2018; en enero de 2020 bajaron otro 69% (19 464) en con 2019 (62 416). La ONEI también reportó una caída de casi 20% en todas las llegadas internacionales en este enero: «El turismo internacional al cierre de enero de 2020, registró un decrecimiento de 19,6% en comparación a igual periodo del año anterior, al arribar al país 393 762 visitantes; [...] 95 856 menos que en igual mes de 2019».

de 1 000 millones USD para el país.[19] El recrudecimiento del embargo estadounidense bajo Trump ha tenido también otros impactos severos, en especial para la búsqueda de inversiones foráneas directas o créditos bancarios en el extranjero. La activación del Título III de la Helms-Burton y multas recientes a bancos internacionales por el valor de 12 000 millones USD han asustado a los pocos inversionistas internacionales de correr riesgos en Cuba (íd.).

Llegada de la Covid-19 a Cuba: golpe y oportunidad sin precedentes

El 11 de marzo, dentro de este extremadamente difícil contexto económico, Cuba anunció al mundo sus primeros tres casos de Covid-19. Aunque el país ya había desplegado un sistema nacional de prevención y control a finales de enero para contrarrestar el contagio del virus (Morris y Kelman, 2020; Pérez Cabrera, 2020), en poco tiempo se dieron brotes en todas las provincias (Padrón Cueto, 2020). Entre el 11 de marzo y el 11 de mayo se confirmó un total de 1 804 casos y 78 muertes; a lo cual le siguió un bajo período con un promedio de menos de diez nuevos casos diarios durante junio y julio —incluso, cero nuevos casos el 19 de julio—, y 9 muertes adicionales. La sensación de victoria fue, no obstante, prematura; llegó una nueva oleada de infecciones a finales de julio —especialmente en La Habana—, aún más numerosa que la primera (*Al Jazeera*, 2020). De hecho, entre el 21 de julio y el 22 de septiembre Cuba reportó 2 760 nuevos contagios —más de la mitad del total de infecciones (5 222)[20] en la Isla hasta esa fecha— y 31 muertes más.

El 24 de marzo las autoridades cerraron las fronteras, los restaurantes y bares, suspendieron las clases, los eventos culturales y deportivos, el transporte interprovincial, confinaron a los extranjeros varados en la Isla en sus hoteles, impusieron una cuarentena general, obligaron al uso masivo de mascarillas en público, reorganizaron el trabajo prioritario, faci-

---

[19] Mesa-Lago subraya la importancia de distinguir entre ganancias brutas y netas en el caso de Cuba, pues el país gasta un promedio de 60% de sus ganancias con el turismo internacional en la importación de insumos y materias primas para alimentar la industria. De este modo, por ejemplo, en 2018, Cuba ganó 2 900 millones USD, pero se quedó con en realidad con 1 200 millones USD, el equivalente a solo un por ciento de su PIB.

[20] Aunque los primeros casos confirmados de Covid-19 en Cuba fueron turistas italianos, hasta casi finales de septiembre 98,6% de todos los casos han sido ciudadanos cubanos, con 60% en la capital (Padrón Cueto, 2020; *Inventario*, 2020).

litaron protecciones para trabajadores estatales, asistencia social e incluso emitieron regulaciones para permitir la suspensión temporal de licencias —e impuestos— para trabajadores por cuenta propia. Asimismo, obligaron a unos 50 000 taxistas privados a cesar sus actividades hasta nuevo aviso (Mesa-Lago, 2020; Morris y Kelman, 2020; Rodríguez, 2020; Augustin y Robles, 2020; *Gaceta Oficial...*, 2020a).

El cierre casi total de las fronteras del país tuvo un impacto inmediato y devastador en la industria del turismo internacional, golpeando los sectores estatal y privado.[21] De hecho, la ONEI (2020b y 2020c) reporta un decrecimiento en las llegadas internacionales, absolutamente sin precedentes, en la historia de Cuba. En marzo de 2020 llegaron 189 466 visitantes, una caída de 63,7% comparado con los 521 402 en marzo de 2019; abril vio solo 1 051 arribos internacionales, 99,8% menos que los 458 140 en abril de 2019. Mesa-Lago estima que estas pérdidas se van a convertir en una caída de 2 000 millones USD en las ganancias del turismo durante 2020. Junto a una esperada reducción de 1 000 millones USD en las remesas durante este año, resulta el equivalente a 5% del PIB cubano de 2019. Esto sin contar el impacto económico de la paralización parcial o total de la inversión extranjera, exportaciones e importaciones de todo tipo de materias primas y productos alimenticios (Mesa-Lago, 2020).

Más allá del impacto general de la pandemia en la economía, el virus provocó un aumento en la frustración y el sufrimiento palpable entre los ciudadanos cubanos, sometidos a pasar su tiempo en colas aun más largas que lo normal para poder acceder a los escasos alimentos y productos básicos. Esto se debe al ya existente problema del Gobierno de «la falta de liquidez para pagar a sus proveedores externos y desabastecimiento de combustible e insumos para medicamentos» (Rodríguez, 2020). Contradictoriamente, el agravamiento de la situación económica en la Isla fue causa de una esperanza estratégica entre varios emprendedores y especialistas, que vieron la oportunidad para presionar al Gobierno a profundizar sus reformas económicas en beneficio del sector cuentapropista, permitiendo la consolidación, el reconocimiento legal y la ampliación de las actividades autónomas autorizadas. El consultor y empresario canadiense residente en la Cuba, Gregory Biniowsky, dijo ser optimista a la periodista de AP Andrea Rodríguez: «Esta

---

[21] Se estima que la industria ingrese cerca de 3 000 millones USD anuales a las arcas del Estado y un monto similar al sector privado a través del alquiler de casas particulares, comidas preparadas en restaurantes privados y otras actividades turísticas no-estatales (Rodríguez, 2020a).

crisis puede sacudir un poco al Estado y los tomadores de decisiones estar más abiertos a hacer los cambios dentro de Cuba que apoyen al emprendedor, como permitir que importemos insumos o precios mayoristas. Ellos no pueden permitirse el lujo de que el sector no-estatal colapse» (2020).

De hecho, Biniowsky no fue el único en aprovechar la crisis para abogar a favor de una apertura mas sostenida, inmediata y estructural hacia el sector privado. Con la sensación de que la crisis provocada por la pandemia estaba «abriendo un escenario que tenemos que saber aprovechar» y que estaba sonando «un diálogo diferente [con] palabras diferentes» desde el Gobierno —incluyendo al mismo presidente Díaz-Canel, quien «habló de la necesidad de encadenar el sector estatal con el sector privado» (Rojas, 2020)», Oniel Díaz Castellanos tomó el momento para publicar a mediados de mayo, junto al joven economista cubano Ricardo Torres —profesor titular y subdirector del Centro de Estudios de la Economía Cubana de la Universidad de la Habana—, «El emprendimiento privado en Cuba. Un paciente positivo a la Covid-19» (AUGE, 2020). El informe, basado en el análisis de expertos, declaraciones oficiales y una consulta directa a 20 emprendedores, fue escrito como un diagnóstico médico-económico de la salud del sector privado infectado por el virus. Su propósito no solo era mostrar a los emprendedores cómo y cuánto la pandemia estaba «enfermando» al sector privado, sino subrayar también algunas estrategias de adaptación y sobrevivencia bajo la nuevas circunstancias; además de indicar al propio Gobierno cómo aplicar «tratamientos» de apoyo enfocados específicamente en los emprendimientos privados para su protección y «recuperación gradual» (AUGE, 2020a; *El Toque*, 2020a; AFP, 2020).

El informe considera, asimismo, el impacto de la Covid-19 como la amenaza más importante que ha enfrentado el sector cuentapropista desde su crecimiento a partir de las reformas de 2010, pues los daños alcanzan a todos los emprendimientos, con independencia de su actividad y relación con el turismo internacional (AUGE, 2020a). De hecho, el resultado inmediato fue la suspensión temporal de 139 000 licencias, 22% del total de trabajadores registrados en ese momento.[22] Las afectaciones en los diferentes negocios son muy variables. Específicamente, AUGE seleccionó 38 de las actividades económicas más dinámicas y las dividió en tres grupos de acuerdo al nivel de impacto que sufrían: alto, medio y bajo.

---

[22] Para junio, el Gobierno reportó que 243 203 cuentapropistas (38,45%), de un total de 632 557, habían suspendido sus actividades a causa de la pandemia (Frank, 2020c; Rodríguez, 2020b; *Mesa Redonda*, 2020a).

Resulta notable el primer grupo de alto impacto con 15 actividades (39%), con afectaciones directas o indirectas a 198 000 cuentapropistas (33%). Entre los más notables en esta categoría están los arrendadores, taxistas, paladares, cafeterías y bares, reparadores y constructores de inmuebles, más todos los trabajadores contratados en estas áreas.[23] Estos negocios enfrentan una serie de obstáculos, incluyendo pérdida de ingresos, mercado y clientes, crecientes dificultades para obtener suministros, riesgo de perder vínculos con sus trabajadores, así como su cierre definitivo. Y, si bien tales problemas no son exclusivos del ámbito cubano —las pymes en todo el mundo también los están experimentando a causa de la pandemia—, el golpe en la Isla termina siendo doblemente duro a causa de la débil y dependiente situación de la economía cubana y a las limitantes particulares para el emprendimiento privado en un sistema de socialismo de Estado vertical y centralizado.

Un impacto negativo sustancial es inevitable: economía abierta, bajo fuertes sanciones, dependiente del turismo y remesas, y con nulo acceso a algún mecanismo de compensación externa en la forma de préstamos contingentes de organismos financieros internacionales. La economía cubana se verá afectada tanto por la recesión mundial como por el efecto negativo derivado de sus propias medidas restrictivas *(énfasis en el original).*

Por lo general, los 20 emprendedores consultados han canalizado su resistencia a la crisis en tres direcciones complementarias: asegurando el funcionamiento actual y futuro de sus negocios, protegiendo a sus empleados con horarios, trabajos flexibilizados y salarios asegurados —hasta que les sea factible— y apoyando con actividades la protección de la población vulnerable así como experimentando con proyectos de emprendimiento responsable —también conocido como responsabilidad social empresarial—. En materia del funcionamiento del negocio, estos emprendedores han adoptado el teletrabajo y se han publicitado digitalmente para visibilizarse en el nuevo contexto. Asimismo, han habilitado ofertas a domicilio y bajado sus precios para mantener clientes y servir a un sector nacional con productos más simples y de consumo masivo.

---

[23] De acuerdo a cifras compartidas al público por Vladimir Regueiro, viceministro primero de Finanzas y Precios, 26 000 arrendadores, más de 500 experiencias de Airbnb y más de 52 000 transportistas privados fueron forzados a suspender sus actividades hasta nuevo aviso (AUGE, 2020; *El Toque*, 2020). Además, la *Mesa Redonda* del 3 de junio enfatizó que «destacan los trabajadores contratados, transportistas, los arrendadores de vivienda y la actividad gastronómica» entre los más afectados (2020a).

En materia de protección a sus empleados, han reorganizado trabajos para no tener que despedir a nadie a corto plazo y, a veces, han vendido sus alimentos directamente a sus trabajadores a precio de costo o en forma de donación para paliar la escasez de las necesidades básicas (AUGE, 2020; *El Toque*, 2020). Por último, en algunos casos notables y bien reconocidos por los medios oficiales y las autoridades de país,[24] varios emprendimientos privados han fabricado protectores faciales, nasobucos u otros equipos de protección personal para profesionales de la salud, han ofrecido el servicio de alimentación a casa y mensajería gratuita para personas de la tercera edad y hasta han prestado sus espacios de negocios —ahora clausurados— a entidades de salud del Estado para vacunaciones.[25]

El informe enfatiza que el apoyo del Estado al trabajo por cuenta propia debe ser coherente y aplicarse con rapidez, además de priorizar tres áreas fundamentales en el contexto de la pandemia: la economía digital, la producción de alimentos y la conversión, cuanto antes, de algunas actividades específicas en pymes; que deberían poder importar libre de impuestos equipamiento destinado al sector agroindustrial para fortalecer con rapidez la producción de alimentos para la población. También recomienda la eliminación de varias trabas burocráticas que frenan las fuerzas productivas del sector privado, como el impuesto de la fuerza de trabajo y regulaciones aduanales para la importación de productos de primera necesidad. Finalmente, sugiere algunas medidas de apoyo que el Estado debería implementar para animar el emprendimiento privado: otorgar créditos bancarios con bajas tasas de interés, precios preferenciales para conexión a Internet y otras facilidades tecnológicas, fortalecer las plataformas de compra en línea y los servicios de entrega, cambiar el calendario legislativo para adelantar transformaciones «directamente vinculadas con la actividad productiva, como la ley de empresas, asociaciones y sociedades mercantiles» (AUGE, 2020; *El Toque*, 2020).

---

[24] Por ejemplo, durante una intervención televisa el 6 de agosto, la ministra de Trabajo y Seguridad Social, Marta Feitó Cabrera, explicó que se iba a eliminar el listado de actividades permitidas en parte por que «no propician el desarrollo de la creatividad nata que tiene el cubano. Las experiencias de enfrentamiento a la Covid-19 […] han dejado varias experiencias positivas que demuestran esta necesidad. Varios grupos de TCP trabajaron en la creación y producción de válvulas para respiradores y mascarillas» (Falcón y Terrero 2020).

[25] Un verdadero pionero en este esfuerzo ha sido William Bello Sánchez, Coordinador del Programa Oasis de RSE del Proyecto CubaEmprende. Véase Martínez 2020 y Madiedo 2020. De interés especial son los informes de Bello Sánchez sobre el emprendimiento responsable en Cuba (2000a) y las iniciativas de apoyo social de los emprendedores responsables en el contexto de la Covid-19 (2000b y 2000c).

Como hemos descrito a lo largo de este libro, la historia del sector privado bajo la Revolución revela varios momentos clave cuando determinada situación económica precaria ha forzado al régimen a abrirse más al mercado y a darle más libertad de movimiento y crecimiento al emprendimiento privado (Bloodworth, 2020). No obstante, después de varios meses de un paro casi total de la actividad económica dentro del país y un contexto externo bastante desalentador, no quedaba claro si el Gobierno estaba preparado para, por fin, escuchar los reclamos y empezar así a perfeccionar su «perfeccionamiento» del trabajo por cuenta propia, extender un reconocimiento legal y una personalidad jurídica a las pymes y darles rienda suelta a los cooperativas no-agrícolas.

En este contexto, el Gobierno anunció, el 15 de julio, que la *Mesa Redonda* del día siguiente contaría con intervenciones del vicepresidente Salvador Valdés Mesa, el viceprimer ministro y ministro de Economía Alejandro Gil Fernández, el ministro de Comercio Exterior y la Inversión Extranjera Rodrigo Malmierca y el presidente de CIMEX y la directora general de Tiendas Caribe; las dos corporaciones de ventas minoristas más importantes del país. Además, la transmisión sería encabezado por palabras grabadas del presidente Miguel Díaz-Canel, en su discurso del día 16 al Consejo de Ministros (*Mesa Redonda*, 2020b; *CubaDebate*, 2020a). Dicho anuncio levantó una ola de expectativas sobre el parteaguas que representarían los temas de ese día en el programa. Así, Oniel Díaz Castellanos, esperaba una respuesta de peso a sus repetidos y detallados reclamos:

> *¿Qué espero de la* Mesa Redonda *de hoy? Que se ataquen los problemas de fondo que tiene nuestra economía; que dejemos a un lado las curitas y pensemos en tratamientos integrales; [...] Espero liderazgo, valentía política, honestidad, inteligencia y resolución. Que desde mi pedacito de Cuba, esta de los cuentapropistas, emprendedores, gente que también trabaja, sueña y se desvela por esta isla, podamos aportar, construir y crecer.*[26]

Los anuncios de esa noche, más que esperanzas, le permitían tener un «filo» a Díaz Castellanos.[27] «Después de ver la *Mesa Redonda* [...] siento

---

[26] https://www.facebook.com/oniel.diazcastellanos/posts/2653998728032942.

[27] Como explica al principio de este mismo mensaje, en una escena memorable al final de la película cubana *Juan de los Muertos*, el protagonista agarra un remo y dice antes de entrar

que tenemos ese "filo" más cerca porque lo hemos ganado con decencia y responsabilidad, lo hemos luchado trabajando y *hemos sido escuchados por las autoridades*. ¿Qué no será fácil? Seguramente. [...] Pero yo me voy a agarrar a lo dicho hoy para seguir aportando y creando» (énfasis agregado).

Aunque el anuncio de la nueva estrategia económica «incluye un diagnóstico, una visión del impacto sobre la economía, 16 áreas claves, principios y medidas» (Monreal, 2020a), por el momento no se ha dado ningún detalle ni oficializado en ningún cuerpo legal. No obstante, las medidas que más resaltaron, desde la perspectiva de Díaz Castellanos, fueron las directamente relacionadas con el sector privado: ampliación del trabajo por cuenta propia, diseño e implementación de mipymes, implementación de mecanismos para la importación/exportación de formas no-estatales y reconstitución de las cooperativas no-agropecuarias. La decisión de ampliar el trabajo por cuenta propia pudiera flexibilizar el alcance de las 128 ocupaciones permitidas, legalizar otras nuevas hasta ahora prohibidas, emitir licencias en áreas que habían cerrado o, incluso, eliminar de una vez el listado positivo y reemplazarlo con uno negativo —más simples— de actividades prohibidas. Tampoco quedó claro si el Gobierno le dará espacio a actividades de mayor valor agregado, realizadas por profesionales —hasta ahora monopolizadas por el Estado— (AUGE, 2020b; Díaz Castellanos, 2020b). De hecho, el 6 de agosto, Marta Feitó Cabrera, ministra de Trabajo y Seguro Social, arrojó luz sobre algunos de estas interrogantes al anunciar la eliminación del listado positivo por limitar «la creatividad nata que tiene el cubano» (Marsh, 2020; Rodríguez, 2020b y 2020c; *14ymedio*, 2020c). Asimismo, afirmó que en lo adelante los trabajadores por cuenta propia «podrán realizarse actividades de perfil mucho más amplio y donde el alcance se determine a partir del proyecto de trabajo que presente el interesado. Para ello las limitantes serán que sean labores de carácter lícito con recursos y materias primas de procedencia lícita» (Falcón y Terrero, 2020). Sin embargo, no dijo nada sobre el derecho de los profesionales a trabajar en este sector ni dio la fecha de inicio de las nuevas regulaciones.

En cuanto al diseño e implementación de las mipymes, se anunció la decisión de legalizar la creación de empresas privadas con la muy reclamada «personalidad jurídica y la capacidad de comercializar servicios/productos a todos los actores de la economía nacional» (AUGE, 2020b). Existe interés,

---

en batalla: «Voy a estar bien. Nada más necesito que me den un filo» (https://www.facebook.com/oniel.diazcastellanos/posts/2654784474621034).

hasta cierto punto, en facilitar la creación de entidades con la participación de empresas privadas y actores estatales; pero, en el mismo tono discursivo, no se aclaró si las autoridades establecerán un grupo de ocupaciones o industrias permitidas o creará una lista de actividades prohibidas (AUGE, 2020b). Resulta de gran importancia apuntar que no se establecieron diferencias entre el trabajo por cuenta propia y las mipymes. ¿Cómo separarlos en la práctica y dónde establecer la línea entre las actividades por cuenta propia y las de empresas?

El economista Pedro Monreal ha identificado al menos cinco áreas de diferencias básicas: escala, productividad, riesgo, impuestos y función en el sistema económico. En la escala, la clave es la diferencia entre trabajo unipersonal (cuentapropismo) y trabajo colectivo (pymes), que usualmente incluye empleo asalariado. Actualmente, la productividad varía, pues en Cuba se puede ver desde un cuentapropismo de subsistencia, pasando por actividades unipersonales de profesionales, hasta pymes no reconocidas como tales. El riesgo, mientras más pequeña es la entidad económica, más alto tiende a ser; por tanto, al legalizar la creación de empresas privadas de pequeña y mediana escala es necesario incorporarlas con una responsabilidad limitada para que los propietarios no corren el riesgo de perder todo si van a la quiebra. Hasta ahora, los cuentapropistas cubanos pagan impuestos como porcentaje de los ingresos totales; mientras se asume que las pymes pagarían como porcentaje de sus ganancias, lo cual tiene un tratamiento mejor. Finalmente, de acuerdo a Monreal, «las pequeñas y medianas empresas tienen dos funciones importantes que no pueden cumplir ni el trabajo por cuenta propia ni las microempresas: [...] son factor permanente de renovación del tejido empresarial y es un segmento empresarial con tasas de crecimiento elevadas».[28]

Hasta ahora, la única manera en que las entidades del sector privado importen o exporten productos, es a través de cualquiera de las 37 empresas estatales especializadas, habilitadas para desempeñar una función intermediaria. En el momento del anuncio, todavía no había muchos detalles sobre las logísticas; más allá de indicar que los particulares tendrían que establecer una relación contractual con la empresa estatal y con la entidad foránea, estipulando precios y márgenes comerciales —pagados a la primera—. El ministro de Comercio Exterior, Rodrigo Malmierca, indicó en su intervención del 16 de julio que los trabajadores por cuenta propia

---

[28] https://twitter.com/pmmonreal/status/1291769929977466880. Para un mayor análisis, véase Monreal (2020a, 2020b y 2020c).

431

no necesitan convertirse en empresas con personalidad jurídica para poder importar y exportar (*CubaDebate*, 2020a). No obstante, es válida la inquietud entre los cuentapropistas sobre la necesidad de disponer de cuentas corrientes en moneda libremente convertible y estipulaciones que regulen los precios y determinen el margen comercial pagado a las empresas estatales, así como la cantidad de divisas en la cuenta bancaria para efectuar las importaciones/exportaciones.

El número 59 de la *Gaceta Oficial...* explicita que solo podrán comprar y vender a través de terceros, y no directamente; hecho que provocó frustración en la mayoría de los afectados por entorpecer y encarecer un proceso largamente esperado (Díaz Castellanos, 2020b). Las importaciones solo permitirán adquirir insumos y materias primas; no productos manufacturados para la reventa minorista.[29] Amismo, hay una gran preocupación por tener que luchar contra las harto conocidas trabas burocráticas a la hora de lidiar con entidades estatales y un gran temor a correr riesgos adicionales desde el momento que las empresas estatales están limitadas por las sanciones del gobierno estadounidense (*El Toque*, 2020b). A pesar de estas limitaciones y dudas, el 10 de septiembre Malmierca había compartido la noticia de la firma de 3 contratos de exportación y 6 de importación, con todavía 100 más bajo negociación.[30]

Hasta la fecha, no se ha dicho casi nada sobre la reconstitución de las cooperativas no-agrícolas. En un futuro —esperemos no muy lejano— se extenderá la creación de este tipo de entidad, aunque no se conoce si se será en cualquier tipo de actividad económica o solo en una lista selecta (AUGE, 2020b). No obstante, un documento oficial publicado por el Ministerio de Economía y Planificación el 8 de septiembre —que resume la llamada «Nueva Estrategia Económico-Social»— estipula que la meta es la «generalización de este actor económico» y permitir «todo tipo de cooperativas», prestando «atención a la eliminación de las actuales restricciones, en particular las relacionadas con la limitación de la cantidad de socios y su alcance territorial». Además, declara que «se iniciará los pasos para la constitución de nuevas cooperativas en sectores priorizados en la economía», sin especificar cuáles ni poner una fecha de inicio (MEP, 2020).[31]

---

[29] https://www.facebook.com/oniel.diazcastellanos/posts/2812610105505136.

[30] https://www.facebook.com/oniel.diazcastellanos/posts/2810658365700310.

[31] El 23 de septiembre *CubaDebate* anunció la primera exportación exitosa de un agropecuario particular mediante una empresa estatal: el campesino Lázaro Rafael Fundora Hernández exportó limones hacia España después de dos años de persistencia (Figueredo Reinaldo, 2020).

Otras de las demandas que comenzó a cumplirse es la expansión, funcionamiento y alcance de una red —por ahora bastante pequeña y solo con tarjetas magnéticas— de tiendas mayoristas para uso exclusivo de los cooperativistas y cuentapropistas. Así, Mercabal, una tienda mayorista en La Habana con dos años en funcionamiento, abrió sus puertas también para los propietarios de cafeterías, paladares, bares y panaderías el 24 de julio. Tres días después, se habían firmado 213 contratos de venta. Hasta la fecha, los compradores obtienen un 20% de descuentos; incentivo que debe «contribuir a mejorar la calidad y precios en el servicio a la población» (*CubaDebate*, 2020). Los productos, que solo se venden en grandes formatos, incluyen arroz, harina, huevos, aceite, azúcar, agua, cerveza, ron, mayonesa, salsa de tomate, pastas, camarón, chocolate y cárnicos. En agosto se abrieron dos mercados de este tipo más en la capital y uno en Holguín (Frank, 2020c; Marsh, 2020; Rodríguez, 2020b y 2020c). Por supuesto, no todo es color rosa. Muchos cuentapropistas se han quejado de la burocracia que envuelve realizar los contratos con estas tiendas y la falta de abastecimiento que han encontrado en varias ocasiones.

En nuestra evaluación de estas medidas sin precedentes hacia el sector privado, es importante reconocer tres hechos tan indiscutibles como contradictorios. Primero, si se implementan todas estas reformas, el Gobierno habrá respondido de una manera positiva a los reclamos principales hechos durante años por los voceros más persistentes del sector privado. Díaz Castellanos, una de las voces más fuertes, compartió en Facebook:

> *Los que firmamos esta carta hace casi tres años, tenemos razones hoy para estar felices. Las seis propuestas que le hicimos a la Ministra de MTSS en aquel momento para verdaderamente perfeccionar el TCP, se van volviendo realidad. De aquella reunión salimos satisfechos porque fuimos escuchados pero también conscientes de que la pelea iba a ser larga. Hoy se hace realidad el dicho «el que persevera, triunfa» (énfasis agregado).*[32]

Cuando le preguntamos directamente a Díaz Castellanos sobre el sentido de haber participado en un diálogo real con las autoridades, nos respondió: «Sí, sin dudas creo que hemos sido escuchados. […] Te aseguro que desde hace tiempo nos venían escuchando, leyendo todo lo que publicamos y decimos, no solo yo sino también otros colegas».[33]

---

[32] https://www.facebook.com/oniel.diazcastellanos/posts/2712249325541215.
[33] Entrevista digital, 20 de septiembre de 2020.

Segundo, casi todas las «nuevas» medidas anunciadas por el Gobierno el 16 de julio, si bien habían sido aprobadas y difundidas en los últimos diez años, habían quedado pausadas y postergadas sin claras explicaciones. Vale la pena entonces preguntarse si estamos frente un «punto de inflexión» verdadero y estructural con una vista a largo plazo o solo presenciamos otra solución temporal para asegurar la sobrevivencia a corto plazo. El mismo Díaz Castellanos abriga bastante «escepticismo y reclamos de inmediatez» entre la comunidad emprendedora cubana transcurridos algunos meses después de los anuncios; algo natural tras diez años —¿o treinta o sesenta?— de esperanzas frustradas para el sector privado.[34] Según él, la incógnita clave sobre el significado de las medidas se resume ser una apuesta circunstancial o una decisión definitiva. En su opinión, el punto de inflexión no llegó el 16 de julio, sino en diciembre de 2018, «cuando se dejaron prácticamente sin efecto los aspectos más controvertidos del llamado "perfeccionamiento del TCP"». Desde ese momento, en su experiencia, «comenzó una espiral en ascenso para incorporarnos a la vida económica», culminando en la llegada de la crisis dela pandemia y los anuncios del verano de 2020. «La Covid se convirtió en el argumento indiscutible para un grupo del Gobierno que sí quería avanzar las reformas para ganar la pelea, al menos por ahora, con elementos más conservadores».[35]

Y esto nos lleva directamente al tercer hecho: aun con buenas intenciones y una decisión clara desde arriba de avanzar con esta apertura al sector privado, será muy difícil implementar estas medidas durante la «tormenta perfecta» causada por una pandemia que, además del aspecto sanitario se desborda en lo político, lo social y lo económico. Nos aclaraba en nuestra entrevista: «Si miras el sendero [de las reformas] […] es el mismo dicho desde el Congreso del PCC en 2010, pero que no se cumplió todo. Ahora sí parece que lo harán». No obstante, los supuestos «reformistas» dentro del Gobierno tendrán que implementar las reformas en el mismo contexto de crisis que les facilitó el argumento indiscutible para ganar la pelea. «Lo que se adiciona nuevo es el peor de los contextos posibles: las sanciones de EE.UU. más la crisis mundial por la Covid más los problemas económicos internos». Además, quedan a la espera, callados por ahora pero no derrotados y con mucho poder institucional, estos «elementos más conservadores» que pueden iniciar otra marcha atrás.

Como se suele decir entre cubanos: «¡No es fácil!».

---

34 https://www.facebook.com/oniel.diazcastellanos/posts/2851442804955199.
35 Entrevista digital, 20 de septiembre de 2020.

A la luz del anuncio de la administración de Trump de junio de 2017 desde la Pequeña Habana en Miami, explícitamente dirigido a cancelar y hacer retroceder lo que el propio Presidente había tildado de «mal acuerdo» con Cuba, podemos esperar que tales políticas agresivas y aislacionistas hacia el gobierno cubano perjudiquen también a los noveles emprendedores de la Isla (Casa Blanca, 2017). En vez de una política hacia Cuba conducida por un pragmático hombre de negocios que busca generar empleos para los estadounidenses y la prosperidad económica —como algunos optimistas esperaban— tenemos a un demagogo distraído y mal informado consentidor de la extrema derecha cubano-americana, con políticas vengativas sobre la base de un escaso conocimiento o curiosidad sobre la economía cubana o del complejo papel de su emergente sector privado.

La historia del antagonismo en las relaciones Cuba-EE.UU. indica que cualquier presión de Washington para demandar «concesiones» a La Habana sobre la base de «exigencias» estadounidenses para que reforme su política interna en el área de los derechos humanos y la democracia y en la aceleración de la apertura hacia el sector privado o el Internet, será contraproducente (LeoGrande y Kornbluh, 2015). Ante la presión o amenaza externas —particularmente por parte de EE.UU., némesis histórica en la historia política cubana— el gobierno de la Isla siempre ha reaccionado cerrando filas y restringiendo los derechos políticos y económicos y las libertades civiles en un atrincheramiento defensivo encaminado a defender la soberanía nacional cubana y preservar la Revolución. Solo cuando se levante el «asedio» se disipará la «mentalidad de estado de sitio».

Fue esta la lógica que motivó a la administración de Obama a transformar radicalmente la longeva política estadounidense hacia Cuba a finales de 2014, alejándose del aislamiento y el empobrecimiento dirigidos al cambio de régimen y promoviendo una política de acercamiento y empoderamiento encaminada a facilitar el crecimiento de la independencia económica y de la sociedad civil en la Isla. La esperanza era que el cese de la batalla directa y agresiva contra el gobierno cubano pudiera permitir renacer a la sociedad civil independiente de Cuba de manera gradual (Hoffman, 2015). Justo eso era lo que pretendía Obama en su discurso en La Habana cuando expresó: «Estados Unidos no tiene la capacidad ni la intención de imponer un cambio en Cuba» (Obama, 2016).

Sin embargo, la reacción harto defensiva y discutiblemente paranoica del gobierno cubano tras la visita de Estado de marzo de 2016 indica que sustentar las predicciones de la política interna de La Habana sobre la base de que la política estadounidense sea más o menos participativa o agresiva no siempre ayuda. De hecho, un obstáculo fundamental que tuvo un impacto negativo en el emergente sector empresarial cubano desde principios de 2015 fue el obvio enfriamiento del Gobierno hacia la expansión, autonomía y prosperidad de las nuevas empresas privadas en Cuba.

Las provocaciones y ataques directos del presidente Trump al gobierno cubano explicitan la intención imperialista de imponer un cambio de régimen en Cuba desde Washington. Cosa que agradecen los líderes cubanos al tener una vez más a un Goliat en el norte en quien centrar la menguante ira revolucionaria de un pueblo cansado, mientras interpretan el papel de un agraviado David caribeño. Irónicamente, la estrafalaria estrategia de Trump de «empobrecer al pueblo cubano, para que sea más libre» —según la aguda paráfrasis del economista cubano Ricardo Torres— encaja a la perfección con la propia resistencia política e ideológica del gobierno cubano a una mayor apertura económica. Esto contribuye a justificar la pausa económica al sector privado como medida defensiva frente a la agresión externa (Torres, 2017).

Bajo el mandato de Raúl Castro, el gobierno cubano declaró en repetidas ocasiones que el sector no-estatal se irá expandiendo poco a poco, al tiempo que, deliberadamente, permanecerá como un complemento secundario a lo que continuará siendo una economía socialista estatal de planificación centralizada. Mientras que Deng Xiaoping puso en marcha la propia revitalización económica de China bajo el Partido Comunista con la cáustica consigna «¡Enriquecerse es glorioso!», el PCC continúa restringiendo la concentración privada de riquezas o propiedad. Por tanto, si bien la política agresiva de Trump ha frenado o condicionado elementos del acercamiento económico de EE.UU. en el «buen comportamiento» de la Habana de manera contraproducente y ha perjudicado de modo económico a los cuentapropistas, la continuidad de la política de Obama no garantizaba en sí un incremento de las libertades económicas de la Isla, al menos a corto plazo.

Esto se debe a que las propias y numerosas restricciones constantes de La Habana sobre el sector privado —para no hablar de la supresión continua de los derechos políticos y libertades civiles fundamentales—, que a menudo los cubanos llaman autobloqueo, representan un mayor obstáculo para el éxito empresarial de la Isla; no las políticas estadounidenses plasmadas en el aún existente y contraproducente embargo. Paradójicamente, pensamos que ni el fallecimiento del expresidente Fidel Castro, ni la transferencia de poder de Raúl Castro a su sucesor Miguel Díaz-Canel, —ambos sucesos trascendentales— conducirán por sí solos a reformas económicas más aceleradas o profundas que beneficien a los emprendedores cubanos.

El cambio de liderazgo no significa necesariamente un cambio de políticas; sobre todo cuando los cambios vienen bajo una «actualización del socialismo» y la tímida apertura económica llega justificada por la frase sin sentido —por no decir orwelliana— «Revolución es cambiar todo lo que debe ser cambiado». Hasta tanto ese cambio no incluya de manera explícita los derechos claros y defendibles a la propiedad privada y a una personalidad jurídica reconocida como empresa para los actuales «cuentapropistas», los emprendedores cubanos permanecerán impotentes ante el arbitrario poder estatal.

Desde hace tiempo el Gobierno se complace en asegurarle al escéptico público cubano que su paquete de reformas económicas continuará adelante «sin prisa pero sin pausa». No obstante, la realidad refleja la falta de urgencia gubernamental para avanzar hacia reformas económicas más profundas desde el VII Congreso del Partido; evidencia de un temor a cualquier cambio que no sea dirigido de manera metódica desde la cima hacia abajo. Asimismo, dada la continua recesión económica de Cuba y la paralización de las reformas económicas que habían de ser el logro fundamental del legado político de Raúl Castro, el lema que mejor encarna el dilema económico de la era postcastrista sería «sin prisa pero con pausa».

ANEXO 1

CRONOLOGÍA DEL CUENTAPROPISMO DURANTE LA REVOLUCIÓN[5]

[5] Agradecemos a nuestro colega Phil Peters por permitirnos usar fragmentos de su cronología de las reformas para el período 2006-2013 (http://www.us-crc.org/a-chronology-of-cubas-economic-reform/). Asimismo, al empresario y columnista de *OnCuba* Oniel Díaz Castellanos y al periodista José Jasán Nieves Cárdenas, director de *El Toque*, por dejarnos citar sus informes y artículos sobre las luchas del sector privado cubano. Especialmente útil en este sentido, para los años 2017-2019, ha sido el informe de AUGE «Impacto sobre el sector privado de la política hacia Cuba de la administración Trump» (https://tinyurl.com/u9ww4qh) y el artículo de Ana Lidia García y Glenda Boza Ibarra «Emprendedores cubanos entre la espada y la pared» (https://eltoque.com/emprendedores-cuba-ee-uu-medidas/). Otras fuentes: Cruz y Villamil (2000); *El Universal* (2010b); Frank (2011); Henken (2002b y 2008b); Morales y Scarpaci (2012); Pérez López (1995a); Peters (2013a); Peters y Scarpaci (1998); *Cuba Central Blog* (2014); *CubaDebate* (2014b); *Mesa Redonda* (2014); Manguela (2014); Weissenstein (2014); https://www.bbc.com/news/world-latin-america-19576144; https://www.cfr.org/backgrounder/us-cuba-relations; https://cri.fiu.edu/us-cuba/chronology-of-us-cuba-relations/; www.cubadebate.cu/noticias/2019/08/30/nuevas-normas-juridicas-para-las-cooperativas-no-agropecuarias-en-cuba/#R40430120191218; www.cubadebate.cu/noticias/2019/11/06/trabajo-por-cuenta-propia-aprueban-seis-actividades-y-modifican-licencia-de-operacion-del-transporte/#.XfpOcNZKjOR.

Nacionalizaciones económicas, confrontación con EE.UU. y consolidación de la Revolución (1959-1962)

1959-1962

Nacionalización de empresas corporativas estadounidenses, alemanas, británicas y de otros países. La Reforma Agraria limita el tamaño de las fincas y delimita las tierras de tabaco y azúcar en propiedades privadas de menor tamaño. La Reforma Urbana reduce el precio de los alquileres y permite que los inquilinos se conviertan en propietarios. El Estado toma el control del mercado de la vivienda, en especial de las propiedades «decomisadas» a los emigrantes. La mayoría de las pymes pertenecientes a cubanos se nacionalizaron paulatinamente.

1959

ABRIL: Castro visita EE.UU. y rechaza la ayuda.
JUNIO: Se desintegra el cuerpo de Gobierno originalmente moderado de Castro.

1960

FEBRERO: El primer viceministro soviético Anastas Mikoyán visita La Habana para una exposición de ciencias.
MARZO: El presidente Eisenhower autoriza secretamente a la CIA para comenzar a planear el derrocamiento de Castro.
MAYO: Cuba y la URSS restablecen relaciones diplomáticas.
JUNIO: Cuba nacionaliza las refinerías de petróleo estadounidenses tras su negación a procesar el crudo soviético.

JULIO: EE.UU. elimina la cuota azucarera cubana e inmediatamente la Unión Soviética se ofrece a comprar el resto.

AGOSTO-OCTUBRE: Se nacionaliza el resto de los negocios estadounidenses. Los primeros elementos de embargo comercial de EE.UU. se imponen a Cuba.

1961

ENERO: EE.UU. corta relaciones diplomáticas con Cuba.

ABRIL: Fracasa la invasión a Playa Girón.

MAYO: Castro establece la política cultural revolucionaria en su discurso «Palabras a los intelectuales», que incluye la declaración «con la Revolución todo; fuera de la Revolución, nada».

1962

Se imponen totaliza el embargo comercial estadounidense con elementos adicionales. Bienes provenientes de la URSS y del CAME reemplazan los bienes estadounidenses del consumidor. Se introduce la libreta de abastecimiento.

OCTUBRE: La Crisis de Octubre trae al mundo al borde de una guerra nuclear. No se consulta a Fidel Castro durante las negociaciones.

DICIEMBRE: La ley no. 1076 nacionaliza 4 600 empresas comerciales de mediano y gran tamaño, dejando solo las microempresas y los negocios familiares en manos privadas.

EXPERIMENTACIÓN ECONÓMICA SOCIALISTA (1962-1970)

1965

Se crean los campos de las UMAP para «reeducar a los elementos antisociales», incluidos los homosexuales. Los últimos guerrilleros de importancia se eliminan de la zona montañosa del Escambray. Comienza la ola de emigración con los «vuelos de la libertad», más de 250 000 personas se marchan.

1967

OCTUBRE: Capturan y ejecutan al Che Guevara en Bolivia.

1968

Castro aprueba la invasión soviética a Checoslovaquia como respuesta a la «Primavera de Praga».

MARZO–ABRIL: Durante la Ofensiva Revolucionaria el gobierno cubano elimina o confisca más de 55 000 pequeños negocios privados.

1970

El fracaso de la Zafra de los 10 millones de toneladas conlleva a una «institucionalización» de la Revolución al estilo soviético durante la siguiente década, acompañado de un giro gradual hacia nuevas políticas económicas mercantilistas-socialistas.

Institucionalización comunista (1971-1986)

1971

El enjuiciamiento público y la confesión bajo coacción del laureado poeta Heberto Padilla provocan un escándalo internacional. La Primera Conferencia Nacional de Educación y Cultura define las políticas para la «verdadera libertad creativa», dando comienzo al Quinquenio Gris —un largo período de parámetros rígidos para el arte y la cultura y de represión de los artistas y los escritores de pensamiento crítico.

1972

Cuba se hace miembro del CAME.

1974

Se establecen los Poderes Populares; organización gubernamental de base.

1975

Se celebra el I Congreso del PCC seguido por la promulgación de la primera Constitución socialista de Cuba en 1976.

1977

La administración de Carter supervisa una breve distensión en las relaciones bilaterales entre EE.UU. y Cuba, que incluye la apertura de «secciones de intereses» en las respectivas capitales, la liberación de los prisioneros políticos cubanos y las primeras visitas familiares de los exiliados a Cuba.

1978

VERANO: El gobierno cubano aprueba el Decreto-Ley no. 14 sobre el trabajo autónomo, legalizando parte de la economía sumergida. La Ley está encaminada a absorber el desempleo, mejorar el suministro y la calidad de los bienes y servicios, y reducir las dimensiones del mercado negro.

1979

Castro es elegido presidente del Movimiento de los No-Alineados. Apoya públicamente la invasión soviética a Afganistán.

1980:

ABRIL: El Decreto-Ley no. 66 permite la apertura de los MLC, donde los campesinos pueden vender sus productos.
MAYO–OCTUBRE: Un éxodo masivo desde el puerto del Mariel envía 125 000 refugiados a EE.UU., la mayoría de los cuales fueron transportados a bordo de pequeñas embarcaciones capitaneadas por exiliados cubanos.

1982

SEPTIEMBRE: Se aprueba el Decreto-Ley no. 106, que excluye de manera explícita a los intermediarios en los MLC, revocando el derecho de los trabajadores de fincas estatales a cultivar alimentos de forma privada y restringiendo la participación en los MLC a los campesinos asociados a la ANAP.

Mediados de 1980

El colapso de la economía soviética y del CAME impacta el comercio internacional y el consumo. Algunas liberalizaciones de mercado permiten a los campesinos, artesanos y artistas vender sus productos. Esto termina en 1986-1987 con la Campaña de Rectificación de Errores y Tendencias Negativas; nombre oficial dado al conjunto de políticas encaminadas a aniquilar las tímidas privatizaciones.

CAMPAÑA DE RECTIFICACIÓN (1986-1990)

1986

Comienza la Campaña de Rectificación. Es la respuesta cubana a la glásnost y a la Perestroika soviéticas.

1988

Se retiran las tropas cubanas de Angola tras ayudar a garantizar la victoria para la MPLA contra la UNITA respaldada por Sudáfrica.

1989

El condecorado general cubano Arnaldo Ochoa es ejecutado por cargos de alta traición junto a otros oficiales militares como consecuencia de un escándalo de corrupción, seguido por una reestructuración significativa de las Fuerzas Armadas y del Ministerio del Interior. La caída del Muro de Berlín simboliza el desenlace del movimiento comunista global inspirado por la URSS. Se reducen las cuotas de abastecimiento en Cuba.

PERÍODO ESPECIAL (1990-2006)

1990

La URSS pasa a comercializar en divisas con Cuba. Castro declara el comienzo del Período Especial en Tiempos de Paz para confrontar la inminente crisis económica.

1991

Colapsa la URSS y se disuelve el CAME, poniendo fin a su especial relación política y económica con Cuba. Se limitan aún más las cuotas de bienes y servicios al consumidor. El IV Congreso del Partido aprueba el trabajo por cuenta propia, pero no promulga ninguna legislación para su implementación en los dos años siguientes.

1992

El Congreso estadounidense aprueba la «Ley para la Democracia en Cuba», recrudeciendo el embargo contra la Isla como una manera de fomentar el colapso del gobierno cubano durante la crisis del Período Especial.

1993

JULIO: Fidel Castro incluye el trabajo autónomo entre las nuevas reformas económicas internas que anunció en su discurso por el 40 Aniversario del asalto al cuartel Moncada.

SEPTIEMBRE: Se publica en el periódico *Granma* el Decreto-Ley no. 141, «Sobre el ejercicio del trabajo por cuenta propia», acompañado de una lista de 117 ocupaciones autónomas permitidas;

OCTUBRE: Un artículo de *Granma* indica que más de 40 000 cubanos ya ejercían actividades autónomas de manera legal con anterioridad a la aprobación del Decreto-Ley no. 141. El número total de cuentapropistas registrados era de 46 505. Se añaden nuevas ocupaciones a la lista de trabajos por cuenta propia, incluidos los bicitaxis.

DICIEMBRE: Se suspenden cinco ocupaciones originalmente autorizadas en la lista, entre ellas servicios de chofer, venta de flores y «productor de alimentos ligeros» (refrescos, confituras, frituras, etc.), que habían sido utilizadas por muchos emprendedores para establecer pequeños restaurantes en sus hogares; o sea, los primeras paladares cubanos. Durante un debate sobre el trabajo por cuenta propia en la Asamblea Nacional se describe como «necesario y popular», y se toma la decisión de avanzar su desarrollo lentamente «sobre la base de un sentido de la justicia social con fuertes medidas contra los «macetas» (intermediarios y explotadores).

1993 al presente

Se incrementa gradualmente el envío de remesas desde la diáspora cubana al poder utilizarse divisas para adquirir bienes en las tiendas donde no se emplea el CUP. Para el año 2000, las remesas constituían la principal fuente de divisas, por encima del turismo, las empresas mixtas y el trabajo por cuenta propia.

1994

Se implementa el CUC como un mecanismo para capturar otras divisas. Los CUC pueden adquirirse con moneda nacional, euros, libras esterlinas, e incluso dólares, pero solo pueden usarse dentro de la Isla. Se convierte en una de las monedas más sobrevaloradas del mundo al establecerse su tasa de cambio de forma arbitraria, sin reservas correspondientes en oro ni garantías del Banco Central. El gobierno cubano legaliza el uso del USD y permite el retorno de los mercados campesinos privados —con el nombre de «agros» o «mercados agropecuarios»—. Ocurre la primera revuelta en el barrio capitalino de Centro Habana en medio de una emigración masiva en balsas a EE.UU. Esta crisis migratoria hace que EE.UU. cambie su política de aceptación automática de todos los emigrantes cubanos. Un artículo de febrero de la revista cubana *Bohemia* refleja la cifra de 142 585 cuentapropistas registrados en un total de 135 ocupaciones dentro de las cuales los taxistas y los artesanos son las más comunes. La Habana alberga casi un cuarto (35 646) del total.

1995

Se promulga una ley que permite la inversión extranjera directa.

FEBRERO: Se crea un cuerpo de inspectores para vigilar a los cuentapropistas. La Habana llega a la cifra de 48 353 cuentapropistas registrados.

JUNIO: Nuevas resoluciones expanden el trabajo autónomo con 19 actividades nuevas; incluidas las tres categorías gastronómicas: «al detalle» (vendedores ambulantes y servicio para llevar), «a domicilio» (catering) y «servicios gastronómicos» (paladares).

JULIO: Originalmente prohibidos para ejercer el trabajo autónomo, ahora se le permite a los profesionales ejercer como cuentapropistas en áreas ajenas a su carrera profesional.

AGOSTO: El acuerdo no. 84 dicta una serie de restricciones para el ejercicio del trabajo por cuenta propia en La Habana, incluidos límites espaciales. Un artículo de *Granma* indica que Centro Habana alberga la mayor concentración de cuentapropistas. Solo dos meses después de su legalización, los servicios gastronómicos «al detalle» se han convertido en la ocupación más común junto a las 278 paladares autorizadas hasta esa fecha.

1996

FEBRERO: Se anuncia un incremento de los impuestos en CUP para muchas áreas del trabajo por cuenta propia; incluidos los «choferes de carros alquilados» (de $100 a $400), «al detalle» (de $100 a $200), paladares (de $400 a $800) y la venta de bebidas alcohólicas en los paladares (de $100 a $200). Si los paladares cobraban en dólares, el negocio tenía que pagar un impuesto adicional mensual en USD (300 USD por la comida y 100 USD por las bebidas). El número de cuentapropistas llega al récord de 208 786. Cuba derriba el avión de Hermanos al Rescate sobre aguas internacionales, lo cual provocó la aprobación de la Ley Helms-Burton por parte del Congreso estadounidense. Clinton la firma; pero suspende su implementación;

ABRIL: Se suspende el otorgamiento de nuevas licencias para paladares en La Habana

JUNIO: Nuevas regulaciones para el trabajo autónomo requiere que quienes quieran vender en USD tienen que pagar 75% de sus impuestos mensuales en esa moneda. Comienza una reinscripción en el plazo de seis meses de todos los cuentapropistas; se exige que todos los trabajadores —incluidos «la asistencia familiar» en los paladares— ahora paguen un impuesto mensual.

NOVIEMBRE: El Decreto-Ley no. 168, «Sobre la licencia para operaciones de transporte», se promulga y pasa toda la transportación privada bajo la jurisdicción del Ministerio del Transporte. A ello le sigue la Res. no. 97 (24 de marzo de 1997), que regula la concesión de licencias para el transporte privado.

1997

El Grupo de Trabajo de la Disidencia Cubana anuncia la declaración «La Patria es de todos».

MAYO: Se aprueba el Decreto-Ley no. 171, «Sobre el arrendamiento de viviendas, habitaciones o espacios», y se dispone su implementación para el 15 de julio de 1997.

JUNIO: el Decreto-Ley no. 174, «De las Contravenciones Personales de las Regulaciones del Trabajo por Cuenta Propia», especifica las sanciones para los cuentapropistas; incluidas multas, revocación de licencias y confiscación de materiales y equipamiento;

NOVIEMBRE: El funcionario cubano Raúl Valdés Vivó compara a los «cuentapropistas» del país con «pirañas» […] capaces de devorar rápidamente un caballo hasta los huesos» y declara que permitir que los cubanos inviertan en negocios privados «introduciría una fuerza social que tarde o temprano serviría a la contrarrevolución».

1998

ENERO: El Papa Juan Pablo II hace una prolongada visita a Cuba, con una misa pública en la Plaza de La Revolución.

JULIO: El periódico *Trabajadores* anuncia el incremento de los impuestos para muchas ocupaciones privadas y declara que cualquier cuentapropista que cobre en USD tendrá que pagar la totalidad de los impuestos en esa moneda.

1999

Fidel Castro lanza una ofensiva del orden público contra los delitos económicos implementada por una nueva fuerza policial especializada.

MAYO: En el segundo encuentro del Secretariado Nacional de los CDR, los líderes hacen un llamado a sus presidentes y a los ciudadanos a «confrontar las tendencias nocivas» y a «prevenir la conducta antisocial y delictiva que se esconde tras la fachada legal (del alquiler privado)».

1999–2000

El caso de Elián González provoca un incidente migratorio internacional (noviembre-diciembre de 1999). Se organizan manifestaciones masivas en La Habana para exigir su regreso. En Miami exigen que el niño permanezca en EE.UU. Tras una dramática redada antes del amanecer y la subsiguiente batalla por la custodia legal, es devuelto a Cuba (verano de 2000).

CUBA EN EL SIGLO XXI

Principios de 2000

Venezuela vende petróleo a Cuba con grandes descuentos. A cambio, profesionales cubanos, especialmente trabajadores de la salud y médicos, optan por servir allí como parte de las relaciones bilaterales entre Fidel Castro y Hugo Chávez para fortalecer el socialismo en Cuba y construirlo en Venezuela.

2001

Castro se desmaya durante un discurso causando frenesí en Miami. Se realiza la primera compra significativa de alimentos a EE.UU. por parte del gobierno cubano tras la destrucción causada por el huracán Michelle. Como resultado, entre 2001 y 2005 EE.UU. se convierte en uno de los principales exportadores de bienes alimenticios a Cuba.

2002

El expresidente estadounidense Jimmy Carter encabeza una delegación a Cuba. Lee un discurso televisado en la nación —en español— donde condena el embargo estadounidense, reconoce el Proyecto Carlos Varela y critica los abusos a los derechos humanos en Cuba. El texto íntegro del discurso es publicado en el *Granma*; periódico oficial del Partido Comunista. Prácticamente la mitad de los 152 ingenios azucareros de la Isla se cierran debido a ineficiencias. Políticas gubernamentales animan más a los productores agropecuarios privados a vender el excedente de sus cosechas en los mercados agropecuarios. Los impuestos mensuales a los dueños de casas de alquiler en ciertas locaciones de Centro Habana se elevan de $100 a $200.

2002-2003

El Jefe de la Sección de Intereses, James Cason, se reúne en repetidas ocasiones con los disidentes cubanos, 75 de los cuales son arrestados, acusados de sedición y sentenciados a largas condenas (primavera de 2003). Después de dos secuestros aéreos exitosos a EE.UU., los guardacostas cubanos capturan un grupo de secuestradores de embarcaciones. Los tres cabecillas son ejecutados rápidamente tras juicios secretos.

2003

Se anuncian nuevas regulaciones para las casas de alquiler; entre ellas el incremento de sus impuestos totales, el requerimiento de que paguen un impuesto adicional de 30% por brindar comidas a los huéspedes, un impuesto adicional por las áreas comunes de la casa usada por los inquilinos, un límite máximo de alquiler de dos habitaciones por casa y dos huéspedes por habitación, una prohibición de contratar a personas fuera de la familia, la revocación del derecho de alquilar el apartamento entero y el requerimiento de que un miembro de la familia esté presente todo el tiempo que haya renta.

2004

MAYO: Nuevas restricciones para el empleo por cuenta propia suspenden la concesión de nuevas licencias para 40 ocupaciones; incluidas payaso de fiestas infantiles, vendedor de libros de uso, productor de arreglos florales, masajista, vendedor de periódicos, y las cuatro ocupaciones gastronómicas legalizadas en 1995: vendedores ambulantes, cafeterías, vendedor de comida a domicilio y paladares. Este cambio redujo el número de ocupaciones autónomas con licencias de 158 a 118. Además, se prohibió a los negocios gastronómicos que no fuesen paladares el uso de papas en sus productos y se les exigió la contratación —y el pago de impuestos— de, al menos, un ayudante de la familia. Se instruye a los propietarios de paladares que los tres ayudantes de la familia que se exigen (antes eran dos) tienen que haber sido miembros de la familia o parte del núcleo familiar durante al menos los últimos tres años. Por último, el Gobierno estipula que «las bebidas alcohólicas solo se servirán con las comidas» y no en el bar (Res. no.11, 2004).

OTOÑO: La administración de Bush establece una nueva política severa bajo la Comisión para la Asistencia a una Cuba Libre, diseñada para negar fondos al gobierno cubano. La política nombra a un «coordinador para la transición», restringe los intercambios educacionales y limita las remesas y las visitas familiares. En respuesta, Fidel Castro elimina el uso interno del USD, lo reemplaza por el CUC y adopta el euro como la divisa preferida. Los cubanos que usan USD tienen que pagar 10% de penalidad y 10% de tarifa de procesamiento, con la intención de promover el uso del CUC por encima de esta moneda.

2005

El gobierno cubano reduce las reformas económicas y recentraliza el control sobre la economía, eleva el salario mínimo y los retiros, y comienza una nueva ofensiva contra los delitos económicos y la corrupción como parte de la «Batalla de Ideas» de Fidel Castro. El trabajo por cuenta propia y los paladares son el centro de críticas de Castro.

2006

La Comisión para la Asistencia a una Cuba Libre publica un segundo informe con el lema «Transición, no sucesión». El 26 de julio el gobierno cubano celebra su 47 aniversario, seguido por el inesperado anuncio del 31 de julio de que Fidel Castro estaba muy enfermo y debía practicársele una operación intestinal. Antes del procedimiento, Castro hace una declaración por escrito, según la cual, por primera vez, transfiere temporalmente sus deberes presidenciales a su hermano menor, Raúl. Una calma general prevalece en Cuba mientras Castro cumple 80 años el 13 de agosto.

2007

Poco después de su ascensión al poder, Raúl Castro crea comisiones para diagnosticar problemas económicos y sociales; incluidos las políticas de precios, las crecientes desigualdades y el deterioro de los servicios sociales.

MAYO: Los taxistas privados se dan cuenta de que la policía ya no los para a fin de chequear si tienen licencias.

JULIO: El primer discurso significativo de Raúl Castro después de un año como presidente en funciones da un indicio de sus ideas de reforma, haciendo un llamado a «cambios estructurales y conceptuales» y dando prioridad a la agricultura con una mirada a la necesidad de incrementar la eficiencia y la productividad como una manera de remplazar la costosa importación de alimentos;

AGOSTO: Raúl Castro firma una ley que ordena a todas las compañías estatales adoptar un sistema de «Perfeccionamiento Empresarial»; inicialmente utilizado por las Fuerzas Armadas con el empleo de técnicas de gestión de estilo capitalista.

DICIEMBRE: Se legalizan los pagos que las compañías extranjeras ofrecían por la izquierda a los trabajadores cubanos.

2008

FEBRERO: Raúl Castro es elegido como presidente de los Consejos de Estado y de Ministros, un puesto que tenía de manera provisional desde 2006.

MARZO: Como seguimiento a la promesa de Raúl de eliminar «prohibiciones innecesarias» que afectan la vida de los ciudadanos, se eliminan una serie de restricciones al consumidor y se permite el acceso a computadoras, reproductores de DVD, líneas de teléfonos celulares, hoteles y alquiler de autos para los que tuviesen divisas. También comienza una reforma radical en la agricultura que descentraliza la toma de decisiones, incrementa los precios que el Estado paga a los campesinos, arrienda tierra estatal en desuso a campesinos privados y les permite vender directamente al consumidor.

JULIO: Un programa de concesión de tierras agrícolas que venía en camino hacía meses, se formaliza en el Decreto-Ley no. 259, que provee la distribución de tierras estatales ociosas a campesinos individuales y cooperativas. El Ministerio de Transporte anuncia que pronto comenzará a otorgar nuevas licencias para taxis particulares.

AGOSTO: Una nueva política laboral elimina los límites a los ingresos individuales e instruye a los empleadores en el sector estatal a establecer escalas salariales móviles que recompensen a los trabajadores productivos con mejores salarios. Los huracanes Gustav e Ike provocan graves perjuicios a la infraestructura, economía y la agricultura de la Isla, exacerbando el impacto de la crisis financiera global.

2009

ENERO: Se publican regulaciones que autorizan las licencias a nuevos taxis particulares y su número se duplica en seis meses.

MARZO: Castro purga el gabinete económico de su hermano y coloca a militares de su confianza y a tecnócratas favorables a las reformas en puestos clave.

ABRIL: El Estado comienza a pasar peluquerías y barberías a manos de los trabajadores, quienes pagan arrendamiento y servicios públicos y administran el negocio como propio;

JUNIO: El *Granma* comienza a publicar cartas de los lectores todos los viernes con opiniones sobre las reformas económicas.

AGOSTO: La Asamblea Nacional instaura la Contraloría General de la República, encabezada por Gladys Bejerano y encaminada a fortalecer las auditorías dentro de las entidades estatales, mejorar la «disciplina económica» y arremeter contra la corrupción;

SEPTIEMBRE: *Granma* informa que, como parte de las medidas para lograr una «racionalidad económica», el Gobierno comenzará el proceso de cerrar 24 700 cafeterías de los puestos de trabajo. Se conceden licencias a vendedores de alimentos en varias ciudades, legalizándolos para que puedan ofrecer alimentos a los trabajadores cubanos de manera particular.

2010

ENERO: Se ordena a los gobiernos municipales que redacten planes de desarrollo económico que pueden incluir cooperativas y pequeños negocios privados. Comienza en La Habana un proyecto piloto según el cual los taxistas alquilan taxis estatales en vez de percibir un salario del Estado.

ABRIL: Pequeñas barberías y peluquerías de hasta tres sillones se privatizan bajo un nuevo sistema de arrendamiento que exige a los trabajadores privados pagar los costos del negocio y los impuestos, y quedarse con los ingresos.

MAYO: Un encuentro entre Raúl Castro y el cardenal Jaime Ortega comienza un proceso, donde también participa el gobierno español, mediante el que se excarcelarían 166 prisioneros políticos; entre ellos, 52 de los 75 arrestados en la primavera de 2003.

JUNIO: Se liberaliza la venta de materiales de construcción a la población.

AGOSTO: Nuevas regulaciones permiten a los cubanos con pequeños huertos y a los pequeños campesinos vender sus productos directamente al consumidor en quioscos situados en las autopistas y carreteras cubanas. En su discurso a los delegados de la Asamblea Nacional, Raúl Castro subraya su enfoque pragmático hacia la reforma económica al afirmar: «Hay que borrar para siempre que Cuba es el único país del mundo donde se puede vivir sin trabajar».

SEPTIEMBRE: Fidel Castro responde al periodista estadounidense Jeffrey Golberg, sobre si el modelo cubano era aún algo digno de exportar: «El modelo cubano ya no funciona ni para nosotros». Una declaración de la CTC, publicada en *Granma*, anuncia que medio millón de trabajadores del sector estatal serían despedidos para abril de 2011, con un «incremento paralelo en el sector no-estatal». Esta medida viene aparejada con 250 000 nuevas licencias anticipadas para negocios familiares en los seis meses siguientes; sin embargo, los despidos y el crecimiento del trabajo autónomo fueron mucho más lentos. Se flexibilizan las regulaciones para el trabajo por cuenta propia, se reducen los impuestos —permitiéndose mayores deducciones de gastos— y se legalizan 178 ocupaciones privadas. Se autoriza por primera vez que los negocios familiares contraten trabajadores, hagan negocios con el Estado, y arrienden espacios al Estado o a privados.

OCTUBRE: Se legalizan 29 000 nuevos emprendedores y aparecen las normas jurídicas que regulan la ampliación anunciada en agosto .

NOVIEMBRE: Comienza la publicación, distribución y el extenso debate de la versión de los «Lineamientos de la Política Económica y Social del Partido y la Revolución».

DICIEMBRE: En sus palabras a la Asamblea Nacional, la ministro de Finanzas, Lina Pedraza, anuncia que prevé para 2015 la suma de 1,8 millones de trabajadores al sector no-estatal. Raúl Castro hace un llamado a los burócratas y a todos los cuadros del Partido para facilitar la gestión de los cuentapropistas y no generar estigmas ni prejuicios hacia ellos; mucho menos demonizarlos.

2011

MARZO: El cronograma original de Castro de despedir 500 000 trabajadores del sector estatal para el mes de abril no funcionó y no se establece una fecha fija para completar el proceso puesto que los trabajadores se rehúsan a perder sus trabajos y se resisten a los altos costos de los arrendamientos propuestos.

ABRIL: El PCC elije a Raúl Castro como Primer Secretario, una posición que sostenía provisionalmente desde 2006. Se celebra el VI Congreso del PCC, tras el cual se publica una versión enmendada de los Lineamientos que guiará la toma de decisiones económicas en los próximos años. Incluido en esta nueva versión está el anuncio de la venidera aprobación de la venta de casas y autos privados, brindando potencialmente nuevas fuentes de capital a emprendedores incipientes. Las autoridades anuncian que 180 000 nuevas licencias para trabajar por cuenta propia y alquilar espacios para nuevos negocios desde octubre de 2010. Se autoriza a los bancos estatales a otorgar microcréditos a nuevos emprendedores y a los cuerpos estatales negociar con ellos.

MAYO: A fin de ayudar a los emprendedores a salir adelante y fomentar la creación de empleo, se flexibilizan algunas regulaciones e impuestos que los afectan y se permite que todos los cuentapropistas contraten empleados.

SEPTIEMBRE: Se añaden tres nuevas ocupaciones (agente de seguros, planificador de eventos y albañil) a la lista original de 178 ocupaciones en septiembre de 2010, alcanzando un total de 181.

OCTUBRE: Se legaliza la venta de autos;

NOVIEMBRE: Un nuevo decreto permite que los cubanos y los extranjeros residentes en Cuba puedan comprar y vender bienes raíces.

DICIEMBRE: Los bancos cubanos comienzan a ofrecer préstamos a los emprendedores, pequeños agricultores y personas que necesitan fondos para reparar sus hogares.

2012

MARZO: Los medios cubanos informan que una reunión del Consejo de Ministros aprobó proyectos pilotos para la creación de cooperativas privadas en tres provincias en sectores ajenos a la agricultura.

ABRIL: El funcionario del Ministerio del Trabajo, Raymundo Navarro, dice que la nómina estatal se ha reducido en 140 000 en 2011 y perderá otros 110 000 en 2012, con la meta de reducir el empleo estatal en 500 000 trabajadores para 2015; cifra originalmente prevista para 2011. El número de cuentapropistas con licencias, incluidos emprendedores y empleados, llega a 371 200; un incremento de 230 000 desde octubre de 2010.

OCTUBRE: La *Gaceta Oficial...* también publica nuevas regulaciones fiscales que estipulan que el impuesto por contratación de empleados solo se aplicará a aquellos cuentapropistas que empleen seis o más personas, con una reducción fiscal de 80% de este impuesto por fuerza laboral durante los próximos cinco años. Estadísticas oficiales informan que 397 167 cuentapropistas están en funcionamiento; incluidos 5 500 que arrendan sus premisas al Gobierno.

DICIEMBRE: Se publica el Decreto-Ley no. 305, que autoriza la creación de cooperativas no-agrícolas mediante la conversión de empresas estatales o ciudadanos que solicitan permiso para crear nuevas cooperativas. A diferencia del sector cuentapropista, están abiertas a los profesionales y no existe una lista de ocupaciones permitidas.

2013

ENERO: Una importante ley de reforma migratoria se pone en vigor y elimina el requisito del «permiso de salida». Los viajeros ahora pueden permanecer 24 meses en el exterior, en lugar del límite previo de 11 meses, sin perder sus propiedades ni el derecho a residir en la Isla.

JULIO: El Ministerio de Trabajo anuncia que existen 429 458 emprendedores con licencias funcionales en Cuba. La fase de proyecto piloto para las cooperativas privadas no-agropecuarias progresa lentamente con la aprobación de 197 para administrar mercados campesinos, el transporte por autobús y brindar servicios de la construcción, etc. La mayoría son empresas estatales convertidas; solo 12 fueron creadas por trabajadores autónomos. Se estima que las remesas alcanzaron 2 500 millones USD, a lo cual se suman otros 2 600 millones en concepto de bienes enviados a Cuba por miembros de la diáspora.

SEPTIEMBRE: Se publican las Res. 41 y 42 en la *Gaceta Oficial*... expandiendo el número total de ocupaciones por cuenta propia a 201. Las nuevas regulaciones representan hasta cierto punto un estancamiento para muchos cuentapropistas al dar definición y alcance específicos de cada ocupación legal, haciendo énfasis en el uso/reventa de productos importados y otros adquiridos en las tiendas estatales minoristas.

NOVIEMBRE: *Granma* publica una nota oficial esclareciendo que la ocupación privada de administrar salas de cine 3D y de juegos nunca fue legalizada. Todos los que habían establecido esos negocios fueron informados que tenían que «cesar inmediatamente ese tipo de actividad por cuenta propia».

DICIEMBRE: Comienza en Cuba la venta sobre la base de mercado de automóviles importados nuevos y de uso. Los precios iniciales oscilaron entre 21 000 CUC y 51 000 CUC para modelos de uso de Geely, Hyundai, Kia y Volkswagen; y 91 000 CUC y 262 000 CUC para una variedad de Peugeot.

2014

ENERO: *La Gaceta Oficial*... publica una nueva lista de sanciones para las violaciones a las regulaciones del trabajo por cuenta propia.

MARZO: La *Mesa Redonda* transmite una serie de dos partes sobre el trabajo por cuenta propia informando 455 577 cuentapropistas legales a finales de febrero. Este informe también confirma tendencias anteriores, haciendo notar que 68% dice haber estado desempleado previamente, 18% continúa trabajando en el sector estatal y 14% restante son retirados. Las cifras confirman que la vasta mayoría proviene de la economía informal, no del número creciente de trabajadores estatales despedidos.

ABRIL: Se aprueba la nueva Ley para la inversión extranjera.

MAYO: Funcionarios de Google, incluido el cofundador Eric Schmidt, visitan universidades de ciencias cibernéticas en Cuba y se reúne con estudiantes y con la bloggera Yoani Sánchez. A su regreso a EE.UU., Schmidt critica el control del gobierno cubano sobre Internet y expresa que el embargo de EE.UU. a Cuba «no tiene sentido».

AGOSTO: El número de cuentapropistas llega a 471 085.

SEPTIEMBRE: El Gobierno impone estrictos controles aduanales que restringen severamente el valor de los bienes que los viajeros pueden entrar al país.

DICIEMBRE: Los presidentes Raúl Castro y Barack Obama anuncian la decisión de restablecer relaciones diplomáticas entre Cuba y EE.UU. e iniciar un proceso de negociaciones en vías de normalizar las relaciones entre ambos países.

2015

ENERO: Washington alivia algunas restricciones de viaje y comercio para Cuba. Dos días de conversaciones históricas entre Estados Unidos y Cuba tienen lugar en La Habana y ambas partes acuerdan reunirse nuevamente. Las discusiones se centran en restaurar las relaciones diplomáticas. Raúl Castro pide a Barack Obama que use sus poderes ejecutivos para levantar el embargo. La compañía telefónica estatal ETECSA anuncia que se potenciará la creación de zonas wifi en todo el país con el objetivo de ampliar el acceso a Internet de la población cubana.

FEBRERO: diplomáticos cubanos y estadounidenses anuncian progresos en las conversaciones en Washington para restablecer las relaciones plenas.

MAYO: Cuba establece lazos bancarios con EE.UU. y el Departamento del Estado la elimina de su lista de Estados patrocinadores del terrorismo.

20 DE JULIO: Cuba y EE.UU. reabren las respectivas embajadas —cerradas desde 1961— e intercambian cargos de negocios aunque ninguno de los países nombra embajador.

DICIEMBRE: Funcionarios cubanos y estadounidenses sostienen conversaciones preliminares sobre compensación mutua.

2016

ENERO: EE.UU. alivia una serie de restricciones comerciales a Cuba.

21-23 DE MARZO: Obama es el primer presidente estadounidense en funciones desde 1928 en visitar Cuba. Durante su estancia, ofrece un discurso televisado a nivel nacional al pueblo cubano desde el Teatro Nacional; se reúne en privado con Raúl Castro; así como con una muestra representativa de disidentes cubanos y con un gran grupo de cuentapropistas y funcionarios económicos y de la industria del Gobierno, con el objetivo de encontrar formas de expandir el comercio entre los dos países;

MAYO: El gobierno cubano aprueba un documento que pide la legalización de las pymes en la Isla como parte de las reformas económicas, aunque no la legisla.

AGOSTO: Se restablecen los primeros vuelos comerciales entre EE.UU. y Cuba desde 1962.

NOVIEMBRE: Donald J. Trump es elegido presidente de EE.UU. Durante su campaña presidencial prometió buscar «un mejor acuerdo» entre Cuba y EE.UU., amenazando así el deshielo de Obama. Raúl Castro anuncia la muerte de su hermano Fidel Castro a los 90 años y el país declara nueve días de duelo nacional.

2017

ENERO: El presidente saliente Obama anuncia el fin de la llamada «política de pies mojados/pies secos», poniendo fin al tratamiento especial para los inmigrantes cubanos que podían permanecer legalmente en EE.UU. sin visa. Donald Trump asume la presidencia.

16 DE JUNIO: El nuevo presidente Trump revoca algunos aspectos de la política de Obama hacia Cuba al restablecer las restricciones a los estadounidenses que viajan a la Isla y los negocios de EE.UU. con un conglomerado militar; aunque no rompe las relaciones diplomáticas.

AGOSTO: El Ministerio de Trabajo de Cuba emite la Resolución no. 22, que congela la emisión de nuevas licencias para el trabajo por cuenta propia en más de dos docenas de las áreas ocupacionales más populares y lucrativas para que el Gobierno pueda estudiar el sector e introducir nuevas controles destinados a «perfeccionar su ejercicio».

SEPTIEMBRE-OCTUBRE: El Departamento de Estado ordena la salida del personal diplomático no esencial asignado a la embajada de EE.UU. en La Habana como respuesta a una serie de misteriosos incidentes sónicos que dice haber afectado la salud de su personal y el de Canadá en La Habana. EE.UU. expulsa a 15 diplomáticos de la embajada de Cuba en Washington, D. C.

PRESIDENCIA DE MIGUEL DÍAZ-CANEL, NUEVA CONSTITUCIÓN Y POLÍTICA DE TRUMP HACIA CUBA (2018-2020)

2018

MARZO: El Departamento de Estado anuncia que la embajada de EE.UU. en La Habana continuará operando con el personal mínimo requerido para realizar funciones diplomáticas y consulares centrales.

19 DE ABRIL: La Asamblea Nacional de Cuba selecciona por unanimidad a Miguel Díaz-Canel como nuevo presidente de Cuba. Raúl Castro continúa como jefe del PCC hasta 2021.

JULIO: La *Gaceta Oficial...* publica un conjunto integral de nuevas regulaciones para el cuentapropismo: prohibición de más de una licencia, nuevos límites en el tamaño de los «paladares», los operadores del sector privado establecerán cuentas bancarias para realizar todas sus transacciones comerciales y el fin de exención de impuestos para empleados. El Gobierno también publica el borrador de la nueva Constitución.

NOVIEMBRE: El Departamento de Estado anuncia la inclusión de 26 nuevas subentidades cubanas a la lista de entidades prohibidas.

DICIEMBRE: El gobierno retrocede en algunas de las nuevas regulaciones del trabajo por cuenta propia más notorias solo dos días antes de su vigencia: las personas pueden tener más de una licencia y se elimina las restricciones de 50 sillas en los paladares. La otras nuevas regulaciones siguen vigentes. El número de ocupaciones por cuenta propia se reduce de 201 a 123 después de reogarnizarlas y combinarlas. Se cancela la congelación de nuevas licencias. Después de revisar los comentarios y sugerencias hechas por la población, la Asamblea Nacional aprueba por unanimidad un segundo borrador de la Constitución. La conexión a internet móvil 3G se implementa por primera vez, permitiendo planes de acceso público pagados.

2019

FEBRERO: La mayoría del electorado de Cuba ratifica la nueva Constitución, que reafirma el carácter irrevocable del socialismo y declara al PCC la fuerza dirigente superior de la sociedad y del Estado. También reafirma la prevalencia de una economía de planificación centralizada. Sin embargo, reconoce un papel suplementario legítimo en la economía para el mercado y el sector privado por primera vez.

MARZO: El Departamento de Estado elimina para los ciudadanos cubanos residentes en la Isla la visa B2 con validez de 5 para EE.UU.

ABRIL: El asesor de Seguridad Nacional John Bolton anunció durante un discurso en Miami nuevas sanciones contra Cuba dirigidas a limitar el envío de remesas a la Isla y a restringir los viajes de ciudadanos estadounidenses a Cuba. La administración Trump implementa el Título III de la Ley Helms-Burton, permitiendo a los ciudadanos estadounidenses demandar a las empresas que usan propiedades confiscadas por el gobierno cubano.

MAYO: El gobierno de EE.UU. implementa por completo el Título III de la Ley Helms-Burton para tramitar reclamaciones contra empresas cubanas y extranjeras que «trafican» con propiedades de ciudadanos y empresas estadounidenses expropiadas.

JUNIO: La administración Trump elimina la autorización *people to people* para los viajeros estadounidenses y prohíbe los cruceros y otras embarcaciones de pasajeros a Cuba;

JULIO: El número de trabajadores por cuenta propia con licencias sube a 605 908. En el marco de un aumento salarial, el Gobierno implementa una política dirigida a topar los precios de un grupo de productos comercializados por el sector privado con el objetivo de evitar la inflación.

AGOSTO: El gobierno emite el Decreto-Ley no. 366 sobre los cooperativas no-agrícolas con el fin de parar su crecimiento y enfocarse en su «consolidación».

OCTUBRE: Con la intención de reducir la fuga de capital, el Gobierno crea un mercado interno paralelo de 77 tiendas en divisas para competir quienes adquirían productos en el extranjero que luego revendía en Cuba.

NOVIEMBRE: El Gobierno emite los Decreto-Ley nos. 383-386 con nuevas reglas sobre el transporte privado y aprueba seis nuevas ocupaciones. El gobierno de EE.UU. prohíbe todos los vuelos privados chárter a la Isla, ordena a Marriott cerrar su hotel en La Habana y amenaza con poner Cuba en la lista de patrocinadores de terrorismo de nuevo; adicionalmente, anuncia nuevas medidas para controlar el flujo de personas y dinero a Cuba, incluyendo la prohibición de compra de ron y tabaco cubanos y la estancia en cualquier hotel operado por el Estado cubano.

2020

MARZO: El día 11 el Gobierno anunció sus primeros tres casos positivos de Covid-19. El 24 se cierran las fronteras, los restaurantes y bares, se suspenden las clases, los eventos culturales y deportivos y el transporte interprovincial. Se impone una cuarentena general y uso obligatorio de mascarillas en lugares públicos.

JUNIO: El Gobierno reporta que 243 203 de los 632 557 trabajadores por cuenta propia registrados han pedido una suspensión temporal de sus licencias a causa de la pandemia.

JULIO: En una transmisión especial de la *Mesa Redonda* el Gobierno anuncia la decisión de ampliar y flexibilizar el trabajo por cuenta propia con la eliminación de la lista ocupaciones permitidas, la apertura de tiendas mayoristas para emprendedores y la posibilidad legal de importar y exportar productos a través de empresas estatales; de finalmente implementar la existencia legal de mipymes con personalidad jurídica y reconstituir las cooperativas no-agrícolas.

ANEXO 2

LISTADO DE OCUPACIONES POR CUENTA PROPIA LEGALIZADAS (HASTA JUNIO DE 2014)[1]

---

[1] Fuentes: *Gaceta Oficial...* (no. 32, 2004; no. 12, 2010; no. 29, 2011; no. 27, 2013), *Associated Press* (2011), *D´Cubanos* (s. a.) y Feinberg (2013).

1. Afinador y reparador de instrumentos musicales: 90 CUP.
2. Aguador:70 CUP.
3. Albañil: 80 CUP (vea la #155 relacionada).
4. Alquiler de animales: 80 CUP.
5. Alquiler de trajes: 250 CUP.
6. Amolador: 40 CUP.
7. Animador de fiestas, payasos o magos: 100 CUP.
8. Arriero: 30 CUP.
9. Artesano:[2] 300 CUP.
10. Aserrador: 60 CUP.
11. Asistente para el cuidado de niños: 80 CUC.
12. Barbero (véase la no. 187): 80-220 CUP en áreas urbanas, 60-130 CUP en áreas rurales y 15-70 CUP en áreas montañosas.
13. Bordadora-tejedora: 40 CUP.
14. Boyero o carretero (medio de transporte o surcador con buey): 50 CUP.
15. Cantero (requiere de la autorización de la Oficina de Recursos Mineros del Ministerio de Energía y Minas; véase la no. 147): 60 CUP
16. Carpintero: 200 CUP.
17. Carretillero o vendedor de productos (cumple con las regulaciones urbanísticas, las normas de vialidad existentes y lo establecido por los consejos de Administración en cuanto a itinerarios y zonas de accesos para el ejercicio de esta actividad.): 70 CUP (véase la no. 39).[3]

---

[2]   Las ocupaciones nos. 9, 96 y 132 no permiten la concesión de licencias a artistas profesionales.
[3]   Las ocupaciones nos. 17, 39, 72, 89, 151 y 158 no permiten la venta de artículos importados ni adquiridos en las redes minoristas.

18. Cerrajero: 80 CUP.
19. Chapistero de bienes muebles: 100 CUP.
20. Cobrador pagador (paga multas, impuestos, servicios brindados, cuenta de servicios públicos, etc.): 100 CUP.
21. Servicio de coche de uso infantil tirado por animales: 80 CUP.
22. Comprador-vendedor de discos (comercializa discos, cumpliendo las regulaciones existentes en materia de derecho de autor).[4]
23. Comprador-vendedor de libros de uso: 60 CUP.
24. Constructor-vendedor o montador de antenas de radio y televisión (restringido a la señal interna de Cuba): 80 CUP.
25. Constructor-vendedor o reparador de artículos de mimbre: 70 CUP.
26. Criador-vendedor de animales afectivos: 60 CUP.
27. Cristalero (instala, desmonta, bisela y pule; no incluye la producción de objetos artesanales o decorativos): 70 CUP.
28. Cuidador de animales: 120 CUP.
29. Cuidador de baños públicos y taquillas: 70 CUP.
30. Cuidador de enfermos, personas con discapacidad y ancianos: 20 CUP.
31. Cuidador de parques: 50 CUP.
32. Curtidor de pieles (excepto de vacas o caballos): 60 CUP.
33. Decorador: 150 CUP.
34. Desmochador de palmas: 20 CUP.
35. Elaborador vendedor de alimentos y bebidas mediante servicio gastronómico en restaurantes (paladares) (elabora y expende en su domicilio o lugar arrendado, mediante el uso de mesas, sillas, banquetas, mesetas o similares hasta 50 capacidades; puede satisfacer pedidos a domicilio y comercializar tabacos y cigarros; requiere licencia sanitaria): 700 CUP.
36. Elaborador vendedor de alimentos y bebidas en punto fijo de venta (cafetería) (elabora y expende en su domicilio o lugar arrendado, mediante el uso de mesas, sillas y banquetas hasta 50 capacidades; puede satisfacer pedidos a domicilio y comercializar tabacos y cigarros; requiere licencia sanitaria; no puede comercializar bebidas alcohólicas, excepto en los casos que se autorice por la autoridad facultada): 400 CUP.
37. Elaborador vendedor de alimentos y bebidas no alcohólicas a domicilio (elabora y expende alimentos para satisfacer los pedidos de los clientes a domicilio o lugar solicitado): 250 CUP.

---

[4] Las ocupaciones nos. 22, 24, 58, 76, 105, 110, 129 y 146 tienen salvedades con restricciones específicas para su ejercicio. Asimismo, la no. 76 quedó restringida por las Res. nos. 41 y 42 para operar equipos acuáticos.

38. Cafetería de alimentos ligeros (elabora y expende alimentos y bebidas no alcohólicas en su domicilio o en locales arrendados sin sillas, mesas, banquetas o similares para uso de los consumidores; requiere licencia sanitaria; no comercializa cigarros, tabacos, cervezas, ni bebidas alcohólicas, excepto en los casos que se autorice por la autoridad facultada): 200 CUP.

39. Elaborador vendedor de alimentos y bebidas no alcohólicas de forma ambulatoria (elabora y expende alimentos de forma ambulatoria en bicicletas, carritos y otros de similar naturaleza, pero no kioscos fijos ni otra instalación de ese carácter; cumple las regulaciones del Consejo de la Administración sobre los itinerarios y la legislación de vialidad y tránsito; requiere licencia sanitaria; no puede comercializar productos importados ni adquiridos en la red minorista): 150 CUP (véase la no. 17).[5]

40. Elaborador-vendedor de carbón (cumple con las regulaciones forestales): 30 CUP.

41. Elaborador-vendedor de vinos (requiere licencia sanitaria): 120 CUP.

42. Elaborador-vendedor de yugos, frontiles y sogas: 40 CUP.

43. Electricista: 100 CUP.

44. Electricista automotriz: 150 CUP.

45. Encargado, limpiador y turbinero de inmuebles: 30 CUP.

46. Encuadernador de libros: 30 CUP.

47. Enrollador de motores, bobinas y otros equipos: 100 CUP.

48. Entrenador de animales: 80 CUP.

49. Fabricante, vendedor de coronas y flores: 80 CUP.

50. Forrador de botones (con tejidos u otros materiales, para tapicería y vestidos elegantes): 30 CUP.

51. Fotógrafo: 200 CUP.

52. Fregador-engrasador de equipos automotores: 40 CUP.

53. Gestor de pasaje en piquera (dice las instrucciones a pasajeros en espera; véase las nos. 191 y 193): 80 CUP.

54. Grabador-cifrador de objetos: 40 CUP.

55. Herrador de animales o productor: 30 CUP.

56. Hojalatero: 40 CUP.

57. Instructor de automovilismo: 100 CUP.

58. Instructor de prácticas deportivas (no incluye las artes marciales, el buceo y el sky surf): 150 CUP.

---

[5] El 26 de septiembre de 2013 se añadieron diez nuevas ocupaciones (nos. 39, 148-155 y 171) según las Res. nos. 41 y 42 del Ministerio de Trabajo y Seguridad Social.

59. Jardinero: 60 CUP.
60. Lavandero o planchador: 30 CUP.
61. Leñador (cumple con las regulaciones forestales): 30 CUP.
62. Limpiabotas: 20 CUP.
63. Limpiador y comprobador de bujías: 40 CUP.
64. Limpiador y reparador de fosas: 20 CUP.
65. Manicura: 70-200 CUP en zonas urbanas, 40-100 CUP en zonas rurales y 20 CUP en zonas montañosas.
66. Maquillista: 45 CUP.
67. Masajista: 80 CUP.
68. Masillero: 50 CUP.
69. Mecánico de equipos de refrigeración: 100 CUP.
70. Mecanógrafo: 30 CUP.
71. Mensajero (no incluye servicios postales y remesas): 40 CUP.
72. Modista o sastre (no incluye la comercialización de ropa de fabricación industrial o importada): 80 CUP.
73. Molinero: 60 CUP.
74. Operador de audio (cumple las normas establecidas en cuanto a los niveles de ruido): 100 CUP.
75. Operador de compresor de aire, ponchero o reparador de neumáticos: 100 CUP.
76. Operador de equipos de recreación (no incluye equipos náuticos; salas de cine 3D ni de videojuegos): 100 CUP.
77. Parqueador, cuidador de equipos automotores, ciclos y triciclos: 80 CUP.
78. Peluquera: 100-400 CUP en zonas urbanas, 70-200 CUP en zonas rurales y 20-80 CUP en zonas montañosas.
79. Peluquero de animales domésticos: 60 CUP.
80. Trabajador doméstico: 30 CUP.
81. Pintor automotriz: 300 CUP.
82. Pintor de bienes muebles o barnizador: 80 CUP.
83. Pintor de inmuebles: 100 CUP.
84. Pintor rotulista (no incluye la piel de las personas): 60 CUP.
85. Piscicultor (incluye la producción o venta de alimentos y accesorios para la cría de peces): 45 CUP.
86. Plasticador: 30 CUP
87. Plomero: 80 CUP.
88. Pocero: 30 CUP.
89. Productor o vendedor de artículos varios de uso en el hogar (producidos por él u otro trabajador por cuenta propia; no incluye artícu-

los adquiridos en la red minorista o importados; véase la no. 118): 70 CUP.

90. Productor vendedor de accesorios de goma: 80 CUP.
91. Productor vendedor de artículos de alfarería (para uso ornamental, elaborados con barro o arcilla):80 CUP.
92. Productor-vendedor o recolector-vendedor de artículos de alfarería u otros materiales, con fines constructivos: 100 CUP.
93. Productor-vendedor de artículos religiosos (excepto las piezas que tengan valor patrimonial según regula el Ministerio de Cultura) o vendedor de animales para estos fines: 100 CUP.
94. Productor-vendedor de bastos, paños y monturas: 40 CUP.
95. Productor vendedor de bisutería de metal y recursos naturales: 300 CUP.
96. Productor-vendedor de calzado (no se permiten los artistas profesionales; véase la no. 144): 400 CUP.
97. Productor-vendedor de escobas, cepillos y similares: 60 CUP.
98. Productor-vendedor de figuras de yeso: 40 CUP.
99. Productor-vendedor de flores y plantas ornamentales: 100 CUP.
100. Productor-vendedor de piñatas y otros: 80 CUP.
101. Productor, recolector vendedor de hierbas para alimento animal o fines medicinales: 80 CUP.
102. Profesor de música y otras artes: 100 CUP.
103. Profesor de taquigrafía, mecanografía e idiomas: 100 CUP.
104. Programador de equipos de cómputo: 80 CUP.
105. Pulidor de metales (no comercializa productos): 40 CUP.
106. Recolector-vendedor de recursos naturales (cumple las regulaciones del Ministerio de Ciencia, Tecnología y Medio Ambiente): 20 CUP.
107. Recolector-vendedor de materias primas (cumple las regulaciones del Ministerio de Ciencia, Tecnología y Medio Ambiente): 30 CUP.
108. Relojero: 50 CUP.
109. Reparador de artículos de cuero y similares: 40 CUP.
110. Reparador de artículos de joyería (no incluye la comercialización de oro, plata, bronce, platino y otros similares, en forma de materia prima): 200 CUP.
111. Reparador de bastidores de cama (véase la no. 117): 40 CUP.
112. Reparador de baterías automotrices: 60 CUP.
113. Reparador de bicicletas: 60 CUP.
114. Reparador de bisutería: 60 CUP.
115. Reparador de cercas y caminos: 20 CUP.
116. Reparador de cocinas: 50 CUP.

117. Reparador de colchones (véase la no. 111): 100 CUP.

118. Reparador de enseres menores (véase la no. 89): 60 CUP.

119. Reparador de equipos de oficina: 45 CUP.

120. Reparador de equipos eléctricos y electrónicos: 90 CUP.

121. Reparador de equipos mecánicos y de combustión: 100 CUP.

122. Reparador de espejuelos: 30 CUP.

123. Reparador de máquinas de coser: 35 CUP.

124. Reparador de monturas y arreos: 50 CUP.

125. Reparador de paraguas y sombrillas: 30 CUP.

126. Reparador y llenador de fosforeras: 40 CUP.

127. Repasador (excepto los maestros en activo):[6] 40 CUP.

128. Restaurador de muñecos y otros juguetes: 30 CUP.

129. Restaurador de obras de arte (no puede comercializarlas): 250 CUP.

130. Sereno o portero de edificio de viviendas: 20 CUP.

131. Soldador (véase la no. 159): 60 CUP.

132. Talabartero (no se permiten los artistas profesionales): 50 CUP.

133. Tapicero: 100 CUP.

134. Techador: 30 CUP.

135. Tenedor de libros (se exceptúan los contadores y técnicos medios en contabilidad con vínculo laboral en la especialidad): 120 CUP.

136. Teñidor de textiles: 30 CUP.

137. Tornero: 60 CUP.

138. Tostador: 40 CUP.

139. Trabajador agropecuario eventual: 50 CUP.

140. Traductor de documentos: 60 CUP.

141. Trasquilador: 40 CUP.

142. Trillador: 50 CUP.

143. Vendedor de productos agrícola en puntos de ventas y quioscos: 50 CUP.

144. Zapatero remendón (véase la no. 96): 50 CUP.

145. Trabajador contratado (abierto para todas las ocupaciones por cuenta propia; mayormente concentrados en el sector gastronómico, véanse las ocupaciones nos. 35, 39 y 168): los impuestos mensuales varían.

146. Organizador de servicios integrales para fiestas de quince, bodas y otras actividades (no incluye la creación ni explotación de centros nocturnos, cabaret y otros de similar naturaleza): 300 CUP.

---

[6] Las ocupaciones nos. 127 y 135 no autorizan a quienes trabajen en esas profesiones para el sector estatal.

147. Granitero (para ejercer en el territorio de la Habana Vieja, se autoriza por la OHC): 150 CUP.

148. Gestor de permutas y compra-venta de viviendas: 500 CUP.

149. Reparador de instrumentos de medición: 90 CUP.

150. Vendedor mayorista de productos agropecuarios (no puede comercializar productos importados): 500 CUP.

151. Vendedor minorista de productos agropecuarios (en quioscos y mercados campesinos; no puede comercializar productos importados): 300 CUP.

152. Gestor de alojamiento para viviendas (gestiona clientes para las viviendas o habitaciones que se arriendan; no ejerce la actividad en los aeropuertos y hoteles; véase la no. 166): 100 CUP.

153. Agente postal (debe obtener previamente la licencia de Operador Designado que otorgan las direcciones territoriales de la Empresa de Correos de Cuba): 20 CUP.

154. Agente de telecomunicaciones (promoción y venta minorista de productos y servicios de telecomunicaciones que le son proveídos de forma mayorista por ETECSA; debe tener contrato previo con la empresa): 20 CUP.

155. Servicios de construcción, reparación y mantenimiento de inmuebles (véanse las nos. 3 y 169): 400 CUP.

156. Chapistero:[7] 300 CUP.

157. Elaborador-vendedor de artículos de mármol: 250 CUP.

158. Elaborador-vendedor de jabón, betún, tintas y otros similares (no incluye la comercialización de productos adquiridos en la red minorista): 80 CUP.

159. Fundidor (véase la no. 131): 50 CUP.

160. Herrero: 50 CUP.

161. Oxicortador: 45 CUP.

162. Productor-vendedor de artículos de aluminio: 100 CUP.

163. Productor-vendedor de artículos de fundición no ferrosa: 80 CUP.

164. Pulidor de pisos: 40 CUP.

165. Reparador-montador de equipos para el bombeo de agua: 60 CUP.

---

[7] Las ocupaciones nos. 156-165 se autorizaron a finales de los años 90 y principios de la década de 2000; pero se detuvieron en octubre de 2010 debido a la falta de fuentes lícitas de suministros. Se reactivaron el 26 de septiembre de 2013 según las Res. nos. 41 y 42 del Ministerio de Trabajo y Seguridad Social.

166. Arrendadores de vivienda, habitaciones y espacios que sean parte integrante de la vivienda (véase la no. 152): varía según el tamaño, número y tipo de espacio arrendado; el rango va de 150-200 por habitación y puede pagarse en CUC o CUP, sobre la base de la moneda de cobro al cliente.

AUTORIZADA POR LA EMPRESA DE SEGUROS NACIONALES
Y EMPRESA DE SEGUROS INTERNACIONALES

167. Agente de Seguros: 20 CUP.

AUTORIZADA POR EL CONSEJO DE LA ADMINISTRACIÓN PROVINCIAL
DEL PODER POPULAR DE LA HABANA

168. Elaborador-vendedor de alimentos y bebidas mediante servicio gastronómico del Barrio Chino (pueden designar un trabajador contratado para que asuma, en ausencia del titular, la responsabilidad del cumplimiento de sus deberes, lo cual solicitan por escrito a la Dirección de Trabajo Provincial de La Habana; puede comercializar tabacos y cigarros): establecido por la OHC.

AUTORIZADA POR LA OHC Y EL GRUPO EMPRESARIAL PALCO

169. Contratista privado (establece relación contractual con la OHC y el Grupo Empresarial PALCO, para la ejecución de obras de construcción, mantenimiento y reparación; véase la no. 155): establecido por la OHC.

AUTORIZADAS POR LA OHC (RESTRINGIDAS A LA HABANA VIEJA)

170. Servicio de paseo de coches coloniales: 600 CUP.
171. Anticuario: 400 CUP.
172. Habanera: 150 CUP.
173. Cartomántica: 150 CUP.

174. Artista de danza folclórica: 150 CUP.

175. Grupo musical «Los mambises»: 150 CUP.

176. Caricaturista: 150 CUP.

177. Vendedor de flores artificiales: 150 CUP.

178. Pintor callejero: 150 CUP.

179. Dandy.: 50 CUP.

180. Peluquera-peinadora de trenzas: 100 CUP.

181. Pelador de frutas naturales: 70 CUP.

182. Dúo de danza «Amor»: 150.

183. Pareja de baile «Benny Moré»: 150 CUP.

184. Exhibición de perros amaestrados: 100 CUP.

185. Dúo musical «Los amigos»: 150 CUP.

186. Figurantes: 70 CUP.

187. Peluquero tradicional (véase la no. 12): 200 CUP.

AUTORIZADAS POR LA UNIDAD ESTATAL DE TRÁFICO
DEL MINISTERIO DE TRANSPORTE

188. Chofer de camiones: varía según el tamaño (tonelaje) del camión, entre 75 CUP y 450 CUP.

189. Chofer de camionetas: igual que el anterior.

190. Chofer de paneles: igual que el anterior.

191. Chofer de ómnibus (véase la no. 53): varía según el número de pasajeros, entre 350 CUP y 575 CUP

192. Chofer de microbús (véase la no. 53): igual que el anterior.

193. Chofer de taxi (véase la no. 53): varían según la cantidad de pasajeros, va de 350 CUP a 575 CUP; para los contratos al sector estatal, se basa sobre el tipo de vehículo empleado, va desde 300 CUP a 4 000 CUP.

194. Conductor de medios ferroviarios: entre 40-60 CUP.

195. Chofer de jeep: igual que el chofer de taxi.

196. Embarcaciones para el transporte de pasajeros: 30 CUP.

197. Chofer de motos: 250 CUP.

198. Chofer de triciclos: entre 40-60 CUP.

199. Carretones: 30 CUP.

200. Coches de caballo: 30 CUP.

201. Ciclos: 60 CUP

ACRÓNIMOS Y SIGLAS

AECL	Actividades económicas clandestinas legítimas
ANAP	Asociación Nacional de Agricultores Pequeños
ANPP	Asamblea Nacional del Poder Popular
ASCE	Asociación para el Estudio de la Economía Cubana (por sus siglas en inglés)
CAME	Consejo de Ayuda Mutua Económica
CCS	Cooperativas de Créditos y Servicios
CDR	Comités de Defensa de la Revolución
CFM	Cuotas fijas mensuales
CPA	Cooperativa de Producción Agrícola
CTC	Central de Trabajadores de Cuba
CUC	Peso Cubano Convertible
CUP	Peso Cubano
EPC	Economía de planificación centralizada
ETECSA	Empresa de Telecomunicaciones de Cuba
DDC	*Diario de Cuba*
IBRD	Banco Internacional para la Reconstrucción y el Desarrollo (por sus siglas en inglés)
ICA	International Cooperative Alliance
INC	Ingreso Nacional Creado
JUCEPLAN	Junta Central de Planificación
MLC	Mercado Libre Campesino
MTSS	Ministerio de Trabajo y Seguridad Social
OHC	Oficina del Historiador de la Ciudad
ONAT	Oficina Nacional de Administración Tributaria
ONE	Oficina Nacional de Estadísticas
ONEI	Oficina Nacional de Estadísticas e Información
PCC	Partido Comunista de Cuba
PIB	Producto Interno Bruto

SDPE	Sistema de Dirección y Planificación de la Economía
TCP	Trabajo por cuenta propia
TRD	Tiendas Recaudadoras de Divisas
UBPC	Unidades Básicas de Producción Cooperativa
UJC	Unión de Jóvenes Comunistas
UMAP	Unidades Militares de Ayuda a la Producción

BIBLIOGRAFÍA

ABD'ALLAH-ÁLVAREZ RAMÍREZ, SANDRA (2013): «Trabajo por cuenta propia revela tensiones de género en Cuba», *Global Voices en Español*, 14 de octubre.

AC/COA (AMERICAS SOCIETY/COUNCIL ON THE AMERICAS) (2014): «Action Memo to the President: Cuba and Entrepreneurship», Cuba Working Group, abril.

ACCORD #84 (1997): «Regulaciones específicas para el ejercicio del trabajo por cuenta propia en el territorio de la Ciudad de La Habana», en Dietmar Dirmoser y Jaime Estay (eds.): *Economía y reforma económica en Cuba*, Nueva Sociedad, Caracas.

ACOSTA, ABEL (2000): «No official market economy for Cuba: Sharp decline in numbers of small entrepreneurs», en *Latin American, Caribbean, and Central American Report*, 22 de agosto.

ADAMS, DAVID (2014): «Open letter to Obama calls for new steps to promote change in Cuba», en *Reuters*, 19 de mayo.

Agence France-Presse (AFP) (2013): «Cuban merchants defy ban on sale of imported clothes», 8 de octubre.

_____ (2020): «Pandemia amenaza a un tercio de los emprendimientos privados en Cuba», 14 de mayo.

Agencia de Información Nacional (AIN) (2014): «Capacita Universidad de La Habana a emprendedores cubanos», en *Granma*, 21 de marzo, La Habana.

AL JAZEERA (2020): «Cuba imposes Havana lockdown as coronavirus spreads», en https://www.aljazeera.com/news/2020/09/cuba-impo-ses-havana-lockdown-coronavirus-spreads-200901194133796.html.

ALESSANDRINI, SERGIO Y BRUNO DALLAGO (eds.) (1987): *The Unofficial Economy: Consequences and Perspectives in Different Economic Systems*, Gower, Inglaterra.

ALFONSO TORNO, ODELIN (2014) «¿Cuentapropistas: desempleados o ilegales?», en *CubaNet*, 30 de enero.

Alfonso, Pablo (2012): «De cómo un idóneo se convierte en disponible», en *Martinoticias*, 11 de junio.

Alonso Falcón, Randy y Ania Terrero (2020): «Energía y Minas y Trabajo y Seguridad Social en la estrategia socioeconómica cubana», en *CubaDebate*, 6 de agosto.

Alonso González, David (2013): «Para no fracasar por cuenta propia», en *On Cuba*, 9 de abril.

Alonso, José (1993): «An Analysis of Decree 141 Regarding Cuban Small-Scale Enter- prises», en *La Sociedad Económica Bulletin*, no. 35, 20 de septiembre.

Álvarez, Carlos Manuel (2018): «Propiedad de todos, socialismo de nadie», en *El Estornudo*, 20 de febrero.

Álvarez, Julio Cesar (2013a): «Censura en 3D», en *CubaNet*, 29 de octubre.

_____ (2013b): «3D Movie and Video Game Rooms Going Underground», en *Translating Cuba*, 5 de noviembre.

Amnestía Internacional (2018): «Cuba: El Decreto 349 de la nueva administración augura un mundo artístico distópico en Cuba», 24 de agosto.

«Ampliación de actividades: Paladares» (1997). Resolución conjunta no. 4, 8 de junio, en Dietmar Dirmoser y Jaime Estay (eds.) (1995): *Economía y reforma económica en Cuba*, Nueva Sociedad, Caracas.

Anderson, Jon Lee (2006): «Castro's Last Battle: Can the Revolution Outlive Its Leader», en *The New Yorker*, 31 de julio.

Antúnez Sánchez, Alcides Francisco, Jorge Manuel Martínez Cumbrera y Jorge Luis Ocaña Báez (2013): «El trabajo por cuenta propia: Incidencias en el nuevo relanzamiento en la aplicación del modelo económico de Cuba en al siglo xxi», en *Nómadas: Revista Crítica de Ciencias Sociales y Jurídicas*, número especial, América Latina.

Apuleyo Mendoza, Plinio, Carlos Alberto Montaner y Álvaro Vargas Llosa (1996): *Guide to the Perfect Latin American Idiot*, Madison Books, New York.

Armengol, Roberto I. (2013): «Competitive Solidarity and the Political Economy of *Invento*», en *Cuba in Transition*, vol. 23 The Association for the Study of the Cuban Economy, Washington, D. C.

Associated Press (2011): «List of 178 Cuban private-sector jobs», 30 de enero.

AUGE (2018): «Resumen ejecutivo: Nuevas regulaciones sobre el trabajo por cuenta propia», 14 de julio.

_____ (2020a): «El emprendimiento privado en Cuba. Un paciente positivo a la Covid-19», mayo.

_____ (2020b): «¿Cuáles medidas de las anunciadas ayer implican al sector privado?», en https://www.facebook.com/oniel.diazcastellanos/posts/2656103387822476.

AUGUSTIN, ED Y FRANCES ROBLES (2020): «Virus Stunts Cuba's Tourist Economy, Making Currency and Food Scarce», en *The New York Times*, 21 de septiembre.

AVENDAÑO, BÁRBARA (1997): «Trabajadores por cuenta propia. Incremento de las cuotas fijas mensuales», en *Tribuna de La Habana*, 5 de mayo.

ÁVILA, ELIÉCER (2012): «¿Por qué fracasan los negocios privados en Cuba?», en *Diario de Cuba*, 2 de octubre.

AYALA CASTRO, HÉCTOR (1982): «Transformación de la propiedad en el período 1964-1980», mimeografiado.

AZICRI, MAX (2000): *Cuba Today and Tomorrow: Reinventing Socialism*, University Press of Florida, Gainesville.

AZOR HERNÁNDEZ, MARLENE (2013): «La prohibición no es la salida», en *Cubaencuentro*, 6 de noviembre.

BAKER, CHRISTOPHER P. (2000): *Cuba: Moon Handbooks*, 2da. ed., Avalon Travel Publishing, Emeryville, CA.

BALBOA Y TROYA DE QUESADA, SILVESTRE DE (1608) *Espejo de Paciencia, Relación del caso, en octavas*, [s. n.], [s. l.].

BARBERIA, LORENA (2004): «The End of Egalitarianism? Economic Inequality and the Future of Social Policy in Cuba», en Jorge Domínguez et al., (eds.): *The Cuban Economy at the Start of the Twenty–First Century*, Harvard University Press, Cambridge.

BATISTA VALDÉS, PASTOR (2014): «Espacio para cuentapropistas en Universidad de Las Tunas», en *Granma*, 1 de abril.

BATISTA, CARLOS (2011): «'Paladares' brotan como hongos en La Habana», en *El Nuevo Herald*, 11 de enero.

BBC Mundo (2005): «Cuba: Sorpresa en las gasolineras», 17 de octubre.

_____ (2014): «El exorbitante precio de los autos en Cuba: Hasta US$262.000 por un Peugeot», 3 de enero.

BEATÓN RUIZ, BETTY, ILIANA HAUTRIVE Y JUANITA PERDOMO (2012): «El otro sabor de la gastronomía», en *Trabajadores*, 8 de julio.

BELLO SÁNCHEZ, WILLIAM (2020a): «Emprendimiento responsable en Cuba: Historias de creatividad y audacia». Programa Oasis: CubaEprende, La Habana, 30 de abril.

_____ (2020b): «Emprendedores responsables, un jaque a la Covid-19: Iniciativas de apoyo social (edición I)», Programa Oasis: CubaEprende y Auge, La Habana, 11 de mayo.

_____ (2020c): «Emprendedores responsables, un jaque a la Covid-19: Iniciativas de apoyo social (edición II)». Programa Oasis: CubaEprende, Auge y Embajada Rebirth/Tercer Paraíso, Cuba, La Habana, 11 de mayo.

Bengelsdorf, Carolee (1994): *The Problem of Democracy in Cuba: Between Vision and Reality*, Oxford University Press, New York.

Benítez, Carlos Alberto (2013) «Guía Cuba, una aplicación que pretende revolucionar el cuentapropismo», en *OnCuba*, 7 de julio.

Betancourt, Rafael (2014): "La economía social y solidaria y la transformación del modelo económico cubano», en *Catalejo, Revista Temas Blog*, febrero.

_____ y Julia Sagebien (2013) «Para un crecimiento inclusivo: empresas no estatales responsables en Cuba», en *Temas*, no. 75, julio-septiembre, La Habana.

Blog Cuba Central (2014): «State media releases latest self-employment stats; Poor evaluations for almost half of Cuba's state enterprises», 21 de marzo.

Bloodworth, James (2020): «Coronavirus Victories May Not Be Enough for Cuba», en https://foreignpolicy.com/2020/08/06/coronavirus-victories-cuba-health-care/.

Boti, Regino y Felipe Pazos (1958): «Tesis del Movimiento Revolucionario 26 de Julio», en *Revista Bimestre Cubana*, julio-diciembre.

Brouwer, Maria T. (2002): «Weber, Schumpeter, and Knight on entrepreneurship and economic development», en *Journal of Evolutionary Economics*, vol. 12, nos. 1-2.

Burki, Shahid Javed y Daniel P. Erikson (2005): *Transforming Socialist Economies: Lessons for Cuba and Beyond*, Palgrave Macmillan, New York.

Burnett, Victoria (2013): «Harsh Self-Assessment as Cuba Looks Within», en *The New York Times*, 23 de julio.

Cabarrouy, Evaldo (2000): «Evolución y perspectiva de la pequeña empresa no estatal en Cuba», en *Cuba in Transition*, vol. 10, The Association for the Study of the Cuban Economy, Washington, D. C.

Café Fuerte (2011): «Transfieren al sector privado varios servicios controlados por el Estado», 27 de diciembre.

_____ (2012): «Cubanos podrán alquilar locales estatales para ofrecer servicios gastronómicos», 9 de noviembre.

_____ (2013a): «Cuba amplía acceso público a internet en moneda convertible», 28 de mayo.

_____ (2013b): «Cuba: 429,458 cuentapropistas registrados», 25 de junio.

_____ (2013c): «Cuentapropistas entran al negocio del turismo», 17 de octubre.

_____ (2013d): «Gobierno Cubano ordena el cierre inmediato de salas privadas 3D», 2 de noviembre.

_____ (2014): «Gobierno cubano aprieta las clavijas al trabajo por cuenta propia», 15 de junio.

CANCIO ISLA, WILFREDO (2012): «Cuba anuncia reforma migratoria y elimina el permiso de salida del país», en *Café Fuerte*, 16 de octubre.

_____ (2013): «Cuba autoriza cuentapropismo para agentes inmobiliarias», en *Café Fuerte*, 26 de septiembre.

CANTILLION, RICHARD (1755): *Essai Sur la Nature du Commerce en General*, [s. n.]. London.

CÁRDENAS LIMA, HAROLD (2013): «Un paso atrás», en *La Joven Cuba*, 24 de octubre.

CARRANZA VALDÉS, JULIO, LUIS GUTIÉRREZ Y PEDRO MONREAL (1995): *Cuba: La reestructuración de la economía*, Editorial de Ciencias Sociales, La Habana.

CARRILLO ORTEGA, VENUS (2012): «El 1 de diciembre comenzará en Cuba sistema de arrendamiento de locales estatales para servicios gastronómicos», en *Cuba Información*, 9 de noviembre.

_____ (2013): «Self-employment in Cuba: more string to the kite...», en *OnCuba*, 11 de octubre.

_____ (2014): «Sector privado en Cuba se abre espacio también en el turismo», en *Cuba Contemporánea*, 26 de febrero.

CARSON, RICHARD (1973): *Comparative Economic Systems*, Macmillan, New York.

CARTAYA, ROLANDO (2014): «Almost half of small businesses have gone under in Cuba», en *Martinoticias*, 5 de febrero.

CARTHY CORREA, ROBERTO Y MARÍA ANTONIA NÚÑEZ VALERINO (2013): «El trabajo por cuenta propia en el marco de la actualización del modelo económico cubano», mimeografiado, Universidad de Oriente, Santiago de Cuba.

CARUSO-CABRERA, MICHELLE (2013): «Cuba shows beginnings of free enterprise—sort of», en *CNBC*, 12 de julio.

CASA BLANCA (2017): «Memorándum presidencial de seguridad nacional sobre el fortalecimiento de la política de Estados Unidos hacia Cuba», 16 de junio.

CASCONE, SARAH (2018) «Tania Bruguera and Other Artists Are Protesting a New Cuban Law That Requires Government Approval of Creative Production», en https://news.artnet.com/art-world/artists-protesting-cuban-law-government-approval-1333169.

CASTELLANOS, DIMAS (2013) «Raúl Castro's Reforms: Two Steps Forward, One Step Back», en Ted A. Henken, Miriam Celaya y Dimas Castellanos (eds.): *Cuba*, ABC-CLIO Publishers, Santa Barbara.

_____, TED A. HENKEN Y MIRIAM CELAYA (2013): «History», en Ted A. Henken, Miriam Celaya y Dimas Castellanos (eds.): *Cuba*, ABC-CLIO Publishers, Santa Barbara.

CASTELLS, MANUEL Y ALEJANDRO PORTES (1989): «World Underneath: The Origins, Dynamics, and Effects of the Informal Economy», en Alejandro Portes, Manuel Castells y Lauren A. Benton (eds.): *The Informal Economy: Studies in Advanced and Less Developed Countries*, The Johns Hopkins University Press, Baltimore.

CASTRO MORALES, YUDY (2018): «¿Qué cambia con las nuevas normas?», en *Granma*, 9 de julio, La Habana.

CASTRO, FIDEL (1968): «Discurso», en *Granma*, 15 de marzo, La Habana.

_____ (1970a): «Discurso», en *Granma Weekly Review*, 15 de febrero.

_____ (1970b): «Discurso del 26 de julio», en *Granma Weekly Review*, 9 de agosto.

_____ (1990): «Castro Gives Speech on 30th CDR Anniversary», FBIS-LAT-90-190, 29 de septiembre.

_____ (1993) «Castro Gives Speech at Moncada Barracks Anniversary», FBIS- LAT-93-142, 26 de julio.

_____ (1995a): «Castro Addresses Session of National Assembly Meeting», FBIS-LAT-95-250, 27 de diciembre.

_____ (1995b): «Fidel Castro Speaks at Moncada Ceremony», FBIS-LAT-95-145, 26 de julio.

_____ (1997): «Discurso en el acto central por el 35 aniversario de la Unión de Jóvenes Comunistas», en *Juventud Rebelde*, 4 de abril, La Habana.

_____ (2005a) «Discurso pronunciado por Fidel Castro Ruz en el acto por el aniversario 60 de de su ingreso a la universidad», [s. n.], La Habana, 17 de noviembre.

_____ (2005b): «Discurso por la conmemoración del 60 aniversario de la entrada de Fidel en la Universidad de La Habana», [s. n], Universidad de la Habana, 17 de noviembre.

_____ (s. a.): *La Historia me absolverá*, Instituto Cubano del libro, La Habana.

Castro, Raúl (1996): «Informe al Comité Central del Partido Comunista de Cuba», [s. n], [s. l.], 23 de marzo.

_____ (1997) «Si hay comida para el pueblo, no importan los riesgos», en Dietmar Dirmoser y Jaime Estay (eds.): *Economía y reforma económica en Cuba*, Nueva Sociedad, Caracas.

_____ (2007): «Discurso por el 26 de Julio», [s. n.], [s. l.].

_____ (2008) «Discurso pronunciado en la clausura de la séptima legislatura de la Asamblea Nacional», [s. n.], [s. l.], 11 de julio.

_____ (2009) «Discurso pronunciado en la séptima legislatura de la Asamblea Nacional del Poder Popular», [s. n.], [s. l.], 1 de agosto.

_____ (2010a): «Discurso del General de Ejército Raúl Castro Ruz», en *Juventud Rebelde*, 18 de diciembre, La Habana.

_____ (2010b): Discurso pronunciado por el presidente cubano Raúl Castro en la quinta sesión ordinaria de la séptima legislatura de la Asamblea Nacional del Poder Popular, (extracto), en *TML Daily*, 1 de agosto.

_____ (2011a) «Reporte central al VI Congreso del Partido Comunista de Cuba», [s. n.], [s. l.], 16 de abril.

_____ (2011b): «Discurso pronunciado en la ceremonia de clausura de la sexta sesión en la séptima legislatura de la Asamblea Nacional del Poder Popular», en *CubaDebate*, 18 de diciembre.

_____ (2011c): «Closing Remarks by Raúl Castro Ruz, at the 6th Party Congress», (en inglés), en *CubaDebate*, 21 de abril.

_____ (2013): «Discurso de Raúl Castro del 21 de diciembre, 2013», en *Havana Times*, 22 de diciembre.

_____ (2016) «Inaugura en La Habana el VII Congreso del Partido Comunista de Cuba», *en CubaDebate*, 16 de abril.

14ymedio (2014a): «El sector privado en Cuba alcanza en julio los 471 085 cuentapropistas», 5 de agosto.

_____ (2014b): «Vuelta de tuerca contra el mercado informal», 30 de mayo.

_____ (2017): «El trabajo por cuenta propia crece pese a las restricciones de las licencias», 26 de octubre.

_____ (2020a): «Las nuevas medidas del gobierno cubano dan alas al dólar», 17 de julio.

_____ (2020b): «El gobierno cubano desgrava el dólar y amplía su uso a la compra de alimentos», 17 de julio.

_____ (2020c): «Acorralado por la crisis, el gobierno cubano elimina la lista de actividades por cuenta propia», 7 de agosto.

_____ (2020d): «Los privados ya pueden importar y exportar pero a través de empresas estatales», 18 de agosto.

CAVE, DAMIEN (2014a): «Cuban Vendors, in Rare Move, Stage a protest», en *The New York Times*, 23 de enero.

_____ (2014b): «The Cuban Evolution», en *The New York Times*, 1 de marzo.

_____ (2014c): «As Cuba's Economy Opens a Bit, some Who Fled Castro Return to Help», en *The New York Times*, 4 de marzo.

_____ (2014d): «A Miami Congressman Adamantly Defends Isolating Cuba», en *The New York Times*, 4 de marzo.

CELAYA, MIRIAM (2013a): «Cuentapropistas: Contra ellos viejo método de 'premio y castigo'», en *CubaNet*, 1 de octubre.

_____ (2013b): «Trapi-*shoppings*: Cuentapropistas en riesgo», en *Penúltimos Días*, 7 de octubre.

CENTENO, MIGUEL ANGEL Y ALEJANDRO PORTES (2006): «The Informal Economy in the Shadow of the State», en Patricia Fernández-Kelly y Jon Shefner (eds.): *Out of the Shadows: Political Action and the Informal Economy in Latin America*, Pennsylvania University Press, PA.

CEPAL (1997): *La economía cubana: Reformas estructurales y desempeño en los noventa*, Fondo de Cultura Económica, México, t. I.

_____ (2000): *La economía cubana: Reformas estructurales y desempeño en los noventa*, Fondo de Cultura Económica, México, t. II.

CLUSTER, DICK (2004) «To Live Outside the Law You Must Be Honest: Daily Illegality and Its Effects», discusión presentada en el The Cuban Project/ Bildner Center, University of New York, NY, 4-5 de octubre.

«Código de Ética y Conducta» (1995), en «Principales disposiciones legales e indicaciones para ser utilizadas por los inspectores laborales para el trabajo por cuenta propia», mimeografiado.

COMISIÓN PARA EL SECTOR PRIVADO Y EL DESARROLLO (2004): «Unleashing Entrepreneurship: Making Business Work for the Poor», reporte al secretario general de las Naciones Unidas, United Nations Development Program, New York.

CONSEJO DE MINISTROS (2017): «Fundamentación de los proyectos de normas jurídicas para el perfeccionamiento del trabajo por cuenta propia», inédito.

COOKE, JULIA (2014): «In Cuba, Unequal Reform», en *The New York Times*, 1 de abril.

CORRALES, JAVIER (2004): «The Gatekeeper State: Limited Economic Reforms and Regime Survival in Cuba, 1989-2002», en *Latin American Research Review*, vol. 39, no. 2, junio, [s. l.].

_____ (2012) «Cuba's 'Equity Without Growth' Dilemma and the 2011 *Lineamientos*», en *Latin American Politics and Society*, vol. 54, no. 3, otoño, [s. l.].

_____, DAN ERIKSON Y MARK FALCOFF (2005): *Cuba, Venezuela, and the Americas: A Changing Landscape*, Cuba Forum Working Paper, Inter-American Dialogue-Cuban Research Institute, Florida International University, Washington, D. C.-Miami, diciembre.

«Corruption Revealed» (1999), en *Caribbean Update*, marzo.

CRABB, MARY KATHERINE (2001): «The Political Economy of Caudillismo», en Irving Louis Horowitz y Jaime Suchlicki: *Cuban Communism*, Transaction Publishers, New Brunswick.

CRUZ REYES, JESÚS (2014) «Cooperativas en Cuba: Participación y democratización en la dirección», trabajo presentado en el 32 Congreso Internacional de la Asociación de Estudios Americanos, Chicago, Illinois, 21-23 de mayo.

CRUZ, CONSUELO Y ANNA SELENY (2002): «Reform and Counterreform: The Path to Market in Hungary and Cuba», en *Comparative Politics*, vol. 34, no. 2, enero, [s. l.].

CRUZ, R. Y A. VILLAMIL A. (2000): «Sustainable Small Enterprise in a Cuban Transition Economy», en *Studies in Comparative International Development*, vol. 34, [s. l.].

Cuba Central (2013): «The Cuba Central News Blast and A Note to Our Readers», 30 de agosto.

CubaDebate (2012): «Arrendarán locales gastronómicos a sus trabajadores», 9 de noviembre.

_____ (2013a): «Crece el empleo no estatal en Cuba», 18 de agosto.

_____ (2013b): «¿Cómo marcha el experimento de las cooperativas no agropecuarias?», 21 de agosto.

_____ (2013c): «Los cines 3D deben cumplir la política cultural del país, afirma viceministro cubano», 27 de octubre.

_____ (2013d): «Cooperativas no agropecuarias a buen ritmo», 29 de noviembre.

_____ (2014a): «Actualizan regulaciones para el trabajo por cuenta propia», 15 de enero.

_____ (2014b): «Trabajo por cuenta propia crece y se valida como opción de empleo en Cuba», 19 de marzo.

_____ (2019): «Casi 600 mil trabajadores por cuenta propia en Cuba», 20 de junio.

_____ (2020a): «Gobierno cubano informa sobre nuevas medidas económicas», 16 de julio.

_____ (2020b): «Formalizados los primeros 200 contratos en Mercado mayorista para sector no estatal», 27 de julio.

Cuba Dice (2013): «Trabajo por cuenta propia», 9 de octubre.

CubaEncuentro (2008): «El gobierno anuncia licencias para taxistas privados», 9 de julio.

_____ (2010a): «Entregan barbarías y peluquerías a los empleados», 13 de abril.

_____ (2010b): «Reabre emblemática paladar habanera», 18 de noviembre.

_____ (2010c): «Resurgen los "paladares"», 15 de diciembre.

_____ (2011a): «El gobierno autoriza más capacidad a las paladares», 27 de mayo.

_____ (2011b): «Raúl Castro advierte que resistencia a reformas será inútil», 2 de agosto.

_____ (2012): «Locales gastronómicos estatales podrán ser alquilados para la gestión privada», 9 de noviembre.

Cuba Libre Digital (2013): «La burocracia "socialista" consume a las nuevas cooperativas no agropecuarias», 10 de enero.

CubaNet (2004): «More than 11,000 boxes of counterfeit cigars confiscated», 6 de enero.

_____ (2005): «Operativo contra bicitaxis», 29 de noviembre.

_____ (2012): «El régimen critica cobertura de la prensa sobre cierre de El Cabildo», 8 de agosto.

Cubasource (2005) «Chronicle on Cuba», FOCAL, Ottawa, noviembre.

_____ (2006): «Chronicle on Cuba», FOCAL, Ottawa. abril.

Cuba Travel Advisory (2017): https://travel.state.gov/content/travel/en/traveladvisories/traveladvisories/cuba-travel-advisory.html.

_____ (2018), en https://travel.state.gov/content/travel/en/traveladvisories/traveladvisories/cuba-travel-advisory.html).

Cuesta Morúa, Manuel (2013): Twitter feed (@Cubaprogresista), 13 de abril.

Chomsky, Aviva, Barry Car y Pamela Maria Smorkaloff (eds.) (2004): *The Cuba Reader: History, Culture, Politics*, Duke University Press, Durham.

Dámaso, Fernando (2013a): «More of the Same», en *Translating Cuba*, 9 de octubre.

_____ (2013b): «Self-Employment in the Arena», en *Translating Cuba*, 16 de octubre.

_____ (2013c): «The Return of Illegality», en *Translating Cuba*, 11 de noviembre.

_____ (2017): «El Estado pelea contra los boteros», en *Diario de Cuba*, 27 de febrero.

D'Cubanos (s. a.): «Actividades autorizadas para el ejercicio del trabajo por cuenta propia en Cuba», en http://www.dcubanos.com/archivospdf/Actividades_trabajo_cuentapropia.pdf.

Decreto-Ley no. 141 (1993): «Sobre el trabajo por cuenta propia», en *Granma*, 9 de septiembre, La Habana.

Decreto-Ley no. 174 (1997): «De las Contravenciones Personales de las Regulaciones del Trabajo por Cuenta Propia», en *Gaceta Oficial de la República de Cuba*, no. 22, 30 de junio, La Habana.

Decreto-Ley no. 259 (2008): «Sobre la entrega de tierras ociosas en usufructo», en *Granma*, 18 de julio, La Habana.

Decreto-Ley no. 302 (2012a): «Ley de Migración», en *Gaceta Oficial de la República de Cuba*, 16 de octubre, La Habana.

Decreto-Ley no. 305 (2012b): «De las cooperativas no agropecuarias», en *Gaceta Oficial de la República de Cuba*, 11 de diciembre, La Habana.

Decreto-Ley no. 309 (2012c): «Reglamento de las cooperativas no agropecuarias en primer grado», en *Gaceta Oficial de la República de Cuba*, 11 de diciembre, La Habana.

Decreto-Ley no. 118 (2014): «Ley de la Inversión Extranjera», en *Gaceta Oficial de la República de Cuba*, 16 de abril, La Habana.

DESJARDINS (2011): «Cooperatives and Social Economy: Quebec's cooperatives and mutual aid organizations: An undeniable economic force», en *Perspective: Economic Analysis Review*, vol. 21, otoño, [s. l.].

Diario de Cuba (DDC) (2010) «Los mariscos y la carne de res ya no estarán prohibidos en las "paladares"», 24 de septiembre.

_____ (2012a): «El Gobierno prefiere subvencionar la Ópera de la Calle antes que permitir su gestión privada», 2 de agosto.

_____ (2012b): «El Gobierno cierra El Cabildo, mayor negocio privado de La Habana, por "enriquecimiento"», 27 de julio.

_____ (2012c): «Gobierno: Hay 1,610 "paladares" y 5,207 habitaciones en el sector privado», 10 de mayo.

_____ (2012d): «El Gobierno planea crear cooperativas en transporte, gastronomía y otros servicios», 9 de julio.

_____ (2013a): «El régimen impidió la reapertura del restaurante El Cabildo, adonde Beyoncé había solicitado ir», 11 de abril.

_____ (2013b): «El Gobierno autoriza a los cuentapropistas a entrar en el negocio turístico estatal», 9 de octubre.

_____ (2014a): «El Gobierno anuncia un paquete de sanciones para los cuentapropistas infractores», 15 de enero.

_____ (2014b): «Más de 407.000 cubanos han visto fracasar sus negocios por cuenta propia», 1 de febrero.

_____ (2014c): «Holguín: Testigos de la protesta cuentapropistas narran lo ocurrido», 10 de febrero.

_____ (2014d): «Ulises Aquino: 'La UNEAC no funciona como contrapeso entre la aspiraciones de los artistas y las del Estado'», 9 de febrero.

_____ (2017): «El Gobierno establece "precios máximos" a las rutas que cubren los boteros en La Habana», 9 de febrero.

Díaz Briquets, Sergio y Jorge Pérez-López (2006): *Corruption in Cuba: Castro and Beyond*, University of Texas Press, Austin.

Díaz Castellanos, Oniel (2017): «Se entregó», en https://www.facebook.com/oniel.diazcastellanos/posts/1221977861235043.

_____ (2018a): «Hubo respuesta», en https://www.facebook.com/oniel.diazcastellanos/posts/1237179646381531.

_____ (2018b): «Nuevas reglas del sector privado: el no sobre el sí», en *OnCuba*, 11 de julio.

_____ (2018c): «Hoy hace un año», en https://www.facebook.com/oniel.diazcastellanos/posts/1470414093058084.

_____ (2019a): «Eliminación de las visas de 5 años: un mini bloqueo para el sector privado cubano», en *OnCuba*, 21 de marzo.

_____ (2019b): «Después de haber escuchado...», en https://www.facebook.com/oniel.diazcastellanos/posts/2189505251148961.

_____ (2020a): «20 recomendaciones para destrabar al sector privado en Cuba», en *OnCuba*, 22 de enero.

_____ (2020b): «¿Llegó la hora para los profesionales en el sector privado?», en *OnCuba*, 30 de julio.

_____ (2020c): «Las regulaciones para la importación y la exportación privadas en la balanza», en *OnCuba*, 8 de septiembre.

Díaz Fernández, Ileana, Héctor Pastori y Camila Piñeiro Harnecker (2012): «El trabajo por cuenta propia en Cuba: Lecciones de la experiencia uruguaya», en *Boletín Cuatrimestral*, abril.

Díaz Rodríguez, Elaine (2013): «Economía sumergida: de las calles a la web», en *OnCuba*, 16 de abril.

DILLA ALFONSO, HAROLDO (2012): «¿Recuerdan la ofensiva revolucionaria de 1968?», en *CubaEncuentro*, 9 de julio.

DIRECCIÓN PROVINCIAL DE PLANIFICACIÓN FÍSICA Y ARQUITECTURA (DPPFA) (1997): «Diagnóstico de Población», [s. n.], La Habana, julio.

DIRMOSER, DIETMAR Y JAIME ESTAY (eds.) (1997): *Economía y reforma económica en Cuba*, Nueva Sociedad, Caracas.

DIVERSENT, LARITZA (2010): «Entre no idóneos y disponibles», en *Jurisconsulto de Cuba*, 21 de octubre.

_____ (2011a): «Cuentapropistas entre la espada y la pared», en *Diario de Cuba*, 16 de junio.

_____ (2011b): «Lectores de *Granma* arremeten contra revendedores», en *Diario de Cuba*, 14 de junio.

_____ (2011c): «Cuentapropista se siente amenazado por lectores de *Granma*», en *Jurisconsulto de Cuba*, 14 de junio.

_____ (2012): «Readers of *Granma* in an Angry Struggle Against Retailers», en *Translating Cuba*, 25 de junio.

DOMÍNGUEZ CUADRIELLO, JORGE (2008): «Cuba '68: 40 años después», en *Espacio Laical*, vol. 4, no. 49, noviembre, La Habana.

DOMÍNGUEZ, JORGE (2001): «Why the Cuban Regime Has Not Fallen», en Irving Louis Horowitz y Jaime Suchlicki: *Cuban Communism*, Transaction Publishers, New Brunswick.

_____ (2012): «Can Cuban Rulers Rule Cuba?», en *Cuba in Transition*, vol. 22, The Association for the Study of the Cuban Economy, Washington, D. C.

_____ *et al.* (eds.) (2004): *The Cuban Economy at the Start of the Twenty– First Century*, Harvard University, Cambridge.

DONATE, MAIDA L. (2011): «Oscar Lewis: Proyecto Cuba», en *CubaEncuentro*, 30 de junio.

DOS (2017): «Diplomacy in Action: List of Restricted Entities and Sub-entities Associated With Cuba», Bureau of Economic and Business Affairs, 8 de noviembre.

DOT (2017): «Frequently Asked Questions Related to Cuba», Office of Foreign Assets Control, 8 de noviembre.

DOVAL, DAILENE, DANIELLA PÉREZ Y JESSICA DOMÍNGUEZ (2017): «Un negocio en cada cuadra, en *Postdata*, 4 de agosto.

DUANY, JORGE (2001): «Redes, remesas y paladares: La diáspora cubana desde una perspectiva transnacional», en *Nueva Sociedad*, no. 174, julio-agosto.

DWECK, MICHAEL (2011): *Habana Libre: The Other Side of the Story*, Damiani Publishers, Italy.

Dylan, Bob (1966): «Absolutely Sweet Marie», en *Blonde on Blonde*, Columbia Records.

Eaton, Tracey (2004): «Cubans 'Resolve' to Make Ends Meet», en *The Dallas Morning News*, 26 de septiembre.

Eckstein, Susan Eva (1994): *Back from the Future: Cuba Under Castro*, Princeton University Press, Princeton.

Economics Press Service (2001) «Mercado Negro: Historia de Siglos», en *Boletín Quincenal sobre Cuba*, 15 de abril.

Economist Intelligence Unit (EIU) (1994): «Cuba Economic and Political Outlook, Country Report Cuba», [s. n.], London.

Economist, The (2012): «Indecision Time: Never rapid, Raúl Castro's reforms seem to be stalling», 15 de septiembre.

El Nuevo Herald (2013a): «Más de 436,000 cubanos en la isla trabajan ya en sector privado, según reporte oficial», 17 de agosto.

_____ (2013b): «Ministerio de Turismo cubano incluirá ofertas del sector privado en sus paquetes», 9 de septiembre.

El Toque (2018): «Especial: ¿Hacia dónde va el cuentapropismo?» 26 de febrero.

_____ (2020a): «Recomendaciones "express" para apoyar el sector privado cubano», 14 de mayo.

_____ (2020b): «Pedro Monreal: Lo positivo y lo negativo de las recientes medidas en Cuba», 21 de julio.

_____ (2020c): «El Enjambre: béisbol, bonos soberanos y paradojas de la agricultura», 5 de agosto.

El Universal (2010a): «Cuba estimula creación de cooperativas para afrontar crisis», 14 de septiembre.

_____ (2010b): «Ruta de reformas propiciada por gobierno cubano», 20 de septiembre.

_____ (2014): «Descontento de trabajadores a cuenta propia provoca manifestación en Cuba», 24 de enero.

Erikson, Daniel P. (2005a): «Cuba's Economic Future: The Search for Models», The Canadian Foundation for the Americas (FOCAL), Ottawa, Ontario, diciembre.

_____ (2005b): «Cuba, China, Venezuela: New Developments», en *Cuba in Transition*, vol. 15, The Association for the Study of the Cuban Economy, Washington, D. C.

Escobal Rabeiro, Vicente (2001): «Las pequeñas y medianas empresas en Cuba», Instituto Cubano de Investigaciones Sociolaborales y Económicas Independiente, [s. l.].

Espacio Laical (2013): «La polémica: En torno al cierre de los cines 3D», en http://www.espaciolaical.org/contens/36/128142.pdf.

ESPINA PRIETO, MAYRA (1997): «Transformaciones recientes de la estructura socio-clasista cubana», en *Papers*, no. 52.

_____, LUCY MARTÍN POSADA Y LILIA NÚÑEZ MORENO (1998): «Componentes y tendencias socioestructurales de la sociedad cubana actual —resumen ejecutivo», Centro de Investigación Psicológica y Sociológica (CIPS), La Habana, marzo.

ESPINOSA CHEPE, ÓSCAR (2011) «Cambios en Cuba: Pocos, Limitados y Tardíos», [s. n.], La Habana.

_____ Y TED A. HENKEN (2013): «Economics», en Ted A. Henken, Miriam Celaya y Dimas Castellanos (eds.): *Cuba*, ABC-CLIO, Santa Barbara, CA .

EUROPA (2013): «Summaries of EU Legislation, Definition of micro, small, and medium-sized enterprises», en http://mammothpartners. pbworks.com/f/Micro+Enterprises+EU+def.pdf.

FARAH, DOUGLAS (1994): «Speak-Easy Eateries Attract Diners with Dollars in Food-Short Havana», en *The Washington Post*, 16 de febrero.

FARBER, SAMUEL (2011): *Cuba Since the Revolution of 1959: A Critical Assessment*, Haymarket Books, New York.

FEIGE, EDGAR L. (1989): *The Underground Economies*, Cambridge University Press, Cambridge.

FEINBERG, RICHARD (2013): «Soft landing in Cuba? Emerging Entrepreneurs and Middle Classes», Latin America Initiative Working Paper, Brookings Institution, Washington D. C., noviembre.

_____ (2016): *Open for Business: Building the New Cuban Economy*, Brookings Institution Press, Washington, D. C.

_____ Y CLAUDIA PADRÓN CUETO (2018): «Cuba Moves Backwards: New Regulations Likely to Impede Private Sector Growth», en https://www. brookings.edu/blog/order-from-chaos/2018/07/13/cuba-moves-backwards-new-regulations-likely-to-impede-private-sector-growth/.

FERMAN, CLAUDIA (2006): «Misterios Cubanos: Entrevista con Leonardo Padura», [s. n.], grabación de video, 29:40, USA-Cuba-Argentina.

FERNÁNDEZ PELÁEZ, NEILI (2000): «Trabajo por cuenta propia en Cuba: Desarticulación y reacción», trabajo de diploma, Departamento de Sociología, Universidad de la Habana, julio.

FERNÁNDEZ SOSA, IVETTE (2011) «Entran en vigor medidas para continuar flexibilizando el trabajo por cuenta propia», en *Granma*, 10 de septiembre, La Habana.

_____ (2012): «More than 385,000 self-employed workers», en *Granma International*, 6 de julio.

FERNÁNDEZ, DAMIÁN (2000): *Cuba and the Politics of Passion*, University of Texas Press, Austin.

FERNÁNDEZ, NADINE T. (2010): *Revolutionizing Romance: Interracial Couples in Contemporary Cuba*, Rutgers University Press, New Brunswick.

FERNÁNDEZ-KELLY, PATRICIA (2006): «Introduction», en Patricia Fernández-Kelly y Jon Shefner (eds.): *Out of the Shadows: Political Action and the Informal Economy in Latin America*, Pennsylvania University Press, PA.

_____ Y JON SHEFNER (eds.): (2006): *Out of the Shadows: Political Action and the Informal Economy in Latin America*, Pennsylvania University Press, PA.

FERREIRA, NERY (2018): «Is Cuba's Private Secor Heading in Reverse?», en *Havana Times*, 2 de febrero.

FERREIRA, RUI (2000): «El gobierno cubano en plena ofensiva contra los paladares», *El Nuevo Herald*, 30 de septiembre.

FERRER, JORGE (2010): «Las barberías de los Hermanos Castro», en *El Tono de la Voz*, 14 de abril.

FIGUEREDO REINALDO, OSCAR (2020): «El secreto de Rafael Fundora o cómo llegaron limones cubanos hasta España», en *CubaDebate*, 23 de septiembre.

_____ Y LISSETT IZQUIERDO FERRER (2020): "Guía rápida sobre las tiendas en MLC en Cuba", en *CubaDebate*, 20 de julio.

_____, LISSETT IZQUIERDO FERRER Y EDILBERTO CARMONA TAMAYO (2018a): «Trabajo por Cuenta Propia: Se ratifican normas y se aprueban importantes modificaciones», en *CubaDebate*, 6 de diciembre.

_____, LISSETT IZQUIERDO FERRER Y EDILBERTO CARMONA TAMAYO (2018b): «¿Qué desea conocer sobre el Trabajo por Cuenta Propia en Cuba?», en *CubaDebate*, 3 de octubre.

FLETCHER, PASCAL (1995): «Havana permits private restaurants», en *Financial Times*, 15 de junio.

FRANK, MARC (2004a): «Cubans purge hotel trade of bad habits: Everyone from the laundry maid to tourism chiefs is vulnerable in a crackdown on a booming sector's "privileges"», en *Financial Times*, 8 de enero.

_____ (2004b): «Cuba Plans Crackdown on Army of Self-Employed», en *Financial Times*, 2 de junio.

_____ (2005): «Castro's largesse troubles economists», en *Financial Times*, 3 de mayo.

_____ (2010): «Cuba Unveils New Tax Code for Small Business», en *Reuters*, 22 de octubre.

_____ (2011): «Chronology: Raúl Castro's Road to Reform in Cuba», en *Reuters*, 13 de abril.

_____ (2012a): «In Cuba, an Opera Singer Builds an Empire», en *Reuters*, 11 de julio.

_____ (2012b): «Opera Shut Down», en *Reuters*, 1 de agosto.

_____ (2012c): «Cuba broadens economic reforms, plans new measures», en *Reuters*, 26 de julio.

_____ (2013a): «Cuba's non-farm co-ops debut this week amid move toward markets», en *Chicago Tribune*, 30 de junio.

_____ (2013b): «Cuban state begins to move out of the restaurant business», en *Reuters*, 26 de agosto.

_____ (2013c): «Cuba to open state-run wholesaler for private companies», en *Reuters*, 7 de marzo.

_____ (2013d): «Cuba moves to safeguard monopoly on imported goods», en *Reuters*, 26 de septiembre.

_____ (2014): «Cuba continues to trim state payroll, build private sector», en *Reuters*, 24 de febrero.

_____ (2017): «Cuba Tightens Regulations on Nascent Private Sector», en *Reuters*, 21 de diciembre.

_____ (2018): «Cuba Binds its Entrepreneurial Spirits with Red Tape», en *Financial Times*, 16 de julio.

_____ (2020a): «Cuba broadens use of dollars, eliminates 10% tax on greenback», en *Reuters*, 16 de julio.

_____ (2020b): «In Cuba, the old foe's currency makes a comeback», en *Reuters*, 20 de julio.

_____ (2020c): «Cuba loosens straitjacket on private sector to stimulate economy», en *Reuters*, 29 de julio.

_____ y Rosa Tania Valdés (2014) «Cuba looks to cooperatives to slow rise of capitalism», en *Reuters*, 13 de abril.

Freire Santana, Orlando (2012): «Comienza el arrendamiento de locales gastronómicos estatales a los trabajadores», en *Cuba Verdad*, 29 de noviembre.

_____ (2014): «Cuentapropistas: No se pasen de la raya», en *CubaNet*, 22 de enero.

Fusco, Coco (2018): «Cuban Artists Rise Up», en *NACLA Report on the Americas*, 17 de septiembre.

GÁBOR, ISTAVÁN R. (1989): «Second Economy and Socialism: The Hungarian Experience», en Edgar L. Feige (ed.): *The Underground Economies*, Cambridge University Press, Cambridge, MA.

_____ (1994) «Modernity or a New Kind of Duality? Second Thoughts About the "Second Economy"», en János Kovács (ed.): *Transition to Capitalism? The Communist Legacy in Eastern Europe*, Transaction Publishers, New Brunswick.

Gaceta Oficial de la República de Cuba (2018): «Sobre el Ejercicio del Trabajo Por Cuenta Propia», 10 de julio, La Habana.

_____ (2020a): «Medidas laborales, salariales y de seguridad social relacionadas con la prevención y enfrentamiento a la Covid-19», 16 de junio.

_____ (2020b): «Reglamento que rige las relaciones comerciales en las operaciones en moneda libremente convertible entre las entidades autorizadas a realizar actividades de comercio exterior y las formas de gestión no estatal», 17 de agosto..

GÁLVEZ CHIÚ, KARINA (2010): «El trabajo por cuenta propia, ¡otra vez!», en *Convivencia*, 25 de noviembre.

_____ (2013): «Trabajo por cuenta propia en Cuba hoy: Trabas y oportunidades», en *Cuba in Transition*, vol. 23, The Association for the Study of the Cuban Economy, Washington, D. C.

GÁMEZ TORRES, NORA (2017a): «El Partido Comunista de Cuba determina: "No puede haber ricos"», en *El Nuevo Herald*, 14 de julio.

_____ (2017b): «Cuba frena el sector privado. ¿Quiénes serán los afectados?, en *El Nuevo Herald*, 1 de agosto.

_____ (2018): «Cuba impone más controles e impuestos al sector privado y censura a los artistas», en *El Nuevo Herald*, 10 de julio.

_____ (2020a): «Trump registered his trademark in Cuba in 2008 to build hotels, casinos and golf courses», en *The Miami Herald*, 22 de septiembre.

_____ (2020b): «No more rum or tobacco, nor hotel stays. Turmp imposes new sanctions on Cuba», en *The Miami Herald*, 23 de septiembre.

_____ (2020c): «Cubanos critican apertura de tiendas en dólares y pobre desempeño de Díaz-Canel», en *El Nuevo Herald*, 24 de julio.

GARCÍA, ANNE-MARIE (2013): «Cuban Ban On Import Sales Leaves Entrepreneurs With Uncertain Future», en *Associated Press*, 18 de octubre.

GETTIG, ERIC (2013): «Cuba's Economic Changes Reflected in Havana's Transportation Network», en *Americas Quarterly Blog*, 26 de marzo.

GOLDBERG, JEFFREY (2010): «Fidel: 'Cuban Model Doesn't Even Work For Us Anymore'», en *The Atlantic*, 8 de septiembre.

GÓMEZ ARMAS, SARA (2017): «El parlamento cubano aprueba el encaje de la empresa privada en el socialismo», en *El Nuevo Herald*, 1 de junio.

GÓMEZ, ALAN (2014): «Voices: In Cuba, entrepreneurial spirits sparkle», en *USA Today*, 28 de agosto.

GONZÁLEZ GUTIÉRREZ, ALFREDO (1997): «La economía sumergida en Cuba», en Dietmar Dirmoser y Jaime Estay (eds.): *Economía y reforma económica en Cuba*, Editorial Nueva Sociedad, Caracas.

GONZÁLEZ MIRABAL, MAYLE (2012): «New policy for renting retail space in Habana Vieja», en *OnCuba*, 27 de octubre.

GONZÁLEZ, IVET (2016): «Sector privado se pregunta cuál es su espacio en Cuba», en *Inter Press Service*, 25 de noviembre.

GONZÁLEZ, LUIS JESÚS (2012): «The Secrets of La Guarida», en *OnCuba*, 24 de mayo.

GONZÁLEZ-CORZO, MARIO Y ORLANDO JUSTO (2014): «Cuba's Emerging Self-Employed Entrepreneurs: Recent Developments and Prospects for the Future», en *Journal of Developmental Entrepreneurship*, vol. 19, no. 3, [s. l.].

Granma (1970): «El Che sobre dos cuestiones de actualidad: Productividad y ausentismo», 2 de septiembre, La Habana.

_____ (1993) «Sobre el trabajo por cuenta propia», 9 de septiembre, La Habana, La Habana.

_____ (1995a): «Resolución Conjunta no. 3/95 de los Minesterios de Finanzas y Precios y de Trabajo y Seguridad Social sobre actividades y oficios por cuenta propia», 13 de junio, La Habana.

_____ (1995b): «Autorizado el trabajo por cuenta propia a los profesionales universitarios, Resolución no. 10/95», 1 de julio, La Habana.

_____ (1997): «Establecen procedimiento para el pago del impuesto por el arrendamiento de viviendas, habitaciones o espacios», 23 de mayo, La Habana.

_____ (2005): «Incremento salarial para los trabajadores de más bajos ingresos del país», 22 de abril, La Habana.

_____ (2008): «Decreto-Ley no. 259 sobre la entrega de tierras ociosas en usufructo», 18 de julio, La Habana.

_____ (2010): «Pronunciamiento de la Central de Trabajadores de Cuba», 13 de septiembre, La Habana.

_____ (2011): «Continuar el proceso de flexibilización del trabajo por cuenta propia», 27 de mayo, La Habana.

_____ (2012a): «Autonomía básica para la producción cooperativa»,11 de septiembre, La Habana.

_____ (2012b): «No detener la perfección cooperativa en las UBPC», 14 de septiembre, La Habana.

_____ (2012c): «Actualiza Cuba su Política Migratoria», 16 de octubre.

_____ (2013) «Nota informativa sobre el trabajo por cuenta propia», 2 de noviembre, La Habana.

_____ (2017): «Declaración del Gobierno Revolucionario», 16 de junio, La Habana.

_____ (2018a): «Proceso de preparación sobre nuevas normas de trabajo por cuenta propia», 3 de octubre, La Habana.

_____ (2018b): «Actualizar, corregir…fortalecer el trabajo por cuenta propia», 9 de julio, La Habana.

Granma International (2011): «Continuar facilitando el trabajo por cuenta propia», 27 de mayo, La Habana.

GREENE, DAVID (2014) «Cuba's Black Market Loosens Government Control of Information», en *NPR*, 27 de junio.

_____ y JASMINE GARSD (2014): «Cuba's Budding Entrepreneurs Travel a Rocky Road Toward Success», en *NPR*, 24 de junio.

GROGG, PATRICIA (2012): «Q&A: "Cuba Needs to Be Bold and Creative"-Interview with Ricardo Torres», en *Inter Press Service*, octubre.

_____ (2016): «Nuevo cooperativismo cubano crece, pero con el freno puesto», en *Inter Press Service*, 13 de mayo.

GROSSMAN, GREGORY (1977): «The 'Second Economy' of the USSR», en *Problems of Communism*, no. 26, septiembre-octubre.

_____ (1979): «Notes on the Illegal Private Economy and Corruption», en *Soviet Economy in a Time of Change*, vol. 1, U.S. Government Printing Office, Washington, D. C.

_____ (1989a): «Informal Personal Incomes and Outlays of the Soviet Urban Population», en Alejandro Portes, Manuel Castells y Lauren A. Benton: *The Informal Economy: Studies in Advanced and Less Developed Countries*, Johns Hopkins University Press, Baltimore.

_____ (1989b): «The Second Economy: Boon or Bane for the Reform of the First Economy?», en Stanislaw Gomulka, Yong-Chool Ha y Cae-One Kim: *Economic Reforms in the Socialist World*, M.E. Sharpe, Inc., Armonk, New York.

GRUPO CONSULTOR DE LA SOCIEDAD CIVIL CUBANA (2013): «Reporte», 16 de octubre, La Habana.

_____ (2014): «Reporte (octubre-diciembre, 2013), 27 de enero, La Habana.

GRUPO CUBANO DE INVESTIGACIONES ECONÓMICAS (1963): «Un estudio sobre Cuba; colonia, república, experimento socialista: estructura económica, desarrollo institucional, socialismo y regresión», Miami University Press, Miami.

GUEVARA, ERNESTO (1968): «On Growth and Imperialism», en John Gerassi (ed.): *Venceremos: The Speeches and Writings of Ernesto Che Guevara*, The Macmillan Company, New York.

GUILLERMOPRIETO, ALMA (2004): *Dancing with Cuba: A Memoir of the Revolution*, Pantheon Books, New York.

GUTIÉRREZ URDANETA, LUIS, PEDRO MONREAL GONZÁLEZ Y JULIO CARRANZA VALDÉS (1996): «La pequeña y mediana empresa en Cuba: El problema de la propiedad», mimeografiado, La Habana.

HAGELBURG, G. B. (2010): «If It Were Just the Marabu... Cuba's Agriculture 2009-2010», inédito.

HAKIM, CATHERINE (1987) *Research Design: Strategies and Choices in the Design of Social Research*, Allen and Unwin Publishers, London.

HARDIN, GARRETT (1968): «The Tragedy of the Commons», en *Science*, vol. 162, no. 3859, 13 de diciembre, [s. l.].

HART, KEITH (1971): «Small Scale Entrepreneurs in Ghana and Development Planning», en *Journal of Development Studies*, vol. 6, no. 4, [s. l.].

_____ (1973): «Informal Income Opportunities and Urban Employment in Ghana», en *Journal of Modern African Studies*, vol. 11, no. 1.

HAUTRIVE, ILIANA Y FRANCISCO RODRÍGUEZ CRUZ (2011): «Disminuyen carga impositiva a trabajadores por cuenta propia», en *Trabajadores*, 23 de diciembre, La Habana.

Havana Times (2012): «Spaces Rented to Self-Employed Workers in Old Havana», 17 de julio.

HAVEN, PAUL (2011): «Car Sales Legalized», en *Associated Press*, 28 de septiembre.

HENKEN, TED A. (2001): «Che Guevara's "New Man"», en Eric Luther y Ted Henken: *Che Guevara: Critical Lives*, Alpha Books, New York.

_____ (2002a): «Cuba's Experiments with Self-Employment during the Special Period (The Case of the Bed-and-Breakfasts)», en *Cuban Studies*, vol. 33, [s. l.].

_____ (2002b): «Condemned to Informality: Cuba's Experiments with Self- Employment During the Special Period», disertación de doctorado, Tulane University, Stone Center for Latin American Studies, abril.

_____ (2008a): «*Vale Todo*: In Cuba's Paladares, Everything is Prohibited, but Anything Goes», en Phillip Brenner *et al.* (eds.): *A Contemporary Cuba Reader: Reinventing the Revolution*, Rowman & Littlefield Publishers, Lanham, MD.

_____ (2008b): *Cuba: A Global Studies Handbook*, ABC-CLIO, Santa Barbara.

_____ (2016): «Is Cuba 'Open for Business'?», en *Cuban Counterpoints*, 1 de septiembre.

_____ (2017): "Entrepreneurial Activity in Cuba's Private Sector", Engage Cuba Coalition y Cuba Emprende Foundation, febrero.

_____ (2018a): «Experiencias de cuentapropistas», en *Cuba in Transition*, vol. 28, Association for the Study of the Cuban Economy.

_____ (2018b): «Self-Employed but Not Alone: *Artecorte* and Social Entrepreneurship in the New Cuba», en David White, Lucas Spiro y Victor Silva (eds.): *Cuba Facing Forward: Balancing Development and Identity in the Twenty-First Century*, Affordable Housing Institute, Boston, MA.

_____ (2019): «Between the "Party Line" and the "Bottom Line": *El Proyecto Artecorte* and the Virtuous Circle of Entrepreneurial Solidarity in One Old Havana Neighborhood», en Michael J. Kelly, Erika Moreno y Richard C. Witmer (eds.): *Tropical Thaw: New Pathways and Policy Choices for the Cuba-America Bilateral Relationship*, Oxford University Press, Oxford.

_____ y Gabriel Vignoli (2016): «Entrepreneurial Reform, Market Expansion, and Political Engagement: Risks and Opportunities for Cuba Today», en Eric Hershberg y William M. LeoGrande (eds.): *A New Chapter in U.S.-Cuban Relations: Impacts on the Island and Beyond*, Palgrave Macmillan, London.

_____ y Gabriel Vignoli (2017): «A Taste of Capitalism? Competing Notions of Cuban Entrepreneurship in Havana's *Paladares*», en *Human Geography*, vol. 10, no. 3.

Hernández, Marcelo (2017): «Raúl Castro critica las irregularidades en el sector privado y cooperativo», en *14ymedio*, 14 de julio.

Hernández, Rafael y Maby González (1993): «Cuba: Otros pasos en la apertura económica», en Caridad Rodríguez y Nelson P. Valdés: *La despenalización del dólar, trabajo por cuenta propia y cooperativización en Cuba: Documentos y comentarios*, dossier, no. 3, The Latin American Institute of the University of New Mexico-Centro de Estudios sobre América, Albuquerque-Habana.

HERRERO, RIC (2014): «Cuba hardliners suppress free exchange of ideas», en *Miami Herald*, 19 de mayo.

HOFFMANN, BERT (2015): «A Südpolitik made in Washington?», en Implications of Normalization: Scholarly Perspectives on U.S.-Cuban Relations, American University and the Social Science Research Council, abril.

HOLGADO FERNÁNDEZ, ISABEL (2000): *No es Fácil! Mujeres cubanas y la crisis revolucionaria*, Icaria Editorial, Barcelona.

HORVATH, BRANCO (1971): «Yugoslav Economic Policy in the Post-War Period: Problems, Ideas and Institutional Developments», en *American Economic Review*, junio.

«Indicaciones a los inspectores laborales para el trabajo por cuenta propia» (1995), en «Principales disposiciones legales e indicaciones para ser utilizadas por los inspectores laborales para el trabajo por cuenta propia», mimeografiado, 7 de septiembre.

INTERNATIONAL COOPERATIVE ALLIANCE (ICA) (s. a.): «What's a Co-op? Co-operative Identity, Values, and Principles», en http://ica.coop/en/whats-co-op/co-operative-identity- values-principles.

INTERNATIONAL BANK FOR RECONSTRUCTION AND DEVELOPMENT (IBRD) (1951): *Report on Cuba*, Washington D. C.

INTERNATIONAL LABOUR ORGANIZATION (ILO) (2002): «Women and Men in the Informal Economy: A Statistical Picture», Geneva.

Inventario (2020): «Actualización diaria de casos de covid-19 por municipios», en https://proyectoinventario.org/actualizacion-diaria-de-casos-covid-19-coronavirus-por-municipios/.

JACKIEWICZ, EDWARD L. Y TODD BOLSTER (2003): «The Working World of the *Paladar*: The Production of Contradictory Space during Cuba's Period of Fragmentation», en *Professional Geographer*, vol. 55, no. 3 agosto, [s. l.].

JATAR-HAUSMANN, ANA JULIA (1999): *The Cuban Way: Communism, Capitalism, and Confrontation*, Kumarian Press, West Hartford, CT.

JUNTA CENTRAL DE PLANIFICACION (1992) «Situacion Actual de la Economía Cubana», Instituto de Investigaciones Económicas, La Habana, marzo.

Juventud Rebelde (2011): «Directorio telefónico incluirá anuncios del sector no estatal», 7 de diciembre, La Habana.

_____ (2012): «Debate sobre la nueva ley de cooperativismo: Se buscan socios», 18 de diciembre, La Habana.

_____ (2013): «La vida en 3D?», 27 de octubre, La Habana.

KELLEY, ROBIN D. G. (1994): *Race Rebels: Culture, Politics, and the Black Working Class,* Free Press, New York.

KNIGHT, FRANK H. (1961): *Risk, Uncertainty and Profit*, Kelley y Millman, Inc., New York.

KORNAI, JÁNOS (1989) «The Hungarian Reform Process: Visions, Hopes, and Reality», en *Remaking the Economic Institutions of Socialism: China and Eastern Europe,* Stanford University Press, Stanford.

KOVÁCS, JÁNOS MÁTYÁS (1994): «Introduction: Official and Alternative Legacies», en *Transition to Capitalism? The Communist Legacy in Eastern Europe*, Transaction Publishers, New Brunswick.

KOZLOWSKA, HANNA (2013): «Can The Castro Regime Ban 3D Movies... And Survive?», en *Passport, Foreign Policy Magazine Blog*, 13 de noviembre.

KUBALKOVA, VENDULKA (1994): «The Experience of Eastern Europe: Seven Lessons for Cuba», en Jaime Suchlicki y Antonio Jorge: *Investing in Cuba: Problems and Prospects*, Transaction Publishers, New Brunswick.

LABACENA ROMERO, YUNIEL (2017): «En más de 55 500 creció el número de trabajadores por cuenta propia», en *Juventud Rebelde*, 25 de octubre, La Habana.

LAFFITA, OSMAR (2013): «Self-Employment or Private Property», en *Translating Cuba*, 8 de septiembre, 2013.

LAFRANCHI, HOWARD (1996): «Cuba's Enterprising Cooks Open their Homes: Since Castro's government legalized small, private eateries, "paladares" keep popping up», en *Christian Science Monitor*, 9 de mayo.

LAM, LORENZO Y ALEIDA FERNÁNDEZ (2002): «El consumo normado en Cuba», ponencia presentada al VIII Forum de la ANEC, La Habana.

La Nación (2013): «Primeras cooperativas no agropecuarias en Cuba comienzan en una semana», 23 de junio, San José, Costa Rica.

Latin American Herald Tribune (2013): «Over 436,000 Cubans Work in Private Sector, Official Report Says», 18 de agosto.

LATIN AMERICAN, CARIBBEAN, AND CENTRAL AMERICAN REPORT (2000): «No official market economy for Cuba: Sharp decline in numbers of small entrepreneurs», 22 de agosto.

LEE, SUSANA (1996a): «La ayuda familiar y otras respuestas», en *Granma*, 23 de mayo, La Habana.

_____ (1996b): «Entra hoy en vigor nuevo reglamento del trabajo por cuenta propia», en *Granma*, 1 de junio, La Habana.

_____ (1996c): «Trabajo por cuenta propia: una reflexión necesaria», en *Granma*, 13 de septiembre, La Habana.

_____ (1996d): «Trabajo por cuenta propia: hay que combatir el desorden», en *Granma*, 19 de septiembre, La Habana.

_____ (1997a): «La disciplina de pago, sinónimo de orden», en *Granma*, 13 de marzo, La Habana.

_____ (1997b): «ONAT: De lo actual y próximo en el sistema tributario», en *Granma*, 27 de marzo, La Habana.

_____ (1997c): «La batalla contra las ilegalidades y las indisciplinas sociales no se ganará sin los CDR», en *Granma*, 25 de abril, La Habana.

_____ (1997d): «Cuentapropismo y pago de impuestos en próximas asambleas cederistas», en *Granma*, 15 de mayo, La Habana.

_____ (1998): «El impuesto de los "paladares"», en *Granma*, 12 de noviembre, La Habana.

LEIBENSTEIN, HARVEY (1968): «Entrepreneurship and Development», en *American Economic Review*, Papers and Proceedings, vol. 58, no. 2, mayo.

LEIVA, MIRIAM (2018): «El trabajo por cuenta propia: en palacio, todo despacio», en *CubaNet*, 12 de julio.

_____ (2003): «Libertad para ejercer actividades privadas en Cuba», en *CubaNet*, 12 de febrero.

LEOGRANDE, WILLIAM (2017a): «Trump's New Cuba Sanctions Miss Their Mark», en *Huffington Post*, 9 de noviembre.

_____ (2017b): «The Trouble with Cuba's New Economy», en *Americas Quarterly*, 11 de octubre.

_____ Y J. M. THOMAS (2002): «Cuba's Quest for Economic Independence», en *Journal of Latin American Studies*, no. 34.

_____ Y PETER KORNBLUH (2015): *Back Channel to Cuba The Hidden History of Negotiations between Washington and Havana*, The University of North Carolina Press, Chapel Hill.

LEÓN, FRANCISCO (1995): «Socialismo y sociolismo: Los actores sociales en la transición cubana», trabajo presentado en la conferencia, «Toward a New Cuba: Legacies of Revolution», Princeton University, Princeton, New Jersey, 8 de abril.

LEÓN, LUIS LEONEL (2013): «Fundador de la Opera de la Calle arremete contra el gobierno cubano», en *Café Fuerte*, 20 de noviembre.

LEWIS, OSCAR, RUTH E. LEWIS Y SUSAN M. RIGDON (1977a): *Four Men: Living the Revolution, an Oral History of Contemporary Cuba*, University of Illinois Press, Urbana.

_____, RUTH E. LEWIS Y SUSAN M. RIGDON (1977b): *Four Women: Living the Revolution, an Oral History of Contemporary Cuba*, University of Illinois Press, Urbana.

_____, RUTH E. LEWIS Y SUSAN M. RIGDON (1978): *Neighbors: Living the Revolution, an Oral History of Contemporary Cuba*, University of Illinois Press, Urbana.

LIGHT, DONALD W. (2004): «From Migrant to Mainstream: Reconceptualizing Informal Economic Behavior», en *Theory and Society*, vol. 33, no. 6, diciembre.

LINARES, GLADYS (2014): «Adiós al trabajador por cuenta propia», en *CubaNet*, 31 de enero.

«Lineamientos de la Política Económica y Social del Partido y de la Revolución» (2011), en *CubaDebate*, 18 de abril.

LONG, WAYNE (1983): «The meaning of entrepreneurship», en *American Journal of Small Business*, vol. 8, no. 2.

LÓPEZ CORZO, ELIZABETH (2012): «Entrevista con Ulises Aquino: Ópera de la Calle es la luz que necesitábamos», en *CubaSí*, 19 de agosto.

LÓPEZ LEVY, ARTURO (2002) «De caballos y ferias», en *CubaEncuentro*, 20 de diciembre.

LÓPEZ, FÉLIX (2011): «Paisaje urbano y desafíos futuros», en *Granma*, 23 de septiembre.

LOS, MARIA (1987): «The Double Economic Structure of Communist Societies», en *Contemporary Crises*, no. 11.

_____ (1990): *The Second Economy in Marxist States*, Macmillan, London.

LOSBY, JAN L. *ET AL.* (2002): «Informal Economy Literature Review», ISED Consulting and Research-Aspen Institute, Newark, DE-Washington, D. C.

LOTTI, ALINA M. (2012): «Empleo y trabajo por cuenta propia reportan indicadores favorables», en *Trabajadores*, 27de marzo, La Habana.

MADIEDO, SANDRA (2020): «Emprendimiento responsable en Cuba: en el camino de la confianza», *TodosStartups.com*, 1 de mayo.

MANGUELA DÁIAZ, GABINO (2012): «Ejercen trabajo por cuenta propia más de 387 mil 200 cubanos», en *Trabajadores*, 28 de junio, La Habana.

_____ (2014): «Trabajo por cuenta propia: Con el pie en el pedal», en *Trabajadores*, 24 de agosto, La Habana.

MARSH, SARAH (2018): «Cuban Draft Rules Propose Curtailing Fledgling Private Sector», en *Reuters*, 22 de febrero.

_____ (2020): «Cuba to scrap 'too restrictive' private-sector activities list as economic pressures grow», en *Reuters*, 6 de agosto.

MARSHALL, JEFFRY H. (1998): «The Political Viability of Free Market Experimentation in Cuba: Evidence from *Los Mercados Agropecuarios*», en *World Development*, vol. 26, no. 2.

Martínez Hernández, Leticia (2010): «Trabajo por cuenta propia: Mucho más que una alternativa», en *Granma*, 24 de septiembre, La Habana.

_____ (2014): «Trabajo por cuenta propia. Contravenciones en la mira», en *Granma*, 15 de enero, La Habana.

_____ (2020): «Aboga Díaz-Canel por destrabar todo lo que sea necesario para lograr una mejor política de empleo», en https://www.presidencia.gob.cu/es/noticias/aboga-diaz-canel-por-destrabar-todo-lo-que-sea-necesario-para-lograr-una-mejor-politica-de-empleo/.

Martínez Molina, Julio *et al.* (2011): «Self-Employment Takes Off in Cuba», en *Juventud Rebelde*, 22 de marzo, La Habana.

Martínez, Arlen (2020): «La RSE sobre el tapete: preguntas y respuestas: Entrevista a MsC. William Bello», blog del Proyecto CubaEmprende, 30 de abril.

Martínez, Silvia (1995): «Regulan ejercicio de trabajo por cuenta propia», en *Granma*, 17 de agosto, La Habana.

MartíNoticias (2013): «Se acerca a los 440 000 cifra de cuentapropistas», 17 de agosto.

_____ (2014a): «Cuentapropistas bajo fuerte vigilancia», 22 de enero.

_____ (2014b): «Padura dice estar asfixiado de Cuba», 7 de mayo.

Marx, Gary (2003): «Cuban lottery as ubiquitous as it is hush-hush», en *Chicago Tribune*, 26 de febrero.

Mayoral, María Julia (1996) «Comienza reinscripción de los trabajadores por cuenta propia», en *Granma*, 21 de junio, La Habana.

McAuliff, John (2012): «Opera de la Calle a New Model for Performance (Update, And Controversy)», en *Cuba–US People to People Partnership Blog*, 11 de julio.

Mendrala, Emily (2018a): «Cuba Central News Brief», en https://cubacentral.wordpress.com/2018/03/02/cuba-central-news-brief-3-2-2018/.

_____ (2018b): «Cuba Central News Brief», en https://cubacentral.wordpress.com/2018/08/24/cuba-central-news-brief-08-24-2018/.

Mesa Redonda (2013): «Las cooperativas no agropecuarias», en www.cubadebate.cu/noticias/2013/08/20/miercoles-y-jueves-en-la-mesa-redonda-las-cooperativas-no-agropecuarias/#.X5hoWUJKicY.

_____ (2014): «Mirada actualizada al trabajo por cuenta propia», en mesaredonda.cubadebate.cu/mesa-redonda/2014/03/19/mirada-actualizada-al-trabajo-por-cuenta-propia/.

_____ (2020a): «Atención al Trabajo por Cuenta Propia», en https://youtu.be/p028YbA9eFQ.

_____ (2020b): «*Mesa Redonda* sobre medidas económicas con intervención del Presidente hoy en el Consejo de Ministros», en https://youtu.be/BrCwSfxAHR8.

_____ (2020c): «¿Cómo podrán exportar e importar las formas de gestión no estatal a partir de ahora?», en https://www.youtube.com/watch?v=x-_7EtVXvFg.

_____ (2020d): «Trabajo y Seguridad Social y Energía y Minas en la Estrategia Económica y Social, hoy en la *Mesa Redonda*», en https://www.youtube.com/watch?v=CB6eBIevOzY.

Mesa-Lago, Carmelo (1988): «The Cuban Economy in the 1980: The Return of Ideology», en Sergio Roca (ed.): *Socialist Cuba: Past Interpretations and Future Challenges*. Westview Press, Boulder.

_____ (2001): «Assessing Economic and Social Performance in the Cuban Transition of the 1990», en Irving Louis Horowitz y Jaime Suchlicki (eds.): *Cuban Communism*, Transaction Publishers, New Brunswick.

_____ (2008): «The Cuban Economy at the Crossroads: Fidel Castro's Legacy, Debate over Change, and Raúl Castro's Options», Working Paper 19/2008, Real Instituto Elcano, Madrid.

_____ (2010): «El desempleo en Cuba: de oculto a visible», en *Espacio Laical*, La Habana.

_____ (2013): «Los cambios en la propiedad en las reformas económicas estructurales de Cuba», en *Espacio Laical*, año 9, no. 1, La Habana.

_____ (2020): «The Cuban Economy in the Context of COVID-19», en https://drclas.harvard.edu/event/cuban-economy-context-covid-19.

_____ *et al.* (2000): *Market Socialist and Mixed Economies: Comparative Performance of Chile, Cuba, and Costa Rica*. Johns Hopkins University Press, Baltimore-London.

_____ *et al.* (2016): *Voces de cambio en el sector no-estatal cubano*, Iberoamericano, Madrid.

_____ y Jorge Pérez-López (2005) *Cuba's Aborted Reform: Socioeconomic Effects, International Comparisons, and Transition Policies*, University Press of Florida, Gainesville.

_____ y Jorge Pérez-López (2013): *Cuba Under Raúl Castro: Assessing the Reforms*, Lynne Rienner, Boulder, CO.

_____, Roberto Veiga *et al.* (2016): *Voces de cambio en el sector no-estatal cubano*, Iberoamericano, Madrid.

Ministerio de Economía y Planificación (MEP) (2020): «Tabloide especial: Cuba y su desafío económico y social – Síntesis de la Estrategia

Económico-Social para el impulso de la economía y el enfrentamiento a la crisis mundial provocada por la COVID-19», 8 de septiembre.

MINISTERIO DE FINANZAS Y PRECIOS (1996): «Instrucción no. 11/96», Declaración Jurada, Divisas, La Habana.

_____ (2012): «Resolución no. 427, en *Gaceta Oficial de la República de Cuba*, no. 53. 11 de diciembre, La Habana.

MINISTERIO DE JUSTICIA (2010a): Decretos-Ley no. 274, no. 278 y no. 289, en *Gaceta Oficial de la República de Cuba*, edición especial, no. 11, 1 de octubre, La Habana.

_____ (2010b): Decretos-Ley no. 32, no. 98, no. 285, no. 289, no. 305, no. 399 y no. 750, en *Gaceta Oficial de la República de Cuba*, edición especial, no. 12, 8 de octubre, La Habana.

_____ (2013a): Resoluciones no. 27, no. 353, no. 41 y no. 42, en *Gaceta Oficial de la República de Cuba*, edición especial, no. 27, 26 de septiembre, La Habana.

_____ (2013b): Decreto-Ley no. 315, en *Gaceta Oficial de la República de Cuba*, edición especial, no. 3, 15 de enero.

MINISTERIO DE TRABAJO Y SEGURIDAD SOCIAL (2017): Resolución no. 22, en *Gaceta Oficial de la República de Cuba*, no. 31, edición extraordinaria, 1 de agosto, La Habana.

_____ Y MINISTERIO DE FINANZAS Y PRECIOS (1995): «Resolución Conjunta no. 4», en *Granma*, 14 de junio, La Habana.

MINISTERIO DE TRANSPORTE (2008): Resoluciones no. 263 y no. 331 (2008), en *Gaceta Oficial de la República de Cuba*, no. 46, 22 de diciembre, La Habana.

MIROFF, NICK (2009): «Cuba's Craigslist», en *Global Post*, 24 de julio.

_____ (2010): «Some Cuban Barbers Unhappy With Their New Cut», en *NPR*, 3 de mayo.

_____ (2011): «Cuba Issues Thousands Of Self-Employment Licenses», en *NPR*, 18 de enero.

_____ (2012a): «Cuba: When bureaucrats attack», en *Global Post*, 31 de julio.

_____ (2012b): «Opera Unfolds When A Cuban Cabaret Is Shut Down», en *NPR*, 31 de julio.

_____ (2012c): «To Get Rich is Inglorious», en *Global Post*, 4 de septiembre.

_____ (2013): «Cuba's 'resale' economics», en *Global Post*, 23 de enero.

MONREAL, PEDRO (2020a): «Paquete económico del Verano 2020», en *El Toque*, 17 de julio.

_____ (2020b): «Las PYMES y la reforma del modelo cubano: ayúdame que yo te ayudaré», en https://elestadocomotal.com/2020/07/23/las-py-mes-y-la-reforma-del-modelo-cubano-ayudame-que-yo-te-ayudare/.

_____ (2020c): «Travesía en tres fases hacia las PYMES en Cuba: una propuesta para "destrabar" fuerzas productivas», en https://eles-tadocomotal.com/2020/08/19/travesia-en-tres-fases-hacia-las-py-mes-en-cuba-una-propuesta-para-destrabar-fuerzas-productivas/.

Monzó, Rebecca (2012): «¿A la calle, Opera de la Calle?», en *Por el ojo de la aguja*, 10 de agosto.

_____ (2013): «Small Businesses», en *Translating Cuba*, 22 de agosto.

Morales, Emilio (2011): «Cuba: menos impuestos para impulsar el traba-jo privado», en *Café Fuerte*, 6 de junio.

_____ (2013): «Reformas en Cuba: ¿La última utopía?», en *Cuba in Transition*, vol. 23, The Association for the Study of the Cuban Eco-nomy, Washington, D. C.

_____ (2013): «Cuba eleva precios para el mercado mayorista», en *Café Fuerte*, 23 de marzo.

_____ y Joeseph Scarpaci (2012): *Advertising without Marketing: Brand Preference and Consumer Choice in Cuba*, Routledge, New York-London.

Morales, Esteban (2010a): «Corruption: The True Counterrevolution», en *Internal Reform Blog*, 22 de abril.

_____ (2010b): «The Mystery of the Holy Trinity: Corruption, Bu-reaucracy and Counterrevolution», en *Esteban Morales Domínguez Blog*, 11 de julio.

_____ (2013): «How Far Will We Allow Corruption to Spread in Cuba», en *Havana Times*, 16 de diciembre.

Morris, Emily e Ilan Kelman (2020): «Coronavirus response: Why Cuba is Such an Interestying Case», en https://theconversation.com/coro-navirus-response-why-cuba-is-such-an-interesting-case-135749.

Mulet Concepción, C. Yailenis (2013): «Non-agricultural cooperatives in Cuba: A new way to unleash the forces of production?», en *From the Island*, no. 22, 7 de noviembre, Cuba Study Group, Miami.

Municipio de La Habana (1958): Directorio Comercial. Departamento de Control, Censo Fiscal y Estadísticas, La Habana.

Muñoz Lima, Rosa (2018): «Cuba: el desafío de trabajo por cuenta pro-pia», en *Deutsche Welle*, 31 de julio.

Naciones Unidas, CEPAL (2013): *Balance Preliminar de las Economías de América Latina y el Caribe*, Santiago de Chile.

NEE, VÍCTOR Y DAVID STARK (eds.) (1989): *Remaking the Economic Institutions of Social ism: China and Eastern Europe,* Stanford University Press, Stanford.

_____ Y PENG LIAN (1994): «Sleeping with the Enemy: A Dynamic Model of Declining Political Commitment in State Socialism», en *Theory and Society,* vol. 23, no. 2, abril.

NEWMAN, LUCIA (2001): «Cuba squeezes private business as economy grows», en *CNN,* 12 de marzo.

NIEVES CÁRDENAS, JOSÉ JASÁN (2012): «Ópera de la Calle: ¿Un mal ejemplo?», en *Radio Ciudad del Mar,* 1 de agosto.

_____ (2014c): «Cuba y cooperativas "sin papeles"», en *Progreso Semanal,* 20 de mayo.

_____ (2014a): «Virtual stores in Cuba», en *OnCuba,* 2 de febrero.

_____ (2014b): «Trading online in an 'offline' country», en *On Cuba,* 19 de febrero.

NOVA GONZÁLEZ, ARMANDO (2012): «Agricultura», en Colectivo de Autores: *Miradas a la Economía Cubana II,* Editorial Caminos, La Habana.

NUEZ, RENÉ DE LA (2018): «La clandestinidad», en https://www.facebook.com/photo?fbid=1411998952232932&set=a.1191909490908547.

NÚÑEZ MORENO, LILIA (1997): «Más allá del cuentapropismo en Cuba», en *Temas,* año 11, no. 41, La Habana.

OBAMA, BARACK (2016): «Remarks to the People of Cuba», discurso, Gran Teatro de la Habana, 22 de marzo.

OFICINA NACIONAL DE ADMINISTRACIÓN TRIBUTARIA (ONAT) (1997): Declaración Jurada, Impuesto sobre Ingresos Personales, Moneda Nacional, La Habana.

OFICINA NACIONAL DE ESTADÍSTICAS (ONE) (2007): *Anuario Estadístico de Cuba,* La Habana.

_____ (2012): *Anuario Estadístico de Cuba,* La Habana.

_____ (2013): *Anuario Estadístico de Cuba,* La Habana.

_____ (2015): *Anuario Estadístico de Cuba,* La Habana.

OFICINA NACIONAL DE ESTADÍSTICAS E INFORMACIÓN (ONEI) (2020a): «Turismo. Llegada de visitantes internacionales por países. Enero», en http://www.onei.gob.cu/sites/default/files/01_llegadas_de_visitantes_enero_2020.pdf.

_____ (2020b): «Turismo. Llegada de visitantes internacionales por países. Enero-marzo», en http://www.onei.gob.cu/sites/default/files/03_llegadas_de_visitantes_marzo_2020.pdf.

_____ (2020c): «Turismo. Llegada de visitantes internacionales por países. Enero-abril», en http://www.onei.gob.cu/sites/default/files/04_llegadas_de_visitantes_abril_2020_0.pdf.

_____ (2020d): «Turismo. Llegada de visitantes internacionales por países. Enero-mayo», en http://www.onei.gob.cu/sites/default/files/05_llegadas_de_visitantes_mayo_2020.pdf.

OnCuba (2014): «Updated regulations for self-employment implemented in Cuba», 15 de enero.

_____ (2020a): «Analysis on the economic-social strategy approved by the Cuban government (I y II)», 19 y 21 de julio.

_____ (2020b): «Díaz-Canel reconoce que hay que 'destrabar' las cooperativas y las PYMES en Cuba», 20 de enero.

Opciones (2012): «Número de cuentapropistas sigue creciendo en La Mayor de las Antillas», 2 de abril.

«Open Letter to President Obama: Support Cuban Civil Society», (2014), en http://www.supportcubancivilsociety.org/.

Ópera de la Calle Blog (2012a): «YouTube video of opening night», en https://operadelacalle.blogspot.com/2012/10/video-by-cuba-style-of-opening-night-at.html.

_____ (2012b): «Three statements by Ulises Aquino», en https://operadelacalle.blogspot.com/2012/10/whyhas-cabildo-been-closed-down.html.

OPPENHEIMER, ANDRÉS (2020): «El doble discurso de Trump sobre Cuba», en *El Nuevo Herald*, 23 de septiembre.

OPPMANN, PATRICK (2012): «Cuba Shuts Down 'Street Opera'», en *CNN*, 13 de agosto.

_____ Y MAEGAN VAZQUEZ (2020): «With an eye on a tight Florida race, Trump announces new restrictions on Cuban hotels, cigars and rum», en *CNN*, 23 de septiembre.

OROZCO, MANUEL Y KATRIN HANSING (2011): «Remittance Recipients and the Present and Future of Micro-enterpreneurship Activities in Cuba», en *Cuba in Transition*, vol. 21, The Association for the Study of the Cuban Economy, Washington, D. C.

ORSI, PETER (2012): «Havana's historic quarter begins small-biz rentals», en *Associated Press*, 16 de julio.

_____ (2013a): «Castro speech scolds islanders for bad behavior», en *Associated Press*, 8 de julio.

_____ (2013b): «Cubans heartened by possible reversal of 3D ban», en *Associated Press*, 12 de noviembre.

_____ (2014): «Cubans with money revel in booming social circuit», en *Associated Press*, 24 de marzo.

ORTA RIVERA, YAILIN y NORGE MARTÍNEZ MONTERO (2006a): «La vieja gran estafa», en *Juventud Rebelde*, 1 de octubre, La Habana.

_____ y NORGE MARTÍNEZ MONTERO (2006b): «Sancionan a taxistas que adulteran precios», en *Juventud Rebelde*, 8 de octubre, La Habana.

_____, NORGE MARTÍNEZ MONTERO y DILBERT REYES RODRÍGUEZ (2006): «El mango de la sartén», *Juventud Rebelde*, 15 de octubre, La Habana.

_____, NORGE MARTÍNEZ MONTERO y ROBERTO SUÁREZ (2006): «Iniciarán proyecto investigativo sobre propiedad socialista en Cuba», *Juventud Rebelde*, 22 de octubre, La Habana.

OUTCALT, CHARLES (2000): «The Notion of Entrepreneurship: Historical and Emerging Issues», CELCEE Kauffman Center for Entrepreneurial Leadership Clearinghouse on Entrepreneurship Education, digest number 00-4, septiembre.

OXFORD ANALYTICA (2012): «Dissident death overshadows slow-motion reforms», 17 de agosto.

PADGETT, TIM (2014): «The Cuba Debate: Can Capitalist Rookies Thrive in a Communist Revolution?», en *WLRN*, 19 de agosto.

PADRÓN CUETO, CLAUDIA (2020): «Covid-19: principales totales nacionales», en https://proyectoinventario.org/covid-19-totales-nacionales-cuba-casos-muertes-mapas/.

PADURA FUENTES, LEONARDO (2000): *Pasado perfecto*, Tusquets, Barcelona.

_____ (2005): *Havana Red*, Bitter Lemon Press, London.

PALACIOS ALMARALES, DANIEL (2013): «Tensión entre vendedores de ropa importada ante inminente cierre de sus negocios», en *Café Fuerte*, 31 de octubre.

_____ (2013): «Ola de críticas y descontento popular por cierre de cines 3D», en *Café Fuerte*, 7 de noviembre.

PALMA, ORLANDO (2014): «Almacenes de viejos», en *14ymedio*, 11 de agosto.

PARTIDO COMUNISTA DE CUBA (PCC) (2010): «Proyecto de Lineamientos de la Política Económica y Social del Partido y la Revolución», La Habana, noviembre.

_____ (2011): «Lineamientos de la Política Económica y Social del Partido y la Revolución», La Habana, abril.

_____ (2016): «Conceptualización del Modelo Económico y Social Cubano de Desarrollo Socialista», [s. n.], mayo, La Habana.

_____ (2017): «Conceptualización del Modelo Económico y Social Cubano de Desarrollo Socialista: Plan nacional de desarrollo económico y social hasta 2030: Propuesta de visión de la nación, ejes y sectores estratégicos», [s. n.], [s. l.].

Pavón González, Ramiro (1996): «Estudio diagnóstico sobre el trabajo por cuenta propia en Santiago de Cuba», en *Economía y Desarrollo*, no. 2, junio.

Peláez, Orfilia *et al.* (2014): «Expectativas por cuenta propia», en *Granma*, 31 de enero, La Habana.

Penúltimos Días (2009): «Cierra 'La Guarida'», 24 de diciembre.

_____ (2010): «La reforma que viene», 14 de septiembre.

_____ (2014): «Emprendedores: Un documental sobre cuentapropistas de Santa Clara», 21 de enero.

Perdomo, Juanita (2012) «Más ofertas para una mejor gastronomía», en *Trabajadores*, 27 de julio, La Habana.

Perera, Alina (2010): «No es cuestión de edad se queda quien mejor trabaje», en *Juventud Rebelde*, 30 de octubre, La Habana.

Pérez Cabrera, Freddy (2020): «Ministerio de Salud Pública: Sin casos de coronavirus en Cuba, pero alertas y preparados», en *Granma*, 3 de febrero, La Habana.

Pérez Izquierdo, Victoria, Fabian Oberto Calderón y Mayelín González Rodríguez (2003): «Los trabajadores por cuenta propia en Cuba», en *Nodo* 50, octubre.

Pérez Navarro, Lourdes (2009): «Licencias para transportar pasajeros», en *Granma*, 8 de julio, La Habana.

Pérez Roque, Martha Beatriz (2002): «Economía Informal en Cuba», Report commissioned by the Center for Migration and Development, Princeton University, mayo.

Pérez Villanueva, Omar Everleny (2009): «The Cuban Economy: A Current Evaluation and Proposals or Necessary Policy Changes», en *Discussion Paper*, no. 217, Institute of Developing Economies, Tokyo.

_____ y Viviana Togores González (1996): «Las pequeñas empresas en Cuba: Posibilidades», en Elsa Barrera López: *Cambios y perspectivas en la economía cubana, 1995*, dossier, no. 10, The Latin American Institute of the University of New Mexico-Centro de Estudios Sobre América, Albuquerque- LaHabana, febrero.

Pérez, Tómas E. (2013): «Muchísimas preguntas (y casi ninguna respuesta) sobre los cines 3D», en *El Colimador*, 3 de noviembre.

Pérez-López, Jorge (1995a): *Cuba's Second Economy: From Behind the Scenes to Center Stage*, Transactions Publishers, New Brunswick, NJ.

_____ (1995b): «Coveting Beijing, but Imitating Moscow: Cuba's Economic Reforms in Comparative Perspective», en *Cuba in Transition*, vol. 5, The Association for the Study of the Cuban Economy, New Brunswick, NJ.

_____ (2004): «Foreign Investment in Cuba», en Archibald R.M. Ritter (ed.): *The Cuban Economy*, University of Pittsburgh Press, Pittsburgh.

PÉREZ-STABLE, MARIFELI (1999): *The Cuban Revolution: Origins, Course, and Legacy*, Oxford University Press, New York.

Periodismo de Barrio (2020): «Trabajadores del sector privado: ni corruptos ni enemigos», 29 de mayo.

PETERS, PHILIP (1997): «Islands of Enterprise: Cuba's Emerging Small Business Sector», Alexis de Toqueville Institution, Arlington.

_____ (2006a): «Cuba's Small Entrepreneurs: Down but Not Out», Lexington Institute, 30 de septiembre.

_____ (2006b): «Who's to Blame for Corruption?» en *Cuba Policy Report Issue*, no. 22, Lexington Institute, 27 de octubre.

_____ (2008): «An opening in private transportation (Updated)», en *The Cuban Triangle*, 9 de julio.

_____ (2009): «More cabs on the way», en *The Cuban Triangle*, 15 de enero.

_____ (2010a): «Looking Like a Small Business Sector», en *The Cuban Triangle*, 24 de septiembre.

_____ (2010b): «The New Tax System», en *The Cuban Triangle*, 22 de octubre .

_____ (2010c): «The state lightens its burden», en *The Cuban Triangle*, 13 de abril.

_____ (2010d): «Be a Good Communist, Support your Local Entrepreneur», en *The Cuban Triangle,* 20 de diciembre.

_____ (2010e): «The Plan for Havana», en *The Cuban Triangle*, 15 de septiembre.

_____ (2011a): «Let the private sector do it», en *The Cuban Triangle*, 26 de diciembre.

_____ (2011b): «Tax relief for entrepreneurs, and other economic news», en *The Cuban Triangle*, 26 de diciembre.

_____ (2011c): «What would you people have done with Frank País?», en *The Cuban Triangle*, 2 de agosto.

_____ (2012a): «A Viewer's Guide to Cuba's Economic Reform», Lexington Institute, Arlington, VA, mayo.

_____ (2012b): «Cuba's Entrepreneurs: Foundation of a New Private Sector», Lexington Institute, Arlington, VA, 31 de julio.

_____ (2012c): «Migration Policy Reform: Cuba Gets Started, U.S. Should Follow», Lexington Institute, Arlington, VA, diciembre.

_____ (2012d): «Reforming Cuba's Agriculture: Unfinished Business», Lexington Institute, Arlington, VA, octubre.

_____ (2012e): «Pro-growth measures for the private sector», en *The Cuban Triangle*, 12 de octubre.

_____ (2013a): «A Chronology of Cuba's Economic Reform», en *Cuban Research Center*, 19 de agosto.

_____ (2013b) «The Hard Part», en *Cuban Research Center*, 19 de agosto.

_____ (2013c): «A step back, a step forward», en *The Cuban Triangle*, 1 de octubre.

_____ (2014): «Cuba's New Real Estate Market», Latin America Initiative Working Paper, Brookings Institution, Washington D. C., febrero.

_____ y JOSEPH L. SCARPACI (1998): «Cuba's New Entrepreneurs: Five Years of Small-Scale Capitalism», Alexis de Toqueville Institution, Arlington.

PIÑEIRO-HARNECKER, CAMILA (comp.) (2011): *Cooperativas y Socialismo: Una Mirada desde Cuba*, Editorial Caminos, La Habana.

_____ (2012a) «Las cooperativas en el nuevo modelo económico», en Pavel Vidal Alejandro y Omar Everleny Perez Villanueva (comps.): *Miradas a la economía cubana: El proceso de actualización*, Editorial Caminos, La Habana.

_____ (2012b) «Visiones sobre el socialismo que guían los cambios actuales en Cuba», en *Temas*, no. 70, abril-junio, La Habana.

_____ (2012c): «Non-state enterprises in Cuba: Current situation and prospects», presentación en el Colloquium on «Economic Transformation in Cuba», Bildner Center, CUNY, mayo.

_____ (2013): *Cooperatives and Socialism: A View from Cuba*, Palgrave Macmillan, New York.

PORTES, ALEJANDRO Y JÓZSEF BÖRÖCZ (1988): «The Informal Sector under Capitalism and State Socialism: A Preliminary Comparison», en *Social Justice*, no. 15.

_____ y RICHARD SCHAUFFLER (1993a): «The Informal Economy in Latin America: Definition, Measurement, and Policies», en Gregory K. Schoepfle y Jorge F. Pérez-López (eds.): *Work Without Protec-*

tions: Case Studies of the Informal Sector in Developing Countries, U.S. Government Printing Office, Washington, D. C.

_____ y RICHARD SCHAUFFLER (1993b): «Competing Perspectives on the Latin American Informal Sector», en *Population and Development Review*, vol. 19, no. 1, marzo.

_____ y WILIAM HALLER (2005): «The Informal Economy», en Neil J. Smelser y Richard Swedberg: *The Hand-book of Economic Sociology*, 2da ed., Princeton University Press-Russell Sage Foundation, Princeton-New York.

_____, CARLOS DORE-CABRAL y PATRICIA LANDOLT (1997): *The Urban Caribbean: Transition to the New Global Economy*, The Johns Hopkins University Press, Baltimore.

_____, MANUEL CASTELLS y LAUREN A. BENTON (eds.) (1989): *The Informal Economy: Studies in Advanced and Less Developed Countries*, Johns Hopkins University Press, Baltimore.

«Proceso de reducción de plantillas» (2010), presentación de PowerPoint, [s. l.], 24 de agosto.

Progreso Semanal (2020a): «Reforma económica en Cuba: En la implementación está la clave», 9 de septiembre.

_____ (2020b): «Se eliminará listado de actividades para el sector privado en Cuba», 26 de agosto.

Progreso Weekly (2014): «Cuba: Self-employment rules modified», 15 de enero.

«Proyecto de Lineamientos de la Política Económica y Social» (2010), en *CubaDebate*, 9 de noviembre.

PUIG MENESES, YAIMA (2017): «Trabajo por cuenta propia: Por la ruta de la actualización», en *Granma*, 1 de agosto, La Habana.

_____ y LETICIA MARTÍNEZ HERNÁNDEZ (2013): «Updating of Cuban economic model continues to advance», en *Granma Internacional*, 25 de septiembre.

QUINTANA MENDOZA, DIDIO (1997): «El sector informal urbano en Cuba: Algunos elementos para su caracterización», en *Cuba, investigación económica 3*, no. 2, Instituto Nacional de Investigaciones Económicas, La Habana, abril-junio.

RADU, MICHAEL (1995): «Cuba's Transition: Institutional Lessons from Eastern Europe», en *Journal of Inter-American Studies and World Affairs*, vol. 37, no. 2, verano.

RAINSFORD, SARAH (2013): «Tighter rules threaten Cuba's independent clothes sellers», en *BBC*, 12 de octubre.

RAKOWSKI, CATHY A. (ed.) (1994): *Contrapunto: The Informal Sector Debate in Latin America*, State University of New York Press, Albany.

RASSÍ, REYNOLD (2004): «Security and Protection of resources: Closing the Doors to Crime», en *Granma*, 21 de septiembre, La Habana.

RAVSBERG, FERNANDO (2012a): «Cuba Closes "Street Opera" Project», en *Havana Times*, 27 de julio.

_____ (2012b): «"Opera in the Street" Receives Support», en *Havana Times*, 30 de julio.

_____ (2012c): «Cuba Reforms in Search of a Model», en *Havana Times*, 26 de julio.

_____ (2012d): «La aduana de Cuba aprieta las tuercas», en *Havana Times*, 18 de julio.

_____ (2013a): «Opera de la Calle and a Show for Beyoncé», en *Havana Times*, 12 de abril.

_____ (2013b): «Cuba autoriza la venta libre de autos», en *BBC Mundo*, 20 de diciembre.

_____ (2014): «The Causes and Consequences of Cuba's Black Market», en *Havana Times*, 21 de agosto.

RECIO, MILENA (2013): «Self-employment in Cuba (Infographic)», en *OnCuba*, 1 de mayo.

_____ (2017): «Trabajadores por cuenta propia proponen diálogo», en *OnCuba*, 14 de diciembre.

_____ (2018): «Ministerio del Trabajo acepta diálogo con cuentapropistas», en *OnCuba*, 4 de enero.

REHN, A. Y TAALAS, S. (2004): «*Blat*, the Soviet Union and mundane entrepreneurship», en *Entrepreneurship and Regional Development*, vol. 16, no. 3.

Resolución no. 11 (2004): «Reglamento sobre el trabajo por cuenta propia», en *Gaceta Oficial de la República de Cuba*, no. 32, Ministerio de Trabajo y Seguridad Social, 11 de mayo, La Habana.

Resolución no. 270. (2011): «Reglamento sobre el arrendamiento de viviendas, habitaciones o espacios», en *Gaceta Oficial de la República de Cuba*, nos. 11 y 12, Instituto Nacional de la Vivienda, La Habana.

Reuters (2016): «Cuba minister calls Obama visit 'an attack' as Communists defend ideology», 18 de abril.

REYES, GERARDO (1998): «Home restaurants in Havana keep eye on inspectors», en *Miami Herald*, 12 de octubre.

REYES, SAIMI (2017): «Nuevas medidas para el Cuentapropismo ¿un retroceso?, en *Postdata*, 4 de agosto.

Ricardo Luis, Roger (1993): «Profundo análisis sobre el trabajo por cuenta propia y la situación de las finanzas internas», en *Granma*, 29 de diciembre, La Habana.

Rice, John (1997): «Cuban official signals limits on capitalism», en *Miami Herald*, 28 de noviembre.

Ritter, Archibald R. M. (1974): *The Economic Development of Revolutionary Cuba: Strategy and Performance*, Praeger, New York.

_____ (1990): «The Cuban Economy in the 1990: External Challenges and Policy Imperatives», en *Journal of Interamerican Studies and World Affairs*, vol. 32, no. 3, otoño.

_____ (1998): «Entrepreneurship, Microenterprise, and Public Policy in Cuba: Promotion, Containment, or Asphyxiation?», en *Journal of Interamerican Studies and World Affairs, vol* 40, no. 2, verano.

_____ (2000a): «El régimen impositivo para la microempresa en Cuba», en *Revista de la CEPAL*, no. 71, agosto.

_____ (2000b): «The Tax Regime for Microenterprise in Cuba», en *CEPAL Review*, United Nations: Economic Commission for Latin America and the Caribbean, agosto.

_____ (ed.) (2004): *The Cuban Economy*, University of Pittsburgh Press, Pittsburgh.

_____ (2005): «Survival Strategies and Economic Illegalities in Cuba», en *Cuba in Transition*, vol. 15, The Association for the Study of the Cuban Economy, Washington, D. C.

_____ (2006): «Cuba's Economic Re-Orientation», ponencia presentada en la conferencia «Cuba: In Transition? Pathways to Renewal, Long-Term Development and Global Reintegration», Bildner Center, 30-31de marzo.

_____ (2010): «State Sector Lay-offs then Private Sector Job Creation: Has Raúl Got the Cart before the Horse?», en *The Cuban Economy Blog*, 22 de septiembre.

Rivera, Mario A. (1998): «The Imperatives of Economic Liberalization and Political Control in the Cuban Transition», en Kuotsai Tom Liou (ed.): *Handbook of Economic Development*, Marcel Dekker, Inc,. New York.

Robles, Frances (2010): «With beauty shops, Cuba may be inching toward capitalism», en *The Miami Herald*, 14 de abril.

Rodríguez Águila, Jorge A. y Juan José Rodríguez Causa (s. a.): «Algunas consideraciones del Trabajo de Inspector en el Terreno a Trabajo por Cuenta Propia», Dirección Municipal de Trabajo y Seguridad Social, Departamento de Inspección, mimeografiado, La Habana.

Rodríguez Cruz, Francisco (1996): «El cuenta propia es también cuenta nuestra», en *Trabajadores*, 3 de junio, La Habana.

Rodríguez López, Yusimí (2013): «Lo que nos ofrece La Buena Vida», en *Diario de Cuba*, 4 de agosto.

Rodríguez Milán, Yisell (2013): «3D Dilemmas», en *OnCuba*, 9 de agosto.

Rodríguez, Alejandro (2013): «Negocios privados en Cuba: El malestar en la actualización», en *OnCuba*, 1 de octubre.

Rodríguez, Andrea (2018): «Emprendedores cubanos en punto muerto esperan nuevas reglas», en *El Nuevo Herald*, 2 de febrero.

_____ (2020a): «Emprendedores cubanos golpeados por el coronavirus», en *Associated Press*, 29 de abril.

_____ (2020b): «Economy tanking, Cuba launches some long-delayed reforms», en *Associated Press*, 6 de agosto.

_____ (2020c): «Cuba accelerates economic reforms», en *Associated Press*, 7 de agosto.

Rodríguez, Jorge Enrique (2016): «La frase "espanta demonios" que Raúl Castro nunca pronunció», en *Diario de Cuba*, 30 de octubre.

Rodríguez, José Alejandro (2013): «Aumenta el trabajo por cuenta propia», en *Juventud Rebelde*, 16 de agosto, La Habana.

Rodríguez, José Luis (1997): «Entrevista», en *El País*, 6 de enero, Argentina.

Rodríguez, Norges (2017): «Medidas del gobierno cubano para 2018», en *Medium*, 28 de diciembre.

_____ (2018): Comunicación personal, 12 de agosto.

Rojas, Rachel D. (2020): «Emprendedores y funcionarios locales dialogan en La Habana», en *Progreso Semanal*, 25 de marzo.

Róna-Tas, Ákos (1995): «The Second Economy as a Subversive Force», en Andrew G. Walder (ed.): *The Waning of the Communist State: Economic Origins of Political Decline in China and Hungary*, University of California Press, Berkeley.

_____ (1997): *The Great Surprise of the Small Transformation: The Demise of Communism and the Rise of the Private Sector in Hungary*, The University of Michigan Press, Ann Arbor.

Rosenberg, Jonathan (1992): «Cuba's Free Market Experiment», en *Latin American Research Review*, vol. 27, no. 3.

Sacchetti, Elena (2011): *Vivir en la cuerda floja: La microempresa en Cuba*, Editorial Académica Española, [s. l.].

Sánchez Serra, Oscar (2013a): «Orden y legalidad: Un interés de todos», en *Granma*, 11 de noviembre, La Habana.

_____ (2013b): «La ruta de la indisciplina y las ilegalidades», en *Granma*, 15 de noviembre, La Habana.

SÁNCHEZ, FRANCIS (2011): «La guerra de las paladares», en *Hombre en las nubes*, 6 de marzo.

SÁNCHEZ, YOANI (2009): «Feast envy», en *Generation Y*, 8 de abril.

_____ (2010): «Chaplinesque», en *Generation Y*, 29 de septiembre.

_____ (2011a): «Daddy State and His Frightened Children», en *Huffington Post*, 10 de enero.

_____ (2011b): «Cuba Allows Car Sales: Cars Over 15 Years Old for Us, Newer Cars Only for the Party Faithful», en *Huffington Post*, 30 de septiembre.

_____ (2013): «Report to the Inter-American Press Association (SI-PIAPA) on Press Freedom in Cuba», octubre.

_____ (2014a): «Ah... tú no sales en "el paquete"», en *Generación Y*, 17 de mayo.

_____ (2014b): «5 apps de iOS imprescindibles para Cuba», en *Generación Y*, 11 de abril.

_____ (2014c): «Las diez Apps de Android más populares en Cuba», en *Generación Y*, 10 de enero.

_____ (2014d): «*Y tú, hijo, no te destaques*», en *Generación Y*, 26 de marzo.

SAWYER, MARK Q. (2006): *Racial Politics in Post–Revolutionary Cuba*, Cambridge University Press, New York.

SAY, JEAN BAPTISTE (1847): *A Treatise on Political Economy*, Grigg, Elliot, and Co., [s. l.].

SCARPACI, JOSEPH L. (1995): «The Emerging Food and *Paladar* Market in Havana», en *Cuba in Transition*, vol. 5, The Association for the Study of the Cuban Economy, Washington, D. C.

_____ (2009): «Fifteen Years of Entrepreneurship in Cuba: Challenges and Opportunities», en *Cuba in Transition*, vol. 19, The Association for the Study of the Cuban Economy, Washington, D. C.

_____ (2014): «Doing the Right Thing: Entrepreneurship, Ethics, and Corporate Social Responsibility in Castro's Cuba and Pinochet's Chile», en *Journal of Ethics and Entrepreneurship*, vol. 4, no. 1, primavera.

SCOTT, JAMES C. (1979): *The Moral Economy of the Peasant: Rebellion and Subsistence in Southeast Asia*, Yale University Press, New Haven.

_____ (1985): *Weapons of the Weak: Everyday Forms of Peasant Resistance*, Yale University Press, New Haven.

_____ (1990): *Domination and the Arts of Resistance: Hidden Transcripts*, Yale University Press, New Haven.

SCHNEIDER, FRIEDRICH Y DOMINIK H. ENSTE (2002a): «Hiding in the Shadows: The Growth of the Underground Economy», en *Economic Issues*, no. 30, International Monetary Fund, marzo.

_____ Y DOMINIK H. ENSTE (2002b): *The Shadow Economy: An International Survey*, Cambridge University Press, Cambridge.

SCHOEPFLE, GREGORY K. Y JORGE F. PÉREZ-LÓPEZ (1993): *Work Without Protections: Case Studies of the Informal Sector in Developing Countries*, U.S. Government Printing Office, Washington, D. C.

SCHUMPETER, JOSEPH A. (1974): *The Theory of Economic Development*, Oxford University Press, Oxford.

SCHWANDT, THOMAS A. (2001): *Dictionary of Qualitative Inquiry*, 2da. ed., Sage Publications, Thousand Oaks, CA.

SEGRE, ROBERTO, MARIO COYULA Y JOSEPH L. SCARPACI (1997): *Havana: Two Faces of the Antillean Metropolis*, John Wiley and Sons, Chichester.

SELENY, ANNA (1995): «Property Rights and Political Power: The Cumulative Process of Political Change in Hungary», en Andrew G. Walder (ed.): *The Waning of the Communist State: Economic Origins of Political Decline in China and Hungary*, University of California Press, Berkeley.

SIEGELBAUM, PORTIA (2012): «Contradictory Policy on Paladars: Cuba both fuels, fights new private restaurants», en *CBS News*, 29 de junio.

SIK, ENDRE (1992): «From the Second to the Informal Economy», en *Journal of Public Policy*, vol. 12, no. 2.

SMITH, BENJAMIN (1999): «Self-Employment in Cuba: A Street-Level View», en *Cuba in Transition*, vol. 9, The Association for the Study of the Cuban Economy, Washington, D. C.

SMITH, TONY (2001): «Se cierra el círculo sobre los negocios privados», en *Nuevo Herald*, 9 de julio.

SOLEDAD, MARÍA DE LA (2006): «In Life, "There is Little Worth Believing": An Exclusive Interview with Cuban Author Leonardo Padura Fuentes», en *Progreso semanal*, 2-8 de febrero.

SOSÍN MARTÍNEZ, EILEEN (2013): «Paladares, family business», en *OnCuba*, 27 de diciembre.

SOTO, HERNANDO DE (1989): *The Other Path: The Invisible Revolution in the Third World*, Harper and Row Publishers, NewYork.

_____ (2000): *The Mystery of Capital: Why Capitalism Triumphs in the West and Fails Everywhere Else*, Basic Books, New York.

STANLEY, DAVID (2000): *Lonely Planet: Cuba*, 2da. ed., Lonely Planet Publications, Melbourne.

STARK, DAVID (1989): «Bending the Bars of the Iron Cage: Bureaucratization and Informalization in Capitalism and Socialism», en *Sociological Forum*, vol. 4, no. 4.

_____ y VICTOR NEE (1989): «Toward an Institutional Analysis of State Socialism», en Victor Nee y David Stark (eds.): *Remaking the Economic Institutions of Socialism: China and Eastern Europe*, Stanford University Press, Stanford.

STEIN, STANLEY J. y BARBARA H. STEIN (1970): *The Colonial Heritage of Latin America*, Oxford University Press, New York.

TAMAYO BATISTA, HILIA (2014): «Continúa organizándose el trabajo por cuenta propia en Cuba», en *Radio Rebelde*, 18 de febrero, La Habana.

TAMAYO, JUAN O. (2013): «Periódico *Granma* reconoce malestar por el cierre de cines y tiendas privadas en Cuba», en *El Nuevo Herald*, 12 de noviembre.

_____ (2014a): «Street protest in Cuba draws at least 500, sparks clash with police», en *The Miami Herald*, 22 de enero.

_____ (2014b): «Cuban women say their businesses are doing well», en *Miami Herald*, 8 de agosto.

TAYLOR, LUKE (2020): «How Cuba and Uruguay are quashing coronavirus as neighbours struggle», en https://www.newscientist.com/article/2247740-how-cuba-and-uruguay-are-quashing-coronavirus-as-neighbours-struggle/.

The Economist (2017): «Slim Pickings: Clueless on Cuba's New Economy», 30 de septiembre.

TOGORES GONZÁLEZ, VIVIANA (s. a.): «Consideraciones sobre el sector informal de la economía: Un estudio de su comportamiento en Cuba», mimeografiado, La Habana.

_____ y OMAR EVERLENY PÉREZ VILLANUEVA (1996): «Consideraciones sobre la pequeña y mediana empresa en Cuba», mimeografiado.

_____ y ANICIA GARCÍA (2004): «Consumption, Markets and Monetary Duality in Cuba», en Jorge I. Domínguez *et al.* (eds.): *The Cuban Economy at the Start of the Twenty–First Century*, Harvard University, Cambridge.

TORRES HERNÁNDEZ, YIRMARA (2014): «Mitos y realidades del TPCP en Cuba», en *Radio Coco*, 23 de enero.

TORRES, RICARDO (2017): «Impoverish the Cuban people, so that they may be freer», en *Progreso Semanal*, 22 de noviembre.

_____ (2018a): «Cuentapropismo y cooperativismo: otra decepción», en *Progreso Semanal*, 19 de febrero.

_____ (2018b): «Por aquí ya pasamos…», en *Progreso Semanal*, 2 de agosto.

_____ (2020): «¿Cuentapropismo? ¿Modalidad de empleo…?», en *Progreso Semanal*, 26 de agosto.

Trabajadores (1996): «Sobre el ejercicio del trabajo por cuenta propia», 3 de junio, La Habana.

_____ (2012a): «Crece el número de trabajadores no estatales», 2 de marzo, La Habana.

_____ (2012b): «Paladares: tendencia creciente», 27 de junio, La Habana.

_____ (2012c): «Alimentos: servicio creciente», 4 de julio, La Habana.

_____ (2012d): «Cuba implementará gestión económica no estatal en sector gastronómico», 9 de noviembre, La Habana.

_____ (2012e): «Comenzará en breve arrendamiento de locales gastronómicos estatales», 1 de diciembre, La Habana.

_____ (2012f): «State Gastronomy Premises Will Soon Be in Rent», 4 de diciembre, La Habana.

_____ (2013): «¿Cómo marcha el experimento de las cooperativas no agropecuarias?», 22 de agosto, La Habana.

TRIANA CORDOVÍ, JUAN (2012): «From the submerged economy to the microenterprise: Are there any guarantees for the future?», en *From the Island*, no. 14, Cuba Study Group, 15 de noviembre, Miami.

_____ (2013): «Microfinancing and Microloans for Cuba», en *From the Island*, no. 18, Cuba Study Group, 23 de julio, Miami.

Trip Advisor (2013): «La Opera de la Calle Returns», 17 de junio.

ULLOA GARCÍA, ALEJANDRO (2013): «Espacios públicos, negocios privados», en *OnCuba*, 23 de abril.

UNITED NATIONS DEVELOPMENT PROGRAM (UNDP) (2001, 2009): *Human Development Reports, 2001 and 2009*, Oxford University Press, New York.

UNITED NATIONS ECONOMIC COMMISSION FOR LATIN AMERICA AND THE CARIBBEAN (UN-ECLAC) (2000): *Preliminary Overview of the Economies of Latin America and the Caribbean*, Santiago de Chile.

UNITED STATES CENSUS BUREAU (s. a.): *International Data Base*, Cuba.

Uno de Guanajay (2013): «La política cultural del país», 30 de octubre.

USBORNE, DAVID (2011): «Chef with a dream bets on Castro's hunger for reform», en *The Independent*, 8 de marzo.

USCTEC (2018): «U.S. Visitor Arrivals to Cuba in 2017 Increase», en *U.S.-Cuba Trade and Economic Council blog*, 7 de enero.

VALDÉS HERNÁNDEZ, DAGOBERTO (2013): «Reconciliation in Cuba: Bringing down walls, building a peaceful coexistence», en *From the Island*, no. 21, Cuba Study Group, 13 de octubre, Miami.

_____ Y PAUL ECHÁNIZ (2004): «Levantar cabeza», en *Revista Vitral*, 19 de enero.

VALDÉS VIVO, RAÚL (1998): «Cuba will not allow citizens to open businesses», en *Caribbean Update*.

VALDÉS, ROSA TANIA (2013): «Conflict brews in Cuba over ban on sales of imported good», en *Reuters*, 3 de octubre.

_____ Y DANIEL TROTTA (2014): «Market-style reforms widen racial divide in Cuba», en *Reuters*, 2 de septiembre.

VALDIVIA, AMAURY (2020): «Empresas privadas en Cuba: del dicho al hecho falta camino todavía», en *El Toque*, 26 de agosto.

VALLE, AMAURY DEL (2013): «Cuba amplía el servicio público de acceso a Internet», en *Juventud Rebelde*, 27 de mayo, La Habana.

VANEK, YAROSLAV (1969): «Decentralization under Workers Management: A Theoretical Appraisal», en *American Economic Review*, diciembre.

VEGA, VERÓNICA (2014): «La muerte en 3D», en *Diario de Cuba*, 10 de enero.

VELA, HAZTEL (2018): «State Department Changes Cuba Travel Warning», en *ABC Local 10 News*, 23 de agosto. .

VICENT, MAURICIO (2000) «"Paladares" de La Habana», en *El País*, 10 de diciembre.

VIDAL ALEJANDRO, PAVEL (2009): «Política Monetaria y Doble Moneda», en Omar Everleny Pérez et al.: *Miradas a la Economía Cubana*, Editorial Caminos, La Habana.

_____ (2012): «Micro-Finance in Cuba», Centro de Estudios de la Economía Cubana, Universidad de La Habana.

_____ (2016) «La hora de la pequeña y mediana empresa privada», en *OnCuba*, 23 de junio.

_____ Y OMAR EVERLENY PÉREZ VILLANUEVA (2010): «Entre al ajuste fiscal y los cambios estructurales: Se extiende el cuentapropismo en Cuba», en *Espacio Laical*, no. 112, octubre, La Habana.

_____ Y OMAR EVERLENY PÉREZ VILLANUEVA (2012): «Apertura al cuentapropismo y la microempresa, una pieza clave del ajuste estructural», en Pavel Vidal Alejandro y Omar Everleny Pérez Villanueva: *Miradas a la economía cubana: El proceso de acualización*, Editorial Caminos, La Habana.

«Video-Castrismo *vs.* cuentapropismo: el patrón común de las nuevas medidas es impedir que se forme una clase media en Cuba» (2018), en *Diario de Cuba*, 19 de julio.

VIGNOLI, GABRIEL (2014): «Schizonomics: Remapping La Habana's black market», disertación para doctorado, New School for Social Research, Department of Anthropology, mayo.

VIÑO ZIMERMAN, LUIS (2001): «Política de exterminio de la iniciativa privada», en *CubaNet*, no. 32, 1 de abril.

WALD, KAREN LEE, WALTER LIPPMANN Y NELSON VALDÉS (2004): «Pilfering: A Little Analysis Needed Here», en *CubaNews*, 25 de septiembre.

WALDER, ANDREW G. (1994): «The Decline of Communist Power: Elements of a Theory of Institutional Change», en *Theory and Society*, vol. 23, no. 2, abril.

_____ (1995): «The Quiet Revolution from Within: Economic Reform as a Source of Political Decline», en Andrew G. Walder (ed.); *The Waning of the Communist State: Economic Origins of Political Decline in China and Hungary*, University of California Press, Berkeley.

WEINREB, AMELIA ROSENBERG (2009): *Cuba in the Shadow of Change: Daily Life in the Twilight of the Revolution*, University Press of Florida, Gainesville.

WEISSENSTEIN, MICHAEL (2014): «Cuba Cracks Down on Goods in Flyers' Luggage», en *Associated Press*, 31 de agosto.

_____ y ANDREA RODRÍGUEZ (2018): «Cuba lifting freeze on new private businesses», en *Associated Press/Washington Post*, 10 de julio.

WEISSERT, WILL (2009): «Calling all cars: Cuba recruits free-market taxis», en *Associated Press*, 12 de enero.

«What we do, about us, and who we support» (2014), en *CubaEmprendeFoundation.org*, 4 de marzo.

WHITEFIELD, MIMI (1993): «Rapid changes push Cuba into unknown: Will reforms spin out of control?», en *Miami Herald*, 27 de septiembre.

_____ (1994a): «Cuban home eateries refuse to close shop: Undeterred by government order», en *Miami Herald*, 7 de enero.

_____ (1994b): «Cuba Tries to Reign In Market Abuses», en *Miami Herald*, 29 de enero.

_____ (1996a): «A Taste of Capitalism», en *Miami Herald*, 19 de mayo.

_____ (1996b): «The Taxman Comes to Cuba », en *Miami Herald*, 9 de junio.

_____ (2013): «Budding entrepreneurs face obstacles», en *Miami Herald*, 12 de agosto.

_____ (2018a): "La venganza del burócrata: nuevas medidas asfixian la iniciativa privada en Cuba», en *El Nuevo Herald*, 7 de agosto, 2018.

_____ (2018b): «U.S. Embassy in Cuba: Diplomatic population 10», en *Miami Herald*, 6 de abril.

Wig, Ståle (2017): «Risky Business: A Framework for Understanding the Cuban Private Sector», documento presentado en la 27 Reunión anual de la Asociación para el Estudio de la Economía Cubana, 27-29 de julio.

Wilkinson, Stephen (2006): *Detective Fiction in Cuban Society and Culture*, Peter Lang, Bern.

Wu, Tim (2011): *The Master Switch: The Rise and Fall of Information Empires*, Vintage, New York.

Xinhua News Agency (2013): «Prensa oficial respalda cierre de salas privadas de cine 3D en Cuba», 11 de noviembre.

_____ (2018): «U.S. arrivals in Cuba triple in 2017», 7 de enero.

Yáñes, Hernán (2005): «The Cuba-Venezuela Alliance: 'Emancipatory Neo-Bolivarismo' or Totalitarian Expansion?», Institute for Cuban and Cuban-American Studies, University of Miami, diciembre.

Yhanes, A. S. (2012): «La Ópera que nunca cerró», en *La Jiribilla*, 4-10 de agosto.

Zimbalist, Andrew (ed.) (1987): *Cuba's Socialist Economy toward the 1990s*, Lynne Rienner, Boulder, CO.

_____ y Susan Eckstein (1987): «Patterns of Cuban Development: The First Twenty-Five Years», en Andrew Zimbalist (ed.): *Cuba's Socialist Economy toward the 1990s*, Lynne Rienner, Boulder, CO.

Zúñiga, Jesús (1999): «Paladares amargan la vida de restaurantes estatales», en *CubaNet*, 6 de septiembre.

Zurbano, Roberto (2013): «For Blacks in Cuba, the Revolution Hasn't Begun», en *The New York Times*, 23 de marzo.

ÍNDICE

Prefacio	7
1. Cambios en el paisaje de la política cubana	17
El microemprendimiento cubano	
y la cambiante política estatal	23
El pasado es prólogo: legal, pero ¿ilegítimo?	25
Objetivos, temas principales y métodos	30
Organización y estructura del libro	39
2. Sector cuentapropista	43
Cuentapropismo, emprendedores	
y política estatal hacia la informalidad	47
Sector informal *vs.* economía secundaria:	
un fenómeno internacional	56
Economía secundaria en el socialismo de Estado	66
Consecuencias de la reforma económica	
dentro del socialismo de Estado	74
Aprendizajes para Cuba	78
3. Trayectorias Revolucionarias	
y cambios estratégicos (1959–1990)	81
Sector de la pequeña empresa en Cuba antes de 1959	83
Nacionalización e implantación	
de la economía dirigida (1959-1963)	86
«El hombre nuevo», la Ofensiva Revolucionaria	
y la Zafra de los 10 millones (1963-1970)	90
Regreso a la ortodoxia de tipo soviético:	
«Edad de Oro» del socialismo cubano (1971-1985)	96
Proceso de Rectificación (1986-1989)	103

Consecuencias de la supresión
de la pequeña empresa para el desarrollo 107
4. Período Especial (1990–2006) 113
Contexto para la liberalización económica (1990-1993) 117
Reformas de 1992-1996 123
De la expansión a la contención: políticas públicas
hacia el microemprendimiento (1996-2005) 132
Conclusión: impacto de las políticas públicas hacia
el cuentapropismo durante el Período Especial 169
5. Reforma de las políticas bajo Raúl Castro (2006–2014) 173
Contexto estructural y coyuntural
para la reforma económica (2006-2008) 179
Proceso de reforma de las políticas 187
Régimen fiscal para el trabajo por cuenta propia 202
Pasos de avance y de retroceso (2011-2014) 211
Evolución del sector cuentapropista (2006-2014) 225
Conclusiones 229
6. Paso hacia las cooperativas no-agrícolas 235
Cooperativas como alternativa 241
Legislación para las cooperativas no-agrícolas (2012) 243
Potencial del componente de las cooperativas
para la economía cubana 247
Dificultades y limitaciones previsibles
de la ley de cooperativas de Cuba 251
Comienza la implementación 256
Conclusiones 259
7. Economía sumergida 261
Raíces históricas 268
Orígenes en la etapa revolucionaria 270
Alcance y clases de ilegalidades
económicas y emprendimientos clandestinos 275
Algunos casos específicos de AELC 282
Consecuencias financieras y sociales
de la economía sumergida y sus ilegalidades 286
Política pública y otras ilegalidades económicas 293
Economía sumergida durante
la presidencia de Raúl Castro (2006-2014) 302
Conclusiones 306

8. Surgimiento, caída y renacimiento
de los paladares (1993–2014)   309
    Surgimiento y caída de los paladares cubanos   318
    Vivir en la clandestinidad: estrategias de sobrevivencia   338
    Renacimiento en 2010: ¿a la tercera va la vencida?   348
    «El Cabildo» de Ópera de la Calle: ¿presagio o anomalía?   359
    Conclusiones   365
9. Futuro del cuentapropismo en Cuba   369
    Evaluación de las reformas de Raúl:
    significativas, pero insuficientes   378
    Percepción cautelar de Europa oriental:
    ¿modernidad o dualidad?   380
    Futuro del cuentapropismo en Cuba
    y papel de las políticas estadounidenses   383
10. Epílogo. Emprendedores cubanos:
«entre el dicho y el hecho»   389
    El mambo económico de Raúl Castro:
    dos pasos para alante y uno para atrás   393
    Trump revoca las medidas liberalizadoras
    de Obama: ¿plus ça change?   397
    Cuentapropistas cubanos: ¿emprendedores autónomos
    o trabajadores «por cuenta propia»?   402
    «Sin prisa pero con pausa»:
    un paro en el crecimiento del sector privado   407
    «La venganza del burócrata envidioso»:
    Nuevas regulaciones para cuentapropistas   412
    ¿«Destrabando» la economía cubana? COVID-19
    y la nueva apertura hacia el sector privado (2020)   419
    Desafíos para el emprendimiento privado
    en la nueva Cuba   435
Anexo 1. Cronología del cuentapropismo
durante la Revolución   439
Anexo 2. Listado de ocupaciones
por cuenta propia legalizadas (hasta junio de 2014)   463
Acrónimos y siglas   475
Bibliografía   479

www.ingramcontent.com/pod-product-compliance
Lightning Source LLC
Chambersburg PA
CBHW020521270326
41927CB00006B/404